1st Edition 개편된 시험제도 완벽대비!

KB041823

2023
백광훈
경찰형사법

기본서 2권 형법각론

백광훈 편저

경단기

박영사

　　본서는 경찰공무원(순경) 공개경쟁채용시험(순경공채), 경찰공무원 경력경쟁채용시험(전의경·경행·법학경채), 해양경찰공무원(순경) 공개경쟁채용시험, 경찰간부후보생 선발시험(경찰간부) 및 경찰공무원 정기 승진시험(경찰승진) 등을 준비하는 수험생들을 위한 경찰형사법 전문수험서이다.

　　2022년 7월, 필자는 서울 경단기학원에 출강하게 됨에 따라, 위에서 나열한 시험들을 준비하는 수험생들만을 위한 경찰형사법 전용 기본서, 판례집, 기출문제집, OX문제집 등의 강의교재 시리즈를 모두 새롭게 다시 만들게 되었다.

　　'백광훈 경찰형사법 교재 시리즈'는 필자의 기존 형법·형사소송법 교재들의 방대한 분량을 경찰형사법의 각 단계별 강의에 맞추어 확 줄인 것이다. 즉, ① 기본이론강의에 필요한 '기본서', ② 심화총정리강의에 필요한 '판례집', ③ 기출문제총정리강의에 필요한 '기출문제집'이 바로 그것이다. 본서는 이 중 제1단계의 교재인 기본서에 해당한다.

　　특히 최근 경찰공무원 시험과목이 개편되어 형사법에서는 형법총론 35%, 형법각론 35%, 형사소송법의 수사와 증거 30%의 비중으로 출제되고 있는바, 이는 형사법에서 특히 형법의 비중이 상당히 높다는 것을 보여주는 것이다. 이에 본서는 경찰형사법의 형법각론을 공부하는 수험생들의 기본개념, 기본이론 그리고 핵심판례의 학습에 꼭 맞는 콘텐츠가 담긴 최적화된 수험서의 성격을 가지고 있다.

　　본서의 특징을 소개하자면 아래와 같다.

　1 본서만으로도 형법각론에서 중요한 법조문, 기본개념, 핵심판례가 무엇인지 파악할 수 있도록 내용을 구성하였다. 동시에 기출문제는 수험의 시작이자 끝이라는 점에서 기본서 내용 전반에 경찰형사법 기출지문들이 모두 녹아들도록 만전을 기하였다.

　2 핵심만을 간추려 빠른 회독을 할 수 있도록 하였다. 이에 본서는 전체 내용을 단기간에 정리할 수 있는 요약서의 기능 또한 충분히 수행할 것이다.

❸ 형사법 과목에서 판례의 중요성은 아무리 강조해도 지나치지 아니하므로, 본서는 이론과 판례를 연계하여 이해할 수 있도록 핵심적인 기본판례를 수록하였다. 다만, 경찰형사법에서 최대 출제비중을 차지하는 판례에 대한 심화학습은 제2단계 교재인 판례집에서 이루어지게 될 것이다. 참고로 기본서와 판례집 모두 2022년 2월 11일까지 판시된 판례들이 수록되어 있음을 알려두고자 한다. 더불어 이후의 최신판례들은 각 시험 전 최신판례특강을 통해 업데이트될 것임도 확인해둔다.

❹ 기본이론 강의교재인 본서와 심화판례 강의교재인 판례집의 내용구성을 일치시킴으로써 수험생들이 이론과 판례를 쉽게 연결하여 학습할 수 있도록 하였다. 이를 통해 2~3회독 이상으로 들어간 독자들은 기본서를 통해 판례를 연상하고, 판례집을 통해 기본이론을 정리하게 될 것이다.

끝으로 경찰형사법 교재 시리즈를 집필함에 있어서 필자의 까다로운 여러 요청들을 묵묵히 수용해주시고 본서의 출간을 기꺼이 맡아주신 도서출판 박영사의 임직원들에 대한 심심한 감사의 마음을 지면을 빌려 기록해둔다.

2022년 7월

백 광 훈

학습문의 | cafe.daum.net/jplpexam (백광훈형사법수험연구소)

✔ 아웃라인

	목 차	난이도	출제율	대표지문
제1절 살인의 죄	01 총 설	下	★	• 사람의 생명과 신체의 안전을 보호법익으로 하고 있는 형법의 해석으로는 규칙적인 진통을 동반하면서 분만이 개시된 때(소위 진통설 또는 분만개시설)가 사람의 시기라고 봄이 타당하다. (O) • 혼인 외의 출생자가 인지하지 않은 생모를 살해하면 존속살해죄가 성립한다. (O)
	02 보통살인죄	中	★★	
	03 존속살해죄	中	★★	
	04 영아살해죄	中	★★	
	05 촉탁·승낙살인죄	下	★	
	06 자살교사·방조죄	下	★	
	07 위계·위력에 의한 살인죄	下	★	
	08 살인예비·음모죄	下	★	
제2절 상해와 폭행의 죄	01 총 설	下	★	• 폭행죄는 미수범을 처벌하는 규정이 있다. (X) • 오랜 시간 동안의 협박과 폭행을 이기지 못하고 실신하여 범인들이 불러온 구급차 안에서야 정신을 차리게 되었다면, 외부적으로 어떤 상처가 발생하지 않았다고 하더라도 생리적 기능에 훼손을 입어 신체에 대한 상해가 있었다고 봄이 상당하다. (O) • 1~2개월간 입원할 정도로 다리가 부러진 상해 또는 3주간의 치료를 요하는 우측 흉부자상이 중상해에 해당하지 않는다. (O)
	02 상해죄	中	★★	
	03 존속상해죄	下	★	
	04 중상해죄·존속중상해죄	下	★	
	05 특수상해죄	下	–	
	06 상해치사죄·존속상해치사죄	下	★	
	07 상해죄의 동시범	中	★★	
	08 폭행죄	中	★★	
	09 특수폭행죄	中	★	
	10 폭행치사상죄	下	★	
	11 상습상해·폭행죄	下	★	
제3절 과실치사상의 죄	01 과실치상죄	下	–	• 건물의 소유자로서 건물을 비정기적으로 수리하거나 건물의 일부분으로 임대하였다는 사정만으로는 업무상 과실치상죄에 있어서 '업무'로 보기 어렵다. (O)
	02 과실치사죄	下	–	
	03 업무상 과실·중과실치사상죄	中	★★	

1 아웃라인

각 편·장의 목차별 난도 및 출제율과 함께 반복출제된 주요 대표지문을 OX문제로 수록하였습니다.

✔ 출제경향

구 분	경찰채용						경찰간부						경찰승진					
	17	18	19	20	21	22	16	17	18	19	20	21	17	18	19	20	21	22
제1절 성풍속에 관한 죄														1	1			
제2절 도박과 복표에 관한 죄								1	1									
제3절 신앙에 관한 죄		1																
출제빈도			1/220						3/240						1/240			

2 출제경향

경찰채용·간부·승진 외에도 형법이 포함된 주요시험의 기출문제를 철저히 분석하였습니다.

(3) 행위 – 허위의 사실을 신고하는 것

① 허 위

㉠ 개념 : 신고한 사실은 객관적 사실에 반하는 허위사실이어야 한다(객관설 : 통설·판례). 따라서 신고자가 그 신고내용을 허위라고 믿었다 하더라도 그것이 객관적으로 진실한 사실에 부합할 때에는 허위사실의 신고에 해당하지 않아 무고죄는 성립하지 않는다(대법원 1991.10.11, 91도1950). [경찰채용 12 2차 / 경찰승진 13 / 법원9급 05 / 법원행시 05 06 10] 또한 객관적 사실관계와 일치하는 경우에는 법률적 평가나 죄명이나 형사책임을 부담할 자를 잘못 기재한다 하더라도 허위라고 할 수 없다(대법원 1982.4.27, 81도2341; 1985.6.25, 83도3245; 1985.9.24, 84도1737). [법원9급 07(하) / 법원9급 05 / 법원행시 07]

㉡ 정도 : 허위사실의 적시는 수사관서 또는 감독관서에 대하여 수사권 또는 징계권의 발동을 촉구할 수 있는 정도의 것이면 충분하고, 반드시 범죄구성요건사실이나 징계요건사실을 구체적으로 기재하거나 법률적 평가를 명시할 것까지 요하는 것은 아니다(대법원 1985.2.26, 84도2774; 1987.3.24, 87도231; 2006.5.25, 2005도4642). [경찰채용 14 1차 / 경찰승진 14 / 법원9급 07(하) / 법원9급 16 / 법원행시 09]

3 기출표시

해당 이론이 기출제된 시험의 직렬과 기출연도를 최대한 빠짐없이 표기하였습니다.

02 유기죄

제271조 【유기, 존속유기】 ① 나이가 많거나 어림, 질병 그 밖의 사정으로 도움이 필요한 사람을 법률상 또는 계약상 보호할 의무가 있는 자가 유기한 경우에는 3년 이하의 징역 또는 500만 원 이하의 벌금에 처한다. 〈우리말 순화 개정 2020.12.8.〉

1. 객관적 구성요건

(1) 주체 – 요부조자를 보호할 법률상 · 계약상 의무 있는 자

유기죄가 성립하기 위해서는 행위자가 '나이가 많거나 어림, 질병 그 밖의 사정으로 도움이 필요한 사람을 법률상 또는 계약상 보호할 의무가 있는 자'에 해당하여야 한다(보호의무자 : 진정신분범).

① 보호의무의 근거

ㄱ 법률상의 보호의무 : 민법상 부부간의 부양의무(대법원 2018.5.11, 2018도4018)처럼 민법상 여러 부양의무가 포함되나, 어디까지나 요부조자(要扶助者)의 생명 · 신체와 관련된 보호의무라는 점에서 피부양자의 경제적 곤궁사정과 관련된 민법상의 부양의무의 범위와 일치하는 것은 아니다. 또한 법률혼관계가 아니라 사실혼관계에 있는 경우에도 법률상 보호의무는 인정된다(대법원 2008.2.14, 2007도3952).[경찰승진 13·17] 다만 단순한 동거 또는 간헐적인 정교관계를 맺고 있다는 사정만으로는 부족하다.

판례연구 무고죄의 허위에 해당하지 않는다는 사례

대법원 2004.12.9, 2004도2212; 2011.1.13, 2010도14028; 2011.9.8, 2011도3489
변제의사와 능력의 유무에 관하여 기망하였다는 내용으로 고소한 경우라면, 차용금의 용도를 묵비하거나 실제와 달리 신고였다 하여도 무고죄는 성립하지 않는다는 사례
① 금원을 대여한 고소인이 차용금을 갚지 않는 차용인을 사기죄로 고소함에 있어서, 피고소인이 차용금의 용도를 사실대로 이야기하였더라면 금원을 대여하지 않았을 것인데 차용금의 용도를 속이는 바람에 대여하였다고 주장하는 사안이라면 그 차용금의 실제용도는 사기죄의 성부에 영향을 미치는 것으로서 고소사실의 중요한 부분이 되고 따라서 그 실제용도에 관하여 고소인이 허위로 신고를 할 경우에는 그것만으로도 무고죄에 있어서의 허위의 사실을 신고한 경우에 해당한다 할 것이나, ② 단순히 차용인이 변제의사와 능력의 유무에 관하여 기망하였다는 내용으로 고소한 경우에는 차용금의 용도와 무관하게 다른 자료만으로도 충분히 차용인의 변제의사나 능력의 유무에 관한 기망사실을 인정할 수 있는 경우도 있을 것이므로 고소인이 차용금의 '용도'를 묵비하거나 그 차용금의 실제 용도에 관하여 사실과 달리 신고하였다 하더라도 그것만으로는 범죄사실의 성부에 영향을 줄 정도의 중요한 부분을 허위로 신고하였다고 할 수 없는 것이다. … 이와 같은 법리는 고소인이 차용·사기로 고소할 때 묵비하거나 사실과 달리 신고한 차용금의 실제 용도가 도박자금이었더라도 달리 볼 것은 아니다.
[경찰승진 14/서서 15·16]

② **사실** : 신고되는 허위사실은 형사처분 · 징계처분의 원인(原因)이 될 수 있는 것이어야 한다.

ㄱ 신고사실 자체가 형사범죄를 구성하지 않는 경우 : 허위의 사실을 신고했다 하더라도 그 사실

그림정리 사기죄의 객관적 구성요건 개관

기망행위자 ────────────────▶ 피기망자(= 처분행위자)

① 기망행위(명시적, 묵시적, 부작위)   ② 착오
                                    ③ 처분행위
④ 재물, 재산상 이익취득   ⑤ 재산상 손해발생

※ 1. 삼각사기 : 피기망자(= 처분행위자)와 재산상 피해자가 다른 경우로서, 처분행위자가 재산상 피해자의 재산을 '사실상 처분할 수 있는 지위'(예 법원 ○, 등기관 ×)에 있는 경우
2. 처분행위의 직접성 : 없으면 절도죄[금목걸이(판례)], 있으면 사기죄[자전거(판례)]
3. 판례에 의하면 재산상 손해발생은 불필요(배임죄와의 차이)

---

4 최신 개정법령 반영

2021.12.9. 시행된 개정형법과 관련 형사특별법의 개정사항을 완벽하게 반영하였습니다.

5 판례 · 사례연구

판례암기와 사례연습을 위하여 중요판례를 관련이론 바로 하단에 배치하였습니다.

6 표 · 그림정리

효율적인 암기를 위하여 도표로 정리한 필수 학습요소를 본문 곳곳에 배치하였습니다.

목 차

백광훈 경찰형사법 기본서 **형법각론**

PART 02   사회적 법익에 대한 죄

CHAPTER 01   공공의 안전과 평온에 대한 죄

CHAPTER 02   공공의 신용에 대한 죄

PART 01

개인적 법익에
대한 죄

✔ **아웃라인**

목 차		난이도	출제율	대표지문
제1절 살인의 죄	01 총 설	下	★	• 사람의 생명과 신체의 안전을 보호법익으로 하고 있는 형법의 해석으로는 규칙적인 진통을 동반하면서 분만이 개시된 때(소위 진통설 또는 분만개시설)가 사람의 시기라고 봄이 타당하다. (O) • 혼인 외의 출생자가 인지하지 않은 생모를 살해하면 존속살해죄가 성립한다. (O)
	02 보통살인죄	中	★★	
	03 존속살해죄	中	★★	
	04 영아살해죄	中	★★	
	05 촉탁·승낙살인죄	下	★	
	06 자살교사·방조죄	下	★	
	07 위계·위력에 의한 살인죄	下	★	
	08 살인예비·음모죄	下	★	
제2절 상해와 폭행의 죄	01 총 설	下	★	• 폭행죄는 미수범을 처벌하는 규정이 있다. (×) • 오랜 시간 동안의 협박과 폭행을 이기지 못하고 실신하여 범인들이 불러온 구급차 안에서야 정신을 차리게 되었다면, 외부적으로 어떤 상처가 발생하지 않았다고 하더라도 생리적 기능에 훼손을 입어 신체에 대한 상해가 있었다고 봄이 상당하다. (O) • 1~2개월간 입원할 정도로 다리가 부러진 상해 또는 3주간의 치료를 요하는 우측 흉부자상이 중상해에 해당하지 않는다. (O)
	02 상해죄	中	★★	
	03 존속상해죄	下	★	
	04 중상해죄·존속중상해죄	下	★	
	05 특수상해죄	下	–	
	06 상해치사죄·존속상해치사죄	下	★	
	07 상해죄의 동시범	中	★★	
	08 폭행죄	中	★★	
	09 특수폭행죄	中	★	
	10 폭행치사상죄	下	★	
	11 상습상해·폭행죄	下	★	
제3절 과실치사상의 죄	01 과실치상죄	下	–	• 건물의 소유자로서 건물을 비정기적으로 수리하거나 건물의 일부분으로 임대하였다는 사정만으로는 업무상 과실치상죄에 있어서 '업무'로 보기 어렵다. (O)
	02 과실치사죄	下	–	
	03 업무상 과실·중과실치사상죄	中	★★	
제4절 낙태의 죄	01 총 설	下	★	• 낙태시술을 하였으나 살아서 출생한 미숙아가 정상적으로 생존할 확률이 적은 경우, 그 미숙아에게 염화칼륨을 주입하여 사망에 이르게 하였다면 이는 낙태행위의 완성일 뿐 별개의 살인행위를 구성하지 않는다. (×)
	02 자기낙태죄	中	★★	
	03 동의낙태죄	下	★	
	04 업무상 동의낙태죄	下	★	
	05 부동의낙태죄	下	★	
	06 낙태치사상죄	下	★	
제5절 유기와 학대의 죄	01 총 설	下	★	• 피고인이 자신이 운영하는 주점에 손님으로 와서 수일 동안 식사는 한 끼도 하지 않은 채 계속하여 술을 마시고 만취한 피해자를 주점 내에 그대로 방치하여 저체온증 등으로 사망에 이르게 한 경우 피고인에게 계약상의 부조의무가 없으므로 유기치사죄가 성립하지 않는다. (×)
	02 유기죄	中	★★	
	03 존속유기죄	下	★	
	04 중유기죄·존속중유기죄	下	–	
	05 영아유기죄	下	★	
	06 학대죄·존속학대죄	下	★	
	07 아동혹사죄	下	★	
	08 유기치사상죄	下	★	

✔ **출제경향**

구 분	경찰채용						경찰간부						경찰승진					
	17	18	19	20	21	22	16	17	18	19	20	21	17	18	19	20	21	22
제1절 살인의 죄		1									1			1				1
제2절 상해와 폭행의 죄	2	1	1	2	2	1		1	1				1	1	1	1	1	1
제3절 과실치사상의 죄								1										
제4절 낙태의 죄																		
제5절 유기와 학대의 죄								1	1	1	1	1	1		1		1	1
출제빈도	10/220						9/240						12/240					

생명과 신체에 대한 죄

✔ 키포인트

제1절 살인의 죄
• 사람의 시기와 종기   • 직계존속의 개념

제2절 상해와 폭행의 죄
• 상해와 폭행의 구별   • 중상해죄의 성격·요건   • 폭행의 개념
• 상해의 개념   • 제263조의 법적 성격   • 위험한 물건

제3절 과실치사상의 죄
• 업무의 개념   • 형법상 업무의 기능

제4절 낙태의 죄
• 자기낙태·업무상 낙태의 헌법불합치결정   • 낙태죄의 법익보호의 정도   • 자기낙태와 동의낙태의 대향범적 성질
• 낙태와 임산부에 대한 상해의 구별

제5절 유기와 학대의 죄
• 유기의 개념   • 유기죄의 보호의무의 근거   • 학대의 개념

	국가9급						법원9급						법원행시						변호사시험				
17	18	19	20	21	22	17	18	19	20	21	22	17	18	19	20	21	22	17	18	19	20	21	22
	1							1										1	1				
		1		1					1				1		1							1
								1					1									
			1	1								1	1		1							
5/120						3/150						6/240						3/140					

생명과 신체에 대한 죄

제1절 | 살인의 죄

01 의 의

살인의 죄는 타인의 생명을 침해하는 살해행위를 함으로써 성립하는 범죄로서, 그 보호법익은 인간의 생명이다. 살인죄는 이러한 법익의 침해가 있음으로써 성립하는 침해범이며, 사람의 사망의 결과가 있어야 구성요건이 충족된다는 점에서 결과범이다. 살인의 죄는 미수를 처벌하며(제254조), 그중 보통살인죄, 존속살해죄, 위계·위력에 의한 살인죄는 예비·음모를 처벌한다(제255조).

02 보통살인죄

> 제250조 【살인, 존속살해】 ① 사람을 살해한 자는 사형, 무기 또는 5년 이상의 징역에 처한다.

1. 구성요건

(1) 객관적 구성요건

① 객체 : 자연인인 사람

㉠ 의의 : 행위자 이외의 살아 있는 자연인

ⓐ 상태 불문 : 사람인 이상 생존가치, 생존능력, 생존이익, 생존감정의 유무를 불문한다. 따라서 자살 중인 자도 포함된다.

ⓑ 태아(胎兒) : 낙태죄의 객체일 뿐 살인죄의 객체에는 해당되지 않는다. 태아의 종기(終期)는 사람의 시기(始期)가 된다.

㉡ 사람의 시기 : 사람(人)이어야만 본죄의 객체가 되므로, 사람이 아닌 시체(屍體)는 시체손괴죄(제161조 제1항)의 객체가 될 뿐이다. 이에 사람은 언제부터 사람이 되고 또 언제까지가 사람인가가 정해져야 한다. 사람의 시기에 대해서는 자연분만의 경우와 제왕절개의 경우로 나누어 살펴보아야 한다.

ⓐ 자연분만의 경우 : 형법 제251조의 영아살해죄의 객체가 '분만 중'의 영아라고 규정되어 있는 점과 살인의 죄는 사람의 생명과 신체의 안전을 그 보호법익을 하고 있는 점을 고려할 때, 사람의

시기는 진통설(분만개시설)에 의할 수밖에 없다(통설·판례). [법원9급 12·14] 따라서 분만개시를 알리는 규칙적인 진통을 동반하면서 분만이 시작된 때(개방진통) 살인죄나 과실치사죄의 객체인 '사람'이 된다.

ⓑ 제왕절개수술의 경우 : 자궁의 절개시가 사람의 시기이다. 따라서 '의학적으로 제왕절개수술이 가능하였고 규범적으로 수술이 필요하였던 시기'는 판단하는 사람 및 상황에 따라 분만개시 시점이 불명확하게 되므로 이 시점을 분만의 시기로 볼 수는 없다(대법원 2007.6.29, 2005도3832). [경찰채용 13·21 1차 / 경찰간부 21 / 경찰승진(경장) 11 / 경찰승진 14·16 / 국가9급 12 / 법원9급 14 / 사시 10]

ⓒ 사람의 종기 : 뇌사설도 유력하게 주장되나, 심장이 활동을 그쳐서 맥박(고동)이 되살아날 수 없는 상태로 정지한 시점을 사람의 사망시기로 보는 맥박종지설(심폐사설)이 다수설이다.

② 행위 : 본죄의 행위는 살해인데, 이는 자연적인 사망시기에 앞서서 사람의 생명을 끊는 행위, 즉 사기(死期)를 단축하는 행위를 말한다. 살인행위는 작위나 부작위(부진정부작위범)를 불문하고, 경우에 따라 자살을 강제함으로써 간접정범으로도 범할 수 있다.

(2) 주관적 구성요건 – 고의

살인죄에 있어서의 고의는 반드시 살해의 목적이나 계획적인 살해의 의도가 있어야 하는 것은 아니고 자기의 행위로 인하여 타인의 사망의 결과를 발생시킬 만한 가능 또는 위험이 있음을 인식하고 그 결과를 인용하면 족하다. [국가9급 14] 이 경우 그 인식 또는 예견은 확정적인 것은 물론 불확정적인 것이더라도 소위 미필적 고의로서 살인의 고의가 인정된다. [경찰채용 13 1차 / 경찰채용 13·16 2차 / 경찰승진 16 / 국가7급 11 / 법원9급 07(하) / 법원행시 09 / 변호사시험 12]

판례도 보호자의 강청에 따라 치료를 요하는 환자에 대하여 치료중단 및 퇴원을 허용하는 조치를 취함으로써 환자를 사망에 이르게 한 담당 전문의와 주치의에게 살인의 고의를 인정하여 살인방조죄가 성립한다고 판시한 바 있으며(대법원 2004.6.24, 2002도995), [경찰채용 21 1차 / 국가7급 11] 탈취한 시내버스를 운전하여 시위를 진압하던 전경대원에게 돌진함으로써 대원을 충격하여 사망하게 한 때에도 살인의 고의를 인정한 바 있다(대법원 1988.6.14, 88도692).

2. 위법성

(1) 일반적 위법성조각사유

① 정당방위, 정당행위, 의무의 충돌 : 본죄의 위법성조각사유가 된다. 예컨대, 장기 등 이식에 관한 법률에서는 동법에 의한 뇌사판정기준 및 뇌사판정절차에 따라 뇌 전체의 기능이 되살아날 수 없는 상태로 정지되었다고 판정된 자를 뇌사자로 규정하고(동법 제4조 제5호), 뇌사자도 사망한 것으로 본다고 규정하고 있으므로(동법 제21조) 합법적인 장기이식적출행위는 –(촉탁·승낙)살인죄의 구성요건에 해당하나– '법령에 의한 행위'로서 위법성이 조각된다.

② 긴급피난, 피해자의 승낙 : 사람의 생명은 다른 법익과는 달리 절대적으로 보호되고 그 처분이 제한되기 때문에 위법성조각사유가 되지 못한다. 다만, 생명 대 생명의 긴급피난(생명을 보호하기 위해 타인의 생명을 부득이 침해할 수밖에 없었던 피난행위)의 경우 위법성이 조각될 수 없고 –소위 면책적 긴급피난 내지 초법규적 책임조각사유로 보아– 책임이 조각될 수는 있다.

(2) 안락사

① 적극적 안락사 : 암 말기 환자의 고통이 극심해진 경우 치사량의 모르핀을 주사하여 생명을 마감시키는 행위처럼, 환자의 고통의 감소·제거를 위하여 '적극적 작위'로써 생명단축을 시키는 경우를 말하며, 적극적 안락사는 위법하다는 것이 다수설이다.

② **소극적 안락사** : 불치의 병이나 뇌사상태 또는 식물인간상태 등에 빠져 현대의학에 의해서 회복될 수 없는 상태의 환자에게 더 이상의 치료가 무의미하다는 의학적 판단에 따라 생명을 연장하는 추가적인 치료를 하지 않음으로써 죽음을 맞게 하는 행위(연명치료중단행위)를 말하며, 소극적 안락사는 일정한 요건이 구비되는 예외적인 경우에 한하여 위법성이 조각된다.

3. 죄수 및 다른 범죄와의 관계

(1) 죄 수

① **죄수결정의 기준** : 생명은 전속적 법익이므로 피해자의 수에 따라 결정된다.

② **1개의 행위로 수인을 살해한 경우** : 수개의 살인죄의 상상적 경합이 된다.

③ **동일인에 대한 살인예비·살인미수·살인기수** : 1개의 살인(기수)죄만 성립한다(법조경합 중 묵시적 보충관계). 다만 일시·장소를 달리한 수회의 예비 및 공격행위 끝에 목적을 달한 경우에는 포괄적으로 1개의 살인기수죄가 성립한다(대법원 1965.9.28, 65도695). [경찰채용 13 1차]

(2) 다른 범죄와의 관계

살인행위에 의하여 피해자의 의복을 손괴한 경우, 손괴죄는 살인죄에 흡수된다(불가벌적 수반행위). 또한 살인행위 이후 별도의 시체유기행위가 있는 경우에는 살인죄와 시체유기죄(제161조 제1항)의 경합범이 되지만, 시체를 두고 현장을 그대로 떠나버린 행위는 시체유기죄는 인정되지 않고 살인죄만 성립할 뿐이다.

---

03 존속살해죄

> **제250조【살인, 존속살해】** ② 자기 또는 배우자의 직계존속을 살해한 자는 사형, 무기 또는 7년 이상의 징역에 처한다.

1. 객관적 구성요건

(1) 주 체

존속살해죄는 직계비속 또는 그 배우자라는 신분관계로 인하여 보통살인죄에 비하여 그 형이 가중되는 부진정신분범이다.

(2) 객체 - 자기 또는 배우자의 직계존속

① **배우자** : 민법상의 배우자를 말하므로 사실혼관계에 있는 자는 제외된다(유추해석금지원칙). 또한 생존 하는 배우자를 말하므로 사망한 배우자의 직계존속을 살해하면 보통살인죄가 성립한다. 다만, 생존한 배우자를 살해하고 연속하여 직계존속을 살해한 경우에는 존속살해죄가 성립한다.

② **직계존속의 판단기준** : '직계존속'이라 함은 민법상 개념으로서 일단 가족관계등록부(구 호적부)가 판단자료가 되지만 절대적 기준이 되는 것은 아니고, 실제의 증거에 의하여 직계존·비속관계가 인정된다면 본죄의 객체가 될 수 있다.

표정리 직계존속

혼인 외 출생자	혼인 외 출생자가 생모를 살해하면 인지 여부에 관계없이 본죄에 해당하나 [경찰승진 10] 생부를 살해하는 경우에는 인지(認知)[1] 절차를 거친 경우에만 직계존속이 되므로[2] 그렇지 않은 경우에는 본죄가 성립하지 않는다. [경찰채용 16 2차]
양 자	입양(入養)[3] 한 양친은 법률상 직계존속이 된다. 또한 실부모도 직계존속이 된다. 즉, 타가에 입양된 경우에도 실부모와의 친자관계는 존속한다(다수설·판례). 따라서 양부모를 살해하든 실부모를 살해하든 존속살해죄가 성립한다.[4] [경찰채용 17 1차]
계모자·적모서자	1990년 민법 개정에 따라 직계존비속이 아니고 인척에 불과하다.

③ 타인의 자녀를 자신의 자녀인 것처럼 출생신고한 경우의 직계존·비속관계 판단 : ㉠ 타인의 자녀를 자신의 자녀로 출생신고 한 것만 가지고는 입양관계가 인정되지 않으므로 존속살해죄가 성립할 수 없으나(개구멍받이를 친생자로 출생신고하여 양육한 사실상의 모가 살해된 사건, 대법원 1981.10.13, 81도2466), ㉡ 입양조건이 모두 구비되었음에도 입양의 의사로 입양신고 대신 출생신고한 경우에는 그 형식에 다소 잘못이 있어도 입양의 효력이 발생하므로 이 경우 허위의 친생자 출생신고는 입양신고의 기능을 하게 되어(대법원 2000.6.9, 99므1633,1640; 2004.11.11, 2004므1484) 존속살해죄가 성립할 수 있게 된다(대법원 2007.11.29, 2007도8333,2007감도22). [사시 12]

2. 주관적 구성요건

자기 또는 배우자의 직계존속을 살해한다는 고의가 있어야 하므로, 보통살인의 의사로 존속살해의 결과를 발생시킨 경우에는 보통살인죄가 성립할 뿐이다(제15조 제1항, 대법원 1977.1.11, 76도3871).

04 영아살해죄

> **제251조【영아살해】** 직계존속이 치욕을 은폐하기 위하거나 양육할 수 없음을 예상하거나 특히 참작할 만한 동기로 인하여 분만 중 또는 분만 직후의 영아를 살해한 때에는 10년 이하의 징역에 처한다.

1. 객관적 구성요건

(1) 주체 − 직계존속(부진정신분범)

영아살해죄의 감경적 신분요소인 직계존속의 의미에 대해서, 다수설은 법률상의 직계존속뿐만 아니라 사실상의 직계존속도 포함된다는 입장이나 판례는 법률상 직계존속 한정설의 입장이다.

---

1 참고 : 인지란 혼인 외의 자를 자기의 자라고 인정함으로써 법률상의 친자관계를 발생시키는 의사표시로서, 가족관계법에 따라 신고함으로써 그 효력이 발생한다(민법 제859조 제1항).
2 참고 : 가족관계법 제57조(친생자출생의 신고에 의한 인지) 부가 혼인 외의 자녀에 대하여 친생자출생의 신고를 한 때에는 그 신고는 인지의 효력이 있다.
3 참고 : 입양이란 자연적 혈연관계가 없음에도 불구하고 마치 있는 것처럼 법적으로 의제하는 제도로서, 부모와 그 혼인 중의 자 간의 친자관계와 동일한 법률관계를 당사자 간에 설정할 것을 목적으로 하는 창설적 신분행위이다. 입양은 실질적으로 당사자 간의 합의가 있고(민법 제883조 제1호), 형식적으로 가족관계법에 정한 바에 의하여 신고함으로써 그 효력이 생긴다(민법 제878조 제1항).
4 참고 : 2008년 1월 1일부터 시행된 개정민법의 친양자제도에 의하면, 친양자를 하면 실부모와의 친자관계는 단절이 된다. 친양자는 민법상의 입양(보통양자)과는 달리 친양자는 법원의 선고(허가)에 의해서만 성립한다(민법 제908조의3 제1항). 앞으로 존속살해죄의 성부와 관련된 학설·판례의 논의가 이루어질 부분이다.

(2) 객체 - 분만 중 또는 분만 직후의 영아

분만 중이라 함은 분만 개시부터 분만 완료까지를 말하기 때문에 진통이 있으면 본죄의 객체가 될 수 있게 된다(진통설의 근거).

(3) 행위 - 살해(보통살인죄와 동일)

2. 주관적 구성요건

(1) 고의 - 영아를 살해한다는 인식과 의사

(2) 살해동기 - 책임감경적 요소

아래와 같은 감경적 동기를 가지고 있는 경우에만 본죄가 성립한다. 만약 이러한 상황임에도 불구하고 행위자가 아래의 동기 없이 살해행위를 한 경우에는 보통살인죄가 성립한다.

① **치욕을 은폐하기 위한 경우**

예 강간으로 인한 임신, 미혼모의 사생아 출산

② **양육할 수 없음을 예상한 경우** : 양육할 경제적 능력이 없는 경우이다.

③ **특히 참작할 만한 동기로 인한 경우** : 위 두 요건에 해당되지 않으면서 책임감경을 인정할 수 있는 경우이다.

예 기형아 출산

---

05 촉탁·승낙살인죄

제252조 【촉탁, 승낙에 의한 살인 등】 ① 사람의 촉탁이나 승낙을 받아 그를 살해한 자는 1년 이상 10년 이하의 징역에 처한다. 〈우리말 순화 개정 2020.12.8.〉

1. 객관적 구성요건

(1) 객체 - 촉탁·승낙을 한 자

죽음의 의미를 이해할 수 있고 자유로운 의사결정능력이 있는 자로서 직계존속도 포함된다. 그러므로 유아·심신상실자는 본죄의 객체가 될 수 없다.

(2) 행위 - 촉탁·승낙을 받아 살해하는 것

① **촉탁** : 피해자 스스로 살해를 부탁하는 것으로서, 명시적 촉탁임을 요한다.

② **승낙** : 행위자가 피해자에게 살해행위에 대한 동의를 얻는 것으로서, 명시적·묵시적 승낙을 불문한다고 보는 것이 다수설이다.

2. 주관적 구성요건

(1) 고의 - 촉탁이나 승낙에 의하여 사람을 살해한다는 인식과 의사

(2) 착오의 문제

① 촉탁·승낙이 없음에도 불구하고 있다고 오인하고 살해한 경우 : 촉탁·승낙살인죄가 성립한다(다수설). 무거운 죄를 인식하지 못한 경우이기 때문이다(제15조 제1항).

② 촉탁·승낙이 있음에도 불구하고 없다고 오인하고 살해한 경우 : 행위자의 형을 감경할 아무런 사정이 없기 때문에 보통살인죄가 성립한다(다수설).

06 자살교사·방조죄

> 제252조 【촉탁, 승낙에 의한 살인 등】 ② 사람을 교사하거나 방조하여 자살하게 한 자도 제1항의 형에 처한다.
> 〈우리말 순화 개정 2020.12.8.〉

1. 의의 및 성격

자살교사·방조죄는 총칙상의 공범규정이 아니라 각칙상의 독립된 범죄처벌규정이다(통설). 공범종속성설에 의할 때 위 규정은 특별·예외규정으로 보게 된다.

2. 구성요건

(1) 주체 – 제한이 없음

본죄는 누구든지 그 주체가 될 수 있다. 다만 자살자 본인은 처벌되지 아니한다.

(2) 객체 – 자살의 의미를 이해하고 자유로운 의사결정능력이 있는 자

유아·심신상실자는 본죄의 객체가 아니다. 이 경우 살인죄의 간접정범이 될 뿐이다.

(3) 행위 – 교사하거나 방조하여 자살하게 하는 것

① 교사와 방조 : 그 의미는 총론상의 교사·방조행위와 같다. 예컨대, 방조는 자살행위를 도와주어 용이하게 실행하도록 하는 것으로 부작위에 의할 수도 있으므로, 자신의 처(妻)가 자살하는 것을 보고도 방치하여 사망한 경우 남편은 자살방조죄의 죄책을 진다.

② 자 살

㉠ 교사·방조와 자살과의 인과관계 : 당연히 요구된다. 따라서 금원 편취의 의도로 인터넷 자살사이트에 청산염 등 자살용 유독물의 일반적 효능 소개를 곁들인 판매광고용 글을 올리고 변사자들과 위 청산염 구입을 위한 상담용 이메일을 주고 받고 통화를 한 바는 있으나, 이러한 행위가 변사자들의 자살행위에 어떠한 물질적(유형적)·정신적(무형적) 기여를 하지 못한 경우에는 자살방조죄가 성립하지 못한다(대법원 2005.6.10, 2005도1373). [경찰채용 13 2차 / 경찰간부 14 / 경찰승진 14 / 국가9급 16 / 법원행시 14 / 사시 12]

㉡ 실행의 착수시기 : 교사·방조행위를 한 때 인정된다(다수설, 총론상 교사·방조와의 차이).

㉢ 자살자가 직접 자살할 것 : 자살행위는 자살자 본인이 스스로 행해야 한다. 이와 달리 자살자의 부탁을 들어주어 그를 살해한 경우에는 자살방조죄가 아니라 촉탁살인죄에 해당된다.

(4) 고 의

자살을 교사하거나 방조한다는 인식과 의사가 있어야 한다. 자살방조죄와 관련해서는, 그 방조 상대방의 구체적인 자살의 실행을 원조하여 이를 용이하게 하는 행위의 존재와 그 점에 대한 행위자의 인식이 요구된다(대법원 1992.7.24, 92도1148; 2005.6.10, 2005도1373). [경찰간부 14 / 법원9급 07(상) / 법원행시 12] 따라서 피해자가 피고인과 말다툼을 하다가 "죽고 싶다." 또는 "같이 죽자."고 하며 피고인에게 기름을 사오라고 하자 피고인이 휘발유 1병을 사다주었는데 피해자가 몸에 휘발유를 뿌리고 불을 붙여 자살한 경우, 자살방조죄의 죄책이 인정된다(대법원 2010.4.29, 2010도2328). [경찰간부 14 / 경찰승진(경위) 11]

3. 동반자살(同伴自殺)

두 사람 모두 진심으로 자살할 결의로 동반자살(합의동사)을 하였지만, 살아난 생존자에 대하여는 ① 타인의 자살을 방조한 사실이 인정되는 경우에 한하여 자살방조죄가 인정되고, ② 나아가 자살자를 설득한 부분이 있다면 자살교사죄가 성립하나, ③ 동반자살의 의사 없이 상대방을 기망하여 자살하게 한 경우에는 위계에 의한 살인죄(제253조)가 성립하고, ④ 다만 상대방이 나이가 너무 어린 경우에는 살인죄의 간접정범이 성립한다.

07 위계·위력에 의한 살인죄

> 제253조 【위계 등에 의한 촉탁살인 등】 전조의 경우에 위계 또는 위력으로써 촉탁 또는 승낙하게 하거나 자살을 결의하게 한 때에는 제250조의 예에 의한다.

위계(僞計)라 함은 기망·유혹을 통하여 상대방의 부지(不知) 또는 착오를 일으키는 행위를 말하는바, 예컨대, 자신은 자살할 의사가 없으면서도 함께 자살할 것처럼 기망하여 상대방만을 자살하게 하는 경우가 여기에 속한다. 위력(威力)이라 함은 사람의 의사를 제압할 만한 물리적·사회적·정치적·경제적인 유형·무형의 힘을 이용하는 것을 말한다. 본죄는 제250조(살인죄, 존속살해죄)의 예에 의하여 처벌한다.

08 살인예비·음모죄

> 제255조 【예비, 음모】 제250조와 제253조의 죄를 범할 목적으로 예비 또는 음모한 자는 10년 이하의 징역에 처한다.

보통살인죄, 존속살해죄, 위계·위력에 의한 살인죄는 예비·음모를 처벌하나, 영아살해죄, 촉탁·승낙살인죄, 자살교사·방조죄는 예비·음모를 벌하지 않는다. [경찰채용 17 1차 / 사시 14]

01 총 설

상해죄는 사람의 신체의 건강을 침해하는 죄로서 침해범이자 결과범이고, 폭행죄는 사람의 신체의 건재를 위협하는 죄로서 거동범이자 추상적 위험범이다. 상해죄 중에서 상해죄, 존속상해죄는 미수를 벌하나, 중상해죄나 상해치사죄는 미수를 벌하지 않고, 폭행죄는 거동범이므로 미수를 벌하는 규정이 없으며, 상해와 폭행의 죄는 예비·음모 처벌규정이 없다. 상해와 폭행의 죄는 상습범을 처벌한다. 폭행죄와 존속폭행죄는 반의사불벌죄이지만, 특수폭행죄·폭행치사상죄·상습폭행죄는 반의사불벌죄가 아니다. 상해와 폭행의 죄는 폭력행위 등 처벌에 관한 법률에 의하여 2인 이상이 공동하여 범한 경우 가중처벌된다(폭처법 제2조 제2항).

상해죄와 폭행죄를 간단히 비교하면 아래와 같다.

표정리 상해죄와 폭행죄의 비교

구 분	상해의 죄	폭행의 죄
보호법익	신체의 건강(생리적 기능)	신체의 건재(안전, 완전성)
성질(침해의 정도)	결과범·침해범	거동범, 추상적 위험범
수 단	유형적·무형적 방법	유형적 방법
고의의 내용	상해의 고의(판례는 폭행의 고의 可)	폭행의 고의(신체에 대한 유형력 행사의 고의)
미 수	처벌	불벌
소추조건	없음	반의사불벌죄(제260조 제3항)

02 상해죄

> 제257조 【상해, 존속상해】 ① 사람의 신체를 상해한 자는 7년 이하의 징역, 10년 이하의 자격정지 또는 1천만 원 이하의 벌금에 처한다.
> ③ 전2항의 미수범은 처벌한다.

1. 객관적 구성요건

(1) 객체 – 사람(타인)의 신체

① 자상(自傷)행위 : 특별법의 규정에 의해 처벌받는 것(병역법 제86조, 군형법 제41조 제1항)은 별론으로 하고 상해죄의 적용대상이 아니다. 반면 타인의 신체를 그 대상으로 하고 있다면 저항할 만한 방법이 없는 강박을 사용하여 타인으로 하여금 그의 신체의 자상행위를 하게 한 경우에는 상해죄의 간접정범이 된다(대법원 1970.9.22, 70도1638). [국가9급 13 / 법원행시 06]

② 태아 : 상해죄의 객체가 될 수 없다.

(2) 행위 - 상해

① **상해의 의의** : 상해죄와 폭행죄의 보호법익을 구별하는 입장(다수설)에 의하면, 상해는 생리적 기능을 훼손하는 것이고 폭행은 신체의 완전성을 침해하는 유형력의 행사이다. 즉 상해(傷害)란 신체적·정신적인 병리학적 상태를 야기하거나 악화시키는 유형적(물리적)·무형적(언어적)인 모든 행위를 의미한다(생리적 기능훼손설, 다수설[5] : 협의의 상해개념, 건강을 침해하는 것).

② **상해의 범위 - 생리적 기능의 훼손**

　㉠ **신체상처, 일부이탈** : 건강을 침해하는 정도의 상처를 입힌 경우를 말한다.

　　예 피하출혈, 종창, 찰과상, 처녀막 파열(대법원 1972.6.23, 72도855), [경찰채용 1차 12 / 법원행시 11] 자궁적출(대법원 1993.7.27, 92도2345),[6] [경찰간부 14] 치아탈락 등. 그러나 타인의 모발·눈썹·손톱 등을 절단하거나 기타 외모에 변화를 가져오는 행위가 건강이 훼손될 정도가 아니라면 상해에 속하는 것이 아니고 폭행에 불과하다. 예를 들어 음모절단(대법원 2000.3.23, 99도3099) [경찰채용 12 1차 / 경찰간부 13·14 / 경찰승진 10] 이나 가벼운 멍(대법원 1996.12.23, 96도2673) 반상출혈상과 같은 것은 상해라고 볼 수 없다.

　㉡ **질병감염** : **예** 감염병 감염

　㉢ **기능장애 및 무형의 상해** : **예** 보행불능, 수면장애, 식욕감퇴, 설사, 구토, 실신(대법원 1996.12.10, 96도2529), [경찰채용 10 1차 / 경찰간부 14 / 법원9급 12 / 법원행시 11 / 사시 11] 스트레스 장애(대법원 1999.1.26, 98도3732) [사시 10] 등

　㉣ **태아를 사망에 이르게 하는 행위가 임산부에 대한 상해에 해당하는가의 문제** : 태아를 사망에 이르게 하는 행위가 임산부 신체의 일부를 훼손하는 것이라거나 태아의 사망으로 인하여 그 태아를 양육·출산하는 임산부의 생리적 기능이 침해되는 것으로는 볼 수 없다. 따라서 임산부에 대한 상해가 된다고 볼 수는 없다(대법원 2007.6.29, 2005도3832). [경찰간부 13·14 / 국가7급 10 / 법원9급 12·14 / 사시 10·12]

2. 주관적 구성요건

신체의 건강을 훼손시키겠다는 상해의 고의를 요한다. 단지 폭행의 고의가 있다면 상해의 결과가 발생하더라도 폭행치상죄(제262조)가 성립할 뿐이다. 다만 판례는 "상해죄의 성립에는 상해의 원인인 폭행에 대한 인식이 있으면 충분하고 상해를 가할 의사의 존재까지는 필요하지 아니한 것(대법원 1983.3.22, 83도231; 2000.7.4, 99도4341)" [경찰채용 13·18 2차 / 경찰승진 14] 이라 하여 폭행의 고의로도 충분하다고 보고 있다.

3. 위법성

상해죄에는 그 위법성조각사유로서 사회상규에 위배되지 않는 선에서 행하여진 ① 피해자의 승낙에 의한 행위(제24조)가 적용될 수 있고, ② 장기제공자의 승낙에 의한 장기적출행위는 장기 등 이식에 관한 법률에 의해서, ③ 학교장 등의 교육적 징계행위로 행한 아주 경미한 체벌행위는 초·중등교육법 등에 의한 법령에 의한 행위(정당행위)가 되고,[7] ④ 비직업적 운동선수의 경기 중 상해행위는 사회상규에 위배되지 않는 행위로 접근한 판례가 있으며, ⑤ 의사의 치료행위로 인한 상해는 업무로 인한 행위로 보는 것이 판례이나, 피해자의 승낙에 의한 행위로 접근한 일부 판례도 있다.[8]

---

5 **보충** : 상해개념 ① 생리적 기능 훼손만이 상해이므로 외모의 변경은 상해가 될 수 없다는 협의의 상해개념설(다수설), ② 신체의 완전성에 대한 침해로 보아 외모의 변경도 상해가 될 수 있다는 신체의 완전성 침해설, ③ 생리적 기능의 저하 및 신체의 외모에 대한 '중대한' 변화로 보는 절충설이 있다.

6 의사의 설명이 부정확 또는 불충분하여 이를 듣고 한 환자의 승낙이 유효하지 않다고 보아 업무상 과실치상죄가 성립한다는 판례로서, 총론 위법성론 중 피해자의 승낙에서 검토하였다.

7 체벌에 대하여 정당행위로 본 판례는 대법원 1976.4.27, 75도115, 정당한 징계행위로 볼 수 없다는 판례는 대법원 1990.10.30, 90도1456; 1978.3.14, 78도203 참조

8 의사의 치료행위를 사회상규에 위배되지 않는 행위로 본 판례는 대법원 1978.11.14, 78도2388; 1976.6.8, 76도144, 피해자의 승낙에 의한 행위로 접근한 판례는 대법원 1993.7.27, 92도2345(자궁적출수술 사례) 참조 [사시 13]

4. 죄수 및 다른 범죄와의 관계

(1) 죄수판단의 기준

상해죄의 법익은 신체의 건강으로서 일신전속적 성질을 가지므로 상해죄의 죄수는 피해자의 수를 기준으로 판단해야 한다(대법원 1983.4.26, 83도524). [법원행시 06 · 10 / 사시 13]

(2) 다른 범죄와의 관계

① 살인(미수 · 기수)죄가 성립하면 상해죄는 별도로 성립하지 않는다(법조경합 중 보충관계). 또한 ② 상해행위를 하면서 협박이 수반된 경우에는 상해죄만 성립한다(대법원 1976.12.14, 76도3375). 다만 예외적으로 협박행위와는 별도로 상해가 이루어진 경우에는 협박죄와 상해죄의 경합범이 된다(대법원 1982.6.8, 82도486).

판례연구   상해죄와 협박죄의 죄수

1 대법원 1976.12.14, 76도3375

상해를 하면서 협박한 사례 : 상해죄의 1죄

甲은 소주병으로 乙의 머리를 1회 쳐서 상해를 가하고, 또 동일한 일시에 가위로 乙에게 찔러 죽인다고 협박을 하였다. (원심은 상해죄와 협박죄의 경합범으로 판시했으나) 위 협박사실행위라는 것은 피고인에게 인정된 위 상해사실과 같은 시간 같은 장소에서 동일한 피해자에게 가해진 것임이 명백하여 달리 특별한 사정이 있었음을 찾아볼 수 없는 본 건에 있어서는 상해의 단일범의 하에서 이루어진 하나의 폭언에 불과하여 위 상해죄에 포함되는 행위라고 봄이 상당하다 할 것이다. [법원9급 07(상)]

2 대법원 1982.6.8, 82도486

협박을 하고 나서 별도로 상해를 한 사례 : 협박죄와 상해죄의 경합범

甲은 乙을 사시미칼로 찔러 죽인다고 말하여 乙은 공포심을 느꼈다. 다시 甲은 주먹과 발로 乙을 수회 구타하여 상해를 입혔다. 이는 별개의 법익을 침해한 행위로서 협박죄와 상해죄의 경합범에 해당한다.

---

03   존속상해죄

제257조【상해, 존속상해】 ② 자기 또는 배우자의 직계존속에 대하여 제1항의 죄를 범한 때에는 10년 이하의 징역 또는 1천 500만 원 이하의 벌금에 처한다.
③ 전2항의 미수범은 처벌한다.

본죄는 자기 또는 배우자의 직계존속의 신체를 상해함으로써 성립하는 범죄이며, 직계비속 또는 그 배우자라는 신분으로 인하여 형이 가중되는 부진정신분범이다. 직계존속 및 배우자에 대한 해석은 존속살해죄의 그것과 같다.

04   중상해죄 · 존속중상해죄

제258조【중상해, 존속중상해】 ① 사람의 신체를 상해하여 생명에 대한 위험을 발생하게 한 자는 1년 이상 10년 이하의 징역에 처한다.

② 신체의 상해로 인하여 불구 또는 불치나 난치의 질병에 이르게 한 자도 전항의 형과 같다.

③ 자기 또는 배우자의 직계존속에 대하여 전2항의 죄를 범한 때에는 2년 이상 15년 이하의 유기징역에 처한다. 〈개정 2016.1.6.〉

1. 객관적 구성요건

(1) 행위 – 상해

(2) 결과(부진정결과적 가중범)

① 생명에 대한 위험(구체적 위험범)

② 불구

㉠ 의의 : 불구(不具)란 중요부분의 신체기능의 상실을 의미한다. 구체적으로 불치병·난치병과 같은 정도의 신체기능 상실 상태를 의미한다.

㉡ 중요부분인가의 판단 : 객관설(다수설)에 의하므로, 실명케 하거나(대법원 1960.4.6, 4292형상395) 면도 칼로 콧등을 길이 2.5cm, 깊이 0.56cm 절단케 한 경우(대법원 1970.9.22, 70도1638)[9]는 불구에 해당되고, 치아 2개가 탈락한 것(대법원 1960.2.29, 4292형상413), 1~2개월간 입원할 정도로 다리가 부러지는 상해 또는 3주간의 치료를 요하는 우측 흉부자상(대법원 2005.12.9, 2005도7527) [경찰채용 10 2차 / 경찰간부 13 / 경찰승진 14 / 국가7급 10 / 법원행시 06·10 / 사시 10·13], 피아니스트 또는 농구선수의 손가락의 상해는 불구에 해당하지 않는다.

③ 불치(不治) 또는 난치(難治)의 질병

예 후천성면역결핍증(AIDS), 마비 등

2. 주관적 구성요건

상해에 대한 고의와 무거운 결과인 중상해에 대한 과실 또는 고의(부진정결과적 가중범)가 있어야 한다.

3. 적용범위

폭행의사로 중상해의 결과를 발생시킨 경우에는 '폭행치상죄'가 성립하고 '중상해'의 예에 따라서 처벌된다(제262조).

---

05 특수상해죄

제258조의2【특수상해】 ① 단체 또는 다중의 위력을 보이거나 위험한 물건을 휴대하여 제257조 제1항 또는 제2항의 죄를 범한 때에는 1년 이상 10년 이하의 징역에 처한다.

② 단체 또는 다중의 위력을 보이거나 위험한 물건을 휴대하여 제258조의 죄를 범한 때에는 2년 이상 20년 이하의 징역에 처한다.

③ 제1항의 미수범은 처벌한다.

[본조신설 2016.1.6.]

---

9 타인을 강요하여 자상하게 한 사례로서 중상해죄의 간접정범이 성립한다는 판례이다. 총론의 간접정범 참조

2015년 헌법재판소의 폭처법상 특수폭행·협박·손괴에 대한 위헌결정(과잉금지원칙 위반, 헌법재판소 2015.9.24, 2014헌바154 등, 총론의 죄형법정주의의 적정성원칙 참조)에 따라 2016년 1월 폭처법의 해당 규정을 삭제하고 형벌체계상의 정당성과 균형을 갖추도록 형법에 편입하는 차제에 폭처법의 특수상해죄에 대해서도 동일한 조치가 행해져 형법에 특수상해죄 등이 신설되었다(이외 특수강요죄와 특수공갈죄도 신설). 특수상해·특수중상해죄의 구성요건상 단체 또는 다중의 위력을 보이거나 위험한 물건의 휴대에 관한 해석은 특수폭행죄에서 후술하는 바와 동일하다.

06 상해치사죄 · 존속상해치사죄

> 제259조【상해치사】① 사람의 신체를 상해하여 사망에 이르게 한 자는 3년 이상의 유기징역에 처한다.
> ② 자기 또는 배우자의 직계존속에 대하여 전항의 죄를 범한 때에는 무기 또는 5년 이상의 징역에 처한다.

1. 진정결과적 가중범

전형적인 진정결과적 가중범으로서 고의의 기본범죄로서 상해가, 무거운 결과인 사망에 대한 예견가능성이, 그리고 상해와 과실치사 간에 상당인과관계(다수설은 인과관계와 객관적 귀속)이 요구된다.

2. 예견가능성

안면이나 흉부와 같이 인체의 중요부위를 강타하면 그것이 1회의 타격이라 하더라도 이로 인하여 정신적 흥분과 혈압의 항진을 초래하여 사망에 이를 수 있다는 것은 누구나 예견할 수 있다(예견가능성 긍정, 대법원 1984.12.11, 84도2183; 1981.3.10, 80도3321).

3. 상당인과관계

사망의 결과발생에 대해 피해자의 지병(대법원 1979.10.10, 79도2040; 1970.9.22, 70도1387), 피해자의 불충분한 치료(대법원 1961.9.21, 4294형상447), 의사의 수술지연 등의 과실이 개입되어도 상당인과관계가 인정된다(총론의 결과적 가중범 참조).

4. 공 범

행위자가 공범들과 공동하여 타인의 신체를 상해하거나 폭행을 가하는 기회에 공범 중 1인이 고의로 피해자를 살해한 경우 예견가능성이 있다면 상해치사죄 또는 폭행치사죄의 죄책은 면할 수 없다(판례, 대법원 1991.5.14, 91도580).[10] [국가7급 07]

---

10 이는 결과적 가중범의 공동정범이 가능한가의 문제이기도 하다. 판례는 긍정하지만, 다수설은 과실범의 공동정범의 문제에 관한 기능적 행위지배설의 관점에서 부정하는 입장이다. 총론의 정범과 공범론, 공동정범 또는 총론의 범죄의 특수한 출현형태, 결과적 가중범 참조

07 상해죄의 동시범

> **제263조【동시범】** 독립행위가 경합하여 상해의 결과를 발생하게 한 경우에 있어서 원인된 행위가 판명되지 아니한 때에는 공동정범의 예에 의한다.

거증책임전환규정[11]이며, 판례에 의하면 본조는 상해죄, 폭행치상죄뿐만 아니라 상해치사죄와 폭행치사 죄까지 확장적용된다(대법원 1981.3.10, 80도3321).[12] [국가9급 12 / 국가7급 09]

08 폭행죄

> **제260조【폭행, 존속폭행】** ① 사람의 신체에 대하여 폭행을 가한 자는 2년 이하의 징역, 500만 원 이하의 벌금, 구류 또는 과료에 처한다.
> ③ 제1항 및 제2항의 죄는 피해자의 명시한 의사에 반하여 공소를 제기할 수 없다.

1. 구성요건

(1) 객관적 구성요건

① 객체 – 사람의 신체

② 행위 – 폭행(暴行) : 사람의 신체에 대한 유형력(有形力)의 행사를 의미한다(협의의 폭행). [국가2차 13] 반드시 피해자의 신체에 접촉함을 필요로 하는 것은 아니다(대법원 2003.1.10, 2000도5716; 2008.7.24, 2008도4126; 2009.9.24, 2009도6800 등). [변호사시험 18] 여기에서 유형력의 행사는 신체적 고통을 주는 물리력의 작용을 의미하는데, '유형력'이라 함은 반드시 육안으로 보이는 힘만 의미하는 것이 아니라 과학적으로 관찰할 때 물리력이 행사되었다고 인정되는 경우도 포함되므로, 신체의 청각기관을 직접적으로 자극하는 음향도 유형력에 포함될 수 있다. [법원9급 10] 다만 거리상 멀리 떨어져 있는 사람에게 전화기를 이용하여 전화하면서 고성을 내거나 그 전화 대화를 녹음 후 듣게 하는 경우에는 특수한 방법으로 수화자의 청각기관을 자극하여 그 수화자로 하여금 고통스럽게 느끼게 할 정도의 음향을 이용하였다는 등의 특별한 사정이 없는 한 신체에 대한 유형력의 행사를 한 것으로 보기 어렵다(다수설·판례 : 대법원 2003.1.10, 2000도5716 –심수봉 사건–). 이렇듯 무형력 [경찰승진 13] 이나 욕설(대법원 2001.3.9, 2001도227)만으로는 폭행에 해당하지 않는다. [국가9급 12]

> **예** 폭행의 예 : 구타, 밀치는 행위, 침 뱉는 행위, 손이나 옷을 잡아당기는 행위, 모발·수염 절제, 몽둥이를 휘두르는 것, 일시적인 자유의 구속, 마취약 사용, 최면술 사용, 심한 폭언·욕설·소음(귀에 가까이 대고 고성을 지름으로써 피해자의 청각기관에 심히 피해를 줄 수 있는 정도) 등

---

11 총론의 공동정범, 동시범 참조
12 자세한 것은 총론의 정범과 공범론, 공동정범 중 동시범 및 동시범의 특례 참조

구 분	내 용	예
최광의의 폭행	사람·물건에 대한 일체의 유형력의 행사	내란죄, 소요죄, 다중불해산죄
광의의 폭행	사람에 대한 직접·간접의 유형력의 행사	공무집행방해죄, [경찰채용 13 2차] 특수도주죄, 직무강요죄, 강요죄, 공갈죄
협의의 폭행	사람의 신체에 대한 유형력의 행사	특수공무원폭행죄, 폭행죄 [경찰채용 13 2차]
최협의의 폭행	상대방의 반항을 불가능하게 하거나 현저히 곤란하게 할 정도의 유형력의 행사	강간죄(반항 현저 곤란 要), 강도죄(반항 억압 要)

③ **대상** : 사람의 신체에 대한 것이어야 한다. 따라서 단순히 물건에 대한 유형력 행사는 본죄의 폭행이 아니다.

> **예** 타인의 집 뜰에 인분을 던지는 행위, 욕설을 하면서 잠긴 대문을 발로 찬 행위(대법원 1991.1.29, 90도2153). [법원9급 10] 그러나 신체에의 직접적인 접촉은 요하지 않는다(대법원 1990.2.13, 89도1406). [경찰채용 18 2차]

④ **기수시기** : 사람의 신체에 대한 불법한 공격이라고 볼 수 있는 유형력의 행사만 있으면 기수에 이른다 (거동범). 따라서 본죄에 있어서 구체적인 결과발생이나 인과관계는 요하지 않는다.

(2) 주관적 구성요건

① **고의** : 사람의 신체를 향한 유형력의 행사라는 점에 대한 인식과 의사가 있어야 한다.

② **상해의 고의로 폭행하여 폭행의 정도에 그친 경우** : 상해미수죄가 성립한다.

③ **폭행의 고의로 폭행하여 상해의 결과가 발생한 경우** : 폭행치상죄가 성립한다.

2. 반의사불벌죄

본죄는 피해자의 명시한 의사에 반하여 공소를 제기할 수 없다(제260조 제3항 및 형사소송법 제327조 제6호).

[경찰승진 13]

09 특수폭행죄

> **제261조 【특수폭행】** 단체 또는 다중의 위력을 보이거나 위험한 물건을 휴대하여 제260조 제1항 또는 제2항의 죄를 범한 때에는 5년 이하의 징역 또는 1천만 원 이하의 벌금에 처한다.

1. 객관적 구성요건

(1) 단체 또는 다중의 위력을 보이는 경우

① **단체** : 공동목적을 가진 다수인의 계속적·조직적 결합체를 말한다. 여기서 다수인은 집단적 위력을 보일 정도의 다수 혹은 그에 의해 압력을 느끼게 해 불안을 줄 정도의 다수를 의미한다.

② **다중** : 단체를 이루지 못한 다수인의 단순한 집합을 말한다. 다중(多衆)은 계속적·조직적 결합체가 아니므로 적어도 동일한 장소에 집결되어 있을 것을 요한다.

③ **위력을 보여** : 상대방의 의사가 현실적으로 제압될 것을 요하지는 않지만, 상대방의 의사를 제압할 만한 세력을 인식시킬 정도는 되어야 한다(대법원 2006.2.10, 2005도174). 또한 본죄는 합동범이 아니기 때문에 단체·다중의 현장성은 요하지 않는다(통설). [경찰채용 20 2차]

(2) 위험한 물건을 휴대하는 경우

① 위험한 물건

　ㄱ 의의 : 제조의 목적을 불문하고 그 물건의 객관적 성질 및 사용방법에 따라서 사람의 생명 또는 신체에 위험을 야기할 수 있는 것을 말하고,[13] 구체적인 사안에서 사회통념에 비추어 그 물건을 사용하면 상대방이나 제3자가 생명 또는 신체에 위험을 느낄 수 있는지 여부에 따라 판단한다(대법원 2003.1.24, 2002도5783).

　ㄴ 위험한 물건에 해당되는 경우 : 삽날 길이 21cm 가량의 야전삽,[14] 자동차,[15] 맥주병,[16] 곡괭이 자루,[17] 시멘트 벽돌,[18] 깨진 유리조각,[19] 길이 약 35cm, 너비 약 9cm의 각목,[20] 양복점에서 재단용으로 사용하는 가위,[21] 마요네즈(유리)병,[22] 드라이버,[23] 쪽가위,[24] 안전면도용 칼날,[25] 부러 진 걸레자루, 당구 큐대, 화학약품, 사주된 동물, 전기톱, 마이크, 자동차(대법원 2001.2.23, 2001도271), CS최루분말 비산형 최루탄(대법원 2014.6.12, 2014도1894) 등은 위험한 물건이라 할 수 있다.

　ㄷ 위험한 물건에 해당되지 않는 경우 : 객관적 성질은 위험성이 있더라도 그 사용방법이 사람의 생명·신체에 위험을 일으키지 않을 정도라면 본죄의 위험한 물건에 해당되지 않는다.

② 휴대(携帶)

　ㄱ 의의 : 몸에 지니는 것(소지)을 의미하지만 반드시 여기에 국한되는 것은 아니고 널리 이용한다는 뜻도 가지고 있다(대법원 2001.2.23, 2001도271). 그러나 반드시 악지·회중에 지닐 것을 요하지 않고 상대방에게 인식시킬 것도 요하지 않는다(통설).

　ㄴ 휴대에 해당되는 경우 : (구)폭처법 제3조 제1항에는 '흉기 기타 위험한 물건을 휴대하여 그 죄를 범한 자'를 가중처벌하는 규정을 두고 있었는데, 여기에서 '범행현장'에서 '사용하려는 의도' 아래 흉기 기타 위험한 물건을 '소지하거나 몸에 지니거나 몸 가까운 데 두는 경우'를 가리키는 것이다(대 법원 1991.4.9, 91도427; 1992.5.12, 92도381; 2007.3.30, 2007도914). [사시 13] 또한 범행 현장에서 범행에 사용하려는 의도 아래 흉기 등 위험한 물건을 소지하거나 몸에 지닌 이상 그 사실을 피해자가 인식하거 나 실제로 범행에 사용하였을 것까지 요구되지 않는다. [경찰승진 22 / 법원행시 13 / 사시 13]

　ㄷ 휴대에 해당되지 않는 경우 : 자기가 기거하는 장소에 보관한 것에 불과하고 범행현장에서 휴 대하지 않은 경우(대법원 1992.5.12, 92도381), [경찰간부 21] 범행과 무관하게 우연히 소지한 경우(대 법원 1983.9.13, 83도1323; 1985.10.8, 85도1851; 1990.4.24, 90도401; 2008.7.24, 2008도2794), 주거침입을 하 는 자가 휴대하지 않은 경우 등은 위험한 물건을 휴대하였다고 볼 수 없다.

---

13 한편 '흉기'(형법 제146조의 특수도주죄, 제331조 제2항의 특수절도죄, 제334조 제2항의 특수강도죄)란 도검류와 같이 그 제조목적이 애초부터 사람을 살상하려고 만들어진 물건을 말한다. 다만 실제에 있어서 큰 차이는 없다.
14 (구)폭처법 제3조 제1항 '흉기 기타 위험한 물건'에 해당한다(대법원 2001.11.30, 2001도5268).
15 (구)폭처법 제3조 제1항의 '위험한 물건'을 휴대한 폭행에 해당된다는 판례는 대법원 2001.2.23, 2001도271, 형법 제144조의 특수공무 집행방해죄의 '위험한 물건'을 휴대한 폭행에 해당된다는 판례는 대법원 1984.10.23, 84도2001.
16 대법원 1991.12.27, 91도2527; 1997.5.30, 97도597
17 대법원 1990.1.25, 89도2245
18 대법원 1990.1.23, 89도227
19 땅바닥에 때려 깨뜨린 2홉들이 소주병 조각은 그 위험성으로 보아 (구)폭처법 제3조 제1항에서 말하는 흉기 기타 위험한 물건에 해당한다(대법원 1986.6.24, 86도947).
20 대법원 1985.10.8, 85도1717
21 대법원 1985.3.26, 85도157
22 대법원 1984.6.12, 84도647
23 대법원 1984.2.14, 83도3165
24 대법원 1984.1.17, 83도2900
25 대법원 1978.10.10, 78도2027

2. 주관적 구성요건 – 고의

본죄의 구성요건에 해당하려면 단체·다중의 위력을 보이거나 위험한 물건을 휴대하고 폭행한다는 사실에 대한 인식과 의사가 있어야 한다. 따라서 위험한 물건을 휴대한 사실을 인식하지 못하면 본죄가 성립하지 않고 단순폭행죄(제260조)가 성립할 뿐이다.

10 폭행치사상죄

> **제262조【폭행치사상】** 제260조와 제261조의 죄를 지어 사람을 사망이나 상해에 이르게 한 경우에는 제257조부터 제259조까지의 예에 따른다. 〈우리말 순화 개정 2020.12.8.〉

본죄는 폭행죄·특수폭행죄에 대한 결과적 가중범이며, 발생한 결과에 따라 상해죄·존속상해죄·중상해죄·존속중상해죄·상해치사죄에 정한 형으로 처벌된다.

11 상습상해·폭행죄

> **제264조【상습범】** 상습으로 제257조, 제258조, 제258조의2, 제260조 또는 제261조의 죄를 범한 때에는 그 죄에 정한 형의 2분의 1까지 가중한다.

행위자의 동종범죄의 습벽으로 인한 책임가중유형이며(부진정신분범. 행위자책임), 집합범으로서 포괄일죄가 된다(다수설·판례).[26] 다만, 여기에서 말하는 '상습'이란 위 규정에 열거된 상해 내지 폭행행위의 습벽을 말하는 것이지 다른 유형의 범죄까지 고려되는 것은 아니다(대법원 2018.4.24, 2017도21663). [경찰승진 22] 또한 단순폭행, 존속폭행의 범행이 동일한 폭행 습벽의 발현에 의한 것으로 인정되는 경우, 그 죄수는 형이 무거운 상습존속폭행죄의 포괄일죄가 되며, 상습존속폭행죄로 처벌되는 경우 제260조 제3항이 적용되지 않으므로 피해자의 명시한 의사에 반하여 공소를 제기할 수 있게 된다(반의사불벌죄 ×, 대법원 2018.4.24, 2017도10956). [경찰승진 22]

12 폭처법·특가법상 특수폭행 등의 죄

폭처법에서는 상해죄와 폭행죄를 2인 이상이 공동하여 범하는 경우 형법의 형의 2분의 1까지 가중처벌하는 규정을 두고 있다(폭처법 제2조 제2항). 다만, 야간폭행 시 가중처벌규정(동법 제3조 제2항)은 2006년 삭제되었고, 나아가 2016.1.6. 개정에 의하여 상습적으로, 또는 단체 또는 다중의 위력으로써 또는 단체나 집단을 가장하여 위력을 보임으로써 또는 흉기 기타 위험한 물건을 휴대하여, 또한 이러한 범죄를 상습적으로 범한 경우 가중처벌(종래 최소 1년 이상 30년 이하의 징역)하는 규정(동법 제2조 제1항, 제3조 제1항·제3항)도

---

26 총론의 죄수론, 포괄일죄 중 집합범 참조

적정성원칙 중 죄형균형원칙 위반을 이유로 모두 삭제되었다.

　한편, 특가법에서는 운행 중인 자동차 운전자에 대한 폭행 등을 가중처벌하는 규정을 두고 있다. 즉, 운행 중(여객자동차운송 자동차 운행 중 운전자가 여객의 승차·하차 등을 위하여 일시 정차한 경우 포함)인 자동차의 운전자를 폭행하거나 협박한 사람은 5년 이하의 징역 또는 2천만 원 이하의 벌금에 처한다(특가법 제5조의10 제1항). 위 죄를 범하여 사람을 상해에 이르게 한 경우에는 3년 이상의 유기징역에 처하고, 사망에 이르게 한 경우에는 무기 또는 5년 이상의 징역에 처한다(동조 제2항). 특가법상 운전자폭행은 정차 중인 버스의 전사를 폭행한 경우에도 적용될 수 있다.

제3절 과실치사상의 죄

01 과실치상죄

> 제266조 【과실치상】 ① 과실로 인하여 사람의 신체를 상해에 이르게 한 자는 500만 원 이하의 벌금, 구류 또는 과료에 처한다.
> ② 제1항의 죄는 피해자의 명시한 의사에 반하여 공소를 제기할 수 없다.

　전형적인 과실범 처벌규정으로서 그 구성요건으로는 구성요건적 결과발생, 객관적 주의의무위반, 양자 간의 상당인과관계(인과관계 및 객관적 귀속)이 요구된다.[27] 본죄는 반의사불벌죄이다.

02 과실치사죄

> 제267조 【과실치사】 과실로 인하여 사람을 사망에 이르게 한 자는 2년 이하의 금고 또는 700만 원 이하의 처한다.

　본죄와 업무상 과실치사상죄, 중과실치사상죄는 반의사불벌죄가 아니다.

03 업무상 과실·중과실치사상죄

> 제268조 【업무상 과실·중과실치사상】 업무상 과실 또는 중대한 과실로 사람을 사망이나 상해에 이르게 한 자는 5년 이하의 금고 또는 2천만 원 이하의 벌금에 처한다. 〈우리말 순화 개정 2020.12.8.〉

---

27 과실범 성립요건 및 판례에 대한 자세한 정리는 총론의 범죄의 특수한 출현형태론, 과실범 참조

1. 업 무

(1) 의 의

업무(業務)란 사람이 사회생활상의 지위에 기하여(사회성) 계속해서(계속성) 행하는 사무이다.

(2) 성격 – 업무방해죄의 업무와의 차이점

① 생명 · 신체에 대한 위험 관련성 : 업무로 인하여 형이 가중되는 본죄의 성격을 고려할 때 본죄의 업무는 –업무방해죄와는 달리– 사람의 생명 · 신체에 대한 위험을 수반하거나 방지하는 업무에 한정된다. [경찰승진 12] 따라서 단지 건물의 소유자라는 사정만으로는 본죄의 업무자라 할 수 없다. [경찰채용 20 1차 / 경찰채용 12 3차 / 경찰간부 14 / 법원행시 09 · 13]

② 형법상 보호가치 : 업무방해죄와는 달리 보호가치 없는 업무나 보호하기에 적합하지 않은 업무도 포함된다(대법원 1961.3.22, 4294형상5).

　　예 무면허의료, 오락목적의 자동차 운전

2. 업무의 요건

(1) 사회성

① 의의 : 업무는 사람의 사회적 활동으로서의 의미를 가져야 한다.

② 내 용

　㉠ 사람의 사회생활상의 지위에 기한 사무는 업무이다.

　　예 직업, 영업, 직무

　㉡ 사회생활상의 지위에 기한 것은 아닐지라도, 사람이 사회생활을 유지하면서 계속하여 종사하는 사무도 업무에 해당한다.

　　예 오락목적의 계속적 · 반복적 자동차 운전

　㉢ 사람의 개인적 · 자연적 생활현상은 업무가 아니다.

　　예 식사, 산책, 수면, 육아, 가사

(2) 계속성

① 의의 : 객관적으로 상당한 횟수 반복되거나 반복 · 계속할 의사로 행해진 것이어야 한다.

② 내 용

　㉠ 계속성이 없는 경우는 업무가 아니다.

　　예 호기심으로 단 1회 운전한 경우(판례)

　㉡ 계속 · 반복의 의사가 있는 단 1회의 행위도 업무이다.

　　예 의사의 개업 첫날 의료사고

　㉢ 계속 · 반복의 사실은 있으나, 행위의 태양 · 목적이 다른 경우도 업무이다.

　　예 트럭운전자가 자신의 승용차를 운전하는 것

(3) 사 무

업무는 사회생활상 계속성을 가진 사무이어야 하며, 사람의 생명 · 신체를 침해할 위험이 높은 일에 국한된다.

　예 자동차 운전, 의료행위, 각종 위험시설물 관리, 보모의 육아, 보육원의 아동보호행위, 초등학교 교사의 학생감독 등

표정리 각칙상 업무의 종류 및 기능

구 분	내 용	예
과실범의 업무	일반인에 비하여 주의의무 내지 예견가능성이 크기 때문에 책임이 가중됨	업무상 과실치사상죄, 업무상 실화죄, 업무상 과실교통방해죄, 업무상 과실장물취득죄
진정신분범의 업무	업무자의 행위만이 객관적 구성요건에 해당함	업무상 비밀누설죄, 허위진단서작성죄, 업무상 과실장물죄, 업무상 위력에 의한 간음죄
부진정신분범의 업무	업무자라는 신분 때문에 책임이 가중됨	업무상 횡령·배임죄, 업무상 과실치사상죄 등 업무상 과실범
보호법익으로서의 업무	업무 자체가 보호법익이 되는 것으로서 형법상 보호할 가치 있는 업무로 제한됨	업무방해죄
행위태양으로서의 업무	업무가 구성요건적 행위의 태양을 이룸	아동혹사죄

제4절 낙태의 죄

01 총 설

1. 의의·법익

낙태죄는 태아를 자연분만기에 앞서 인위적 방법으로 모체 외로 배출하거나 모체 내에서 살해함으로써 성립하는 범죄이다. 낙태죄의 주된 보호법익은 태아의 생명·신체의 안전이지만, 부차적으로는 모체의 생명·신체의 안전도 그 보호법익으로 삼고 있다(통설).

2. 법익보호의 정도

학설이 대립하나, 자연분만기 이전에 인공적으로 모체외 배출하는 행위(협의의 낙태)와 모체 내에서 태아를 그대로 살해하는 행위(광의의 낙태) 모두 다 낙태행위로 보는 위험범설이 다수설·판례이다.

3. 미수, 예비·음모, 과실범

낙태죄는 미수범, 예비·음모, 과실범 처벌규정을 모두 두고 있지 않다.

4. 헌법불합치결정

2019년 4월 11일, 헌법재판소는 임신한 여성의 자기낙태를 처벌하는 형법 제269조 제1항, 의사가 임신한 여성의 촉탁 또는 승낙을 받아 낙태하게 한 경우를 처벌하는 형법 제270조 제1항 중 '의사'에 관한 부분은 모두 헌법에 합치되지 아니하며, 위 조항들은 2020.12.31.을 시한으로 입법자가 개정할 때까지 계속 적용된다는 헌법불합치결정을 선고하였다(헌법재판소 2019.4.11, 2017헌바127).

이에 낙태죄에 관한 정부의 형법개정안이 국무회의를 통과하였으나(2020.11.24.)[28] 원안 그대로 국회에서 입법이 될지는 확신할 수 없다. 여하튼, 2021.1.1.부터 형법상 낙태죄 처벌규정은 효력이 상실된 상태이나, 어떤 방향으로든 개정이 될 것임은 분명하므로 이 절의 내용은 유지하기로 하였다. 향후 입법이 주목된다.

02 자기낙태죄

> **제269조 【낙 태】** ① 부녀가 약물 기타 방법으로 낙태한 때에는 1년 이하의 징역 또는 200만 원 이하의 벌금에 처한다.

1. 구성요건

(1) 객관적 구성요건

① **주체 – 임부** : 본죄는 임부(姙婦)이어야 범할 수 있는 진정신분범이므로, 임부 아닌 자는 본죄의 간접정범이 될 수 없고, 부동의낙태죄의 정범이 될 뿐이다(통설). 또한 자기낙태죄는 임부 혼자서도 범할 수 있는 범죄이므로, 그 자체가 대향범은 아니다.[29]

② **객체 – 모체 내에 살아 있는 태아**[30](태아의 종기＝사람의 시기)

③ **행위 – 낙태**

㉠ **의의** : 협의로는 자연적 분만기에 앞서서 인위적인 방법에 의하여 태아를 모체 밖으로 배출시키는 것이다. 나아가 광의로는 태아를 모체 내에서 살해하는 것까지 포함된다.

㉡ **(추상적 위험범설에 의한) 기수시기**

ⓐ **협의의 낙태** : 추상적 위험범이므로 태아가 모체 밖으로 배출된 때에는 기수가 성립된다(다수설·판례). 낙태시술의 결과 태아의 사망 여부는 낙태죄의 성립에 영향을 주지 않는다(대법원 2005.4.15, 2003도2780). [경찰승진(경장) 11 / 경찰승진 10 / 사시 10·12] 그런데 만약 배출된 태아가 살아 있는 상태이어서 배출된 생존태아를 살해하면 낙태죄와 살인죄(영아살해죄)의 경합범이 된다. [법원9급 07(상) / 법원9급 14 / 법원행시 14 / 사시 10·12]

ⓑ **광의의 낙태** : 모체 내에서 태아를 살해한 때에 기수가 된다.

(2) 주관적 구성요건 – 고의

---

28 참고 : 낙태죄에 관한 정부의 형법개정안의 내용이다. 제270조의2를 다음과 같이 신설한다.
　　제270조의2(낙태의 허용요건) ① 제269조 제1항, 제2항 또는 제270조 제1항의 행위가 임신 14주 이내에 의사에 의하여 의학적으로 인정된 방법으로 이루어진 때에는 처벌하지 아니한다.
　　② 제269조 제1항, 제2항 또는 제270조 제1항의 행위가 임신 24주 이내에 의사에 의하여 의학적으로 인정된 방법으로 이루어지고 다음 각 호의 어느 하나에 해당하는 때에는 처벌하지 아니한다. 다만 제3호에 해당하는 경우에는 임신한 여성이 모자보건법에서 정한 상담을 받고, 그 때부터 24시간이 경과하여야 한다.
　　1. 강간 또는 준강간(準强姦) 등 범죄행위로 인하여 임신된 경우
　　2. 법률상 혼인할 수 없는 혈족 또는 인척 간에 임신된 경우
　　3. 임신의 지속이 사회적 또는 경제적 이유로 임신한 여성을 심각한 곤경에 처하게 하거나 처하게 할 우려가 있는 경우
　　4. 임신의 지속이 보건의학적 이유로 임신한 여성의 건강을 심각하게 해치고 있거나 해칠 우려가 있는 경우
　　③ 임신한 여성이 모자보건법에서 정한 상담절차에 따라 임신의 지속, 출산 및 양육에 관한 충분한 정보를 제공받고 숙고 끝에 임신을 지속할 수 없다는 자기 결정에 이른 경우에는 제2항 제3호의 사유가 있는 것으로 추정한다.
29 보충 : 낙태죄는 필요적 공범(대향범)이다. (×) (업무상) 동의낙태죄와 자기낙태죄는 대향범이다. (○)
30 태아가 되는 시기는 수정된 때가 아니라 수정란이 초기 배아단계를 지나 자궁점막에 착상한 때이다.

2. 위법성

(1) 긴급피난

임부의 생명을 구하기 위한 낙태는 위법성이 조각된다(우월한 이익보호의 원칙).

(2) 모자보건법(제14조) - 법령에 의한 행위 [국가9급 11]

의사는 임신한 날로부터 24주일 이내에 있는 자이며(모자보건법 시행령 제15조) 우생학적·윤리적·의학적 정당화사유가 있는 경우에 한하여 본인과 배우자(사실상의 배우자 포함)의 동의를 얻어 인공임신중절수술을 할 수 있다(모자보건법 제14조).

① 우생학적 정당화사유 : 본인이나 배우자가 대통령령으로 정하는 우생학적 또는 유전학적 정신장애나 신체장애(제1호)나 전염성 질환이 있는 경우(제2호)

② 윤리적 정당화사유 : 강간 또는 준강간에 의하여 임신되거나(제3호) 법률상 혼인할 수 없는 혈족 또는 인척 간에 임신한 경우(제4호)

③ 의학적 정당화사유 : 임신의 지속이 보건의학적 이유로 모체의 건강을 심히 해하고 있거나 해할 우려가 있는 경우(제5호). 이 경우는 임신의 지속이 모체의 생명과 건강에 심각한 위험을 초래하게 되어 모체의 생명과 건강만이라도 구하기 위하여 인공임신중절수술이 부득이하다고 인정되는 경우를 말한다(대법원 1985.6.11, 84도1958; 2005.4.15, 2003도2780).

④ 문제되는 경우 : 임신의 지속이 임부·가족의 경제적 상황을 현저히 악화시키는 것을 이유로 하는 사회적·경제적 사유에 의한 낙태는 구법상 처벌되었으나, 향후 법개정이 이루어진다면 역시 정당화사유가 될 수 있다.

03 동의낙태죄

제269조【낙 태】 ② 부녀의 촉탁 또는 승낙을 받아 낙태하게 한 자도 제1항의 형과 같다.

자기낙태죄를 시술자 쪽에서 보아 독립한 구성요건으로 규정한 것으로서, 자기낙태죄와는 대향범관계이다. 따라서 시술자는 동의낙태죄 허락한 임부는 자기낙태죄가 된다.

04 업무상 동의낙태죄

제270조【의사 등의 낙태, 부동의낙태】 ① 의사, 한의사, 조산사, 약제사 또는 약종상이 부녀의 촉탁 또는 승낙을 받아 낙태하게 한 때에는 2년 이하의 징역에 처한다.

본죄는 신분으로 인하여 책임이 가중되는 가중적 구성요건이다(부진정신분범). 업무상 촉탁·승낙낙태죄라고도 한다. 그 주체는 의사·한의사·조산사·약제사·약종상으로서, 제한적으로 열거된 자에 한하므로, 치과의사·수의사·간호사는 포함될 수 없고, 모두 면허 있는 자로 제한된다. 따라서 본죄의 주체가 아닌 자의 경우에는 보통의 동의낙태죄가 될 뿐이다.

05 부동의낙태죄

제270조【의사 등의 낙태, 부동의낙태】 ② 부녀의 촉탁 또는 승낙 없이 낙태하게 한 자는 3년 이하의 징역에 처한다.

부동의낙태에 필수적으로 수반되는 임부의 신체상해는 불가벌적 수반행위이다. 다만 그 이상의 상해는 고의 유무에 따라 본죄와 상해죄의 상상적 경합 또는 낙태치상죄가 성립한다.

06 낙태치사상죄

제269조【낙 태】 ③ 제2항의 죄를 범하여 부녀를 상해에 이르게 한 때에는 3년 이하의 징역에 처한다. 사망에 이르게 한 때에는 7년 이하의 징역에 처한다.

제270조【의사 등의 낙태, 부동의낙태】 ③ 제1항 또는 제2항의 죄를 범하여 부녀를 상해에 이르게 한 때에는 5년 이하의 징역에 처한다. 사망에 이르게 한 때에는 10년 이하의 징역에 처한다.

결과적 가중범이지만, 낙태죄에는 미수범 처벌규정이 없는 점을 고려하여 낙태기수인 상태에서 사상의 결과가 발생된 경우에만 본죄가 성립한다는 것이 다수설이다.

제5절 유기와 학대의 죄

01 총 설

유기와 학대의 죄는 크게 도움이 필요한 사람을 보호할 의무가 있는 자가 갖다 버리거나 놔둬 버리는 유기행위로써 범하는 유기죄와 자기의 보호·감독을 받는 사람을 가혹하게 대하는 학대죄로 구성되어 있다. 자기의 보호·감독을 받는 아동으로 하여금 생명·신체에 위험한 일을 하게 만드는 아동혹사죄는 학대죄의 한 유형이다.

유기죄는 피유기자의 생명·신체의 안전을 보호법익으로 하는 추상적 위험범이고, [경찰간부 11 / 경찰승진 13] 학대죄는 피보호·감독자의 생명·신체의 안전 및 인격권을 보호법익으로 하는 추상적 위험범이며, 아동혹사죄는 피보호·감독아동의 복지권을 보호법익으로 하는 추상적 위험범이다. 유기와 학대의 죄는 모두 거동범으로서 미수를 벌하지 않는다.

02 유기죄

제271조 【유기, 존속유기】 ① 나이가 많거나 어림, 질병 그 밖의 사정으로 도움이 필요한 사람을 법률상 또는 계약상 보호할 의무가 있는 자가 유기한 경우에는 3년 이하의 징역 또는 500만 원 이하의 벌금에 처한다. 〈우리말 순화 개정 2020.12.8.〉

1. 객관적 구성요건

(1) 주체 – 요부조자를 보호할 법률상·계약상 의무 있는 자

유기죄가 성립하기 위해서는 행위자가 '나이가 많거나 어림, 질병 그 밖의 사정으로 도움이 필요한 사람을 법률상 또는 계약상 보호할 의무가 있는 자'에 해당하여야 한다(보호의무자 : 진정신분범).

① 보호의무의 근거

㉠ **법률상의 보호의무** : 민법상 부부간의 부양의무(대법원 2018.5.11, 2018도4018)처럼 민법상 여러 부양 의무가 포함되나, 어디까지나 요부조자(要扶助者)의 생명·신체와 관련된 보호의무라는 점에서 피부양자의 경제적 곤궁사정과 관련된 민법상의 부양의무의 범위와 일치하는 것은 아니다. 또한 법률혼관계가 아니라 사실혼관계에 있는 경우에도 법률상 보호의무는 인정된다(대법원 2008.2.14, 2007도3952). [경찰승진 13·17] 다만 단순한 동거 또는 간헐적인 정교관계를 맺고 있다는 사정만으로는 부족하다.

> 예 1. 공법 → • 경찰관직무집행법에 의한 경찰관의 보호조치의무(제4조)
> • 도로교통법에 의한 사고운전자의 구호의무(제54조 제1항, 제106조)
> 2. 사법 → • 민법상 부부·친족 간 부양의무(제826조 제1항, 제974조 등)
> • 친권자의 자녀에 대한 보호의무(제913조)

㉡ **계약상의 보호의무**

ⓐ **보호의무가 계약에 기한 주된 급부의무인 경우** : 간호사, 간병인, 보모나 유치원 교사 등의 경우를 말한다.

ⓑ **보호의무가 부수적 의무인 경우** : 유기죄의 '계약상 의무'가 계약에 기한 주된 급부의무가 부조를 제공하는 것인 경우로 한정되는 것은 아니다. 따라서 계약의 해석상 계약관계의 목적이 달성될 수 있도록 상대방의 신체·생명에 대하여 주의와 배려를 한다는 부수적 의무의 한 내용으로 상대방을 부조하여야 하는 경우도 포함된다. 다만, 부수의무로서의 민사적 부조의무(扶助義務)·보호의무가 인정된다고 해서 유기죄의 '계약상 의무'가 당연히 긍정된다고는 말할 수 없고(원칙적 부정), 당해 계약 및 부조와 관련된 제반사항을 고려하여 신중하게 판단해야 한다(예외적 긍정)(주점 운영자에게도 예외적인 경우에는 생명·신체 보호의무가 인정되므로 유기치사죄가 성립한다는 사례, 대법원 2011.11.24, 2011도12302). [경찰승진 22 / 국가9급 14·20·21 / 법원행시 14 / 사시 14]

㉢ **사회상규·관습·조리상의 보호의무가 포함되는가의 문제** : 유추해석금지원칙상 부정된다는 것이 다수설·판례이다(일정 거리를 동행한 것만으로는 보호의무가 없다는 판례는 대법원 1977.1.11, 76도3419). [경찰승진 10 / 국가7급 07] 따라서 유기죄의 보호의무는 부진정부작위범의 작위의무보다 좁게 파악된다.

(2) 객체 – 나이가 많거나 어림, 질병 그 밖의 사정으로 도움이 필요한 사람(요부조자)

부조를 요하게 된 원인인 나이가 많거나 어림, 질병 그 밖의 사정을 행위주체 스스로 야기한 경우에도 역시 본죄의 보호의무가 인정된다. 여기에서 기타 사정에는 명정상태에 빠진 경우를 생각할 수 있다.

(3) 행위 – 유기

요부조자를 보호 없는 상태에 둠으로써 그의 생명·신체에 위험을 가져오는 행위를 말하며(추상적 위험범), 작위·부작위나 협의·광의를 불문하고, 장소적 이전도 요하지 아니한다.

표정리 유기의 종류

협 의	요부조자를 보호받는 상태에서 적극적으로 보호 없는 상태로 옮기는 장소적 이전행위이다(적극적 유기). 이를 이치(移置)라고도 한다.
광 의	요부조자를 종래의 상태에 두고 떠나거나(장소적 격리), 생존에 필요한 보호를 하지 않는 부작위도 포함한다(소극적 유기도 포함, 통설·판례). 이를 치거(置去)라고도 한다.

2. 주관적 구성요건 – 고의

행위자는 상대방이 요부조자라는 점, 자신이 이에 대한 보호의무가 있다는 점, 요부조자에 대한 보호책임의 발생원인이 된 사실(상황)이 존재한다는 점, 나아가 이에 기한 부조의무를 해태한다는 인식을 하여야 본죄가 성립한다(피해자가 객실에서 뛰어내린 것 자체를 알지 못하였다면 유기의 고의가 없다는 판례는 대법원 1988.8.9, 86도225). [경찰간부 11 / 경찰승진 13]

➔ 만약 단순한 유기의 의사를 뛰어넘어, 살인의 고의가 있으면 살인죄가 성립한다(법조경합 중 보충관계).

03 존속유기죄

제271조【유기, 존속유기】 ② 자기 또는 배우자의 직계존속에 대하여 제1항의 죄를 지은 경우에는 10년 이하의 징역 또는 1천 500만 원 이하의 벌금에 처한다. 〈우리말 순화 개정 2020.12.8.〉

본죄는 직계비속 또는 그 배우자라는 신분관계로 인하여 형이 가중되는 부진정신분범이다.

04 중유기죄·존속중유기죄

제271조【유기, 존속유기】 ③ 제1항의 죄를 지어 사람의 생명에 위험을 발생하게 한 경우에는 7년 이하의 징역에 처한다.
④ 제2항의 죄를 지어 사람의 생명에 위험을 발생하게 한 경우에는 2년 이상의 유기징역에 처한다. 〈우리말 순화 개정 2020.12.8.〉

본죄는 구체적 위험범이자 부진정결과적 가중범이므로, 사람의 생명 [경찰승진 13] 에 대한 위험에 대해서 과실(예견가능성)뿐만 아니라 고의가 있는 경우에도 성립한다.

05 영아유기죄

> **제272조【영아유기】** 직계존속이 치욕을 은폐하기 위하거나 양육할 수 없음을 예상하거나 특히 참작할 만한 동기로 인하여 영아를 유기한 때에는 2년 이하의 징역 또는 300만 원 이하의 벌금에 처한다.

본죄는 유기죄보다 책임이 감경되는 감경적 구성요건이다(부진정신분범). 영아살해죄의 주체는 법률상 직계존속으로 한정된다는 판례가 있으나, 본죄의 주체에 대해서는 명시적인 판례는 없고 사실상 직계존속도 포함된다는 것이 다수설이다. 또한 영아살해죄의 객체는 '분만 중 또는 분만 직후의 영아'이지만 본죄의 객체는 '영아'이므로 약간 성장한 유아의 경우도 본죄의 객체가 될 수 있다(통설).

06 학대죄 · 존속학대죄

> **제273조【학대, 존속학대】** ① 자기의 보호 또는 감독을 받는 사람을 학대한 자는 2년 이하의 징역 또는 500만 원 이하의 벌금에 처한다.
> ② 자기 또는 배우자의 직계존속에 대하여 전항의 죄를 범한 때에는 5년 이하의 징역 또는 700만 원 이하의 벌금에 처한다.

1. 주체 – 타인을 보호 · 감독하는 자

신분범이라는 점에서 유기죄와 같지만, 사무관리 · 관습 · 조리에 의한 경우도 포함된다는 점에서 유기죄와 차이가 있다.

2. 객체 – 보호 · 감독을 받는 자와 직계존속(형의 가중)

다만 아동(18세 미만)을 객체로 한 학대는 아동복지법의 적용을 받는다(동법 제17조 제3호, 제5호, 제3조 제1호).

3. 행위 – 학대

학대(虐待)라 함은 육체적으로 고통을 주거나 정신적으로 차별대우를 하는 행위 등의 가혹(苛酷)한 대우를 의미한다(학대의 의미에 관한 광의설, 다수설 · 판례, 대법원 1986.7.8, 84도2922). [경찰채용 21 1차 / 경찰간부 18 / 국가9급 14] 학대행위는 폭행, 음식을 주지 않거나 잠을 못 하게 하는 행위, 심한 폭언 등이 해당될 수 있으나, 적어도 유기에 준할 정도에 이르러야 하므로(대법원 2000.4.25, 2000도223), [경찰간부 18 / 국가9급 21] 생명 · 신체의 안전에 위험을 줄 수 있는 정도의 행위이어야 한다.

07 아동혹사죄

> **제274조【아동혹사】** 자기의 보호 또는 감독을 받는 16세 미만의 자를 그 생명 또는 신체에 위험한 업무에 사용할 영업자 또는 그 종업자에게 인도한 자는 5년 이하의 징역에 처한다. 그 인도를 받은 자도 같다.

1. 객체 – 16세 미만의 자

본죄의 객체인 16세 미만의 자는 성별, 기혼·미혼, 발육 정도는 불문한다.

→ 형법상 16세 미만 : 아동혹사, 미성년자의제강간(제305조 제2항, 이 경우 주체는 19세 이상이어야 함), 위증죄의 선서무능력자

2. 행위 – 인도 또는 인수

생명·신체에 위험한 업무에 사용할 영업자 또는 그 종업자에게 인도하거나 이를 인수하는 것이다. 인도계약만으로는 불충분하고, 현실의 인도가 있어야 한다. 따라서 인도자와 인수자는 필요적 공범이다(대향범).

3. 근로기준법과의 비교해석을 통한 본죄의 업무

근로기준법 제65조 제1항에 의하면 18세 미만의 자를 '도덕상 또는 보건상 유해·위험한 사업'에 사용하는 행위를 금지하고 있으며, 동법 제109조 제1항에서는 벌칙으로서 3년 이하의 징역 또는 2,000만 원 이하의 벌금을 규정하고 있다. 형법상 아동혹사죄의 법정형은 근로기준법위반죄보다 무겁기 때문에, 본죄의 '생명·신체에 위험한 업무'는 근로기준법상 금지직종보다 더 좁게 해석하는 것이 통설이다.

08 유기치사상죄

> **제275조【유기 등 치사상】** ① 제271조 내지 제273조의 죄를 범하여 사람을 상해에 이르게 한 때에는 7년 이하의 징역에 처한다. 사망에 이르게 한 때에는 3년 이상의 유기징역에 처한다.
> ② 자기 또는 배우자의 직계존속에 대하여 제271조 또는 제273조의 죄를 범하여 상해에 이르게 한 때에는 3년 이상의 유기징역에 처한다. 사망에 이르게 한 때에는 무기 또는 5년 이상의 징역에 처한다.

유기치사상죄는 진정결과적 가중범이다.

✔ 아웃라인

목 차		난도	출제율	대표지문
제1절 협박과 강요의 죄	01 총 설	下	★	• 협박에 의하여 상대방이 현실적으로 공포심을 일으킨 경우에 비로소 구성요건이 충족되어 협박죄는 기수에 이른다. (×) • 폭행 또는 협박으로 법률상 의무 있는 일을 하게 한 경우에는 폭행 또는 협박죄만 성립할 뿐 강요죄는 성립하지 아니한다. (○) • 형법상 인질강요죄를 범한 자가 인질을 안전한 장소에 풀어준 때에는 그 형을 감경할 수 있다. (○)
	02 협박죄	中	★★	
	03 존속협박죄	下	–	
	04 특수협박죄	下	–	
	05 상습협박죄	下	–	
	06 강요죄	中	★	
	07 특수강요죄	下	–	
	08 중강요죄	下	–	
	09 인질강요죄	中	★	
	10 인질상해 · 치상죄	下	–	
	11 인질살해 · 치사죄	下	–	
제2절 체포와 감금의 죄	01 총 설	下	★	• 체포 · 감금죄는 행동의 자유와 의사를 가질 수 있는 자연인을 대상으로 하므로 정신병자나 영아는 본죄의 객체가 되지 못한다. (×) • 감금의 방법은 물리적 · 유형적 장애뿐만 아니라 심리적 · 무형적 장애에 의해서도 가능하고 행동의 자유의 박탈은 반드시 전면적이어야 할 필요가 없다. (○)
	02 체포 · 감금죄	下	★★	
	03 존속체포 · 감금죄	下	–	
	04 중체포 · 중감금죄, 존속중체포 · 중감금죄	下	–	
	05 특수체포 · 감금죄	下	–	
	06 상습체포 · 감금죄	下	–	
	07 체포 · 감금치사상죄	下	★	
제3절 약취, 유인 및 인신매매의 죄	01 총 설	中	★	• 미성년자유인죄라 함은 기망 또는 유혹을 수단으로 하여 미성년자를 꾀어 현재의 보호상태로부터 이탈하게 하여 자기 또는 제3자의 사실적 지배하로 옮기는 행위를 말한다. (○) • 2013.6.20. 결혼할 목적으로 사람을 약취한 자는 피약취자의 고소가 없더라도 처벌된다. (○) • 미성년자를 약취한 자가 그 미성년자를 안전한 장소로 풀어준 때에는 그 형을 감경할 수 있다. (○)
	02 미성년자약취 · 유인죄	中	★★	
	03 추행 · 간음 · 결혼 · 영리 목적 약취 · 유인죄	中	★	
	04 노동력 착취, 성매매와 성적 착취, 장기적출 목적 약취 · 유인죄	中	★	
	05 국외이송 목적 약취 · 유인, 피인취자국외이송죄	下	–	
	06 인신매매죄	下	★	
	07 약취 · 유인 · 매매 · 이송 등 상해 · 치상, 살인 · 치사죄	下	–	
	08 피약취 · 유인 · 매매 · 이송 자수수 · 은닉죄	下	–	
	09 약취 · 유인 · 매매 · 이송 목적 모집 · 운송 · 전달죄	下	–	
	10 상습범 처벌규정 삭제와 예비 · 음모죄 처벌대상의 확대	下	–	
	11 석방감경	下	★	
	12 세계주의규정의 신설	下	★	
제4절 강간과 추행의 죄	01 총 설	下	★	• 혼인관계가 실질적으로 유지되고 있다면 남편이 반항을 불가능하게 하거나 현저히 곤란하게 할 정도의 폭행이나 협박을 가하여 아내를 간음하더라도 강간죄가 성립하지 않는다는 것이 현재 대법원 판례의 입장이다. (×) • 강간죄는 부녀를 간음하기 위하여 피해자를 폭행 또는 협박하여 피해자의 항거를 불능하게 하거나 현저히 곤란하게 할 정도에 이를 때에 그 실행의 착수가 있다고 보아야 할 것이고, 간음행위까지 착수해야 실행의 착수가 있다고 할 것은 아니다. (×) • 유치원 통원차량 기사인 甲이 7세 여아의 동의하에 간음에 착수하였으나 인기척이 나므로 중지한 경우 미성년자의제강간미수로 처벌할 수 있다. (○)
	02 강간죄	中	★★	
	03 유사강간죄	中	★	
	04 강제추행죄	中	★★	
	05 준강간죄 · 준유사강간죄 · 준강제추행죄	中	★	
	06 미성년자의제강간 · 유사강간 · 강제추행죄	中	★	
	07 강간 등 상해 · 치상죄 및 강간 등 살인 · 치사죄	下	★	
	08 미성년자 · 심신미약자간음 · 추행죄	下	★	
	09 업무상 위력 등에 의한 간음죄	下	★	
	10 상습법	下	–	
	11 강간 등 예비 · 음모죄	下	–	
	12 성폭법상 기타 규정	中	★	

CHAPTER **02**

자유에 대한 죄

구 분	경찰채용						경찰간부						경찰승진					
	17	18	19	20	21	22	16	17	18	19	20	21	17	18	19	20	21	22
제1절 협박과 강요의 죄		1	1	1			1			1	1		1		1	2	1	
제2절 체포와 감금의 죄		1							1					1		1		
제3절 약취, 유인 및 인신 매매의 죄		1			1							1	1			1		
제4절 강간과 추행의 죄	1	2	1	1	2	2	1	1		1	1	1	1	1	1	1	1	1
출제빈도	15/220						10/240						15/240					

국가9급						법원9급						법원행시						변호사시험					
17	18	19	20	21	22	17	18	19	20	21	22	17	18	19	20	21	22	17	18	19	20	21	22
						1			1														1
		1																1	1				
										1	1	2		1		1							
			2		1	1	1	1	1			1	1	1	1	2	2	1		1		1	
4/120						8/150						12/240						6/140					

CHAPTER 02 자유에 대한 죄

제1절 협박과 강요의 죄

01 총 설

  협박죄는 사람의 의사결정에 영향을 주기 위해 해악을 가할 것을 고지함으로써 성립하는 범죄로서 그 보호법익은 의사결정의 자유이다. 법익보호의 정도에 대해서는 침해범설이 통설이나 판례는 위험범설을 따른다. 협박의 죄는 미수범 처벌규정을 두고 있다.

  한편, 강요죄는 의사결정의 자유뿐만 아니라 의사결정에 기한 행동의 자유(의사실현의 자유)까지 그 보호법익으로 하고 있다. 법익보호의 정도는 침해범이며(통설), 중강요죄(결과적 가중범)를 제외하고는 역시 미수범 처벌규정을 두고 있다. 우리 형법은 자유에 대한 죄인 강요죄를 재산죄인 권리행사방해죄(제323조) 이하에서 함께 규정하고 있는데 이는 비판의 대상이 되고 있다.

02 협박죄

> **제283조【협박, 존속협박】** ① 사람을 협박한 자는 3년 이하의 징역, 500만 원 이하의 벌금, 구류 또는 과료에 처한다.
> ③ 제1항 및 제2항의 죄는 피해자의 명시한 의사에 반하여 공소를 제기할 수 없다.

1. 구성요건

(1) 객관적 구성요건

① 객체 : 자연인으로서, 해악의 고지에 의하여 공포심을 일으킬 만한 정신능력을 필요로 한다. 따라서 법인(대법원 2010.7.15, 2010도1017)은 제외되고 [경찰채용 18 1차 / 경찰채용 13·14 2차 / 경찰승진 12 / 국가9급 14 / 법원9급 14 / 법원행시 11·12], 자연인 중에서도 유아, 명정자, 정신병자, 수면자는 제외된다.

② 행위 - 협박
  ㉠ 의의 : '상대방에게 현실적으로 공포심(외포심)을 일으키게 할 만한 해악(害惡)을 고지하는 것(협의의 협박)'을 말한다(통설·판례[31]). [경찰간부 14 / 국가9급 14] 협박은 적어도 발생 가능한 것으로 생각될 수 있는 정도의 구체적인 해악의 고지가 있어야 한다(대법원 1998.3.10, 98도70). [경찰간부 14 / 법원9급 21]

구 분	내 용	예
광의의 협박	사람에게 공포심을 일으킬 목적으로 상대방에게 해악을 고지하는 일체의 행위를 의미하며, 해악고지에 의하여 현실적으로 상대방이 공포심을 가졌는지는 문제되지 않는다(위험범). [법원9급 07(하)]	공무집행방해죄(제136조), [법원9급 07(하)] 직무강요죄(제136조 제2항), 내란죄(제87조), 특수도주죄(제146조), 소요죄(제115조), 다중불해산죄(제116조)
협의의 협박	해악의 고지에 의하여 상대방이 현실적으로 공포심을 느낄 정도의 협박을 말한다. 현실적인 공포심의 야기로써 기수에 이른다(침해범).	협박죄(제283조, 판례는 위험범), 강요죄(제324조), 공갈죄(제350조)
최협의의 협박	상대방의 반항을 불가능하게 하거나 현저히 곤란하게 할 정도의 해악을 고지하는 것	• 강도죄(제333조) : 불가능, 억압 • 강간죄(제297조) : 현저 곤란

ⓛ 협박과 경고의 구별

ⓐ 경고의 의의 : 경고라 함은 행위자가 좌우할 수 없는 위험을 고지하는 행위를 말하므로, 해악발생 여부가 행위자의 의사 혹은 행위자와 관계된 제3자를 통하여 좌우되는 경우인 협박과는 구별된다. 따라서 경고는 협박에 해당하지 않는다.

ⓑ 천재지변·신력·길흉화복의 고지 : ㉮ 협박죄의 해악은 비단 인위적인 것뿐만 아니라 천재지변 또는 신력이나 길흉화복에 관한 것도 포함될 수 있다. 다만, ㉯ 천재지변이나 신력 또는 길흉화복을 해악으로 고지하는 경우에는 '상대방으로 하여금 행위자 자신이 그 천재지변 또는 신력이나 길흉화복을 사실상 지배하거나 그에 영향을 미칠 수 있는 것으로 믿게 하는 명시적 또는 묵시적 행위가 있어야' 협박이라고 볼 수 있다(단지 "조상천도를 하지 않으면 재앙이 온다."고 말한 것은 협박에 해당되지 않음, 대법원 2002.2.8, 2000도3245). [경찰채용 12 1차 / 경찰간부 11 · 12 · 14 / 경찰승진(경사) 10 / 경찰승진(경위) 10 / 경찰승진 13]

ⓒ 해악의 고지

ⓐ 해악의 고지 및 방법 : 협박죄는 해악의 고지가 있어야 하므로 해악고지가 없는 단순한 폭언(예 '두고 보자.' : 대법원 1974.10.8, 74도1892)은 협박이 될 수 없다. 해악고지의 방법은 언어·문서·거동(예 '가위로 찌를 듯이 한 것' : 대법원 1975.10.7, 74도2727, [경찰간부 12 · 13 / 국가9급 12 / 법원9급 10] 회칼 2자루를 들고 나와 죽어버리겠다며 자해하려고 한 경우 : 대법원 2011.1.27, 2010도14316)에 의한 것임을 불문한다.

ⓑ 고지되는 해악의 내용 : 해악의 고지에서 해악은 법익의 침해를 말하는데, 법익의 종류(예 생명, 신체, 자유, 명예, 재산, 정조 등)나 법익의 주체 등에는 아무런 제한이 없다(통설·판례). 따라서 피해자 본인이나 그 친족뿐만 아니라 그 밖의 '제3자'에 대한 법익침해를 내용으로 하는 해악(제3자에 대한 해악)을 고지하는 것이라고 하더라도, 피해자 본인과 제3자가 밀접한 관계에 있어 그 해악의 내용이 피해자 본인에게 공포심을 일으킬 만한 정도의 것이라면 협박죄가 성립할 수 있으며, 이 때 '제3자'에는 자연인뿐만 아니라 법인도 포함된다(대법원 2010.7.15, 2010도1017 : 회사의 내부비리를 금감원 등에 고발하겠다고 회사의 이사에게 고지한 사례). [경찰채용 17 1차 / 경찰채용 13 · 14 2차 / 경찰간부 11 / 경찰승진 12 / 법원9급 20 / 법원행시 12 / 변호사시험 13 · 14] 다만 경찰관에게 정당의

---

31 판례의 특징 : 판례는 "협박죄가 성립되려면 … 상대방이 그에 의하여 현실적으로 공포심을 일으킬 것까지 요구되는 것은 아니며, '그와 같은 정도의 해악을 고지함'으로써 상대방이 그 의미를 인식한 이상 협박죄는 기수에 이른다(대법원 2007.9.28, 2007도606 전원합의체)"고 판시하는데, 여기에서 '그와 같은 정도'란 '상대방으로 하여금 현실적으로 공포심을 일으킬 수 있는 정도'를 말하며, 이는 협의의 협박을 말한다.
정리 : ① 협박죄의 본질 : 통설은 침해범, 판례는 위험범, ② 협박죄의 기수시기 : 통설은 현실적 공포심 결과, 판례는 위 결과 불요, ③ 협박의 개념·정도 : 통설과 판례 모두 협의의 협박

당사를 폭파하겠다고 말한 경우는 서로 밀접한 관계에 있다고 보기 어려워 협박죄를 구성하지
아니한다(대법원 2012.8.17, 2011도10451). [경찰채용 18 1차/경찰채용 13·14 2차/국가9급 14/법원9급 14·21]

   ⓒ 해악의 정도 : 사람에게 현실적으로 공포심을 일으킬 수 있는 정도이다(협의의 협박).

   ⓓ 제3자에 의한 해악 : 해악의 고지는 행위자가 직접 해악을 가하겠다고 고지하는 것은 물론
제3자로 하여금 해악을 가하도록 하겠다는 방식으로도 가능하다(대법원 2006.12.8, 2006도6155;
2007.6.1, 2006도1125). [법원9급 10·14/법원행시 09·10·12/사시 11]

(2) 주관적 구성요건 - 고의

   ① 의의 : 본죄의 고의는 행위자가 사람으로 하여금 공포심을 일으킬 수 있는 정도의 해악을 고지한다는
것을 인식·인용하는 것을 그 내용으로 한다. 고지한 해악을 실제로 실현할 의도나 욕구는 필요로
하지 않는다(대법원 1991.5.10, 90도2102). [경찰채용 13·14 1차/경찰승진 10·14/국가9급 14/법원행시 09·10·12]

   ② 단순한 감정적 욕설 내지 일시적 분노의 표시 : 가해의 의사가 없음이 객관적으로 명백한 때에는 고
의가 인정되지 않는다(자신의 동거남과 성관계를 가진 여자에게 "사람을 사서 쥐도 새도 모르게 파묻어버리
겠다. 너까지 것 쉽게 죽일 수 있다."라고 말한 것은 고의가 없음, 대법원 2006.8.25, 2006도546). [경찰채용 13
2차/경찰간부 17]

2. 미수와 기수

학설에서는 침해범설도 주장되나, 판례는 위험범설에 의하여 공포심을 일으키게 할 만한 해악을 고지하여
상대방이 그 의미를 인식한 이상 상대방이 현실적으로 공포심을 일으켰는지 여부와 관계없이 그로써
구성요건은 충족되어 기수에 이른다는 입장이다. 이에 협박죄의 미수범 처벌 조항은 ① 해악의 고지가
현실적으로 상대방에게 도달하지 아니한 경우나, ② 도달은 하였으나 전혀 지각하지 못한 경우, 혹은 ③ 고지된
해악의 의미를 상대방이 인식하지 못한 경우 등에 적용될 뿐이라고 한다(대법원 2007.9.28, 2007도606 전원합의체).

[경찰채용 12 1차/경찰채용 13·14 2차/경찰간부 11·14/경찰승진 13·17/국가9급 20/법원9급 10/법원행시 11·12/변호사시험 13]

3. 위법성

(1) 법령에 의한 행위 : 친권자의 징계행위

친권자는 자를 보호하고 교양할 권리의무가 있고(민법 제913조) 그 자를 보호 또는 교양하기 위하여
필요한 징계를 할 수 있기는 하지만(민법 제915조는 삭제되어, 이제는 사회상규에 위배되지 않는 행위임) 이러한
징계권은 인격의 건전한 육성을 위하여 필요한 범위 안에서 상당한 방법으로 행사되어야만 하므로, 스스로의
감정을 이기지 못하고 야구방망이로 때릴 듯이 피해자에게 "죽여 버린다."고 말하여 협박하는 것은 위법하다
(대법원 2002.2.8, 2001도6468). [경찰간부 12/경찰승진 11/국가9급 12·21]

(2) 사회상규에 위배되지 아니하는 행위

협박죄의 구성요건에 해당되는 해악의 고지가 있다 하더라도, ① 사회의 관습이나 윤리관념 등에
비추어 볼 때에 사회통념상 용인할 수 있을 정도라거나(대법원 1998.3.10, 98도70) [경찰간부 14] 정당한 권리행사나
직무집행으로서 사회상규에 반하지 아니하는 때에는 협박죄가 성립하지 아니하나(대법원 1995.9.19, 94도2187;
1998.3.10, 98도70), ② 외관상 권리행사나 직무집행으로 보이더라도 실질적으로 권리나 직무권한의 남용이
되어 사회상규에 반하는 때에는 협박죄가 성립한다(대법원 2007.9.28, 2007도606 전원합의체).

> **판례연구**   **위법성이 인정된 사례**
>
> 대법원 2007.9.28, 2007도606 전원합의체
> 정보과 경찰관이 빨리 채무를 변제하지 않으면 문제삼겠다고 말한 사례
> 정보보안과 소속 경찰관이 자신의 지위를 내세우면서 타인의 민사분쟁에 개입하여 빨리 채무를 변제하지 않으면
> 상부에 보고하여 문제를 삼겠다고 말한 경우, 상대방이 채무를 변제하고 피해 변상을 하는지 여부에 따라 직무집
> 행 여부를 결정하겠다는 취지이더라도 정당한 직무집행이라거나 목적 달성을 위한 상당한 수단으로 인정할
> 수 없어 정당행위에 해당하지 않는다. [사시 13]

4. 소추조건

본죄는 반의사불벌죄(제283조 제3항)이다.

03 존속협박죄

제283조 【협박, 존속협박】 ② 자기 또는 배우자의 직계존속에 대하여 제1항의 죄를 범한 때에는 5년 이하의 징역
또는 700만 원 이하의 벌금에 처한다.
③ 제1항 및 제2항의 죄는 피해자의 명시한 의사에 반하여 공소를 제기할 수 없다.

존속협박죄는 단순협박죄와 함께 반의사불벌죄이다.

04 특수협박죄

제284조 【특수협박】 단체 또는 다중의 위력을 보이거나 위험한 물건을 휴대하여 전조 제1항, 제2항의 죄를 범한
때에는 7년 이하의 징역 또는 1천만 원 이하의 벌금에 처한다.

특수협박죄는 반의사불벌죄가 아니다. [사시 11·16]

05 상습협박죄

제285조 【상습범】 상습으로 제283조 제1항, 제2항 또는 전조의 죄를 범한 때에는 그 죄에 정한 형의 2분의 1까지
가중한다.

상습협박죄는 종래 폭처법 제2조 제1항에 의하여 3년 이상의 징역으로 가중처벌되고 있었으나, 2016.1.6.
삭제되어 이제는 형법에 의하여 의율되고 있다.

06 강요죄

> **제324조【강 요】**① 폭행 또는 협박으로 사람의 권리행사를 방해하거나 의무 없는 일을 하게 한 자는 5년 이하의 징역 또는 3천만 원 이하의 벌금[32]에 처한다. 〈개정 2016.1.6.〉

1. 구성요건

(1) 객관적 구성요건

① **객체** : 자연인으로서 의사의 자유를 가진 의사능력자로 제한되므로, 영아, 정신병자 등은 본죄의 객체가 되지 못한다.

② **행위 – 폭행·협박**

　㉠ **폭행** : 사람에 대한 직접적·간접적인 유형력의 행사이다(광의의 폭행). 여기에는 상대방의 신체에 대한 직접 유형력이 행사되는 절대적 폭력(圓 구타, 약물에 의한 마취, 밧줄로 묶는 행위, 붙잡아두는 행위, 감금행위, 맹인의 안내견을 살상하는 행위, 자동차 타이어를 손괴하는 행위 등)과 상대방의 심리에 영향을 주는 심리적(강제적) 폭력(圓 고속도로상에서 헤드라이트를 켜고 경적을 울리면서 바짝 뒤를 쫓아오는 행위 등) [사시 11] 이 포함된다. 다만, 주택 대문 바로 앞에 차량을 주차하여 차량을 주차장에 출입할 수 없도록 한 행위는 포함되지 않는다(대법원 2021.11.25, 2018도1346).

　㉡ **협 박**

　　ⓐ **의의** : 사람으로 하여금 공포심을 일으키게 하는 정도(의사결정의 자유를 제한하거나 의사실행의 자유를 방해할 정도)의 해악을 고지하는 것이다(협의의 협박, 대법원 2003.9.26, 2003도763). 반드시 명시적인 방법이 아니더라도 말이나 행동을 통해서 상대방으로 하여금 어떠한 해악에 이르게 할 것이라는 인식을 갖게 하는 것이면 족하므로, 한마디 말도 없이 거동에 의하여서도 할 수 있다(대법원 2004.1.15, 2003도5394; 2010.4.29, 2007도7064).

　　ⓑ **해당되는 경우** : ㉮ 골프시설의 운영자가 골프회원에게 불리하게 변경된 내용의 회칙에 대하여 동의한다는 내용의 등록신청서를 제출하지 아니하면 회원으로 대우하지 아니하겠다고 통지한 경우(대법원 2003.9.26, 2003도763), [경찰간부 17/변호사시험 14] ㉯ 환경단체 소속 회원들이 축산 농가들의 폐수 배출 단속활동을 벌이면서 폐수 배출현장을 사진촬영하거나 지적하는 한편, 폐수 배출사실을 확인하는 내용의 사실확인서를 징구하는 과정에서 서명하지 아니할 경우 법에 저촉된다고 겁을 준 경우(대법원 2010.4.29, 2007도7064)는 강요죄의 협박에 해당한다.

　　ⓒ **해당되지 않는 경우** : ㉮ 직장에서 상사가 범죄행위(공사와 관련하여 부정한 청탁과 함께 거액의 돈을 받은 행위)를 저지른 부하직원에게 징계절차에 앞서 자진하여 사직할 것을 단순히 권유한 경우(대법원 2008.11.27, 2008도7018), [경찰간부 17] ㉯ 공무원이 자신의 직무와 관련한 상대방에게 이익의 제공을 요구하고 상대방은 어떤 이익을 기대하며 요구에 응한 경우(대법원 2019.8.29, 2018도13792 전원합의체)는 강요죄의 협박에 해당하지 않는다.

③ **결과 – 권리행사를 방해 또는 의무 없는 일을 하게 함**

　㉠ **권리행사방해**

　　ⓐ **해당되는 경우** : 본죄의 권리행사방해에 있어서 강요받는 '권리'는 재산적 권리와 비재산적 권리를 모두 포함하고(대법원 1962.1.25, 4293형상233), 법령에 근거한 권리일 필요는 없으므로,

---

32 2016.1.6. 개정에 의하여 3천만 원 이하의 벌금형을 선택형으로 추가한 것은 반성적 조치이다(총론의 시간적 적용범위 참조).

피해자를 협박하여 여권을 강제 회수함으로써 해외여행을 못하게 한 행위(대법원 1993.7.27, 93도901)도 강요죄를 구성한다. [법원행시 06/변호사시험 12]

ⓑ 해당되지 않는 경우 : '보호받을 수 없는 권리'는 포함되지 않는다. 예컨대, 전답의 점유를 침탈당한 자(자신의 논에 타인이 묘판을 만들어 놓은 경우의 논의 점유자)라 하더라도 이를 실력으로 회수할 수는 없다는 점에서, 그 전답의 점유를 실력으로 회수하려는 자를 폭행한 것은 -단순폭행에 불과하고- 강요죄에 해당하지 않는다(대법원 1961.11.9, 4294형상357). [경찰간부 11]

ⓛ 의무 없는 일 강요
ⓐ 해당되는 경우 : '의무 없는 일'이라 함은 법령·계약 등에 기하여 발생하는 법률상 의무가 아닌 일을 말한다. [경찰승진 12] 예컨대, 법률상 의무가 없는데도 사죄장이나 진술서를 작성하도록 한 행위(대법원 1974.5.14, 73도2578)는 본죄를 구성한다.

ⓑ 해당되지 않는 경우 : 폭행·협박으로 법률상 '의무 있는 일'을 하게 한 경우에는 폭행·협박죄만 성립할 뿐 강요죄는 성립하지 아니한다(대법원 2008.5.15, 2008도1097 -권상우 사건- [경찰간부 11·12·13/경찰승진 12/사시 13]; 2012.11.29, 2010도1233 -군인인 상관이 문제 있는 부하에게 일지를 기재하도록 한 사례-).

(2) 주관적 구성요건 - 고의

2. 기수와 미수

본죄는 침해범으로서 폭행 또는 협박으로 인하여 현실적으로 권리행사가 방해되거나 의무 없는 일을 하게 함으로써 기수에 이른다. 본죄는 미수범을 처벌한다.

3. 위법성

(1) 법령에 의한 행위

합법적 노동쟁의(헌법 제33조 제1항, 노동조합 및 노동관계조정법 제2조 제6호)의 범위 내에서 사용자에 대해 임금인상을 강요하거나 근로시간을 단축하도록 강요하는 행위는 법령에 의한 행위로서 위법성이 조각된다.

(2) 사회상규에 위배되지 아니하는 행위

강요죄의 구성요건에 해당되는 행위라 하더라도, ① '실질적 권리남용'이 아닌 경우(목적과 수단의 관련성 원칙으로 판단)에는 사회상규에 위배되지 아니하는 행위(제20조)로서 위법성이 조각된다. 예컨대, 채권자가 상당한 범위 안에서 채무변제를 강요하는 행위나 물품인도를 강요하는 행위, 자살하려고 하는 자를 폭행하여 강제로 저지하는 행위, 범죄행위 직전에 있는 자를 강압적으로 제지하는 행위, 음주운전을 막기 위해 친구를 가볍게 폭행한 행위는 위법성이 조각된다. 반면, ② 실질적 권리남용에 해당한다면 위법성이 조각되지 않는다(자신의 노조의 장비를 사용하지 않으면 공사를 하지 못하도록 하겠다는 사례, 대법원 2017.10.26, 2015도16696).

4. 죄 수

(1) 폭행죄·협박죄와의 관계

폭행죄 및 협박죄는 강요죄에 흡수된다(법조경합).

(2) 체포·감금·강간·공갈·강도죄와의 관계

체포·감금·강간·공갈죄나 강도죄가 성립하면 강요죄는 별도로 성립하지 않는다(법조경합)(대법원 1985.6.25, 84도2083). [경찰채용 14 1차 / 경찰간부 13 / 국가7급 20]

→ 협박죄 < 강요죄 < 공갈죄 < 강도죄 (법조경합)

5. 폭처법상 가중처벌규정

폭처법에서는 2인 이상이 공동하여 강요죄를 범한 경우 가중처벌하는 규정을 두고 있다(폭처법 제2조 제2항 제2호). 다만 야간가중처벌규정(동법 제3조 제2항)의 2006년 삭제와 상습범 및 흉기휴대범죄의 가중처벌규정의 2016.1.6. 삭제는 앞서 상습상해·폭행죄 부분에서 설명한 바와 같다.

07 특수강요죄

제324조 【특수강요】 ② 단체 또는 다중의 위력을 보이거나 위험한 물건을 휴대하여 제1항의 죄를 범한 자는 10년 이하의 징역 또는 5천만 원 이하의 벌금에 처한다. 〈신설 2016.1.6.〉

앞서 특수상해죄 부분에서 설명한 바와 같이, 2016.1.6. 폭처법상 흉기휴대 폭행 등 규정(폭처법 제3조 제1항 및 제2조 제1항 제2호)이 삭제되면서 형법에 신설된 조항이다.

08 중강요죄

제326조 【중권리행사방해】 제324조 또는 제325조의 죄를 범하여 사람의 생명에 대한 위험을 발생하게 한 자는 10년 이하의 징역에 처한다.

중강요죄는 강요죄를 범하여 사람의 생명에 대한 위험을 발생시킨 경우에 형을 가중시키는 가중적 구성요건이며(구체적 위험범), 부진정결과적 가중범이다.

09 인질강요죄

제324조의2 【인질강요】 사람을 체포·감금·약취 또는 유인하여 이를 인질로 삼아 제3자에 대하여 권리행사를 방해하거나 의무 없는 일을 하게 한 자는 3년 이상의 유기징역에 처한다.
제324조의6 【형의 감경】 제324조의2 또는 제324조의3의 죄를 범한 자 및 그 죄의 미수범이 인질을 안전한 장소로 풀어준 때에는 그 형을 감경할 수 있다.

1. 구성요건

(1) 객관적 구성요건

① 객체 – 인질 및 강요당하는 제3자

본죄의 인질(人質)은 성년자와 미성년자를 구분하지 않는다.[33]

② 행위 – 체포·감금·약취·유인**하여** 인질**로 삼아** 제3자에 대하여 강요**하는 것**

　　㉠ 인질로 삼음의 의미 : 인질의 안전에 관한 제3자의 우려를 이용하여 인질의 석방이나 생명·신체에 대한 안전을 보장하는 대가로 체포·감금·약취 또는 유인된 자의 자유를 구속하는 것을 말한다. 따라서 체포·감금·약취·유인과 마찬가지로 장소적 이전을 요하지 않는다.

　　㉡ 강요 : 권리행사를 방해하거나 의무 없는 일을 하게 하는 것이다. 다만, 재산적 법익에 대한 강요는 본죄가 아니라 인질강도죄(제336조)에 해당된다.

　　㉢ 3자관계(행위자·인질·피강요자) : 법문에 의하면 강요의 상대방은 제3자로 명시되어 있으므로, 본죄의 강요행위는 반드시 인질 이외의 제3자에 대하여 이루어져야 한다(소위 삼각강요). 따라서 인질에 대한 강요는 본죄를 구성하지 않는다. [경찰간부 11]

③ 실행의 착수시기 및 기수시기 : 착수시기에 대해서는 체포·감금·약취·유인행위 개시시설과 강요행위 개시시설이 대립하나, 기수시기에 대해서는 현실적으로 권리행사를 방해하거나 의무 없는 일을 하게 된 때라고 보는 것이 통설이다.

2. 형의 감경규정

본죄 또는 후술하는 인질상해·치상죄를 범한 자 및 그 죄의 미수범이 인질을 안전한 장소로 풀어준 때에는 그 형을 감경할 수 있다(해방감경 내지 석방감경 : 임의적 감경). [경찰간부 11] 본 해방감경규정은 성질상 인질살해·치사죄에는 적용되지 않는다. 또한 후술하는 인질강도죄(제336조)에는 해방감경규정이 없다. [경찰간부 11 / 경찰승진(경감) 11 / 경찰승진 13]

→ 임의적 감경이므로 인질석방시에도 처벌은 된다. 중지범(제26조)과 다른 것은 ① 자의성 여부를 묻지 않으며, ② 기수범에 대해서도 인정되고, ③ 임의적 감경에 불과하다는 점이다.

10 　인질상해·치상죄

　　제324조의3【인질상해·치상】 제324조의2의 죄를 범한 자가 인질을 상해하거나 상해에 이르게 한 때에는 무기 또는 5년 이상의 징역에 처한다.
　　제324조의6【형의 감경】 제324조의2 또는 제324조의3의 죄를 범한 자 및 그 죄의 미수범이 인질을 안전한 장소로 풀어준 때에는 그 형을 감경할 수 있다.

인질치사상죄는 결과적 가중범임에도 불구하고, 미수범 처벌규정이 있음을 주의해야 한다(제324조의5 참조). [경찰승진 10·14 / 국가7급 07] 다만 인질살해·상해죄의 미수범은 처벌될 수 있으나 인질치사상죄에 대한 미수범 처벌규정은 입법의 오류로서 사실상 본죄의 미수가 성립할 수 없다는 것이 다수설이다(결과적 가중범의 미수 부정설, 다수설).

---

33 다만, 미성년자를 유괴하여 그 부모에게 대가를 구하면 특가법 제5조의2 제1항 제1호에 의하여 가중처벌된다.

11 인질살해 · 치사죄

> **제324조의4【인질살해 · 치사】** 제324조의2의 죄를 범한 자가 인질을 살해한 때에는 사형 또는 무기징역에 처한다. 사망에 이르게 한 때에는 무기 또는 10년 이상의 징역에 처한다.

본죄는 석방감경규정(제324조의6)이 적용되지 않는다.

제2절 체포와 감금의 죄

01 총 설

체포와 감금의 죄는 사람을 체포 또는 감금함으로써 그 신체활동의 자유를 침해하는 범죄로서, 그 보호법익은 개인의 현실적 · '잠재적' 신체활동의 자유이고, 그 법익보호의 정도는 침해범이다. 체포와 감금의 죄는 체포 · 감금치사상죄(결과적 가중범)를 제외하고는 미수를 처벌한다.

02 체포 · 감금죄

> **제276조【체포, 감금, 존속체포, 존속감금】** ① 사람을 체포 또는 감금한 자는 5년 이하의 징역 또는 700만 원 이하의 벌금에 처한다.

1. 구성요건

(1) 객관적 구성요건

① 객체 : 학설이 대립하나, 현실적으로는 신체활동의 자유가 없을지라도 활동이 기대되는, 즉 잠재적으로 행동의 자유를 가질 수 있는 자연인도 객체가 된다는 것이 통설이다(광의설, 실현가능성설). 이에 출산 직후의 영아 [경찰간부 14] 는 본죄의 객체가 되지 않으나, 수면자, 명정자, 정신병자 [경찰간부 13·14/경찰승진(경감) 11/법원9급 05/법원행시 09/사시 12], 불구자는 본죄의 객체가 된다.

② 행위 – 체포 · 감금

㉠ 의의 : 체포는 사람을 붙잡는 행위이고 감금은 사람을 가두는 행위로서, 사람이 '특정한 구역에서 나가는 것'을 불가능하게 하거나 또는 심히 곤란하게 하는 행위이다. 따라서 '특정한 구역으로 들어오지 못하게 하는 행위'나 '일정한 장소로 나오게(출석하게) 하는 행위'는 –강요죄의 성립은 논외로 하고– 본죄에 해당되지 않는다.

ⓛ **유형** : 포승·수갑을 사용하여 물리적·유형적 장해를 주는 행위뿐만 아니라 일정한 장소를 떠나지 못하게 하는 심리적·무형적 장해를 주는 행위에 의하여서도 가능하다.[34] [경찰채용 14·16 1차/경찰승진(경감) 11/경찰승진 14/법원행시 12] **예** 피해자를 승용차에 태우고 계속 질주함으로써 내리지 못하게 하는 행위, 대법원 1982.6.22, 82도705). [경찰채용 18 2차] 또한 이상과 같은 작위에 의한 감금뿐만 아니라 부작위에 의한 감금(석방의무가 있는 자의 부작위에 의한 감금으로서 부진정부작위범)도 얼마든지 가능하며, 허위의 신고를 통하여 수사기관을 착오에 빠지게 하여 진범이 아닌 자를 체포·감금하게 하는 경우와 같은 간접정범에 의한 감금도 가능하다.

ⓒ **정도** : 감금에 있어서의 사람의 행동의 자유의 박탈은 반드시 전면적이어야 할 필요가 없으므로 감금된 특정구역 내부에서 일정한 생활의 자유가 허용되어 있었다고 하더라도 본죄의 성립에는 영향이 없다(대법원 1984.5.15, 84도655; 2000.3.24, 2000도102; 2011.9.29, 2010도5962). [경찰간부 14/법원9급 05/법원행시 09·12/사시 13/변호사시험 17]

(2) 주관적 구성요건

사람을 체포 또는 감금한다는 인식과 의사가 있어야 하며, 미필적 고의로도 충분하다.

2. 미수·기수 및 계속범적 성질

(1) 미수·기수의 요건

① **침해범** : 본죄는 침해범이므로 기수에 도달하기 위해서는 체포·감금행위가 시간적으로 '어느 정도 지속될 필요'가 있다. 따라서 일시적인 체포·감금행위는 미수범에 불과하다. 형법에서도 미수범을 처벌하며(제280조), 본죄는 체포의 고의로써 타인의 신체적 활동의 자유를 현실적으로 침해하는 행위를 개시한 때 체포죄의 실행에 착수한 것이다.

② **피해자의 인식 요부** : 본죄의 성립을 따질 때에는 피해자의 감금사실 인식은 필요하지 않지만, 본죄의 '기수'가 되기 위해서 피해자의 인식을 요하는가에 대해서는 견해가 대립한다.

(2) 계속범

본죄는 계속범이므로 기수 이후에도 위법한 상태가 계속되다가 석방되는 등 감금상태가 해제된 시점에서 종료에 이른다.

3. 위법성

(1) 피해자의 동의

체포·감금행위를 당한 피해자의 사전적 동의가 있는 경우, 이에 대해서는 위법성조각사유인 피해자의 승낙으로 보는 견해도 있으나, 구성요건해당성을 배제하는 양해가 된다는 입장이 다수설이다.

(2) 정당행위

형사소송법상 영장에 의한 체포(제200조의2), 긴급체포(제200조의3), 현행범체포행위(제212조), 구속(제201조), 경찰관직무집행법상 경찰관의 보호유치(동법 제4조), 정신건강복지법에 의한 정신질환자의 감금(동법 제43조) 등은 정당행위로서 위법성이 조각된다.

---

34 판례 1 : 임의동행형식으로 연행된 피해자가 비록 경찰서 안에서는 자유롭게 활동할 수 있었더라도 그를 경찰서 밖으로 나가지 못하도록 그 신체의 자유를 제한하는 유형·무형의 억압을 가한 경우에도 감금(제124조)에 해당한다(대법원 1994.3.16, 94모2).
판례 2 : 피해자가 만약 도피하는 경우에는 생명·신체에 심한 해를 당할지도 모른다는 공포감에서 도피하기를 단념하고 있는 상태 하에서 그를 호텔로 데리고 가서 함께 유숙한 후 그와 함께 항공기로 국외에 나간 행위는 감금죄를 구성한다(대법원 1991.8.27, 91도1604). [경찰채용 16 1차/경찰간부 13]

4. 죄 수

(1) 체포 후 감금한 경우

감금죄만 성립한다(포괄일죄). [법원행시 09]

(2) 감금 중 재차 감금한 경우

계속범이므로 선행한 감금죄의 일죄로 된다(포괄일죄).

(3) 체포·감금하기 위한 수단으로서 폭행·협박

체포·감금죄에 흡수된다(대법원 1982.6.22, 82도705). [경찰채용 18 2차 / 경찰간부 14 / 경찰승진(경감) 11 / 경찰승진 14·17 / 국가7급 13 / 법원행시 09·12 / 사시 12 / 변호사시험 17]

(4) 강도나 강간을 위하여 감금한 경우

① 수죄의 관계 : 감금행위가 강간죄·강도죄의 수단이 된 경우에도 감금죄는 강간죄·강도죄에 흡수되지 아니하고 별죄를 구성한다. [경찰간부 13 / 경찰승진(경감) 11 / 법원9급 05·08 / 법원행시 11 / 사시 11 / 변호사시험 17]

② 상상적 경합 : 강도나 강간을 하기 위하여 감금한 경우, 감금죄가 흡수된다고 할 수는 없고 감금행위를 한 때 강도나 강간도 개시되었다고 볼 수 있으므로, 강도죄·강간죄와 감금죄의 상상적 경합범이 된다(대법원 1983.4.26, 83도323; 1984.8.21, 84도1550). [경찰채용 18 2차 / 경찰승진 12·14 / 국가9급 13 / 국가7급 08·10 / 사시 13]

(5) 감금 중에 강간 내지 강도한 경우

실체적 경합관계에 있다.

(6) 약취·유인 후 감금한 경우

약취·유인죄 외에 별도로 감금죄가 성립한다(대법원 1961.9.21, 4294형상455). [국가9급 21 / 법원행시 12]

(7) 강도상해 이후 일정 시간 감금한 경우

강도상해죄와 감금죄의 경합범이 성립한다(대법원 2003.1.10, 2002도4380). [경찰채용 18 2차 / 경찰승진(경감) 11 / 경찰승진 12·14 / 국가9급 21 / 법원행시 09·12 / 사시 12·13]

---

03 존속체포·감금죄

제276조 【체포, 감금, 존속체포, 존속감금】 ② 자기 또는 배우자의 직계존속에 대하여 제1항의 죄를 범한 때에는 10년 이하의 징역 또는 1천 500만 원 이하의 벌금에 처한다.

참고하기 존속에 대한 범죄로 가중규정이 있는 경우

살인, 상해(중상해, 상해치사), 폭행(폭행치상), 협박(상습협박), 유기(중유기, 유기치상), 학대(학대치사상), 체포·감금죄(중체포·감금, 중체포·감금치사상, 특수체포·감금치사상)
※ 약취·유인, 과실범, 재산죄 : ×

04 중체포·중감금죄, 존속중체포·중감금죄

> **제277조【중체포, 중감금, 존속중체포, 존속중감금】** ① 사람을 체포 또는 감금하여 가혹한 행위를 가한 자는 7년 이하의 징역에 처한다.
> ② 자기 또는 배우자의 직계존속에 대하여 전항의 죄를 범한 때에는 2년 이상의 유기징역에 처한다.

1. 의의·성격 – 다른 '중~죄'와의 차이

중체포·중감금죄는 사람을 체포·감금하고 다시 그에게 가혹한 행위 [경찰승진 10 / 사시 14] 를 가함으로써 성립하는 범죄이므로, 체포·감금행위와 가혹행위가 결합된 결합범이다. 따라서 본죄는 결과적 가중범(중상해죄, 중유기죄, 중강요죄, 중손괴죄)이 아니며, [경찰채용 12 3차 / 경찰승진(경사) 11] 구체적 위험범도 아니다. 사시 12]

2. 가혹한 행위

가혹한 행위란 사람에게 육체적·정신적 고통을 주는 일체의 행위이다(예 폭행, 협박, 음식을 못 먹게 하는 행위, 수면금지 또는 강제적 수면 또는 마취, 여자를 나체로 만드는 것과 같은 추행 등).

3. 미수범

본죄는 다른 '중~죄'와는 달리 미수범을 처벌하고 있다(제280조). 중체포·중감금죄의 미수범은 ① 가혹행위를 가하기 위해서 체포·감금하려 하였으나 체포·감금하지 못한 경우나, ② 가혹행위를 가할 의사로 체포·감금은 하였으나 가혹행위를 하지 못한 경우, ③ 가혹한 행위가 미수에 그친 경우에 성립한다.

05 특수체포·감금죄

> **제278조【특수체포, 특수감금】** 단체 또는 다중의 위력을 보이거나 위험한 물건을 휴대하여 전2조의 죄를 범한 때에는 그 죄에 정한 형의 2분의 1까지 가중한다.

06 상습체포·감금죄

> **제279조【상습범】** 상습으로 제276조 또는 제277조의 죄를 범한 때에는 전조의 예에 의한다.

> **제281조【체포 · 감금 등의 치사상】** ① 제276조 내지 제280조의 죄를 범하여 사람을 상해에 이르게 한 때에는 1년
> 이상의 유기징역에 처한다. 사망에 이르게 한 때에는 3년 이상의 유기징역에 처한다.
> ② 자기 또는 배우자의 직계존속에 대하여 제276조 내지 제280조의 죄를 범하여 상해에 이르게 한 때에는 2년
> 이상의 유기징역에 처한다. 사망에 이르게 한 때에는 무기 또는 5년 이상의 징역에 처한다.

감금치사상죄는 전형적인 진정결과적 가중범이다. 따라서 고의의 기본범죄인 감금(미수 · 기수), 사상이라
는 무거운 결과에 대한 예견가능성(제15조 제2항) 그리고 양자 간의 상당인과관계(인과관계 및 객관적 귀속)이
인정되어야 한다.

사례연구   **차량감금과 탈출 사례 : 감금치사죄 인정례**

甲은 자신의 승용차로 乙을 가로막아 승차하게 한 연후 乙의 하차요구를 무시한 채 시속 약 60~70km로 달려
乙을 내리지 못하게 하였다. 乙은 여기에서 벗어나고자 차량을 빠져나오다가 길바닥에 떨어져 상해를 입고
그 결과로 인하여 결국 사망하게 되었다. 甲의 형사책임은?

<blockquote>

해결   승용차로 피해자를 가로막아 승차하게 한 후 피해자의 하차 요구를 무시한 채 당초 목적지가 아닌 다른
장소를 향하여 시속 약 60 내지 70km의 속도로 진행하여 피해자를 차량에서 내리지 못하게 한 행위는
감금죄에 해당하고, 피해자가 그와 같은 감금상태를 벗어날 목적으로 차량을 빠져 나오려다가 길바닥에
떨어져 상해를 입고 그 결과 사망에 이르렀다면 감금행위와 피해자의 사망 사이에는 상당인과관계가
있다고 할 것이므로 감금치사죄에 해당한다(대법원 2000.2.11, 99도5286). [국가7급 11 / 법원행시 07 / 사시 12]

</blockquote>

제3절 약취, 유인 및 인신매매의 죄

01 총 설

약취 · 유인 및 인신매매의 죄는 사람을 폭행 · 협박하거나 기망 · 유혹하여 그 의사에 반하여 자유로운 생활관
계 또는 보호관계로부터 이탈시키거나 사람을 매매하여 자기 또는 제3자의 실력적 지배하에 둠으로써 성립하는
범죄이다. 약취 · 유인 및 인신매매의 죄는 신체활동의 자유를 그 보호법익으로 한다는 점에서 체포 · 감금죄
와 유사하나, 체포 · 감금죄가 장소적 제한을 시키는 데 비하여 약취 · 유인 및 인신매매의 죄는 장소적
제한과는 관계없이 실력적 지배를 설정한다는 점에서 차이가 있다. 또한 유기죄가 요부조자에 대한 실력적
지배를 포기하는 죄인데 비하여 약취 · 유인죄 및 인신매매의 죄는 실력적 지배를 새롭게 설정한다는
점에서 차이가 있다.

2013.4.5. 개정형법에서 예비 · 음모죄 처벌규정이 거의 모든 약취 · 유인 및 인신매매의 죄로 확대되었고
(제296조), 대한민국 영역 밖에서 약취 · 유인 · 인신매매죄를 범한 외국인에게도 적용될 수 있도록 세계주의규
정이 도입되었다(제296조의2). 한편, 본장의 상습범 처벌규정(구 형법 제288조 제3항, 제289조 제3항, 제293조)은
삭제되었다.

02 미성년자약취·유인죄

> **제287조【미성년자의 약취, 유인】** 미성년자를 약취 또는 유인한 사람은 10년 이하의 징역에 처한다.
> [전문개정 2013. 4.5.]
> **제295조의2【형의 감경】** 제287조부터 제290조까지, 제292조와 제294조의 죄를 범한 사람이 약취, 유인, 매매 또는
> 이송된 사람을 안전한 장소로 풀어준 때에는 그 형을 감경할 수 있다. [법원9급 14]
> [전문개정 2013.4.5.]

1. 의의 및 보호법익

본죄는 심신의 발육이 불충분하고 지려와 경험이 풍부하지 못한 미성년자를 약취·유인함으로써 성립하는 범죄로서, 미성년자의 자유권 외에 보호감독자의 감독권(감호권)도 그 보호법익으로 하고 있다. 따라서 미성년자(女)를 보호·감독하고 있던 그 아버지의 감호권을 침해하여 그녀를 자신들의 사실상 지배 하로 옮긴 이상 미성년자약취죄가 성립하고 [법원행시 17], 이때 약취행위에 미성년자의 동의가 있었다 하더라도 본죄의 성립에는 변함이 없다(대법원 2003.2.11, 2002도7115; 1982.4.27, 82도186). [경찰간부 13/사시 11] 본죄는 침해범이며 계속범이다.

2. 구성요건

(1) 객관적 구성요건

① **주체** : 본죄의 주체는 제한이 없다(2013.4.5. 개정형법에 의해 종래의 "자"에서 "사람"으로 개정됨. 일반범). 따라서 미성년자를 보호·감독하는 자라 하더라도 본죄의 주체가 될 수 있다(대법원 2008.1.31, 2007도8011 - 나쁜 아버지 사건-). [경찰채용 12 3차/경찰간부 13·14/법원행시 12/변호사시험 14]

② **객체** : 미성년자로서 민법을 기준으로 하여 19세 미만의 사람을 말한다. 혼인한 미성년자도 이에 포함된다.

③ **행위 – 약취·유인**

ㄱ **약취(略取)** : 폭행·협박 또는 불법적인 사실상의 힘을 수단으로 하여 사람을 그 의사에 반하여 자유로운 생활관계·보호관계로부터 이탈시켜 자기 또는 제3자의 사실상 지배 하에 옮기는 행위를 말한다. [경찰승진 14] 폭행·협박의 정도는 상대방을 실력적 지배 하에 둘 수 있을 정도이면 족하고 반드시 상대방의 반항을 억압할 정도일 것은 요하지 아니한다(대법원 1990.2.13, 89도2558; 1991.8.13, 91도1184). [경찰채용 16 2차/경찰채용 12 3차/경찰승진 13·14/국가7급 07/법원행시 17] 다만, 미성년의 자녀를 부모가 함께 동거하면서 보호·양육하여 오던 중 부모의 일방이 상대방 부모나 그 자녀에게 어떠한 폭행·협박이나 불법적인 사실상의 힘을 행사함이 없이 그 자녀를 데리고 종전의 거소를 벗어나 다른 곳으로 옮겨 자녀에 대한 보호·양육을 계속한 것은 미성년자약취에 해당하지 않는다(대법원 2013.6.20, 2010도14328 전원합의체 - 베트남 엄마 사건-). [경찰승진 17/법원9급 14]

ㄴ **유인(誘引)** : 기망 또는 유혹을 수단으로 하여 사람을 자기 또는 제3자의 지배하에 옮기는 행위이다. 유혹이란 기망의 정도에는 이르지 아니하나 감언이설로써 상대방을 현혹시켜 판단의 적정을 그르치게 하는 것을 말하며 반드시 그 유혹의 내용이 허위일 것을 요하지 않는다. [경찰채용 12 3차] 유인하려는 상대방이 미성년자인 경우 유인으로 인하여 그가 하자 있는 의사로 승낙하였다 하더라도 본죄의 성립에 영향이 없다(대법원 1982.4.27, 82도186 - 앵벌이 사건-; 1996.2.27, 95도2980 - 미성년의 저능아를 제주도로 데려간 사례-; 2001.7.13, 2001도2595).

ⓒ 인취(引取)의 대상 : 폭행·협박·기망·유혹은 피인취자에게 행해질 필요는 없고 보호자에게 행해
질 수도 있다.

ⓓ 실력적 지배

ⓐ 의의 : 본죄는 미성년자를 자기 또는 제3자의 물리적·실력적(사실상) 지배하에 두는 행위가
있어야 한다. 따라서 미성년자를 단지 부모로부터 이탈하게 하는 행위(단순히 여행을 떠나거나
가출하게 하는 행위)만으로는 성립하지 않는다.

ⓑ 장소적 이전의 필요성 : ㉮ 원칙적으로, 약취·유인은 미성년자를 장소적으로 이전시키는 경우
뿐만 아니라, 장소적 이전 없이 기존의 자유로운 생활관계 또는 부모와의 보호관계로부터
이탈시켜 범인·제3자의 사실상 지배 하에 두는 경우도 포함된다(대법원 2008.1.17, 2007도8485).
[경찰채용 16 2차/경찰승진 14/변호사시험 14] 따라서 장소적 이전이 없더라도 피인취자의 격리는 가능하며,
부작위에 의한 약취죄도 성립할 수 있다. ㉯ 다만, 미성년자와 보호자의 일상생활의 장소적
중심인 주거에서 장소적 이전을 전제로 하지 아니한 채 폭행·협박이 이루어진 경우에는,
그로 인하여 미성년자와 부모의 보호관계가 일시적으로 제한·박탈되었다 하더라도 본죄가
성립한다고 할 수 없다(대법원 2008.1.17, 2007도8485). [경찰간부 13/경찰승진 13·14]

ⓔ 실행의 착수 및 기수 : 미성년자를 기존의 생활관계·보호관계로부터 이탈시킬 의도가 없는 경우에
는 실행의 착수조차 인정하기 어려우며, 사회통념상 실제로 기존의 생활관계 및 보호관계로부터
이탈시킨 것으로 인정되어야만 본죄의 기수가 성립한다. [국가7급 07]

(2) 주관적 구성요건 – 고의

본죄의 고의는 미성년자라는 사실에 대한 인식과 폭행·협박·기망 또는 유혹에 의하여 미성년자를
인취한다는 인식이 있어야 한다. 다만 본죄는 –다른 대부분의 약취·유인범죄들이 목적범인 것과는 달리–
목적범이 아니다. 따라서 추행·간음·결혼·영리, 노동력 착취, 성매매와 성적 착취, 장기적출, 국외이송의
목적이 있는 경우에는, 보다 형이 무거운 추행·간음·결혼·영리 목적 약취·유인죄(제288조 제1항), 노동력
착취, 성매매와 성적 착취, 장기적출 목적 약취·유인죄(동조 제2항) 및 국외이송 목적 약취·유인죄(동조
제3항)가 성립하게 된다.

3. 침해범·계속범

본죄는 침해범으로서, 미성년자가 자기 또는 제3자의 실력적 지배하에 놓이게 된 때(피인취자의 자유가
침해된 때) 기수가 된다. 또한 약취·유인행위는 어느 정도 시간적 계속이 되어야 기수가 되고, 미성년자에
대한 약취·유인상태가 해제된 때 비로소 공소시효가 기산되므로 본죄는 계속범으로 분류된다.

4. 위법성

미성년자와 보호자가 모두 동의한 경우에는 구성요건적 양해(다수설, 소수설은 피해자의 승낙으로 봄)에
의하여 구성요건해당성이 조각된다. 그러나 미성년자의 동의만 있거나 보호자의 동의만 있는 경우에는
본죄가 성립한다.

5. 다른 범죄와의 관계

미성년자를 유인한 자가 계속하여 미성년자를 불법하게 감금하였을 때에는 미성년자유인죄 이외에
감금죄가 별도로 성립한다(대법원 1998.5.26, 98도1036). [경찰채용 14 1차/경찰채용 12 3차/경찰승진 13·14/국가7급 07]

6. 특가법상 가중처벌규정

특가법에서는, 형법 제287조의 본죄를 범한 자가 그 약취·유인의 목적이 약취·유인한 미성년자의 부모 기타 그 미성년자의 안전을 염려하는 자의 우려를 이용하여 재물 또는 재산상 이익을 취득할 목적일 때에는 무기 또는 5년 이상의 징역에 처하고(특가법 제5조의2 제1항 제1호), 살해할 목적인 때에는 사형, 무기 또는 7년 이상의 징역에 처하는 등(동조 동항 제2호) 약취·유인죄의 가중처벌규정을 두고 있다.

03 추행·간음·결혼·영리 목적 약취·유인죄

> **제288조【추행 등 목적 약취, 유인 등】** ① 추행, 간음, 결혼 또는 영리의 목적으로 사람을 약취 또는 유인한 사람은 1년 이상 10년 이하의 징역에 처한다.
> [전문개정 2013.4.5.]
> **제295조의2【형의 감경】** 제287조부터 제290조까지, 제292조와 제294조의 죄를 범한 사람이 약취, 유인, 매매 또는 이송된 사람을 안전한 장소로 풀어준 때에는 그 형을 감경할 수 있다.
> [전문개정 2013.4.5.]

1. 구성요건

(1) 객 체

사람으로서, 성년·미성년, 남녀를 불문한다. 미성년자를 추행·간음·결혼·영리 목적으로 약취·유인하면 추행·간음·결혼·영리 목적 약취·유인죄가 성립하고 미성년자약취·유인죄는 별도로 성립하지 않는다. [경찰승진(경장) 11 / 경찰승진 12]

(2) 약취·유인

① **약취** : 약취는 폭행 또는 협박뿐만 아니라 사실상의 힘에 의한 경우도 포함된다(초등학교 5학년 여학생의 소매를 잡아끌면서 "우리 집에 같이 자러 가자."고 한 행위는 본죄에 해당함, 대법원 2009.7.9, 2009도3816).

② **유인** : 유인이란 기망·유혹을 수단으로 자기·제3자의 사실적 지배 아래로 옮기는 행위를 말한다(11세에 불과한 어린 나이의 피해자 女를 유혹하여 모텔 객실까지 데리고 간 행위는 간음목적 유인죄의 기수에 해당함, 대법원 2007.5.11, 2007도2318). [경찰간부 13]

(3) 추행·간음·결혼·영리의 목적

① **추행·간음의 목적** : 추행의 목적이란 피해자로 하여금 성적 수치심을 일으키는 정도의 행위를 하게 할 목적을 말하고, 간음의 목적이란 성교할 목적을 말한다. 만일 결혼할 목적까지 있다면 간음목적 약취·유인죄가 아니라 아래의 결혼목적 약취·유인죄(제291조)에 해당한다.

② **결혼의 목적** : 결혼의 의미는 사실혼·법률혼을 불문한다(다수설). 다만 법률혼도 아니고 사실혼도 아닌 단지 성교관계의 목적으로 약취·유인한 때에는 위의 간음목적 약취·유인죄(제288조 제1항)가 성립한다. 결혼목적으로 미성년자를 약취·유인한 경우에는 특별법인 결혼목적 약취·유인죄만 성립한다는 입장이 통설이다(법조경합설).

③ **영리의 목적** : 재물이나 재산상 이익을 취득할 목적을 말한다. 영리목적 약취·유인죄는 인질강도죄와의 구별이 문제되는데, 특히 석방 대가로 재산을 요구할 목적을 가지고 사람을 '약취·유인하는 행위'의 경우, 약취·유인행위만으로 '인질강도의 실행의 착수로 볼 수 없다'는 점에서, 영리목적 약취·유인죄의 기수가 된다(다수설, 반대입장의 소수설은 인질강도미수로 봄).

(4) 기수시기

추행·간음·결혼·영리 목적 약취·유인죄는 다른 약취·유인죄들처럼 미수를 처벌하므로 언제 기수에 이르는가를 정해야 하는바, 본죄는 추행·간음·결혼·영리의 목적으로 사람을 약취·유인하여 자기·제3자의 사실적 지배하로 옮기면 기수가 되는 것이고, [경찰승진(경장) 11] 추행·간음·결혼·영리 목적의 달성은 요하지 않는다. 따라서 유흥주점에 몸값을 받고 팔 생각으로 여성을 약취하였으면 그 자체로 영리목적 약취죄는 기수에 이른 것이고, 이후 그 여성을 인도해주지 않았더라도 본죄의 기수에는 영향을 주지 아니한다.

2. 소추조건 및 미수, 예비·음모

추행·간음·결혼 목적 약취·유인죄는 과거 친고죄이었으나 2012.12.18. 개정형법에 의해 다른 성폭력범 죄들과 함께 친고죄의 목록에서 삭제되었다. [법원9급 14] 본죄는 미수를 처벌함은 물론이다. 또한 본죄는 종래 예비·음모 처벌규정은 두지 않고 있다가 2013.4.5. 개정형법에 의해 예비·음모가 처벌되게 되었다(제 296조).

04 노동력 착취, 성매매와 성적 착취, 장기적출 목적 약취·유인죄

제288조【추행 등 목적 약취, 유인 등】 ② 노동력 착취, 성매매와 성적 착취, 장기적출을 목적으로 사람을 약취 또는 유인한 사람은 2년 이상 15년 이하의 징역에 처한다.
[전문개정 2013.4.5.]
제295조의2【형의 감경】 제287조부터 제290조까지, 제292조와 제294조의 죄를 범한 사람이 약취, 유인, 매매 또는 이송된 사람을 안전한 장소로 풀어준 때에는 그 형을 감경할 수 있다.
[전문개정 2013.4.5.]

국내외적으로 나타난 신종범죄에 대응하기 위하여 2013년 4월 5일 개정형법에 의해 신설된 처벌규정이다.

05 국외이송 목적 약취·유인, 피인취자 국외이송죄

제288조【추행 등 목적 약취, 유인 등】 ③ 국외에 이송할 목적으로 사람을 약취 또는 유인하거나 약취 또는 유인된 사람을 국외에 이송한 사람도 제2항과 동일한 형으로 처벌한다.
[전문개정 2013.4.5.]
제295조의2【형의 감경】 제287조부터 제290조까지, 제292조와 제294조의 죄를 범한 사람이 약취, 유인, 매매 또는 이송된 사람을 안전한 장소로 풀어준 때에는 그 형을 감경할 수 있다.
[전문개정 2013.4.5.]

본죄는 국외에 이송할 목적으로 사람을 약취·유인하거나 약취·유인된 사람을 국외에 이송함으로써 성립한다. 외국에서 우리나라로 옮기는 것은 본죄의 "국외에 이송"에 해당되지 않지만, 국외이송 목적의 달성 여부는 본죄의 기수 성립에 영향을 주지 않는다. 나아가, 국외이송 목적 약취·유인죄를 범하고 실제로 국외에 이송한 본죄를 범한 경우 양 죄는 실체적 경합범에 해당한다는 것이 다수설이다. 한편, 제288조 제3항 후단의 피인취자 국외이송죄는 목적범이 아니다.

06 인신매매죄

> 제289조 【인신매매】 ① 사람을 매매한 사람은 7년 이하의 징역에 처한다.
> ② 추행, 간음, 결혼 또는 영리의 목적으로 사람을 매매한 사람은 1년 이상 10년 이하의 징역에 처한다.
> ③ 노동력 착취, 성매매와 성적 착취, 장기적출을 목적으로 사람을 매매한 사람은 2년 이상 15년 이하의 징역에 처한다.
> ④ 국외에 이송할 목적으로 사람을 매매하거나 매매된 사람을 국외로 이송한 사람도 제3항과 동일한 형으로 처벌한다.
> [전문개정 2013.4.5.]
> 제295조의2 【형의 감경】 제287조부터 제290조까지, 제292조와 제294조의 죄를 범한 사람이 약취, 유인, 매매 또는 이송된 사람을 안전한 장소로 풀어준 때에는 그 형을 감경할 수 있다.
> [전문개정 2013.4.5.]

1. 인신매매죄(제1항)

(1) 의 의

종래 부녀매매죄(구 형법 제288조 제2항)의 행위객체가 "부녀"로 제한되었던 것을 2012.12.18. 개정형법에 의하여 "사람"으로 확대함으로써 사실상 본죄는 이미 '인신매매죄'로 된 것인데, 2013.4.5. 개정형법에 의해 제289조의 제명을 '인신매매'로 정하고 각종 착취목적의 인신매매죄를 신설하여 그 처벌범위를 확대함으로써 본죄는 명실공히 인신매매의 기본적 구성요건이 되었다.

(2) 구성요건

① **주체** : 본죄는 그 주체(제한이 없음)에 제한을 두지 않고 매매의 일방이 어떤 경위로 취득한 사람에 대한 실력적 지배를, 그 대가를 받고 그 상대방에게 넘기는 '매매행위'에 중점을 두고 판단한다(대법원 1992.1.21, 91도1402 전원합의체). 인신매매를 처벌하는 규정인 본죄는 매도자와 매수자를 같이 처벌하는 필요적 공범에 속한다(대향범).

② **객체** : 본죄는 객체에 제한을 두지 않고 대가를 받고 상대방에게 넘긴다는 행위를 중심으로 판단한다(대법원 1992.1.21, 91도1402 전원합의체).[35] [국가7급 07] 따라서 사람에 대한 실력적 지배를 이전하는 매매행위로 나아간 이상 인격자각이 있고 법질서에 보호를 요청할 수 있는 사람도 본죄의 행위대상이 되며 성년·미성년, 기혼·미혼을 가리지 않는다.

③ **기수시기** : 실력적 지배가 상대방 측에 이전되었을 때(사실상 인도된 때)이다(통설). [사시 11] 본죄는 자유를 침해하는 죄이므로 대금지급 여부와는 관계없이 성립한다. [사시 11] 아래의 부진정목적범(목적으로 인하여 형이 가중됨)들에 있어서도 그 목적의 달성 여부는 본죄의 기수도달에 영향을 주지 아니한다.

---

35 종래의 판례는 인격적 자각이 있고 스스로 법질서에 보호를 요청할 수 있는 부녀자는 법질서상 매매의 대상이 될 수 없으므로 본죄의 객체가 되기 어렵다는 입장을 취해 왔다(대법원 1959.3.13, 4292형상7). 그러나 위 1992년 전원합의체 판례에 의하여 이러한 판례의 입장은 변경된 것이다. [국가7급 07]

④ **주관적 구성요건** : 종래 부녀매매죄는 추업(醜業)에 사용할 목적을 필요로 하는 목적범이었으나, 2013년 4월 5일 개정형법에 의해 본죄는 별도의 목적을 필요로 하지 않는 단순한 고의범으로 개정되었다.

2. 추행·간음·결혼·영리 목적 인신매매죄(제2항)

추행·간음·결혼·영리의 목적을 가지고 한 인신매매행위를 단순인신매매죄보다 가중처벌하는 구성요건이다.

3. 노동력 착취, 성매매와 성적 착취, 장기적출 목적 인신매매죄(제3항)

노동력 착취, 성매매와 성적 착취, 장기적출의 목적으로 가지고 한 인신매매행위를 단순인신매매죄보다 가중처벌하는 구성요건이다.

4. 국외이송 목적 인신매매, 피매매자 국외이송죄(제4항)

본죄는 국외에 이송할 목적으로 사람을 매매하거나 매매된 사람을 국외에 이송함으로써 성립하는 범죄로서, 종래 구 형법 제289조 제1항 및 제2항에 규정되었던 것을 2013.4.5. 개정형법에 의해 인신매매의 죄로 옮겨 규정한 것에 불과하다. 후단의 피매매자 국외이송죄는 목적범이 아니다.

07 약취·유인·매매·이송 등 상해·치상, 살인·치사죄

> **제290조【약취, 유인, 매매, 이송 등 상해·치상】** ① 제287조부터 제289조까지의 죄를 범하여 약취, 유인, 매매 또는 이송된 사람을 상해한 때에는 3년 이상 25년 이하의 징역에 처한다.
> ② 제287조부터 제289조까지의 죄를 범하여 약취, 유인, 매매 또는 이송된 사람을 상해에 이르게 한 때에는 2년 이상 20년 이하의 징역에 처한다.
> [전문개정 2013.4.5.]
> **제295조의2【형의 감경】** 제287조부터 제290조까지, 제292조와 제294조의 죄를 범한 사람이 약취, 유인, 매매 또는 이송된 사람을 안전한 장소로 풀어준 때에는 그 형을 감경할 수 있다.
> [전문개정 2013.4.5.]
> **제291조【약취, 유인, 매매, 이송 등 살인·치사】** ① 제287조부터 제289조까지의 죄를 범하여 약취, 유인, 매매 또는 이송된 사람을 살해한 때에는 사형, 무기 또는 7년 이상의 징역에 처한다.
> ② 제287조부터 제289조까지의 죄를 범하여 약취, 유인, 매매 또는 이송된 사람을 사망에 이르게 한 때에는 무기 또는 5년 이상의 징역에 처한다.
> [전문개정 2013.4.5.]

2013.4.5. 개정형법에 의하여 신설된 약취·유인·매매·이송 등 죄에 대한 고의적 결합범 및 결과적 가중범의 처벌규정이다.

제290조의 약취·유인·매매·이송 등 상해·치상죄는 제295조의2의 석방감경규정의 적용대상이나, 제291조의 약취·유인·매매·이송 등 살인·치사죄가 그 적용대상이 아님은 당연하다. 또한 약취·유인·매매·이송 등 상해·살인죄의 고의적 결합범은 미수와 예비·음모를 처벌하나, 약취·유인·매매·이송 등 치상·치사죄의 진정결과적 가중범은 미수와 예비·음모를 처벌하지 않는다(제294조 및 제296조).

08 피약취 · 유인 · 매매 · 이송자수수 · 은닉죄

> **제292조【약취, 유인, 매매, 이송된 사람의 수수 · 은닉 등】** ① 제287조부터 제289조까지의 죄로 약취, 유인, 매매 또는 이송된 사람을 수수(授受) 또는 은닉한 사람은 7년 이하의 징역에 처한다.
> [전문개정 2013.4.5.]

피인취자를 수수 · 은닉해준다는 것은 인취행위에 도움을 주는 의미를 가지므로, 본죄는 총칙상의 방조행위를 특별히 독립범죄로서 규정한 것이다. 따라서 본죄가 성립하면 수수 · 은닉행위가 방조범의 성격을 띠더라도 총칙상의 공범규정은 적용되지 아니한다. 또한 기술한 미성년자약취 · 유인죄(제287조), 피인취 · 매매자국외이송죄(제288조 제3항 후단, 제289조 제4항 후단)와 함께 본조의 피인취 · 매매 · 이송자수수 · 은닉죄는 목적범이 아니다.

09 약취 · 유인 · 매매 · 이송 목적 모집 · 운송 · 전달죄

> **제292조【약취, 유인, 매매, 이송된 사람의 수수 · 은닉 등】** ② 제287조부터 제289조까지의 죄를 범할 목적으로 사람을 모집, 운송, 전달한 사람도 제1항과 동일한 형으로 처벌한다.
> [전문개정 2013.4.5.]

종래 방조범 형태로 인정되던 약취, 유인, 인신매매 등을 위하여 사람을 모집, 운송, 전달하는 행위를 독자적인 구성요건으로 처벌하도록 하기 위하여 2013.4.5. 개정형법에 의해 신설된 규정이다.

10 상습범 처벌규정 삭제와 예비 · 음모죄 처벌대상의 확대

> **제293조【상습범】** 삭제
> **제294조【미수범】** 제287조부터 제289조까지, 제290조 제1항, 제291조 제1항과 제292조 제1항의 미수범은 처벌한다.
> [전문개정 2013.4.5.]
> **제296조【예비, 음모】** 제287조부터 제289조까지, 제290조 제1항, 제291조 제1항과 제292조 제1항의 죄를 범할 목적으로 예비 또는 음모한 사람은 3년 이하의 징역에 처한다.
> [전문개정 2013.4.5.]

종래 구 형법에서는 대부분의 약취 · 유인죄에 대해서 상습범 처벌규정을 두고 있었으며 이러한 상습범 처벌규정은 −대부분의 상습범 가중처벌규정들이 그 죄에 정한 형의 2분의 1까지 가중하는 것과는 달리− 별도의 형을 두고 있었다.[36] 그러나 2013.4.5. 개정형법에서는 약취 · 유인 · 매매 · 이송 · 수수 · 은닉에 관한 종래의 상습범 처벌규정들(구 형법 제288조 제3항, 제289조 제3항, 제293조)이 모두 삭제되었다. 또한 구 형법에서는 국외이송 목적 약취 · 유인 · 매매죄 등에 대해서만 예비 · 음모를 처벌하였으나, 2013.4.5. 개정형법에서는 예비 · 음모 처벌규정이 약취 · 유인 · 매매 · 이송 등 치사상죄(제290조 제2항, 제291조 제2항) 및 약취 · 유인 · 매매 · 이송 목적 모집 · 운송 · 전달죄(제292조 제2항)를 제외한 모든 범죄로 확대되었으며, 이는 미수범 처벌규정도 마찬가지이다.

---

36 정리 : 현행법상 별도의 형을 두는 상습범 가중처벌규정에는 강도, 장물, 도박죄가 있다.

11 석방감경

> **제295조의2 【형의 감경】** 제287조부터 제290조까지, 제292조와 제294조의 죄를 범한 사람이 약취, 유인, 매매 또는 이송된 사람을 안전한 장소로 풀어준 때에는 그 형을 감경할 수 있다.
> [전문개정 2013.4.5.]

피인취·매매·이송자의 생명을 보호하기 위한 석방감경(해방감경)규정이다. [경찰채용 12 3차] 따라서 제291조의 약취·유인·매매·이송 등 살인·치사를 범한 자는 본 감경규정의 혜택을 받을 수 없다. 또한 본조는 기수범에 대해서도 인정되고 자의성을 요건으로 하지 않은 점에서 총칙상 중지미수와는 다르다.

12 세계주의규정의 신설

> **제296조의2 【세계주의】** 제287조부터 제292조까지 및 제294조는 대한민국 영역 밖에서 죄를 범한 외국인에게도 적용한다.
> [본조신설 2013.4.5.]

2013년 4월 5일 개정형법에서는 인류에 대한 공통적인 범죄인 약취·유인·인신매매의 죄에 대하여 세계주의가 채택되어, 대한민국 영역 밖에서 외국인에 의하여 외국인을 대상으로 저질러지더라도 우리 형법이 적용될 수 있게 되었다.

> **참고하기** 약취·유인 및 인신매매의 죄 주요 암기사항
>
> 1. 친고죄 삭제, 상습범 삭제
> 2. 예비·음모 대부분 처벌 ○
>   처벌되지 않는 죄 : 약취·유인·매매·이송 등 치사상죄 및 약취·유인·매매·이송 목적 모집·운송·전달죄
> 3. 목적범이 아닌 죄 : 미성년자약취·유인죄, 인신매매죄, 피인취·매매자 국외이송죄, 피인취·매매·이송자 수수·은닉죄
> 4. 세계주의 채택

제4절 강간과 추행의 죄

01 총 설

강간과 추행의 죄의 보호법익은 개인의 성적 자기결정의 자유 내지 성적 자기결정권이다.[37] 성적 자기결정

---

37 1995년 개정형법 이전의 형법각칙 제32장의 제목은 '정조(情操)에 관한 죄'이었다. 그러나 95년 개정을 통하여 '강간과 추행의 죄'로 그 제목을 바꿨다. 또한 각칙 제22장의 성풍속을 해하는 죄가 사회적 법익에 대한 죄임에 비하여, 본장의 죄는 개인의 성적 자유에 대한 죄라는 점에서 구별된다.

권은 성행위 여부를 스스로 결정할 수 있는 자유를 말하며, 특히 형법상 강간과 추행의 죄에 대한 처벌규정은 원하지 않는 성행위를 하지 않을 자유(성행위로부터의 소극적 자유)를 그 주된 보호대상으로 삼고 있다. 이러한 개인의 성적 자기결정권은 개인의 인격을 형성하는 핵심적인 자유 중의 하나로써 헌법 제10조가 규정하는 인간의 존엄과 가치 및 행복추구권에서 나온다(헌법재판소 1990.9.10, 89헌마82). 법익보호의 정도는 침해범이다.

강간과 추행의 죄는 종래 대부분 친고죄이었으나, 2012.12.18. 개정형법에 의해 모두 비친고죄로 바뀌었다 (마찬가지로 2012.12.18. 성폭법 및 아청법이 모두 개정되어 친고죄 및 반의사불벌죄 조항이 모두 삭제됨). 또한 강간죄, 유사강간죄, 강제추행죄, 준강간·준강제추행죄, 미성년자의제강간·강제추행죄는 미수를 벌하지만, 강간 상해·치상죄, 강간·살인치사죄, 미성년자·심신미약자간음·추행죄, 업무상 위력간음죄, 피구금자간음죄, 미성년자의제강간 등 상해·치상·살인·치사죄는 미수를 벌하지 않는다. 나아가, 2020.5.19. 개정형법에서는 미성년자 의제강간의 피해자 연령기준을 13세에서 16세로 상향하고(제305조 제2항) 강간·유사강간 등의 예비·음모에 대한 처벌규정을 신설하였다(제305조의3).

강간과 추행의 죄에 대한 형사특별법으로는 성폭력범죄의 처벌 등에 관한 특례법(본서에서는 '성폭법')과 아동·청소년의 성보호에 관한 법률(본서에서는 '아청법')이 대표적이다.

02 강간죄

> **제297조【강 간】** 폭행 또는 협박으로 사람을 강간한 자는 3년 이상의 유기징역에 처한다. 〈개정 2012.12.28.〉

1. 의 의

강간죄는 폭행 또는 협박으로 사람을 강간함으로써 성립하는 범죄이다. 즉 강간죄는 이성(異性) 간의 강제적 성기 삽입행위를 처벌하는 구성요건이고, 후술하는 유사강간죄는 주로 강제적인 성기 대 비성기 삽입행위를 처벌하는 구성요건이다.

2. 구성요건

(1) 객관적 구성요건

① **주체 − 제한이 없음** : 본죄는 신분범도 아니고 자수범도 아니어서 누구든지 범할 수 있다. 따라서 여자도 간접정범, 공동정범의 형태로 본죄의 정범이 될 수 있다(대법원 1984.6.12, 84도780). 또한 종래에는 강간이란 남자가 여자에 대하여 범하는 행위이므로 여자는 본죄의 직접정범이 될 수 없었으나, 2012. 12.18. 개정형법에 의해 본죄의 객체가 '사람'으로 확대됨에 따라 여자도 남자를 피해자로 하는 강간죄의 직접정범이 될 수 있게 되었다.

② **객체 − 사람** : 강간죄의 객체는 '사람'이므로, 남·녀를 불문하고, 나아가 성년·미성년, 기혼·미혼을 불문한다. 다만, 부부관계의 배우자도 본죄의 객체가 있는가의 문제, 강간행위는 이성(異性) 간의 성기삽입이 있어야 하므로 필연적으로 따져보아야 하는 성(性)의 판단기준, 그리고 동성애자의 문제 등이 본죄의 객체와 관련되어 논의된다.

㉠ **부부관계의 배우자** : 법률상의 배우자도 강간죄(및 강제추행죄)의 객체가 되는가의 문제이다. 학설은 대립하나, **판례**는 2013년 전원합의체 판결에 의하여 혼인관계가 실질적으로 유지되고 있는

경우에도 남편이 반항을 불가능하게 하거나 현저히 곤란하게 할 정도의 폭행·협박을 가하여 아내를 간음한 경우에는 강간죄가 성립한다고 판시하였다(부부강간 긍정설, 대법원 2013.5.16, 2012도 14788 전원합의체). [경찰채용 13 2차 / 경찰채용 12 3차 / 경찰승진 14·16 / 국가9급 14 / 법원9급 14 / 법원행시 10·13·14·17·18]

    ⓛ **성전환자와 성의 기준** : **판례**는 2006년에 성전환자의 성별정정을 허가한 판례를 내린 이후(대법원 2006.6.22, 2004스42 전원합의체), 2009년 판례를 통해 여성으로 성전환수술을 받은 자의 경우에도 정신적 요소, 생물학적 요소, 사회적 요소를 종합적으로 고려하여 사회통념상 여성으로 평가될 수 있는 경우에는 법률상 부녀로 보아 (구 형법상) 강간죄의 객체에 해당된다는 입장을 취하였다(사회통념상 여성 기준설, 대법원 2009.9.10, 2009도3580).[38] [경찰채용 11·12 1차 / 경찰간부 12 / 법원9급 10 / 법원행시 10·17]

    ⓒ **남성인 동성애자** : 남성이 주체가 되어 동성애자 남성을 강간한 행위는 본죄가 아니라 유사강간죄에 해당한다.

③ **행위 – 폭행·협박으로 강간하는 것**

    ㉠ **폭행·협박** : 피해자의 항거를 불가능하게 하거나 억압하거나 '현저히 곤란하게 할 정도'의 폭행과 협박이어야 한다(최협의의 폭행·협박 : 통설·판례). [법원9급 06 / 법원행시 13] 피해자의 반항을 현저히 곤란하게 하는 정도이면 충분하고, 반항을 불가능하게 할 것을 요하지는 않는다.

판례연구   **강간죄의 폭행·협박으로 인정되는 사례**

대법원 2007.1.25, 2006도5979
유부녀인 피해자에 대하여 혼인 외 성관계사실을 폭로하겠다는 등의 내용으로 협박하여 피해자를 간음(또는 추행)한 경우, 위와 같은 협박이 피해자를 단순히 외포시킨 정도를 넘어 적어도 피해자의 항거를 현저히 곤란하게 할 정도의 것이었다고 보기에 충분하기 때문에 강간죄(내지 강제추행죄)가 성립한다고 해야 한다. [경찰채용 14 1차 / 경찰채용 10 2차 / 법원행시 16 / 사시 10·13]

    ⓛ **강간행위 – 폭행·협박에 의하여 간음하는 것** : 강간죄에서의 폭행·협박과 간음 사이에는 인과관계가 있어야 한다. 다만, 폭행·협박이 반드시 간음행위보다 선행되어야 하는 것은 아니다(대법원 2017.10.12, 2016도16948, 2016전도156). [법원9급 20] 또한, 강간죄는 사람을 간음하기 위하여 피해자의 항거를 불능하게 하거나 현저히 곤란하게 할 정도의 폭행 또는 협박을 개시한 때에 그 실행의 착수가 있다고 보아야 할 것이고, 실제로 그와 같은 폭행 또는 협박에 의하여 피해자의 항거가 불능하게 되거나 현저히 곤란하게 되어야만 실행의 착수가 있다고 볼 것은 아니다(대법원 2000.6.9, 2000도1253). [법원행시 09·10·13] 간음이란 성기를 이성(異性)의 성기에 삽입하는 행위를 말하며, 삽입에 의하여 기수로 된다(삽입설).

판례연구   **강간의 실행의 착수를 부정한 판례**

대법원 1990.5.25, 90도607
강간죄의 실행의 착수가 있었다고 하려면 강간의 수단으로서 폭행이나 협박을 한 사실이 있어야 할 터인데 피고인이 강간할 목적으로 피해자의 집에 침입하였다 하더라도 안방에 들어가 누워 자고 있는 피해자의 가슴과 엉덩이를 만지면서 간음을 기도하였다는 사실만으로는 강간의 수단으로 피해자의 폭행이나 협박을 개시하였다고 하기에는 어렵다. ➔ 강간미수죄 불성립 [경찰채용 12 3차 / 경찰간부 12 / 경찰승진(경사) 10 / 국가7급 10 / 법원9급 07(상) / 법원9급 1·14·18 / 법원행시 11 / 사시 13]

---

38 강간죄는 이성(異性) 간의 성폭력범죄이므로 위 2009년 대법원판례의 성(性)의 판단기준은 2012년 형법개정에도 불구하고 여전히 유효하다.

(2) 주관적 구성요건 - 고의

피해자의 의사에 반하여(피해자의 승낙이 있으면 양해로서 구성요건해당성조각) 폭행 또는 협박에 의하여 강간한다는 고의가 필요하다.

3. 죄수 및 다른 범죄와의 관계

(1) 동일한 기회에 수회 강간한 경우

동일한 폭행·협박으로 항거가 불능하거나 현저히 곤란한 상태가 계속되는 상태에서 수회에 걸쳐서 간음한 경우에는 범인들의 의사 및 범행시각과 장소로 보아 수회의 간음행위를 하나의 계속된 행위로 볼 수 있는 이상, 이는 실체적 경합범이 아니라 단순일죄 내지 포괄일죄가 성립할 뿐이다(대법원 2002.9.4, 2002도2581; 1970.9.29, 70도1516). 다만, 판례는 '피해자를 1회 강간하여 상처를 입게 한 후 약 1시간 후에 장소를 옮겨 같은 피해자를 다시 1회 강간한 행위'는 그 범행시간과 장소를 달리하고 있을 뿐만 아니라 각 별개의 고의에서 이루어진 행위로서 경합범에 해당된다고 판시하였다(대법원 1987.5.12, 87도694).

(2) 강간의 수단 또는 그에 수반하여 저질러진 폭행·협박의 경우

강간범행의 수단으로 또는 그에 수반하여 저질러진 폭행·협박은 강간죄의 구성요소로서 그에 흡수되는 법조경합의 관계에 있는 만큼 이를 따로 떼어내어 폭행죄·협박죄 또는 폭처법 위반의 죄로 공소제기할 수 없다(대법원 1974.6.11, 73도2817). [법원9급 14 / 법원행시 08 / 사시 12]

(3) 주거침입과 강간의 관계

① 형법상 죄책 : 타인의 주거에 침입하여 강간을 한 경우에는 주거침입죄와 강간죄의 실체적 경합범이 성립한다. 판례도 야간에 흉기를 휴대하고 타인의 주거에 침입하여 강간을 한 경우에, 폭력행위 등 처벌에 관한 법률위반죄(흉기휴대주거침입)와 강간죄의 경합범으로 본 예가 있다(대법원 1988.12.13, 88도1807). [법원9급 07(하)]

② 성폭법상 죄책 : 주거침입(기수)하여 강간한 경우에는 성폭법상 특수강도강간죄(동법 제3조 제1항)가 성립하게 된다. 이 경우 주거침입죄는 별죄를 구성하지 아니한다.

(4) 강간을 하기 위하여 감금한 경우

강간을 하기 위하여 감금한 경우에는 강간미수죄와 감금죄의 상상적 경합이 성립한다(대법원 1984.8.21, 84도1550). 다만, 감금을 하던 중에 강간을 한 경우에는 감금죄와 강간죄의 실체적 경합에 해당한다.

4. 성폭법상 가중처벌규정

(1) 특수강도강간죄

성폭법 제3조 제1항은 "형법 제319조 제1항(주거침입), 제330조(야간주거침입절도), 제331조(특수절도) 또는 제342조(미수범. 다만, 제330조 및 제331조의 미수범으로 한정한다)의 죄를 범한 사람이 같은 법 제297조(강간), 제297조의2(유사강간), 제298조(강제추행) 및 제299조(준강간, 준강제추행)의 죄를 범한 경우"를 특수강도강간죄로 규정하여 무기 또는 7년 이상의 징역으로 가중처벌하고 있다. 판례는 위 죄를 주거침입죄 등의 죄를 범한 후 사람을 강간하는 등의 행위를 하여야 하는 신분범으로 파악한다. 이에 의하면, 본죄가 성립하기 위해서는 강간 등의 실행행위에 착수하기 전에 주거침입죄 등의 실행의 착수가 있어야 하며, 반대로 강간 등 실행행위에 착수한 이후 주거에 침입한 경우에는 본죄가 성립하지 않는다(대법원 2021.8.12, 2020도17796).

(2) 특수강간죄

성폭법 제4조 제1항은 "흉기나 그 밖의 위험한 물건을 지닌 채 또는 2명 이상이 합동하여 형법 제297조(강간)

의 죄를 범한 경우"를 특수강간죄로 규정하여 무기 또는 7년 이상의 징역으로 가중처벌하고 있다. 본죄의 요건인 "흉기 등의 휴대"는 피해자의 인식이나 실제 범행에의 사용을 요하지 아니한다(대법원 2004.6.11, 2004도2018).

(3) 친족강간죄

성폭법 제5조 제1항은 "친족관계[39]인 사람이 폭행 또는 협박으로 사람을 강간한 경우"를 친족강간죄로 규정하여 7년 이상의 유기징역으로 가중처벌하고 있다. 또한 동조 제5항은 제1항의 친족은 사실상의 관계에 의한 친족을 포함한다고 규정하고 있는바, 사실혼으로 인하여 형성되는 인척도 사실상의 관계에 의한 친족(현 4촌 이내 인척)에 해당한다(대법원 2000.2.8, 99도5395). [사시 10] 예컨대, 甲이 乙(女)과 혼인신고는 없지만 동거하는 사실혼관계이었는데, 乙과 乙의 전 남편 丁 사이에서 태어난 丙(女)을 강간하였다면, 동법상 친족강간죄에 해당되게 된다. [사시 10]

(4) 장애인강간죄

성폭법 제6조 제1항에서는 "신체적인 또는 정신적인 장애가 있는 사람에 대하여 형법 제297조(강간)의 죄를 범한 경우"를 장애인강간죄로 규정하여 무기 또는 7년 이상의 징역으로 가중처벌하고 있다. 여기서 "신체적인 장애"를 판단함에 있어서는 비장애인의 시각과 기준에서 피해자의 장애가 없다고 쉽게 단정해서는 안 된다(대법원 2021.2.25, 2016도4404).

03 유사강간죄

> **제297조의2 【유사강간】** 폭행 또는 협박으로 사람에 대하여 구강, 항문 등 신체(성기는 제외한다)의 내부에 성기를 넣거나 성기, 항문에 손가락 등 신체(성기는 제외한다)의 일부 또는 도구를 넣는 행위를 한 사람은 2년 이상의 유기징역에 처한다.
> [본조신설 2012.12.18.]

1. 의의 및 보호법익

유사강간죄는 폭행 또는 협박으로 사람에 대하여 구강·항문 등 성기를 제외한 신체의 내부에 성기를 넣거나, 성기·항문에 손가락 등 성기를 제외한 신체의 일부 또는 도구를 넣음으로써 성립하는 범죄이며, [경찰채용 20 2차/경찰간부 14] 보호법익은 개인의 성적 자기결정권이고, 법익보호의 정도는 침해범이다. 본죄는 변화된 시대 상황을 반영하여 다양화된 성범죄에 효과적으로 대처하기 위하여 2012.12.18. 개정형법에 의하여 신설된 구성요건이다. [변호사시험 16]

2. 구성요건

(1) 주체 – 제한이 없음

여자도 본죄의 단독정범·공동정범이 될 수 있다.

(2) 객체 – 사람

강간죄와 마찬가지로 실질적 부부관계가 인정되는 법률상의 배우자도 본죄의 객체가 될 수 있다.

---

39 성폭법 제5조 제4항에 의하면, 동조 제1항의 친족의 범위는 4촌 이내의 혈족·인척과 동거하는 친족으로 한다.

(3) 행위 – 폭행·협박으로 성기 간 삽입을 제외한 삽입행위를 하는 것

① **폭행·협박** : 강간죄의 폭행·협박의 정도와 동일하게 상대방의 반항을 불가능하게 하거나 현저히 곤란하게 할 정도이어야 한다.

② **삽입** : 본죄의 삽입행위는 구체적으로 규정되어 있다. 즉, 구강·항문 등 신체(성기는 제외한다)의 내부에 성기를 넣거나, 성기·항문에 손가락 등 신체(성기는 제외한다)의 일부 또는 도구를 넣는 행위에 해당되어야 한다. 이성(異性) 간에 성기를 삽입하는 행위가 강간죄의 구성요건에 해당된다는 전제 하에 그 이외의 삽입행위는 강제추행행위 중에서도 이를 무겁다고 보아 2012.12.18. 개정형법에 신설된 행위태양으로 볼 수 있다.

04 강제추행죄

> **제298조【강제추행】** 폭행 또는 협박으로 사람에 대하여 추행을 한 자는 10년 이하의 징역 또는 1천 500만 원 이하의 벌금에 처한다.

1. 의의 및 보호법익

강제추행죄는 폭행 또는 협박으로 사람에 대하여 추행을 함으로써 성립하는 범죄이다. 본죄는 사람의 성적 자기결정의 자유를 그 보호법익으로 하며, 법익보호의 정도는 침해범이다.

2. 객관적 구성요건

(1) 주체 – 제한이 없음

(2) 객체 – 사람

(3) 행위 – 폭행·협박으로 추행하는 것

① **폭행·협박** : 강간죄의 폭행·협박의 정도와 동일한 최협의의 정도인지 여부가 문제되는데, 판례는, ㉠ 강간죄가 성립하려면 가해자의 폭행·협박은 피해자의 항거를 불가능하게 하거나 현저히 곤란하게 할 정도의 것이어야 하는데 비하여, ㉡ 강제추행죄가 성립하려면 그 폭행·협박이 항거를 곤란하게 할 정도이면 되고(대법원 2007.1.25, 2006도5979) [경찰채용 14 1차 / 사시 13] 심지어 폭행행위 자체가 추행행위인 경우에는 아예 그 힘의 대소강약을 불문한다는 입장이다(소수설·판례, 대법원 2002.4.26, 2001도2417)(참고로 다수설은 최협의설). [경찰채용 12·14 1차 / 경찰채용 10 2차 / 법원9급 10 / 법원행시 13 / 사시 10·11]

② **추행(醜行)** : 건전한 상식 있는 일반인을 기준으로 성적 수치심이나 혐오감을 일으키게 하고 선량한 성적 도덕관념에 반하는 행위로서 피해자의 성적 자기결정권을 침해하는 것을 말한다(다수설·판례). 구체적으로, 강제추행죄는 개인의 성적 자유라는 개인적 법익을 침해하는 죄로서 여기서 '추행'이란 일반인에게 성적 수치심이나 혐오감을 일으키고 선량한 성적 도덕관념에 반하는 행위인 것만으로는 부족하고 그 행위의 상대방인 피해자의 성적 자기결정의 자유를 침해하는 것이어야 한다(대법원 2012.7.26, 2011도8805). [경찰승진 13·22 / 국가9급 13 / 사시 14 / 변호사시험 13]

대법원 2002.4.26, 2001도2417

피해자와 춤을 추면서 순간적으로 피해자의 유방을 만진 사례

강제추행죄는 상대방에 대하여 폭행 또는 협박을 가하여 항거를 곤란하게 한 뒤에 추행행위를 하는 경우뿐만 아니라 폭행행위 자체가 추행행위라고 인정되는 경우도 포함되는 것이며, 이 경우에 있어서의 폭행은 반드시 상대방의 의사를 억압할 정도의 것임을 요하지 않고 [사시 11] 상대방의 의사에 반하는 유형력의 행사가 있는 이상 그 힘의 대소강약을 불문한다(최협의의 폭행이 아니라 협의의 폭행). … '피해자와 춤을 추면서 피해자의 유방을 만진 행위'가 순간적인 행위에 불과하더라도 이는 피해자의 의사에 반하여 행하여진 유형력의 행사에 해당하고 피해자의 성적 자유를 침해할 뿐만 아니라 일반인의 입장에서도 추행행위라고 평가될 수 있는 것으로서, 폭행행위 자체가 추행행위라고 인정되어 강제추행에 해당된다. [경찰채용 12·14 1차 / 경찰채용 10 2차 / 법원9급 10 / 법원행시 13 / 사시 10]

3. 주관적 구성요건

(1) 고 의

본죄의 고의로서는 폭행 또는 협박에 의하여 사람을 추행한다는 인식과 인용이 요구된다.

(2) 고의와는 별도의 경향의 요부

강제추행죄의 성립에 고의 이외에 '성욕을 자극·만족시키겠다는 주관적 경향(의도)'까지 필요한가에 대해서는 견해가 대립하나, 성적 목적 없이 복수심이나 보복의 감정 또는 호기심의 목적으로 상대방을 추행한 경우에도 본죄의 주관적 구성요건을 충족한다는 것이 다수설·판례이다(대법원 2013.9.26, 2013도5856).

[경찰채용 14·15 1차 / 경찰간부 16 / 경찰승진 16 / 법원9급 15 / 법원행시 15]

05   준강간죄·준유사강간죄·준강제추행죄

> **제299조【준강간, 준강제추행】** 사람의 심신상실 또는 항거불능의 상태를 이용하여 간음 또는 추행을 한 자는 제297조, 제297조의2 및 제298조의 예에 의한다.

1. 의의 및 성격

준강간죄·준유사강간죄·준강제추행죄는 사람의 심신상실 또는 항거불능의 상태를 이용하여 간음·유사간음·추행함으로써 성립하는 범죄이다. 강간죄·유사강간죄·강제추행죄가 폭행·협박을 수단으로 하여 범하는 죄임에 비하여, 본죄는 폭행·협박 없이 간음·유사간음·추행함으로써 범하는 죄이다. 다만 행위객체인 사람의 심신상실 또는 항거불능의 상태를 이용한다는 점에 그 불법의 본질이 있는 것이다. 본죄도 미수를 처벌한다(제300조).

2. 구성요건

(1) 사람의 심신상실·항거불능

① 행위객체 − 사람 : 본죄의 객체는 남·녀를 불문한다.

② **심신상실** : 정신기능의 장애로 인하여 성적 행위에 대한 정상적인 판단능력이 없는 상태를 말한다. 심신미약자에 대한 위계 등에 의한 간음추행죄(제302조)가 따로 규정되어 있기 때문에 심신미약은 여기에 포함되지 않는다(통설). **대법원**에서는 ㉠ 어렴풋이 잠에서 깨어나 누구냐라고 물은 여자에 대한 간음의 경우(대법원 2000.2.25, 98도4355), [법원행시 18] ㉡ 알코올이 기억형성의 실패만을 야기한 알코올 블랙아웃 상태인 경우(기억장애 외에 인지기능이나 의식 상태의 장애에 이르렀다고 인정하기 어려움, 대법원 2021.2.4, 2018도9781)에는 심신상실 상태를 인정할 수 없으나, 이에 비하여 술에 취해 수면상태에 빠지는 등 의식을 상실한 패싱아웃 상태였다면 심신상실 상태를 인정할 수 있다(대법원 2021.2.4, 2018도9781)고 판시한 바 있다.

③ **항거불능** : 심신상실 이외의 원인으로 심리적·정신적 또는 물리적·육체적으로 반항이 절대적으로 불가능하거나 현저히 곤란한 경우를 말한다(대법원 2006.2.23, 2005도9422; 2012.6.28, 2012도2631 등). ㉠ 육체적으로 반항이 불가능한 경우라 함은 피해자가 스스로 수면제를 먹고 잠들어 있다던가 (심신상실을 초래한 정신병 등을 제외한 다른) 질병으로 인해 움직일 수 없는 경우 등을 말한다. ㉡ 심리적으로 반항이 불가능한 경우로서는 ⓐ 의사가 치료를 가장하여 환자를 간음 또는 추행하는 경우(다수설), ⓑ 수면 중인 상태(이를 이용한 간음시도는 항거불능상태를 이용한 준강간미수에 해당함, 대법원 2000.1.14, 99도187), ⓒ 피해자가 의식상실 상태에 빠져 있지는 않지만 알코올의 영향으로 의사를 형성할 능력이나 성적 자기결정권 침해행위에 맞서려는 저항력이 현저하게 저하된 상태(대법원 2021.2.4, 2018도9781)의 경우 등이 있다.

(2) (위 상태를) **이용하여 간음·추행** : 강간죄와의 구별, 고의, 실행의 착수, 불능미수

① **이용** : 본죄는 심신상실·항거불능상태를 '이용(利用)'한 경우에 적용된다. 따라서 행위자가 간음 내지 추행을 하기 위하여 심신상실이나 항거불능상태를 '야기'하여 간음·추행을 한 때에는 본조가 적용되지 않고 강간죄나 강제추행죄에 해당된다.

② **고의** : 피해자가 심신상실 또는 항거불능의 상태에 있다는 것과 그러한 상태를 이용하여 간음한다는 구성요건적 결과 발생의 가능성을 인식하고 그러한 위험을 용인하는 내심의 의사를 말한다(대법원 2019.3.28, 2018도16002 전원합의체).

③ **실행의 착수** : 본죄는 미수를 처벌한다(제300조). 실행의 착수시기는 간음·추행에 착수한 때이다(대법원 2000.1.14, 99도5187).[40]

④ **불능미수의 성부** : 행위자가 피해자가 심신상실 또는 항거불능의 상태에 있다고 인식하고 그러한 상태를 이용하여 간음할 의사로 피해자를 간음하였으나 피해자가 실제로는 심신상실 또는 항거불능의 상태에 있지 않은 경우, 준강간죄의 불능미수가 성립한다는 것이 판례의 입장이다.

판례연구 **준강간죄의 불능미수 성립을 인정할 수 있는지 여부에 관한 사건**

대법원 2019.3.28, 2018도16002 전원합의체
피고인이 피해자가 심신상실 또는 항거불능의 상태에 있다고 인식하고 그러한 상태를 이용하여 간음할 의사로 피해자를 간음하였으나 피해자가 실제로는 심신상실 또는 항거불능의 상태에 있지 않은 경우에는, 실행의 수단

---

40 사례 : 준강간죄의 실행의 착수 甲은 乙(女)이 잠을 자는 사이 乙의 바지와 팬티를 발목까지 벗기고 웃옷을 가슴 위까지 올린 다음 甲 자신의 바지를 아래로 내린 상태에서 乙의 가슴, 엉덩이, 음부 등을 만지고 甲 자신의 성기를 乙의 음부에 삽입하려고 하였다. 그런데 乙이 몸을 뒤척이고 비트는 등 잠에서 깨어 거부하자 더 이상의 간음행위를 포기하였다. 甲의 형사책임은?
판례 : 피고인이 잠을 자고 있는 피해자의 옷을 벗긴 후 자신의 바지를 내린 상태에서 피해자의 음부 등을 만지고 자신의 성기를 피해자의 음부에 삽입하려고 하였으나 피해자가 몸을 뒤척이고 비트는 등 잠에서 깨어 거부하는 듯한 기색을 보이자 더 이상 간음행위에 나아가는 것을 포기한 경우, 준강간죄의 실행에 착수한 것이다(대법원 2000.1.14, 99도5187). [법원행시 07]
해결 : 준강간죄의 미수(장애미수).

또는 대상의 착오로 인하여 준강간죄에서 규정하고 있는 구성요건적 결과의 발생이 처음부터 불가능하였고 실제로 그러한 결과가 발생하였다고 할 수 없다. 피고인이 준강간의 실행에 착수하였으나 범죄가 기수에 이르지 못하였으므로 준강간죄의 미수범이 성립한다. 피고인이 행위 당시에 인식한 사정을 놓고 일반인이 객관적으로 판단하여 보았을 때 준강간의 결과가 발생할 위험성이 있었으므로 준강간죄의 불능미수가 성립한다. ··· 피고인이 피해자가 심신상실 또는 항거불능의 상태에 있다고 인식하고 그러한 상태를 이용하여 간음할 의사를 가지고 간음하였으나, 실행의 착수 당시부터 피해자가 실제로는 심신상실 또는 항거불능의 상태에 있지 않았다면, 실행의 수단 또는 대상의 착오로 준강간죄의 기수에 이를 가능성이 처음부터 없다고 볼 수 있다. 이 경우 피고인이 행위 당시에 인식한 사정을 놓고 일반인이 객관적으로 판단하여 보았을 때 정신적·신체적 사정으로 인하여 성적인 자기방어를 할 수 없는 사람의 성적 자기결정권을 침해하여 준강간의 결과가 발생할 위험성이 있었다면 불능미수가 성립한다. [경찰승진 22 / 국가9급 20·21 / 국가7급 20 / 법원9급 20]

(3) 자수범 여부

본죄는 정신병자를 이용하여 간접정범 형태로 범할 수 있다는 점에서 자수범이 아니라는 것이 통설이다.

3. 성폭법상 장애인준강간 · 준강제추행죄

성폭법 제6조 제4항에서는 신체적인 또는 정신적인 장애로 항거불능 또는 항거곤란 상태에 있음을 이용하여 사람을 간음하거나 추행한 사람은 동조 제1항부터 제3항까지의 예에 따라 처벌하고 있다('장애인준강간 · 준강제추행죄', 동법 제15조에서는 미수도 처벌). 동법상 장애인준강간 · 준강제추행죄에서의 항거불능의 상태라 함은 신체적·정신적 장애로 인하여 '심리적·물리적으로 반항이 절대적으로 불가능하거나 현저히 곤란한 경우'를 의미하므로, 본죄가 성립하려면 피해자가 지적장애등급을 받은 장애인이라고 하더라도 단순한 지적장애 외에 성적 자기결정권을 행사하지 못할 정도의 정신장애를 가지고 있다는 점이 증명되어야 하고, 피고인도 간음 당시 피해자에게 이러한 정도의 정신장애가 있음을 인식하여야 한다(대법원 2013.4.11, 2012도12714).

---

06 미성년자의제강간 · 유사강간 · 강제추행죄

> **제305조【미성년자에 대한 간음, 추행】** ① 13세 미만의 사람에 대하여 간음 또는 추행을 한 자는 제297조, 제297조의2, 제298조, 제301조 또는 제301조의2의 예에 의한다. 〈개정 2020.5.19.〉
> ② 13세 이상 16세 미만의 사람에 대하여 간음 또는 추행을 한 19세 이상의 자는 제297조, 제297조의2, 제298조, 제301조 또는 제301조의2의 예에 의한다. 〈신설 2020.5.19.〉

1. 의의 및 보호법익

미성년자의제강간 · 유사강간 · 강제추행죄는 13세 미만의 사람을 폭행·협박 없이 간음하거나 유사간음하거나 추행함으로써 성립하는 범죄이다. 본죄는 '13세 미만의 아동이 외부로부터의 부적절한 성적 자극이나 물리력의 행사가 없는 상태에서 심리적 장애 없이 성적 정체성(正體性) 및 가치관을 형성할 권익'을 그 보호법익으로 한다(대법원 2006.1.13, 2005도6791).

2. 객관적 구성요건

(1) 객체 – 13세 미만의 사람, 13세 이상 16세 미만의 사람

텔레그램을 이용한 성착취 사건 등 사이버 성범죄로 인한 피해가 날로 증가함에 따라, 2020.5.19. 형법을 개정하여 미성년자 의제강간의 피해자 연령기준을 높였다(법률 제17265호, 강간 등의 예비·음모 처벌규정도 신설). 이에 종래의 제305조는 동조 제1항으로 하고, 제2항을 신설하여 13세 이상 16세 미만의 사람도 미성년자의제강간죄의 피해자로 규정하였다. 다만, 이 경우의 가해자는 19세 이상의 자로 한정하였다. [국가7급 21]

(2) 행위 – 간음·추행

간음·추행하는 것이다. 예컨대, 초등학교 4학년 담임교사(남자)가 교실에서 자신이 담당하는 반의 남학생의 성기를 만진 행위는 미성년자의제강제추행죄의 '추행'이다(대법원 2006.1.13, 2005도6791). [경찰승진 11·14/법원행시 08] 피해자의 동의가 있어도 본죄가 성립하며, [경찰승진 11/사시 13·14] 폭행·협박을 수단으로 한 경우에는 강간죄·유사강간죄·강제추행죄가 성립한다.[41]

3. 주관적 구성요건

본죄가 성립하기 위해서는 피해자가 13세 미만 또는 13세 이상 16세 미만이라는 사실과 간음·추행에 대한 인식과 의사가 있어야 한다(고의). 고의를 초과하는 별도의 성적 경향 등은 필요 없다. 착오의 문제는 아래와 같이 해결된다(참고).

(1) 13세·16세 미만자를 13세·16세 이상자로 오인한 경우

구성요건의 착오로써 고의가 조각된다.

(2) 13세·16세 이상자를 13세·16세 미만자로 오인한 경우

불능범에 해당되어 본죄는 성립하지 않는다(다수설).

→ 13세·16세 이상자라는 점을 정확히 인식하였음에도 처벌된다고 오인한 경우는 환상범에 해당한다.

4. 미수범 처벌규정의 적용 여부

형법 제300조의 미수범 처벌규정에서는 제301조부터 제305조를 배제하고 있다. 그러나 제305조의 미성년자의제강간·유사강간·강제추행죄는 제297조(강간)·제297조의2(유사강간)·제298조(강제추행)의 예에 의하므로 결론적으로 동죄는 미수범이 처벌된다고 보면 된다(통설·판례, 대법원 2007.3.15, 2006도9453). [경찰승진 11/사시 11·14] 다만 미성년자의제강간 등 살인·치사·상해·치상죄의 경우에는 제301조나 제301조의2의 예에 의하므로 미수범 처벌규정이 적용될 수 없다.

---

07 강간 등 상해·치상죄 및 강간 등 살인·치사죄

> **제301조【강간 등 상해·치상】** 제297조, 제297조의2 및 제298조부터 제300조까지의 죄를 범한 자가 사람을 상해하거나 상해에 이르게 한 때에는 무기 또는 5년 이상의 징역에 처한다. 〈개정 2012.12.18.〉

---

41 참고: 성폭법을 적용한다면 동법상 '13세 미만 미성년자에 대한 강간·강제추행죄'로 무겁게 처벌된다(동법 제7조 제1항~제3항).

제301조의2【강간 등 살인·치사】 제297조, 제297조의2 및 제298조부터 제300조까지의 죄를 범한 자가 사람을 살해한 때에는 사형 또는 무기징역에 처한다. 사망에 이르게 한 때에는 무기 또는 10년 이상의 징역에 처한다. 〈개정 2012.12.18.〉

1. 의의 및 성격

(1) 강간 등 상해·치상죄

본죄는 강간죄, 유사강간죄, 강제추행죄, 준강간·준유사강간·준강제추행죄 또는 그 미수범이 사람을 상해하거나 상해에 이르게 함으로써 성립하는 범죄이다. 강간 등 상해죄는 강간 등의 죄와 고의적인 상해행위가 결합된 고의범이며, 강간 등 치상죄는 강간 등의 죄와 과실에 의한 상해행위가 결합된 진정결과적 가중범이다.[42]

(2) 강간 등 살인·치사죄

본죄는 강간죄, 유사강간죄, 강제추행죄, 준강간·준유사강간·준강제추행죄 또는 그 미수범이 사람을 살해하거나 사망에 이르게 함으로써 성립하는 범죄이다. 강간 등 살인죄는 강간 등의 죄와 고의적인 살해행위가 결합된 고의범이며, 강간 등 치사죄는 강간 등의 죄와 과실에 의한 살해행위가 결합된 진정결과적 가중범이다. 이상의 죄들은 모두 미수를 벌하지 않는다(제300조 참조).

2. 강간 등 상해·치상, 살인·치사의 구성요건

(1) 주 체

강간 등 상해·치상죄의 주체는 강간·유사강간·강제추행·준강간·준강제추행 등의 죄를 범한 자이다. 실행에 착수하면 되고 기수와 미수를 가리지 않는다(제300조). [국가9급 14] 다만 미성년자·심신미약자에 대한 위계·위력에 의한 간음·추행죄(제302조)나 업무상 위력 등에 의한 간음죄(제303조 제1항) 및 피구금자간음죄(동조 제2항)는 본죄의 주체가 될 수 없다.

(2) 행위 : 사람을 상해·살해하거나 상해·사망에 이르게 하는 것

① 상 해

㉠ 상해에 해당되는 경우 : 병리적으로 보아 피해자의 신체의 건강상태가 불량하게 변경되거나 생활기능에 장애가 초래되었다고 볼 수 있다면 본죄의 상해·치상에 해당된다. 즉 상해는 피해자의 신체의 완전성을 훼손하거나 생리적 기능에 장애를 초래하는 것으로, 반드시 외부적인 상처가 있어야만 하는 것이 아니고, 여기서의 생리적 기능에는 육체적 기능뿐만 아니라 정신적 기능도 포함된다(대법원 1999.1.26, 98도3732). [법원9급 21 / 사시 10] 또한 피해자의 건강상태가 나쁘게 변경되고 생활기능에 장애가 초래된 것인지는 객관적·일률적으로 판단될 것이 아니라 피해자의 연령·성별·체격 등 신체·정신상의 구체적 상태를 기준으로 판단되어야 한다(대법원 2003.9.26, 2003도4606).

㉡ 상해에 해당되지 않는 경우 : 신체의 외모에 변화가 생겼다고 하더라도 신체의 생리적 기능에 장애를 초래하지 아니하는 이상 상해에 해당한다고 할 수 없다(대법원 2000.3.23, 99도3099). 일상생활에서도 생길 수 있는 경미한 상처로서 건강상태가 불량하게 변경되거나 생활기능에 장애가 발생한 정도가 아니라면 본죄의 상해에 해당될 수 없는 것이다.

---

42 1995년 개정형법에 의해 강간상해죄 및 강간살인죄가 신설되었기 때문에, 강간치사상죄는 그 사상의 결과에 대하여 과실이 있을 때에만 성립하는 진정결과적 가중범으로 해석되는 것이다.

② **강간 등 치사상죄의 결과적 가중범으로서의 구성요건** : 강간 등 치사상죄가 성립하기 위해서는 ㉠ 고의의 기본범죄로서 강간 등의 범죄가 있어야 하고, ㉡ 강간 등 행위와 무거운 결과인 상해·사망 사이에 상당인과관계(다수설은 인과관계와 객관적 귀속)가 인정되어야 하며, ㉢ 사상의 결과에 대한 행위자의 예견가능성이 요구된다.

㉠ **고의의 기본범죄** : 사상의 결과는 간음행위 그 자체로부터 발생한 경우나 강간의 수단으로 사용한 폭행으로부터 발생한 경우는 물론 강간에 수반하는 행위에서 발생한 경우도 포함한다(대법원 1995.1.12, 94도2781). [국가9급 21 / 법원행시 08·10·12] 따라서 강간이 미수에 그치더라도 그 수단이 된 폭행에 의하여 피해자가 피해를 입었으면 강간치상죄가 성립하는 것이며, 미수에 그친 것이 피고인이 자의로 실행에 착수한 행위를 중지한 경우이든 실행에 착수하여 행위를 종료하지 못한 경우이든 가리지 않는다(대법원 1988.11.8, 88도1628). [법원행시 08·14·18]

㉡ **기본범죄와 무거운 결과 간의 인과관계** : 피해자가 강간에 대한 수치심으로 자살을 기도하여 상해를 입은 경우 −판례에 의하면− 상당인과관계가 부정된다(대법원 1982.11.23, 82도1446). [경찰채용 18 2차 / 사시 10] 또한 피해자를 폭행하여 비골 골절 등 상해를 가한 다음 강제추행한 경우에는 상해와 강제추행 간의 인과관계가 없으므로 강제추행치상죄로 볼 수 없다(대법원 2009.7.23, 2009도1934). [경찰간부 18 / 법원행시 10 / 변호사시험 14]

㉢ **예견가능성**

ⓐ **예견가능성이 인정되는 경우** : 피고인들이 의도적으로 피해자를 술에 취하도록 유도하고 수차례 강간한 후 의식불명 상태에 빠진 피해자를 비닐창고로 옮겨 놓아 피해자가 저체온증으로 사망한 경우, 인과관계 및 예견가능성이 인정되므로 피고인들은 강간치사죄의 죄책을 지어야 한다(대법원 2008.2.29, 2007도10120).

ⓑ **예견가능성이 부정되는 경우** : 피고인과 피해자가 여관에 투숙하여 별다른 저항이나 마찰 없이 성행위를 한 후, 피고인이 잠시 방 밖으로 나간 사이에 피해자가 방문을 안에서 잠그고 구내전화를 통하여 여관종업원에게 구조요청까지 한 후라면, 일반경험칙상 피해자가 피고인의 방문 흔드는 소리에 겁을 먹고 강간을 모면하기 위하여 3층에서 창문으로 넘어 탈출하다가 상해를 입을 것이라고 예견할 수는 없다고 볼 것이므로, 이를 강간치상죄로 처단할 수 없다(대법원 1985.10.8, 85도1537).

③ **강간 등 살인·상해죄 신설**(참고) : 강간 등의 범죄를 범하는 기회에 사람을 고의로 살해하거나 상해하면 본죄가 성립한다. 이는 1995년 형법개정을 통하여 신설된 범죄이다.

08 미성년자·심신미약자간음·추행죄

> **제302조 【미성년자 등에 대한 간음】** 미성년자 또는 심신미약자에 대하여 위계 또는 위력으로써 간음 또는 추행을 한 자는 5년 이하의 징역에 처한다.

1. 객체 − 미성년자·심신미약자

구성요건상 객체는 13세 미만 및 16세 미만의 미성년자는 제1항 및 제2항(미성년자의제강간·유사강간·강제추행죄)이 적용되므로, 본죄의 '미성년자'는 (보통) 16세 이상, 19세 미만을 뜻한다.[43]

---

43 다만 피해 미성년자가 13세 이상 16세 미만인 경우에는 행위주체가 19세 이상이어야 제305조 제2항의 미성년자의제강간 등 죄가 성립하므로, 19세 미만인 행위자가 13세 이상 16세 미만의 미성년자를 위계·위력으로써 간음·추행한 경우에는 본죄를 구성하게

2. 행위 – 위계·위력에 의한 간음·추행

(1) 위계에 의한 간음·추행

위계(僞計)라 함은 행위자가 간음의 목적으로 기망 또는 유혹을 통하여 상대방에게 오인·착각·부지를 일으키고는 상대방의 그러한 심적 상태를 이용하여 간음의 목적을 달성하는 것을 말한다. 이에 관하여 종래의 판례는 "오인·착각·부지란 간음행위 자체에 대한 오인·착각·부지를 말하는 것이고, 간음행위와 불가분적 관련성이 인정되지 않는 다른 조건에 관한 오인·착각·부지를 가리키는 것은 아니라고 보아야 한다."는 입장이었으나, 2020.8. 대법원 전원합의체는 "행위자가 간음의 목적으로 피해자에게 오인, 착각, 부지를 일으키고 피해자의 그러한 심적 상태를 이용하여 간음의 목적을 달성하였다면 위계와 간음행위 사이의 인과관계를 인정할 수 있고, 따라서 위계에 의한 간음죄가 성립한다."는 판결을 내려 입장을 변경하였다. 예컨대, 심신미약자에게 남자를 소개시켜주겠다고 거짓말을 하여 여관으로 유인하고 성관계를 가진 경우, 과거의 판례는 본죄가 성립하지 않는다고 보았으나(대법원 2002.7.12, 2002도2029) [경찰승진 17 / 사시 12·13] 변경된 판례에 의하면 본죄가 성립하게 된다. [경찰채용 21 2차 / 경찰간부 21 / 경찰승진 22]

(2) 위력에 의한 간음·추행

위력(威力)이라 함은 폭행 또는 협박의 방법을 통하여 상대방의 자유로운 의사를 제압할 만한 유형 또는 무형의 힘을 사용하는 경우를 말한다. 예컨대, 체구가 큰 만 27세 남자가 만 15세(48kg)인 피해자의 거부 의사에도 불구하고, 성교를 위하여 피해자의 몸 위로 올라간 것 외에 별다른 유형력을 행사하지는 않은 경우에도 청소년의 성보호에 관한 법률상 '위력에 의한 청소년 강간죄'의 성립이 인정된다(대법원 2008.7.24, 2008도4069).

또한 위력이란 피해자의 성적 자유의사를 제압하기에 충분한 세력이라면, 유형적이든 무형적이든 묻지 않으며 폭행·협박뿐 아니라 행위자의 사회적·경제적·정치적인 지위나 권세를 이용하는 것도 이에 포함된다(대법원 2019.6.13, 2019도3341). [경찰채용 21 1차]

---

09 업무상 위력 등에 의한 간음죄

> **제303조【업무상 위력 등에 의한 간음】** ① 업무, 고용 기타 관계로 인하여 자기의 보호 또는 감독을 받는 사람에 대하여 위계 또는 위력으로써 간음한 자는 7년 이하의 징역 또는 3천만 원 이하의 벌금에 처한다. 〈개정 2018.10.16.〉
> ② 법률에 의하여 구금된 사람을 감호하는 자가 그 사람을 간음한 때에는 10년 이하의 징역에 처한다. 〈개정 2018.10.16.〉

1. 의의 및 보호법익

업무상 위력 등에 의한 간음죄에는 제303조 제1항의 피보호·감독자간음죄와 동조 제2항의 피구금자간음죄가 있다. 제1항의 피보호·감독자간음죄는 업무·고용 기타 관계로 인하여 자기의 보호·감독을 받는 사람을 위계·위력으로 간음함으로써 성립하는 범죄이며 그 보호법익은 피보호·감독자의 성적 자유이다. 제2항의 피구금자간음죄는 법률에 의하여 구금된 사람을 감호하는 자가 그 사람을 간음함으로써 성립하는 범죄이며 그 보호법익은 피구금자의 성적 자유와 감호자의 청렴성에 대한 일반인의 신뢰이다. 두 범죄 모두 진정신분범이고, 제2항의 피구금자간음죄는 자수범(自手犯)이기도 하다.

된다. 따라서 행위자가 19세 미만인 경우에는 16세 미만의 미성년자도 본죄의 객체에 해당한다.

2. 피보호 · 감독자간음죄(제303조 제1항)

본죄의 행위객체는 업무·고용 기타 관계로 인하여 자기의 보호·감독을 받는 사람이며, 따라서 본죄의 행위주체는 해당자에 대한 보호·감독자가 된다(진정신분범). 또한 본죄의 사람은 업무나 고용뿐만 아니라 기타 관계에 의하여 보호·감독상태에 있는 경우도 포함되므로, 사실상 자기의 보호·감독 하에 있는 사람(자신의 처가 경영하는 미장원의 종업원을 위력에 의하여 간음한 판례는 대법원 1976.2.10, 74도1519)이나 채용절차에서 영향력의 범위 안에 있는 사람(대법원 2020.7.9, 2020도5646)도 포함된다. [사시 10]

본죄의 행위는 위계 [법원행시 13] 또는 위력에 의하여 간음하는 것이다. 형법에는 추행이 규정되어 있지 않다(업무상 위력에 의한 추행은 성폭법 제10조 제1항 참조).

3. 피구금자간음죄(제303조 제2항)

본죄의 주체는 법률에 의하여 구금된 사람을 감호하는 자이며 직접 범할 것을 요하므로(진정신분범·자수범) 본죄는 간접정범의 형태로 범할 수 없다. 본죄의 행위는 간음(피구금자추행은 성폭법 제10조 제2항 참조)이므로, 본죄는 피해자의 승낙이 있어도 본죄가 성립한다. [경찰승진 12] 그러나 폭행·협박을 이용하여 간음하면 강간죄가 성립한다.

표정리 형법상 성범죄와 연령

연 령	13세 미만 및 16세 미만	16(원칙)~19세 미만	19세~
폭행·협박		강간죄(제297조) 등	
위계·위력	의제강간죄(제305조)	미성년자간음죄(제302조)	업무상 위계·위력간음죄(제303조 제1항) 외에는 무죄
피해자의 동의		피구금자간음죄(제303조 제2항) 외에는 무죄	

10 상습범

> 제305조의2 【상습범】 상습으로 제297조, 제297조의2, 제298조부터 제300조까지, 제302조, 제303조 또는 제305조의 죄를 범한 자는 그 죄에 정한 형의 2분의 1까지 가중한다. 〈개정 2012.12.18.〉

강간 등 성폭력범죄를 범하는 경향이 있는 자는 다시 성폭력범죄를 저지를 가능성이 대단히 높다는 점에서, 성폭력범죄를 억제하고 잠재적 피해자를 보호하기 위하여 성폭력범죄의 상습범을 가중처벌하는 규정이다. [경찰승진 12] 다만 강간 등 상해·치상죄(제301조)나 강간 등 살인·치사죄(제301조의2)에 대해서는 본 상습범 가중처벌규정이 적용되지 않는다. 또한, 구성요건이 신설된 상습강제추행죄가 시행되기 이전의 범행을 상습강제추행죄로 처벌할 수 없다(소급효금지원칙, 대법원 2016.1.28, 2015도15669, 총론의 형법의 시간적 적용범위 참조).

11 강간 등 예비·음모죄

> 제305조의3 【예비, 음모】 제297조, 제297조의2, 제299조(준강간죄에 한정한다), 제301조(강간 등 상해죄에 한정한다) 및 제305조의 죄를 범할 목적으로 예비 또는 음모한 사람은 3년 이하의 징역에 처한다.
> [본조신설 2020.5.19.]

2020.5.19. 개정형법에 의하여 강간 등 예비·음모죄가 신설되었다. 이에 강간, 유사강간, 준강간, 강간 등 상해, 미성년자의제강간 등 죄를 범할 목적으로 예비·음모한 자는 처벌된다. 다만, 강제추행, 준강제추행, 강간치상은 예비·음모를 벌하지 않는다. [국가7급 21]

12 성폭법상 기타 규정

(1) 공중밀집장소추행죄

성폭법 제11조에서는 공중밀집장소추행죄를 규정하고 있는데, 동조에 의하면 "대중교통수단, 공연·집회장소, 그 밖에 공중(公衆)이 밀집하는 장소에서 사람을 추행한 사람"은 3년 이하의 징역 등에 처한다.

(2) 통신매체이용음란죄

성폭법 제13조에서는 통신매체이용음란죄를 규정하고 있는데, 동조에 의하면 "자기 또는 다른 사람의 성적 욕망을 유발하거나 만족시킬 목적으로 전화, 우편, 컴퓨터, 그 밖의 통신매체를 통하여 성적 수치심이나 혐오감을 일으키는 말, 음향, 글, 그림, 영상 또는 물건을 상대방에게 도달하게 한 사람"은 2년 이하의 징역 또는 2천만 원 이하의 벌금에 처한다. 판례는 상대방에게 성적 수치심이나 혐오감을 일으키는 말, 음향, 글, 그림, 영상 또는 물건이 담겨 있는 웹페이지 등에 대한 인터넷 링크(internet link)를 보내는 행위도 위 구성요건을 충족할 수 있다고 보고 있다.

(3) 카메라이용촬영죄 및 카메라이용촬영물반포·판매·제공 등의 죄

① 의의 : 카메라나 그 밖에 이와 유사한 기능을 갖춘 기계장치를 이용하여 성적 욕망 또는 수치심을 유발할 수 있는 '사람'(2018.12.18. 개정, 구법은 '다른 사람')의 신체를 촬영대상자의 의사에 반하여 촬영한 자는 7년 이하의 징역 또는 5천만 원 이하의 벌금에 처한다(성폭법 제14조 제1항). 또한 위 촬영물 또는 복제물을 반포·판매·임대·제공 또는 공공연하게 전시·상영(이하 '반포 등')한 자 또는 동법 제1항의 촬영이 촬영 당시에는 촬영대상자의 의사에 반하지 아니하는 경우에도 사후에 그 촬영물 또는 복제물을 촬영대상자의 의사에 반하여 촬영물을 반포등을 한 자도 같은 형으로 처벌한다(동 제2항)(영리목적 정보통신망 유포죄는 동 제3항 참조, 성폭법 제14조는 2018.12.18. 개정되었음).[44·45]

---

44 2018.12.18. 성폭법 제14조의 개정이유 및 주요내용 : 구법은 성적 욕망 또는 수치심을 유발할 수 있는 '다른 사람'의 신체를 그 의사에 반하여 촬영하거나 그 촬영물을 유포한 경우 카메라 등을 이용한 촬영죄 등으로 처벌하고 있었다. 따라서 구법에 의하면, 자의에 의해 스스로 '자신의 신체'를 촬영한 촬영물이 촬영당사자의 의사에 반하여 유포된 경우에는 이 법 제14조로 처벌할 수 없다는 문제가 있었다. 이에 2018.12.18. 개정 성폭법은, 자의에 의해 스스로 자신의 신체를 촬영한 촬영물을 촬영대상자의 의사에 반하여 유포한 경우에도 처벌할 수 있도록 한 것이다. 이외 법정형도 다소 강화하였다.

45 참고 : 2020.5.19. 성폭법 개정에 의하여 위 촬영물 또는 복제물을 소지·구입·저장 또는 시청한 자는 3년 이하의 징역 또는 3천만 원 이하의 벌금에 처하고(제14조 4항), 성적 욕망 또는 수치심을 유발할 수 있는 촬영물 또는 복제물(복제물의 복제물을 포함한다)을 이용하여 사람을 협박한 자는 1년 이상의 유기징역에 처하고(제14조의3 제1항), 이러한 협박으로 사람의 권리행사를 방해하거나 의무 없는 일을 하게 한 자는 3년 이상의 유기징역에 처하도록 하였다(동 제2항).

② **주체** : 동 제2항의 촬영물을 반포 · 판매 · 제공하는 행위의 주체는 반드시 촬영자일 것을 요하지 않으며 그 행위객체인 촬영물은 누가 촬영한 것인가는 묻지 않는다.

③ **촬영죄의 기수시기** : 동영상 촬영 중 저장버튼을 누르지 않고 촬영을 종료한 경우에도 기수에 이른 것이다(대법원 2011.6.9, 2010도10677). [경찰채용 13 1차 / 경찰승진 14 / 사시 12]

④ **반포와 제공의 차이** : ㉠ 반포는 불특정 또는 다수인에게 무상으로 교부하는 것을 말하고, 계속적 · 반복적으로 전달하여 불특정 또는 다수인에게 반포하려는 의사를 가지고 있다면 특정한 1인 또는 소수의 사람에게 교부하는 것도 반포에 해당할 수 있으나, ㉡ 제공은 반포에 이르지 아니하는 무상 교부행위를 말하므로, 반포할 의사 없이 특정한 1인 또는 소수의 사람에게 무상으로 교부하는 것은 반포가 아니라 제공에 해당한다.

목 차		난 도	출제율	대표지문
제1절 명예에 관한 죄	01 총 설	下	★	• 명예훼손죄와 모욕죄의 보호법익은 사람의 가치에 대한 사회적 평가인 이른바 외부적 명예이다. (○) • 명예훼손죄에 있어서 공연성은 불특정 또는 다수인이 인식할 수 있는 상태를 의미한다. (○) • 명예훼손죄에 있어서 피고인의 행위에 피해자를 비방할 목적이 함께 숨어 있었다고 하더라도 그 주요한 동기가 공공의 이익을 위한 것이라면 형법 제310조의 적용을 배제할 수 없다. (○) • 허위사실 적시에 의한 명예훼손죄 및 사자명예훼손죄는 미필적 고의에 의해서도 성립하므로 허위사실에 대한 인식은 확정적일 필요가 없다. (○) • 집합적 명사를 쓴 경우에도 시간적·장소적 관련성 속에서 특정인을 가리키는 것이 명백하면, 이를 각자의 명예를 훼손하는 행위라고 볼 수 있다. (○)
	02 명예훼손죄	中	★★★	
	03 사자명예훼손죄	下	★	
	04 출판물 등에 의한 명예훼손죄	上	★★★	
	05 모욕죄	下	★	
제2절 신용·업무와 경매에 관한 죄	01 총 설	下	★	• 형법 제313조에 정한 신용훼손죄에서의 '신용'은 경제적 신용, 즉 사람의 지불능력 또는 지불의사에 대한 사회적 신뢰를 의미한다. (○) • 피고인의 단순한 의견이나 가치판단을 표시하는 것은 형법상 신용훼손죄에서의 '허위사실의 유포'에 해당하지 않는다. (○) • 업무방해죄에 있어서의 업무란 직업 또는 사회생활상의 지위에 기하여 계속적으로 종사하는 사무나 사업의 일체를 의미하고, 그 업무가 주된 것이든 부수적인 것이든 가리지 아니한다. (○) • 동업자들이 무모한 출혈경쟁을 방지하기 위한 수단으로 실질적으로 단독입찰을 하면서 경쟁입찰인 것 같이 가장한 경우에 입찰방해죄가 성립한다. (○)
	02 신용훼손죄	中	★	
	03 업무방해죄	中	★★	
	04 컴퓨터 등 장애 업무방해죄	下	★	
	05 경매·입찰방해죄	中	★	

✔ 출제경향

구 분	경찰채용						경찰간부						경찰승진					
	17	18	19	20	21	22	16	17	18	19	20	21	17	18	19	20	21	22
제1절 명예에 관한 죄	1	2	2	2	2	1	2	1		2	2	1	1	1	1	1		1
제2절 신용·업무와 경매에 관한 죄	1	1		1	1		2	1		1	1	1	1		1	1	1	1
출제빈도	14/220						14/240						10/240					

CHAPTER 03

명예와 신용에 대한 죄

✓ 키포인트

제1절 명예에 관한 죄
- 외적 명예
- 제310조의 위법성조각사유
- 공연성과 전파성이론
- 사 실
- 명예의 주체
- 명예훼손죄와 모욕죄의 차이
- 출판물명예훼손죄의 비방할 목적

제2절 신용·업무와 경매에 관한 죄
- 신용의 의미
- 컴퓨터장애업무방해죄의 기타 방법
- 보호법익으로서의 업무
- 추상적 위험범
- 업무의 개념
- 경매·입찰방해죄의 담합
- 허위사실의 유포
- 정보처리의 장애의 결과발생
- 위계, 위력

국가9급						법원9급						법원행시						변호사시험					
17	18	19	20	21	22	17	18	19	20	21	22	17	18	19	20	21	22	17	18	19	20	21	22
1					1	1	1	2	1	1	1		1	1	1	1	1	1				1	
						1	1	1		1	1	1	2			1	1	1	2		1		
2/120						12/150						10/240						6/140					

CHAPTER 03 명예와 신용에 대한 죄

제1절 명예에 관한 죄

01 총 설

　명예에 관한 죄는 공연히 사실 또는 허위사실을 적시하여 사람의 명예를 훼손하거나 사람을 모욕하는 범죄이다. 명예에 관한 죄는 개인의 외적 명예를 그 보호법익으로 한다. 외적 명예란 사람의 인격적 가치와 그의 도덕적·사회적 행위에 대한 사회적 평가(규범적 명예개념)로서, 형법에서는 명예훼손죄와 모욕죄 모두 공연성이 요구되고 명예감정이 없는 국가에 대한 모욕도 인정되며(제105조, 제106조, 제109조) 정신병자·유아·법인에 대한 명예훼손·모욕이 인정되므로, 명예훼손죄·모욕죄의 보호법익은 모두 외적 명예라는 것이 통설·판례이다. [경찰승진 13 / 법원9급 12] 따라서 명예훼손죄와 모욕죄는 사실의 적시 유무에 의해서 구별될 뿐이다. 명예에 관한 죄의 법익보호의 정도는 추상적 위험범이며, 미수범 처벌규정을 두고 있지 않다.

02 명예훼손죄

> 제307조【명예훼손】① 공연히 사실을 적시하여 사람의 명예를 훼손한 자는 2년 이하의 징역이나 금고 또는 500만 원 이하의 벌금에 처한다.
> ② 공연히 허위의 사실을 적시하여 사람의 명예를 훼손한 자는 5년 이하의 징역, 10년 이하의 자격정지 또는 1천만 원 이하의 벌금에 처한다.
> 제310조【위법성의 조각】제307조 제1항의 행위가 진실한 사실로서 오로지 공공의 이익에 관한 때에는 처벌하지 아니한다.

1. 성 격

　제307조 제1항은 명예에 관한 죄의 기본적 구성요건이요, 동조 제2항은 적시사실이 허위인 경우 불법이 가중되는 가중적 구성요건이다.

2. 구성요건

(1) 객관적 구성요건

① 주체 - 자연인인 개인

② 객체 - 사람의 명예

③ 명예의 주체 - 본죄의 피해자

ㄱ 명예훼손의 대상 : 명예의 개념은 외적 명예로 보는 것이 타당하므로, 유아나 정신병자를 포함한 자연인 모두가 명예의 주체가 되나, 이러한 명예의 주체는 특정되어야 함은 물론이다. 다만 반드시 피해자의 성명을 명시할 필요는 없다(대법원 1982.11.9, 82도1256 - 어떤 분자 사건 -).

ㄴ 사망한 사람도 명예의 주체가 될 수 있는가 : 형법은 사자명예훼손죄를 별도로 두고 있기 때문에 본죄의 명예의 주체에서 사망한 자는 제외된다. 다만 사자명예훼손죄(제308조)의 명예의 주체에 관해서는, 사자가 생전에 누렸던 외적 명예는 사후에까지 계속되므로 사자도 명예의 주체가 된다는 것이 다수설·판례이다. [국가7급 07]

ㄷ 가족·가문 : 인정되지 않는다. 가족구성원에 대한 명예훼손은 가문의 명예에 대한 훼손이라기보다는 개인의 문제로 파악된다.

ㄹ 법인 및 기타 단체 : ⓐ 현대 경제사회의 중요한 주체인 법인은 충분히 명예의 주체가 될 수 있다. [법원행시 05] 예를 들어 정당, 노조, 대한적십자사, 상공회의소, 전경련 등이 포함된다. 또한 법인격 없는 단체도 학회나 종친회와 같은 단체처럼 사회생활상 독립된 존재로 인정받아 활동하고 있고 일정한 의사를 형성할 수 있는 단체의 경우 명예의 주체로 볼 수 있다. 그러나 ⓑ 이에 이르지 못한 단순한 친목단체나 사교단체는 명예의 주체가 될 수 없다.

ㅁ 정부·국가기관 및 공직자 개인 : 정부 또는 국가기관은 형법상 명예훼손죄의 피해자가 될 수 없으므로, 정부 또는 국가기관의 정책결정 또는 업무수행과 관련된 사항을 주된 내용으로 하는 언론보도로 인하여 그 정책결정이나 업무수행에 관여한 공직자에 대한 사회적 평가가 다소 저하될 수 있더라도 -그 보도의 내용이 공직자 개인에 대한 악의적이거나 심히 경솔한 공격으로서 현저히 상당성을 잃은 것으로 평가되지 않는 한- 그 보도로 인하여 곧바로 공직자 개인에 대한 명예훼손이 된다고 할 수 없다(대법원 2011.9.2, 2010도17237). [경찰승진 13·22 / 국가9급 13 / 변호사시험 14]

ㅂ 집합적 명칭

ⓐ 구성원을 특정할 수 없는 경우 : 명예훼손죄가 성립하지 않는다(대법원 1960.11.26, 4293형상244) (예 상인들, 검사들, 공무원들, 학자들 등).

ⓑ 구성원을 특정할 수 있는 경우 : 집단명칭이라 하더라도 시간적·장소적 관련성 속에서 특정이 가능한 경우에는 명예의 주체가 될 수 있다(예 ○○ 출신 국회의원들, ○○구청 공무원들, ○○ 검사들, ○○대학 교수들 등, 대법원 2000.10.10, 99도5407 - 3·19 동지회 소속 교사 사건 -). [국가9급 17 / 법원9급 05 / 법원행시 08·11 / 사시 16 / 변호사시험 16]

④ 행위 - 공연히 사실(또는 허위의 사실)을 적시하여 명예를 훼손하는 것

ㄱ 공연성(公然性)

ⓐ 의의 : '공공연하게', 즉 불특정 혹은 다수인이 인식할 수 있는 상태를 말한다(※ 불특정 및 다수인 : ×). [경찰승진 16 / 법원행시 13] 다만 명예훼손적 (허위)사실의 내용이 현실로 불특정 또는 다수인에게 알려져야만 하는 것은 아니다.

ⓑ 전파성이론 : 판례는 공연성 판단의 기준으로서 전파성(傳播性)(또는 전파가능성)이론을 제시하고 있다(통설은 불특정 또는 다수인이 '직접 인식할 수 있는 상태'이어야 한다고 하여 전파성이론에 반대). 전파성이론이란 '특정의 1인인 개인 또는 소수인에 대하여 사실을 유포하였다고 하더라도

그 사람들에 의해 외부의 불특정 또는 다수인에게 전파 또는 유포될 가능성이 있으면 공연성이 인정되고, 반대로 전파될 가능성이 없다면 특정한 한 사람에 대한 사실의 유포는 공연성이 없다.'는 이론이다. 전파성이론에 의하더라도, 상대방의 전파의사만으로 전파가능성을 판단하거나 실제 전파되었다는 결과를 가지고 책임을 묻는 것이 아니다. 특히 판례는 발언 상대방이 발언자나 피해자의 배우자, 친척, 친구 등 사적으로 친밀한 관계에 있는 경우, 직무상 비밀유지의무 또는 이를 처리해야 할 공무원이나 이와 유사한 지위에 있는 경우에는 그러한 관계나 신분으로 인하여 비밀의 보장이 상당히 높은 정도로 기대되는 경우로서 공연성이 부정된다는 소위 전파가능성 제한의 법리(전파성제한이론)를 제시한다(대법원 1978.4.25, 78도473; 1984.3.27, 84도86; 1981.10.27, 81도1023; 2000.2.11, 99도4579; 2002.11.26, 2002도4800 등). 위와 같이 발언자와 상대방 및 피해자와 상대방이 특수한 관계에 있는 경우, 상대방이 직무상 특수한 지위 내지 신분을 가지고 있는 경우에는 그 상대방에 대한 사실적시행위에 관하여 공연성을 인정하기 위해서는 그러한 관계나 신분에도 불구하고 불특정 또는 다수인에게 전파될 수 있다고 볼 만한 특별한 사정이 존재하여야 한다(전파성제한이론이 적용되는 경우 전파성을 인정하기 위해서는 특별한 사정 필요). 즉, 개별적인 소수에 대한 발언을 불특정 또는 다수인에게 전파될 가능성을 이유로 공연성을 인정하기 위해서는 막연히 전파될 가능성(=단순한 가능성)이 있다는 것만으로 부족하고 고도의 가능성 내지 개연성이 필요하며, 이에 대한 검사의 엄격한 증명을 요한다.[46]

판례연구   공연성이 인정된다는 사례

대법원 2008.2.14, 2007도8155
개인 블로그의 비공개 대화방에서 상대방으로부터 비밀을 지키겠다는 말을 듣고 일대일로 대화하였다고 하더라도, 그 사정만으로 대화 상대방이 대화내용을 불특정 또는 다수에게 전파할 가능성이 없다고 할 수 없으므로, 명예훼손죄의 요건인 공연성을 인정할 여지가 있다. [경찰채용 10·12·18 1차/ 경찰채용 14 2차/ 경찰간부 16/ 경찰승진 13·14/ 국가9급 13/ 법원9급 09/ 법원행시 14]

판례연구   공연성이 인정되지 않는다는 사례

대법원 2000.5.6, 99도5622
기자에게 사실을 유포하였으나, 기사화되지 않은 경우 공연성의 구비 여부
개별적으로 한 사람에 대하여 사실을 유포하였다고 하더라도 그로부터 불특정 또는 다수인에게 전파될 가능성이 있다면 공연성의 요건을 충족하지만 이와 달리 전파될 가능성이 없다면 특정한 사람에 대한 사실의 유포는 공연성을 결한다고 할 것인바, 통상 ① 기자가 아닌 보통 사람에게 사실을 적시할 경우에는 그 자체로서 적시된 사실이 외부에 공표되는 것이므로 그때부터 곧 전파가능성을 따져 공연성 여부를 판단하여야 할 것이지만, 그와는 달리 ② 기자를 통해 사실을 적시하는 경우에는 기사화되어 보도되어야만 적시된 사실이 외부에 공표된다고 보아야 할 것이므로, 기자가 취재를 한 상태에서 아직 기사화하여 보도하지 아니한 경우에는 전파가능성이 없다고 할 것이어서 공연성이 없다고 봄이 상당하다. [경찰채용 18 1차/ 경찰간부 17/ 경찰승진(경감) 11/ 경찰승진 17/ 법원9급 11/ 법원행시 13/ 사시 10]

ⓛ (명예훼손적) 사실의 적시

　　ⓐ **구체적 사실의 적시** : ㉮ '사실의 적시'란 시간과 공간적으로 구체적인 과거 또는 현재의 사실관계에 관한 보고 내지 진술을 의미하는 것이며 그 표현내용이 증거에 의한 입증이 가능한

---

46 정리 : ① 특정된 소수에 대한 사실적시의 경우 : 전파성이 있으면 공연성 인정되나, 전파성은 고도의 가능성·개연성 필요. ② 특정된 소수에 대한 사실적시＋발언상대방이 발언자 또는 피해자와 특수관계 있는 경우＝전파성 인정 위해서는 특별한 사정 필요.

것을 말한다(대법원 1998.3.24, 97도2956). [경찰승진(경사) 11] 즉 사실의 적시는 가치판단이나 평가를 내용으로 하는 의견표현에 대치되는 개념으로써, 허위이든 진실이든 특정인의 사회적 가치 내지 평가가 침해될 가능성이 있는 구체적 성질의 것을 말하며(대법원 2000.2.25, 98도2188), 반드시 그러한 구체적인 사실이 직접적으로 명시되어 있을 것을 요구하는 것은 아니지만, 적어도 적시된 내용 중의 특정 문구에 의하여 그러한 사실이 곧바로 유추될 수 있을 정도는 되어야 한다(대법원 2011.8.18, 2011도6904). [경찰채용 14 2차] 이러한 구체적 사실의 적시에 해당한다면 사실의 적시자가 스스로 실험한 것으로 적시하든, 타인으로부터 전문(傳聞)한 것으로 적시하든 가리지 않는다(대법원 1985.4.23, 85도431). ④ 반면 경멸적인 언사나 욕설은 구체적 사실의 적시라고 볼 수 없으며(대법원 1994.10.25, 94도1770), 이는 모욕죄의 행위태양이 될 뿐이다.

ⓑ **명예훼손적 사실** : 비록 사실을 적시하였더라도 그 사실이 특정인의 사회적 가치 내지 평가를 침해할 수 있는 내용이 아니라면 명예훼손죄는 성립하지 않는다(대법원 2007.10.26, 2006도5924 – 이단이라는 표현은 종교적 비판의 자유에 속한다는 사례–). [법원9급 11·16/사시 10] 어떤 표현이 명예훼손적인지 여부는 그 표현에 대한 사회통념에 따른 객관적 평가에 의하여 판단하여야 한다. 따라서 가치중립적인 표현을 사용하였다 하더라도 사회통념상 그로 인하여 특정인의 사회적 평가가 저하되었다고 판단된다면 명예훼손죄가 성립할 수 있다. [경찰채용 10 1차/법원9급 16]

ⓒ **장래의 일을 적시하는 경우** : ㉮ 장래의 일도 본죄의 사실에 포함된다는 것이 다수설이다. 따라서 장래의 일을 적시하면서 과거 또는 현재의 사실을 기초로 하거나 이에 대한 주장을 포함하는 경우에는 명예훼손죄가 성립한다("사건을 조사한 경찰관이 내일부로 검찰청에서 구속영장이 떨어진다."고 말한 것은 사실의 적시에 해당, 대법원 2003.5.13, 2002도7420). [경찰채용 10 2차/국가9급 13/국가7급 07/법원9급 18·20/법원행시 08/사시 10] ④ 다만, '단순히 미래에 그 사람은 어떠어떠하게 될 것이다.' 내지 "내년에는 사태가 이렇게 악화될 것으로 본다."는 의견진술만으로는 –모욕죄의 성립은 별론으로 하고– 명예훼손의 구성요건인 사실의 적시라고 하기는 어렵다.

ⓓ **공지의 사실** : 이미 사회의 일부에 잘 알려진 공지(公知)의 사실도 이를 적시하여 사람의 사회적 평가를 저하시킬 만한 행위를 한 때에는 본죄를 구성한다(대법원 1994.4.12, 93도3535). [경찰승진(경사) 11/법원9급 07(하)/법원행시 06]

ⓔ **제2항의 허위의 사실의 적시와 그 증명** : 제307조 제2항의 구성요건에 해당하려면 허위의 사실을 적시하여야 하는데, 허위의 사실이란 객관적 사실과 어긋나는 거짓의 사실을 말하고, 거짓의 사실인지 여부를 판단함에 있어서는 그 적시된 사실의 내용 전체의 취지를 살펴 객관적 사실과 합치되지 않는 부분이 중요한 부분인지 여부를 결정하여야 한다. 따라서 적시된 사실의 중요한 부분이 객관적 사실과 합치되는 경우에는 세부에 있어서 진실과 약간 차이가 나거나 다소 과장된 표현이 있다 하더라도 이를 거짓의 사실이라고 볼 수 없다(대법원 2009.2.12, 2008도8310). [국가9급 17/법원9급 12/사시 10/변호사시험 12] 사람의 사회적 평가를 떨어뜨리는 사실이 적시되었다는 점, 그 적시된 사실이 객관적으로 진실에 부합하지 아니하여 허위일 뿐만 아니라 그 적시된 사실이 허위라는 것을 행위자가 인식하고서 이를 적시하였다는 점은 모두 검사가 증명하여야 한다(대법원 2008.6.12, 2008도1421; 2009.1.30, 2007도5836; 2010.11.25, 2009도12132).

ⓒ **기수시기** : 불특정 또는 다수인이 직접 인식할 수 있는 상태에 이른 때에 기수가 된다(통설). 사실적시의 상대방의 현실적 인식은 요하지 않는다(추상적 위험범). 다만 명예에 관한 죄는 모두 미수를 벌하지 않기 때문에 기수에 도달하지 못하면 무죄가 된다.

(2) 주관적 구성요건

① 고의 : 사람의 명예를 훼손할만한 사실을 공연히 적시한다는 고의가 있어야 한다. 전파가능성을 이유로 명예훼손죄의 공연성을 인정하는 경우에는 적어도 미필적 고의가 필요하므로 전파가능성에 대한 인식이 있음은 물론 나아가 그 위험을 용인하는 내심의 의사가 있어야 한다. 다만, 본죄는 명예훼손의 목적은 요하지 않는다(대법원 1991.3.27, 91도156). 명예훼손의 죄 중 목적범은 출판물 등에 의한 명예훼손죄(제309조)뿐이다. 한편, 명예훼손사실을 발설한 것이 사실이냐는 질문에 대답하는 과정에서 타인의 명예를 훼손하는 사실을 발설하게 된 것이라면, 그 발설내용과 동기에 비추어 명예훼손의 고의를 인정할 수 없고, 질문에 대한 단순한 확인대답은 명예훼손에서 말하는 사실적시라 고도 할 수 없다(대법원 1983.8.23, 83도1017). [경찰채용 10 1차]

② 착 오

　㉠ 진실한 사실을 허위사실로 오인하고 적시한 경우 : (이론적으로 허위사실적시명예훼손죄의 미수와 사실적시명예훼손죄의 기수의 상상적 경합이 검토되나 명예에 관한 죄는 미수범 처벌규정이 없기 때문에) 사실적시 명예훼손죄(제307조 제1항)만 성립한다.

　㉡ 허위의 사실을 진실한 사실로 오인하고 적시한 경우 : 가중적 구성요건을 인식하지 못한 경우이므 로 제15조 제1항이 적용되어 제307조 제1항이 성립한다.

3. 위법성

(1) 일반적 위법성조각사유

① 피해자의 승낙 : 명예훼손행위의 구성요건해당성은 부정할 수 없으나, 명예는 처분할 수 있는 개인적 법익에 해당하므로 본인의 승낙이 있고 사회상규에 위배되지 않는다면 위법성이 조각될 수 있다(승낙 : 상해 등 신체, 명예, 업무). [법원행시 05]

② 정당행위 : ㉠ 형사재판에서 검사의 기소요지진술(형사소송법 제285조 참조)(법령에 의한 행위), ㉡ 학술논 평·예술평론·판례평석·학설비판 등 출판·보도·강의에 의한 명예훼손(업무로 인한 행위), ㉢ 변호인 의 명예훼손적 변론행위(업무로 인한 행위), ㉣ 재판절차에서 자신의 주장의 정당성을 입증하기 위한 자료의 제출행위(대법원 1995.3.17, 93도923) 등 사회상규에 위배되지 아니하는 행위 등이 정당행위로서 위법성이 조각된다.

(2) 형법 제310조의 위법성조각사유

제310조 【위법성의 조각】 제307조 제1항의 행위가 진실한 사실로서 오로지 공공의 이익에 관한 때에는 처벌하 지 아니한다.

① 의의 및 성격 : 형법 제310조의 규정은 제307조 제1항의 사실적시 명예훼손죄의 구성요건에 해당하는 행위라 하더라도 그 행위가 진실한 사실로서 공공의 이익에 관한 것을 적시한 경우에는 위법성이 조각된다는 규정이다.

② 요건 - 공공의 이익에 관한 것 + 진실한 사실일 것

　㉠ 공공의 이익에 관한 것

　　ⓐ 공공의 이익에 관한 사실일 것 : 공공의 이익에는 널리 국가·사회 기타 일반 다수인의 이 익에 관한 것뿐만 아니라 특정 사회집단이나 그 구성원 전체의 관심과 이익에 관한 것도 포함된다. 따라서 공적 관심사안에 관하여 진실하거나 진실이라고 봄에 상당한 사실을 공 표한 경우에는 그것이 악의적이거나 현저히 상당성을 잃은 공격에 해당하지 않는 한 원칙 적으로 공공의 이익에 관한 것이라는 증명이 있는 것으로 보아야 한다(대법원 2007.1.26,

2004도1632). 또한 본조의 '오로지' 공익에 관한 것의 의미는 '주로' 공익에 관한 것의 의미로 해석될 수 있다. 피고인에게 유리한 위법성조각사유에 대한 확장해석은 허용될 수 있기 때문이다. [경찰간부 17]

ⓑ **공공의 이익을 위한다는 의사** : 주관적 정당화요소로서, ㉮ '행위자의 주요한 동기·목적이 공공의 이익을 위한 것'이라면 부수적으로 다른 개인적인 목적 또는 동기가 내포되어 있거나 그 표현에 있어서 다소 모욕적인 표현이 들어 있다 하더라도 형법 제310조의 적용을 배제할 수 없다(통설·판례). [경찰승진 10/국가9급 17/사시 16/변호사시험 12] 이는 개인의 사적인 신상에 관하여 적시된 사실도 마찬가지이다(대법원 1996.4.12, 94도3309). 따라서 공공의 이익에 관한 때라 함은 반드시 공공의 이익이 사적 이익보다 우월한 동기가 된 것이 아니더라도 양자가 동시에 존재하고 상당성이 인정된다면 여기에 해당된다(대법원 2002.4.9, 2000도4469). 그러나 ㉯ 사적 이익과 비교하여 공공의 이익이 명목상 동기에 불과하여 부수적인 데 지나지 않는 경우에는 공공의 이익에 관한 것으로 볼 수 없다(대법원 2011.3.10, 2011도168).

판례연구   공익성을 인정하여 제310조의 위법성조각사유를 적용한 사례

대법원 2020.11.19, 2020도5813 전원합의체; 2022.2.11, 2021도10827
종중 회장 선출 종친회에서 특경법 위반(횡령) 전과가 있는 자에 대하여 사기꾼은 내려오라고 말한 사건
사실적시의 내용이 사회 일반의 일부 이익에만 관련된 사항이라도 다른 일반인과의 공동생활에 관계된 사항이라면 공익성을 지닌다고 할 것이고, 이에 나아가 개인에 관한 사항이더라도 그것이 공공의 이익과 관련되어 있고 사회적인 관심을 획득한 경우라면 직접적으로 국가·사회 일반의 이익이나 특정한 사회집단에 관한 것이 아니라는 이유만으로 형법 제310조의 적용을 배제할 것은 아니다. 사인이라도 그가 관계하는 사회적 활동의 성질과 사회에 미칠 영향을 헤아려 공공의 이익에 관련되는지 판단하여야 한다. [경찰채용 22 1차]

ⓛ **진실한 사실일 것**

ⓐ **의의** : 제310조의 위법성조각사유가 적용되어 위법성이 조각되기 위해서는 적시된 사실이 진실한 사실이어야 한다. [경찰승진 10/법원행시 14] 나아가 '행위자가 그 사실을 진실한 것으로 믿었고 또 그렇게 믿을 만한 상당한 이유가 있는' 경우에도 제310조가 적용되어 위법성이 조각된다(대법원 1994.8.26, 94도237). [사시 13] 여기에서 적시된 사실이 진실에 부합한다 함은 '그 내용 전체의 취지를 살펴볼 때 중요한 부분이 객관적 사실과 합치되면 족한 것'이면 되고, 세부에 있어 약간의 상위가 있거나 다소 과장된 표현이 있더라도 무방하다(대법원 2002.4.9, 2000도4469). [사시 12]

ⓑ **진실성에 대한 착오** : 통설은 위법성조각사유의 전제사실에 대한 착오로 보아 엄격책임설(정당한 이유 유무에 따라 책임조각)이나 제한적 책임설(구성요건적 고의 또는 책임고의 조각, 과실범 처벌규정이 없어 무죄)에 의하여 해결하는 입장이나, 판례는 적시된 사실이 공공의 이익에 관한 것이면 진실한 것이라는 증명이 없더라도 행위자가 진실한 것으로 믿었고 또 그렇게 믿을 만한 "상당한 이유가 있는 경우에는 위법성이 없다."는 위법성조각설의 입장을 취한다(위법성조각사유의 전제사실의 착오에 관하여 위법성조각설의 입장을 취하는 일부 판례). [사시 12·16]

사례연구   거문도 총학생회장 변사 사건

甲(한겨레신문 민권사회부 기자)은 1989.10.6.자 위 신문 11면 머릿기사 '이○○씨 사망 전 안기부 요원 동행'이라는 제목 아래 '중앙대 안성캠퍼스 총학생회장 이○○씨가 사망하기 직전에 마지막으로 동행한 사람은 남자 한 명, 여자 한 명이며 이 중 여자는 안기부에 근무하고 있다는 새로운 사실이 밝혀졌으며, 숨진 이씨가 배에 타기 직전 이씨를 보았다는 다방종업원 최○씨는 이씨가 동행한 여자는 사진으로 확인해 보니 도아무개(23세)이고 위 안기부 여직원과 동일인이였다고 경찰에서 진술했고, 선장 A는 이씨와 배에 탄 남자는 백아무개(22세)라고

말하고 도씨는 안기부에 근무하고 있는 것이 밝혀졌다.'는 요지의 기사를 작성, 이를 게재하였다. 그런데 도아무개는 안기부에 근무하는 타자수인 것은 사실이지만 이○○씨와 동행한 것은 아닌 것으로 밝혀졌다. 甲의 죄책은?

> 해결   제310조에 의하여 위법성이 조각되어 무죄.

> 참조   피고인의 위 취재보도는 ① 출판물명예훼손죄와 관련해서는, 피고인이 일간신문의 기자인 점, 위 공소외 1의 성명을 특정하지 아니하고 '도아무개'라고 기재한 점까지를 고려하여 보면, 피고인이 취재보도한 위 기사의 목적은 당시 이○○씨의 변사사건에 관하여 제기되고 있던 여러 의문점을 취재하여 이를 독자들에게 알림으로써 국민의 알 권리를 충족하려는 것이었고, 피고인에게 위 공소외 1을 비방할 목적이 있었다고 보기는 어렵다 할 것이다. ② 허위사실적시명예훼손죄와 관련해서는 피고인이 위 기사내용을 허위라고 인식하였음을 인정할 증거가 없으므로 피고인을 허위사실 적시로 인한 명예훼손죄로 처벌할 수는 없고, 다만 형법 제307조 제1항의 죄로 처벌할 여지가 있을 뿐인데, ③ 명예훼손죄에 있어서는 개인의 명예보호와 정당한 표현의 자유보장이라는 상충되는 두 법익의 조화를 꾀하기 위하여 형법 제310조를 규정하고 있으므로 적시된 사실이 공공의 이익에 관한 것이면 진실한 것이라는 증명이 없다 할지라도 행위자가 진실한 것으로 믿었고 또 그렇게 믿을 만한 상당한 이유가 있는 경우에는 위법성이 없다고 보아야 한다(대법원 1996.8.23, 84도3191). [법원행시 13]

③ 제310조의 적용범위 및 효과

　㉠ **적용범위** : 제310조의 위법성조각사유는 '제307조 제1항'의 사실적시에 의한 명예훼손행위에만 적용된다. [경찰승진(경사) 11 / 국가9급 13 / 법원9급 07(하) / 법원9급 11 / 법원행시 05·06·11]

　㉡ **법적 성격 및 효과** : 형법 제310조는 실체법상 위법성조각사유이나, 소송법상 성격에 대해서는 검사거증책임설(거증책임전환 부정설, 다수설)과 거증책임전환설(소수설)이 대립하고 판례는 후자의 입장이다. 즉, 판례는 공연히 사실을 적시하여 사람의 명예를 훼손한 행위가 형법 제310조의 규정에 따라서 위법성이 조각되어 처벌대상이 되지 않기 위해서는 그것이 진실한 사실로서 오로지 공공의 이익에 관한 때에 해당된다는 점을 행위자가 증명하여야 한다고 본다(대법원 1996.10.25, 95도1473 등). [국가9급 11 / 법원9급 12 / 법원행시 13 / 사시 12 / 변호사시험 12] 또한 판례는 형법 제310조에 대한 피고인의 증명은 자유로운 증명으로 족하다고 본다(따라서 형사소송법 제310조의 전문법칙 적용 부정).

표정리 제310조의 소송법적 성격

구 분	거증책임전환설(소수설·판례)	거증책임전환 부정설(다수설)
내 용	적시사실의 진실성·공익성에 대한 거증책임을 피고인이 부담한다는 견해	적시사실의 진실성·공익성이 없음을 검사의 거증책임으로 보는 견해

4. 죄수 및 다른 범죄와의 관계

(1) 죄 수

명예는 일신전속적 법익이어서 명예훼손죄의 죄수는 피해자의 수를 기준으로 하므로, 여러 기회에 연속적으로 동일인의 명예를 훼손한 경우에는 포괄일죄에 해당하지만, 1개의 행위로 수인의 명예를 훼손한 경우에는 수죄의 상상적 경합이 인정된다.

(2) 다른 범죄와의 관계

① 모욕죄와의 관계 : 명예훼손죄와 모욕죄의 법익은 모두 사람의 외적 명예라는 점에서 공통되므로(통설), 법조경합 중 보충관계로서 명예훼손죄만 성립한다.

② 신용훼손죄와의 관계 : 허위사실을 유포하여 명예와 신용을 훼손한 경우 명예와 신용은 동일한 인격적 법익이므로 양 죄는 법조경합 중 특별관계에 있다는 점에서 신용훼손죄만 성립한다(다수설).

③ 업무방해죄와의 관계 : 허위사실유포에 의한 명예훼손행위가 동시에 업무를 방해한 때에는 본죄와 업무방해죄의 상상적 경합이 인정된다.

④ 공직선거법상 후보자비방죄와의 관계 : 명예훼손죄와 공직선거법상 후보자비방죄(동법 제251조)는 서로 보호법익이 달라 상상적 경합관계이다(대법원 1998.3.24, 97도2956).

5. 소추조건

본죄는 반의사불벌죄이다(제312조 제2항).

03 사자명예훼손죄

> 제308조【사자의 명예훼손】공연히 허위의 사실을 적시하여 사자의 명예를 훼손한 자는 2년 이하의 징역이나 금고 또는 500만 원 이하의 벌금에 처한다.

1. 의의 및 보호법익

사자명예훼손죄는 공연히 허위의 사실을 적시하여 사자의 명예를 훼손함으로써 성립하는 범죄이다. 본죄의 보호법익은 사자가 생전에 가지고 있던 인격적 가치에 대한 객관적 평가(사자의 외적 명예)이다.

2. 구성요건

(1) 객관적 구성요건

① 객체 - 사자(死者)의 명예 : 본죄의 피해자는 명예훼손행위 이전에 사망한 것을 전제로 한다. 형법상 사자가 명예의 주체가 되고 있는 규정이다(다수설·판례).

② 행위 - 공연히 허위사실 적시 : 공연성, 허위, 사실, 적시의 개념은 이미 설명하였다. 따라서 진실한 사실을 적시한 경우에는 사자명예훼손죄에 해당되지 않는다.

(2) 주관적 구성요건 : 공연히 허위사실을 적시하여 사자의 명예를 훼손한다는 인식과 의사

① 미필적 고의 : 확정적 고의뿐만 아니라 결과발생에 대한 인식이 있고 그를 용인하는 의사인 이른바 미필적 고의도 포함된다(대법원 2014.3.13, 2013도12430). [경찰채용 18 2차]

② 착 오

㉠ 생존한 사람을 사망한 것으로 오인한 경우 : 인식한 구성요건은 사자명예훼손인데 발생한 구성요건은 생존자명예훼손이 된 경우이다. 이 경우 ⓐ '특별히 무거운 죄가 되는 사실(생존자에 대한 명예훼손)'을 인식하지 못한 구성요건적 착오의 문제(제15조 제1항)로서 허위사실을 적시한 경우라면 -제307조가 아니라- 제308조의 사자명예훼손죄가 적용된다. 다만 ⓑ 본죄는 허위사실을 공연히 적시해야만 성립하기 때문에, 만일 위와 같은 착오를 일으켰으나 진실한 사실을 적시한 경우에는 본죄가 성립하지 않고 무죄가 된다. [국가7급 09]

㉡ 사망한 사람을 생존한 것으로 오인한 경우 : 허위사실을 적시하였다는 것을 전제로, 인식한 구성요 건은 생존자명예훼손인데 발생한 구성요건은 사자명예훼손인 경우이며, 이론적으로 생존자 명예 훼손의 미수와 사자명예훼손의 기수의 상상적 경합이 검토되나, 명예에 관한 죄는 일체 미수를

벌하지 않기 때문에 사자명예훼손죄만 성립한다. 다만 진실한 사실을 적시하였다거나 진실한 사실로 오인한 경우라면 역시 무죄가 된다. [경찰채용 20 1차]

3. 소추조건

본죄는 친고죄이다. [경찰승진 10 / 국가7급 14] 형사소송법에서는 본죄의 고소권자를 사자의 친족·자손으로 규정하고 있다(형사소송법 제227조). 이때 고소권은 당연히 고유권에 속한다.

04 출판물 등에 의한 명예훼손죄

> 제309조 【출판물 등에 의한 명예훼손】 ① 사람을 비방할 목적으로 신문, 잡지 또는 라디오 기타 출판물에 의하여 제307조 제1항의 죄를 범한 자는 3년 이하의 징역이나 금고 또는 700만 원 이하의 벌금에 처한다.
> ② 제1항의 방법으로 제307조 제2항의 죄를 범한 자는 7년 이하의 징역, 10년 이하의 자격정지 또는 1천 500만 원 이하의 벌금에 처한다.

1. 의의 및 성격

출판물 등에 의한 명예훼손죄는 사람을 비방할 목적으로 신문·잡지·라디오 기타 출판물에 사실을 적시하거나 허위의 사실을 적시하여 사람의 명예를 훼손함으로써 성립하는 범죄이다. 본죄는 전파성이 매우 높은 매체를 이용한다는 점(행위불법의 가중)과 비방할 목적을 가지고 있다는 점에서 그 형이 가중되는 가중적 구성요건이다.

2. 구성요건

(1) 객관적 구성요건

① 신문·잡지·라디오 기타 출판물

　㉠ 공연성 불요 : 본죄는 신문·잡지·라디오 기타 출판물을 이용해야 한다. 이렇듯 매체 자체의 전파성이 높은 것을 그 요건으로 하고 있기 때문에, 본죄는 공연성을 구성요건요소로 하지 않는다.

　㉡ 기타 출판물 : 등록·출판된 제본인쇄물이나 제작물은 아니라고 할지라도 적어도 그와 같은 정도의 효용과 기능을 가지고 사실상 출판물로 유통·통용될 수 있는 외관을 가진 인쇄물로 볼 수 있어야 한다(대법원 1997.8.26, 97도133). 따라서 단순한 복사물이나 프린트물, 직장 내의 전자게시판 등은 제외된다.

　㉢ TV·인터넷 : 본죄의 기타 출판물에 포함될 수 있다는 것이 다수설이다. 다만 인터넷과 같은 정보통신망을 이용하여 타인의 명예를 훼손하는 행위는 정보통신망 이용촉진 및 정보보호 등에 관한 법률(이하 '정보통신망법')에 의하여 가중처벌되고 있다.

② 기사의 취재·작성과 관련 있는 자에게 사실 또는 허위사실을 적시할 것 : 제보자가 기사의 취재·작성과 직접적인 연관이 없는 자에게 허위사실을 알렸을 뿐인 경우 −제보자가 피제보자에게 그 알리는 사실이 기사화되도록 특별히 부탁하였거나 피제보자가 이를 기사화할 것이 고도로 예상되는 등의 특별한 사정이 없는 한− 피제보자가 언론에 공개하거나 기자들에게 취재됨으로써 그 사실이 신문에 게재되어 일반 공중에게 배포되더라도 출판물에 의한 명예훼손죄의 책임을 물을 수 없다(대법원 2002.6.28, 2000도3045, 메디슨 사건). [경찰승진(경사) 10 / 국가7급 07]

(2) 주관적 구성요건 – 고의 및 비방의 목적

본죄의 핵심적 요건은 사람을 비방할 목적이므로, 이에 대해서 검토해본다.

① **의의 및 성격** : 본죄의 비방(誹謗)할 목적이란 사람의 인격적 평가를 비하(卑下)시키려는 의도를 말한다. 통설·판례는 본죄의 비방할 목적을 초과주관적 구성요건요소로 보고 있다. 따라서 허위의 사실을 적시한 경우라 하더라도 사람을 비방할 목적이 당연히 인정되는 것은 아니다.

② **내 용**

ㄱ **비방할 목적과 공공의 이익을 위한 것의 관계** : '사람을 비방할 목적'이란 가해의 의사 내지 목적을 요하는 것으로서 공공의 이익을 위한 것과는 행위자의 주관적 의도의 방향에 있어 서로 상반되는 관계에 있다(대법원 2001.10.30, 2001도1803). [국가7급 09 / 법원행시 08·12 / 변호사시험 12]

ㄴ **공공의 이익에 관한 것** : 국가·사회 기타 일반 다수인의 이익에 관한 것뿐만 아니라 특정한 사회집단이나 그 구성원 전체의 관심과 이익에 관한 것을 말한다. [경찰승진 14 / 법원행시 09] 행위자의 주요한 동기 내지 목적이 공공의 이익을 위한 것이라면 부수적으로 다른 사익적 목적이나 동기가 내포되어 있더라도 공공의 이익에 관한 것으로 인정된다(대법원 2006.10.26, 2004도5288).

판례연구　　**비방의 목적이 인정되지 않은 사례**

대법원 2005.4.29, 2003도213
국립대학교 교수의 제자 성추행 사실에 대한 여성단체의 공표행위 명예훼손
학교 내 연구실에서 일어난 국립대학 교수의 제자 성추행 사건과 관련하여 여성단체가 기소 전후에 그 교수들의 실명, 신분 및 범죄혐의 내용을 자신의 인터넷홈페이지에 게재하고 아울러 소식지에 담아 배포한 경우, 문제가 된 표현이 공인의 공적 활동과 밀접한 관련이 있는 내용이고, 학내에서 발생한 성폭력 문제는 공적 관심 사안으로서 사회의 여론 형성에 기여하는 측면이 강하며, 피고인들은 위 민간단체의 대표들로서 사건 발생 이후 피해 여학생 등과의 상담을 거쳐 사건 내용을 파악하고 진상조사 및 대책 마련을 촉구하는 활동을 벌이던 중 자신들의 홈페이지 및 소식지에 그 주장 내용을 담은 성명서를 옮겨 담거나 요약하여 게재하였을 뿐 위 피해자와의 사이에 어떠한 개인적 감정도 존재하지 아니하였고, 피해자가 명예훼손적 표현의 위험을 자초하였으며, 그 표현 자체도 피해자를 비하하는 등의 모욕적인 표현은 전혀 없고 객관적인 진실과 함께 자신들의 요구사항을 적시하고 있는 점에 비추어, 그러한 행위는 공공의 이익을 위한 것으로서 비방의 목적이 있다고 단정할 수 없다. [경찰채용 10 2차]

---

③ **비방할 목적이 부정되는 경우의 효과** : 비방의 목적이 부정되는 경우 출판물명예훼손죄(제309조)가 적용되지 않고 일반명예훼손죄(제307조)의 성립을 따질 수밖에 없다. 이 경우 허위사실임에 대한 고의가 부정된다면 제307조 제1항의 명예훼손죄의 구성요건에 해당될 수 있으며 이때 제310조의 위법성조각사유가 적용될 수 있게 된다. [법원행시 09]

3. 제보자의 죄책

기사재료의 제공행위는 출판물에 의한 명예훼손죄의 죄책을 면할 수 없다(대법원 1994.4.12, 93도3535; 2002.3.29, 2001도2624; 2009.11.12, 2009도8949 – 송일국 사건 –). [경찰채용 13 1차 / 국가9급 11 / 국가7급 13 / 법원9급 20 / 법원행시 06·11·14] 또한 출판물에 의한 명예훼손죄는 간접정범에 의하여 범하여질 수도 있으므로 타인을 비방할 목적으로 허위의 기사재료를 그 사정을 모르는 기자에게 제공하여 신문 등에 보도되게 한 경우에도 성립할 수 있다(대법원 2002.6.28, 2000도3045). [경찰간부 12 / 경찰승진(경사) 10 / 국가9급 13 / 국가7급 07·13 / 사시 10] 그렇다면 (다수설·판례에 의할 때) 비방목적의 제보자는 ① 피이용자인 신문기자 내지 편집인이 비방의 목적이 없는 경우에는 본죄의 간접정범의 죄책을 지게 되며, ② 신문기자 내지 편집인에게도 비방의 목적이 있는 경우에는 본죄의 교사범이 성립하게 된다.

4. 제310조의 위법성조각사유의 적용 여부

형법 제310조는 제307조 제1항에만 적용되므로, 본죄(제309조)에는 적용되지 않는다. [국가9급 13 / 국가7급 07 / 법원9급 20] 즉 형법 제310조의 '공공의 이익'에 관한 때에는 처벌하지 아니한다는 규정은 사람을 '비방할 목적'이 있어야 하는 형법 제309조 제1항 소정의 행위에 대하여는 적용되지 아니하고 그 목적을 필요로 하지 않는 형법 제307조 제1항의 행위에 한하여 적용되는 것이다. [경찰승진 13]

반면, 비방할 목적이 없는 경우 – 제309조의 구성요건해당성이 조각되고 제307조 제1항의 구성요건에 해당되는 경우 – 공공의 이익을 위하여 진실한 사실을 적시하였다면 형법 제310조에 의하여 위법성이 조각되게 된다.

05 모욕죄

제311조【모 욕】 공연히 사람을 모욕한 자는 1년 이하의 징역이나 금고 또는 200만 원 이하의 벌금에 처한다.

1. 의의 및 보호법익

모욕죄는 공연히 사람을 모욕함으로써 성립하는 범죄이다. 법익은 명예감정이 아니라 명예훼손죄와 마찬가지로 사람의 외적 명예이다. 따라서 명예훼손죄와 모욕죄는 구체적인 사실을 적시하였는가 아니면 단지 경멸적 감정을 표현하였는가에 따라 구별되어야 한다. 본죄의 법익보호의 정도도 명예훼손죄와 마찬가지로 추상적 위험범이다.

2. 구성요건

(1) 주체 – 자연인인 개인

(2) 객체 – 사람

자연인·법인·법인격 없는 단체를 불문하고, 유아·정신병자는 포함되나, 사자는 제외된다(사자모욕은 처벌규정이 없음). 또한 모욕죄는 특정한 사람 또는 인격을 보유하는 단체에 대하여 사회적 평가를 저하시킬 만한 경멸적 감정을 표현함으로써 성립하므로 그 피해자는 특정되어야 한다. 따라서 집단표시에 의한 모욕은 비난의 정도가 희석되지 않아 구성원 개개인의 사회적 평가를 저하시킬 만한 것으로 평가될 경우에 예외적으로 구성원 개개인에 대한 모욕이 성립할 수 있다(원칙적 불성립, 대법원 2003.9.2, 2002다63558; 2013.1.10, 2012도13189; 2014.3.27, 2011도15631 – 강용석 전 의원 아나운서 모욕 사건에서는 특정이 인정되지 않아 무죄 –).
[경찰채용 18 2차 / 법원9급 18]

(3) 행위 – 공연히 모욕하는 것

① **공연성** : 불특정 또는 다수인이 인식할 수 있는 상태를 말한다(명예훼손의 경우와 같음). [변호사시험 13]
② **모욕** : 구체적 사실을 적시하지 아니하고 추상적 관념을 사용하여 사람의 인격을 경멸하는 가치판단을 표시하는 것으로, 언어나 거동의 방법에 의하여 모두 가능하다. 표현범이므로 단순히 무례한 행동은 모욕행위라 할 수 없다.

> **판례연구** 　모욕죄의 모욕에 해당된다는 사례
>
> 대법원 1989.3.14, 88도1397
> "아무것도 아닌 똥꼬다리 같은 놈"이라는 구절은 모욕적인 언사일 뿐 구체적인 사실의 적시라고 할 수 없고
> "잘 운영되어 가는 어촌계를 파괴하려 한다"는 구절도 구체적인 사실의 적시라고 할 수 없으므로 명예훼손죄에
> 있어서의 사실의 적시에 해당한다고 볼 수 없다. [법원행시 13]

> **판례연구** 　모욕죄의 모욕에 해당되지 않는다는 사례
>
> 대법원 2013.1.10, 2012도13189; 2014.3.27, 2011도15631
> 집단표시에 의한 모욕이 집단 구성원 개개인에 대한 모욕죄를 구성하는 경우 및 구체적인 판단 기준 : 강용석
> 전 의원 아나운서 모욕죄 불성립 사건
> 이른바 집단표시에 의한 모욕은, ① 모욕의 내용이 집단에 속한 특정인에 대한 것이라고는 해석되기 힘들고,
> 집단표시에 의한 비난이 개별구성원에 이르러서는 비난의 정도가 희석되어 구성원 개개인의 사회적 평가에
> 영향을 미칠 정도에 이르지 아니한 경우에는 구성원 개개인에 대한 모욕이 성립되지 않는다고 봄이 원칙이고,
> ② 비난의 정도가 희석되지 않아 구성원 개개인의 사회적 평가를 저하시킬 만한 것으로 평가될 경우에는 예외적으
> 로 구성원 개개인에 대한 모욕이 성립할 수 있다. … 피고인의 이 사건 발언은 여성 아나운서 일반을 대상으로
> 한 것으로서 그 개별구성원인 피해자들에 이르러서는 비난의 정도가 희석되어 피해자 개개인의 사회적 평가에
> 영향을 미칠 정도에까지는 이르지 아니하므로 형법상 모욕죄에 해당한다고 보기는 어렵다고 볼 여지가 충분하다.

3. 위법성

(1) 일반적 위법성조각사유 – 사회상규에 위배되지 않는 행위

어떠한 글이 모욕적 표현을 포함하는 판단이나 의견을 담고 있을 경우에도 그 시대의 건전한 사회통념에 비추어 살펴보아 그 표현이 사회상규에 위배되지 않는 행위로 볼 수 있는 때에는 형법 제20조의 정당행위에 해당하여 위법성이 조각된다(대법원 2005.12.23, 2005도1453 등).

> **판례연구** 　사회상규에 위배되지 아니하는 행위에 해당된다는 사례
>
> 대법원 2003.11.28, 2003도3972
> 방송국 시사프로그램을 시청한 후 방송국 홈페이지의 시청자 의견란에 작성·게시한 글 중 특히 "그렇게 소중한
> 자식을 범법행위의 변명의 방패로 쓰시다니 정말 대단하십니다."는 등의 표현을 게재한 경우, 사회상규에 위배되
> 지 아니하는 행위로서 위법성이 조각된다.

(2) 특별한 위법성조각사유 – 제310조의 위법성조각사유

모욕죄에 형법 제310조가 적용될 수 있는가에 대해서는 견해의 대립이 있으나, 제310조는 제307조 제1항의 사실적시 명예훼손행위에만 적용되므로 본죄에는 적용되지 아니한다는 것이 다수설·판례이다(대법원 1959.12.23, 4291형상539).

4. 죄수 및 다른 범죄와의 관계

(1) 한 문서에 의해 여러 사람을 모욕한 경우

명예훼손죄와 마찬가지로 수개의 모욕죄의 상상적 경합이 된다.

(2) 단순모욕행위와 사실적시 명예훼손행위가 하나의 행위에 포함되어 있는 경우

법조경합으로서 명예훼손죄만 성립한다.

(3) 외국원수모욕·외국사절모욕과의 관계

위 죄들(제107조 제2항, 제108조 제2항)이 성립하는 경우에는 모욕죄는 성립하지 않는다. 위 죄들은 본죄와는 달리 공연성을 필요로 하지 않는다. 또한 모욕죄는 친고죄인 데 비하여, 위 죄들은 반의사불벌죄이다.

5. 소추조건

본죄는 친고죄이다. [국가7급 14] 본죄의 고소는 고소장에 명예훼손죄라고 기재하였더라도 내용이 모욕죄를 구성하는 경우에는 모욕죄에 대한 고소로서 효력을 가진다.

표정리 명예에 대한 죄의 상호 비교

구 분	사실적시 요부	공연성 요부	제310조 적용	소추조건
명예훼손죄	진실한 사실	○	○	반의사불벌죄
	허위사실	○	×	반의사불벌죄
사자명예훼손죄	허위사실	○	×	친고죄
출판물명예훼손죄	진실한 사실	×	×	반의사불벌죄
	허위사실	×	×	반의사불벌죄
모욕죄	사실적시 불요	○	×	친고죄
	추상적 가치평가	○	×	친고죄

제2절 신용·업무와 경매에 관한 죄

01 총 설

형법상 신용, 업무와 경매에 관한 죄는 사람의 신용을 훼손하거나 사람의 업무 및 경매·입찰을 방해하는 범죄이다. 사람의 신용은 단순히 재산적인 의미만 가지고 있는 것이 아니라 넓게 보면 명예에도 속하며, 업무방해죄의 업무도 반드시 경제적인 활동으로 제한되는 것은 아니고, 경매·입찰방해죄도 경매·입찰의 자유를 보호하는 측면을 배제할 수 없다. 따라서 신용, 업무와 경매에 관한 죄는 단일한 성격으로 파악될 수는 없고, 인격적 법익인 자유에 대한 범죄이면서 재산에 대한 범죄로서의 성격을 가진다.

명예에 관한 죄와 마찬가지로, 신용훼손죄, 업무방해죄, 컴퓨터 등 장애 업무방해죄 및 경매·입찰방해죄는 모두 추상적 위험범으로서 미수를 벌하지 않는다.

02 신용훼손죄

> 제313조【신용훼손】 허위의 사실을 유포하거나 기타 위계로써 사람의 신용을 훼손한 자는 5년 이하의 징역 또는 1천 500만 원 이하의 벌금에 처한다.

1. 의의 및 보호법익

신용훼손죄는 허위의 사실을 유포하거나 기타 위계로써 사람의 신용을 훼손함으로써 성립하는 범죄이다. [법원9급 14] 본죄는 사람의 사회적 평가를 침해한다는 점에서 명예훼손죄와 동일하지만, 명예훼손죄는 인격적 측면을, 신용훼손죄는 경제적 측면을 침해한다는 점에서 차이가 있다.

본죄의 보호법익은 사람의 신용이다. 신용이란 사람의 지급능력·지급의사 등과 같은 경제적 측면에 대한 객관적 평가이다. 본죄의 법익보호의 정도는 추상적 위험범이다.

2. 구성요건

허위사실의 유포 또는 기타 위계로써 신용을 훼손하는 것이다.

(1) 허위사실의 유포

① 허위사실 : 실제의 객관적 사실과 다른 과거 또는 현재의 사실을 불특정 또는 다수인에게 전파하는 것을 말한다. 따라서 단순한 의견이나 가치판단은 본죄의 사실에 포함되지 않는다(집도 남편도 없는 과부라고 말한 사건, 대법원 1983.2.8, 82도2486). [경찰간부 13 / 경찰승진 12 / 법원9급 14]

② 유포 : 불특정 또는 다수인에게 전파하는 행위 즉, 허위사실을 '전파가능하게 알리는 행위'를 말한다(다만 공연성이 구성요건요소로 규정되지는 않음). 따라서 1인에게 허위사실을 적시하였더라도 이것이 순차적으로 불특정 또는 다수인에게 '전파될 가능성'이 있으면 유포행위로 인정된다. 이러한 전파가능성은 본죄의 구성요건요소로 볼 수 있으므로, 후술하는 고의의 대상이 된다.

(2) 위 계 [법원행시 06·13]

위계는 사람의 착오·부지를 이용하거나 기망·유혹의 수단을 사용하는 일체의 행위, 즉 사람을 착오에 빠지게 하여 판단을 그르치게 하는 것을 말한다.

(3) 신용훼손

신용의 주체는 사람인데, 여기에는 자연인뿐만 아니라 법인이나 법인격 없는 단체도 포함된다. 신용훼손은 사람의 지급능력 또는 지급의사에 관한 사회적 신뢰를 저하시키는 것을 말한다. [법원9급 12·14] 따라서 어느 가게의 물건 값이 유달리 비싸다는 말을 했다고 하더라도 이는 지급능력·지급의사에 관한 평가가 아니니 신용훼손에 해당하지 않는다. 다만 본죄의 성립에 신용훼손의 결과가 발생하여야 하는 것은 아니다 (추상적 위험범).

(4) 주관적 구성요건 – 고의

본죄의 고의는 허위사실의 유포 또는 위계로써 타인의 신용을 해할 것에 대한 인식과 의사이다. 따라서 행위자는 행위 당시 자신이 유포한 사실이 허위라는 점을 적극적으로 인식하였을 것을 요하고, 전파가능성을 이유로 허위사실의 유포를 인정하는 경우에는 전파가능성에 대한 인식이 있음은 물론 나아가 그 위험을 용인하는 내심의 의사가 있어야 한다(전파성에 대한 인식＋인용 要, 대법원 2006.5.25, 2004도1313). [법원행시 09·12] 이 점은 업무방해죄(제314조 제1항)의 허위사실의 '유포'도 동일하다.

3. 죄수 및 다른 범죄와의 관계

(1) 공연히 허위사실을 유포하여 신용훼손과 명예훼손을 실현한 경우

법조경합 중 특별관계로서 신용훼손죄만 성립한다(다수설).

(2) 위계를 사용하여 명예와 신용을 훼손한 경우

위계에 의한 명예훼손죄는 처벌되지 않으므로 신용훼손죄만 성립한다.

(3) 진실한 사실을 적시하여 명예와 신용을 훼손한 경우

신용훼손죄에는 해당되지 않으므로 명예훼손죄만 인정된다. [국가7급 09]

---

03 업무방해죄

> 제314조【업무방해】① 제313조의 방법 또는 위력으로써 사람의 업무를 방해한 자는 5년 이하의 징역 또는 1천 500만 원 이하의 벌금에 처한다.

---

1. 의 의

(1) 의 의

업무방해죄는 허위의 사실을 유포하거나 기타 위계 또는 위력으로 사람의 업무를 방해함으로써 성립하는 범죄이다. 본죄의 보호법익은 업무이며(다수설), 법익보호의 정도는 추상적 위험범이다.

(2) 업 무

① 의의 : 업무라 함은 사람이 직업 또는 사회생활상의 일정한 지위에 기하여 계속적으로 종사하는 사무나 사업을 말하며(사회성＋계속성＋사무),[47] 그 업무가 주된 것이든 부수적인 것이든 가리지 않는다. [법원9급 08] 또한 일회적인 사무라 하더라도 그 자체가 어느 정도 계속하여 행해지는 것이거나 그것이 직업 또는 사회생활상의 지위에서 계속적으로 행하여 온 본래의 업무수행과 밀접분가분의 관계에서 이루어진 경우도 본죄의 업무에 포함된다.

> **판례연구** **사무의 사회성 · 계속성 인정례**
>
> 대법원 1995.10.12, 95도1589
> 종중 정기총회를 주재하는 종중 회장의 의사진행업무 자체는 1회성을 갖는 것이라고 하더라도 그것이 종중 회장으로서의 사회적인 지위에서 계속적으로 행하여 온 종중 업무수행의 일환으로 행하여진 것이라면, 그와 같은 의사진행업무도 형법 제314조 소정의 업무방해죄에 의하여 보호되는 업무에 해당되고, 또 종중 회장의 위와 같은 업무는 종중원들에 대한 관계에서는 타인의 업무라고 해야 한다. [경찰간부 12 / 법원9급 13 / 법원행시 08 · 12]

---

47 업무의 의의는 앞서 검토한 과실치사상의 죄 중 업무상 과실치사상죄 부분 참조

대법원 2004.10.28, 2004도1256
형법상 업무방해죄의 보호대상이 되는 '업무'라 함은 직업 기타 사회생활상의 지위에 기하여 계속적으로 종사하는 사무 또는 사업을 말하는 것인데, 주주로서 주주총회에서 의결권 등을 행사하는 것은 주식의 보유자로서 그 자격에서 권리를 행사하는 것에 불과할 뿐 그것이 '직업 기타 사회생활상의 지위에 기하여 계속적으로 종사하는 사무 또는 사업'에 해당한다고 할 수 없다. [경찰간부 14 / 경찰승진 11·14 / 법원9급 13 / 법원행시 08·12·21 / 사시·11·13]

② **보호법익으로서의 업무** : 업무는 업무방해죄의 보호법익이므로 타인의 위법한 침해행위로부터 보호해야 할 형법상 가치가 있는 것이어야 하므로, 어떤 활동이나 사무가 그 위법의 정도가 무거워 사회생활상 용인될 수 없을 정도로 반사회성을 띠는 경우에는 업무방해죄의 보호대상이 되는 '업무'라고 볼 수 없다.

대법원 2002.8.23, 2001도5592
법원의 직무집행정지 가처분결정에 의하여 그 직무집행이 정지된 자가 법원의 결정에 반하여 직무를 수행하는 것은 본죄의 업무라고 볼 수 없다. [경찰승진 10 / 법원행시 08·10·12 / 변호사시험 17]

③ **형식적 적법성·유효성의 요부** : 본죄의 업무는 타인의 위법한 행위에 의한 침해로부터 보호할 가치가 있는 것이면 되고, 그 업무의 기초가 된 계약 또는 행정행위 등이 반드시 형식적으로 적법·유효하여야 하는 것은 아니다. 즉 법률상 보호할 가치가 있는 업무인지 여부는 그 사무가 사실상 평온하게 이루어져 사회적 활동의 기반이 되고 있느냐에 따라 결정되는 것이고, 그 업무의 개시나 수행과정에 실체상·절차상의 하자가 있다고 하더라도 그 정도가 반사회성을 띠는 데까지 이르지 아니한 이상 업무방해죄의 보호대상이 된다. [경찰승진 16]

대법원 2006.3.9, 2006도382
아파트관리사무실의 경리가 관리단 총회에서 새로이 선임된 관리인에 의하여 재임명되어 경리업무를 수행하여 온 경우라면, 위 경리를 재임명한 관리인의 선임절차에 무효사유가 있었다 하더라도 위 경리의 아파트관리업무가 업무방해죄의 보호대상에서 제외된다고 보아서는 안 된다.

④ **공무가 포함되는가의 문제** : 업무방해죄의 업무에 사무(私務)뿐 아니라 공무(公務)도 포함되는가에 대해서는 학설이 대립하나, 다수설·판례는 공무는 업무방해죄의 업무에 포함될 수 없다고 본다(공무불포함설, 대법원 2009.11.19, 2009도4166 전원합의체). 즉, 형법상 공무집행방해죄(제136조)와 위계에 의한 공무집행방해죄(제137조)가 별도로 규정되어 있는 이상 업무방해죄의 업무의 성격을 사무(私務)로 제한해야 한다는 것이다. 이에 의하면, ㉠ 폭행·협박에 의한 공무집행방해의 경우에는 업무방해죄의 성립은 배제되고 공무집행방해죄만 성립하며, ㉡ 허위사실의 유포를 통하여 공무집행을 방해하는 것은 공무집행방해죄도 성립하지 않고 업무방해죄도 성립하지 않으며, ㉢ 위계에 의한 공무방해는 업무방해죄는 성립하지 않고 위계에 의한 공무집행방해죄(제137조)만 성립하고, ㉣ 위력에 의한 공무방해는 양 죄 모두 성립하지 않게 된다. [경찰채용 14 1차 / 경찰간부 12·13 / 국가9급 14 / 법원9급 11 / 법원승진 10]

표정리 업무상 과실치사상죄의 업무와의 차이

구 분	업무상 과실치사상죄	업무방해죄
형법적 성격	책임가중요소	보호법익
내 용	생명·신체에 대한 위험방지업무	제한이 없음
오락을 위한 업무	포함	불포함
형법상의 보호가치	불요	필요
공무의 포함 여부	포함	불포함(다수설·판례)

2. 구성요건

(1) 객 체

① **사람의 업무** : 사람이라 함은 자연인뿐만 아니라 법인 및 법인격 없는 단체도 포함된다. 따라서 법적 성질이 영조물(營造物)에 불과한 대학교 자체는 업무방해죄에 있어서의 업무의 주체가 될 수 없으므로, 대학 편입학업무의 주체는 대학교가 아닌 총장이고, 성적평가업무의 주체는 대학교가 아닌 담당교수라고 보아야 한다(대법원 1999.1.15, 98도663).

② **타인의 업무** : 본죄의 업무는 자기의 업무가 아니라 타인의 업무이어야 한다(업무의 타인성). 예컨대, 지방공사 사장이 신규직원 채용권한을 행사하는 것은 공사의 기관으로서 공사의 업무를 집행하는 것이므로, 위 권한의 귀속주체인 사장 본인에 대한 관계에서도 업무방해죄의 객체인 타인의 업무에 해당한다(대법원 2007.12.27, 2005도6404).[48] [경찰채용 13 1차 / 경찰채용 14 2차 / 경찰승진 12 / 사시 10 / 변호사시험 17]

(2) 행 위

① **허위사실유포** : '객관적 진실에 일치하지 않는 사실'(허위사실)을 '불특정 또는 다수인에게 전파 가능하게 알리는 것'(유포)을 말하고, 단순한 의견이나 가치판단의 표시는 이에 해당되지 않지만, 기본적 사실이 진실이더라도 이에 허위사실을 상당 정도 부가시킴으로써 타인의 업무를 방해할 위험이 있는 경우는 이에 포함된다. 다만, 그 내용 전체의 취지를 살펴볼 때 중요한 부분이 객관적 사실과 합치되고 단지 세부에 있어 약간의 차이가 있거나 다소 과장된 표현이 있는 정도에 불과한 경우는 이에 해당하지 않는다(대법원 2006.9.8, 2006도1580).

② **위계** : 행위자의 행위목적을 달성하기 위하여 상대방에게 오인, 착각 또는 부지를 일으키게 하여 이를 이용하는 것을 말한다(대법원 1992.6.9, 91도2221). [법원9급 08 / 변호사시험 17] 특히 신청인이 업무담당자에게 허위의 주장을 하면서 이에 부합하는 허위의 소명자료를 첨부하여 제출한 경우 본죄가 성립하는가가 문제되는데, 이 경우 그 수리 여부를 결정하는 업무담당자가 관계규정이 정한 바에 따라 그 요건의 존부에 관하여 나름대로 충분히 심사를 하였으나 신청사유 및 소명자료가 허위임을 발견하지 못하여 그 신청을 수리하게 될 정도에 이르렀다면 위계에 의한 업무방해죄가 성립하게 된다. [법원행시 07 / 경찰간부 12]

판례연구 위계에 의한 업무방해죄가 성립한다는 사례

대법원 2020.9.24, 2017도19283
사립학교 봉사활동확인서 허위제출로 봉사상을 받은 사건
(사립고등학교 학생 A는 실제로 봉사활동을 한 사실이 없음에도 그 부모 甲은 다른 학교 교사와 공모하여

---

48 다만 위 판례에서는 결국 업무방해죄가 성립하지 않는다고 보았다. 이는 후술하는 '위계'에 해당되지 않는다고 보았기 때문이다.

외부기관으로부터 허위의 봉사활동내용이 기재된 확인서를 발급받은 후 이를 학교에 제출하여 학생으로 하여금 봉사상을 받도록 하였다. 甲에게 업무방해죄가 인정되는가의 문제) 업무방해죄의 성립에 있어서는 업무방해의 결과가 실제로 발생함을 요하지 않고 업무방해의 결과를 초래할 위험이 발생하면 족하다(대법원 2002.3.29, 2000도3231 등). … 허위의 봉사활동확인서 제출로써 학교장의 봉사상 심사 및 선정업무 방해의 결과를 초래할 위험이 발생하였고, 위 업무를 학생으로부터 봉사상 수여에 관한 신청을 받아 자격요건 등을 심사하여 수용 여부를 결정하는 것이라거나 확인서의 내용이 사실과 부합하지 않을 수 있음을 전제로 자격요건 등을 심사·판단하는 업무로는 볼 수 없다(소위 학교장의 불충분한 심사에 기인한 것이라 할 수 없다는 의미임 − 필자 주). 이와 달리 본 원심판결을 파기환송한다.

판례연구 위계에 의한 업무방해죄가 성립하지 않는다는 사례

대법원 2007.12.27, 2005도6404
신규직원 채용권한을 가지고 있는 지방공사사장이 시험업무 담당자들에게 지시하여 상호 공모 내지 양해하에 시험성적조작 등의 부정한 행위를 한 경우, 법인인 공사에게 신규직원 채용업무와 관련하여 오인·착각 또는 부지를 일으키게 한 것은 아니므로, '위계'에 의한 업무방해죄에 해당하지 않는다. [경찰채용 13 1차 / 경찰채용 14 2차 / 경찰승진 12·14 / 사시 10]

---

③ **위력** : 사람의 자유로운 의사를 제압할 만한 유형·무형의 세력을 이용하여 업무를 방해하는 것을 말하며, 피해자의 의사가 실제로 제압되었는가의 여부는 본죄의 성립과 무관하나(대법원 1995.10.12, 95도1589), [법원행시 05·10] 피해자의 자유의사를 제압하기에 충분한 세력이어야 한다(대법원 2011.10.13, 2009도5698)(**예** 음식점·다방에서 고함을 지르고 난동을 부리는 것,[49] 점포에서 영업을 못하도록 단전조치를 하는 것 등). 여기에는 폭행·협박과 같은 유형적 방법에 의한 경우는 물론 정치적·사회적·문화적 지위나 권세를 이용하는 무형적 방법에 의한 경우가 모두 포함된다. [법원행시 10]

판례연구 위력에 의한 업무방해죄가 성립한다는 사례

대법원 2005.5.27, 2004도8447
대부업체 직원의 전화공세 사례
채권자의 권리행사는 사회통념상 허용되는 방법에 의하여야 하는 것이므로, 가령 우월한 경제적 지위를 가진 대부업자가 그 지위를 이용하여 채무자를 압박하는 방법으로 채권추심행위를 하였다면 이는 위력을 이용한 행위로서 위법하고 그로 인하여 채무자의 업무가 방해될 위험이 발생하였다면 업무방해죄의 죄책을 면할 수 없다 할 것이다. [법원9급 06 / 법원행시 06 / 변호사시험 17]

판례연구 위력에 의한 업무방해죄가 성립하지 않는다는 사례

대법원 1999.5.28, 99도495
만 74세를 넘긴 1명의 노인의 측량 방해 사례
형법 제314조의 업무방해죄의 구성요건의 일부인 '위력'이라 함은 현실적으로 피해자의 자유의사가 제압될 것을 요하는 것은 아니지만, 범인의 위세, 사람 수, 주위의 상황 등에 비추어 피해자의 자유의사를 제압하기 족한 세력을 말한다. 이 사건의 경우 피고인은 사건 당시 만 74세를 넘긴 노인이라는 점, 주위에 종중원들 및 마을주민들 10여 명과 지적공사 직원 3명이 모여 있었고 혼자서 측량을 반대했다는 점 등에 비추어 피고인이 공소외 종중들에게 소리치며 시비를 하였다고 하여 측량기사의 자유의사를 제압하기에 족한 위력을 행사한 것이라고 할 수 없다. [국가7급 08]

---

49 손님을 협박하여 업무를 방해하면 협박죄와 업무방해죄의 상상적 경합범이요, 주인을 협박한 후 점포 내의 손님들을 내쫓아 업무를 방해하면 협박죄와 업무방해죄의 실체적 경합이 된다.

④ **업무방해** : 업무를 방해할 우려가 있는 상태가 발생한 때 기수가 되며, 방해결과의 현실적 발생은 요하지 않는다(대법원 1991.6.28, 91도944)(추상적 위험범). [사시 12] 또한 업무수행 자체가 아니라 업무의 적정성 내지 공정성이 방해된 경우에도 업무방해죄가 성립한다(대법원 2008.1.17, 2006도1721; 2010.3.25, 2009도8506). [사시 12] 다만 본죄가 추상적 위험범이라 하더라도, 결과발생의 염려가 없는 경우까지 본죄가 성립하는 것은 아니다.

(3) 주관적 구성요건 : 고의

허위의 사실을 유포하거나 위계 또는 위력으로써 타인의 업무를 방해한다는 고의가 필요하다. 허위사실 유포에 있어서 허위라는 사실에 대해서는 적극적 인식을 요하나, 본죄는 추상적 위험범이라는 점에서 업무를 방해한다는 법익침해의 점에 대한 고의까지 요하는 것은 아니며, 미필적 고의로도 충분하다.

3. 위법성

(1) 정당방위

정당방위로서의 업무방해는 위법성이 조각된다. 예를 들어, '피고인이 점유·경작하고 있는 논에 그 논의 소유권을 취득하였다는 이유로 적법한 절차에 의한 인도를 받지 아니한 채 묘판을 설치하려고 한 경우'에는 피고인의 점유에 대한 부당한 침탈 또는 방해행위의 배제를 위해서 '그 묘판을 허물어뜨린 행위'는 정당방위로 볼 수 있다(대법원 1980.9.9, 79도249).

(2) 피해자의 승낙에 의한 행위

승낙에 의한 업무방해도 위법성이 조각된다. 예를 들어, '피고인이 계주의 업무를 대행하는 데 대하여 이를 승인 내지 묵인한 행위'는 피고인에 대하여 다액의 채무를 부담하고 있던 동녀로서 채권확보를 하고자 하는 피고인의 요구를 거절할 수 없어서 해준 행위로서 '승낙'이 있었던 것으로서 그 위법성이 조각된다고 볼 수 있다(대법원 1983.2.8, 82도2486).

(3) 정당행위

① **법령에 의한 행위** : 파업·태업·직장폐쇄 기타 노동관계 당사자가 그 주장을 관철할 목적으로 행하는 행위와 이에 대항하는 행위로서 업무의 정상적인 운영을 저해하는 행위(노동조합 및 노동관계조정법 제2조 제6호의 쟁의행위의 개념)라 하더라도, 노동조합이 단체교섭·쟁의행위 기타의 행위로서 노동관계 조정법 제1조의 목적을 달성하기 위하여 한 정당한 행위로서, 폭력이나 파괴행위가 아닌 행위는 형법 제20조의 법령에 의한 정당행위로서 위법성이 조각된다(노동관계조정법 제4조). 다만, 쟁의행위는 그 목적·방법 및 절차에 있어서 법령 기타 사회질서에 위반되어서는 아니되며(동법 제37조 제1항), 조합원은 노동조합에 의하여 주도되지 아니한 쟁의행위를 하여서는 아니된다(동법 동조 제2항). 이러한 쟁의행위의 정당화요건으로서 주체의 적격성, 목적의 정당성, 절차의 합법성, 수단의 상당성에 관해서는 총론에서 기술한 바 있다.[50]

② **사회상규에 위배되지 아니하는 행위** : 사회통념상 허용될 만한 정도의 상당성이 있어서 그 위법성이 결여된 행위라면 정당행위에 해당하는 것으로 볼 여지가 있다.

---

50 총론의 위법성, 정당행위, 법령에 의한 행위 중 노동쟁의행위 참조

04 컴퓨터 등 장애 업무방해죄

> **제314조【업무방해】** ② 컴퓨터 등 정보처리장치 또는 전자기록 등 특수매체기록을 손괴하거나 정보처리장치에 허위의 정보 또는 부정한 명령을 입력하거나 기타 방법으로 정보처리에 장애를 발생하게 하여 사람의 업무를 방해한 자도 제1항의 형과 같다.

1. 의 의

컴퓨터 등 장애 업무방해죄(이하 '컴퓨터업무방해죄')는 컴퓨터 등 정보처리장치 또는 전자기록 등 특수매체기록을 손괴하거나 정보처리장치에 허위의 정보 또는 부정한 명령을 입력하거나 기타 방법으로 정보처리에 장애를 발생하게 하여 사람의 업무를 방해함으로써 성립하는 범죄이다. 본죄의 보호법익은 업무인데, −컴퓨터 등 장애 공무집행방해죄의 처벌규정이 별도로 없다는 점에서− 공무(公務)도 포함된다. 또한 본죄의 업무도 타인의 업무이어야 한다.

본죄의 법익보호의 정도는 추상적 위험범이므로, 업무방해의 현실적 법익침해는 요하지 아니한다. 다만 본죄의 구성요건상 손괴·입력·기타의 행위로 인하여 정보처리의 장애라는 구성요건적 결과는 발생해야 한다(결과범). 즉 본죄는 정보처리장애라는 결과발생은 요하나, 그로 인하여 업무방해라는 법익침해가 발생할 필요는 없는 범죄이다(결과범이지만 추상적 위험범).

2. 구성요건

(1) 행위객체 − 컴퓨터 등 정보처리장치 또는 전자기록 등 특수매체기록

① **컴퓨터 등 정보처리장치** : '컴퓨터 등 정보처리장치'란 자동적으로 계산이나 데이터처리를 할 수 있는 전자장치로서 주로 하드웨어를 말한다. 정보처리장치에 소프트웨어가 포함되는가에 대해서는 견해가 대립하지만, 부정설에 의하더라도 특수매체기록에는 포함되므로 결론적으로 본죄의 객체에 해당된다. 다만, 업무와 무관한 오락용 컴퓨터는 본죄의 객체가 되지 못한다.

② **전자기록 등 특수매체기록** : 전자기록이란 반도체메모리 등의 전자(電子)방식과 현금카드나 신용카드에 부착된 자기띠(magnetic stripe)와 같은 자기(磁氣)방식에 의한 기록이며, 특수매체기록이란 이를 제외한 CD−Rom 등과 같은 광(光)방식에 의한 기록을 말한다.

③ **컴퓨터사용사기죄와의 차이** : 컴퓨터사용사기죄와는 달리 본죄의 객체에는 전자기록 등 특수매체기록이 그 객체로 규정되어 있다.

④ **공무에 사용 중인 컴퓨터 등도 포함되는가 여부** : 사무 이외에 공무에 사용되는 경우(관공서에서 사용되는 컴퓨터)도 포함된다. 컴퓨터 등 장애 '공무'집행방해죄는 형법에 없기 때문이다.

(2) 행위유형

① 컴퓨터 등 정보처리장치 또는 전자기록 등 특수매체기록을 '손괴'

② 정보처리장치에 허위의 정보 또는 부정한 명령을 '입력'

    ㉠ 허위의 정보 : 정보가 표현하는 내용이 사실에 부합하지 않는 것을 말한다.

    ㉡ 부정한 명령 : 사무처리과정에서 주어서는 안 되는 명령을 하는 것을 의미한다.

      예 권한 없이 전자기록을 삭제 또는 변경시키는 프로그램을 실행시키거나 전자기록이 삭제·변경되는 컴퓨터 바이러스를 입력하는 행위 등

③ 기타 방법 : 컴퓨터의 정보처리에 장애를 초래하는 가해수단으로서 컴퓨터의 작동에 직접·간접으로 영향을 미치는 일체의 행위를 말한다(**예** 대량의 spam-mail을 보내거나 컴퓨터의 전원을 고의로 단절하여 작업 중인 자료를 일실하게 하거나 통신회선을 절단하는 행위 등). 따라서 시스템관리자가 퇴직하면서 컴퓨터의 비밀번호를 후임자에게 알려주지 않은 것만으로는 형법 제314조 제2항이 규정하고 있는 '기타 방법으로 정보처리에 장애를 발생하게 하여 사람의 업무를 방해한 행위'에 해당되지 않는다고 보아야 한다(대법원 2004.7.9, 2002도631).

(3) 구성요건적 결과의 발생 – 정보처리의 장애발생과 이로 인한 업무방해

본죄는 결과범이다. 따라서 본죄가 성립하기 위해서는 위와 같은 가해행위(손괴·입력·기타 방법)의 결과 정보처리장치가 그 사용목적에 부합하는 기능을 하지 못하거나 사용목적과 다른 기능을 하는 등 정보처리의 장애가 현실적으로 발생하였을 것을 요한다(대법원 2004.7.9, 2002도631). [경찰승진 22 / 법원9급 12] 본죄는 미수를 처벌하지 않기 때문이다. 그러나 또한 본죄는 추상적 위험범이다. 따라서 정보처리의 장애의 결과가 발생하였다면 업무방해(법익침해)의 결과는 현실적으로 발생하지 않더라도 본죄는 성립한다.

판례연구   **컴퓨터업무방해죄가 성립한다는 사례**

대법원 2009.4.9, 2008도11978

검색순위에는 변동이 없어도 허위의 클릭정보가 통계에 반영된 사례

컴퓨터업무방해죄는 정보처리에 장애를 발생하게 하여 업무방해의 결과를 초래할 위험이 발생한 이상, 나아가 업무방해의 결과가 실제로 발생하지 않더라도 성립한다. 따라서 포털사이트 운영회사의 통계집계시스템 서버에 허위의 클릭정보를 전송하여 검색순위 결정 과정에서 위와 같이 전송된 허위의 클릭정보가 실제로 통계에 반영됨으로써 정보처리에 장애가 현실적으로 발생하였다면, 그로 인하여 실제로 검색순위의 변동을 초래하지는 않았다 하더라도 본죄가 성립한다. [경찰채용 13 2차 / 경찰간부 16 / 법원행시 14 / 사시 12·14 / 변호사시험 16]

---

3. 죄수 및 다른 범죄와의 관계

(1) 본죄와 업무방해죄의 관계

컴퓨터 등 업무방해죄가 성립하면 업무방해죄는 성립하지 않는다(법조경합 중 특별관계).

(2) 본죄와 재물손괴죄의 관계

재물손괴죄(제366조)는 법조경합관계로서 본죄에 흡수된다(다수설). 다만, 업무방해의 고의 없이 타인의 컴퓨터 내의 전자기록을 삭제하면 손괴죄(제366조)만 성립한다.

05 경매·입찰방해죄

> **제315조【경매, 입찰의 방해】** 위계 또는 위력 기타 방법으로 경매 또는 입찰의 공정을 해한 자는 2년 이하의 징역 또는 700만 원 이하의 벌금에 처한다.

1. 의 의

경매·입찰방해죄는 위계 또는 위력 기타 방법으로 경매 또는 입찰의 공정을 해함으로써 성립하는 범죄이다. 본죄는 업무 중에서도 독특한 영역을 차지하고 있는 경매 또는 입찰의 공정성을 보호하기 위한 특별규정이다.

본죄의 보호법익은 경매 또는 입찰의 공정성이며, 법익보호의 정도는 추상적 위험범이다. 다만 아무리 추상적 위험범이어도 입찰방해죄가 성립하려면 최소한 적법하고 유효한 입찰절차의 존재가 전제되어야 한다(대법원 2005.9.9, 2005도3857). [경찰채용 20 1차 / 법원행시 07]

2. 구성요건

(1) 객체 : 경매와 입찰

① **경매** : 매도인 측에서 다수인으로부터 구두로 청약을 받고 최고가격을 제시하는 청약자에게 승낙(경락)을 함으로써 성립하는 형식의 매매를 말한다.

② **입찰** : 경쟁계약에 참가한 다수인으로 하여금 문서로 계약의 내용을 제시하게 하여 가장 유리한 청약을 한 자와 계약을 체결(낙찰)하는 형식의 매매를 말한다. 입찰시행자가 입찰을 실시할 법적 의무에 기하여 시행한 입찰일 것을 요하지 아니하나, 추첨 등의 공적·사적 경제주체의 임의의 선택에 따른 계약체결의 과정은 여기에 포함되지 아니한다(대법원 2008.5.29, 2007도5037).

(2) 행위 : 위계 또는 위력 기타 방법으로 경매·입찰의 공정을 해하는 것

① **위계** [법원행시 06·13] : 기망 등을 통하여 오인·착각·부지를 일으키는 행위를 말하는데, 위계의 대표적인 예는 담합(談合)이다.

② **위력** : 사람의 자유로운 의사를 제압할 만한 유형·무형의 세력을 말하며, 여기에는 폭행, 협박은 물론 사회적·경제적·정치적 지위와 권세에 의한 압력 등이 포함된다. 따라서 위력에는, 입찰장소의 주변을 에워싸고 사람들의 출입을 막는 등 위력을 사용하여 입찰에 참가하려는 사람을 참석하지 못하도록 한 행위(대법원 1993.2.23, 92도3395)는 물론이고, 자신의 지시대로 시행하지 않으면 앞으로 계약을 취소할 것이니 각서를 쓰라고 강요한 행위(대법원 2000.7.6, 99도4079)도 포함된다.

③ **경매·입찰의 공정을 해하는 것** : 공정한 자유경쟁을 방해할 염려가 있는 상태를 발생시키는 것, 즉 공정한 자유경쟁을 통한 적정한 가격형성에 부당한 영향을 주는 상태를 발생시키는 것을 말한다. 따라서 실질적으로 단독입찰을 하면서 경쟁입찰인 것처럼 가장하는 것은 본죄를 구성한다(대법원 2001.6.29, 99도4525). [경찰채용 12 3차 / 법원행시 10·12·14 / 사시 12]

3. 담합행위와 본죄의 성립 여부

(1) 성립한 예

공정한 가격을 침해하거나 부당한 이익을 얻을 목적으로 하는 담합행위는 경매·입찰방해죄에 해당된다(대법원 1956.2.24, 4288형상97). 담합행위가 입찰방해죄로 되기 위하여는 반드시 입찰참가자 전원과의 사이에

담합이 이루어져야 하는 것은 아니고, 입찰참가자들 중 일부와의 사이에만 담합이 이루어진 경우라고 하더라도 그것이 입찰의 공정을 해하는 것으로 평가되는 이상 입찰방해죄는 성립한다(대법원 2006.12.22, 2004도2581 : 고속도로 휴게소 운영권 입찰 사례). [경찰채용 12 3차]

(2) 성립하지 않는 예

담합의 주목적이 단지 기업이윤을 고려한 적정선에서 무모한 출혈경쟁을 방지하기 위한 것이고 일반거래 통념상 인정되는 범위 내에서 입찰자 상호간에 의사의 타진과 절충을 한 것에 불과한 경우에는 담합행위가 아니다(대법원 1994.12.2, 94다41454).

(3) 담합 자체가 이루어지지 않은 경우

입찰자들의 전부 또는 일부 사이에서 담합을 시도하는 행위가 있었을 뿐 실제로 담합이 이루어지지 못한 경우에는 본죄는 성립하지 않는다(이론적으로는 입찰방해미수에 해당하나 본죄는 미수죄 처벌규정이 없음, 대법원 2003.9.26, 2002도3924). [법원행시 14]

4. 위험범적 성질

본죄는 위험범으로서 입찰의 공정을 해할 위험이 있는 행위만 하면 성립하게 된다. 따라서 공정을 해할 행위를 하면 족하고 현실적으로 공정을 해한 결과가 발생할 것을 요하는 것은 아니므로, 입찰가가 입찰예정가보다 높아 낙찰시행자에게 유리하게 결정되었다 하더라도 본죄가 성립하고(대법원 1994.5.24, 94도600), 담합하여 투찰행위를 하였다면 실제로 가격형성에 부당한 영향을 주지 않았다고 하더라도 본죄가 성립한다(대법원 2009.5.14, 2008도11361). 또한 입찰참가자의 입찰행위를 방해한 경우뿐만 아니라 입찰에 참가할 가능성이 있는 자의 입찰참가 여부에 영향을 미쳐 입찰행위를 방해한 경우에도 본죄가 성립한다.

5. 다른 범죄와의 관계

범죄행위가 법원경매업무를 담당하는 집행관의 구체적인 직무집행을 저지하거나 현실적으로 곤란하게 하는 데까지는 이르지 않고 입찰의 공정을 해하는 정도의 행위라면 형법 제315조 경매·입찰방해죄만 해당될 뿐, 형법 제137조의 위계에 의한 공무집행방해죄에는 해당되지 않는다(대법원 2000.3.24, 2000도102).
[경찰채용 12 3차]

목 차		난 도	출제율	대표지문
제1절 비밀침해의 죄	01 총 설	下	★	• '회사의 직원이 회사의 이익을 빼돌린다.'는 소문을 확인할 목적으로 비밀번호를 설정함으로써 비밀장치를 한 전자기록인 피해자가 사용하던 개인용 컴퓨터의 하드디스크를 떼어내어 다른 컴퓨터에 연결한 다음 의심이 드는 단어로 파일을 검색하여 메신저 대화내용, 이메일 등을 출력한 경우 정당행위에 해당한다. (○)
	02 비밀침해죄	中	★	
	03 업무상 비밀누설죄	中	★	
제2절 주거침입의 죄	01 총 설	中	★★	• 주거침입죄는 사실상의 주거의 평온을 보호법익으로 하는 것이므로, 그 주거자 또는 간수자가 건조물 등에 거주 또는 간수할 권리를 가지고 있는가의 여부는 범죄의 성립을 좌우하는 것이 아니다. (○) • 야간에 신체의 일부만이 집 안으로 들어간다는 인식 하에 타인의 집의 창문을 열고 집 안으로 얼굴을 들이미는 행위를 하였다면 주거침입죄의 고의는 인정되지 않는다. (✕) • 적법하게 직장폐쇄를 단행한 사용자로부터 퇴거요구를 받고도 불응한 채 직장점거를 계속한 행위는 퇴거불응죄를 구성한다. (○)
	02 주거침입죄	中	★★	
	03 퇴거불응죄	中	★	
	04 특수주거침입죄	下	★	
	05 주거·신체수색죄	下	★	

구 분	경찰채용						경찰간부						경찰승진					
	16	17	18	19	20	21	17	18	19	20	21	22	17	18	19	20	21	22
제1절 비밀침해의 죄			1					1										
제2절 주거침입의 죄	1	1	1	1	1		1	1	1	1		1			1	1	1	1
출제빈도	6/220						6/240						4/240					

사생활의 평온에 대한 죄

✔ 키포인트

제1절 비밀침해의 죄
- 비밀침해죄의 봉함 기타 비밀장치
- 비밀침해죄의 법적 성격
- 통신비밀보호법상 대화비밀침해죄의 요건
- 업무상 비밀누설죄의 주체

제2절 주거침입의 죄
- 사실상 평온설
- 주거 및 건조물
- 침입의 의미
- 기수시기와 고의의 내용
- 퇴거불응죄의 법적 성격

국가9급						법원9급						법원행시						변호사시험					
17	18	19	20	21	22	17	18	19	20	21	22	17	18	19	20	21	22	17	18	19	20	21	22
													2										
						1		1						1	1								1
0/120						2/150						4/240						1/140					

CHAPTER 04 사생활의 평온에 대한 죄

제1절 비밀침해의 죄

01 총 설

비밀침해의 죄는 사람의 비밀을 그 보호법익으로 하는 비밀침해죄(제316조)와 업무상 비밀누설죄(제317조)로 이루어져 있으며, 모두 친고죄로 되어 있고 미수범 처벌규정은 두지 않고 있다.

02 비밀침해죄

> **제316조【비밀침해】** ① 봉함 기타 비밀장치한 사람의 편지, 문서 또는 도화를 개봉한 자는 3년 이하의 징역이나 금고 또는 500만 원 이하의 벌금에 처한다.
> ② 봉함 기타 비밀장치한 사람의 편지, 문서, 도화 또는 전자기록 등 특수매체기록을 기술적 수단을 이용하여 그 내용을 알아낸 자도 제1항의 형과 같다.
> **제318조【고 소】** 본장의 죄는 고소가 있어야 공소를 제기할 수 있다.

1. 의 의

(1) 의 의

비밀침해죄는 봉함 기타 비밀장치한 사람의 편지·문서 또는 도화를 개봉하거나 봉함 기타 비밀장치한 위 객체들 또는 전자기록 등 특수매체기록을 기술적 수단을 이용하여 그 내용을 알아냄으로써 성립하는 범죄이다.

(2) 보호법익

① **보호법익** : 개인의 비밀로서, 본인이 비밀유지를 원하고 객관적인 비밀유지이익이 있어야 한다(절충설, 통설·판례).

② **국가·공공단체의 비밀이 포함되는가 여부** : 편지나 전자기록 등 특수매체기록이 반드시 개인 간의 것에 국한될 수 없고 공적 영역에 속하는 사항도 비밀화시켜 국가기관 등에 보내는 경우도 있기 때문에, 국가·공공단체의 비밀도 본죄의 비밀에 포함된다(다수설).

③ **법익보호의 정도** : 제1항의 죄는 개봉만 하고 비밀을 알아내지 못해도 성립한다는 점에서 추상적 위험범이다(통설). 다만 제2항의 죄는 비밀을 '알아낸' 때 성립한다는 점에서 침해범에 해당한다(다수설).

2. 구성요건

(1) 객체

봉함 등의 비밀장치를 한 타인의 편지·문서·도화(圖畵) 또는 전자기록 등 특수매체기록이다. 봉함(封緘)이란 봉투를 풀로 붙인 것과 같이 제3자의 접근을 막기 위한 외포(外包) 등을 말하며, 비밀장치란 같은 목적의 봉함 이외의 장치를 말한다. 예컨대, 2단 서랍의 아래 칸에 잠금장치가 되어 있다면 이는 본죄의 비밀장치에 해당된다(대법원 2008.11.27, 2008도9071). 여하튼 비밀장치를 하지 않은 우편엽서나 컴퓨터시스템은 본죄의 객체가 아니다.

(2) 행위 – 개봉하거나 기술적 수단을 이용하여 그 내용을 알아내는 것

① **개봉**(제1항) : 제1항은 개봉함으로써 기수가 된다(추상적 위험범). 다만, 개봉 이외의 방법(예 불빛에 투시하는 것)으로 그 내용을 지득한 경우에는 본죄가 성립하지 않는다. 개봉하였다면 내용을 알 수 있는 상태에 둔 때에 기수가 되며, 발송 전후를 불문하며, 내용을 알아야 할 필요도 없다.

② **기술적 수단을 이용한 내용탐지**(제2항) : 편지 등을 개봉하지 않고 기술적 수단을 사용하여 내용을 알아내는 경우를 말한다. 단순히 불빛에 투시하여 내용을 알아내는 것만으로는 부족하고 기술적 수단(예 투시기, 약물, 해킹 등)을 이용해야 한다.

③ **제2항의 비밀침해죄의 기수** : 내용을 지득했을 때 비로소 기수가 된다는 침해범설(다수설)에 따라, 타인의 편지 등의 내용을 기술적 수단을 이용하여 알 수 있는 상태로 두었을 뿐 그 내용을 인식하지 않은 경우에는 –본죄는 미수범 처벌규정이 없다는 점에서– 무죄가 된다.

(3) 구성요건적 고의

봉함 기타 비밀장치한 타인의 편지·문서·도화를 개봉하거나 타인의 편지·문서·도화 또는 전자기록 등 특수매체기록을 기술적 수단을 이용하여 그 내용을 알아낸다는 인식과 의사가 있어야 한다.

3. 위법성

(1) 정당행위

① **법령에 의한 행위** : 편지의 개봉 등 타인의 비밀을 지득할 것이 법령에 의하여 정당화되는 경우로서는 통신비밀보호법의 규정이 대표적이다.[51]

② **사회상규에 위배되지 아니하는 행위** : 회사의 이익을 빼돌린다는 소문을 확인할 목적으로 열람범위를 범죄혐의와 관련된 범위로 제한하여 회사 직원의 전자기록을 검색한 행위는 사회상규에 위배되지 아니하는 행위로서 위법성이 조각된다(대법원 2009.12.24, 2007도6243). [경찰채용 11·13 2차 / 경찰간부 11·12 / 경찰승진(경사) 11 / 법원9급 21]

(2) 피해자의 동의에 의한 비밀침해

피해자의 동의를 받아 그 비밀을 침해한 경우, 비밀의 주체의 비밀유지의사가 포기 내지 철회된 경우이므로 피해자의 동의는 일종의 양해로 보아 본죄의 구성요건해당성이 조각된다(다수설).

---

51 **통신비밀보호법 제3조(통신 및 대화비밀의 보호)** ① 누구든지 이 법과 형사소송법 또는 군사법원법의 규정에 의하지 아니하고는 우편물의 검열·전기통신의 감청 또는 통신사실확인자료의 제공을 하거나 공개되지 아니한 타인 간의 대화를 녹음 또는 청취하지 못한다. 다만, 다음 각호의 경우에는 당해 법률이 정하는 바에 의한다. (이하 생략)

(3) 가족관계

미성년의 자녀에게 온 편지를 부모가 개봉한 행위는 친권행사(정당행위)가 되어 위법성이 조각된다. 그러나 부부 사이에서는 상호간 비밀이 존중되어야 하므로 본죄가 성립할 수 있다. 다만, 상대방의 추정적 승낙으로 위법성이 조각될 수 있는 경우는 있다(다수설).

> **예** 일방 배우자가 장기 출타 중에 중대한 사무에 관한 우편물이 온 경우

4. 소추조건

본죄는 친고죄이다(비누모사/재). [경찰승진(경사) 11 / 국가7급 14] 발신인·수신인은 모두 언제나 피해자가 된다(통설).

5. 통신비밀보호법상 통신비밀침해죄·대화비밀침해죄

누구든지 통신비밀보호법 등의 규정에 의하지 아니하고는 전기통신의 감청 또는 통신사실확인자료의 제공을 하거나 공개되지 아니한 타인 간의 대화를 녹음 또는 청취하지 못한다(통비법 제3조 제1항). 또한 누구든지 공개되지 아니한 타인 간의 대화를 녹음하거나 전자장치 또는 기계적 수단을 이용하여 청취할 수 없다(통비법 제14조 제1항, 전자장치 등을 이용한 청취로 제한). 이를 위반한 경우 그 주체가 수사기관인지 사인인지를 불문하고 1년 이상 10년 이하의 징역과 5년 이하의 자격정지에 처한다(통비법 제16조 제1항 제1호). 이 죄는 미수범도 처벌한다(통비법 제18조).

예컨대, ① 제3자가 전화통화자 중 일방만의 동의를 얻어 통화내용을 녹음한 경우도 본죄에 해당된다(대법원 2002.10.8, 2002도123; 2010.10.14, 2010도9016). 다만, ② 대화 당사자 중 1인이 몰래 녹음하는 행위는 타인 간의 대화에 해당되지 않으므로 본죄가 성립하지 않는다(대법원 2006.10.12, 2006도4981). 또한 대화비밀침해죄는 타인 간의 대화를 녹음하거나 전자장치 또는 기계적 수단을 이용하여 청취하는 것을 그 행위태양으로 하기 때문에 몰래 엿듣는 행위만으로는 본죄에 해당될 수 없으며, 나아가 이미 수신이 완료된 전기통신 내용을 지득하는 등의 행위도 본죄의 감청에 포함되지 않는다(대법원 2012.7.26, 2011도12407; 2012.10.25, 2012도4644).

03 업무상 비밀누설죄

> **제317조 【업무상 비밀누설】** ① 의사, 한의사, 치과의사, 약제사, 약종상, 조산사, 변호사, 변리사, 공인회계사, 공증인, 대서업자나 그 직무상 보조자 또는 차등의 직에 있던 자가 그 업무처리 중 지득한 타인의 비밀을 누설한 때에는 3년 이하의 징역이나 금고, 10년 이하의 자격정지 또는 700만 원 이하의 벌금에 처한다.
> ② 종교의 직에 있는 자 또는 있던 자가 그 직무상 지득한 사람의 비밀을 누설한 때에도 전항의 형과 같다.

1. 의의 및 보호법익

업무상 비밀누설죄는 의사 등의 신분에 있는 자 또는 있던 자가 그 업무처리 중 또는 직무상 지득한 사람의 비밀을 누설함으로써 성립하는 범죄이다. 본죄의 보호법익은 '개인의 비밀'과 본죄의 주체로 되어 있는 자들이 그 업무상 지득한 비밀을 누설하지 않을 것에 대한 '일반의 신뢰'이다. 법익보호의 정도는 추상적 위험범이다.

2. 구성요건

(1) 주 체

① **본죄의 주체인 자** : 의사, 한의사, 치과의사, 약제사, 약종상, 조산사, 변호사, 변리사, 공인회계사, 공증인, 대서업자나 그 직무상 보조자 및 이러한 직에 있던 자 또는 종교의 직에 있는 자 또는 있던 자에 국한된다. 이는 제한적으로 열거된 것이다(진정신분범). 여기에서 그 직무상 보조자라 함은 병원에서 의사 등을 보조하는 간호사나 법률사무소에서 변호사를 보조하는 사무장 등을 말한다. 본죄의 주체는 대체로 형사소송법 제149조의 증언거부권자로 규정되어 있다.

② **본죄의 주체가 아닌 자** : 법무사, 변호사가 아닌 변호인, 변호사가 아닌 소송대리인, 수의사, 건축사, 생활설계사, 세무사 등은 본죄의 주체가 되지 못한다. 특히 세무사는 형사소송법상 증언거부권자이지만 본죄의 주체가 될 수는 없다(단, 세무사법 제11조, 제22조 제1항 제2호에 의해 처벌됨). 한편 공무원 또는 공무원이었던 자의 법령에 의한 직무상 비밀의 누설행위는 본죄가 아니라 공무상 비밀누설죄(제127조)로 처벌된다.

③ **자수범인가의 문제** : 본죄의 보호법익을 고려할 때 자수범에 해당한다(다수설). 따라서 본죄는 간접정범으로 범할 수 없다.

(2) 객체 – 업무처리 중 또는 직무상 지득한 타인의 비밀

객관적으로 비밀유지이익이 있어야 하므로 공지의 사실은 여기에 속하지 않는다. 또한 업무처리·직무와 관계없이 알게 된 사실도 여기에 해당되지 않는다.

(3) 행위 – 누설

누설이란 비밀을 모르는 사람에게 이를 알게 하는 것이다. 공연성은 요하지 않고 상대방의 수는 불문한다. 본죄는 고지에 의해서 상대방에게 도달한 때 기수가 되며, 상대방의 현실적 인식은 요하지 않는다(추상적 위험범).

(4) 주관적 구성요건 – 고의

본죄의 주체에 해당하는 신분 및 본죄의 객체에 해당하는 비밀 그리고 이를 누설한다는 인식과 의사가 필요하다. 비밀이라는 점 자체를 인식하지 못하면 본죄의 고의가 조각된다.

3. 위법성

(1) 정당행위(제20조)

법령에 의한 비밀고지의무이행(감염병예방법 등), 변호인의 변호권 행사(업무로 인한 정당행위) 등이 있다. 예컨대, 변호사가 자신의 의뢰인의 이익을 위해 업무처리 중 지득한 타인의 비밀을 재판에서 공개하는 행위는 업무로 인한 행위로 파악될 수 있다.

(2) 피해자의 승낙

피해자의 승낙은 양해로서 구성요건해당성을 조각시킨다.

(3) 증언거부권을 행사하지 않고 증언한 행위

증언거부권자(형사소송법 제149조, 민사소송법 제286조)임에도 불구하고 증언거부권을 행사하지 않고 타인의 비밀을 누설하는 증언을 하였을 경우 위법성이 조각될 수 있는가가 문제되는데, 진실 발견이라는 보호법익과 비밀누설이라는 피해법익 간의 이익교량에 의해 보호법익의 우월성이 인정되는 한 위법성이 조각될 수 있다(다수설). 예컨대, 폭력조직의 범죄사실을 재판에서 진실대로 증언한 해당 조직의 변호사와 같은 경우에는 자신의 위험을 무릅쓰고 공익에 헌신한 점을 고려할 때 위법성이 조각될 수 있다.

4. 소추조건

본죄는 친고죄이다(제318조). [경찰승진(경위) 11]

01 총 설

1. 의 의

주거침입의 죄는 사람의 주거, 관리하는 건조물·선박·항공기, 점유하는 방실에 침입하거나 위 장소에서 퇴거요구를 받고 이에 응하지 않음으로써 성립하는 범죄이다.

2. 보호법익

학설이 대립하나, 형법 제319조의 주거침입죄의 객체가 '관리하는 건조물 등'뿐만 아니라 '점유하는 방실'까지 규정되어 있다는 점에서 사실상의 주거의 평온(공동생활자 전원이 타인의 침해를 받지 않을 수 있는 평온한 상태)이 보호법익이라는 것이 다수설·판례이다(사실상 평온설). 이에 어떠한 행위가 거주자가 누리는 사실상의 주거의 평온을 해할 수 있는 정도에 이르렀다면 본죄의 구성요건이 충족되므로 법익보호의 정도는 침해범이다.

사실상 평온설에 의할 때 주거에 대한 사실상의 지배가 있으면 해당 주거의 점유는 정당한 권원이 없더라도 인정되기 때문에, 거주자·간수자가 건조물 등에 거주·관리할 권리를 가지고 있는가의 여부는 범죄의 성립을 좌우하는 것이 아니며, 법적 권리자의 권리실행이라 하더라도 −법정절차에 의하지 않고− 자력구제의 수단으로 타인이 평온하게 점유하는 건조물에 침입한 경우에는 본죄가 성립한다. 예컨대, 임대차계약이 소멸한 뒤에 임대인이 임차인의 의사에 반하여 주거에 들어가는 것은 주거침입죄에 해당된다.

3. 구성요건체계[52]

주거침입의 죄는 주거침입죄(제319조 제1항), 퇴거불응죄(동조 제2항), 특수주거침입죄(제320조), 주거·신체수색죄(제321조)으로 되어 있는데, 모두 미수를 처벌하고 있다(제322조). [경찰채용 12 3차 / 경찰승진 13 / 국가7급 12]

---

[52] **사례** : 점유권원 없는 자의 건조물 침입 사례 '에바다사태 해결을 위한 공동대책위원회' 측에서 법원으로부터 농아원을 점거 중인 일부 농아원생 및 직원들에 대하여 위 공동대책위원회 측 이사 등의 농아원 출입을 방해하여서는 아니 된다는 등의 출입방해금지 가처분결정을 받은 후, 위 이사인 甲과 그 일행은 구 재단 측이 관리하는 농아원에 강제적으로 진입하였다. 甲 등에게는 건조물침입죄가 성립하는가?
해결 : 성립한다.

> 제319조【주거침입, 퇴거불응】① 사람의 주거, 관리하는 건조물, 선박이나 항공기 또는 점유하는 방실에 침입한 자는 3년 이하의 징역 또는 500만 원 이하의 벌금에 처한다. [경찰채용1차 11]

1. 구성요건

(1) 객관적 구성요건

① 객체 – 사람의 주거, 관리하는 건조물·선박·항공기, 점유하는 방실

  ㉠ 건조물의 의의 : 건조물은 주거를 제외한 일체의 건축물[53]을 말하며, 주위 벽 또는 기둥과 지붕 또는 천장으로 구성된 구조물로서 사람이 기거하거나 출입할 수 있는 장소를 말한다(대법원 1989.2.28, 88도2430, 88감도194).

    ⓐ 건조물에 해당하는 경우 : 건조물은 골리앗크레인(대법원 1991.6.11, 91도753) [경찰간부 11] 과 같은 건조물 자체만을 가리키는 것이 아니라, 그 위요지(圍繞地)도 포함하며, [사시 13/변호사시험 12] 위요지는 건조물에 인접한 그 주변 토지로서 관리자가 외부와의 경계에 문과 담 등을 설치하여 그 토지가 건조물의 이용을 위하여 제공되었다는 것이 명확히 드러나야 한다. 예컨대, ㉮ 월정사 경내(대법원 1983.3.8, 82도1363), ㉯ 정부 세종로 청사 앞마당(대법원 2002.9.24, 2002도959), ㉰ 대학교 종합운동장(대법원 2004.6.10, 2003도6133), ㉱ 다가구용 단독주택인 빌라의 공용 계단(대법원 2009.8.20, 2009도3452), [경찰채용 10 1차/경찰채용 13 2차/경찰승진 11·14/국가9급 14/법원9급 10/사시 10] ㉲ 아파트 내부의 엘리베이터(대법원 2009.9.10, 2009도4335), [경찰채용 12 2차/경찰승진 13·16/법원9급 12/법원행시 13/변호사시험 12] ㉳ 병원 건물의 앞[54] 또는 옆 마당(대법원 2010.3.11, 2009도12609)은 주거침입 또는 건조물침입죄의 객체가 된다.

판례연구 **위요지에 침입하여도 주거침입죄가 성립한다는 사례**

대법원 2001.4.24, 2001도1092
주거침입죄에 있어서 주거라 함은 단순히 가옥 자체만을 말하는 것이 아니라 그 위요지(圍繞地)를 포함한다 할 것이므로, 이미 수일 전에 2차례에 걸쳐 피해자를 강간하였던 피고인이 대문을 몰래 열고 들어와 담장과 피해자가 거주하던 방 사이의 좁은 통로에서 창문을 통하여 방안을 엿보던 상황이라면 피해자의 주거에 대한 사실상의 평온상태가 침해된 것으로, 피고인의 이와 같은 행위는 주거침입죄에 해당한다. [경찰승진 22/국가9급 13/법원9급 12/법원행시 13·16/사시 13/변호사시험 12]

    ⓑ 건조물에 해당하지 않는 경우 : 우선 ㉮ 물탱크시설은 건조물로 볼 수 없다(대법원 2007.12.13, 2007도7247). [법원행시 11] 또한 위요지와 관련해서, 내부에 건물이 있고 그 주변이 담장이나 철조망 등의 장애물로 둘러싸여 있는 구역이라 하더라도 언제나 위요지로 인정되는 것은 아니다. 따라서 ㉯ 타워크레인 [경찰채용 10 1차/경찰간부 12]이나 ㉰ 공사현장의 구내(대법원 2005.10.7, 2005도5351)

---

53 참고 : '건축물(建築物)'이라 함은 토지에 정착하는 공작물 중 지붕과 기둥 또는 벽이 있는 것과 이에 부수되는 시설물, 지하 또는 고가의 공작물에 설치하는 사무소·공연장·점포·창고 기타 대통령령이 정하는 것을 말한다(건축법 제2조 제1항 제2호).
54 판례 : 이 사건 시위 장소와 병원 외부 사이에 문이나 담이 설치되어 있지 아니하고 또 관리자가 있어 이 사건 시위 장소에 일반인의 출입을 제한하고 있지는 아니하나, 이 사건 시위 장소를 병원의 건물들과 화단, 그리고 화단에 식재된 수목들이 둘러싸고 있으면서 병원 외부와의 경계 역할을 하고 있는 사실, 이 사건 시위 장소가 각 병원 건물의 앞 또는 옆 마당으로서 병원 각 건물로 오가는 통행로 등으로 이용되고 있는 사실 등이 인정되므로, 이 사건 시위 장소는 병원 건물의 이용에 제공되었다는 것이 명확히 드러난다고 할 것이므로, 이 사건 시위 장소는 병원 건물의 위요지에 해당한다(대법원 2010.3.11, 2009도12609). [경찰승진 13]

[경찰간부 18] 나 ㉰ 인적·물적 통제가 없어 자유롭게 드나들 수 있는 축사 앞 공터(대법원 2010.4.29, 2009도14643) [경찰채용 22 1차/경찰채용 12 2차/경찰간부 11/법원행시 13] 는 본죄의 객체에 해당되지 않는다.

ⓛ 타인의 건조물 : 건조물에 대한 법적 소유관계를 따지는 것이 아니며 타인이 평온하게 점유하고 있는 사실상의 상태를 가리킨다.

② 행위 - 침입

㉠ 의의 : 최근 판례에 의하면, 침입이란 '출입 당시 객관적·외형적으로 드러난 행위태양에 비추어 거주자가 주거에서 누리는 사실상의 평온상태를 침해하는 행위태양으로 주거에 들어가는 것'을 의미한다고 보아, 거주자의 의사보다는 객관적 행위태양 및 사실상 평온의 침해를 기준으로 주거침입 해당 여부를 판단하고 있다.

ⓐ 정상적 출입방법에 의하지 않은 경우 : 출입문을 통한 정상적인 출입이 아닌 경우 특별한 사정이 없는 한 그 침입 방법 자체에 의하여 거주자의 의사에 반하는 것으로 보아야 한다(대법원 1990.3.13, 90도173 - 출입금지 시간에 창문으로 들어간 사례 -; 2007.8.23, 2007도2595 - 회사 퇴사 후 비정상적 방법으로 들어간 사례 -). [경찰승진 12]

ⓑ 기망수단에 의하여 거주자의 착오에 기한 (명시적·묵시적) 허락을 받고 들어간 경우 : 거주자의 반대의사가 추정될 수 있기 때문에, 사용 중인 공중화장실의 용변 칸에 노크하여 남편으로 오인한 피해자가 용변 칸 문을 열어주자 강간할 의도로 용변 칸에 들어간 경우, 피해자가 명시적·묵시적으로 이를 승낙하였다고 볼 수 없어 주거침입죄에 해당한다(대법원 2003.5.30, 2003도1256). [경찰채용 18 2차/경찰간부 21/법원9급 09·12/법원승진 14/사시 11·13/변호사시험 12]

ⓛ 임대차기간이 종료한 이후에 임차인이 건물을 계속 점유하고 있는 경우 : 주거침입죄는 사실상의 주거의 평온을 보호법익으로 하는 것이므로, 소유자가 임차인의 허락을 받지 않고 출입하면 주거침입죄가 성립한다. 그러나 반대로 소유자가 폐쇄한 출입구를 임차인이 뜯고 그 건물에 들어가더라도 본죄에 해당되지는 않는다(대법원 1989.9.12, 89도889). [경찰채용 18 3차/경찰승진 11/국가7급 10]

ⓒ 공동거주자 중 1인의 의사에 반하는 경우 : 복수(複數)의 주거권자가 있는 경우 한 사람의 승낙이 다른 거주자의 의사에 직접·간접으로 반하는 경우를 말한다. 특히 배우자의 부재 중 혼외성관계의 목적으로 현재하는 다른 배우자의 동의를 받고 외부인이 주거에 들어간 경우가 문제되는바, 학설이 대립하나 판례는 종래에는 사실상 평온설에 의한 긍정설을 취하다가[55] 최근 입장을 변경하여 사실상 평온설에 의한 부정설을 취하고 있다.

판례연구	공동거주자 중 일부의 승낙하에 들어간 것이 다른 사람의 의사에 반하는 경우

대법원 2021.9.9, 2020도12630 전원합의체
혼외 성관계 목적으로 현실적 거주자의 허락을 받고 들어간 사례
주거침입죄의 보호법익은 사적 생활관계에 있어서 사실상 누리고 있는 주거의 평온, 즉 '사실상 주거의 평온'이다. 주거침입죄의 구성요건적 행위인 침입은 주거침입죄의 보호법익과의 관계에서 해석하여야 한다. 따라서 침입이란 '거주자가 주거에서 누리는 사실상의 평온상태를 해치는 행위태양으로 주거에 들어가는 것'을 의미한다. 침입에 해당하는지 여부는 출입 당시 객관적·외형적으로 드러난 행위태양을 기준으로 판단함이 원칙이다. 단순히 주거에 들어가는 행위 자체가 거주자의 의사에 반한다는 거주자의 주관적 사정만으로 바로 침입에 해당한다고 볼 수는 없다. … 외부인이 공동거주자의 일부가 부재중에 주거 내에 현재하는 거주자의 현실적인 승낙을 받아

---

55 **참고** : 남편이 일시부재 중 간통의 목적 하에 그 처의 승낙을 얻어 주거에 들어간 경우라도 남편의 주거에 대한 지배관리관계는 여전히 존속한다고 봄이 옳고 사회통념상 간통의 목적으로 주거에 들어오는 것은 남편의 의사에 반한다고 보이므로, 처의 승낙이 있었다 하더라도 남편의 주거의 사실상의 평온은 깨졌다 할 것이므로 이 경우 주거침입죄가 성립한다(대법원 1984.6.26, 83도685).
[경찰채용 11 1차/경찰채용 18 3차/경찰간부 13/법원9급 08/법원행시 05/사시 13]

통상적인 출입방법에 따라 공동주거에 들어간 경우라면 그것이 부재중인 다른 거주자의 추정적 의사에 반하는 경우에도 주거침입죄가 성립하지 않는다고 보아야 한다. … 피고인은 피해자의 부재중에 피해자의 처로부터 현실적인 승낙을 받아 통상적인 출입방법에 따라 주거에 들어갔으므로 주거의 사실상 평온상태를 해치는 행위태양으로 주거에 들어간 것이 아니어서 주거에 침입한 것으로 볼 수 없고, 설령 피고인의 출입이 부재중인 피해자의 추정적 의사에 반하더라도 주거침입죄의 성립에 영향을 미치지 않는다고 보아 피고인에 대한 주거침입죄의 성립을 부정한 원심판결은 정당하다. … 이와 달리 공동거주자 중 한 사람의 승낙에 따라 주거에 출입한 것이 다른 거주자의 의사에 반한다는 사정만으로 다른 거주자의 사실상 주거의 평온을 해치는 결과가 된다는 전제에서, 공동거주자 중 주거 내에 현재하는 거주자의 현실적인 승낙을 받아 통상적인 출입방법에 따라 주거에 출입하였는데도 부재중인 다른 거주자의 추정적 의사에 반한다는 사정만으로 주거침입죄가 성립한다는 취지로 판단한 대법원 1984.6.26. 선고 83도685 판결을 이 판결의 견해에 배치되는 범위 내에서 모두 변경한다. [경찰승진 22]

ⓛ **공중의 자유로운 출입이 허용되는 장소에 범죄 목적으로 들어간 경우** : 공중의 출입이 자유롭게 허용되는 장소란 관공서나 백화점·음식점과 같은 곳을 말하며, 범죄의 목적으로 위 장소에 들어간 행위가 건조물침입죄를 구성하는가에 대해서는 학설이 대립하나, 판례는 과거에는 일반인의 출입이 허용된 음식점이라 하더라도 영업주의 명시적·추정적 의사에 반하여 들어간 경우 주거침입에 해당한다(소위 '초원복집 사건',[56] 대법원 1997.3.28, 95도2674) [경찰채용 10·11 1차/법원행시 12] 고 보았으나, 최근 입장을 변경하여 일반인의 출입이 허용된 음식점에 영업주의 승낙을 받아 통상적인 출입방법으로 들어간 경우, 설령 행위자가 범죄 등을 목적으로 음식점에 출입하였거나 영업주가 행위자의 실제 출입 목적을 알았더라면 출입을 승낙하지 않았을 것이라는 사정이 인정되더라도, 특별한 사정이 없는 한 침입행위에 해당하지 않는다고 판시하였다(대법원 2022.3.24, 2017도18272 전원합의체).

판례연구 **일반인의 출입이 허용된 장소에 영업주의 승낙을 받아 통상적인 출입방법으로 들어간 사례**

대법원 2022.3.24, 2017도18272 전원합의체
영업주 몰래 카메라를 설치하기 위하여 음식점에 출입한 사건
(피고인들은 피해자가 운영하는 음식점에서 기자인 공소외 3을 만나 식사를 대접하면서 공소외 3이 부적절한 요구를 하는 장면 등을 확보할 목적으로 녹음·녹화 장치를 설치하거나 장치의 작동 여부 확인 및 이를 제거하기 위하여 위 음식점의 방실에 들어갔다.) … 거주자의 의사에 반하는지는 사실상의 평온상태를 해치는 행위 태양인지를 평가할 때 고려할 요소 중 하나이지만 주된 평가 요소가 될 수는 없다. 침입행위에 해당하는지는 거주자의 의사에 반하는지가 아니라 사실상의 평온상태를 해치는 행위 태양인지에 따라 판단되어야 한다. 행위자가 거주자의 승낙을 받아 주거에 들어갔으나 범죄 등을 목적으로 한 출입이거나 거주자가 행위자의 실제 출입 목적을 알았더라면 출입을 승낙하지 않았을 것이라는 사정이 인정되는 경우 행위자의 출입행위가 주거침입죄에서 규정하는 침입행위에 해당하려면 … 행위자의 출입 당시 객관적·외형적으로 드러난 행위 태양에 비추어 주거의 사실상 평온상태가 침해되었다고 평가되어야 한다. 이때 거주자의 의사도 고려되지만 주거 등의 형태와 용도·성질, 외부인에 대한 출입의 통제·관리 방식과 상태 등 출입 당시 상황에 따라 그 정도는 달리 평가될 수 있다. 일반인의 출입이 허용된 음식점에 영업주의 승낙을 받아 통상적인 출입방법으로 들어갔다면 특별한 사정이 없는 한 주거침입죄에서 규정하는 침입행위에 해당하지 않는다. 설령 행위자가 범죄 등을 목적으로 음식점에 출입하였거나 영업주가 행위자의 실제 출입 목적을 알았더라면 출입을 승낙하지 않았을 것이라는 사정이 인정되더라도 그러한 사정만으로는 출입 당시 객관적·외형적으로 드러난 행위 태양에 비추어 사실상의 평온상태를 해치는 방법으로 음식점에 들어갔다고 평가할 수 없으므로 침입행위에 해당하지 않는다. 이와 달리 일반인의 출입이 허용된 음식점이더라도 음식점의 방실에 도청용 송신기를 설치할 목적으로 들어간 것은 영업주의 명시적 또는 추정적 의사에 반한다고 보아 주거침입죄가 성립한다고 인정한 대법원 1997.3.28, 95도2674 판결을 비롯하여 같은 취지의 대법원 판결들은 이 판결의 견해에 배치되는 범위 안에서 이를 변경하기로 한다.

---

56 사실관계 : 평소 A시 시장 乙이 불법선거운동을 하지 않나 의심해오던 甲이 乙 등 기관장들의 조찬모임이 예약되어 있는 초원복집에 대화내용을 도청하기 위한 도청용 송신기를 설치할 목적으로 손님을 가장하여 들어갔으나, 甲은 제보를 받고 대기 중인 경찰에 의해 검거되었다.

ⓜ 해고된 근로자의 회사 건물의 출입의 경우 : 해고된 근로자라 할지라도 법률적 쟁송의 방법(노동위원회나 법원에 부당노동행위의 구제신청이나 해고무효확인의 소를 제기하는 것)으로 상당한 기간 내에 해고의 효력을 다투고 있는 경우가 있다.

    ⓐ 건조물침입에 해당하는 경우 : 근로자인 피고인이 경비원들의 제지를 뿌리치고 회사 내로 들어간 후 식당에서 유인물을 배포하였다면 피고인이 단지 노동조합 사무실에 가기 위하여 회사 내에 들어갔다고 볼 수 없을 것이므로 건조물침입죄가 성립한다(대법원 1991.11.8, 91도326).

    ⓑ 건조물침입에 해당하지 않는 경우 : 해고근로자라 하여도 근로자 또는 조합원의 자격이 인정되기 때문에 회사 내 노조사무실에 들어가는 것은 정당한 행위로서 회사 측에서도 이를 제지할 수 없다. 따라서 노조사무실 출입목적으로 경비원의 제지를 뿌리치고 회사 내로 들어가는 것은 건조물침입죄로 벌할 수 없다(대법원 1991.11.8, 91도326).

③ **착수시기** : 본죄의 실행의 착수는 주거자·관리자·점유자 등의 의사에 반하여 주거나 관리하는 건조물 등에 들어가는 행위, 즉 구성요건의 일부를 실현하는 행위까지 요구하는 것은 아니고 범죄구성요건의 실현에 이르는 현실적 위험성을 포함하는 행위를 개시하는 것으로 족하다(대법원 2003.10.24, 2003도4417; 2006.9.14, 2006도2824). [경찰승진 13 / 국가7급 11·20] 예컨대, ㉠ 출입문이 열려 있으면 안으로 들어가겠다는 의사 아래 출입문을 당겨보는 행위는 실행에 착수한 것으로 볼 수 있고(대법원 2006.9.14, 2006도2824) [경찰채용 10·12 2차 / 경찰승진(경감) 10 / 국가9급 13 / 국가7급 10 / 법원9급 08·12 / 법원행시 07·08·09], ㉡ 침입 대상인 아파트에 사람이 있는지를 확인하기 위해 그 집의 초인종을 누른 행위만으로는 실행에 착수한 것으로 볼 수 없다(대법원 2008.4.10, 2008도1464). [경찰승진 12 / 국가7급 11 / 법원9급 10 / 법원행시 09]

④ **기수시기** : 학설이 대립하나, **판례**는 사실상 평온의 침해 여부를 기준으로 하여 ㉠ 신체의 일부만 타인의 주거 안으로 들어갔다고 하더라도 거주자가 누리는 사실상의 주거의 평온을 해할 수 있는 정도에 이르렀다면 기수가 되고, 반면 ㉡ 신체의 극히 일부분이 주거 안으로 들어갔지만 사실상 주거의 평온을 해하는 정도에 이르지 아니하였다면 미수에 그친다는 입장이다(소수설·판례 : 일부침입설 또는 보호법익기준설, 대법원 1995.9.15, 94도2561). [경찰채용 10 2차 / 경찰간부 13 / 경찰승진 11·12·14 / 국가9급 11 / 법원9급 07(하) / 법원9급 08·10·18 / 법원행시 05·11·12]

⑤ **종료시기** : 본죄는 계속범이므로 기수 이후에도 위법한 주거침입상태가 계속되다가 그 주거에서 퇴거한 때 종료가 된다. [사시 13]

(2) 주관적 구성요건 – 고의

학설이 대립하나, 판례는 거주자의 의사에 반하여 자기 신체의 일부라도 타인의 주거 안으로 들어간다는 인식이 있으면 고의가 있다는 입장이다(소수설·판례 : 대법원 1995.9.15, 94도2561). [법원행시 12]

2. 위법성

(1) 정당행위

① 법령에 의한 행위

    ㉠ 형사소송법상의 구속·압수·수색·검증을 위한 경우(형사소송법 제109조, 제216조, 제219조) : 법령에 의한 행위(공무원의 직무집행행위)로서 위법성이 조각된다.

    ㉡ 민사집행법상의 강제집행을 위한 경우(민집 제5조 제1항) : 위 ㉠과 같다.

    ㉢ 사인이 현행범체포를 위해서 타인의 주거에 들어가는 경우 : 사인의 현행범체포행위의 한계를 넘어서는 것으로서 위법성이 조각될 수 없다. 판례도 현행범을 추격하여 그 범인의 父의 집에 들어가서 동인과 시비 끝에 상해를 입힌 경우 주거침입죄가 성립한다고 보고 있다(대법원 1965.12.21, 65도899).

㉣ 노동쟁의행위와 관련되는 경우 : 정당한 쟁의행위인가에 따라 위법성조각 여부가 정해진다.
　② 사회상규에 위배되지 아니하는 행위 : 법적 권리자라 하더라도 사실상 평온을 침해하는 행위는 사회상규에 위배되어 정당행위가 될 수 없다.

(2) 긴급피난

강도를 피하기 위해 타인의 집으로 들어간 경우는 긴급피난에 해당한다.

3. 죄 수

다른 사람의 주택에 무단 침입한 범죄사실로 이미 유죄판결을 받은 사람이 그 판결이 확정된 후에도 퇴거하지 않은 채 계속하여 당해 주택에 거주한 경우, 위 판결 확정 이후의 행위는 별도의 주거침입죄를 구성한다(대법원 2008.5.8, 2007도11322). [경찰채용 10 2차 / 경찰승진 14 / 국가9급 13 / 사시 14]

4. 폭처법상 가중처벌규정

폭처법에서는 주거침입죄와 퇴거불응죄를 2인 이상이 공동하여 범한 경우를 가중처벌하고 있다(폭처법 제2조 제2항 제1호). 다만, 야간 범행시 가중처벌규정(구 폭처법 제3조 제2항)은 2006년에, 상습적으로, 또는 단체 또는 다중의 위력으로써 또는 단체나 집단을 가장하여 위력을 보임으로써 또는 흉기 기타 위험한 물건을 휴대하여, 또한 이러한 범죄를 상습적으로 범한 경우 가중처벌규정(구 폭처법 제2조 제1항, 제3조 제1항 · 제3항)은 2016.1.6. 삭제되었다.

---

03 퇴거불응죄

> 제319조【주거침입, 퇴거불응】② 전항의 장소에서 퇴거요구를 받고 응하지 아니한 자도 전항의 형과 같다. [경찰채용 10 2차 / 법원9급 09]

1. 구성요건

(1) 주 체

타인의 주거에 적법하게 또는 과실로 들어간 후 퇴거요구를 받고 퇴거하지 않은 자이다. 처음부터 거주자의 의사에 반하여 들어가면 주거침입죄가 성립된다(주거침입＋퇴거불응＝주거침입).

(2) 행 위

　① 의의 : 퇴거요구를 받고 퇴거하지 아니한 것이다(진정부작위범 · 거동범 · 계속범). [국가7급 07]
　② 퇴거불응에 해당하는 경우 : 적법하게 직장폐쇄를 단행한 사용자로부터 퇴거요구를 받고도 불응한 채 직장점거를 계속한 행위는 본죄를 구성한다(대법원 2005.6.9, 2004도7218). [국가7급 07 / 법원행시 11]
　③ 퇴거불응에 해당하지 않는 경우 : 적법한 쟁의행위로 사업장을 점거한 근로자가 부당한 직장폐쇄에 대항하여 퇴거요구에 불응한 행위는 퇴거불응죄를 구성하지 않는다(대법원 2007.12.28, 2007도5204).
　　[경찰간부 12 · 18 / 법원9급 09 / 사시 12 · 13]

2. 미수범

본죄는 진정부작위범(거동범)임에도 미수범 처벌규정(제322조)을 두고 있다. [경찰채용 10 2차 / 경찰승진 10 / 국가7급 12 / 법원9급 09] 다만 퇴거불응죄의 미수범이 실제 성립할 여지가 있는가에 대해서는 견해가 대립하나 사실상 성립할 여지가 없다는 것이 다수설이다.

04 특수주거침입죄

> **제320조【특수주거침입】** 단체 또는 다중의 위력을 보이거나 위험한 물건을 휴대 [법원9급 13]하여 전조의 죄를 범한 때에는 5년 이하의 징역에 처한다.

위험한 물건을 휴대하여 주거에 침입한 경우에는 본죄가 성립하지만, 이 경우 주거에 침입한 범인이 위험한 물건을 휴대해야 하기 때문에 밖에서 망을 보고 있던 자만 위험한 물건을 휴대한 경우에는 본죄에 해당될 수 없다. 판례도 주거에 침입한 범인을 기준으로 위험한 물건 휴대 여부를 결정하는 입장이다(대법원 1994.10.11, 94도1991).

또한 본죄의 고의는 위험한 물건을 휴대한다는 사실에 대한 인식·인용이 요구된다. 그러나 주거침입을 위해 위험한 물건을 구체적으로 사용해야 한다는 인식은 요하지 않는다.

05 주거·신체수색죄

> **제321조【주거·신체수색】** 사람의 신체, 주거, 관리하는 건조물, 자동차, 선박이나 항공기 또는 점유하는 방실을 수색한 자는 3년 이하의 징역에 처한다.

본죄는 사람의 신체와 자동차가 그 객체로 규정되어 있다는 점에서 주거침입죄·퇴거불응죄와는 차이가 있다. 예컨대, 주거용 차량이 아닌 타인의 자동차에 함부로 들어간 행위는 주거침입죄를 구성하지 않지만 그 내부를 조사하는 행위를 한 경우에는 본죄에 해당된다.

다만 타인의 주거 또는 신체를 수색함에 있어서 형사소송법(제109조, 제215조, 제219조)이나 민사집행법(제5조 제1항)에 의한 적법한 권한이 있는 경우에는 본죄의 위법성이 조각된다(법령에 의한 정당행위). 다만 회사와 소수 주주들 간의 분쟁과 관련하여 '회사 측이 회사운영을 부실하게 하여 소수 주주들에게 손해를 입게 한 경우' 주주총회에 참석한 주주가 '강제로 사무실을 뒤져 회계장부를 찾아내는 것'은 사회통념상 용인되는 정당행위에 해당하지 않는다(대법원 2001.9.7, 2001도2917). [법원행시 08]

MEMO

CHAPTER **05**

재산에 대한 죄

✔ 키포인트

구 분	경찰채용						경찰간부						경찰승진					
	17	18	19	20	21	22	16	17	18	19	20	21	17	18	19	20	21	22
제1절 재산죄의 일반이론	1	1	1	2	1					2	1	1		1				1
제2절 절도의 죄	1	1	1	1		2	1		1	1	1	1	1	1		1	1	1
제3절 강도의 죄		1			2	1			1	2	2		1		1	1		1
제4절 사기의 죄		2	1	1	1		2	2	1	4	5	1	1	2	1	1	1	2
제5절 공갈의 죄	1										1		1			1		
제6절 횡령의 죄	1	3		2	1		2	2		2	1		1		1	1	1	1
제7절 배임의 죄	1	2	2	1	2	1			1	1	1	1	2	1		1	1	
제8절 장물의 죄			3				1	1				1	1		1		1	1
제9절 손괴의 죄										1							1	1
제10절 권리행사를 방해하는 죄	1				1					1			2		1	1		
출제빈도	43/220						41/240						41/240					

국가9급						법원9급						법원행시						변호사시험					
17	18	19	20	21	22	17	18	19	20	21	22	17	18	19	20	21	22	17	18	19	20	21	22
	1	1	1				1		1	1		1			1	3	1		1		1		
	1					2		1		1						1				1	1	1	1
		1										2		1	1		1	1	2	1			
	1	1			1	1	2	1	2	1	1	2	2	1	2		1	1	1		2	1	2
						1		1		1							1		1				
1	1			1	1	1	2		2	1	1	1	2	3		2	1	1		2			1
	1						1	2	1	1	1	4	2	1	2	1		1	1	1	1	1	
1							1				1	2				1	1	1					
		1									1	1	1	1									
						1	1	1	1		1	1		1	2	1	1	1			1		1
15/120						39/150						52/240						31/140					

CHAPTER 05 재산에 대한 죄

제1절 재산죄의 일반이론

01 재산죄의 분류

분류기준	분류	해당 범죄
보호법익에 따른 분류	소유권	절도죄·횡령죄·손괴죄
	전체로서의 재산권	강도죄·사기죄·공갈죄·배임죄·장물죄(견해대립)
	소유권 이외의 물권과 채권	권리행사방해죄
침해방법에 따른 분류 (형법상 분류기준)	탈취죄	절도죄·강도죄·장물죄
	편취죄	사기죄·공갈죄
	신임관계위반죄	횡령죄·배임죄
	훼기죄	손괴죄
객체에 따른 분류	재물죄	절도죄·횡령죄·장물죄·손괴죄
	재물죄인 동시에 이득죄	강도죄·사기죄·공갈죄·배임수재죄
	이득죄	배임죄·컴퓨터사용사기죄·부당이득죄
재물죄에 있어서 영득의사에 따른 분류	영득죄	절도죄·강도죄·사기죄·공갈죄·횡령죄·장물죄(견해대립)
	비영득죄(내지 훼기죄)	손괴죄·자동차 등 불법사용죄·권리행사방해죄

02 재 물

1. 개 념

재물(財物)은 재산상 이익과 함께 형법상 재산죄의 행위객체로 규정되어 있다. 재물의 개념에 대해서는 유체성설과 관리가능성설의 대립이 있으나, 다수설·판례는 관리가능성설(管理可能性說)을 지지한다. 관리가 능성설은 ① 무체물도 관리가 가능하면 재물에 포함된다는 입장으로서, ② 여기에서 관리란 물리적 관리가능 성을 의미하며, 비단 고체뿐만 아니라 액체·기체를 불문하고, 전력과 같은 동력(에너지)도 무체물이지만 물리적 관리가 가능하기 때문에 재물에 포함된다. 다만, 사무적·법률적 관리가능성은 제외된다. 예컨대, 전화(전화를 이용할 수 있는 서비스)는 전기로 작동하는 것이기는 하나 동력 그 자체가 아니고 엄밀히는 전기통신사업자에게 그 대가를 지불하고 받는 서비스이므로 이는 재물에 포함되지 아니한다(타인의 전화로 국제폰팅전화를 사용한 행위는 절도죄에 해당되지 않음, 대법원 1998.6.23, 98도700). [경찰채용 14 2차 / 국가7급 07 / 법원9급 06·11 / 법원행시 06·14 / 사시 13] 그리고, ③ 관리가능성설에 의하면 형법 제346조는 단순한 주의규정(注意規定)에 지나지 않는다. 따라서 동력재물간주규정(제346조)의 준용규정이 없는 장물죄와 권리행사방해죄의 재물에도 관리할 수 있는 동력이 포함된다고 보게 되므로, 절취한 전력을 사정을 알면서 구입한 자에게도 장물취득죄(제362조 제1항)가 성립하게 된다.

> 예 • 재물(○) : 인공냉기, 전력
> • 재물(×) : 전파, 전화서비스(역무)(서비스절도는 ×), 채권(권리절도는 ×), 정보(정보절도는 ×)

2. 가치성

재물은 반드시 객관적·경제적 가치를 가질 필요는 없고 주관적·소극적 가치를 가지고 있음으로써 족하다. 즉 타인에 의하여 이용되지 않는다고 하는 소극적 관계에 있어서 가치가 인정된다면 재물에 포함된다(대법원 2004.10.28, 2004도5183 등). [경찰승진(경위) 10 / 법원행시 14] 예컨대, 발행자가 회수하여 세 조각을 찢어버린 약속어음(대법원 1976.1.27, 74도3442), [법원행시 06] 법원으로부터 송달된 심문기일소환장(대법원 2000.2.25, 99도5715) [경찰채용 14 1차 / 경찰채용 10 2차 / 경찰승진(경감) 10 / 법원9급 07(하) / 사시 13] 이나 작성권한 없는 자에 의하여 위조된 유가증권(대법원 1998.11.24, 98도2967) [법원행시 14] 또는 백지의 자동차 출고의뢰서 용지(대법원 1996.5.10, 95도3057) 등은 재물에 해당된다.

3. 가동성

(1) 사기죄·공갈죄·횡령죄의 경우

이들 범죄들에 있어서는 동산·부동산 모두 재물이 된다. 부동산은 사기나 공갈의 편취(騙取, 처분행위에 의한 취득)가 가능하고 횡령(橫領, 보관하고 있는 재물을 영득)의 대상이 될 수 있기 때문이다.

(2) 절도죄·강도죄의 경우

부동산도 절도죄·강도죄의 객체가 될 수 있는가 여부가 문제되지만, 부동산은 그 성질상 점유배제와 점유확립이 불가능하므로 절도죄(절취)·강도죄(강취)의 객체에서 제외된다(다수설). 따라서 타인의 부동산을 무단 점거하는 것은 경계침범죄(제370조) 등에 해당할 뿐이다.

→ 부동산절도 : ×, 단 강도죄의 객체에는 '이익'도 포함되므로 강도죄의 성립은 가능하다.

4. 적법성

(1) 금제품(禁制品)은 재물인가의 문제

① 단순히 점유가 금지된 물건인 상대적 금제품(예 불법무기, 대마)은 절도죄의 객체가 되고, 소유 자체가 금지되어 소유권의 객체가 될 수 없는 물건인 절대적 금제품(예 위조통화, 아편흡식기)은 절도죄의 객체가 될 수 없다는 것이 구분설 [국가7급 08] 도 있으나, ② 소유가 금지된 금제품이라고 할지라도 사인의 소유가 금지된 것일 뿐 국가가 이를 몰수하여 소유권을 확보해야만 한다는 점에서 절도죄의 객체인 재물이 될 수 있다는 적극설이 유력하다. 판례도 스키장 직원이 리프트탑승권을 위조하고 이를 탑승권 발매기에서 뜯어 가는 방법으로 취득한 행위에 대하여 "작성권한 없는 자에 의하여 위조된 유가증권이라고 하더라도 절차에 따라 몰수되기까지는 그 소지자의 점유를 보호해야 한다는 점에서 형법상 재물로서 절도죄의 객체가 된다(대법원 1998.11.24, 98도2967)." [법원행시 14] 라고 판시함으로써 적극설을 지지하고 있다.

(2) 신체·시체는 재물인가의 문제

① 신 체

○ 신체와 신체의 일부 : 원칙적으로 재물이 아니다. ➡ (중)상해죄의 대상일 뿐이다.

○ 수정되기 전의 정자·난자 : 재물에 해당한다(정자은행을 상기할 것).

○ 신체로부터 분리된 신체의 일부 : 재물에 해당되며 분리당한 사람의 소유에 속한다.

② 시 체

○ 매장이나 제사의 대상인 시체 : 유해(遺骸)는 재물이 아니고 신앙(사후절차)의 대상이다. 따라서 소유권의 객체에서 제외된다. 이에 대한 영득행위 등은 시체 등 영득죄(형법 제161조)에 해당될 뿐이다.

○ 매장용도 이외의 시체 : 해부용 시체처럼 별도의 목적을 띠게 된 경우에는 소유권의 객체가 된다.

5. 정보의 재물성

현대정보사회에 있어서 정보(情報)의 가치에 대한 현실적인 보호의 필요성에도 불구하고 정보 자체는 물리적 관리의 대상이 아니라는 점에서 형법상 재물에 해당되지 않는다. 판례도 컴퓨터에 저장되어 있는 '정보'의 재물성을 부정하는 입장이다(대법원 1996.8.23, 95도192). [경찰채용 10 1차] 다만, 정보가 수록된 서류, 테이프, CD, 메모리디스크 등과 같이 화체된 물건이 존재할 때 그것은 재물에 해당된다.

03 재산상 이익

재산상 이익은 재물과 함께 재산죄의 또 다른 행위객체이다. 재산상 이익을 어떻게 파악할 것인가에 대해서는 법률적 재산설, 법률적·경제적 재산설도 제시되지만, 판례는 재산상 이익은 경제적 이익의 총체로서 법률적 권리가 아니라도 경제적 가치가 있으면 이에 해당된다는 경제적 재산설을 지지한다. 이에 의하면, 재산상 이익은 반드시 사법상 유효한 이익에 한정되지 않고 경제적인 이익을 얻을 수 있다면 불법한 이익도 포함된다(금품이 전제된 성관계는 사기죄의 객체인 재산상 이익에 해당된다는 판례는 대법원 2001.10.23, 2001도2991).

04 점 유

1. 의 의

(1) 점유의 개념

점유(占有)라 함은 재물에 대하여 사실상의 지배를 하고 있는 상태를 말한다. 용어로서는 점유(제329조, 제323조 등)나 보관(제355조 제1항, 제362조) 등이 사용된다.

(2) 형법상 점유의 특징 – 민법상 점유와의 차이

형법상의 점유는 '지배의사에 의한 사실상의 재물의 지배'라는 순수한 사실상의 개념이라는 점에서,

규범적 개념인 민법상의 점유와는 구별된다(통설·판례). 즉 민법상 간접점유(민법 제194조)나 상속에 의한 점유의 이전(민법 제193조)은 형법상 점유로서 인정될 수 없고, 민법상의 점유보조자가 민법상 점유는 하지 못하지만 그 물건에 대하여 사실상 지배력을 행사하는 경우에는 형법상 보관(점유)의 주체로 볼 수 있다(대법원 1970.5.12, 70도649). [경찰채용 10 2차 / 경찰간부 12 / 법원행시 06]

예컨대, 당구장의 종업원(점유보조자)이 손님이 놓고 간 물건을 발견하고 보관하고 있었는데, 다른 손님이 이를 가져갔다면 이는 피해손님 소유 및 종업원 점유하의 재물을 절취한 것이라고 볼 수 있다. 이렇듯 민법상 점유보조자도 형법상 점유의 주체로 인정될 수는 있다(대외적 관계에서는 점유 인정). 그러나 종업원이 해당 재물을 보관하다가 욕심이 생겨 이를 가져갔다면 이는 피해손님 소유 및 당구장 주인 점유하의 재물을 역시 절취한 것이 된다. 이렇듯 점유보조자는 주인과의 관계에서는 상하관계의 공동점유 중 종속적 하위점유자로서의 지위만 인정되어 점유를 할 수 없다고 보게 된다(대내적 관계에서는 점유 부정)(형법상 점유는 상대적·관계적 개념).

(3) 형법상의 점유의 성격 – 각 재산죄별 점유의 기능

① **침해대상으로서의 점유** : 절도죄를 포함한 탈취죄(奪取罪)의 점유를 말한다. 타인이 사실상 점유를 하고 있고 그러한 점유를 침해하면 절도죄가 성립된다는 점에서, 절도 등 탈취죄의 점유는 침해대상(행위객체)으로서의 타인의 점유로 볼 수 있다.

② **침해주체로서의 점유** : 횡령죄(제355조 제1항)의 점유를 말한다. 횡령죄는 위탁관계에 의하여 타인소유의 재물을 보관하고 있는 자만 범죄의 주체가 될 수 있다는 점에서 '점유'가 일종의 신분요소로서 기능하고 있다. 예컨대, 부동산의 '보관'자로서 횡령죄의 주체(신분)가 될 수 있는가의 문제에 있어서, 사실상 점유를 기준으로 하지 않고 '부동산을 유효하게 처분할 수 있는 권능'을 가지고 있는가를 검토하여야 한다.

③ **보호객체로서의 점유** : 권리행사방해죄(제323조)의 점유를 말한다. 권리행사방해죄는 자기가 소유하지만 타인이 점유하는 재물을 그 객체로 삼고 있다는 점에서 '점유'가 일종의 보호법익으로서 기능하고 있다. 권리행사방해죄의 점유가 형법상 보호가치가 있는 적법한 권원에 기한 점유로 제한되는 이유도 바로 여기에 있다.

표정리 절도죄·횡령죄·권리행사방해죄·점유이탈물횡령죄의 점유

구 분	절도 / 강도 / 사기 / 공갈	횡 령	점유이탈물 횡령	권리행사방해
소 유	타 인	타 인	타 인 ∴ 無主物 ×	자 기 ∴ 공동소유물 ×
점 유	• 침해대상으로서의 점유 • 타인 • 사실상의 점유 ∴ 절도범인의 점유 포함	• 침해주체 • 신분요소 • 자기(법률상의 보관 포함) • 처분권능 ○ → 점유 ○ 예 등기명의	×	• 타인 • 보호법익 • 형법상 보호가치 要 • 절도범인의 점유 × [법원행시 05·06·10]
정 리	타인소유 타인점유	타인소유 자기점유	타인소유 점유없음	자기소유 타인점유

2. 침해대상으로서 점유 – 타인의 점유(절도·강도·사기·공갈)

(1) 점유의 개념요소

① 객관적·물리적 요소 – 점유의 사실

㉠ 밀접한 장소적 관련성의 존재시 : 점유가 인정된다.

예 휴대·악지하고 있는 물건, 집·공장·가게 안에 있는 물건 등

ⓒ 사실적 처분가능성의 존재시 : 법적 처분권이 존재할 것을 요하지 않는다. 따라서 절도범에게도 절취장물에 대한 점유가 인정되므로, 그 물건을 다시 절취하였다면 절도죄에 해당된다.

② 주관적·정신적 요소 – 점유의 의사

㉠ 사실상의 지배의사 : 순수한 사실상 지배의사(또는 처분의사)를 말하므로, 법적 처분권·행위능력은 요하지 않는다. 따라서 유아·정신병자의 점유도 인정된다.

㉡ 일반적 지배의사 : 개개의 재물의 소재에 대한 인식을 요하지 않는다. 예를 들어 새벽에 집 앞에 배달된 우유는 그 집의 우유사용자에게 점유가 있고, 스키장 직원이 스키장 내에서 위조한 리프트탑승권에 대한 점유는 스키장 측에 있다(위조한 리프트탑승권을 취득한 직원의 행위는 절도죄, 대법원 1998.11.24, 98도2967).

㉢ 잠재적 지배의사 : 현실적 지배의사는 요하지 않는다. [사시 10]

   例 따라서 수면자·일시적 의식상실자의 점유도 인정된다. 그런데 사자(死者)에게 점유가 인정되는가와 관련하여 소수설·판례는 인정하는 입장이고 다수설은 부정하는 입장이다.

③ 사회적·규범적 요소 – 거래상의 경험칙

㉠ 점유의 개념이 확대되는 경우

   ⓐ 정신적 점유가 인정되는 경우 : 점유가 인정된다. 따라서 휴가 떠난 빈집 속의 물건은 집주인에게 점유가 있고, 주차장이나 도로변에 세워둔 자동차는 차주가 멀리 떨어진 곳에서 일을 보고 있다고 하더라도 차주에게 점유가 있고, 가축이 집으로의 귀로를 습관적으로 길들여져 알고 있는 경우에도 가축에 대하여 가축 주인에게 점유가 있다. 판례도 강간을 당한 피해자가 도피하면서 현장에 두고 간 손가방도 피해자의 점유에 속한다고 판시한 바 있다(강간범이 이를 가지고 간 행위는 강간죄와 강도죄의 실체적 경합, 대법원 1984.2.28, 84도38). [법원9급 21]

   ⓑ 유류물·분실물에 대한 점유 : 유실물 및 준유실물(유실물법 제12조 : 착오로 인하여 점유한 물건, 타인이 놓고 간 물건이나 일실한 가축)이라 하더라도 다른 사람의 배타적 지배 하에 두고 왔다면 이는 점유이탈물이 아니라 타인의 점유 하에 있는 재물로 볼 수 있으므로 절도죄의 객체가 된다. 예컨대, 목욕탕에 두고 온 시계는 목욕탕 주인의 점유에 속하고, 당구장에서 잃어버린 물건은 당구장 주인의 점유에 속한다(당구장 분실물을 종업원이나 제3자가 갖고 간 행위는 절도죄, 대법원 2002.1.11, 2001도6158). [법원9급 06] 그러나 지하철이나 고속버스와 같이 공중의 출입이 빈번하고 자유롭게 이루어짐으로써 관리자의 배타적 지배·관리가 어려운 곳에서는 관리자가 이를 현실적으로 발견하지 않는 한 점유가 인정될 수 없다(고속버스 안에 놓고 내린 물건을 고속버스 운전사가 발견하기 전에 다른 승객이 갖고 간 행위는 절도가 아니라 점유이탈물횡령죄, 대법원 1993.3.16, 92도3170). [경찰승진 13 / 법원행시 11·14 / 사시 10]

㉡ 점유의 개념이 제한되는 경우

   例 음식점에서 손님이 사용하는 그릇이라고 하여도 손님이 점유하고 있는 것이 아니다.

(2) 점유의 타인성(他人性)

① 의의 : 절도죄의 객체는 타인이 점유하는 재물이어야 한다.

② 공동점유

㉠ 대등관계에 의한 공동점유

   ⓐ 공동점유 인정시 : 공동점유자 중 1인이 다른 점유자의 동의 없이 자신의 단독점유로 옮기면 절도죄에 해당된다. 여기에는 주로 민법상의 공동소유관계에서 파생되는 점유형태가 해당될 수 있으므로, 타인과 공유관계에 있는 물건, 동업관계인 조합원의 합유물 그리고 서로 동의하여 금고를 열 수 있는 수인의 회사원의 공동점유 등이 여기에 해당한다. 판례도 "조합원의 1인이

조합원의 공동점유에 속하는 합유의 물건을 다른 조합원의 승낙 없이 조합원의 점유를 배제하고 단독으로 자신의 지배 하에 옮긴다는 인식이 있었다면, 절도죄에 있어서 불법영득의 의사가 있었다(대법원 1982.12.28, 82도2058)."고 보고 있다. [경찰승진(경감) 10 / 법원행시 06]

ⓑ **공동점유 부정시** : 두 사람으로 된 동업관계인 조합관계에 있어 그중 1인이 탈퇴하면 조합재산은 남은 자의 단독소유가 되어 그 자가 이를 처분하여도 절도죄나 횡령죄의 죄책은 인정되지 않는다(대법원 2009.2.12, 2008도11804).

ⓛ 상하관계의 공동점유

　　ⓐ **비독립적 점유** : ㉮ 소규모의 상점의 주인과 종업원의 상점 안의 물건에 대한 점유에 있어서 종업원의 점유는 상점 주인과의 관계에서 비독립적(종속적) 하위점유에 불과하므로, 주인의 단독점유만이 성립한다(다수설·판례). 따라서 종업원의 상점 내의 물건을 절취한 경우 절도죄가 성립한다. 다만, ㉯ 상위점유자가 하위점유자에게 별도로 위탁을 한 경우에는 하위점유자의 점유에 속하므로, 점포 주인이 종업원에게 오토바이를 타고 가서 수표를 현금으로 바꾸어 오라고 시키자 종업원이 오토바이를 타고 가버린 경우에는 종업원에게 절도죄가 아니라 횡령죄가 성립한다(대법원 1986.8.19, 86도1093). [경찰채용 14 2차 / 경찰간부 11 / 법원9급 10 / 법원행시 06]

　　ⓑ **독립적 점유** : 종업원의 단독점유가 인정된다. 예를 들어, 은행·역·백화점의 금전출납 직원이 금전을 영득한 경우나 화물자동차의 운전자가 운반 중인 재물을 영득한 경우가 여기에 속하는데 이 경우 횡령죄의 성립이 인정된다.

③ **재물의 운반자와 위탁자 간의 점유** : 재물운반자가 당해 재물을 영득한 경우, 위탁자가 운반자에 대하여 현실적인 감독·통제가 가능한가에 따라서 그것이 가능하다면 절도죄가 성립하고, 통제가 어렵다면 횡령죄가 성립한다는 것이 다수설·판례의 입장(현실적 감독·통제설)이다. 예컨대, 시장에서 일하는 지게꾼에게 물건의 운반을 의뢰하였는데 지게꾼이 이를 임의로 처분한 경우 횡령죄가 성립한다(대법원 1982.12.23, 82도2394). [경찰승진 12]

④ **임치된 포장물의 점유** : 위탁관계의 성질에 따라 판단해야 한다는 것이 다수설이나, **판례**는 포장물 전체에 대해서는 수탁자에게 점유가 있고, 그 내용물에 대해서는 위탁자에게 점유가 유보되므로, 수탁자가 그 전체를 영득하면 횡령죄, 내용물을 영득하면 절도죄가 성립한다는 입장이다(보관계약에 의하여 보관 중인 미곡 가마니에서 삭대를 사용하여 발취한 행위는 절도죄, 대법원 1956.1.27, 4288형상375).

(3) 점유의 주체

① **자연인**(自然人) : 자연인만이 점유(사실상 지배) 주체가 되고, 법인의 점유는 부정된다는 것이 다수설이다. 점유의 의사가 없기 때문이다.

② **사자**(死者) : 사자의 점유는 인정될 수 없으므로 사자의 재물을 취거하는 행위는 절도죄가 아니라 점유이탈물횡령죄에 해당한다는 것이 다수설이나, 소수설과 판례는 피해자가 사망한 후에도 그 사자 자신의 생전의 점유는 계속된다고 보아(긍정설), 범인이 피해자를 살해한 다음 현장에서 피해자의 재물을 영득한 행위는 살인죄와 절도죄의 경합범이 된다는 입장이다(대법원 1993.9.28, 93도2143). [경찰승진(경위) 10 / 국가9급 20·21 / 법원9급 06 / 변호사시험 13·17]

3. 보호객체로서 점유 – 타인의 (권원에 기한) 점유

권리행사방해죄의 점유(보호법익 : 적법한 권원 要)를 말한다.

4. 침해주체로서 점유 – 자기의 점유

횡령죄의 점유(신분요소)를 말한다.

표정리 형법상 점유의 기능

구 분	보호객체로서의 점유	행위주체로서의 점유	행위대상으로서의 점유
해당 범죄	권리행사방해죄에 있어서의 점유 (보호법익)	횡령죄에 있어서의 점유(신분요소)	탈취죄(절도 · 강도죄)에 있어서의 점유(침해대상)
요 건	점유 자체가 보호법익이므로 적법한 권원에 의할 것을 요한다.	• 위탁관계 필요 • 사실상 지배뿐만 아니라 법률상 지배까지 확장된다.	• 객관적 · 물리적 요소 • 주관적 · 정신적 요소 • 사회적 · 규범적 요소

05 불법영득의사

1. 서 설

(1) 의 의

불법영득의사(不法領得意思)라 함은 권리자를 배제하고 타인의 재물을 자기의 소유물과 같이 –그 경제적 용법에 따라– 임의로 이용 · 처분할 의사를 말한다. 즉, 배제의사와 이용의사를 내용으로 한다.

(2) 법적 성격

영득죄에 있어서 고의 이외에 요구되는 초과주관적 구성요건요소이다.

(3) 필요 여부

불요설도 있으나 필요설이 통설 · 판례이다.

2. 내 용

(1) 영득의사의 내용

① 배제의사 : 영득의 의사가 인정되려면 타인의 소유권을 배제한다는 의사를 필요로 하기 때문에 절도죄는 단순한 사용절도와 구별된다. 사용절도는 반환의사를 가지고 있는 경우에 불과하므로 원칙적으로 불가벌이다. 다만 1995년 개정형법부터 자동차 등의 사용절도만큼은 처벌하고 있다(제331조의2).

② 이용의사 : 영득의 의사는 타인의 재물에 대하여 소유권자처럼 이를 이용하겠다는 적극적 요소가 있음을 요하며, 이 점에서 손괴죄와 구별된다. 이용의사는 일시적 이용의사도 포함된다. 따라서 이용의사가 없는 경우에는 절도죄와 같은 영득죄가 성립하지 않으므로, 살해한 피해자의 주머니에서 꺼낸 지갑을 태워버린 행위는 영득의 의사가 인정되지 않는다(대법원 2000.10.13, 2000도3655). [법원행시 11 / 법원9급 17]

(2) 영득의사의 대상

① 기준 : 영득의 영득의사의 본질은 타인의 소유권을 배제하고 자신(또는 제3자)의 소유물처럼 이를 사용 · 수익 · 처분하겠다는 데 있고, 이러한 이용의사는 바로 물체 자체 또는 그 물체가 가지고 있는 경제적 가치를 이용하겠다는 데에 있으므로, 물체 또는 물체의 고유한 기능가치 모두 불법영득의사의

대상이 된다(결합설, 통설·판례). 따라서 어떠한 물건을 점유자의 의사에 반하여 취거하는 행위가 결과적으로 소유자의 이익으로 된다는 사정 또는 소유자의 추정적 승낙이 있다고 볼 만한 사정이 있다고 하더라도, 특별한 사정이 없는 한 불법영득의 의사가 없다고 할 수는 없으며(대법원 2014.2.21, 2013도14139), [경찰채용 16 2차 / 국가9급 20 / 국가7급 18·20 / 법원9급 21 / 법원행시 16 / 변호사시험 16] 후일 변제할 의사가 있었다고 하더라도 불법영득의사가 없다고 할 수 없다(대법원 1999.4.9, 99도519).

② **구체적 적용**

- ㉠ 예금통장을 절취(강취)하여 예금을 인출하고 통장을 반환한 경우 : 예금통장은 예금청구권이라는 고유한 기능가치가 내재되어 있으므로 물체 자체를 반환했다 하더라도 그 가치에 대한 영득은 인정되므로 불법영득의사가 인정된다. 따라서 예금통장 자체에 대한 절도죄(강도죄)가 성립한다(대법원 2010.5.27, 2009도9008). [경찰채용 16 1차 / 경찰채용 12 2차 / 경찰간부 14·21 / 경찰승진 11·13 / 국가9급 13·16 / 국가7급 12 / 법원행시 12·13 / 사시 12]

- ㉡ 주민등록증 등의 증명서를 사용 후 반환할 의사로 절취한 경우 : 주민등록증에는 가치가 없으므로 불법영득의사가 부정된다(대법원 1971.10.19, 70도1399). 따라서 주민등록증 사용행위에 대한 공문서부정행사죄 등의 문서죄는 별론으로 하고 주민등록증 자체에 대한 절도죄의 성립은 부정된다. 마찬가지로, 피해자의 승낙 없이 혼인신고서를 작성하기 위하여 피해자의 도장을 몰래 꺼내어 사용한 후 곧바로 제자리에 갖다 놓은 경우에도 도장에 대한 불법영득의 의사가 있었다고 볼 수 없다(대법원 2000.3.28, 2000도493). [국가7급 12 / 법원9급 17 / 사시 13·16]

- ㉢ 현금카드를 사용하고 반환하기 위하여 절취한 경우 : 피해자로부터 지갑을 잠시 건네받아 임의로 지갑에서 피해자 소유의 현금카드를 꺼내어 현금자동인출기에서 현금을 인출하고 곧바로 피해자에게 현금카드를 반환한 경우, 현금카드에 대한 불법영득의사가 없다(대법원 1998.11.10, 98도2642). [경찰간부 13]

- ㉣ **신용카드**(또는 직불카드)로 현금서비스를 받고 신용카드 자체는 반환한 경우 : 신용카드 자체에 대한 절도죄는 부정된다(대법원 1999.7.9, 99도857)(직불카드는 대법원 2006.3.9, 2005도7819 참조). [경찰채용 11 2차 / 경찰간부 21 / 경찰승진(경위) 10 / 국가9급 16 / 법원9급 07(하) / 법원9급 16·18 / 법원행시 11]

(3) 영득의 불법(내지 위법성)

정당한 반환청구권자가 점유자의 의사에 반하여 자기의 소유물을 가져온 행위가 절도죄와 같은 영득죄의 구성요건에 해당하는가가 문제되는데, 판례는 정당한 청구권을 가지고 있다 하더라도 절취행위 자체가 적법하지 않으면 불법영득의사를 인정해야 한다는 입장이다(절취의 불법설).

판례연구   약정에 기한 인도청구권이 인정되어도 절도죄의 점유배제 행위를 인정한 사례

대법원 1973.2.28, 72도2538
외상물품의 반환청구권이 있어도 승낙을 받지 않고 가져갔다면 절도에 해당한다는 사례
매매계약의 해제가 있고 동 외상 매매물품의 반환청구권이 피고인(채권자)에게 있다고 하여도 절도라 함은 타인이 점유하는 재물을 도취하는 행위, 즉 점유자의 의사에 의하지 아니하고 그 점유를 취득하는 행위로서 절도행위의 객체는 점유라 할 것이므로, 피고인이 정○○(채무자)의 승낙을 받지 않고 위 물품들을 가져갔다면 그 물품에 대한 반환청구권이 피고인에게 있었다 하여도 피고인의 그 행위는 절도행위에 해당되는 법리라 할 것임에도 불구하고 원판결이 위와 같이 반환청구권이 있다는 이유만으로 절도죄를 구성할 여지없다고 판단한 것은 절도행위의 객체에 관한 법리를 오해한 것이다. [국가7급 13]

3. 사용절도

(1) 의 의

타인의 재물을 점유자의 승낙 없이 무단사용하는 경우에 있어서 그 사용으로 인한 가치의 소모가 무시할 수 있을 정도로 경미하고 사용 후 곧 반환한 것과 같은 때에는 그 소유권 또는 본권을 침해할 의사가 있다고 할 수 없어 불법영득의 의사가 인정되지 않는데, 이를 사용절도라 한다. 사용절도는 현행법상 자동차 등의 교통수단(제331조의2)이 아닌 한 처벌되지 아니한다.

(2) 절도와 사용절도의 한계

① 반환의사 : 반환의사가 있다면 영득의사(배제의사)가 부정되어 절도죄가 성립하지 않게 된다. 구체적으로는 재물을 일시적으로 사용한 후 −방치하면 안 되고− 소유자의 지배범위에 돌려놓아 권리자가 이를 확실하게 취득할 수 있도록 해야만 사용절도가 되어 절도죄가 성립하지 않는다.

② 재물의 가치의 소멸 내지 현저한 감소 : 이 경우에는 반환의사가 있다 하더라도 물체의 특수한 기능가치가 훼손·제거된 경우라고 볼 수 있으므로 불법영득의사는 인정된다.

> **예** 자동차의 장시간 사용에 의한 타이어의 과도한 마모

③ 구체적 사례에 있어서 판례의 입장 정리

㉠ 일시사용의 목적으로 자동차 등을 사용하고 반환한 경우 : 불법영득의사가 부정된다.

㉡ 해변의 배를 절취하여 볼일을 마치고 다른 곳에 방치한 경우 : 절도죄가 성립한다(대법원 1961.6.28, 4294형상179).

---

06 친족상도례

> **제328조【친족 간의 범행과 고소】** ① 직계혈족, 배우자, 동거친족, 동거가족 또는 그 배우자 간의 제323조의 죄는 형을 면제한다.
> ② 제1항 이외의 친족 간에 제323조의 죄를 범한 때에는 고소가 있어야 공소를 제기할 수 있다.
> ③ 전2항의 신분관계가 없는 공범에 대하여는 전2항을 적용하지 아니한다.

1. 의의 및 법적 성질

친족상도례(親族相盜例)라 함은 재산죄에 있어서 일정한 친족관계가 있음으로서 적용되는 특례규정이다. 친족 사이의 재산범죄는, 범죄는 성립하지만 친족이라는 특수관계를 고려하여 형벌만을 과하지 않는 것으로서, 현행법상 인적 처벌조각사유에 해당하거나(제328조 제1항) 친고죄에 해당된다(동조 제2항).

2. 적용범위

(1) 적용되는 범죄

① 형법상의 재산죄 : 권리행사방해죄 [법원행시 05 / 법원행시 06 / 경찰간부 11] 에 규정되어 있고, 절도죄·사기죄 [법원행시 05 / 경찰간부 17]·공갈죄 [법원행시 05] · 횡령죄·배임죄·장물죄 [법원행시 05] 에 대하여 준용된다. 친족상도례는 정범뿐만 아니라 신분관계가 있는 한 공범에게도 적용된다. 다만, 강도죄·손괴죄 [경찰채용 16·17 1차 / 경찰채용 10 2차 / 경찰승진(경장) 10 / 경찰승진(경사) 10 / 경찰승진(경위) 10 / 국가7급 14 / 법원9급 07(상) / 법원행시 05 / 사시 16] 는 제외된다(점유강취·강제집행면탈도 ×).

② **특별법상의 재산죄** : 산림절도(산림자원의 조성 및 관리에 관한 법률 제73조)에도 적용되며(대법원 1959.9.18, 4292형상 290), 특경법상 사기죄(대법원 2000.10.13, 99오1), [경찰채용 14 1차 / 경찰승진(경위) 11 / 경찰승진(경감) 11 / 국가7급 09 / 법원승진 11 / 법원행시 10 · 12 / 사시 16] 폭처법상 공갈죄(대법원 1994.5.27, 94도617), 특경법상 횡령죄(대법원 2013.9.13, 2013도7754) [경찰채용 12 1차 / 법원9급 05 · 11 · 12 · 14 / 법원승진 13 / 법원행시 11 · 13 / 변호사시험 13] 에도 적용된다.

(2) 친족의 범위

① **판단기준** : 민법에 의한다.

② **친족관계의 내용**

　ㄱ **직계혈족**(直系血族) : 동거 유무, 자연혈족 · 법정혈족 여부를 불문한다. 양자의 생가와의 관계도 단절되지 않는다.

　ㄴ **배우자**(配偶者) : 법률혼상의 배우자만을 의미한다(다수설). [법원행시 12] 따라서 혼인이 무효인 경우에는 친족상도례가 적용되는 배우자에 해당하지 아니한다(대법원 2015.12.10, 2014도11533). [경찰채용 21 1차 / 법원9급 18 / 법원행시 16]

　ㄷ **동거친족**(同居親族) : 친족상도례가 적용되는 친족은 배우자, 혈족 및 인척이다(민법 제767조). 이 중 동거친족이라 함은 직계혈족과 배우자를 제외한 동일한 주거에서 일상생활을 같이하는 친족을 말한다. 그러므로 일시적으로 숙박하고 있는 친족은 해당되지 않는다. [사시 11]

　ㄹ **동거가족**(同居家族) : 형면제가 되려면 가족(민법 제779조[57]) 중 동거하는 관계이어야 한다. 법정분가된 경우에는 가족이 아니다(대법원 2000.10.13, 99오1).

　ㅁ **또는 '그 배우자'** : 제328조 제1항에서 '그 배우자'는 동거가족의 배우자만을 의미하는 것이 아니라, 직계혈족, 동거친족, 동거가족 모두의 배우자를 의미한다. [경찰채용 17 1차 / 경찰승진 14]

　ㅂ **인척**(姻戚)**의 범위** : 혈족의 배우자, 배우자의 혈족, 배우자의 혈족의 배우자만을 인척으로 한다(민법 제769조). 따라서 구 민법(1990년 개정 전의 것) 제769조에서 인척으로 규정하였던 사돈 등 '혈족의 배우자의 혈족'은 인척이 되지 않는다(대법원 2011.4.28, 2011도2170). [경찰채용 12 · 16 · 18 1차 / 경찰간부 14 / 경찰승진 13 / 법원9급 12 · 20 / 법원승진 13 / 법원행시 11 · 12 · 16]

③ **친족관계의 존재시기** : 원칙적으로 행위시에 존재하여야 한다. [경찰승진(경위) 11 / 법원행시 09 / 사시 14] 다만, 인지(認知)의 소급효는 친족상도례규정에 영향을 미친다. 판례도 "인지가 범행 후에 이루어진 경우라고 하더라도 그 소급효에 따라 형성되는 친족관계를 기초로 하여 친족상도례의 규정이 적용되어야 한다(형면제)(대법원 1997.1.24, 96도1731)."고 보고 있다. [경찰채용 13 1차 / 경찰간부 11 · 14 / 국가7급 09 · 12 · 13 / 법원9급 07(상) / 법원9급 14 · 18 · 20 / 법원승진 13 / 법원행시 07 · 08 · 10 · 11 · 12 · 16 / 사시 11 · 14 / 변호사시험 12 · 16]

(3) 친족관계의 존재범위

친족관계는 범죄자와 피해자 사이에 있어야 한다. 구체적으로, 판례에 의하면 절도죄의 보호법익은 소유권 및 점유권이므로 행위자와 소유자 · 점유자 사이 모두에 친족관계가 있을 때 친족상도례가 적용된다고 한다(대법원 1980.11.11, 80도131; 2014.9.25, 2014도8984 등). [경찰승진(경사) 10 / 경찰승진(경감) 10 / 경찰승진(경위) 11 / 국가7급 09 · 12 / 법원9급 07(상) / 법원9급 11 · 14 / 법원승진 13 / 법원행시 10 / 변호사시험 18] 또한 친족과 비친족의 합유 등 공동소유물을 편취한 경우에는 친족상도례는 적용되지 아니한다(대법원 2015.6.11, 2015도3160). [법원행시 16]

---

57 민법 제779조(가족의 범위) ① 다음의 자는 가족으로 한다.
　1. 배우자, 직계혈족 및 형제자매
　2. 직계혈족의 배우자, 배우자의 직계혈족 및 배우자의 형제자매
　② 제1항 제2호의 경우에는 생계를 같이 하는 경우에 한한다.

3. 친족상도례에 대한 인식의 요부

친족상도례와 같은 인적 처벌조각사유에 대한 인식의 유무는 범죄성립에 영향을 미치지 않는다. [경찰채용 10 1차 / 경찰승진(경감) 11 / 국가9급 14 / 국가7급 12 / 변호사시험 17]

4. 적용효과

(1) 원 칙

① 직계혈족·배우자·동거친족·동거가족 또는 그 배우자 간의 범죄 : 형을 면제한다(제328조 제1항).
[법원9급 10·14]

② 그 밖의 친족 간의 범죄 : 고소가 있어야 한다(상대적 친고죄)(제328조 제2항). [법원9급 10]

> **예** 절도죄의 피고인이 피해자의 외사촌동생이라면 형법 제344조, 제328조 제2항에 의하여 피해자의 고소가 있어야 처벌할 수 있다(대법원 1991.7.12, 91도1077).

③ 친족상도례 개별화의 원칙 : 친족상도례는 친족관계 있는 사람에게만 적용되고 해당 관계가 없는 공범자에게는 적용되지 않는다(제328조 제3항). [경찰승진(경장) 10 / 경찰승진(경위) 10 / 국가7급 09 / 법원9급 07(상)] 즉, 인적 처벌조각사유는 일신전속적 사유로서의 성질을 가진다. 예를 들어 甲과 乙이 甲의 父인 丙의 재물을 합동하여 절취하였다면 甲·乙은 특수절도죄(제331조 제2항)가 성립하나 甲은 그 형이 면제되고 乙만 처벌되게 된다. [경찰승진(경장) 10 / 경찰승진(경위) 10 / 국가7급 09 / 법원9급 07(상)]

(2) 장물죄의 특칙

① 장물범과 피해자 사이에 제328조 제1항·제2항의 신분관계가 있는 경우 : 형면제 또는 친고죄로 처리한다(제365조 제1항). 경찰채용 16 1차 / 경찰승진(경장) 10 / 국가9급 14]

② 장물범과 본범 사이에 제328조 제1항의 신분관계가 있는 경우 : 형을 필요적으로 감면한다(제365조 제2항 본문). 경찰채용1차 12·17 / 국가9급 14 / 법원행시 06]

표정리 친족상도례 정리

친족관계의 범위	**절도죄**	• 소유자설(소수설) • 소유자 및 점유자설(다수설·판례) [법원9급 11 / 법원행시 12]
	사기죄	피해자(소유자)와만 있으면 됨(피기망자와는 불요) [국가9급 11·14 / 법원행시 10]
	공갈죄	피공갈자, 교부자 모두와
	횡령·배임죄	소유자, 위임자 모두와 [경찰채용1차 10·12·13 / 경찰간부 11 / 국가9급 14 / 법원9급 09·12 / 법원행시 10·11 / 변호사시험 12]
	장물죄	• 피해자와의 관계 : 원칙 적용(형면제 또는 친고죄) • 본범과의 관계 : 제328조 제1항의 친족이면 필요적 감면
친족의 범위	**형면제**	법률상의 직계혈족, 배우자(법률혼만), 동거친족, 동거가족 또는 그 배우자 (제328조 제1항)
	친고죄	그 밖의 법률상 친족
친족관계의 존재시기		행위시(단, 인지의 소급효 인정)

표정리 형법상 친족관계의 취급 개관

구 분	범죄례	친족관계의 성질
처벌되지 않는 경우	범인은닉죄, 증거인멸죄	책임조각
형의 면제 또는 친고죄	친족상도례	인적 처벌조각사유 / 소추조건
형이 감경되는 경우	영아살해죄, 영아유기죄	책임감경
형이 가중되는 경우	존속살해죄 등	책임가중

01　총 설

1. 의의 및 구별개념

절도죄(竊盜罪, 窃盜罪)는 타인이 소유하고 타인이 점유하는 재물을 절취함으로써 성립하는 범죄이다.

표정리 강도죄·절도죄·공갈죄의 비교

구 분	강도죄	절도죄	공갈죄
보호법익	재산권 및 자유권	소유권	재산권 및 자유권
침해방법	탈취죄		편취죄
폭행·협박	반항을 억압할 정도의 폭행·협박	불필요	공포심이 생기게 할 정도의 폭행·협박
객 체	재물·재산상 이익	재물	재물·재산상 이익
처분행위	불필요		필요
친족상도례	적용 ×	적용 ○	

2. 보호법익

타인의 '소유권'이라고 보는 견해도 있지만(소유권설), 본서는 '소유권 및 점유'로 정리한다(소유권·점유설). 횡령죄는 그 보호법익을 소유권으로 삼고 있고 타인소유·자기점유의 재물을 그 객체로 삼고 있으며 그 형은 5년 이하의 징역인 데 비하여(형법 제355조 제1항) 절도죄는 타인소유·타인점유의 재물을 그 객체로 삼고 있으며 그 형은 6년 이하의 징역으로서 횡령죄의 그것보다 무겁다는 점을 고려하지 않을 수 없기 때문이다. 법익보호의 정도는 침해범이다(다수설).

02　절도죄

> **제329조【절 도】** 타인의 재물을 절취한 자는 6년 이하의 징역 또는 1천만 원 이하의 벌금에 처한다.

1. 구성요건

(1) 객관적 구성요건

① 객체 – 타인이 점유하는 타인(소유)의 재물

절도죄의 객체는 '타인이 소유하고' '타인이 점유하는' 재물이어야 한다. 여기서 소유권의 귀속은 민법적 기준에 의하여 정해지기 때문에 '재물의 타인성'(재물이 타인의 소유일 것)은 규범적 구성요건요소가 된다. 예컨대, 공동소유물은 타인의 소유물에 해당되므로 이에 대해서는 권리행사방해죄가 성립할 수 없고 절도죄가 성립한다. [법원승진 10]

② 행위 – 절취(竊取, 窃取)

폭행·협박에 의하지 않고 타인점유의 재물을 점유자의 의사에 반하여 그 점유를 배제하고 자기 또는 제3자의 점유하에 옮기는 것을 말한다. [경찰승진 12·17]

ㄱ **점유의 배제** : 점유자의 재물에 대한 사실상의 지배를 점유자의 의사에 반하여 제거하는 것을 말한다.

   ⓐ **점유배제에 해당하는 경우** : 절취(강취)한 신용카드를 이용하여 현금자동지급기에서 현금을 인출한 경우, 현금인출 행위는 현금자동지급기 관리자의 의사에 반하여 그의 지배를 배제하고 그 현금을 자기의 지배 하에 옮겨 놓는 것이 되어 절도죄를 구성한다(대법원 2007.5.10, 2007도1375; 2007.4.13, 2007도1377). [경찰승진(경사) 10 / 경찰승진 22 / 국가9급 14 / 사시 12·13]

   ⓑ **점유배제에 해당하지 않는 경우** : 예금주인 현금카드 소유자를 협박하여 그 카드를 갈취한 다음 이를 이용하여 현금자동지급기에서 현금을 인출한 경우, 이는 포괄하여 하나의 공갈죄를 구성하므로 현금자동지급기에서 피해자의 예금을 인출한 행위를 현금카드 갈취행위와 분리하여 따로 절도죄로 처단할 수는 없다(대법원 2007.5.10, 2007도1375). [법원9급 08 / 법원행시 10·1·13 / 변호사시험 12]

ㄴ **점유의 취득** : 행위자가 재물에 대하여 방해받지 않는 사실상의 지배를 갖는 것을 말한다. 여기에서 사실상의 지배란 영구적이고 확실한 점유일 필요는 없고 일시적 취득이라도 무방하다.

③ **착수시기** : 다수설은 주관적(개별적) 객관설에 의하나,[58] 판례는 사실상의 지배를 배제하는 데 밀접한 행위(접근·접촉)를 하거나 목적물을 물색한 때(밀접행위설, 실질적 객관설)라고 본다.

④ **기수시기** : 사실상의 지배를 획득하였다고 인정되는 시점이 되면 본죄는 기수에 이른다(취득설, 통설). 이 경우 취득사실에 대한 피해자의 감시·인지 여부는 불문한다. 예컨대, ㄱ 창고에서 물건을 밖으로 들고 나와 운반해 가다가 방범대원들에게 발각되어 체포된 경우(대법원 1984.2.14, 83도3242), ㄴ 방안에 있는 물건을 들고 나오다 이를 방과 방문 밖에 던지고 달아난 경우(대법원 1964.4.22, 64도112), ㄷ 목욕탕에서 타인이 떨어뜨린 금반지를 그 목욕탕 안에서 다른 사람이 쉽게 찾을 수 없는 구멍 속에 감춘 경우(일본의 판례) 등은 절도의 기수가 된 것이다.

(2) 주관적 구성요건 – 고의 및 불법영득의사

타인이 점유하는 타인 소유의 재물임을 인식하고도 그 점유를 배제하여 이를 자기(또는 제3자)의 점유로 취득한다는 것에 대한 인식과 의사가 본죄의 구성요건적 고의로서 요구된다. 또한 이러한 고의와는 별도의 초과주관적 구성요건요소로서 불법영득의사가 필요하다.[59]

---

58 **보충** : 주관적 객관설(개별적 객관설, 절충설)이란 행위자의 범행계획에 기초하여 행해진 행위로 인하여 보호법익에 대한 직접적 위험이 발생된 시점에서 실행의 착수가 있다고 보는 입장이다. 총론의 미수론, 실행의 착수 참조

59 **보충** : 재물의 타인성에 대한 착오 규범적 구성요건요소에 대한 착오가 원칙적으로는 구성요건착오에 속하나, 개별적인 경우에는 금지착오로도 파악될 수 있다(총론의 구성요건론, 고의 중 고의의 대상). 고의의 내용 중 '타인의 소유'는 기술적 구성요건요소가 아니라 규범적 구성요건요소이므로, 타인의 소유물인 것 자체를 인식하지 못한 경우(규범적 구성요건요소의 대상에 대한 착오)에는 사실의 착오로써 고의가 조각된다. 다만 '타인의 소유'의 개념에 대한 잘못된 포섭으로 인하여 타인의 소유물임에도 불구하고 그

2. 죄수 및 다른 범죄와의 관계

(1) 죄수 – 절취(점유침해)의 수

절도죄의 죄수는 소유자의 인원수가 아니라 '점유'의 수에 따라 결정된다. [법원9급 16/법원승진 12]

① 1개의 행위로 1인 점유의 수인 소유의 수개 재물을 절취한 경우 : 1개의 절도죄가 성립한다. [법원9급 16]

② 수개의 행위로 수개의 재물을 절취한 경우 : 수개의 절도죄가 성립한다. 다만, 수개의 행위가 시간적·장소적으로 결합되어 있는 경우에는 접속범으로서 1개의 절도죄의 포괄일죄가 되고, 하나의 단일한 범죄의사의 연속으로 볼 수 있는 경우에는 연속범으로서 역시 1개의 절도죄가 성립한다. [법원9급 16]

(2) 다른 범죄와의 관계

① 타인의 주거에 침입하여 재물을 절취하는 경우

㉠ 주간의 경우

ⓐ 절취행위가 실행에 착수한 경우 : 주거침입죄와 절도죄(미수 내지 기수)의 경합범이 성립한다. 이 때 체포면탈 등의 목적으로 폭행하면 (주거침입죄와) 준강도죄가 성립한다.

ⓑ 절취행위가 실행에 착수하지 못한 경우 : 주거침입죄만 성립한다. 절도죄는 예비를 벌하는 규정이 없기 때문이다. 이때 체포면탈 등의 목적으로 폭행하면 준강도죄가 성립하지 않고(준강도죄는 최소한 절도의 미수이어야 그 주체가 됨) 주거침입죄와 폭행죄의 경합범만 된다.

㉡ 야간의 경우 : 주거에 침입함으로써 야간주거침입절도죄(제330조 : 미수 내지 기수)가 성립한다. 이때 체포면탈 등의 목적으로 폭행하면 준강도죄가 성립한다.

② 교사자가 피교사자로부터 절취한 장물을 취득한 경우

㉠ 교사자가 절도를 교사하고 피교사자가 절도를 하여 절취한 장물을 교사자가 취득한 경우 : 교사자는 피교사자가 절도를 하였으므로 절도죄의 교사범이며 그 이후 절취한 장물을 취득하였으므로 장물취득죄의 정범이다(실체적 경합).

㉡ 교사자가 강도를 교사하였는데 피교사자가 절도를 하여 절취한 장물을 교사자가 취득한 경우 : 교사자는 절도교사와 강도예비·음모의 상상적 경합이 성립하고(강도예비·음모로 처벌), 장물취득죄와는 실체적 경합이 성립하게 된다.

---

03 야간주거침입절도죄

> **제330조 【야간주거침입절도】** 야간에 사람의 주거, 관리하는 건조물, 선박, 항공기 또는 점유하는 방실(房室)에 침입하여 타인의 재물을 절취(竊取)한 자는 10년 이하의 징역에 처한다. 〈우리말 순화 개정 2020.12.8.〉

1. 행위상황 – 야간

야간이라 함은 행위지의 일몰 후부터 일출 전까지를 의미한다.

소유권이 자신에게 귀속된다고 오인하여 절도죄로 처벌받지 않는다고 생각한 경우(규범적 구성요건요소의 개념 내지 의미평가에 대한 착오)에는 포섭의 착오로서 법률의 착오의 문제가 된다.

2. 행위 – 야간 주거침입 및 재물절취

(1) 실행의 착수시기

착수시기는 주거, 관리하는 건조물·선박·항공기, 점유하는 방실[60]에 침입한 때 [경찰간부 17] 이다. 즉, 야간에 타인의 재물을 절취할 목적으로 사람의 주거에 침입한 경우에는 주거에 침입한 단계에서 이미 본죄의 실행에 착수한 것이라고 보아야 한다. 구체적으로 주거침입의 실행의 착수는, 주거자·관리자·점유자 등의 의사에 반하여 주거나 관리하는 건조물 등에 들어가는 행위(구성요건의 일부를 실현하는 행위)까지 요구하는 것은 아니고, 범죄구성요건의 실현에 이르는 현실적 위험성을 포함하는 행위를 개시하는 것으로 족하므로, [국가7급 11 / 경찰간부 11] 야간에 아파트에 침입하여 물건을 훔칠 의도 하에 아파트의 베란다 철제난간까지 올라가 유리창문을 열려고 시도하였다면 야간주거침입절도의 실행착수가 인정된다(야간주거침입절도미수, 대법원 2003.10.24, 2003도4417). [경찰채용 16 1차 / 경찰채용 10 2차 / 경찰간부 11·16 / 경찰승진(경사) 10 / 국가9급 17 / 국가7급 10·14 / 법원9급 08·17 / 법원행시 / 05·09 / 사시 10]

(2) 주거침입과 절취 중 야간에 이루어져야 하는 것

이에 대해서는 견해가 대립하나, 판례는 주거침입행위가 야간에 이루어져야 한다는 입장(소위 주거침입 야간시설)을 취한다. 따라서 판례에 의하면, 주간에 주거침입을 한 후 야간에 절도를 한 경우에는 야간주거침입절도죄는 성립하지 않는다(대법원 2011.4.14, 2011도300,2011감도5). [경찰채용 12·16 2차 / 경찰간부 17 / 국가9급 14·20 / 국가7급 12 / 법원9급 13 / 법원승진 13 / 법원행시 12·13 / 사시 12·14·16 / 변호사시험 16]

---

04 특수절도죄

> **제331조【특수절도】** ① 야간에 문이나 담 그 밖의 건조물의 일부를 손괴하고 제330조의 장소에 침입하여 타인의 재물을 절취한 자는 1년 이상 10년 이하의 징역에 처한다. 〈우리말 순화 개정 2020.12.8.〉
> ② 흉기를 휴대하거나 2명 이상이 합동하여 타인의 재물을 절취한 자도 제1항의 형에 처한다. 〈우리말 순화 개정 2020.12.8.〉

1. 제1항의 특수절도죄 – 야간 손괴 후 주거침입절도

제331조 제1항의 특수절도죄의 구성요건 중 '문이나 담 그 밖의 건조물의 일부'라 함은 주거 등에 대한 침입을 방지하기 위하여 설치된 일체의 위장시설(圍障施設)을 말하고, '손괴'라 함은 물리적으로 위와 같은 위장시설을 훼손하여 그 효용을 상실시키는 것을 말한다. 여기에는 출입문을 발로 걷어차 잠금 고리가 출입문에서 떨어지게 하는 행위도 포함된다(대법원 2004.10.15, 2004도4505).

또한 본죄는 건조물 등의 일부를 손괴하기 시작한 때부터 실행의 착수에 해당된다. [변호사시험 16] 판례도 "야간에 절도의 목적으로 출입문에 장치된 자물통 고리를 절단하고 출입문을 손괴한 뒤 집안으로 침입하려

---

60 정리 : 구 형법에서는 야간주거침입절도·특수절도의 침입장소(사람의 주거, 간수하는 저택·건조물·선박, 점유하는 방실)와 주거침입·특수강도의 침입장소(사람의 주거, 관리하는 건조물·선박·항공기, 점유하는 방실 : 주/건/선/항/방)가 서로 다르게 규정되어 있었다. 2020.12.8. 개정형법에서는 이를 주거침입죄의 침입장소로 통일한 것이다. 이와 비교하여, 기술한 주거·신체수색죄의 수색장소와 후술할 자동차등불법사용죄의 객체를 정리해둔다.
- 주거·신체수색(제321조)의 수색장소 : 사람의 신체·주거, 관리하는 건조물·자동차·선박·항공기, 점유하는 방실(신/주/건/자/선/항/방)
- 자동차 등 불법사용죄(제331조의2)의 일시 사용의 객체 : 타인의 자동차·선박·항공기·원동기장치자전거(자/선/항/원)

다가 발각된 것이라면 이는 특수절도죄의 실행에 착수한 것(대법원 1986.9.9, 86도1273)" [경찰간부 16 / 국가7급 13·20] 으로 보고 있다. 다만, 창문과 방충망을 창틀에서 분리한 데 불과한 행위는 여기서의 손괴에 포함되지 아니한다(대법원 2015.10.29, 2015도7559). [경찰채용 18 3차 / 변호사시험 17]

2. 제2항의 특수절도죄

(1) 흉기휴대절도

① **흉기** : 본래 살상용·파괴용으로 만들어진 것이거나 이에 준할 정도의 위험성을 가진 것을 말한다(대법원 2012.6.14, 2012도4175). 다만 여기에 해당한다면 고체·액체·기체를 불문한다.

　예 총기, 칼, 청산가루, 염산, 마취제, 지팡이, 곤봉 등. 단, 일반적인 드라이버 ×

② **휴대** : 반드시 몸에 지니지 않더라도 사용할 수 있는 상태이면 족하다. 행위자는 흉기 휴대사실을 인식하고 있어야 한다. [변호사시험 17] 한편 피해자는 이를 인식할 필요가 없다.

(2) 합동절도

① **합동하여** : 다수인의 현장에서의 시간적·장소적 협동이 있어야만 이에 해당한다(현장설, 다수설·판례). 본죄의 실행착수시기는 일반적인 절도의 실행착수시기에 준하여 판단하면 족하므로, 행위자들이 '함께 담을 넘어 피해회사 마당에 들어가 그중 1명이 그 곳에 있는 구리를 찾기 위하여 담에 붙어 걸어가다가 잡힌' 경우 특수절도미수에 해당된다(대법원 1989.9.12, 89도1153). [경찰채용 11 1차 / 경찰간부 16 / 경찰승진 16 / 국가7급 13]

② **합동범의 공범문제**

　㉠ **합동범의 공동정범** : 甲·乙·丙이 절도를 공모하고 乙·丙이 현장에서 절도한 경우 甲에게 특수절도죄(합동범)의 공동정범을 인정하는 것이 판례의 입장이다(삐끼 사례, 대법원 1998.5.21, 98도321). [국가7급 08·12 / 사시 10]

　㉡ **합동범의 교사범·방조범** : 가능하다는 데에 이론(異論)이 없다. [국가7급 12]

(3) 제331조 제2항의 특수절도죄의 실행의 착수시기

제1항의 죄와는 달리, 제2항의 특수절도죄의 실행의 착수시기는 일반적인 절도죄의 실행의 착수시기로 본다. 따라서 판례에 의하면, 재물에 대한 타인의 사실상의 지배를 침해하는 데에 밀접한 행위를 개시한 행위가 있어야 하므로, 2명 이상이 합동하여 주간에 피해자의 아파트 출입문 시정장치를 손괴하다가 마침 귀가하던 피해자에게 발각되어 도주한 경우(대법원 2009.12.24, 2009도9667)에는 특수절도죄의 실행의 착수가 인정되지 않는다. [경찰채용 13 2차 / 경찰채용 18 3차 / 경찰간부 17·18 / 국가7급 10·12 / 법원9급 10·12·18 / 법원행시 13 / 사시 16 / 변호사시험 13·16]

표정리 절도죄의 유형별 실행의 착수시기(판례)

§329	밀접행위설(물색/접근/접촉)
§330	침입 : 침입을 위한 구체적 행위
§331 ①	(야간) 손괴
②	밀접행위설(물색/접근/접촉)

(4) 제331조 제2항의 특수절도죄와 주거침입죄의 관계

제331조 제2항의 특수절도에 있어서 주거침입은 그 구성요건이 아니므로, 절도범인이 그 범행수단으로 주거침입을 한 경우에 그 주거침입행위는 절도죄에 흡수되지 아니하고 별개로 주거침입죄를 구성하므로 절도죄와는 실체적 경합의 관계에 있게 된다(대법원 2008.11.27, 2008도7820). [경찰승진 14 / 법원9급 10 / 법원행시 09·12 / 변호사시험 16]

05 （자동차 · 선박 · 항공기 · 원동기장치자전거） 불법사용죄

> **제331조의2【자동차 등 불법사용】** 권리자의 동의 없이 타인의 자동차, 선박, 항공기 또는 원동기장치자전거를 일시사용한 자는 3년 이하의 징역, 500만 원 이하의 벌금, 구류 또는 과료에 처한다.

1. 의의 및 보호법익

본죄는 권리자의 동의 없이 타인의 자동차 · 선박 · 항공기 · 원동기장치자전거를 일시사용함으로써 성립하는 범죄로서, [경찰간부 11] 자동차 등의 교통수단에 대한 영득의사 없는 사용절도를 처벌하기 위해 1995년 개정형법에서 신설된 범죄이다. 본죄의 보호법익에 대해서는 소유권설과 사용권설이 대립하며, 법익보호의 정도는 침해범이다.

2. 객 체

동력기관을 장치한 자동차, 선박, 항공기 또는 원동기장치자전거이다. 그러므로 동력 없는 자전거는 본죄의 행위객체에 포함되지 않는다. 또한 본죄의 행위객체에는 중기 등 건설기계는 포함되지 않는다(자동차관리법 제2조 제1호).

3. 행 위

본죄의 행위는 일시사용(사용절도)이다. [법원승진 10] 일시사용이란 시간적으로 영득의사를 인정할 수 없을 만큼 짧은 시간 내에 본죄의 행위객체를 '본래의 용도에 따라' 사용하는 것을 말한다. 따라서 영득의사가 인정되면 절도죄가 성립하고 본죄는 인정되지 않는다. 그러므로 일시사용의 목적으로 타인의 점유를 침탈할 경우에도 이를 반환할 의사 없이 상당 기간 점유한다거나 본래의 장소와 다른 곳에 유기하는 경우에는 이를 일시사용하는 경우라 할 수 없으므로 영득의사가 없다고 할 수 없다(대법원 2002.9.6, 2002도3465; 1988.9.13, 88도917). [경찰채용 14 1차 / 국가7급 12 / 법원9급 11 · 14 / 사시 13]

06 상습절도(야간주거침입절도 · 특수절도 · 자동차 등 불법사용)죄

> **제332조【상습범】** 상습으로 제329조 내지 제331조의2의 죄를 범한 자는 그 죄에 정한 형의 2분의 1까지 가중한다.

1. 포괄일죄

상습절도는 포괄일죄로 취급된다. 그러므로 일부범죄에 대한 상습범의 확정판결이 있으면 나머지 범죄에 대해서도 기판력이 미친다(대법원 1990.2.13, 89도2377; 1991.10.8, 91도1874).

2. 구성요건

전과사실이 상습성 인정의 자료가 되는 것은 사실이나, 단지 절도행위의 전과가 여러 번 있었다는 사실만으로는 상습성이 인정된다고 볼 수 없다(대법원 1984.3.27, 84도69; 1986.7.8, 86도963; 1987.2.24, 86도2725). 반면 전과사실이 없더라도 상습성을 인정할 수 있는 경우도 있다.

3. 죄수 및 다른 범죄와의 관계

상습으로 절도를 반복하면 상습절도죄의 포괄일죄가 되고, 절도·야간주거침입절도·특수절도를 상습으로 반복한 경우에는 가장 무거운 상습특수절도죄의 포괄일죄가 성립한다(대법원 1975.5.27, 75도1184). 다만 상습절도를 범한 범인이 그 범행의 수단으로 주간에 주거침입을 한 경우 주간 주거침입행위는 별개로 주거침입죄를 구성한다(대법원 2015.10.15, 2015도8169). [경찰채용 21 1차 / 변호사시험 18]

제3절 강도의 죄

01 총 설

강도죄(強盜罪)는 폭행 또는 협박으로 타인이 소유하고 타인이 점유하는 재물을 강취하거나 재산상의 이익을 취득함으로써 성립하는 범죄이다. 주된 보호법익은 재산권이며 부차적 보호법익은 의사결정과 의사활동의 자유이다. 이 점이 강도죄의 죄수를 피해자의 수에 의하여 판단하는 근거가 된다. 법익보호의 정도는 침해범이다. 강도의 죄는 친족상도례 준용규정을 두고 있지 않다.

02 강도죄

> 제333조 【강 도】 폭행 또는 협박으로 타인의 재물을 강취하거나 기타 재산상의 이익을 취득하거나 제3자로 하여금 이를 취득하게 한 자는 3년 이상의 유기징역에 처한다.

1. 구성요건

(1) 객관적 구성요건

① **객체** : 타인의 재물 또는 재산상 이익이다(재물죄이면서 이득죄). 이 중 재산상의 이익은 경제적 재산설에 의하여 파악되므로, 반드시 사법상 유효한 재산상의 이득만을 의미하는 것이 아니고 외견상 재산상의 이득을 얻을 것이라고 인정할 수 있는 사실관계만 있으면 여기에 해당된다(매출전표 허위서명 사건, 대법원 1997.2.5, 96도3411). [경찰채용 14 2차 / 경찰승진(경위) 11 / 법원9급 11 / 법원행시 14]

② **행위** : 폭행·협박으로 타인의 재물을 강취하거나 기타 재산상의 이익을 취득하거나 제3자로 하여금 이를 취득하게 하는 것을 말한다.

     ⊙ **폭행·협박의 정도** : 소위 최협의의 폭행·협박이다(통설). 따라서 상대방의 반항을 불가능하게 하거나 억압할 정도일 것을 요한다. [경찰승진 16] 그러므로 행위자가 강도의 고의를 가지고 있다 하더라도 객관적으로 폭행·협박의 정도가 공갈의 정도인 경우(상대방의 반항을 곤란하게 하는 정도)에는 공갈죄(제350조)가 성립할 뿐이다(대법원 2001.3.23, 2001도359).

     ⊙ **폭행·협박과 재물취득 간의 인과관계 요부의 문제** : 인과관계가 요구된다(적극설 : 통설·판례). 따라서 상대방의 반항을 억압함에 충분한 정도의 폭행·협박을 가한 사실이 있다 해도 그 타인이

재물 취거의 사실을 알지 못하는 사이에 우발적으로 재물을 취거한 경우에는 폭행·협박과 재물취득 사이에 인과관계가 없어 강도죄가 성립하지 않는다(대법원 2009.1.30, 2008도10308; 1956.8.17, 4289형상170). [사시 14]

ⓒ **인과관계 문제의 구체적 적용**

    ⓐ 강간의 고의로 폭행·협박하고 강간하여 상대방이 항거불능의 상태에 빠진 후 재물강취의 고의가 생겨 피해자인 부녀의 재물을 취득한 경우 : 판례는 강간(미수)죄와 강도죄의 경합범으로 본다(대법원 1977.9.28, 77도1350, cf. 강간을 당한 피해자가 도피하면서 놓고 간 손가방 안의 돈을 꺼낸 경우 : 강간죄와 절도죄의 경합범, 대법원 1984.2.28, 84도38). [법원9급 06]

    ⓑ 강도의 폭행·협박을 하여 피해자가 공포심은 느꼈으나 반항이 억압되지 않은 상태에서 재물을 교부한 경우 또는 피해자가 전혀 공포심을 느끼지 않고 연민의 정으로 재물을 교부한 경우 : 인과관계가 없으므로 강도죄의 미수범에 해당한다.

    ⓒ 강도의 폭행·협박을 하여 피해자가 재산상의 처분행위를 하여야 강도죄가 성립하는가 : 강도죄는 편취죄가 아니므로, 피해자의 재산상 처분행위의 의사표시는 없어도 강도죄(탈취죄)가 성립한다.

(2) 주관적 구성요건 – 고의 + 불법영득·불법이득의 의사

    고의와 불법영득의사(객체가 재물인 경우) 내지 불법이득의사(객체가 이익인 경우)가 요구된다. 이때 강도의 고의는 실행착수 전에 있을 것을 요하지 않으므로, 강도의 고의 없이 폭행하다가 공범들이 계속 폭행하는 사이에 재물을 강취한 경우에도 강도죄를 구성한다(대법원 2013.12.12, 2013도11899).

2. 죄수 및 다른 범죄와의 관계

(1) 죄 수

① **죄수판단의 기준** : 강도죄는 소유권 등의 재산권에 관한 점유관리뿐만 아니라 개인의 의사결정의 자유도 보호법익으로 고려되므로(행위유형 : 폭행·협박) '피해자의 수'가 고려된다.

② **구체적 적용**

    ㉠ 1인이 점유하는 수인의 소유물을 1개 행위로 강취한 경우 : 강도죄의 1죄가 된다.

    ㉡ 1개의 폭행으로 수인으로부터 재물을 강취한 경우 : 강도죄는 실질상 수죄이지만 1개의 행위에 의한 경우이므로 상상적 경합(제40조)으로 처리한다(다수설).

      → 단, 동일가족 내의 수인으로부터 재물을 강취한 경우에는 강도죄의 1죄가 된다(판례).

(2) 다른 범죄와의 관계

① **절도죄와의 관계** : 강도죄가 성립한 경우에는 절도죄는 성립하지 않는다.

② **주거침입죄와의 관계** : 타인의 주거에 침입하여 강도한 경우에는 주거침입죄와 강도죄의 경합범이다. 다만, 야간에 타인의 주거에 침입하여 강도한 경우에는 특수강도죄가 성립한다(제334조 제1항).

③ **체포·감금죄와의 관계** : ㉠ 감금행위가 강도행위를 위한 수단으로 이용된 경우에는 감금죄와 강도죄의 상상적 경합이 되고, ㉡ 감금행위 중에 강도를 한 경우에는 실체적 경합이 된다(다수설). 한편, ㉢ 감금행위가 단순히 강도상해 범행의 수단이 되는 데 그치지 아니하고 강도상해의 범행이 끝난 뒤에도 계속된 경우에는, 1개의 행위가 감금죄와 강도상해죄에 해당하는 경우라 볼 수 없고, 감금죄와 강도상해죄는 실체적 경합범관계에 해당한다(대법원 2003.1.10, 2002도4380). [법원행시 09·12 / 사시 11·13 / 변호사시험 18]

④ **강도죄와 사기죄의 죄수관계** : 강도가 강취한 재물을 처분한 경우 강도죄가 성립하고 처분행위는 불가벌적 사후행위가 된다. 다만, 그 처분행위가 다른 사람의 독자적 법익을 침해한 경우에는 사기죄

등의 별도의 범죄가 성립한다(대법원 1991.9.10, 91도1722). [국가7급 20 / 변호사시험 17]

⑤ 강취한 현금카드를 이용하여 현금자동지급기에서 현금을 인출한 행위 : 피해자의 승낙에 기한 것이라고 할 수 없고 현금자동지급기 관리자의 의사에 반하여 그의 지배를 배제하고 그 현금을 자기의 지배 하에 옮겨 놓는 것이 되므로, 강도죄와는 별도로 절도죄를 구성한다(대법원 2007.5.10, 2007도1375).

[경찰승진(경사) 10 / 국가9급 14 / 국가7급 11 / 법원승진 10 / 사시 12]

03 특수강도죄

> 제334조 【특수강도】 ① 야간에 사람의 주거, 관리하는 건조물, 선박이나 항공기 또는 점유하는 방실에 침입하여 제333조의 죄를 범한 자는 무기 또는 5년 이상의 징역에 처한다.
> ② 흉기를 휴대하거나 2인 이상이 합동하여 전조의 죄를 범한 자도 전항의 형과 같다.

1. 제1항의 특수강도죄(야간주거침입강도)

야간에 사람의 주거, 관리하는 건조물·선박·항공기 또는 점유하는 방실에 침입하여 강도죄를 범하는 것이다. 우리 형법은 절도에서는 이러한 형태를 야간주거침입절도(제330조)로 의율하나, 강도에서는 특수강도죄로 규정하고 있다.

(1) 주거침입·강도

주거침입은 주거침입죄에서, 강도는 강도죄에서 설명하였다.

(2) 실행의 착수시기

주거침입시설과 폭행·협박시설의 대립이 있으나, 본서는 폭행·협박시설에 의한다. 일부 판례도 폭행·협박시에 본죄의 실행의 착수가 있다고 보는 입장이다(대법원 1991.11.22, 91도2296). [법원승진 10]

(3) 제1항의 특수강도에 의한 강도상해죄와 주거침입죄의 관계

형법 제334조 제1항 특수강도죄는 주거침입이라는 요건을 포함하고 있으므로, 본죄가 성립할 경우 별도로 주거침입죄는 성립하지 않는다(대법원 2012.12.27, 2012도12777).

2. 제2항의 특수강도죄(흉기휴대강도)

흉기에 대해서는 특수절도죄에서, 휴대에 대해서는 특수폭행 등의 죄 및 특수절도죄에서 설명하였다.

3. 제2항의 특수강도죄(합동강도)

합동에 대해서는 총론의 공동정범 중 합동범과 전술한 특수절도죄에서 설명하였다.

제335조 【준강도】 절도가 재물의 탈환에 항거하거나 체포를 면탈하거나 범죄의 흔적을 인멸할 목적으로 폭행 또는 협박한 때에는 제333조 및 제334조의 예에 따른다. 〈우리말 순화 개정 2020.12.8.〉

1. 의의 및 성격

준강도죄(準强盜罪)는 절도가 재물의 탈환에 항거하거나 체포를 면탈하거나 범죄의 흔적을 인멸할 목적으로 폭행 또는 협박을 함으로써 성립하는 범죄이다. 강도죄가 폭행·협박에 이은 재물 또는 재산상 이익의 취득으로 범하는 결합범이라면, 준강도죄는 재물에 대한 절도에 이은 폭행·협박으로써 범하는 결합범이다. 마찬가지로, 강도죄가 성립하려면 폭행·협박과 재산 취득 간에 인과관계가 필요하듯이, 준강도죄도 절도와 분리된 폭행·협박으로서는 범할 수 없고 어디까지나 절도와 연관된(절도의 기회에) 폭행·협박을 행함으로써 범할 수 있다. 또한 준강도죄는 목적범이다. [경찰승진(경위) 11 / 경찰승진 13]

2. 구성요건

(1) 객관적 구성요건

① 주체 – 절도

㉠ 절도의 의미 : 행위주체는 단순절도·야간주거침입절도·특수절도 등의 절도범인이다. 또한 처음에는 단순강도범행을 하였는데 범행 직후 재물탈환항거 등의 목적으로 흉기를 휴대하고 폭행을 하였다면 준특수강도죄(내지 특수강도의 준강도, 제335조에 의한 제334조의 예에 의한 처벌)로 처벌될 수 있기 때문에, 본죄의 주체에는 강도도 포함된다. [경찰승진 12]

㉡ 절도의 기수·미수 : 준강도의 주체는 절도 즉 절도범인으로, 절도의 실행에 착수한 이상 미수·기수를 불문한다(통설·판례). [법원행시 05]

ⓐ 준강도의 주체인 절도에 해당하는 경우 : 야간에 아파트에 침입하여 물건을 훔칠 의도하에 아파트의 베란다 철제난간까지 올라가 유리창문을 열려고 시도하였다면 야간주거침입절도죄의 실행에 착수한 것이기 때문에(대법원 2003.10.24, 2003도4417) [경찰채용 1차 16 / 경찰승진(경감) 10 / 국가7급 14] 이때 체포면탈 등의 목적으로 폭행하였다면 준강도(미수)죄가 성립한다. [법원9급 09 / 법원행시 05·09]

ⓑ 준강도의 주체인 절도에 해당하지 않는 경우 : 준강도죄가 되기 위해서는 그 주체는 최소한 절도의 실행에 착수한 자이어야 한다. 절도의 예비·음모는 처벌되지도 않으며 본죄의 행위주체가 되기에 부족하다. 따라서 주간에 절도의 목적으로 타인의 주거에 침입하였는데 그 집주인에게 발각당하자 체포면탈 목적으로 폭행을 한 경우에는, 주거침입죄와 폭행죄의 경합범만 성립하게 된다. [법원9급 13 / 법원행시 09·13] 아직 절도의 실행에 착수한 행위가 없기 때문이다.

② 행위 – 폭행·협박(사후강도)

㉠ 폭행·협박의 정도 : 강도죄(제333조)와의 균형상 사람의 반항을 억압할 정도의 것(소위 최협의의 폭행·협박)임을 요하므로, 일반적·객관적으로 체포 또는 재물탈환을 하려는 자의 체포의사나 탈환의사를 제압할 정도라고 인정될 만한 폭행·협박이 있어야 한다(대법원 1990.4.24, 90도193). [경찰승진(경사) 10 / 경찰승진 12·13·14 / 법원행시 05·10] 따라서 절도피해자의 체포에 필요한 정도를 넘는 심한 폭력에 대항하기 위하여 절도범이 체포자에게 상해를 입힌 경우 준강도죄는 성립하지 않는다(대법원 1990.4.24, 90도193). [법원행시 10]

ⓛ 폭행·협박의 시기와 장소 : 준강도는 절도범인이 '절도의 기회'에 재물탈환의 항거 등의 목적으로 폭행 또는 협박을 가함으로써 성립한다. 여기에서 절도의 기회란 절도와의 시간적·장소적 근접성이 인정되는 상황을 말한다.
  ⓐ 시간적 근접성 : 절도의 실행 착수 이후부터 절도의 종료 직후까지를 의미한다(다수설).
  ⓑ 장소적 근접성 : 절도범인과 피해자 측이 절도의 현장에 있는 경우, 절도에 잇달아 또는 절도의 시간·장소에 접착하여 피해자 측이 범인을 체포할 수 있는 상황, 범인이 범죄의 흔적 인멸에 나올 가능성이 높은 상황에 있는 경우, 피해자 측이 추적태세에 있는 경우나 범인이 일단 체포되어 아직 신병확보가 확실하다고 할 수 없는 경우 등이 모두 포함된다.

> **판례연구   준강도죄에서 폭행·협박의 시기와 장소 관련판례**
>
> 대법원 1984.9.11, 84도1398
> 현장에서 계속 추격당하는 상태라면 절도와의 시간적·장소적 근접성이 인정된다는 사례
> 피고인이 야간에 절도의 목적으로 피해자의 집에 담을 넘어 들어간 이상, 절취한 물건을 물색하기 전이라고 하여도 이미 야간주거침입절도의 실행에 착수한 것이라고 하겠고, 그 후 피해자에게 발각되어 계속 추격당하거나 체포를 면탈하고자 피해자에게 폭행을 가하였다면 그 장소가 소론과 같이 범행현장으로부터 200m 떨어진 곳이라고 하여도 절도의 기회 계속 중에 폭행을 가한 것이라고 보아야 할 것이다.

ⓒ 폭행·협박의 상대방 : 재물의 소유자·점유자뿐만 아니라 체포면탈 등의 목적에 장애가 될 수 있는 제3자에 대한 폭행·협박에 대하여도 본죄가 성립한다. [법원9급 05]
  예 ① 야간에 주거에 침입하여 절도를 하려고 하였으나 주인에게 발각되어 대문 밖으로 도주하다가 자신을 체포하려는 경찰관과 직면하자, 그에게 폭행을 한 경우에는 본죄가 성립한다. 이 경우 준강도죄와 공무집행방해죄의 상상적 경합범이 성립한다. 다만, ② '강도범'이 경찰관에게 폭행을 가하면 강도죄와 공무집행방해죄의 경합범이 성립한다는 점이다(판례). [사시 12] 강도죄가 이미 성립한 경우이므로 경찰관을 폭행한 것이 별도의 준강도죄가 성립한다고 볼 필요가 없기 때문이다(강도죄와 준강도죄는 기본법 대 보충법의 관계).

ⓓ 본죄의 미수·기수의 판단기준 : 폭행·협박기준설(절도가 미수이든 기수이든 상관없이 최협의의 폭행·협박이 행해져서 상대방의 반항이 억압될 정도에 도달하면 기수가 되고, 그렇지 못한 경우에는 미수가 된다는 입장)도 있으나, 판례는 절취행위기준설을 취한다. 이에 따르면 절도가 미수인 상태에서 폭행·협박이 행해져 상대방의 반항이 억압되어도 본죄는 미수에 불과하다고 보게 된다(대법원 2004.11.18, 2004도5074). [경찰채용 21 2차 / 경찰간부 12·18 / 경찰승진(경장) 10 / 경찰승진(경사) 10/경찰승진 12·13·14·17/ 국가9급 13 / 국가7급 08·12·13·20/법원9급 08·10·13/법원승진 10/법원행시 07·10·13·14·16/ 사시 12·16]

(2) 주관적 구성요건 – 고의와 재물탈환항거·체포면탈·범죄흔적인멸의 목적(목적범)

'재물의 탈환에 항거할 목적'이라 함은 일단 절도가 재물을 자기의 배타적 지배하에 옮긴 뒤 탈취한 재물을 피해자 측으로부터 탈환당하지 않기 위한 목적을 말하고, '체포를 면탈할 목적'은 체포되지 않으려는 목적을 말하며, '범죄의 흔적을 인멸할 목적'은 범죄의 증적을 없애려는 목적을 말한다. 목적이 없을 때에는 폭행·협박이 이루어져도 절도죄와 폭행·협박죄의 경합범이 될 뿐이므로, 소매치기가 자신의 절도범행을 방해한 제3자에게 분을 풀려는 목적에서 폭행을 가한 경우에는 절도미수죄와 폭행죄의 경합범에 불과하다.

(3) 공동정범의 성립문제

절도의 공동정범 내지 합동범 가운데 한 사람이 준강도죄를 범한 경우에 다른 공동정범도 본죄에 따라 처벌되는가에 대하여 견해의 대립이 있으나, 판례는 다른 공동정범의 준강도행위에 대하여 예견이 가능하였다면 준강도죄의 공동정범을 인정하는 입장이다(예견가능성설, 대법원 1989.12.12, 89도1991; 1988.2.9, 87도2460; 1984.12.26, 84도2552; 1984.10.10, 84도1887; 1972.1.31, 71도2073).[61] [국가7급 10]

---

61 주의 : 다만 예견가능성을 부정함으로써 준강도죄(내지 여기에서 발전된 강도상해·치상죄)의 공동정범의 성립을 부정하고 특수절도

3. 다른 범죄와의 관계

(1) 강도범이 특수강도의 준강도를 범한 경우

(다수설에 의하면) 처음에는 단순강도의 고의로 폭행하여 재물을 강취하였으나 추적과정에서 흉기를 휴대하고 추적자를 폭행하였다면 이는 준특수강도죄(특수강도의 준강도)가 성립한다. [경찰승진 12 / 법원9급 13 / 법원행시 05 · 10 · 13]

(2) 준강도가 상해 · 살인 · 강간을 한 경우

강도상해죄, 강도살인죄, 강도강간죄가 성립한다. 강도죄의 예에 의하기 때문이다. 특수강도가 동 행위를 한 경우에도 역시 마찬가지이다. [사시 16 / 변호사시험 17]

(3) 절도가 체포면탈 목적으로 경찰관을 폭행한 경우

준강도죄와 공무집행방해죄의 상상적 경합이 성립한다. [경찰간부 16 / 경찰승진 10 · 13 / 국가7급 07 / 법원9급 08 · 10 / 법원행시 05 · 09 · 11 · 12 / 사시 11 · 16 / 변호사시험 17]

(4) 강도가 체포면탈 목적으로 경찰관을 폭행한 경우

강도죄와 공무집행방해죄의 실체적 경합이 성립한다. [경찰채용 14 2차 / 경찰승진 16 / 법원9급 07(하) / 법원9급 13 / 법원행시 10 · 12 · 13 · 14 / 사시 12 · 13 · 14]

(5) 절도범이 체포면탈 목적으로 체포하려는 수명에게 같은 기회에 폭행하여 그중 1인에게만 상해를 가한 경우

포괄하여 강도상해죄의 일죄가 된다(대법원 2001.8.21, 2001도3447). [경찰채용 21 2차 / 경찰승진(경사) 11 / 경찰승진 10 · 17 · 22 / 국가9급 13 / 법원행시 09 · 14 · 16 / 사시 11 · 14 · 16 / 변호사시험 14 · 17]

---

05 인질강도죄

> 제336조【인질강도】 사람을 체포, 감금, 약취 또는 유인하여 이를 인질로 삼아 재물 또는 재산상의 이익을 취득하거나 제3자로 하여금 이를 취득하게 한 자는 3년 이상의 유기징역에 처한다.

1. 의의 및 성격

인질강도죄는 사람을 체포 · 감금 · 약취 · 유인하여 이를 인질로 삼아 재물 또는 재산상의 이익을 취득하거나 제3자로 하여금 이를 취득하게 함으로써 성립하는 범죄이다. 본죄의 보호법익은 인질의 신체활동의 자유와 그 안전 그리고 재산권이다. 따라서 만일 재산권에 대한 범죄가 아니라 일반적인 의사결정 및 의사실현의 자유를 침해하는 경우에는 전술한 인질강요죄(제324조의2)의 죄책만 지게 된다.

2. 행위객체 – 재물 · 재산상 이익, 인질, 제3자

(1) 재물 또는 재산상 이익

(미수)죄의 성립만 인정한 판례로는 대법원 1984.2.28, 83도3321(망을 보다가 도주한 사례); 1982.7.13, 82도1352(먼저 체포되어 동네 사람들에게 인계된 사례) 참조. 자세한 것은 총론의 정범과 공범론, 공동정범 중 공동정범의 실행의 양적 초과 참조

(2) 체포·감금·약취·유인의 객체

성년·미성년·남녀·기혼·미혼을 불문한다. 다만, 특별법까지 고려한다면 미성년자의 경우에는 특가법 제5조의2 제2항 제1호가 적용되며 본죄는 적용되지 않는다(법조경합).

(3) 2자관계 및 3자관계

본죄는 행위자와 피해자의 2자관계 및 행위자와 인질과 제3자의 3자관계를 모두 전제로 하고 있다

→ 인질강요죄(제324조의2)의 3자관계

3. 실행의 착수 및 기수시기

(1) 착수시기

석방 내지 안전보장의 대가로 재물 또는 재산상의 이익을 요구하는 시점에서 본죄의 실행의 착수가 있다(다수설).

→ 석방의 대가로 재물 등을 요구하기 위하여 약취·유인행위를 한 데 그친 경우에는 영리목적 약취·유인죄(제288조 제1항)에 해당한다고 보아야 한다.[62]

(2) 기수시기

재물 또는 재산상의 이익을 취득한 때이다.

4. 죄수 및 다른 범죄와의 관계

체포·감금죄(제276조)나 미성년자약취·유인죄(제287조)나 영리목적 약취·유인죄(제288조 제1항)는 본죄가 성립하면 흡수된다(법조경합). 다만 미성년자를 행위객체로 한 인질강도행위는 특가법 제5조의2에 의하여 가중처벌된다.

---

06 강도상해·치상죄

제337조 【강도상해, 치상】 강도가 사람을 상해하거나 상해에 이르게 한 때에는 무기 또는 7년 이상의 징역에 처한다.

1. 객관적 구성요건

(1) 행위주체 – 강도

본죄의 주체는 강도로서 단순강도, 특수강도, 준강도 및 인질강도를 불문한다. 강도의 기수·미수는 불문한다(대법원 1988.2.9, 87도2492; 1985.10.22, 85도2001; 1982.5.25, 82도494). 따라서 범인이 강도의 기회에 사람을 상해하여 상해의 결과가 발생하면 강도상해죄의 기수가 되는 것이고, 반드시 재물탈취의 목적달성을 필요로 하는 것은 아니다(대법원 1988.2.9, 87도2492).

(2) 행위 – 사람을 상해하거나 상해에 이르게 하는 것

① 의 의

㉠ 상해 : 강도가 고의로 상해행위를 하는 경우를 말한다(고의+고의=결합범). 이마부분이 긁혀서

---

62 전술한 자유에 대한 죄, 약취·유인, 인신매매의 죄, 영리목적 약취·유인죄 참조

경도의 부종이 있는 정도는 여기에 해당하지 않는다(대법원 2002.1.11, 2001도4389). [경찰승진 13 / 국가7급 10]

ⓛ **상해에 이르게 하는 것**(치상) : 강도치상죄는 강도가 상해의 고의는 없었지만 강도의 행위인 폭행·협박의 과정 내지 그 결과로 상해가 발생하는 것을 말한다. 상해의 결과가 발생하였다고 하여 무조건 강도치상죄(결과적 가중범)가 성립하는 것이 아니라, 무거운 결과에 대한 예견가능성(과실)이 있어야 한다(제15조 제2항). 따라서 상해의 결과가 발생하였다 하더라도 그것이 강도의 고의를 가진 폭행·협박에 의한 것이 아니라 절도행위의 과정에서 우연하게 행해진 것이라면 이는 강도죄(내지 준강도죄) 자체가 성립하는 경우가 아니므로 본죄가 성립하지 않고 절도죄(와 과실치상죄)의 문제가 될 뿐이다.

② **상해·치상의 상대방** : 강도의 피해자뿐만 아니라 제3자도 이에 포함된다.

예 강도현장을 순찰하던 경찰관 : ○(대법원 1992.1.21, 91도2727)

③ **상해·치상의 발생원인** : 상해와 치상이 반드시 폭행·협박에서 야기된 것일 필요는 없고 '강도의 기회'에 발생하면 충분하다는 견해가 통설·판례 [국가7급 12] 이다. 따라서 강도범행의 실행 중이거나 실행 직후 또는 실행의 고의를 포기한 직후로서 사회통념상 범죄행위가 완료되지 아니하였다고 볼 수 있는 단계에서 상해가 행하여지면 강도상해죄에 해당하고, 나아가 강도범행의 수단으로 한 폭행에 의하여 상해를 입힐 것을 요하는 것도 아니고 상해행위가 강도가 기수에 이르기 전에 행하여져야만 하는 것도 아니다(대법원 2014.9.26, 2014도9567). [경찰채용 18 3차 / 변호사시험 16·18]

2. 정범과 공범

강도의 공동정범 내지 특수강도(합동강도) 중 1인이 강도의 기회에 고의적인 상해행위를 하거나 과실에 의한 치상행위를 한 경우 다른 공동정범 내지 특수강도자에게도 강도상해·치상죄가 성립하는가에 관하여 견해는 대립하나, 판례는 강도의 공범 중 1인이 강도의 기회에 행한 상해행위에 대하여 책임을 면할 수 없고, 준강도의 공동정범도 상해의 결과에 대한 예견가능성이 인정되면 강도상해죄의 책임을 질 수 있다는 입장이다. [경찰간부 16]

3. 미수 – 결과적 가중범의 미수의 문제

강도상해·치상죄에는 미수범 처벌규정이 적용된다(제342조). 강도상해죄는 고의범이므로 강도가 고의로 상해행위를 하였으나 상해의 결과가 발생하지 않은 경우에는 강도상해죄의 미수범으로 처벌될 것이고, 이 점은 후술할 강도살인죄도 마찬가지이다. 한편, 결과적 가중범인 강도치사상죄의 미수범 성립이 가능한가에 대해서는 견해의 대립이 있으나 부정설이 다수설이다.

07 강도살인·치사죄

제338조 【강도살인, 치사】 강도가 사람을 살해한 때에는 사형 또는 무기징역에 처한다. 사망에 이르게 한 때에는 무기 또는 10년 이상의 징역에 처한다.

1. 행위주체 – 강도

강도살인죄가 성립하려면 먼저 강도죄(기수·미수 불문)의 성립이 인정되어야 하고, 강도의 기회에 살인 내지 사망에 이르게 하면 본죄에 해당된다. 구체적으로 본죄가 성립하려면 재물 또는 재산상 이익에 대한 불법영득(또는 불법이득)의 의사가 있어야 하는데, '재산상 이익의 취득'을 인정하기 위하여는 재산상 이익이 사실상 피해자에 대하여 불이익하게 범인 또는 제3자 앞으로 이전되었다고 볼 만한 상태가 이루어져야 한다(대법원 2004.6.24, 2004도1098).

따라서 남편이 생명보험에 가입된 것을 기화로 남편을 죽여 생명보험금을 타려고 남편을 살해한 처의 행위는 강도살인죄가 아니라 살인죄에 해당할 뿐이다. 강도행위의 실행에 착수한 것으로 볼 수 없기 때문이다. 또한, 채무를 면탈할 의사로 채권자를 살해하였다 하더라도 무조건 강도살인죄가 성립하는 것이 아니기 때문에 만일 채무자가 일시적으로 채권자 측의 추급을 면한 것에 불과한 경우에도 본죄에 해당되지 못한다(대법원 2004.6.24, 2004도1098; 2005.6.23, 2005도1947; 2010.9.30, 2010도7405). [경찰채용 21 1차/경찰승진(경장) 11/경찰승진(경사) 11/경찰승진 14] 채무의 존재가 명백할 뿐만 아니라 채권자의 상속인이 존재하고 그 상속인에게 채권의 존재를 확인할 방법이 확보되어 있기 때문에, 살해행위로 인하여 재산상 이익의 지배가 채권자 측으로부터 범인 앞으로 이전되었다 보기 어렵기 때문이다. [경찰간부 13/경찰승진 17/법원행시 11·12·14]

2. 행위 – 사람을 살해하거나 사망에 이르게 하는 것

강도치사죄는 강도범인이 그 기회에 과실치사죄를 범함으로써 성립하는 결과적 가중범이고, 강도살인죄는 강도범인이 강도의 기회에 살인행위를 함으로써 성립하는 고의범이다. 강도살인죄의 경우, 강도범행의 실행 중이거나 그 실행 직후 또는 실행의 고의를 포기한 직후로서 사회통념상 범죄행위가 완료되지 아니하였다고 볼 수 있는 단계에서 살인이 행하여져야 성립한다. [경찰승진 17]

08 강도강간죄

> 제339조【강도강간】강도가 사람을 강간한 때에는 무기 또는 10년 이상의 징역에 처한다. 〈개정 2012.12.18.〉

1. 객관적 구성요건

(1) 행위주체 – 강도

① 강도의 의미 및 범위 : 단순강도·특수강도·준강도·인질강도를 불문한다. 또한 강간범인이 폭행·협박에 의한 반항억압 상태가 계속 중임을 이용하여 재물을 탈취하는 경우 강도죄의 성립을 위하여 새로운 폭행·협박을 요하지 않으므로 이러한 재물탈취행위에 대해서는 강도죄가 성립하고 뒤이어 강간행위가 있었다면 강도강간죄에 해당된다(대법원 1985.10.22, 85도1527; 2010.12.9, 2010도9630). [경찰채용 14 2차/법원9급 11/법원행시 14/사시 12·13]

② 강도의 미수·기수와 본죄 : 본죄의 주체는 강도죄의 실행에 착수하면 족하다. 그러므로 강간행위를 마치기 전에 강도행위를 한 때에는 본죄가 성립한다. 따라서 특수강간범이 강간행위 종료 전에 특수강도의 행위를 한 이후에 그 자리에서 강간행위를 계속하는 때에도 특수강도가 부녀를 강간한 때에 해당하여 성폭력특별법상 특수강도강간죄로 의율할 수 있다(대법원 2010.7.15, 2010도3594). [경찰채용 18 1차/변호사시험 13]

(2) 행위 – 사람을 강간하는 것

① **강간의 시기 및 상대방** : 강취의 전후를 불문하며 강도의 기회에 행해지면 된다. 이때 강간의 피해자가 반드시 강도의 피해자일 필요는 없다. 형법 제339조는 '강도'가 사람을 강간한 경우라고 규정하고 있기 때문에, 가령 A가 강도하기로 모의를 한 후 피해자 甲남으로부터 금품을 빼앗고 이어서 피해자 乙녀를 강간하였다면 강도강간죄를 구성하게 된다(대법원 1991.11.12, 91도2241). [경찰채용 18 3차/경찰승진 12/법원행시 08·12]

② **미수·기수시기** : 기수·미수는 강간의 기수·미수에 따라 결정한다.

2. 죄수 및 다른 범죄와의 관계

(1) 죄 수

강간피해자의 수에 따라 결정한다.

(2) 다른 범죄와의 관계

강도가 사람을 강간하려고 하였으나 미수에 그치고 이 과정에서 피해자에게 과실로 상해를 입힌 경우의 죄수에 대해서는 견해가 대립하나, 판례는 강도강간미수와 강도치상(치사)의 상상적 경합으로 본다(대법원 1988.6.28, 88도820). [경찰승진(경장) 10/법원9급 07(상)/사시 12]

---

09 **해상강도**(상해·치상·살인·치사·강간)**죄**

> **제340조 【해상강도】** ① 다중의 위력으로 해상에서 선박을 강취하거나 선박 내에 침입하여 타인의 재물을 강취한 자는 무기 또는 7년 이상의 징역에 처한다.
> ② 제1항의 죄를 범한 자가 사람을 상해하거나 상해에 이르게 한 때에는 무기 또는 10년 이상의 징역에 처한다.
> ③ 제1항의 죄를 범한 자가 사람을 살해 또는 사망에 이르게 하거나 강간한 때에는 사형 또는 무기징역에 처한다.

해상강도살인죄뿐만 아니라 해상강도강간죄나 해상강도치사죄에도 그 법정형으로 사형이 규정되어 있다. 또한 해상강도살인죄를 범한 이후에 행한 시체유기는 불가벌적 사후행위로 인정되지 않고 별도의 시체유기죄를 구성한다(대법원 1997.7.25, 97도1142 – 페스카마 15호 사건 –). [경찰채용 12 2차/경찰간부 13/법원9급 07(하)/법원9급 05·12]

---

10 **상습강도죄**

> **제341조 【상습범】** 상습으로 제333조, 제334조, 제336조 또는 전조 제1항의 죄를 범한 자는 무기 또는 10년 이상의 징역에 처한다.

강도상해·치상죄, 강도살인·치사죄, 강도강간죄는 본 상습범 가중처벌규정의 대상이 아니므로, 상습강도죄 이외에 강도상해죄 등 위의 범죄를 범한 경우에는 상습강도죄와 강도상해죄 등 위의 범죄의 경합범이 성립한다(대법원 1990.9.28, 90도1365). 마찬가지로 강도상해죄와 강도강간죄를 범한 자에 대하여 그 실행행위의 일부인 강도(미수)에 대한 상습범 가중은 불가능하다(대법원 2010.4.29, 2010도1099).

또한 특가법 제5조의4 제3항에 규정된 상습강도죄를 범한 범인이 그 범행 외에 상습적인 강도의 목적으로 강도예비를 하였다가 강도에 이르지 아니하고 강도예비에 그친 경우에도 그것이 강도상습성의 발현이라고 보이는 경우에는 강도예비행위는 상습강도죄에 흡수되어 위 법조에 규정된 상습강도죄의 1죄만을 구성하고 이 상습강도죄와 별개로 강도예비죄를 구성하지 아니한다(대법원 2003.3.28, 2003도665). [국가7급 09/법원9급 11/법원행시 14]

11 강도예비·음모죄

제343조【예비, 음모】강도할 목적으로 예비 또는 음모한 자는 7년 이하의 징역에 처한다.

강도예비·음모죄가 성립하기 위해서는 예비·음모 행위자에게 미필적으로라도 '강도'를 할 목적이 있음이 인정되어야 하고 그에 이르지 않고 단순히 준강도할 목적이 있음에 그치는 경우에는 강도예비·음모죄로 처벌할 수 없다(대법원 2006.9.14, 2004도6432). [경찰채용 14 1차/경찰채용 16 2차/경찰승진(경장) 10/경찰승진 12·14/국가9급 13/국가7급 09·13·20/법원9급 20·21/법원행시 07·12/사시 11·12·14/변호사시험 14·16] 예를 들어, 甲이 휴대 중이던 등산용 칼을 뜻하지 않게 절도 범행이 발각되었을 경우 체포를 면탈하는 데 도움이 될 수 있을 것이라는 정도의 생각에서 가지고 있을 뿐, 타인으로부터 물건을 강취하는 데 사용하겠다는 생각으로 준비하였다고 볼 수 없는 경우에는, 甲에게는 준강도할 목적만 인정되고 강도할 목적은 부정되므로 강도예비죄의 죄책을 인정할 수 없다(위 판례).

제4절 사기의 죄

01 총 설

1. 의의 및 구별개념

사기죄(詐欺罪)는 사람을 기망하여 착오를 일으켜 처분행위를 하게 하여 재물 또는 재산상 이익을 취득함으로써 성립하는 범죄이다. 본죄는 처분행위가 필요한 편취죄의 요소와 재물죄이면서 이득죄의 성격을 가지고 있는데 이는 공갈죄의 성질과도 같은 것이다. 사기죄와 공갈죄를 비교하면 아래와 같다.

표정리 사기죄와 공갈죄의 비교

구 분	사기죄	공갈죄
수 단	기망	폭행·협박
보호법익	재산권(및 거래상 신의칙)	재산권 및 자유권
피해자	재산의 소유자	피공갈자, 재산의 소유자

2. 보호법익

사기죄의 보호법익에 대해서는 순수하게 재산권으로 보는 것이 다수설이나, 판례는 재산권뿐만 아니라

거래의 진실성 · 신의성실까지 보호법익이 된다고 본다. 다만 조세의 강제징수와 같은 국가 · 지방자치단체의 권력작용은 사기죄의 보호법익에 포함되지 아니한다. [경찰간부 17 / 경찰승진(경감) 10 / 국가7급 14 / 법원9급 16 / 법원행시 11 / 변호사시험 17] 법익보호의 정도는 침해범이다.

3. 재산상 손해

사기죄의 성립에 재산상의 손해가 필요한가에 대해서는 견해의 대립이 있으나, 판례는 우리 형법상 (배임죄와는 달리) 재산상 손해발생은 명시되어 있지 않기 때문에 기망을 통하여 재산을 취득한 이상 별도의 재산상 손해발생이 필요 없다고 보는 견해이다(재산상 손해발생 불요설).

> **판례연구** 재산상 손해는 사기죄의 성립요건이 아니라고 본 판례
>
> 대법원 2000.7.7, 2000도1899
> 재산상 손해의 유무는 사기죄 성립에 영향이 없다
> 재물편취를 내용으로 하는 사기죄에 있어서는 기망으로 인한 재물교부가 있으면 그 자체로서 피해자의 재산침해가 되어 이로써 곧 사기죄가 성립하는 것이고, 상당한 대가가 지급되었다거나 피해자의 전체 재산상에 손해가 없다 하여도 사기죄의 성립에는 그 영향이 없으므로 사기죄에 있어서 그 대가가 일부 지급된 경우에도 그 편취액은 피해자로부터 교부된 재물의 가치로부터 그 대가를 공제한 차액이 아니라 교부받은 재물 전부라 할 것이다.
> [경찰간부 11 · 14 / 법원행시 09 · 10]

02 사기죄

> 제347조【사 기】① 사람을 기망하여 재물의 교부를 받거나 재산상의 이익을 취득한 자는 10년 이하의 징역 또는 2천만 원 이하의 벌금에 처한다.
> ② 전항의 방법으로 제3자로 하여금 재물의 교부를 받게 하거나 재산상의 이익을 취득하게 한 때에도 전항의 형과 같다.

1. 구성요건

(1) 객관적 구성요건

그림정리 사기죄의 객관적 구성요건 개관

```
   ┌─────────────┐                    ┌──────────────────┐
   │  기망행위자  │ ─────────────────> │ 피기망자(=처분행위자) │
   └─────────────┘                    └──────────────────┘
   ① 기망행위(명시적, 묵시적, 부작위)        ② 착오
                                          ③ 처분행위
   ④ 재물, 재산상 이익취득                  ⑤ 재산상 손해발생
```
※ 1. 삼각사기 : 피기망자(=처분행위자)와 재산상 피해자가 다른 경우로서, 처분행위자가 재산상 피해자의 재산을 '사실상 처분할 수 있는 지위'(예 법원 ○, 등기관 ×)에 있는 경우
　 2. 처분행위의 직접성 : 없으면 절도죄[금목걸이(판례)], 있으면 사기죄[자전거(판례)]
　 3. 판례에 의하면 재산상 손해발생은 불필요(배임죄와의 차이)

① 객체 − 타인이 점유하는 타인의 재물 또는 재산상의 이익(재물죄이면서 이득죄)

　　㉠ 재물 : 재물이란 물리적으로 관리가능한 유체물 및 무체물이다. 본죄의 재물에는 ⓐ 부동산이 포함되고, ⓑ 사기 범행의 피해자로부터 현금을 예금계좌로 송금받은 경우 사기죄의 객체는 재산상 이익이 아니라 '재물'이 되며(재물인지 이익인지는 피해자에 대한 관계에서 판단, 대법원 2010.12.9, 2010도6256), [사시 12 / 변호사시험 12] ⓒ '인감증명서'도 '재물'에 해당한다(대법원 1986.9.23, 85도1775; 2008.7.24, 2006다63273; 2011.11.10, 2011도9919). [경찰채용 12 2차 / 법원행시 12 · 13]

　　㉡ 재산상의 이익 : 적극적(노무의 제공, 담보의 제공, 연고권의 취득, 채권추심의 승인)·소극적(채무의 면제, 채무변제의 유예)·일시적·영구적 이익인가를 불문한다. 나아가 경제적 이익을 기대할 수 있는 자금운용의 권한 내지 지위를 획득하는 것도 사기죄의 객체인 재산상 이익에 포함될 수 있다(대법원 2012.9.27, 2011도282). [경찰채용 13 2차]

② 행위 − 기망행위

　　㉠ 기망(欺罔)의 의의 : 널리 거래관계에서 지켜야 할 신의칙에 반하는 행위로서 '사람으로 하여금' 착오를 일으키게 하는 것을 말한다.

　　㉡ 기망의 대상 : 기망의 대상은 사실(事實)이며 순수한 주관적인 의견진술이나 판단은 원칙적으로 제외되나, 판단자의 전문적 지식과 결부된 것은 사실에 관한 것으로 볼 수 있으므로 본죄의 대상으로 보아야 한다. 여기서 사실이란 증명가능한 과거 및 현재의 외부적 상태(예 채무변제능력)와 내부적 상태(예 채무변제의사)를 말한다. 예컨대, 한우만 판매한다고 해놓고는 수입쇠고기를 판매한 행위는 쇠갈비의 원산지에 관한 기망이 이루어진 것으로 볼 수 있다(대법원 1997.9.9, 97도1561). [경찰승진 14 / 국가7급 13]

　　㉢ 기망의 수단

　　　ⓐ 작위에 의한 기망행위

　　　　㉮ 명시적 기망행위 : 언어·문서에 의하여 허위의 주장을 하는 것을 말한다. 주로 구두에 의한 기망행위이나 이에 국한되는 것은 아니다.

　　　　　예 진짜 단원(김홍도)의 풍속화라고 말하는 것, 계기의 조작, 문서의 위조, 가격표시의 교환에 의한 기망행위

　　　　㉯ 묵시적 기망행위 : 행동에 의하여 허위의 주장을 하는 것을 말한다. 행위자의 전체적 행위가 구체적 상황 하에서 일정한 내용의 의사를 표시하는 특정한 설명가치를 가질 때에 인정된다. 예컨대, 무전취식·무전숙박의 경우 (i) 처음부터 지급능력·지급의사가 없으면서도 취식·숙박을 청약한 경우에는 묵시적 기망행위에 해당되지만, (ii) 취식·숙박 후 지급능력이 없음을 알고 도망한 경우에는 기망행위가 없는 것이어서 사기죄의 성립이 부정된다. 한편, 절취한 장물을 선의의 제3자에게 처분한 행위는 절도죄 외에 사기죄가 성립한다.

　　　ⓑ 부작위에 의한 기망행위

　　　　㉮ 성립요건 : 소극적 행위로서의 부작위에 의한 기망은 법률상 고지의무 있는 자가 일정한 사실에 관하여 상대방이 착오에 빠져 있음을 알면서도 이를 고지하지 아니함을 말한다. [경찰승진 22 / 국가7급 11 / 법원승진 10] 이 경우 고지의무는 일반거래의 경험칙상 상대방이 그 사실을 알았더라면 당해 법률행위를 하지 않았을 것이 명백한 경우에 신의성실원칙(민법 제2조)에 비추어 그 사실을 고지해 주어야 할 법률상 의무가 인정된다. 예를 들어, 임대인이 임대차계약을 체결하면서 임차인에게 임대목적물이 경매진행 중인 사실을 알리지 아니한 경우, 임차인이 등기부를 확인 또는 열람하는 것이 가능하더라도 사기죄가 성립한다(대법원 1998.12.8, 98도3263). [경찰승진(경장) 11 / 경찰승진(경위) 11 / 국가9급 21 / 사시 14 / 변호사시험 12]

㉯ 구체적 적용
  • 점유이탈된 거스름돈 횡령
    - 과다한 거스름돈을 주는 것을 알고 수령한 경우 : 형법상 고지의무가 인정될 수 없으므로 점유이탈물횡령죄가 성립할 뿐이라는 입장(사기죄 부정설, 다수설)과 부작위에 의한 사기죄가 성립한다는 입장이 대립한다.
    - 과다한 거스름돈의 수령 후에야 비로소 이를 알았으나 묵비하고 영득한 경우 : 점유이탈물횡령죄가 성립한다(통설).
  • 부동산매매계약
    - 매매목적물의 소유권귀속에 관한 재심소송의 계속사실을 알리지 않고 부동산을 매도한 경우(대법원 1986.9.9, 86도956)
    - 매도인이 부동산에 대한 명도소송이 계속 중이고 점유이전금지가처분까지 되어 있는 사실을 알리지 않고 매도한 경우(대법원 1985.3.26, 84도301)
    - 토지에 여객정류장시설 또는 유통업무시설을 설치하는 도시계획이 입안되어 있어 토지가 협의매수되거나 수용될 것이라는 점을 알고 있었음에도 불구하고 이러한 사정을 알지 못하는 매수인에게 고지하지 않은 경우(대법원 1993.7.13, 93도14) [경찰채용 16 1차 / 국가9급 16 / 법원행시 16 / 변호사시험 14]
    - 부동산의 매도인이 부동산매매 목적물이 유언으로 재단법인에 출연된 사실을 숨기고 매도하여 대금을 교부받은 경우(대법원 1992.8.14, 91도2202) [법원행시 16]
㉣ 기망의 정도
  ⓐ 의의 : 적어도 거래관계에 있어서의 신의칙(信義則)에 반하는 행위이어야 한다.
  ⓑ 허위·과장광고의 문제 : 일반상거래의 관행과 신의칙에 비추어 시인될 수 있는 한 기망행위에 해당하지 아니하나(단순한 과장광고는 기망행위 해당 안 됨), 거래에 있어서 중요한 사항에 관하여 구체적 사실을 거래상의 신의성실의 의무에 비추어 비난받을 정도의 방법으로 허위로 고지한 경우에는 과장·허위광고의 한계를 넘어 사기죄의 기망행위에 해당한다.
  ⓒ 부동산이중매매·부동산이중저당·부동산이중양도담보 : 부동산의 이중매매에 있어서 매도인이 제2의 매수인에게 제1매매계약을 해제할 수 없다는 사정을 고지하지 아니하였다고 하여 제2의 매수인을 기망한 것이라고 평가할 수는 없다(대법원 1991.12.24, 91도2698; 2005. 11.25, 2005도5021)(제1매수인에 대한 관계에서 배임죄가 성립할 뿐임)(다만 처음부터 이중매매를 의도한 매도인이 제1매수인으로부터 계약금 등을 받은 행위는 사기죄 성립). 또한 사기죄가 성립하지 않는다는 법리는 부동산의 이중양도담보에 있어서도 마찬가지이다(대법원 2012.1.26, 2011도15179)(다만 부동산이중양도담보는 배임죄도 성립하지 않음).
  ⓓ 부동산명의신탁·자동차명의신탁 : 부동산명의신탁에 있어서 명의신탁부동산을 명의수탁자가 명의신탁자의 허락 없이 제3자에게 임의로 처분한 행위는 명의신탁자에 대한 관계에서 횡령죄를 구성하지 않으며(대법원 2021.2.18, 2016도18761 전원합의체), 제3자에 대한 관계에서 사기죄를 구성하지 않는다(대법원 2007.1.11, 2006도4498). [경찰채용 12·14 1차 / 경찰채용 10 2차 / 경찰승진(경사) 11 / 경찰승진 12·17 / 법원9급 08·09 / 법원행시 10] 명의신탁의 법리상 대외적으로 수탁자에게 그 부동산의 처분권한이 있는 것임이 분명하고, 제3자로서도 자기명의의 소유권이전등기가 마쳐진 이상 실질적인 재산상의 손해가 없기 때문이다.
㉤ 기망의 상대방(피기망자)
  ⓐ 의의 : 기망의 상대방은 재물에 대해서 '처분행위를 할 수 있는 권한·지위'가 있는 자이어야 하며(피기망자=처분행위자), 반드시 재물의 소유자·점유자일 것은 요하지 않는다.

ⓑ **기망행위자와 동일인인 경우** : 기망행위자와 피기망자가 동일인인 경우에는 사기죄가 성립하지 않는다. 예컨대, 피해자 법인이나 단체의 대표자 또는 실질적으로 의사결정을 하는 최종결재권자 등 기망의 상대방이 기망행위자와 동일인이거나 기망행위자와 공모하는 등 기망행위를 알고 있었던 경우에는 사기죄가 성립하지 않는다(대법원 2017.8.29, 2016도18986).

ⓒ **삼각사기** : 피기망자와 재산상의 피해자가 같은 사람이 아닌 경우를 삼각사기라 한다. 이 경우 피기망자가 피해자를 위하여 그 재산을 처분할 수 있는 권능을 갖거나 사실상 지위에 있어야 사기죄가 성립한다(사실상 지위설, 통설·판례). [법원승진 10/변호사시험 12] 여기에서 피해자를 위하여 재산을 처분할 수 있는 권능·지위라 함은 반드시 사법상의 위임이나 대리권의 범위와 일치하여야 하는 것은 아니다. 예컨대, 법관, 피해자의 가족, 동거하는 가사도우미 등의 경우뿐만 아니라, '피해자의 의사에 기하여 재산을 처분할 수 있는 서류 등이 교부된 경우'에는 피기망자의 처분행위가 설사 피해자의 진정한 의도와 어긋나는 경우라고 할지라도 위와 같은 권능을 갖거나 그 지위에 있는 것으로 보아야 한다(대법원 1994.10.11, 94도1575).

㉮ **소송사기의 경우** : 타인의 재산을 편취할 의도로 법원에 소를 제기하여 판결을 받아내는 행위를 소송사기라 하는데, 이 경우 법원이 피기망자이면서 처분행위자가 되어 재산상 피해자와는 구별되는 삼각사기의 형태를 띠게 된다. 법원은 판결을 통하여 강제집행을 하는 등 재산상의 처분권한을 가지고 있으므로, 법원에 대한 기망행위는 사기죄를 구성할 수 있는 것이다.

㉯ **법원공무원에 대한 경우** : 피기망자가 등기관(법원공무원)인 경우에는 이 자에게는 형식적 심사권밖에 부여되어 있지 않으므로 허위서류를 제출하여 이전등기를 하였다 하여도 -공정증서원본부실기재죄는 논외로 하고- 사기죄는 성립하지 않는다. [법원9급 16]

㉰ **사실상 지위가 인정·부정되는 경우의 형사책임** : 피기망자에게 사실상 지위가 인정되는 경우에는 사기죄가 성립하지만, 부정되는 경우에는 (간접정범에 의한) 절도죄가 성립한다.

ⓓ **소송사기**

㉮ **소송사기의 성립요건**

- **소송사기의 주체** : 소송사기의 경우에 피기망자는 법원(法院)이며, 피해자는 재판의 상대방, 즉 패소자이다. 이 경우 기망행위자는 소송을 제기하는 원고(原告)가 되는 경우가 대부분이겠지만, 민사소송의 피고(被告)도 소송사기의 기망행위자로서 파악될 수 있으며(대법원 1998.2.27, 97도2786), [경찰채용 10 1차/경찰간부 17/경찰승진(경사) 10/법원9급 10·12/법원승진 10·14/법원행시 05·06·08·10·11] 경우에 따라서는 간접정범 형태의 소송사기죄도 성립할 수 있다(대법원 2007.9.6, 2006도3591). [경찰승진(경감) 10/경찰승진 17/국가9급 13/법원9급 09/법원행시 13/사시 11]

- **법원에 대한 기망행위와 그 인식** : 소송사기의 성립요건인 법원에 대한 기망행위는 제소 당시 주장하는 권리가 존재하지 않아 패소하였다는 사실만 가지고 인정할 수 없으며, 권리의 부존재사실을 알고 있으면서 '적극적인 허위의 주장 또는 입증'으로 법원을 기망하여야 한다(대법원 2004.3.12, 2003도333). 여기에서 허위의 내용으로 소송을 제기하여 법원을 기망한다는 고의가 있다면, '반드시 허위의 증거를 이용하지 않더라도' 당사자의 주장이 법원을 기망하기에 충분한 것이라면 기망수단이 된다(대법원 2004.6.24, 2002도4151; 2011.9.8, 2011도7262). [경찰채용1차 12]

- **판결의 효력 발생** : 법원의 판결은 효력발생을 전제로 한다. 소송사기에 있어서 피기망자인 법원의 재판은 피해자의 처분행위에 갈음하는 내용과 효력이 있는 것이어야 하고, 그렇지 아니하는 경우에는 착오에 의한 재물의 교부행위가 있다고 할 수 없어서 사기죄는 성립되지

아니한다. 따라서 피고인의 제소가 사망한 자를 상대로 하거나, 소유권자 아닌 자 또는 아무런 권한이 없는 사람을 상대로 하는 경우와 같이 판결의 효력이 발생하지 않는 경우에는 소송사기가 될 수 없다.

ⓑ **실행의 착수 및 기수시점** : 민사소송의 원고가 소송사기를 범할 때 그 착수시점은 법원에 소를 제기한 때[소장(訴狀)을 제출한 때]이다. 이 경우 법원을 기망한다는 인식을 가지고 소를 제기하면 이로써 실행의 착수가 있고 소장의 유효한 송달을 요하지 아니한다고 할 것이다. [법원9급 05 / 법원승진 14] 한편, 민사소송의 피고가 소송사기를 범할 때 그 착수시점은 적극적인 방법으로 법원을 기망할 의사를 가지고 허위내용의 서류를 증거로 제출하거나 그에 따른 주장을 담은 답변서나 준비서면을 제출한 시점으로 보면 된다. 이에 비해, 소송사기의 기수시점은 승소판결이 확정된 때이다. [법원9급 05·12 / 법원행시 06] 또한 허위의 내용으로 신청한 지급명령이 그대로 확정된 경우에는 소송사기의 방법으로 승소판결을 받아 확정된 경우와 마찬가지로 사기죄는 이미 기수에 이른 것이다(대법원 2004.6.24, 2002도4151). [경찰승진(경사) 11 / 경찰승진(경위) 11 / 경찰승진(경감) 10 / 경찰승진 13 / 국가7급 13 / 법원행시 05·08·11]

ⓒ **다른 범죄와의 관계** : 법원을 기망하여 승소판결을 받고 그 확정판결에 의하여 소유권이전등기를 경료한 경우에는 사기죄와 별도로 공정증서원본부실기재죄(실체적 경합)가 성립한다. [경찰간부 12 / 국가7급 13 / 사시 13] 나아가 승소판결을 받기 위하여 매매계약서를 위조하여 법원에 제출하였다면 사문서위조죄와 동 행사죄가 별도로 성립하게 된다.

ⓓ **소송사기 – 공소시효의 기산점** : 공소시효기산점은 범죄종료시이므로, 소송사기에 있어서 공소시효의 기산점은 소송이 종료한 때이다.

ⓔ **사기죄의 간접정범의 피이용자** : 간접정범을 통한 범행에서 피이용자는 간접정범의 의사를 실현하는 수단으로서의 지위를 가질 뿐이므로, 피해자에 대한 사기죄 외에 도구로 이용된 타인에 대한 사기죄가 별도로 성립하지 아니한다(대법원 2017.5.31, 2017도3894, ※ 구별 : 위조문서행사죄의 간접정범에서는 도구로 이용된 자도 그 상대방이 됨). [법원9급 18 / 법원행시 18 / 변호사시험 18]

③ **피기망자의 착오**

㉠ **의의** : 착오란 사실에 관한 인식과 현실의 불일치를 말한다.

㉡ **착오의 내용** : 착오의 대상은 사실뿐만 아니라 가치판단도 포함되지만(적극설), 순수한 가치판단은 배제된다. 다만 기망에 의하여 발생되는 착오는 반드시 법률행위의 내용의 중요부분에 대한 착오일 필요가 없고 동기의 착오도 포함된다(통설·판례). [경찰승진 12]

㉢ **기망행위와 착오의 인과관계** : 사기죄는 타인을 기망하여 착오에 빠뜨리고 처분행위를 유발하여 재물을 교부받거나 재산상 이익을 얻음으로써 성립하는 것이므로, 기망행위, 착오, 재산적 처분행위 사이에 인과관계가 있어야 한다(대법원 1988.3.8, 87도1872). [경찰간부 14] 또한 착오에 빠진 원인 중에 피기망자 측의 과실이 있다 하여도 사기죄의 성립에는 지장이 없다(대법원 2009.6.23, 2008도1697).[63] [사시 11·13] 다만, 기망행위가 인정되고 피기망자의 착오가 인정되어도 양자 간에 인과관계가 없다면 사기죄의 미수범이 성립할 뿐이다.

---

63 판례 : 대부업자가 새마을금고와 제3자에 대한 차량담보대출채권을 담보로 제공하고 개개 자동차담보채권액만큼 대출받는 것을 내용으로 하는 '대출채권담보대출 중개운용에 관한 업무협약 및 채권담보계약'을 체결하였음에도, 계약 취지와 달리 대출금을 기존 채무의 변제에 사용하고 새마을금고의 허락 없이 임의로 차량에 설정된 근저당권을 해제하는 등 새마을금고에 대한 채무변제를 성실히 이행하지 않은 경우, 위 대부업자가 대출 당시 대출금채무를 변제할 의사나 능력이 없음에도 있는 것처럼 새마을금고를 기망하여 이에 속은 새마을금고로부터 대출금을 편취하였고 그 편취의 고의도 인정되므로, 위 대출이 새마을금고의 재무상태 등에 대한 실사를 거쳐 실행됨으로써 새마을금고가 위 대출이 가능하다는 착오에 빠지는 원인 중에 새마을금고 측의 과실이 있더라도 사기죄의 성립이 인정된다(대법원 2009.6.23, 2008도1697). [사시 11]

④ 처분행위

　　㉠ 의의 : 직접 재산상의 손해를 초래하는 재산적 처분행위로서, 작위(계약의 체결이나 채무면제의 의사표시와 같은 법률행위 및 노무의 제공이나 물건의 인도와 같은 사실행위) 또는 부작위(채권추심을 하지 않는 등의 청구권을 행사하지 않는 행위) 또는 피해자의 자유로운 의사에 따른 수인(受忍, 일종의 부작위로서 취거의 묵인행위 등)을 포함하고, 법률행위인가 사실행위인가를 불문한다. 이러한 처분행위는 상대방에게 일정한 처분권을 준다는 의미가 있어야만 한다(편취죄).

판례연구 　　사기죄의 처분행위 긍정례

대법원 2007.9.20, 2007도5507
기망에 의하여 가압류를 해제한 사례
부동산가압류결정을 받아 부동산에 관한 가압류집행까지 마친 자가 그 가압류를 해제하면 소유자는 가압류의 부담이 없는 부동산을 소유하는 이익을 얻게 되므로, 가압류를 해제하는 것 역시 사기죄에서 말하는 재산적 처분행위에 해당하고, [사시 14] 그 이후 가압류의 피보전채권이 존재하지 않는 것으로 밝혀졌다고 하더라도 가압류의 해제로 인한 재산상의 이익이 없었다고 할 수 없다. [경찰간부 16 / 경찰승진(경감) 10 / 법원9급 08·09 / 법원행시 08·11/ 사시 10]

판례연구 　　사기죄의 처분행위 부정례

대법원 1996.10.15, 96도2227
결혼예식장 축의금 접수인 행세 사례
피해자가 결혼예식장에서 신부 측 축의금 접수인인 것처럼 행세하는 피고인에게 축의금을 내어 놓자 이를 교부받아 가로챈 사안에서, 피해자의 교부행위의 취지는 신부 측에 전달하는 것일 뿐 피고인에게 그 처분권을 주는 것이 아니므로, 이를 피고인에게 교부한 것이라고 볼 수 없고 단지 신부 측 접수대에 교부하는 취지에 불과하므로 피고인이 그 돈을 가져간 것은 신부 측 접수처의 점유를 침탈하여 범한 절취행위라고 보는 것이 정당하다. [경찰채용 10·14 2차 / 경찰승진(경장) 10 / 경찰승진(경사) 10 / 경찰승진 12 / 법원9급 10·16 / 법원행시 08 / 사시 13]

　　㉡ 처분행위의 내용

　　　　ⓐ 처분의사의 필요 여부 : 학설상 견해가 대립하고, 판례는 종래 처분의사 필요설을 취하였으나, 2017년 2월 **전원합의체 판례**를 통해 입장을 변경하여 "피기망자가 처분행위의 의미나 내용을 인식하지 못하였더라도, 피기망자의 작위 또는 부작위가 직접 재산상 손해를 초래하는 재산적 처분행위로 평가되고, 이러한 작위 또는 부작위를 피기망자가 인식하고 한 것이라면 처분행위에 상응하는 처분의사는 인정되므로, 피기망자가 자신의 작위 또는 부작위에 따른 결과까지 인식하여야 처분의사를 인정할 수 있는 것은 아니다."라는 판시를 내렸다(대법원 2017.2.16, 2016도13362 전원합의체 : 소위 서명사취에 대하여 피기망자가 처분결과인 문서의 구체적 내용과 법적 효과를 미처 인식하지 못하였더라도, 어떤 문서에 스스로 서명 또는 날인함으로써 처분문서에 서명 또는 날인하는 행위에 관한 인식이 있었던 이상 피기망자의 처분의사가 인정된다는 사례).

　　　　ⓑ 처분행위자 : 처분행위자는 피기망자와 동일인이어야 하지만, 재산상 피해자와 일치할 필요는 없다(삼각사기). [경찰채용 17 1차]

　　㉢ 피기망자의 착오와 처분행위 간의 인과관계 : 인과관계가 당연히 필요하므로, 처분행위는 착오로 인한 것이어야 한다. [경찰승진 13] 예컨대, 처(妻)가 남편의 폭행으로 목을 다쳤을 뿐인데도 교통사고로 상해를 입었다는 취지로 보험금을 청구하여 다수의 보험회사들로부터 보험금을 교부받았다 하더라도, 보험회사들의 보험금 지급이 처의 기망으로 인한 것으로 볼 수 없다면 사기죄가 성립하지 않는다(대법원 2011.2.24, 2010도17512, 또한 처의 보험금 지급 청구를 기망행위로 보기도 어렵다).

ㄹ **처분행위와 재산상 손해의 관계**(처분효과의 직접성) : 처분행위가 직접 재산상의 손해를 초래하여야 한다. 직접성이란 피기망자의 착오로 인한 행동이 기망행위자의 중간적 범죄행위를 개입시키지 않고도 직접 재산감소를 일으키는 것을 의미한다. 처분효과의 직접성이 인정되지 않는 경우에는 책략절도가 될 뿐이다. 판례에 의하면, ⓐ 피고인이 피해자 경영의 금방에서 마치 귀금속을 구입할 것처럼 가장하여 피해자로부터 순금목걸이 등을 건네받은 다음, 화장실에 갔다 오겠다는 핑계를 대고 도주한 것은 절도죄에 해당하는 반면(대법원 1994.8.12, 94도1487), [경찰승진 16 / 법원9급 10 / 법원행시 09 · 11 / 변호사시험 13] ⓑ 자전거를 살 의사도 없이 시운전을 빙자하여 교부받은 자전거를 타고 도주한 때에는 사기죄가 성립한다(대법원 1968.5.21, 68도480).

⑤ **재산상의 손해** : 판례는 기술하였듯이 상대방에게 현실적으로 재산상 손해가 발생함을 요하지 아니한다는 입장이다(판례 : 재산상 손해 불요설). [경찰승진(경감) 11] 따라서 충분한 담보가 제공되었다거나 피해자의 전체 재산상에 손해가 없고 사후에 상환되었다고 하더라도 사기죄의 성립에는 영향이 없다(대법원 2005.4.29, 2002도7262). [경찰승진(경위) 11 / 법원행시 10 / 사시 10]

⑥ **재물 또는 재산상 이익의 취득** : 피기망자의 처분행위로 인하여 자기 또는 제3자가 재물 또는 재산상 이익을 취득하여야 한다. 예컨대, 채무이행을 연기받는 것도 사기죄에 있어서 재산상의 이익이 될 수 있으므로, 채무자가 채권자에 대하여 소정기일까지 지급할 의사나 능력이 없음에도 종전 채무의 변제기를 늦출 목적에서 어음을 발행 · 교부한 경우에는 사기죄가 성립한다(대법원 2007.3.30, 2005도5972).

⑦ **착수시기 · 기수시기**

ㄱ **착수시기** : 기망행위를 개시한 때이다.

> 예 · 보험사기 : 보험금의 지급을 청구한 때
> · 소송사기 : 소(訴)를 제기한 때

ㄴ **기수시기** : 본죄가 기수로 되기 위하여는 기망행위, 착오, 처분행위, 재산상의 손해 사이에 인과관계가 있어야 한다. 본죄의 기수시기는 판례에 의하면 재물 또는 재산상 이익을 취득한 때이다.

(2) 주관적 구성요건 – 고의+불법영득 · 이득의 의사

사기죄의 구성요건적 고의는 기망행위를 통하여 상대방으로 하여금 착오를 일으키게 하여 처분행위를 하게 함으로써 재물 또는 재산상의 이익을 취득하고 이로써 재산상 손해를 입히게 하겠다는 객관적 구성요건요소에 대한 인식과 의사를 말하며, 사기죄는 영득죄이면서 이득죄이므로 불법영득의사 또는 불법이득의사가 추가적으로 요구된다.

판례연구 **사기죄의 고의 · 영득의사 부정례**

대법원 2016.4.2, 2012도14516
대주가 차주의 장래의 변제 지체 또는 변제불능 위험을 예상하거나 충분히 예상할 수 있는 사례
사기죄가 성립하는지 여부는 그 행위 당시를 기준으로 판단하여야 하므로, 소비대차 거래에서 차주가 돈을 빌릴 당시에는 변제할 의사와 능력을 가지고 있었다면 비록 그 후에 변제하지 않고 있다 하더라도 이는 민사상의 채무불이행에 불과하며 형사상 사기죄가 성립하지는 아니한다. 따라서 소비대차 거래에서, 대주(貸主)와 차주(借主) 사이의 친척 · 친지와 같은 인적 관계 및 계속적인 거래관계 등에 의하여 대주가 차주의 신용 상태를 인식하고 있어 장래의 변제 지체 또는 변제불능에 대한 위험을 예상하고 있었거나 충분히 예상할 수 있는 경우에는, 차주가 차용 당시 구체적인 변제의사, 변제능력, 차용 조건 등과 관련하여 소비대차 여부를 결정지을 수 있는 중요한 사항에 관하여 허위 사실을 말하였다는 등의 다른 사정이 없다면, 차주가 그 후 제대로 변제하지 못하였다는 사실만을 가지고 변제능력에 관하여 대주를 기망하였다거나 차주에게 편취의 고의가 있었다고 단정할 수 없다.

---

2. 위법성

권리자가 자신의 청구권 등의 권리실현의 수단으로 기망에 의하여 재물을 교부받거나 재산상의 이익을 취득하는 경우, 판례는 기망이라는 위법한 수단을 사용하였다는 점에서 사기죄의 구성요건에 해당되며, 다만 정당행위 등의 요건을 갖출 때에만 예외적으로 위법성이 조각된다는 입장이다. 따라서 기망행위가 사회통념상 권리행사의 수단으로서 용인할 수 없는 정도라면 위법성이 조각되지 않는다.

판례연구 기망행위를 수단으로 한 권리행사가 권리의 남용이 되어 위법하다고 판시한 사례

대법원 2003.12.26, 2003도4914
자기앞수표를 갈취당한 자가 분실신고를 하여 제권판결을 받아낸 사례
자기앞수표를 갈취당한 자라 하더라도 자기 권리 실현의 수단으로서 이를 분실하였다고 허위로 공시최고신청을 하여 제권판결을 선고받은 것은 그 수표를 갈취하여 소지하고 있는 자에 대해 사기죄가 성립된다. [경찰승진(경장) 10·11/법원9급 06/법원행시 08·09]

---

3. 죄수 및 관련문제와 다른 범죄와의 관계

(1) 사기죄의 죄수

① 수인의 피해자에 대해 기망행위를 한 경우 : 사기죄의 죄수판단기준은 피해자의 수에 의한다. ㉠ 여러 사람의 피해자에 대하여 따로 기망행위를 하여 각각 재물을 편취한 경우에는 비록 고의가 단일하고 범행방법이 동일하더라도 각 피해자의 피해법익은 독립한 것이므로 그 전체가 포괄일죄로 되지 아니하고 피해자별로 독립한 여러 개의 사기죄가 성립하고(대법원 1989.6.13, 89도582; 2003.4.8, 2003도382; 2013.1.24, 2012도10629 등), 상호간에는 실체적 경합범의 관계에 있다(대법원 1996.2.13, 95도2121; 2010.4.29, 2010도2810 : 다수의 계에 의한 수인에 대한 사기 사례). [경찰채용 10 1차/경찰간부 12/경찰승진 13/국가9급 12/국가7급 07·10/법원9급 05·12/법원승진 12] 다만 ㉡ 사회관념상 한 개의 행위로 평가되는 경우에는 상상적 경합이 될 수 있다. 예컨대, 甲 등이 乙 등을 유인하여 '사기도박'으로 도금을 편취한 경우, 乙 등을 피해자로 한 甲 등의 수개의 사기죄는 상상적 경합의 관계에 있다(대법원 2011.1.13, 2010도9330). [경찰채용 12 1차/경찰간부 14·18/국가9급 14/사시 12]

② 1인의 피해자에 대하여 여러 개의 기망행위를 한 경우 : ㉠ 여러 차례에 걸쳐 돈을 교부받거나 재산상 이익을 취득하였다 하더라도 고의가 단일하고 범행방법이 동일하다면 사기죄의 포괄일죄(연속범)만이 성립하고, ㉡ 고의의 단일성과 계속성이 인정되지 아니하거나 범행방법이 동일하지 아니하다면 각 범행은 실체적 경합에 해당한다.

(2) 불가벌적 사후행위

① 절취 등으로 영득한 재물을 제3자에게 매각하는 행위 : ㉠ 제3자가 절취 등으로 영득한 재물이라는 사정을 알고 있는 악의(惡意)의 자인 경우에는 행위자에게는 절도죄 등의 죄 이외에 별도의 사기죄가 성립하지 않는다. 그러나 ㉡ 제3자가 이를 모르는 선의(善意)의 제3자인 경우에는 민법상 동산선의취득은 가능하나(민법 제249조) 도품·유실물 특례(민법 제250조)에 의하여 원래의 소유자로부터 반환청구권의 행사를 당하기 때문에, 행위자에게는 절도죄 등의 죄뿐만 아니라 사기죄의 죄책도 인정되게 된다.

② 사취품·횡령물을 제3자에게 매각한 행위 : 사취품이나 횡령물은 민법 제250조의 도품(盜品)에 해당되지 않는다. 따라서 제3자는 원래의 소유자로부터 반환청구권 행사를 당하지 않고 안정적인 점유상태를 유지할 수 있다. 행위자가 사기죄·횡령죄를 범한 것 외에는 제3자에게 대하여 별도의 사기죄가 성립하지 않는 것도 이러한 까닭에 있다.

(3) 불법원인급여의 경우 사기죄의 성부

甲이 공무원 A에게 뇌물을 전달할 의사가 없음에도 불구하고 뇌물을 전달할 것처럼 乙을 속여 乙로 하여금 甲에게 뇌물 용도의 재물을 제공하게 하는 등의 불법원인급여(不法原因給與)를 하게 한 경우, 乙에게 반환청구권이 없음에도 불구하고 사기죄가 인정되는가에 관하여, 횡령죄의 경우와는 달리 민법상 반환청구권이 본죄의 요건이 될 수 없다는 점에서 사기죄가 성립한다는 것이 통설·판례이다(대법원 2006.11.23, 2006도6795; 2004.5.14, 2004도677). [경찰채용 21 1차 / 경찰간부 14 / 국가9급 13 / 사시 11 / 변호사시험 13]

(4) 친족상도례의 적용문제

삼각사기에 있어서는 기망행위자와 재산상 피해자 간에 친족관계가 있으면 친족상도례가 적용되며, 피기망자에게 친족의 신분이 있을 것은 요하지 않는다(다수설·**판례** : 대법원 1976.4.13, 75도781). [경찰채용 13 1차 / 경찰승진(경장) 10 / 경찰승진(경위) 10·11 / 법원9급 20 / 국가9급 14 / 법원행시 10 / 사시 11] 따라서 법원이 피기망자에 해당하는 소송사기에 있어서 사기범죄자와 피해자 간에 친족관계가 있으면 친족상도례가 적용된다. [경찰채용 17 1차 / 법원행시 16]

(5) 다른 범죄와의 관계

① 공무원이 직무에 관하여 타인을 기망하여 재물을 편취한 경우 : ㉠ 수뢰죄와 사기죄의 상상적 경합이 성립한다. 그 상대방에게는 증뢰죄가 성립한다. 반면 ㉡ 직무관련성이 인정되지 않는다면 사기죄만 성립한다. 이 경우 그 상대방은 사기죄의 피해자에 불과하므로 증뢰죄가 성립하지 않고 무죄가 된다.

② 위조통화를 행사하여 타인의 재물을 편취한 경우 : 위조통화 행사행위는 해당 화폐가 진정한 통화라고 믿는 거래상대방의 오인·부지를 이용하는 기망행위로 평가된다. 따라서 위조통화행사죄뿐만 아니라 사기죄도 성립하게 된다. 양 죄의 죄수관계에 대해 판례는 위조통화행사죄와 사기죄의 실체적 경합이 된다고 본다(대법원 1979.7.10, 78도840). [경찰채용 13 1차 / 법원행시 05·06 / 사시 13 / 변호사시험 12]

③ 자기가 보관하는 타인의 소유물을 기망에 의해 편취한 경우 : 횡령죄가 성립할 뿐이다(통설·판례). [경찰승진(경장) 11 / 경찰승진(경위) 10·11 / 경찰승진(경감) 10 / 법원9급 06 / 국가7급 11 / 법원행시 08 / 사시 13 / 변호사시험 17] 사기죄의 행위객체(타인소유·타인점유의 재물)로 볼 수 없을 뿐만 아니라 피기망자의 착오에 기한 처분행위라는 사기죄의 필수적 요소가 결여되었기 때문이다.

④ 타인의 사무처리자가 '본인'을 기망하여 재산상 이익을 취득한 경우 : ㉠ 사기죄가 성립하는 데 있어서 배임행위가 필수적으로 행해져야 하는 행위가 아니므로 양 죄는 별개의 죄의 관계로 보아야 한다는 점 및 배임행위와 기망행위가 동시에 이루어질 수 있다는 점에서 양 죄는 상상적 경합관계가 있다(대법원 2002.7.18, 2002도669 전원합의체). [경찰채용 12 1차 / 국가7급 11 / 법원행시 06 / 사시 11·13·14 / 변호사시험 12] 다만, ㉡ 기망행위가 '본인 이외의 제3자'에 대한 경우에는 사기죄와 (업무상) 배임죄의 실체적 경합이 성립한다(대법원 2010.11.11, 2010도10690). [국가7급 11 / 사시 12]

⑤ 기망에 의한 근저당권 설정 약정 후 이중저당한 경우 : 자기소유 부동산에 피해자 명의의 근저당권을 설정하여 줄 의사가 없음에도 피해자를 속이고 근저당권 설정을 약정하여 금원을 편취한 후 그 부동산에 관하여 제3자 명의로 근저당권설정등기를 마친 경우, 종래의 판례는 사기죄와 배임죄의 실체적 경합으로 보았으나(대법원 2008.3.27, 2007도9328), 부동산이중저당과 관련해서는 배임죄 부분에서 후술하듯이 채무의 담보를 위해 자기의 부동산에 저당권을 설정한 채무자는 배임죄의 주체인 타인의 사무를 처리하는 자에 해당하지 않으므로 배임죄가 성립하지 않는다는 것이 전원합의체 판례이다(대법원 2020.6.18, 2019도14340 전원합의체). 따라서 위 경우 사기죄만 성립하게 된다.

⑥ 사기도박의 경우 : 이른바 사기도박과 같이 도박당사자의 일방이 사기의 수단으로써 승패의 수를 지배하는 경우에는 도박에서의 우연성(偶然性)이 결여되어 사기죄만 성립하고 도박죄는 성립하지

아니한다(대법원 1960.11.16, 4293형상743). [경찰채용 11 2차 / 경찰간부 13 / 국가9급 14 / 법원행시 05 · 12 / 사시 11 / 변호사시험 12] 따라서 사기도박에서 사기적인 방법으로 도금을 편취하려고 하는 자가 상대방에게 도박에 참가할 것을 권유하는 등 기망행위를 개시한 때에 사기죄의 실행의 착수가 있는 것이지, 도박이 개시될 것까지 요하는 것은 아니다(대법원 2011.1.13, 2010도9330). [경찰채용 13 1차 / 경찰간부 14 / 경찰승진 14 / 법원9급 17 / 변호사시험 12]

→ 참고로, 도박의 판돈은 장물이 될 수 없지만, 사기도박의 판돈은 장물이 될 수 있다. 장물은 재산범죄에 의하여 영득한 재물을 말하고, 도박은 재산범죄가 아니며, 사기도박은 사기죄를 구성하기 때문이다.

03 컴퓨터 등 사용사기죄와 신용카드범죄

제347조의2 【컴퓨터 등 사용사기】 컴퓨터 등 정보처리장치에 허위의 정보 또는 부정한 명령을 입력하거나 권한 없이 정보를 입력·변경하여 정보처리를 하게 함으로써 재산상의 이익을 취득하거나 제3자로 하여금 취득하게 한 자는 10년 이하의 징역 또는 2천만 원 이하의 벌금에 처한다.

1. 의의 및 성격

컴퓨터 등 사용사기죄는 컴퓨터 등 정보처리장치에 허위의 정보 또는 부정한 명령을 입력하거나 권한 없이 정보를 입력·변경하여 정보처리를 하게 함으로써 재산상의 이익을 취득하거나 제3자로 하여금 이를 취득하게 함으로써 성립하는 범죄이다. 본죄는 컴퓨터범죄의 유형상 컴퓨터조작범죄에 속한다는 점에서, 컴퓨터파괴범죄의 유형인 컴퓨터 등 장애 업무방해죄(제314조 제2항)와 구분된다.

2. 구성요건

(1) 객관적 구성요건

① 행위객체 : 본죄의 객체는 재산상의 이익으로 한정되어 있다(순수한 이득죄). [경찰간부 11] 따라서 A가 B의 신용카드나 현금카드를 몰래 가져와서 현금자동지급기(ATM)에서 계좌이체거래를 하여 자신의 예금계좌액수를 증액시켰거나 인터넷을 이용하여 자신이 이행하여야 할 채무를 B의 신용카드로 결제하였다면 본죄에 해당되나, 현금신용대출(현금서비스) 또는 현금인출거래를 하여 현금 자체를 취득한 경우에는 재산상 이익이 아닌 재물을 취득한 것이므로 절도죄가 성립할 뿐 본죄에는 해당될 수 없다(다수설·판례).

판례연구 **컴퓨터 등 사용사기죄의 이득죄의 성질**

대법원 2003.5.13, 2003도1178
컴퓨터사용사기죄는 재물죄가 아니라 이득죄라는 사례
우리 형법은 재산범죄의 객체가 재물인지 재산상의 이익인지에 따라 이를 재물죄와 이득죄로 명시하여 규정하고 있는데, 형법 제347조가 일반 사기죄를 재물죄 겸 이득죄로 규정한 것과 달리 형법 제347조의2는 컴퓨터 등 사용사기죄의 객체를 재물이 아닌 재산상의 이익으로만 한정하여 규정하고 있으므로, 절취한 타인의 신용카드로 현금자동지급기에서 현금을 인출하는 행위가 재물에 관한 범죄임이 분명한 이상 이를 위 컴퓨터 등 사용사기죄로 처벌할 수는 없다고 할 것이고, 입법자의 의도가 이와 달리 이를 위 죄로 처벌하고자 하는 데 있었다거나 유사한

② **행위방법**

　　㉠ **허위의 정보의 입력** : 입금사실이 없음에도 불구하고 입금한 것처럼 예금잔고를 늘려 놓은 행위 등을 말한다.

　　㉡ **부정한 명령의 입력** : 부정한 명령이란 당해 사무처리시스템에 예정되어 있는 사무처리의 목적에 비추어 지시해서는 안 될 명령을 말하므로, 당해 사무처리시스템의 프로그램을 구성하는 개개의 명령을 부정하게 변개·삭제하는 행위는 물론 프로그램 자체에서 발생하는 '오류를 적극적으로 이용'하여 그 사무처리의 목적에 비추어 정당하지 아니한 사무처리를 하게 하는 행위도 이에 해당한다(대법원 2013.11.14, 2011도4440). [경찰채용 14 2차 / 경찰간부 21 / 국가7급 20]

　　㉢ **권한 없는 정보입력·변경** : 절취한 현금카드 등으로 비밀번호를 정확히 입력하여 자기 계좌에 예금이체하는 경우 등과 같이 진실한 자료를 권한 없는 자가 사용하는 행위 등을 말한다.

　　㉣ **정보처리를 하게 함** : 사기죄에서 피해자의 처분행위에 상응하는 요소로서, 입력된 허위의 정보 등에 의하여 계산이나 데이터의 처리가 이루어짐으로써 직접적으로 재산처분의 결과를 초래하는 것을 말한다(대법원 2014.3.13, 2013도16099). [경찰채용 13 1차 / 국가7급 20]

③ **기수시기** : 사기죄와 마찬가지로 본죄는 결과범이자 침해범이며, 미수범도 당연히 처벌하고 있다(제 352조). 본죄의 기수시기는 재산상 이익을 취득한 때이다. 예컨대, 금융기관 직원이 전산단말기를 이용하여 다른 공범들이 지정한 특정계좌에 돈이 입금된 것처럼 허위의 정보를 입력하는 방법으로 위 '계좌로 입금'되도록 하였다면 본죄는 기수에 이른 것이다(대법원 2006.9.14, 2006도4127). [경찰승진 14/국가7급 08·12·20/사시 13·16] 다만, 행위자나 제3자의 '재산상 이익 취득'은 사람의 처분행위가 개재됨이 없이 컴퓨터 등에 의한 정보처리과정에서 이루어져야 한다(대법원 2014.3.13, 2013도16099 : 악성프로그램을 이용하여 낙찰하한가를 알아내어 일부 응찰자에게 정보를 알려준 것으로는 본죄 부정). [경찰채용 13 1차]

(2) 주관적 구성요건 − 고의와 불법이득의사

3. 친족상도례

　　친척소유 예금통장을 절취한 자가 그 친척 거래 금융기관에 설치된 현금자동지급기에 예금통장을 넣고 조작하는 방법으로 친척명의 계좌의 예금 잔고를 자신이 거래하는 다른 금융기관에 개설된 자기 계좌로 이체(컴퓨터등사용사기)한 경우, 그 범행으로 인한 피해자는 그 거래 금융기관이라 할 것이므로, 이 경우의 컴퓨터사용사기죄에 대해서는 친족상도례가 적용되지 않는다(대법원 2007.3.15, 2006도2704 : 할아버지 농협통장 사건). [경찰채용 13 1차 / 경찰채용 11 2차 / 경찰간부 13·14 / 경찰승진(경장) 10 / 경찰승진(경사) 10 / 경찰승진(경감) 11 / 경찰승진 14 / 국가9급 11 / 국가7급 12 / 법원9급 12·13 / 법원승진 12 / 법원행시 07·08·09·11 / 사시 11·14]

4. 신용카드 관련범죄와 형사책임

(1) 의 의

　　신용카드라 함은 이를 제시함으로써 반복하여 신용카드가맹점에서 일정한 사항을 제외한 사항을 결제할 수 있는 증표로서 신용카드업자가 발행한 것을 말한다(여신전문금융업법 제2조 제3호). 이러한 신용카드와 관련된 범죄를 규율하는 법률로서는 형법뿐만 아니라 '여신전문금융업법'이 있으며, 여신전문금융업법에서는 신용카드뿐만 아니라 직불카드와 선불카드에 대한 규정도 두고 있다.

(2) 신용카드의 재물성

신용카드는 절도죄, 강도죄, 사기죄, 공갈죄, 횡령죄, 장물죄, 손괴죄 등 재물죄의 객체인 재물에 해당한다는 데 이론이 없다.

(3) 신용카드의 유가증권성

판례는 신용카드는 그 자체에 특수한 경제적 가치가 화체되어 있거나 재산권을 표창하는 것은 아니므로 유가증권으로 볼 수 없다는 입장이다(대법원 1999.7.9, 99도857). [경찰채용 10 1차 / 경찰간부 13 / 경찰승진(경위) 10] 따라서 신용카드를 위조·변조하는 행위도 형법상 유가증권위조·변조죄(형법 제214조 제1항)가 되는 것이 아니라 여신전문금융업법상 신용카드위조·변조죄를 구성하게 된다(여신전문금융업법 제70조 제1항 제1호).

(4) 자기명의 신용카드에 대한 범죄

신용카드 관련 범죄행위의 유형은 자기명의 신용카드에 대한 범죄와 타인명의 신용카드에 대한 범죄로 나누어 볼 수 있다. 판례의 입장에 의해 이와 관련되는 범죄를 정리하면 그 대강의 모습은 아래의 도표와 같다.

구 분		자기명의 신용카드	타인명의 신용카드
발급신청·부정취득행위		사기죄	사기죄, 사문서위조 및 동 행사죄
부정사용행위	기계(ATM) 현금서비스	사기죄	절도죄, 신용카드부정사용죄
	가맹점(사람) 기망		사기죄, 신용카드부정사용죄 → 참 사문서위조·동행사죄는 흡수됨

'자기명의 신용카드'에 대한 범죄와 관련하여, 행위자가 카드사용으로 인한 대금 결제의 의사와 능력이 없으면서도 있는 것처럼 가장하여 자기명의 신용카드를 발급 신청하여 이를 발급받아 자동지급기(ATM)를 통한 현금대출도 받고 가맹점을 통한 물품구입대금 대출도 받아 카드발급회사로 하여금 같은 액수 상당의 피해를 입게 하였다면, 사기죄의 포괄일죄에 해당한다(대법원 1996.4.9, 95도2466). [경찰간부 11 / 국가9급 11 / 국가7급 16 / 사시 10]

(5) 타인명의 신용카드에 대한 범죄

① 타인명의 신용카드 자체에 대한 범죄 : 타인에게 진정하게 발행된 신용카드를 절취·강취·사취·갈취·횡령 등의 수법으로 취득하거나, 분실된 신용카드를 취득하는 행위는, 모두 절도죄·강도죄·사기죄·공갈죄·횡령죄·점유이탈물횡령죄에 해당한다. 다만, 피고인이 타인의 신용카드를 몰래 가져가 이를 사용하여 가맹점에서 물품을 구입하거나 현금자동지급기에서 현금을 인출한 후에 위 카드를 곧바로 피해자에게 반환하는 소위 사용절도의 경우에는, 신용카드 자체에 대한 불법영득의사를 인정할 수 없어 절도죄가 성립하지 않는다(대법원 1992.4.24, 92도118; 1984.4.24, 84도311). [국가9급 13]

② 타인명의 신용카드를 무단사용하는 행위

   ㉠ 여신전문금융업법상 신용카드부정사용죄의 성부

      ⓐ 신용카드부정사용죄가 성립하는 경우 : 여신전문금융업법 제70조 제1항에서는 "분실 또는 도난된 신용카드 또는 직불카드를 판매하거나 사용한 자(제3호)" 및 "강취·횡령하거나 사람을 기망·공갈하여 취득한 신용카드 또는 직불카드를 판매하거나 사용한 자(제4호)"를 7년 이하의 징역 또는 5천만 원 이하의 벌금에 처하고 있다. 따라서 절취 또는 강취한 타인의 신용카드 등을 가지고 카드가맹점에서 사용하거나 현금자동지급기에서 현금신용대출을 받으려고 사용하는 경우에는 사기죄·절도죄 등의 재산범죄가 성립하는 외에 여신전문금융업법상 신용카드부정

사용죄가 성립하게 된다.

    ⓑ **신용카드·직불카드로 현금인출을 하는 경우** : 절취한 직불카드를 온라인 현금자동지급기에 넣고 비밀번호 등을 입력하여 피해자의 예금을 인출한 행위는 직불카드의 본래의 용법을 벗어난 것이어서 여신전문금융업법 제70조 제1항 소정의 부정사용의 개념에 포함될 수 없다(대법원 2003.11.14, 2003도3977).

    ⓒ **결제하라고 건네준 신용카드를 사용하는 경우** : 신용카드회원이 결제하라고 건네준 신용카드를 사용하는 행위는 본죄(도난 또는 분실된 타인의 신용카드의 사용)를 구성하지 않는다는 것이 판례의 입장이다(대법원 2006.7.6, 2006도654). [경찰승진(경장) 10 / 법원행시 07]

  ⓛ **현금자동지급기를 통하여 현금을 인출하는 행위**

    ⓐ **타인의 명의를 모용하여 신용카드를 발급받은 후 그 신용카드로 현금자동지급기에서 현금을 인출한 경우** : 현금자동지급기의 관리자의 의사에 반하여 그의 지배를 배제한 채 그 현금을 자기의 지배하에 옮겨 놓는 행위로서 절도죄에 해당한다(대법원 2002.7.12, 2002도2134).[64] [경찰채용 14 1차 / 법원9급 07(상) / 법원9급 07(하) / 법원행시 07 / 변호사시험 12] 다만, 신용카드를 발급받아 사용한 이러한 행위는 '분실 또는 도난된' 신용카드를 사용하는 행위(여신전문금융업법 제70조 제1항 제3호)로는 볼 수 없기 때문에 신용카드부정사용죄는 성립하지 않는다.

    ⓑ **타인명의의 신용카드를 절취·강취하여 그 신용카드로 현금자동지급기를 통하여 현금서비스 등으로 현금을 인출하는 행위의 죄책**

      ㉮ **불가벌적 사후행위인가**(신용카드 자체에 대한 절도죄·강도죄와는 별도로 신용카드부정사용죄가 성립할까)? : 신용카드를 절취한 후 이를 사용하는 것은 새로운 법익의 침해로서 절도범행보다 법익의 침해가 큰 경우이므로, 그 부정사용 등을 신용카드를 절취한 절도죄의 불가벌적 사후행위로 볼 여지는 없다(대법원 1996.7.12, 96도1181). [경찰승진 10 / 법원행시 05]

      ㉯ **현금을 인출하는 행위는 절도죄인가 컴퓨터사용사기죄인가?** : 현금을 인출하는 것은 재산상 이익이 아니라 '재물'을 취득한 것에 해당되므로 컴퓨터사용사기죄는 성립하지 않고 절도죄(만일 현금서비스를 받은 것이라면 신용카드부정사용죄도 성립하며 양 죄는 실체적 경합)에 해당될 뿐이다(대법원 2003.5.13, 2003도1178). [국가7급 10·20 / 법원9급 11 / 법원행시 05]

    ⓒ **타인명의의** (도난 또는 분실된) **현금카드나 신용카드로 계좌이체거래·ARS서비스대출거래를 한 후 자기 계좌에서 해당 현금을 인출하는 행위의 죄책** : 계좌이체·ARS서비스대출거래를 하는 행위는 재산상 이익을 취득한 경우이므로 컴퓨터사용사기죄(형법 제347조의2)에 해당된다. 그런데 이러한 계좌이체로 인하여 자신이 관리하는 계좌에 입금한 돈을 자신의 현금카드·신용카드를 이용하여 인출한 행위는 절도죄를 구성하지 않는다. 타인이 점유하는 재물을 절취한 행위가 아니기 때문이다.

  ⓒ **가맹점에서 물품 등을 구입하는 행위** : 절취 등의 행위로 소지하게 된 타인의 신용카드를 가지고 자신이 그 신용카드의 정당한 소지인인 양 가맹점 점주를 속여 물품 등을 제공받아 이를 취득한 행위는 여신전문금융업법상 신용카드부정사용죄와 사기죄를 구성한다는 것이 통설·판례이다(대법원 1997.1.21, 96도2715). [경찰채용 18 2차 / 경찰간부 18 / 경찰승진(경장) 10 / 국가9급 13 / 법원9급 13 / 법원행시 08 / 사시 10·14] 다만 절취한 타인의 신용카드로 가맹점에서 물품 등을 구입할 때에는 신용카드 매출전표에 타인의 명의를 모용하는 사문서위조 및 이를 행사하는 위조사문서행사행위가 있었을 터인데, 이는 어디까지나 신용카드를 부정사용하는 행위의 과정에 수반되는 것이어서 별도의 죄를 구성하지 않고 신용카드부정사용죄에 흡수된다(불가벌적 수반행위). [국가9급 14 / 국가7급 16 / 법원행시 14]

---

64 **판례** : 비록 카드회사가 피고인으로부터 기망을 당한 나머지 피고인에게 피모용자 명의로 발급된 신용카드를 교부하고, 사실상 피고인이 지정한 비밀번호를 입력하여 현금자동지급기에 의한 현금대출(현금서비스)을 받을 수 있도록 하였다 할지라도, 카드회사의 내심의 의사는 물론 표시된 의사도 어디까지나 카드명의인인 피모용자에게 이를 허용하는 데 있을 뿐, 피고인에게 이를 허용한 것은 아니다.

(6) 신용카드부정사용죄의 기수시기와 미수범 처벌규정

'절취한 신용카드로 대금을 결제하기 위하여 신용카드를 제시하였으나 확인과정에서 도난카드임이 밝혀져 바로 검거된 경우'에는, 신용카드부정사용죄의 실행에는 착수하였으나 그 결과에는 이르지 못한 것이므로 신용카드부정사용죄의 기수에 해당되지 않는다. 그런데 여신전문금융업법에서는 '도난·분실신용카드판매·사용죄'(동조 동항 제3호)의 미수범 처벌규정은 두고 있지 않으므로, 동죄의 미수범으로 처벌할 수는 없다. [경찰간부 16/국가9급 13/국가7급 10/사시 14·16] 참고로 이 경우 사기죄는 재물 또는 재산상 이익을 취득하기 이전인가 이후인가에 따라 사기미수죄 또는 사기기수죄의 성립이 가능할 것이다.

(7) 신용카드부정사용죄의 죄수

신용카드를 사용하여 여러 곳의 가맹점들로부터 물품을 구입하는 경우 신용카드의 각 부정사용의 피해법익이 모두 위 신용카드를 사용한 거래의 안전 및 이에 대한 공중의 신뢰인 것으로 동일하다는 점을 고려하여 신용카드부정사용죄의 포괄일죄가 된다는 것이 판례이다(대법원 1996.7.12, 96도1181). [국가7급 10/사시 10] 다만 이 경우 신용카드부정사용죄(의 일죄)와 (실체적 경합관계에 있는) 사기죄의 죄수관계는 실체적 경합관계에 있다(위 판례). [국가7급 10·16]

(8) 카드가맹점주의 허위매출전표 제출에 의한 대금청구행위의 죄책

카드가맹점주가 매출전표가 용역의 제공을 가장한 허위의 매출전표임을 고지하지 아니한 채 신용카드회사에게 제출하여 대금을 청구한 행위는 사기죄의 실행행위로서 기망행위에 해당한다(대법원 1999.2.12, 98도3549). [법원9급 06/법원행시 10]

04　준사기죄

> 제348조【준사기】① 미성년자의 사리분별력 부족 또는 사람의 심신장애를 이용하여 재물을 교부받거나 재산상 이익을 취득한 자는 10년 이하의 징역 또는 2천만 원 이하의 벌금에 처한다. 〈우리말 순화 개정 2020.12.8.〉
> ② 제1항의 방법으로 제3자로 하여금 재물을 교부받게 하거나 재산상 이익을 취득하게 한 경우에도 제1항의 형에 처한다. 〈우리말 순화 개정 2020.12.8.〉

준(準)사기죄는 미성년자의 사리분별력 부족 또는 사람의 심신장애를 이용하여 재물을 교부받거나 재산상 이익을 취득함으로써 성립하는 범죄이다(2020.12.8. 우리말 순화 개정, 참고로 사리분별력 부족을 구법에서는 '지려천박'이라 하였음). 여기에서 사리분별력 부족이라 함은 지식과 사려가 평균적인 수준에 도달하지 못하여 굳이 기망수단을 사용하지 않더라도 하자 있는 의사표시를 하게 만들 수 있는 상태를 말한다.

사기죄와 준사기죄는 기본법과 보충법의 관계로서 법조경합 중 소위 보충관계에 해당된다. 따라서 사기죄가 성립하면 본죄는 성립할 필요가 없다. 즉 행위자가 적극적 기망을 사용한 경우에는 사기죄가 성립할 뿐이다.

05 편의시설부정이용죄

제348조의2 【편의시설부정이용】 부정한 방법으로 대가를 지급하지 아니하고 자동판매기, 공중전화 기타 유료자동설비를 이용하여 재물 또는 재산상의 이익을 취득한 자는 3년 이하의 징역, 500만 원 이하의 벌금, 구류 또는 과료에 처한다.

1. 의 의

편의시설부정이용죄는 부정한 방법으로 대가를 지급하지 아니하고 자동판매기·공중전화 기타 유료자동설비를 이용하여 재물 또는 재산상의 이익을 취득함으로써 성립하는 범죄이다.

2. 구성요건

(1) 객관적 구성요건

① 행위객체 : 공중전화·자동판매기 기타 유료자동설비

ㄱ 유료자동설비 : 자동판매기와 공중전화는 유료자동설비의 예시에 지나지 않는다. 유료자동설비라 함은 사용자가 대가를 지불하는 경우에 기계적·전자적 장치가 작동하여 일정한 재화·용역 등의 편의를 제공하는 일체의 기계를 말한다. 다만 가정용 전화기나 개인 소유의 휴대전화기는 여기에 속하지 않는다.

ㄴ 교통시설의 무료이용 및 공연장소·공공시설물에의 무료입장 : 그것이 무인화 내지 자동화되어 있는 경우에는 본죄에 해당된다.

② 행위 : '부정한 이용'에 의한 재물·재산상 이익취득

ㄱ 의의 : 자동편의시설의 권한 없는 이용이나 이용규칙·방법에 반하여 사용하는 것을 의미한다.

> **예** 자동판매기에 위조주화 등을 투입하여 물품을 취득하거나(이 경우 본죄가 성립하므로 절도죄는 별도로 성립하지 않음) 공중전화를 이용하는 행위(이 경우에는 통화위조죄 및 동 행사죄도 성립함)

ㄴ 요금자동설비를 비정상적인 방법으로 이용하는 행위 : 본죄의 성립에는 이용행위가 요구되므로, 이 경우 본죄가 성립하지 않고 절도죄 등의 다른 범죄가 성립한다.

> **예** 공중전화기 등을 손괴하여 그 안의 돈을 가져가는 행위 : 손괴죄와 절도죄의 경합범이 될 뿐이고, 본죄는 성립하지 않음

ㄷ 기술적 결함을 단순히 이용한 경우 : 부정한 이용을 한 바 없기 때문에 경우에 따라 점유이탈물횡령죄가 성립할 뿐이다.

> **예** 자동판매기가 이미 고장이 나서 동전을 넣지 않아도 물건이 나오는 경우 등

ㄹ 대가를 지급하지 않음의 의미 : 타인의 KT전화카드(한국통신의 후불식 통신카드)를 절취하여 전화통화에 이용한 경우, 판례는 통신카드서비스이용계약을 한 피해자가 그 통신요금을 납부할 책임을 부담하게 되므로, 이러한 경우에는 피고인이 '대가를 지급하지 아니하고' 공중전화를 이용한 경우에 해당된다고 볼 수 없어 편의시설부정이용의 죄를 구성하지 아니한다고 보고 있다(대법원 2001.9.25, 2001도3625). [국가9급 13 / 변호사시험 17]

(2) 주관적 구성요건 − 고의·불법영득(이득)의사

(3) 미수범

본죄의 미수범은 처벌한다(제352조).

> **예** 위조주화를 공중전화기 등에 투입하였으나, 전화통화가 이루어지지 않은 경우

06 부당이득죄

> **제349조【부당이득】** ① 사람의 곤궁하고 절박한 상태를 이용하여 현저하게 부당한 이익을 취득한 자는 3년 이하의 징역 또는 1천만 원 이하의 벌금에 처한다. 〈우리말 순화 개정 2020.12.8.〉
> ② 제1항의 방법으로 제3자로 하여금 부당한 이익을 취득하게 한 경우에도 제1항의 형에 처한다. 〈우리말 순화 개정 2020.12.8.〉

1. 의 의

부당이득죄는 사람의 곤궁하고 절박한 상태(2020.12.8. 우리말 순화 개정 전 구법에서는 '궁박한 상태'라 하였음)를 이용하여 현저하게 부당한 이익을 취득함으로써 성립하는 범죄이다. [법원행시 06] 본죄는 일정한 요건하의 폭리행위를 처벌하기 위한 구성요건으로서 그 보호법익은 재산권이며 법익보호의 정도는 침해범이다(다수설). 다만 본죄는 미수를 처벌하지 않는다(제352조 참조).

2. 구성요건

(1) 객체 – 재산상의 이익(이득죄)

(2) 곤궁하고 절박한 상태의 이용

곤궁하고 절박한 상태라 함은 부도(不渡) 등에 직면한 '급박한 곤궁상태'를 의미하는 것으로서, 피해자가 곤궁하고 절박한 상태에 있었는지 여부는 거래 당사자의 신분과 상호간의 관계, 피해자가 처한 상황의 절박성의 정도 등 제반 상황을 종합하여 구체적으로 판단하여야 한다. [법원행시 06] 여기에는 경제적 궁박상태뿐만 아니라 정신적·육체적 궁박상태 또는 사회적 궁박상태도 포함된다. 스스로 자초한 궁박상태도 배제되지 않는다. [법원행시 06] 또한 본죄가 성립하기 위해서는 피해자의 궁박한 상태를 '이용'하여 이익을 취득하였다는 점이 인정되어야 한다.

(3) 현저하게 부당한 이익

부당이득죄가 성립하려면 행위 당시의 사정을 구체적으로 종합하여 현저하게 부당한 이익을 취득하여야 한다. 현저히 부당하다 함은 행위자의 급부와 피해자의 반대급부가 통상적 거래수준에 비추어 과도한 불균형을 이루는 경우를 말한다.

07 상습사기죄

> **제351조【상습범】** 상습으로 제347조 내지 전조의 죄를 범한 자는 그 죄에 정한 형의 2분의 1까지 가중한다.

상습사기로 인하여 취득한 가액이 일정액(5억 원) 이상인 경우에는 특경법에 의하여 가중처벌된다(특경법 제3조).

01 총설

1. 의의 및 보호법익

공갈죄(恐喝罪)는 사람을 폭행·협박하여 처분행위를 하게 하여 재물의 교부를 받거나 재산상의 이익을 취득함으로써 성립하는 범죄이다. 그 보호법익은 재산권이요, 법익보호의 정도는 침해범이다. 편취죄라는 점에서 사기죄와 유사하고, 폭행·협박을 사용한다는 점에서 강도죄와 유사하나, 아래와 같은 차이점도 가지고 있다.

2. 사기죄와의 구별

사기죄나 공갈죄는 모두 상대방으로 하여금 처분행위를 하게 함으로써 재물 내지 재산상 이익을 편취한다는 점에서 공통점이 있다. 그러나 사기죄와는 달리 공갈죄에서는 피공갈자까지도 피해자로 보게 되어 친족상도례를 적용할 때 재산상 피해자뿐만 아니라 피공갈자와도 친족관계가 있을 것을 요구하게 된다. 이는 사기죄가 기망행위를 그 행위태양으로 하는 데 비하여 공갈죄는 폭행·협박을 그 행위태양으로 삼고 있기 때문이다.

표정리 사기죄·공갈죄의 비교

구 분	사기죄	공갈죄
수 단	기 망	폭행·협박
보호법익	재산권(및 거래상 신의칙)	재산권 및 자유권
피해자	재산의 소유자	피공갈자 및 재산의 소유자

3. 강도죄와의 구별

강도죄는 상대방의 반항을 억압할 정도인 최협의의 폭행·협박에 의해 재물 내지 재산상 이익을 강취함으로써 성립하는 데 비하여(탈취죄), 공갈죄는 사람의 의사의 자유를 제한하는 정도의 광의의 폭행이나 협의의 협박에 의해 피공갈자 스스로의 하자 있는 의사에 의하여 재산상의 처분행위를 하게 하여 재물 내지 재산상 이익을 갈취한다는 점(편취죄)에서 양자는 다르다.

02 공갈죄

제350조 【공 갈】 ① 사람을 공갈하여 재물의 교부를 받거나 재산상의 이익을 취득한 자는 10년 이하의 징역 또는 2천만 원 이하의 벌금에 처한다.
② 전항의 방법으로 제3자로 하여금 재물의 교부를 받게 하거나 재산상의 이익을 취득하게 한 때에도 전항의 형과 같다.

1. 구성요건

(1) 객관적 구성요건

① **객체** : 타인이 소유하고 타인이 점유하는 재물 또는 재산상의 이익(사기죄와 동일)이다. 따라서 자기의 재물을 공갈하여 교부받는 경우에는 공갈죄가 성립하지 않는다(대법원 2012.8.30, 2012도6157). [경찰채용 13 1차 / 법원9급 14 / 법원행시 13·16 / 사시 13 / 변호사시험 18]

② **행 위**

　ㄱ **공갈** : 재물·이익을 취득하기 위해 폭행·협박으로 공포심을 일으키는 것

　　ⓐ **폭행의 의의** : 공갈죄의 폭행은 사람에 대한 직접적·간접적인 유형력의 행사를 의미한다(광의의 폭행).

　　ⓑ **폭행·협박의 정도** : 사람의 의사결정과 의사활동의 자유를 제한하는 정도(광의의 폭행 및 협의의 협박) [경찰승진 16·17] 로서 충분하며, 상대방의 반항을 억압할 정도(강도죄의 폭행·협박의 정도)일 것은 요하지 않는다.

　　ⓒ **협박의 해악의 내용** : 고지하는 해악의 내용에는 제한이 없으므로, 생명·신체·자유·명예·신용·재산 등에 대한 해악의 고지는 모두 본죄의 협박이다. 나아가 비밀을 폭로하겠다고 하는 경우, 절교 또는 단교계속의 통보(집단따돌림을 받지 않으려면 돈을 내라고 하는 경우), 거래단절, 형사고소 등이 모두 포함된다. 또한 해악의 내용은 허위사실이어도 무방하며 위법하지 않더라도 상관없다.

> **판례연구** **공갈죄의 해악의 고지로 볼 수 있는 경우**
>
> 대법원 1984.5.9, 84도573
> 간통을 한 다음 이러한 비밀을 폭로하겠다고 한 경우
> 피고인의 연령이 당시 16세이고, 고소인은 32세인 점 및 한 집에 여러 사람이 취침한다는 점에 미루어 … 피해자의 유혹으로 간통관계를 갖게 되었다 하더라도 이를 미끼로 판시와 같이 협박하여 금원의 교부를 받은 사실이 인정되는 이상, 범죄의 성립에는 영향이 없다 할 것이므로 이를 공갈죄로 의율한 조치는 정당하다. [경찰승진(경위) 10]

　ㄴ **재물 내지 재산상 이익의 갈취**

　　ⓐ **재산상 이익** : 금품이 전제된 부녀와의 성관계는 재산상 이익으로 볼 수 있으나(경제적 재산개념, 대법원 2001.10.23, 2001도2991), [경찰승진(경장) 10 / 경찰승진(경위) 10 / 법원9급 06 / 사시 10] 금품이 전제되지 않은 부녀와의 성관계는 재산상 이익에 해당되지 않으므로 접대부를 공갈하여 성관계를 가진 경우에는 공갈죄에 해당되지 않는다(대법원 1983.2.8, 82도2714). [경찰승진 13 / 국가7급 14]

　　ⓑ **처분행위의 직접성 및 처분행위자** : 본죄는 처분행위를 필요로 한다는 점에서 사기죄와 마찬가지로 편취죄의 성격을 가진다. 이때 처분행위는 사기죄의 그것처럼 법률행위뿐만 아니라 사실상의 처분행위로도 족하다. 따라서 상대방이 외포심을 일으켜 '묵인'하고 있는 동안에 공갈자가 직접 재물을 탈취한 때에도 공갈죄의 성립이 인정된다(통설·판례 : 대법원 1960.2.29, 4292형상997).

　　또한 처분행위자는 재산상 피해자와 일치할 필요가 없다(삼각공갈). 이 경우 피공갈자는 재산상 피해자의 재산을 사실상 처분할 수 있는 지위에 있어야 한다(사실상 지위설). [경찰채용 12 3차 / 경찰승진 12·17 / 법원9급 11·14 / 법원행시 10] 예컨대, 룸살롱의 여종업원에게 신체에 위해를 가할 듯한 태도를 보여 이에 겁을 먹은 위 종업원으로부터 주류를 제공받은 행위는 공갈죄를 구성한다(대법원 2005.9.28, 2005도738).

다만, 폭행·협박의 상대방이 처분행위를 한 바 없고, 단지 행위자가 법적으로 의무 있는 재산상 이익의 공여를 면하기 위하여 상대방을 폭행하고 현장에서 도주함으로써 상대방이 행위자로부터 원래라면 얻을 수 있었던 재산상 이익의 실현에 장애가 발생한 것에 불과하다면, 그 행위자에게 공갈죄의 죄책을 물을 수 없다(택시기사를 폭행하고 도주한 사건, 대법원 2012.1.27, 2011도16044). [경찰채용 12 3차 / 경찰승진 14 / 국가9급 12 / 법원행시 12·13·16]

ⓒ **착수시기와 기수시기** : 본죄의 착수시기는 갈취의 의사로 공갈을 개시한 때이다(대법원 1969.7.29, 69도894). 또한 본죄의 기수시기는 재산상 손해가 발생한 때이다(판례에 의하면 '재물 또는 재산상 이익을 취득한 때'). 예컨대, 부동산에 대한 공갈죄는 그 부동산에 관하여 소유권이전등기를 경료받거나 또는 인도를 받은 때에 기수로 되는 것이고, 소유권이전등기에 필요한 서류를 교부받은 때에 기수로 되어 그 범행이 완료되는 것은 아니다(대법원 1992.9.14, 92도1506). [경찰채용 12 3차 / 경찰승진(경장) 11 / 경찰승진(경사) 10 / 경찰승진(경감) 10·16 / 경찰승진 12·13 / 법원9급 08·09·16 / 법원행시 07·10·12]

(2) 주관적 구성요건 – 고의, 불법영득·이득의 의사

2. 위법성

정당한 청구권자가 권리실현의 수단으로 공갈행위를 사용한 경우, 판례는 일단 공갈죄의 구성요건에 해당되는 것을 전제로 하여 형법 제20조의 사회상규에 위배되지 아니하는 행위 여부를 살핀다. 즉, ① 권리행사라 할지라도 권리남용이 되는 경우에는 공갈죄가 성립하고, [경찰승진 17 / 법원9급 17 / 법원행시 16] ② 권리행사가 권리의 남용이 아닌 정당한 권리의 실행행위에 해당되는 경우에는 공갈죄의 위법성이 조각된다는 것이다.

3. 죄수 및 다른 범죄와의 관계

(1) 죄수 – 피해자의 수

① 1개의 공갈행위로 동일인으로부터 수회 재물을 갈취 : 연속범 등의 포괄일죄가 된다.
② 1개의 공갈행위로 수인을 공갈하여 재물을 갈취 : 수개의 공갈죄의 상상적 경합이 된다.

(2) 다른 범죄와의 관계

① 수뢰죄와의 관계
  ㉠ 공무원이 직무집행을 빙자하여 타인을 공갈하여 재물을 교부하게 한 경우에는 공갈죄만 성립하고, 이러한 경우 재물의 교부자는 공갈죄의 피해자이므로 뇌물공여죄는 성립하지 않는다(대법원 1969.7.22, 65도1166). [경찰채용 14 1차 / 법원9급 05·09·14 / 법원행시 06·14 / 변호사시험 17]
  ㉡ 반면 공무원이 직무집행과 관련하여 뇌물을 수수하였다면 공갈죄와 수뢰죄의 상상적 경합이 인정된다. 그 상대방에게는 증뢰죄가 성립한다. [법원행시 07 / 변호사시험 12]
② 부동산중개업법위반죄와의 관계 : 피해자를 협박하여 부동산중개업법에 정한 법정중개수수료 상한을 초과하는 금액을 취득한 경우에는 공갈죄와 부동산중개업법 위반죄의 상상적 경합범이 성립한다(대법원 1996.10.15, 96도1301).

특수공갈죄

> 제350조의2 【특수공갈】 단체 또는 다중의 위력을 보이거나 위험한 물건을 휴대하여 제350조의 죄를 범한 자는 1년
> 이상 15년 이하의 징역에 처한다.
> [본조신설 2016.1.6.]

특수공갈죄의 구성요건상 단체 또는 다중의 위력을 보이거나 위험한 물건의 휴대에 관한 해석은 특수폭행죄에서 설명한 바와 같다(공공폭체협주강손상). 참고로, 특수상해죄와 특수공갈죄는 그 법정형의 단기가 징역 1년이지만 제1심의 합의부 관할에는 속하지 아니한다(법원조직법 제32조 제1항 제3호 가목).

04 상습공갈죄

> 제351조 【상습범】 상습으로 제347조 내지 전조의 죄를 범한 자는 그 죄에 정한 형의 2분의 1까지 가중한다.
> 제352조 【미수범】 제347조 내지 제348조의2, 제350조와 제350조의2와 제351조의 미수범은 처벌한다. 〈개정 2016.1.6.〉
> 제353조 【자격정지의 병과】 본장의 죄에는 10년 이하의 자격정지를 병과할 수 있다.
> 제354조 【친족 간의 범행, 동력】 제328조와 제346조의 규정은 본장의 죄에 준용한다.

친족상도례(형법 제354조)는 형법상 공갈죄뿐만 아니라 (구)폭처법상 공갈죄에도 적용된다(대법원 1994.5.27, 94도617; 2010.7.29, 2010도5795). [경찰승진(경장) 11 / 경찰승진 14 / 법원9급 18 / 법원행시 13 / 사시 14] 한편, 본죄의 피해자에는 재산상 피해자뿐만 아니라 폭행·협박을 당한 피공갈자도 포함되므로, 친족상도례가 적용되기 위해서는 위 모두와 친족관계가 있어야 한다. 또한 상습사기죄와 마찬가지로 상습공갈죄도 공갈로 인하여 취득한 액수가 일정 가액(5억 원) 이상인 때에는 특경법 제3조에 의하여 가중처벌된다.

제6절 횡령의 죄

01 총 설

1. 의의 및 보호법익

횡령죄(橫領罪)는 타인의 재물을 보관하는 자가 그 재물을 횡령하거나 그 반환을 거부함으로써 성립하는 범죄이다. 횡령죄의 보호법익은 소유권이다(통설). 법익보호의 정도에 대하여 판례는 위험범설을 따른다.

2. 본 질

횡령죄의 본질에 대해서는 월권행위설과 영득행위설의 대립이 있으나, 월권행위설에 의하면 영득의사를 필요로 하지 않기 때문에 타인소유·자기보관의 재물을 손괴한 경우에도 ―손괴죄(제366조 : 3년 이하의

징역 등)에 불과함에도 불구하고 - 횡령죄가 성립해야 한다는 결론에 이른다는 점에서, 본죄의 성립에는 불법영득의사가 필요하다고 보는 영득행위설이 다수설·판례이다.

3. 횡령죄와 배임죄의 관계

횡령죄와 배임죄는 모두 타인과의 신임관계를 위반한다는 점에 공통점이 있으나, 횡령죄는 이러한 일반법적 요소에서 더 나아가 타인 소유의 재물을 보관하는 자가 그 재물을 영득한다는 특별한 요소까지 갖추어야 성립한다는 점에서, 횡령죄와 배임죄는 특별법 대 일반법의 관계에 있다(통설). 즉 양 죄는 법조경합 중 특별관계에 있으므로, 횡령죄가 성립하면 배임죄는 별도로 성립하지 않는다. 따라서 횡령죄의 성부 판단이 선행되어야 하고 이때 해당 재물이 타인의 소유에 속하는가가 관건이 된다.

4. 구성요건체계

형법상 횡령의 죄는 횡령죄를 기본적 구성요건으로 하고, 업무상 횡령죄를 가중적 구성요건으로 하며, 점유이탈물횡령죄를 독자적 구성요건으로 규정하고 있다. 횡령의 죄는 점유이탈물횡령죄(제360조)를 제외하고는 모두 미수범 처벌규정이 적용된다(제359조). 친족상도례와 동력재물간주규정도 준용되고 있다(제361조). 또한 횡령범행으로 인하여 취득한 이득액이 일정 가액 이상이 되면 특경법 제3조에 의하여 가중처벌된다.

---

02 횡령죄

> **제355조 【횡령, 배임】** ① 타인의 재물을 보관하는 자가 그 재물을 횡령하거나 그 반환을 거부한 때에는 5년 이하의 징역 또는 1천 500만 원 이하의 벌금에 처한다.

1. 객관적 구성요건

(1) 주체 - 위탁관계에 의하여 타인의 재물을 보관하는 자(진정신분범)

① 보 관

㉠ 의의 : 보관이란 점유 또는 소지를 말한다. 형법상의 점유를 말하므로 민법상의 점유와는 구별된다.

> **예** 민법상 점유를 가지지 않는 점유보조자(제195조)도 (별도의 위탁관계가 존재하는 경우에는) 본죄의 보관자가 될 수 있다(다방 주인이 환금하라고 맡긴 수표를 가지고 간 종업원에게 횡령죄 성립, 대법원 1986.3.19, 86도1093). [경찰채용 10·14 2차 / 경찰간부 11·12 / 법원9급 10 / 법원행시 06]

㉡ 특 징

ⓐ **신분요소로서의 점유** : 횡령죄의 보관은 신분요소로서 기능하므로, 사실상의 재물지배(절도죄의 점유)뿐만 아니라 법률상의 지배[**예** 부동산의 등기명의인(내지 건축허가명의인), -소위 예금명의신탁에 있어서의- 예금계좌명의인, 은행예금증서소지인, 화물상환증 등 유가증권의 소지인]가 포함된다.

ⓑ **부동산의 보관** : 동산의 경우와 달리 그 부동산에 대한 점유를 기준으로 할 것이 아니라 그 부동산을 제3자에게 유효하게 처분할 수 있는 권능의 유무를 기준으로 삼는다(대법원 1996.1.23, 95도784, 부동산의 보관에 관한 '법률적 지배' 개념). [경찰채용 10 1차 / 경찰채용 12 3차 / 법원9급 16 / 법원행시 08·10] 따라서 부동산을 보관한다 함은 원칙적으로 등기부상의 소유명의인에 대하여

인정되는 개념이나, 아직 소유권보존등기가 되어 있지 않은 미등기부동산의 경우에는 건축허가명의(대법원 1990.3.23, 89도1911)라든가 현실적인 관리·지배 여부(대법원 1993.3.9, 92도2999) [경찰채용 11 2차 / 경찰채용 12 3차] 로 보관자인가를 판단할 수 있다.

ⓒ 부동산의 보관에 해당하지 않는 경우 : ㉮ 원인무효인 소유권이전등기의 명의자는 보관자에 해당한다고 할 수 없으며(대법원 2007.5.31, 2007도1082; 2010.6.24, 2009도9242), [경찰간부 17 / 경찰승진(경사) 11 / 경찰승진 12·17 / 국가9급 12 / 법원행시 08·10·11 / 사시 13] ㉯ 부동산의 공유자 중 1인이 다른 공유자의 지분을 임의로 처분하거나 임대하여도 그에게는 그 처분권능이 없어 횡령죄가 성립하지 않는다(대법원 2004.5.27, 2003도6988). [경찰승진(경사) 11 / 경찰승진 13 / 국가9급 21 / 법원9급 20 / 법원행시 11 / 사시 13]

② 위탁관계 : 횡령죄의 본질은 신뢰관계에 위배하여 타인의 재물을 영득한다는 배신성에 있으므로, 횡령죄의 점유는 위탁관계(위탁신임관계)에 의한 것이어야 한다. [법원9급 09] 이러한 위탁관계는 반드시 사용대차·임대차·위임 등의 계약에 의하여 설정될 것을 요하지 아니하고, 사실상의 관계에 있으면 충분하므로(대법원 2001.7.10, 2000도5597; 2008.1.31, 2007도9632; 2011.10.13, 2009도13751) 사무관리·관습·조리·신의칙(송금절차의 착오) 등에 의해서도 성립될 수 있다(대법원 2003.9.23, 2003도3840; 2010.12.9, 2010도891). [경찰채용 11 1차 / 경찰채용 10 2차 / 경찰승진(경장) 10 / 국가9급 17 / 국가7급 16 / 법원9급 10·11·16·18 / 법원행시 08·13 / 사시 11·12 / 변호사시험 14·16] 다만, 횡령죄의 위탁신임관계는 횡령죄로 보호할 만한 가치 있는 신임에 의한 것으로 한정된다(대법원 2016.5.19, 2014도6992 전원합의체 : 중간생략등기형 명의신탁의 명의수탁자와 명의신탁자 사이에는 위탁신임관계가 존재하지 아니함). [경찰채용 16 2차 / 국가9급 17·18 / 국가7급 16 / 법원9급 17 / 법원행시 16 / 변호사시험 17]

(2) 객체 – 자기가 보관하는 타인의 재물(재물죄)

① 재물 : 물리적으로 관리가능한 유체물 및 무체물을 말하며, 본죄의 재물에는 ㉠ 동산·부동산, 관리할 수 있는 동력(제361조 : 준용규정), 유가증권(대법원 2006.8.25, 2006도3631)이 포함되나, ㉡ 단지 사무적으로 관리가능한 채권이나 그 밖의 광업권(대법원 1994.3.8, 93도2272) [경찰채용 16 2차 / 경찰간부 17 / 경찰승진(경감) 10 / 경찰승진(경장) 11 / 변호사시험 16] 등의 권리, 상법상 주식(柱式, 대법원 2005.2.18, 2002도2822)은 포함되지 않는다.

② 타인의 재물 : 횡령죄는 영득죄이므로 그 객체인 재물은 타인의 소유에 속하는 것이어야 한다. 예컨대, 공동소유물(공유물·합유물 등)도 타인의 소유로 볼 수 있다는 점에서 본죄의 타인의 재물에 속한다.

(3) 타인의 소유에 속한 재물이어야 함 – 재물의 타인성에 관련된 구체적 문제점

① 부동산양도담보 중 매도담보와 (협의의) 양도담보

㉠ 매도담보와 양도담보의 의의 : 채권담보 목적으로 채무자가 자기 소유의 부동산을 채권자에게 담보로 제공하는 형태가 있는데 이를 총칭하여 부동산양도담보(不動産讓渡擔保)라고 한다. 이러한 부동산양도담보에는 매도담보와 협의의 양도담보가 있다. 매도담보라 함은 매매에 기한 양도담보를 말하고, 협의의 양도담보라 함은 소비대차에 기한 양도담보를 말한다.

㉡ 매도담보(賣渡擔保)에 있어서의 형사책임 : 판례는 매도담보의 목적물(부동산)의 소유권은 채권자(매도담보권자)에게 있기 때문에 채권자가 이를 처분하면 채무자(매도담보권설정자)의 환매권(還買權)에 대한 침해로서 배임죄가 된다는 입장이다(대법원 2007.1.25, 2005도7559; 1995.5.12, 95도283; 1992.7.14, 92도753). [국가7급 21]

㉢ (협의의) 양도담보(讓渡擔保)에 있어서의 형사책임 : 채무자가 자기 소유의 부동산에 대하여 '소유권이전의 의사 없이' 채권자에게 소유권이전등기를 넘겨 줌으로써 부동산을 담보로 제공하는 형태를 말하며, 채권담보를 목적으로 부동산의 소유권이전등기를 넘겨받은 채권자가 임의로 처분한 경우 배임죄가 성립한다는 것이 판례이다(대법원 1989.11.28, 89도1309; 1987.4.28, 87도265). [법원9급 07(상)]

② 부동산양도담보의 채무자가 채무이행을 못하자 채권자가 변제기 이후 담보목적물을 처분하고 정산의무를 이행하지 않은 경우의 죄책 : 판례는 −횡령죄뿐만 아니라− 배임죄도 성립하지 않는다고 보고 있다(대법원 1985.11.26, 85도1493 전원합의체). [경찰승진 16 / 법원9급 07(상) / 법원행시 10·13 / 변호사시험 12]

③ 가등기담보권자가 −채무자의 변제공탁(辨濟供託) 후− 처분한 경우의 죄책 : 판례는 배임죄가 성립한다는 입장이다(대법원 1990.8.10, 90도414). [경찰간부 11]

그림정리 부동산양도담보 개관

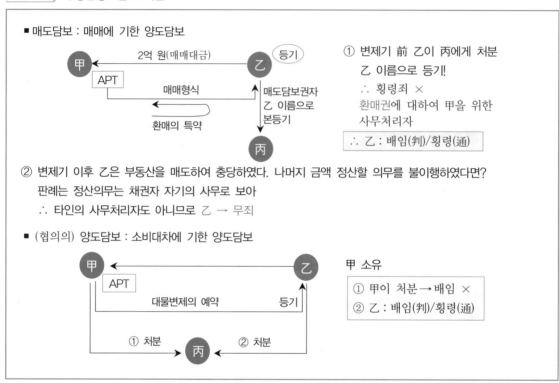

④ 동산양도담보(動産讓渡擔保)의 담보권자인 채권자 혹은 담보권설정자인 채무자가 제3자에게 해당 동산을 처분한 경우 그 죄책 : 금전채무를 담보하기 위하여 채무자가 그 소유의 동산을 채권자에게 양도하되 점유개정(占有改定)에 의하여 채무자가 이를 계속 점유하기로 한 경우, 특별한 사정이 없는 한 동산 '양도담보'란 말 그대로 채권자에게 양도담보권만 부여한다는 점에서 양도담보 목적물의 소유권은 여전히 채무자에게 있다. 동산의 소유권은 신탁적으로 이전됨에 불과하여 채권자와 채무자 사이의 대내적 관계에서 채무자는 의연히 '소유권'을 보유하고 있다고 보기 때문이다. 따라서 ㉠ 담보권자인 채권자가 동산양도담보 목적물을 −일정한 사유에 의하여 보관하게 되었다가− 임의로 처분한 경우에는 타인(채무자) 소유의 재물을 영득했다는 점에서 '횡령죄'가 성립한다(대법원 1989.4.11, 88도906). [변호사시험 12] 한편, ㉡ 동산을 양도담보로 제공한 채무자가 제3자에게 담보에 제공된 동산을 처분한 경우에는 동산양도담보의 채무자는 타인의 사무를 처리하는 자에 해당되지 않으므로 '배임죄가 성립하지 않는다'는 것이 변경된 전원합의체 판례의 입장이다(대법원 2020.2.20, 2019도9756 전원합의체). [경찰채용 20 1차]

⑤ 불법원인급여

   ㉠ 불법원인급여와 민법 제746조 본문의 규정 : 불법원인급여(不法原因給與)라 함은 예컨대, 공무원에게 뇌물로 전달해달라는 뇌물공여의 목적으로 금품을 교부하거나 타인의 사무를 처리하는 자에게 그 임무에 관한 부정한 청탁을 해달라는 배임증재의 목적으로 금품을 교부하는 경우와 같이, 선량한 풍속 기타 사회질서에 위반하는 원인에 기한 급여를 말한다. 민법에서는 "불법의 원인으로 인하여 재산을 급여하거나 노무를 제공한 때에는 그 이익의 반환을 청구하지 못한다."고 규정하고 있다(민법 제746조 본문).

ⓛ **불법원인급여의 수익자에 대한 횡령죄 성부에 관한 학설·판례** : 수익자가 불법원인급여물을 임의로 소비한 경우 횡령죄가 성립하는가에 대하여는 견해가 대립하나, **다수설·판례**는 민법과의 통일성을 중시하여 불법원인급여의 경우에 위탁자는 그 반환청구권을 상실하기 때문에 수탁자는 위탁자에 대하여 그 재물을 반환할 법률상의 의무가 없다는 점과 수탁자에게 소유권이 귀속되므로 횡령죄의 '타인의' 재물이라 할 수 없다는 점에 근거하여 횡령죄가 성립하지 않는다는 입장이다(대법원 1988.9.20, 86도628). [국가7급 14 / 법원9급 18 / 법원행시 10·12 / 변호사시험 12·14]

ⓒ **불법원인급여에 있어서 수익자의 불법이 현저히 큰 경우** : 수익자의 불법성이 급여자의 그것보다 현저히 큰 데 반하여 급여자의 불법성은 미약한 경우에는 급여자의 반환청구가 허용되므로 수익자가 반환을 거부하거나 임의로 처분한 경우에는 횡령죄가 성립한다(대법원 1999.9.17, 98도2036 : 포주의 화대 횡령 사례). [경찰승진(경위) 10 / 경찰승진 13 / 법원9급 09·10 / 법원행시 14]

⑥ **목적·용도를 정해서**(내지 금전수수를 수반하는 사무처리관계에서) **위탁한 금전의 경우** : '목적이나 용도를 특정하여 금전 기타 대체물을 위탁받은 수탁자 혹은 금전 수수를 수반하는 사무처리를 위임받은 수임자가 위탁자의 허락 없이 해당 금전을 임의로 처분한 경우에 횡령죄가 성립하는가'의 문제이다. 학설은 대립하나, 판례는 수탁자가 정해진 용도에 사용할 때까지는 위탁물에 대한 소유권이 위탁자에게 유보되어 있으며, 금전 기타 대체물이라 하더라도 재물이라고 하지 않을 수 없기 때문에 횡령죄가 성립한다는 입장을 일관하고 있다.[65] [법원9급 17 / 법원행시 08 / 변호사시험 12] 다만, 위탁받은 금전의 특정성이 인정되지 않거나 위탁받은 자에게 그 사용에 관한 광범위한 재량권이 인정되는 등 해당 금전의 소유권이 위탁자가 아니라 수탁자에게 귀속되는 경우에는 이를 사용했다 하여도 횡령죄를 구성하지 않게 된다.

⑦ **위탁매매** : 위탁매매의 경우도 기술한 금전수수를 수반하는 사무처리를 위임받은 경우와 유사하다. 즉 위탁물의 소유권은 위탁자에게 속하므로 위탁매매인이 판매대금을 소비한 경우에는 특단의 사정이 없는 한 횡령죄가 성립한다(대법원 1990.8.28, 90도1019; 2011.6.10, 2010도17202; 2013.3.28, 2012도16191). [경찰간부 16 / 변호사시험 12]

⑧ **조합**(組合)**의 재산 등 동업체**(同業體)**의 재산**

ⓖ **동업재산이어서 횡령죄가 성립하는 경우** : 조합재산은 조합원의 합유에 속하므로 조합원 중 한 사람이 조합재산 처분으로 얻은 대금을 임의로 소비하였다면 횡령죄의 죄책을 면할 수 없다(대법원 1982.9.28, 81도2777; 1989.11.14, 89도17; 1993.2.23, 92도387; 1995.10.12, 94도2076; 2005.4.15, 2003도7773; 2011.5.26, 2011도1904). [법원9급 21 / 법원승진 11 / 변호사시험 12]

ⓛ **동업재산이 아니어서 횡령죄가 성립하지 않는 경우** : 익명조합관계에 있는 영업에 대한 익명조합원이 상대방의 영업을 위하여 출자한 금전 기타의 재산은 상대방인 영업자의 재산으로 되는 것이므로 영업자가 그 영업의 이익금을 함부로 자기 용도에 소비하였다 하여도 횡령죄가 될 수 없다(대법원 1971.12.28, 71도2032; 1973.1.30, 72도2704; 2011.11.24, 2010도5014). [경찰채용 13 1차 / 경찰간부 11 / 경찰승진(경장) 10 / 국가7급 21]

⑨ **채권양도**(債權讓渡) : ⓖ 채무변제로서 자신의 채권을 양도한 채권양도인(통상의 채권양도의 경우)이 채무자로부터 수령한 금전을 소비하면 횡령죄가 성립한다는 것이 과거의 판례이었으나(대법원 1995.4.15, 97도666 전원합의체), [경찰채용 14 2차 / 경찰승진(경사) 11 / 경찰승진(경감) 11 / 경찰승진 16 / 법원9급 07(하) / 법원행시 06 / 변호사시험 14] 2022년 6월 **판례**는 입장을 변경하여 위 금전은 채권양도인 자신의 소유이고 채권양도인

---

65 판례 : 타인으로부터 용도가 엄격히 제한된 자금을 위탁받아 집행하면서 그 제한된 용도 이외의 목적으로 자금을 사용하는 것은, 그 사용이 개인적인 목적에서 비롯된 경우는 물론 결과적으로 자금을 위탁한 본인을 위하는 면이 있더라도, 그 사용행위 자체로서 불법영득의사를 실현한 것이 되어 횡령죄가 성립한다(대법원 2002.8.23, 2002도366). 경찰채용 18 1차 / 국가9급 12 / 법원행시 09 / 변호사시험 12

과 채권양수인 사이에 신임관계가 존재하지 않으므로 채권양도인이 이를 임의로 처분하여도 횡령죄가 성립하지 않는다고 판시하였다(대법원 2022.6.23, 2017도3829 전원합의체). 또한, ⓛ 채무자가 기존 금전채무를 담보하기 위하여 다른 금전채권을 채권자에게 양도하였는데 채권양도인(채무자)이 제3채무자로부터 변제금을 수령하여 소비한 행위도 채권자에 대한 횡령죄를 구성하지 않는다(대법원 2021.2.25, 2020도12927).

⑩ **1인회사의 재산** : 주식회사의 주주가 1인인 경우라 하더라도 회사와 주주는 별개의 인격(권리능력)이어서 1인주주가 회사의 재물을 영득하거나 회사의 재산에 손해를 끼친 경우에는 횡령죄 내지 배임죄의 성립이 모두 가능하다.

⑪ **독립채산제 방식으로 운영되는 주식회사의 지점 또는 사단법인의 지부·지회가 보유한 재산** : 주식회사의 지점, 합명회사의 분사무소, 사단법인의 지부·지회가 보유한 재산은 그 주식회사, 합명회사, 사단법인의 소유일 뿐이므로 지점·분사무소·지부·지회에서 이를 비자금으로 조성한 행위는 횡령죄를 구성한다(대법원 2007.9.6, 2007도4099; 2010.5.13, 2009도1373; 2012.1.27, 2010도10739). [경찰채용 14 2차 / 경찰승진 16 / 사시 13]

⑫ **공동의 복권당첨금** : 복권당첨금을 공평하게 나누기로 하였다면 공동소유가 인정되므로 보관자가 반환을 거부한 행위는 횡령죄를 구성한다(대법원 2000.11.10, 2000도4335).

⑬ **공동임대인 중 1인이 임대보증금을 임의로 처분한 경우** : 위탁관계에 의하여 보관하는 1인이 이를 임의로 처분하면 횡령죄가 성립한다(대법원 2001.10.30, 2001도2095).

⑭ **수개의 학교법인 운영자의 학교법인 사이에서의 자금이동** : 1인 회사의 경우와 유사하다. 수개의 학교법인을 운영하는 자가 각 학교법인의 금원을 다른 학교법인을 위하여 사용한 경우, 각 학교법인은 별개의 법인격을 가진 소유의 주체로서 이를 실질적으로 1개의 학교법인이라고 볼 수 없으므로 (업무상) 횡령죄가 성립한다(대법원 2000.12.8, 99도214). [법원행시 14]

⑮ **채권에 상계충당(相計充當)한 경우 – 원칙적으로 횡령죄 인정**
   ㉠ **보통의 경우** : 금전수수를 수반하는 사무처리를 위임받은 자가 그 행위에 기해 제3자로부터 수령한 금전도 목적·용도를 한정하여 위탁된 금전과 마찬가지로 그 소유권이 위임자에게 속하므로, 이를 그 위임취지대로 사용하지 않고 피고인의 위임자에 대한 채권에 상계충당함은, 상계정산의 특약이 없는 한, 당초 위임취지에 반하므로 횡령죄를 구성한다(대법원 2002.9.10, 2001도3100). [법원9급 16]
   ㉡ **회사에 채권을 가지고 있는 대표이사의 상계충당의 경우** : 대표이사가 이사회의 승인 등의 절차 없이 그와 같이 자신의 회사에 대한 채권을 변제하였더라도, 이는 대표이사의 권한 내에서 한 회사 채무의 이행행위로서 유효하므로 횡령죄의 죄책을 물을 수 없다(대법원 2002.7.26, 2001도5459).
   [경찰승진(경감) 11 / 경찰승진 16 / 법원9급 16 / 법원승진 14 / 법원행시 09·14]

⑯ **예금명의신탁의 명의수탁자(예금명의자 내지 예금채권자)의 예금인출·소비** : 타인의 금전을 위탁받아 보관하는 자가 보관방법으로 금융기관에 자신의 명의로 예치한 경우 횡령죄의 주체인 보관자의 지위를 가지게 된다(대법원 2000.8.18, 2000도1856 등). [경찰채용 16 1차 / 경찰간부 12·17] 따라서 예금명의수탁자가 이를 함부로 인출하여 소비하거나 또는 위탁자로부터 반환요구를 받았음에도 이를 영득할 의사로 반환을 거부하는 경우에는 횡령죄가 성립한다. [법원행시 16 / 사시 16]

⑰ **소유권유보부 매매** : ㉠ 보통 할부판매약관에 의하여 매매가 이루어지면 할부대금을 완납할 때까지는 여전히 소유권이 매도인에게 유보되기 때문에, 매수인이 할부대금 완납 이전에 매매목적물을 임의로 처분한 경우에는 횡령죄가 성립하게 된다. ㉡ 그러나 모든 할부판매가 소유권유보부 매매라고는 할 수 없다. 예컨대, ⓐ 자동차처럼 비록 할부판매로 판매될 수는 있으나 자동차관리법에 의한 등록에 의하여 그 소유권의 귀속이 정해지는 관계에 있어서는, 등록명의인인 매수인이 소유자가 되므로 할부대금 완납 이전에 매매된 자동차를 제3자에게 임의로 처분했다 하더라도 횡령죄가 성립하

지 않게 된다. 또한 ⓑ 약관(約款)에 기하지 않고 할부판매된 동산의 매수인의 경우도 마찬가지이다.

⑱ 기타 : 횡령죄의 성부

㉠ 횡령죄가 성립하는 경우

ⓐ **근로자의 운송수입금 소비** : 근로자가 운송회사로부터 일정액의 급여를 받으면서 당일 운송수입금을 전부 운송회사에 납입하고 운송회사는 이를 월 단위로 정산하기로 하는 약정이 체결된 경우, 운송수입금을 임의로 소비한 행위는 원칙적으로 횡령죄를 구성한다(대법원 2014.4.30, 2013도8799). [경찰간부 16·17]

ⓑ **회사자금으로 뇌물 공여 또는 배임증재를 한 경우** : 회사의 이사 등이 업무상의 임무에 위배하여 보관 중인 회사의 자금으로 뇌물을 공여하거나 부정한 청탁을 하고 배임증재를 하였다면 이는 오로지 회사의 이익을 도모할 목적이라기보다는 뇌물공여 또는 배임증재 상대방의 이익을 도모할 목적이나 기타 다른 목적으로 행하여진 것이라고 보아야 하므로, 그 이사 등은 회사에 대하여 업무상 횡령죄의 죄책을 면하지 못한다(대법원 2013.4.25, 2011도9238). [경찰승진 14 / 국가9급 13 / 법원행시 13·16]

㉡ 횡령죄가 성립하지 않는 경우

ⓐ **프랜차이즈계약** : 물품위탁판매의 경우와는 달리, 가맹점주가 판매하여 보관 중인 물품판매대금은 본사의 소유가 아니라 가맹점주 자기의 소유에 속하므로, 이를 임의소비한 행위는 횡령죄를 구성하지 않는다(대법원 1998.4.14, 98도292). [경찰승진(경장) 10 / 경찰승진(경위) 11 / 경찰승진 14 / 국가7급 07 / 사시 16 / 변호사시험 16]

ⓑ **낙찰부동산** : 부동산 입찰절차에서 수인이 대금을 분담하되 그중 1인 명의로 낙찰받기로 약정하여 그에 따라 낙찰이 이루어진 경우, 입찰목적 부동산의 소유권은 경락대금을 실질적으로 부담한 자가 누구인가와 상관없이 낙찰받은 명의인이 취득하므로 이를 임의로 처분하더라도 횡령죄를 구성하지 않는다(대법원 2000.9.8, 2000도258). [경찰승진(경장) 11 / 경찰승진 14 / 국가9급 18 / 법원9급 07(하) / 법원행시 09 / 사시 14]

ⓒ **채권담보로써 수표를 발행·교부받은 경우** : 채권자가 그 채권의 지급을 담보하기 위하여 채무자로부터 수표를 발행·교부받아 이를 소지한 경우에는, 그 수표상의 권리가 채권자에게 유효하게 귀속되므로 채권자는 횡령죄의 주체인 타인의 재물을 보관하는 자의 지위에 있다고 볼 수 없다(대법원 2000.2.11, 99도4979). [경찰간부 12 / 경찰승진(경사) 10 / 국가7급 07 / 법원행시 12]

(4) 부동산명의신탁 등 명의신탁과 횡령죄의 성부

부동산명의신탁(不動産名義信託)이란 실질적인 소유자인 신탁자가 목적부동산을 용익·관리하면서 등기부상의 소유명의만은 수탁자 앞으로 이전시키는 제도이다. 1995년 7월 1일부터 시행된 부동산 실권리자명의등기에 관한 법률(이하 부동산실명법)은 부동산에 관한 물권을 명의수탁자의 명의로 등기하는 명의신탁약정 및 명의신탁약정에 따라 행하여진 등기에 의한 부동산물권변동을 무효로 하고 있으며(동법 제4조) 부동산에 관한 물권을 명의신탁약정에 의하여 명의수탁자의 명의로 등기해서는 안 된다는 금지규정(동법 제3조 제1항)에 위반한 명의신탁자와 명의수탁자를 형사처벌하고 있다.[66] 부동산실명법에 위반하는 명의신탁의 유형에는

---

66 **부동산실명법 중 중요 참조조문** 제4조(명의신탁약정의 효력) ① 명의신탁약정은 무효로 한다.

② 명의신탁약정에 따라 행하여진 등기에 의한 부동산에 관한 물권변동은 무효로 한다. 다만, 부동산에 관한 물권을 취득하기 위한 계약에서 명의수탁자가 어느 한쪽 당사자가 되고 상대방 당사자는 명의신탁약정이 있다는 사실을 알지 못한 경우에는 그러하지 아니하다.

③ 제1항 및 제2항의 무효는 제3자에게 대항하지 못한다.

제7조(벌칙) ① 다음 각 호의 1에 해당하는 자 및 그를 교사하여 당해 규정을 위반하도록 한 자는 5년 이하의 징역 또는 2억 원 이하의 벌금에 처한다.

1. 제3조 제1항의 규정을 위반한 명의신탁자

2. 제3조 제2항의 규정을 위반한 채권자 및 동조 동항의 규정에 의한 서면에 채무자를 허위로 기재하여 제출하게 한 실채무자

2자간(양자 간) 명의신탁, 3자간 명의신탁(중간생략등기형 명의신탁), 계약명의신탁(매수위임형 명의신탁)의 3가지가 있고, 부동산실명법에 위반하지 않는 명의신탁의 유형에는 종중 및 배우자 등의 명의신탁이 있다.

① **2자간 명의신탁** : 2자간 명의신탁 또는 양자 간 명의신탁이란 부동산소유자인 명의신탁자가 타인(명의수탁자)과 명의신탁약정을 하고 타인명의로 부동산등기를 하는 경우를 말한다. 이때 명의수탁자가 명의신탁자의 동의 없이 임의로 제3자에게 부동산을 매도해버린 경우 그 형사책임이 문제되는바, 과거의 판례는 명의신탁 부동산의 대외적 소유자는 명의수탁자이지만 실질은 보관자에 해당한다고 보아 이를 처분하면 횡령죄가 성립한다고 보았으나(대법원 1989.12.8, 89도1220; 1996.11.29, 96도1755; 2008.4.10, 2008도1033; 2009.11.26, 2009도5547), [경찰간부 11 / 경찰승진(경위) 11 / 법원9급 10 · 13 / 법원승진 10 / 법원행시 06 · 12 · 14 / 변호사시험 14] 2021년 **대법원 전원합의체** 판결에서 "부동산실명법에 위반한 이른바 양자간 명의신탁의 경우에도, 중간생략등기형 명의신탁에 관한 **대법원 전원합의체** 판결(대법원 2016.5.19, 2014도6692 전원합의체)의 법리가 마찬가지로 적용되어, 명의신탁자와 명의수탁자 사이에 무효인 명의신탁약정 등에 기초하여 존재한다고 주장될 수 있는 사실상의 위탁관계를 형법상 보호할 만한 가치 있는 신임에 의한 것이라고 할 수 없으므로 명의수탁자가 신탁부동산을 임의로 처분하여도 횡령죄가 성립하지 않는다(대법원 2021.2.18, 2016도18761 전원합의체)."고 판시함으로써 횡령죄 부정설로 입장을 변경하였다.

> **판례연구** **부동산실명법 위반 양자 간 명의신탁과 횡령죄의 성부**
>
> 대법원 2021.2.18, 2016도18761 전원합의체
> 부동산실명법 위반 양자 간 명의신탁에서 명의수탁자가 신탁부동산을 임의로 처분한 경우 횡령죄 부정
> 형법 제355조 제1항이 정한 횡령죄에서 보관이란 위탁관계에 의하여 재물을 점유하는 것을 뜻하므로 횡령죄가 성립하기 위하여는 재물의 보관자와 재물의 소유자(또는 기타의 본권자) 사이에 법률상 또는 사실상의 위탁관계가 존재하여야 한다. 이러한 위탁관계는 사용대차 · 임대차 · 위임 등의 계약에 의하여서뿐만 아니라 사무관리 · 관습 · 조리 · 신의칙 등에 의해서도 성립될 수 있으나, 횡령죄의 본질이 신임관계에 기초하여 위탁된 타인의 물건을 위법하게 영득하는 데 있음에 비추어 볼 때 위탁관계는 횡령죄로 보호할 만한 가치 있는 신임에 의한 것으로 한정함이 타당하다(대법원 2016.5.19, 2014도6692 전원합의체 참조). 위탁관계가 있는지 여부는 재물의 보관자와 소유자 사이의 관계, 재물을 보관하게 된 경위 등에 비추어 볼 때 보관자에게 재물의 보관 상태를 그대로 유지하여야 할 의무를 부과하여 그 보관 상태를 형사법적으로 보호할 필요가 있는지 등을 고려하여 규범적으로 판단하여야 한다(대법원 2018.7.19. 2017도17494 전원합의체 참조). … 부동산실명법에 위반하여 명의신탁자가 그 소유인 부동산의 등기명의를 명의수탁자에게 이전하는 이른바 양자간 명의신탁의 경우, 계약인 명의신탁약정과 그에 부수한 위임약정, 명의신탁약정을 전제로 한 명의신탁 부동산 및 그 처분대금 반환약정은 모두 무효이고 명의신탁자와 명의수탁자 사이에 무효인 명의신탁약정 등에 기초하여 존재한다고 주장될 수 있는 사실상의 위탁관계라는 것은 부동산실명법에 반하여 범죄를 구성하는 불법적인 관계에 지나지 아니할 뿐 이를 형법상 보호할 만한 가치 있는 신임에 의한 것이라고 할 수 없다(위 대법원 2014도6692 전원합의체 판결 참조). … 따라서 부동산실명법에 위반한 양자간 명의신탁의 경우 명의수탁자가 신탁받은 부동산을 임의로 처분하여도 명의신탁자에 대한 관계에서 횡령죄가 성립하지 아니한다. [경찰승진 22]

② **3자간 명의신탁**(중간생략등기형 명의신탁) : 중간생략등기형 명의신탁이란 甲(명의신탁자, 부동산매수인)이 乙(명의수탁자)과 명의신탁약정을 체결하고, 甲(매수인)이 丙(부동산매도인, 원권리자)과 부동산매매계약을 체결하여 丙으로부터 매입한 부동산을 곧바로 乙의 명의로 이전등기를 한 경우를 말한다. 이때 명의수탁자 乙이 당해 부동산을 임의로 제3자에게 처분하거나 甲이 丙을 대위하여 행사한 부동산의 소유권이전청구에 대하여 이를 거부한다면 乙의 형사책임은 어떻게 될 것인가가 문제되는바,

---

② 제3조 제1항의 규정을 위반한 명의수탁자 및 그를 교사하여 당해 규정을 위반하도록 한 자는 3년 이하의 징역 또는 1억 원 이하의 벌금에 처한다.
③ 제3조의 규정을 위반하도록 방조한 자는 1년 이하의 징역 또는 3천만 원 이하의 벌금에 처한다.

판례는 과거에는 횡령죄의 성립을 긍정하였으나(대법원 2001.11.27, 2000도3463; 2010.1.28, 2009도1884; 2010.9.30, 2010도8556), [경찰채용 11 1차 / 경찰승진(경사) 10 / 경찰승진(경위) 11 / 경찰승진 12 / 법원9급 13 / 법원승진 10 · 11 · 12 · 14 / 법원행시 06] 2016년 **대법원 전원합의체** 판결을 통하여 명의수탁자와 명의신탁자 간에 형법적으로 보호할 만한 가치 있는 위탁신임관계가 존재하지 않는다고 보아 종래의 입장을 변경하고 횡령죄의 성립을 부정하였다(대법원 2016.5.19, 2014도6992 전원합의체). [경찰채용 18 1차 / 경찰채용 16 · 18 2차 / 국가9급 17 / 국가7급 16 / 법원9급 17 / 법원행시 16 / 변호사시험 17]

③ **계약명의신탁** : 계약명의신탁(매수위임형 명의신탁)이란 甲(명의신탁자)이 乙(명의수탁자, 부동산매수인)에게 丙(부동산매도인, 원권리자)으로부터 부동산의 매수를 위임함과 동시에 명의신탁약정을 맺고 乙(명의수탁자)이 매매당사자가 되어 丙(매도인)과 부동산매매계약을 체결한 후 그 등기를 乙 자신 앞으로 이전등기하는 형식의 명의신탁을 말한다. 이때 명의수탁자 乙이 당해 부동산을 임의로 제3자에게 처분하거나 甲이 丙을 대위하여 행사한 부동산의 소유권이전청구를 거부한다면 乙의 형사책임은 어떻게 될 것인가가 문제된다.

㉠ **부동산매도인인 원권리자 丙이 악의(惡意)인 경우** : 乙의 죄책에 대해서 판례는 명의수탁자 乙이 명의신탁자나 매도인에 대한 관계에서 신임관계에 의하여 '타인의 재물을 보관하는 자' 또는 '타인의 사무를 처리하는 자'의 지위에 있다고 볼 수 없으므로 횡령죄와 배임죄의 죄책을 모두 지지 않는다는 입장이다(대법원 2012.11.29, 2011도7361; 2012.12.13, 2010도10515). [경찰채용 13 2차 / 경찰간부 16 / 경찰승진 17 / 국가7급 08 / 법원9급 13 / 법원행시 16 / 사시 13]

㉡ **부동산매도인인 원권리자인 丙이 선의(善意)인 경우**

ⓐ **횡령죄의 성부** : 丙이 명의신탁약정사실을 몰랐던 경우에는 甲과 乙 사이의 명의신탁약정은 무효라는 점에는 변함이 없지만(부동산실명법 제4조 제1항) '선의자 丙의 신뢰를 보호하기 위하여' 丙으로부터 乙에게 이전된 등기에 의한 부동산물권변동은 유효하다(동법 제4조 제2항 단서). 따라서 乙을 해당 부동산에 대한 소유자라고 보아야 할 것이므로 乙이 위 부동산을 임의로 제3자에게 처분하였다고 하더라도 乙의 행위는 횡령죄에 해당하지 않는다(통설·판례 : 대법원 2000.3.24, 98도4347; 2006.9.8, 2005도9733; 2009.9.10, 2009도4501). [경찰승진(경위) 11 / 국가7급 14 / 법원행시 06 · 10 · 12 / 변호사시험 12]

ⓑ **배임죄의 성부** : 乙의 甲에 대한 관계에 있어 사실상 신임관계도 인정할 수 없으므로 (횡령죄뿐만 아니라) 배임죄도 성립하지 않는다는 것이 판례이다(대법원 2001.9.25, 2001도2722; 2004.4.27, 2003도6994). [경찰간부 11 / 법원9급 13 / 법원승진 10 / 법원행시 12]

④ **종중 및 배우자 등의 명의신탁** : 부동산실명법에 의하면 조세포탈, 강제집행의 면탈 또는 법령상 제한의 회피를 목적으로 하지 아니함을 전제로, 종중(宗中)이 보유한 부동산에 관한 물권을 종중(종중과 그 대표자를 같이 표시하여 등기한 경우를 포함) 외의 자의 명의로 등기한 경우, 배우자 명의로 부동산에 관한 물권을 등기한 경우(이외 종교단체의 명의로 그 산하 조직이 보유한 부동산에 관한 물권을 등기한 경우도 포함), 명의신탁약정 및 등기이전에 따른 동법 제4조의 적용을 받지 않으므로 부동산 물권변동이 유효하게 된다(동법 제8조, 이에 동법 제7조의 벌칙도 적용되지 않음). 이와 관련하여 종중 또는 배우자가 자신명의로 등기되어 있는 종중의 부동산 또는 타방 배우자의 부동산을 임의로 처분하는 경우에는 이는 유효한 명의신탁이라는 점에서 횡령죄가 성립한다는 것이 다수설·판례이다.

(5) 행위 – 횡령 또는 반환 거부

본죄는 횡령행위 즉, 자기가 보관하는 타인의 재물을 '횡령하거나 반환을 거부'함으로써 불법영득의사를 표현하는 행위(후술하는 표현설, 다수설·판례)가 있어야 성립한다. 이러한 '횡령' 행위는 단순한 내심의 의사만으로는 인정될 수 없고 그 영득의 의사가 외부에 인식될 수 있는 객관적 행위가 있을 때 인정되나(대법원 1993.3.9, 92도2999), 사실행위·법률행위인가는 불문한다. 또한 '반환의 거부'라고 함은 보관물에 대하여 소유자의 권리를 배제하는 의사표시를 하는 행위를 뜻하므로, 타인의 재물을 보관하는 자가 단순히 반환을 거부한 사실만으로는 횡령죄를 구성하는 것은 아니며, 반환거부의 이유 및 주관적인 의사 등을 종합하여 반환거부행위가 횡령행위와 같다고 볼 수 있을 정도이어야만 횡령죄가 성립한다(대법원 1992. 11.27, 92도2079; 2002.9.4, 2000도637 등).

2. 주관적 구성요건 – 고의·불법영득의사

횡령죄의 주관적 구성요건요소로서는 횡령의 고의와 불법영득의사가 요구된다(횡령죄의 본질에 관한 영득행위설). 여기에서 불법영득의사라 함은 타인의 재물을 보관하는 자가 자기 또는 제3자의 이익을 꾀할 목적으로 (업무상의 임무에 위배하여) 보관하는 타인의 재물을 자기의 소유인 경우와 같이 사실상 또는 법률상 처분하는 의사를 의미하고, [법원9급 17] 반드시 자기 스스로 영득하여야만 하는 것은 아니다(대법원 2000.12.27, 2000도4005). 또한 횡령한 재물을 사후에 반환하거나 변상·보전하는 의사가 있다 하여도 불법영득의사는 인정된다(대법원 1995.3.14, 95도59; 2006.6.2, 2005도3431; 2012.6.14, 2010도9871).

3. 횡령죄의 기수시기, 죄수 및 다른 범죄와의 관계

(1) 기수시기

처분행위에 의해 영득의사가 객관적으로 인식될 수 있도록 확정적으로 외부에 표현된 때 횡령죄는 기수가 된다. 따라서 다른 사람의 재물을 보관하는 사람이 그 사람의 동의 없이 함부로 이를 담보로 제공하는 행위를 하였다면, 민법 등 사법상 무효이거나 그로 인하여 피해자의 소유권이 침해되는 결과가 발생하지 않더라도 횡령죄가 성립한다(대법원 2002.11.13, 2002도2219; 2008.11.13, 2006도4885; 2009.2.12, 2008도10971). [국가7급 14 / 법원행시 12]

(2) 횡령죄의 죄수 및 다른 범죄와의 관계

① **횡령죄의 죄수판단기준** : 횡령죄는 신임관계를 보호하는 구성요건이라는 점에서 그 죄수판단의 기준은 위탁관계의 수이다. 따라서 여러 개의 위탁관계에 의하여 보관하던 여러 개의 재물을 한 개의 행위에 의하여 횡령한 경우 위탁관계별로 수개의 횡령죄가 성립하고, 그 사이에는 상상적 경합의 관계가 있는 것으로 보아야 한다(대법원 2013.10.31, 2013도10020). [경찰승진 17 / 국가9급 16]

② **횡령죄의 불가벌적 사후행위** : 횡령죄는 상태범이므로 타인의 재물을 점유하는 자가 그 점유를 자기를 위한 점유로 바꾸려고 하는 의사를 가지고 그러한 영득의 의사가 외부에 인식될 수 있는 객관적 행위를 하였을 때에는 그 재물 전체에 대한 횡령죄가 성립되고, 일단 횡령을 한 이후에 다시 그 재물을 처분하는 것은 불가벌적 사후행위에 해당하여 처벌할 수 없다(대법원 1978.11.28, 78도2175; 1998.2.24, 97도3282). [법원9급 05]

③ **횡령죄의 불가벌적 사후행위가 아닌 경우** : 타인의 부동산을 보관 중인 자가 불법영득의사를 가지고 그 부동산에 근저당권설정등기를 경료함으로써 일단 횡령행위가 기수에 이르렀다 하더라도 그 후 부동산을 매각함으로써 기존의 근저당권과 관계없이 법익침해의 결과를 발생시켰다면 이는 새로운 법익침해의 위험을 추가한 것이므로 불가벌적 사후행위로 볼 수 없고, 별도로 횡령죄를 구성한다(대법원 2013.2.21, 2010도10500 전원합의체). [경찰채용 13 2차 / 경찰채용 18 3차 / 경찰간부 18 / 국가9급 18 / 국가7급 14 · 20 / 법원9급 16 · 20 / 법원행시 08 · 09 · 10 · 11 · 14 · 16 / 법원승진 14 / 변호사시험 16]

④ **전기통신금융사기 또는 사기범행으로 송금된 현금을 인출하는 행위**
　㉠ **범인이 인출하는 경우** : 전기통신금융사기(이른바 보이스피싱 범죄)의 범인이 피해자를 기망하여 피해자의 자금을 사기이용계좌로 송금·이체받은 후 범인이 사기이용계좌에서 현금을 인출하였더라도 사기의 피해자에 대하여 별도의 횡령죄를 구성하지 아니한다(대법원 2017.5.31, 2017도3045; 2017.5.31, 2017도3894). [경찰승진 22]

ⓛ 단순 계좌명의인이 인출하는 경우 : 송금의뢰인과 계좌명의인 사이에 송금·이체의 원인이 된 법률관계가 존재하지 않음에도 송금·이체에 의하여 계좌명의인이 그 금액 상당의 예금채권을 취득한 경우(소위 '착오송금'의 경우), 계좌명의인은 그와 같이 송금·이체된 돈에 대하여 송금의뢰인을 위하여 보관하는 지위에 있으므로, 계좌명의인이 그와 같이 송금·이체된 돈을 그대로 보관하지 않고 영득할 의사로 인출하면 횡령죄가 성립한다(대법원 2005.10.28, 2005도5975; 2010.12.9, 2010도891 등). [경찰채용 20 2차/국가9급 20/국가7급 21]

(3) 친족상도례

횡령죄의 친족상도례(제361조, 제328조)는 범인과 피해물건의 소유자 및 위탁자 쌍방 사이에 같은 조문에 정한 친족관계가 있는 경우에만 적용된다. 따라서 횡령범인과 피해물건의 소유자 간에만 친족관계가 있거나 횡령범인과 피해물건의 위탁자 간에만 친족관계가 있는 경우에는 적용되지 않는다(대법원 2008.7.24, 2008도3438). [경찰채용 12·13·16·18 1차/경찰간부 11/경찰승진(경사) 10/경찰승진(경감) 10/경찰승진 14/국가9급 11·14/법원행시 10·11/법원9급 09·12/법원승진 12/사시 11·14/변호사시험 12]

03 업무상 횡령죄

> 제356조【업무상의 횡령과 배임】업무상의 임무에 위배하여 제355조의 죄를 범한 자는 10년 이하의 징역 또는 3천만원 이하의 벌금에 처한다.

1. 의의 및 성격

업무상 횡령죄는 업무상의 임무에 위배하여 횡령죄를 범함으로써 성립하는 범죄이다. 본죄는 '타인의 재물을 보관하는 자'라는 범죄구성적 신분과 '업무자'라는 형벌가중적 신분이 모두 구비되어야 성립하는 이중적 신분범의 성격을 가지는 부진정신분범이다(＝업무상 배임죄).

2. 구성요건

본죄의 '업무'란 법령·계약에 의한 것뿐만 아니라 관례를 따르거나 사실상의 것이거나를 묻지 않고 같은 행위를 반복할 지위에 따른 사무를 가리키는 것이다. [경찰채용 12 2차] 따라서 회사의 대표이사 혹은 그에 준하여 회사 자금의 보관이나 운용에 관한 사실상의 사무를 처리하여 온 자가 회사를 위한 지출 이외의 용도로 거액의 회사 자금을 가지급금 등의 명목으로 인출·사용함에 있어서 이자나 변제기의 약정이 없음은 물론 이사회 결의 등 적법한 절차도 거치지 아니하는 것은 '업무상' 횡령죄를 구성한다(대법원 2006.4.27, 2003도135).

3. 공범

업무상 보관자의 횡령범행에 일반인이 가담한 경우에 공범 성립의 문제에 대해서는 이미 총론의 공범론 중 제33조의 적용에서 살펴보았듯이 학설·판례의 대립이 있는 문제이다.[67]

---

67 총론의 정범과 공범론, 공범과 신분 참조

04 점유이탈물횡령죄

> **제360조【점유이탈물횡령】** ① 유실물, 표류물 또는 타인의 점유를 이탈한 재물을 횡령한 자는 1년 이하의 징역이나 300만 원 이하의 벌금 또는 과료에 처한다.
> ② 매장물을 횡령한 자도 전항의 형과 같다.

본죄의 객체는 유실물·표류물, 기타 점유이탈물, 매장물이다(무주물 ×). [국가9급 17] 판례는 고속버스 내에 승객이 두고 간 물건(대법원 1993.3.16, 92도3170), [경찰승진 13/법원행시 11·14/사시 10] 지하철 내의 선반 위에 두고 내린 물건 등을 점유이탈물이라고 보고 있다(대법원 1999.11.26, 99도3963). [경찰채용 10 2차/경찰승진(경장) 10/경찰승진(경감) 10/법원9급 07(하)/법원행시 09] 본죄는 영득죄이므로 주관적 구성요건으로 고의 이외에 불법영득의 사를 요한다.

본죄는 횡령과 배임의 죄 중 유일하게 미수범 처벌규정을 두지 않은 죄이다(제359조 참조). 다만 친족상도례와 동력재물간주규정은 준용된다(제361조 참조).

제7절 배임의 죄

01 총 설

1. 의의 및 보호법익

배임죄(背任罪)는 타인의 사무를 처리하는 자가 그 임무에 위배하는 행위로써 재산상의 이익을 취득하거나 제3자로 하여금 이를 취득하게 하여 본인에게 손해를 가함으로써 성립하는 범죄이다. 본죄의 보호법익은 재산권이며, 그 보호받는 정도는 위험범이라는 점에서 횡령죄와 같다(대법원 2000.4.11, 99도334; 2002.6.28, 2000도3716, 판례는 구체적 위험범설). 또한 본죄는 재산상의 이익만을 대상으로 삼는 순수한 이득죄이다. 따라서 본죄는 장물죄의 본범이 될 수 없다.

2. 배임죄의 본질

배임죄의 본질에 대해서는 권한남용설과 배신설의 대립이 있으나, 본인과의 신임관계에 근거한 재산상의 이익을 보호할 의무를 위배하는 데 배임죄의 본질이 있다는 배신설이 통설·판례이다. [경찰간부 12] 다만 배신설에 의하면 모든 신뢰관계 위반행위를 배임죄로 포함시킬 수 있으므로 이를 보완할 필요가 있다. 이에 계약이행과 관련된 일반적·부수적 의무에 위배하는 행위는 민사상 채무불이행에 불과하고(단순채무불이행≠배임), 타인의 재산을 관리하는 의무가 그 신임관계의 전형적·본질적인 내용을 이루는 경우 이에 대한 의무위반만이 배임죄에 해당한다고 보게 된다.

3. 구성요건체계

배임의 죄는 배임죄를 기본적 구성요건으로 하고, 업무상 배임죄를 가중적 구성요건으로 하되, 배임수증 재죄를 배임죄와는 다른 독자적인 구성요건으로 하고 필요적 몰수규정을 두고 있다. 배임의 죄는 모두 미수를 처벌한다(제359조).

제355조【횡령, 배임】 ② 타인의 사무를 처리하는 자가 그 임무에 위배하는 행위로써 재산상의 이익을 취득하거나 제3자로 하여금 이를 취득하게 하여 본인에게 손해를 가한 때에도 전항의 형과 같다.

1. 구성요건

(1) 객관적 구성요건

① **주체 – 타인의 사무를 처리하는 자**

㉠ **의의** : 타인과의 대내관계에서 신의성실의 원칙에 비추어 그 사무를 처리한 신임관계가 존재하는 자만이 본죄의 주체가 된다(진정신분범).

㉡ **사무처리의 근거** : 법령(친권자, 후견인, 파산관재인, 집행관 또는 회사의 대표자), 계약 등 법률행위(위임, 고용, 임치 등 대리권 수여를 내용으로 하는 계약), 관습, 사무관리 등이 본죄의 사무처리의 근거가 될 수 있다. 또한 배임죄의 사무처리의 근거가 반드시 적법한 대리권에 있을 필요는 없고(대법원 1999.9.17, 97도3219) [경찰채용 14·18 1차] 사실상의 신임관계가 존재하는 경우에도 본죄의 주체가 될 수 있으므로, 미성년자와 친생자관계가 없으나 호적(현 가족관계등록부)상 친모로 등재되어 있는 자도 본죄의 주체가 될 수 있다(대법원 2002.6.14, 2001도3534). [법원행시 08·09]

㉢ **사무의 내용** : 재산상의 사무이어야 한다(다수설·판례, 대법원 1999.9.17, 97도3219; 1994.9.9, 94도902; 1987.4.28, 86도2490; 1984.12.26, 84도2127; 1983.2.8, 81도3137; 1982.9.28, 81도2777). 즉, 타인의 재산보호가 신임관계의 전형적·본질적인 요소인 재산상 사무에 한한다. 이 점은 후술하는 배임수재죄(제357조 제1항)의 주체인 타인의 사무를 처리하는 자의 사무가 재산상 사무임을 요하지 않는 것과 구별되는 점이다.

㉣ **타인의 사무일 것**

ⓐ **타인의 사무에 해당되는 경우** : 배임죄의 주체인 '타인의 사무를 처리하는 자'란 당사자관계의 전형적·본질적 내용이 타인의 재산관리에 관한 사무의 전부 또는 일부를 타인을 위하여 대행하는 경우와 같이 단순한 채권·채무관계와 같은 통상의 계약에서의 이익대립관계를 넘어서 그들 사이의 신임관계에 기초하여 타인의 재산을 보호·관리하는 데에 있어야 한다(대법원 1987.4.28, 86도2490; 2009.2.26, 2008도11722; 2011.1.20, 2008도10479 전원합의체; 2014.8.21, 2014도3363 전원합의체; 2020.2.20, 2019도9759 전원합의체). [법원승진 14] 다만 그 사무의 처리가 오로지 타인의 이익을 보호·관리하는 것만을 내용으로 해야 할 필요는 없고, 자신의 이익을 도모하는 성질도 아울러 가진다 하더라도 타인을 위한 사무로서의 성질이 부수적·주변적인 의미를 넘어서 중요한 내용을 이루는 경우에는 타인의 사무를 처리하는 자에 해당한다. 따라서 ㉮ 위임·고용 등의 계약상 타인의 재산의 관리·보전의 임무를 부담하는데 본인을 위하여 일정한 권한을 행사하는 경우처럼 타인의 재산관리에 관한 사무를 대행하는 경우뿐 아니라 ㉯ 부동산매매계약에 의하여 매수인으로부터 중도금·잔금을 수령한 매도인의 등기협력의무와 같이 매매 등 자기의 거래를 완성하기 위한 자기의 사무인 동시에 상대방의 재산보전에 협력할 의무가 있는 경우 등도 여기에 포함된다(대법원 1999.9.17, 97도3219; 2005.3.25, 2004도6890 등). [경찰간부 11]

ⓑ **타인의 사무에 해당되지 않는 경우** : 배임죄의 사무처리란 타인의 재산보호가 주된 의무로서 신임관계에 기초한 그 사무의 본질적 내용이 되는 경우로 제한해야 하고 단순한 부수적 의무인

것만으로는 부족하다고 해야 하므로, 그 사무가 타인의 사무가 아니고 자기의 사무라면, 그 사무의 처리가 타인에게 이익이 되어 타인에 대하여 이를 처리할 의무를 부담하는 경우라도, 그는 타인의 사무를 처리하는 자에 해당하지 않는다(대법원 2014.2.27, 2011도3482).

판례연구   **배임죄의 타인의 사무처리자 부정례**

대법원 2020.2.20, 2019도9756 전원합의체
동산양도담보권설정자인 채무자가 임의로 해당 동산을 처분한 경우 : 배임죄 ✕
배임죄에서 '타인의 사무를 처리하는 자'라고 하려면, 이익대립관계에 있는 통상의 계약관계에서 채무자의 성실한 급부이행에 의해 상대방이 계약상 권리의 만족 내지 채권의 실현이라는 이익을 얻게 되는 관계에 있다거나, 계약을 이행함에 있어 상대방을 보호하거나 배려할 부수적인 의무가 있다는 것만으로는 채무자를 타인의 사무를 처리하는 자라고 할 수 없고(대법원 2015.3.26, 2015도1301 등), 위임 등과 같이 계약의 전형적·본질적인 급부의 내용이 상대방의 재산상 사무를 일정한 권한을 가지고 맡아 처리하는 경우에 해당하여야 한다. 채무자가 금전채무를 담보하기 위하여 그 소유의 동산을 채권자에게 양도담보로 제공함으로써 채권자인 양도담보권자에 대하여 담보물의 담보가치를 유지·보전할 의무 내지 담보물을 타에 처분하거나 멸실·훼손하는 등으로 담보권 실행에 지장을 초래하는 행위를 하지 않을 의무를 부담하게 되었더라도, 이를 들어 채무자가 통상의 계약에서의 이익대립관계를 넘어서 채권자와의 신임관계에 기초하여 채권자의 사무를 맡아 처리하는 것으로 볼 수 없다. 따라서 채무자를 배임죄의 주체인 '타인의 사무를 처리하는 자'에 해당한다고 할 수 없고, 그가 담보물을 제3자에게 처분하는 등으로 담보가치를 감소 또는 상실시켜 채권자의 담보권 실행이나 이를 통한 채권실현에 위험을 초래하더라도 배임죄가 성립한다고 할 수 없다. 위와 같은 법리는, 채무자가 동산에 관하여 양도담보설정계약을 체결하여 이를 채권자에게 양도할 의무가 있음에도 제3자에게 처분한 경우에도 적용되고, 주식에 관하여 양도담보설정계약을 체결한 채무자가 제3자에게 해당 주식을 처분한 사안에도 마찬가지로 적용된다. [경찰채용 20 1차]

---

② 객체 : 재산상의 이익이다(이득죄). 이 점에서 횡령죄와 구별된다.
③ 행위 – 배임행위, 재산상 손해의 발생, 재산상 이익의 취득
　㉠ 배임행위의 의미 : 배임행위(背任行爲)란 임무에 위배하는 행위, 즉 사무처리의 신뢰관계에 위배하는 행위이다. 즉 '임무에 위배하는 행위'라 함은 처리하는 사무의 내용·성질 등에 비추어 법령의 규정, 계약의 내용 또는 신의칙상 당연히 하여야 할 것으로 기대되는 행위를 하지 않거나(부작위) 당연히 하지 않아야 할 것으로 기대되는 행위를 함(작위)으로써 본인과의 신임관계를 저버리는 일체의 행위를 포함하며(대법원 1995.12.22, 94도3013; 2004.6.24, 2004도520; 2008.5.29, 2005도4640 등) 법률행위뿐 아니라 사실행위도 포함된다(배신설).

판례연구   **배임죄의 임무에 위배하는 행위**

대법원 1999.6.25, 99도1141
회사의 이사가 채무변제능력을 상실한 계열회사에게 회사자금을 대여하거나 그의 채무를 지급보증한 사례
회사의 이사가 타인에게 회사자금을 대여하거나 타인의 채무를 회사 이름으로 지급보증함에 있어 그 타인이 이미 채무변제능력을 상실하여 그를 위하여 자금을 대여하거나 지급보증을 할 경우 회사에 손해가 발생하리라는 점을 충분히 알면서 이에 나아갔다면, 그와 같은 자금대여나 지급보증은 타인에게 이익을 얻게 하고 회사에 손해를 가하는 행위로서 회사에 대하여 배임행위가 되고, 회사의 이사는 단순히 그것이 경영상의 판단이라는 이유만으로 배임죄의 죄책을 면할 수는 없으며, 이러한 이치는 그 타인이 자금지원 회사의 계열회사라 하여 달라지지 않는다.

　㉡ 모험거래와 배임행위 : 기대되는 이익이 큰 만큼 감수해야 할 위험도 큰 모험거래(冒險去來)에 있어서는 배임죄가 성립하지 않음이 원칙이다.
　㉢ 재산상 손해(損害)의 발생
　　ⓐ 의의 : 배임죄가 성립하기 위하여는 타인의 사무처리자의 배임행위로 인하여 피해자(본인)의 전체 재산가치의 감소가 경제적 관점에서 있어야 한다[재산상 손해 : 사기죄 – 不要, 배임죄 – 要(판례)].

ⓑ **재산상 손해발생이 인정된 경우** : 여기에는 ㉮ 재산의 처분 등 직접적인 재산의 감소, 보증이나 담보제공 등 채무 부담으로 인한 재산의 감소와 같은 적극적 손해를 야기한 경우는 물론, ㉯ 객관적으로 보아 취득할 것이 충분히 기대되는데도 임무위배행위로 말미암아 이익을 얻지 못한 경우인 소극적 손해를 야기한 경우도 포함되고, 나아가 ㉰ 부실대출이나 담보권의 상실과 같은 재산상의 위험도 포함된다. 구체적으로 재산상 위험이라 함은, 법률적 판단에 의하여 당해 배임행위가 무효라 하더라도 경제적 관점에서 파악하여 배임행위로 인하여 본인에게 현실적인 손해를 가하였거나 재산상 실해 발생의 위험을 초래한 경우에는 재산상의 손해를 가한 때에 해당된다고 보면 된다. 따라서 일단 손해의 위험성을 발생시킨 이상 사후에 담보를 취득하였거나 피해가 회복되었다 하여도 배임죄의 성립에 영향을 주는 것은 아닌 것이다.

판례연구   배임죄의 재산상 손해 긍정례

대법원 2006.4.27, 2004도1130
상당하고 합리적인 조치 없이 만연히 대출해준 사례
금융기관의 직원들이 대출을 하면서 대출채권의 회수를 확실하게 하기 위하여 충분한 담보를 제공받는 등 상당하고도 합리적인 조치를 강구함이 없이 만연히 대출을 해줌으로써 부실대출에 의한 업무상 배임죄가 성립하는 경우에는 담보물의 가치를 초과하여 대출한 금액이나 실제로 회수가 불가능하게 된 금액만을 손해액으로 볼 것은 아니고, 재산상 권리의 실행이 불가능하게 될 염려가 있거나 손해발생의 위험이 있는 대출금 전액을 손해액으로 보아야 할 것이다.

ⓒ **재산상 손해발생을 부정한 경우** : 배임죄는 임무에 위배하는 행위로 인한 현실적인 손해의 발생이나 재산상 실해발생의 위험을 요건으로 하므로 그러한 손해발생의 위험이 초래되지 아니한 경우에는 배임죄가 성립하지 아니한다(대법원 2010.9.30, 2010도6490 등). 따라서 재산상의 손실을 야기한 임무위배행위가 동시에 그 손실을 보상할 만한 재산상의 이익을 준 경우, 예컨대, 그 배임행위로 인한 급부와 반대급부가 상응하고 다른 재산상 손해(현실적인 손해 또는 재산상 실해 발생의 위험)도 없는 때에는 재산상 손해가 있다고 할 수 없다(대법원 2005.4.15, 2004도7053; 2011.4.28, 2009도14268).

판례연구   배임죄의 재산상 손해 부정례

대법원 2004.4.9, 2004도771
대표이사가 개인명의로 작성·교부한 차용증에 회사 법인인감을 날인한 사례
대표이사가 개인의 차용금 채무에 관하여 개인명의로 작성하여 교부한 차용증에 추가로 회사의 법인인감을 날인하였다고 하더라도 대표이사로서 행한 적법한 대표행위라고 할 수 없으므로 회사가 위 차용증에 기한 차용금 채무를 부담하게 되는 것이 아니다(또한 금원의 대여자는 위와 같은 행위가 적법한 대표행위가 아님을 알았거나 알 수 있었다 할 것이어서 회사가 대여자에 대하여 사용자책임이나 법인의 불법원행시위 등에 따른 손해배상의무도 부담할 여지가 없으므로, 결국 회사에 재산상 손해가 발생하였다거나 재산상 실해발생의 위험이 초래되었다고 볼 수 없음). [경찰채용 14 1차 / 경찰승진(경장) 11 / 경찰승진(경감) 11 / 사시 10]

㉣ (배임행위로 인한) **재산상 이익의 취득**

ⓐ **재산상 이익의 취득** : 배임죄는 본인에게 재산상의 손해를 가하는 외에 배임행위로 인하여 행위자 또는 제3자가 재산상의 이익을 취득할 것을 요건으로 한다. [경찰승진 14] 따라서 본인에게 손해를 가하였다 하더라도 행위자가 이익을 취득한 사실이 없으면 배임죄가 성립하지 않는다. [법원9급 10·11]

ⓑ **배임행위와 재산상 이익취득 간의 인과관계** : 재산상의 이익취득에 관하여 배임죄의 죄책을 인정하기 위해서는 그러한 재산상의 이익취득과 임무위배행위 사이에 상당인과관계가 인정되어야

한다(대법원 1984.12.26, 84도2127; 1987.4.28, 86도2490; 2007.7.26, 2005도6439; 2008.6.26, 2007도7060).

[법원승진 10]

ⓜ **착수시기 및 기수시기**

ⓐ 착수시기 : 본죄는 배임행위를 개시한 때 실행의 착수가 있다.

ⓑ 기수시기 : 본죄는 본인에게 재산상의 손해가 발생한 때 기수가 된다. 여기에는 재산적 실해를 가한 경우뿐만 아니라 실해발생의 위험을 초래한 경우도 포함되므로, 피해자의 재산을 무단으로 반출하여 실해발생의 위험을 초래하는 때에는 배임죄의 기수가 된다(대법원 1983.3.8, 82도2873; 2003.10.30, 2003도4382).

(2) 주관적 구성요건 - 고의·불법이득의사

① 고의 : (업무상) 배임죄가 성립하려면 주관적 요건으로서 임무위배의 인식과 그로 인하여 자기 또는 제3자가 이익을 취득하고 본인에게 손해를 가한다는 인식, 즉 배임의 고의가 있어야 하고, 이러한 인식은 미필적 인식으로도 충분하다.

② 불법이득의 의사 : 본죄는 배임의 고의 이외에 불법이득의 의사가 필요하다. 예컨대, 경영자의 자금지원의 주된 목적이 종업원의 재산형성을 통한 복리증진보다는 안정주주를 확보함으로써 경영자의 회사에 대한 경영권을 계속 유지하고자 하는 데 있다면 불법이득의사는 인정된다(대법원 1999.6.25, 99도1141).

2. 부동산의 이중매매와 이중저당 및 동산의 이중매매의 형사책임

(1) 부동산의 이중매매(二重賣買)

甲(매도인)이 자기 소유의 부동산에 관한 매매계약을 乙(제1매수인)과 체결하고 乙로부터 대금을 지급받고 서도 다른 사람인 丙(제2매수인)과 매매계약을 체결한 경우 주로 甲의 죄책에 관한 문제이다.

① 매도인의 의무 - 배임죄의 주체 : 매수인의 소유권이전에 필요한 매도인의 등기협력의무는 매수인(他人)의 재산보호를 본질적 내용으로 하는 배임죄의 사무로 볼 수 있다.

> 예 이때 참고로 甲은 乙에 대해 횡령죄의 죄책은 지지 않는다(민법상 물권변동에 관한 형식주의에 따를 때 아직 乙의 소유가 아님). 또한 甲은 丙에 대해 사기죄의 죄책도 지지 않는다(丙이 정당한 소유권을 취득하므로 甲의 행위는 기망의 정도에 이른 것이라고 볼 수 없음).

② 등기협력의무의 발생시기·요건과 배임죄의 성부

㉠ 계약금만 수령한 경우 : 매도인은 (2배의 위약금을 배상하면 계약을 해제할 수 있는 권리를 가지고 있다는 점에서) 매수인(타인)의 사무를 처리하는 자에 해당되지 않고 단순한 채무자에 지나지 않으므로 배임죄의 주체가 될 수 없다. [국가9급 17/법원행시 16]

㉡ 중도금 또는 잔금을 수령한 경우 : 매도인은 제1매수인으로부터 중도금을 지급받으면 매수인에 대하여 임의로 계약을 해제할 수 없는 상태가 되어 등기협력의무를 부담하는 사무처리자가 되어 그 이후 이중으로 제2매수인에게 매도하거나 제3자에게 가등기를 경료하는 등의 행위로 소유권이 전등기의무가 이행불능되거나 이행불능에 빠질 위험성을 발생시켰다면 제1매수인에 대하여 배임죄가 성립한다(통설·판례). [사시 12/변호사시험 14]

판례연구 **부동산 이중매매에 관하여 배임죄가 성립한다는 판례**

대법원 2018.5.17, 2017도4027 전원합의체
[다수의견] 부동산 매매계약에서 계약금만 지급된 단계에서는 어느 당사자나 계약금을 포기하거나 그 배액을 상환함으로써 자유롭게 계약의 구속력에서 벗어날 수 있다. 그러나 중도금이 지급되는 등 계약이 본격적으로

이행되는 단계에 이른 때에는 계약이 취소되거나 해제되지 않는 한 매도인은 매수인에게 부동산의 소유권을 이전해 줄 의무에서 벗어날 수 없다. 따라서 이러한 단계에 이른 때에 매도인은 매수인에 대하여 매수인의 재산보전에 협력하여 재산적 이익을 보호·관리할 신임관계에 있게 된다. 그때부터 매도인은 배임죄에서 말하는 '타인의 사무를 처리하는 자'에 해당한다고 보아야 한다. 그러한 지위에 있는 매도인이 매수인에게 계약 내용에 따라 부동산의 소유권을 이전해 주기 전에 그 부동산을 제3자에게 처분하고 제3자 앞으로 그 처분에 따른 등기를 마쳐 준 행위는 매수인의 부동산 취득 또는 보전에 지장을 초래하는 행위이다. 이는 매수인과의 신임관계를 저버리는 행위로서 배임죄가 성립한다. [국가7급 21]

     ⓒ **제1차 매매계약은 유효해야 함** : 제1매매계약이 사법적으로 유효하여야만 매도인에게 등기협력의무가 발생하므로, 제1매매계약이 무효인 경우에는 이중매매를 한 매도인에게 배임죄의 죄책이 인정되지 않는다.

  ③ **실행의 착수시기** : 학설이 대립하나, 판례는 매도인이 제2매수인과 매매계약을 체결하고 계약금과 중도금을 수령한 때에 배임죄의 실행의 착수가 있다는 입장(제2매수인으로부터 중도금 수령시설)이다. [국가7급 08·10 / 법원9급 10·12·14 / 법원행시 06·08·11 / 사시 11·13 / 변호사시험 12]

  ④ **선의(善意)의 제2매수인의 형사책임** : 배임죄가 성립하지 않는다.

  ⑤ **악의(惡意)의 후매수인의 형사책임**

     ⊙ **배임죄의 성부** : 단순히 이중매매라는 사실을 알고 있는 것만으로는 부족하고(원칙적 부정), 제1매수인을 해할 목적으로 매도인을 교사하거나 매도인과 적극 공모하여 이중매수한 경우에만 배임죄의 교사범·공동정범이 성립한다(제한적 인정). [국가7급 14 / 사시 13]

     ⓒ **장물취득죄의 성부** : 이중매매된 부동산은 재산범죄로 인하여 영득한 재물이 아니라 제공된 재물이므로 매수인에게는 장물취득죄가 성립하지 않는다. [경찰채용 12 2차 / 법원9급 11 / 법원행시 11]

(2) 부동산의 이중저당

  부동산의 이중저당(二重抵當)이란 부동산의 소유자가 제1채권자에 대하여 금전을 차용하면서 저당권 등의 담보물권을 설정해주기로 해놓고 저당권 등 설정등기를 해주기 전에 다시 제2채권자에게 금전을 차용하고 제2채권자에게 담보권을 먼저 설정등기해주는 경우를 말한다. 판례는 과거에는 배임죄가 성립한다는 입장이었으나, 2020년 6월 전원합의체 판례를 내려 배임죄가 성립하지 않는다는 입장으로 변경하였다.

> **판례연구**   **부동산이중저당·부동산이중양도담보 사건**
>
> 대법원 2020.6.18, 2019도14340 전원합의체
> 부동산이중저당에 대하여 배임죄가 성립하지 않는다는 전원합의체 판례
> 채무자가 금전채무를 담보하기 위한 저당권설정계약에 따라 채권자에게 그 소유의 부동산에 관하여 저당권을 설정할 의무를 부담하게 되었다고 하더라도, 이를 들어 채무자가 통상의 계약에서 이루어지는 이익대립관계를 넘어서 채권자와의 신임관계에 기초하여 채권자의 사무를 맡아 처리하는 것으로 볼 수 없다. 채무자가 저당권설정계약에 따라 채권자에 대하여 부담하는 저당권을 설정할 의무는 계약에 따라 부담하게 된 채무자 자신의 의무이다. 채무자가 위와 같은 의무를 이행하는 것은 채무자 자신의 사무에 해당할 뿐이므로, 채무자를 채권자에 대한 관계에서 '타인의 사무를 처리하는 자'라고 할 수 없다. 따라서 채무자가 제3자에게 먼저 담보물에 관한 저당권을 설정하거나 담보물을 양도하는 등으로 담보가치를 감소 또는 상실시켜 채권자의 채권실현에 위험을 초래하더라도 배임죄가 성립한다고 할 수 없다. 위와 같은 법리는, 채무자가 금전채무에 대한 담보로 부동산에 관하여 양도담보 설정계약을 체결하고 이에 따라 채권자에게 소유권이전등기를 해 줄 의무가 있음에도 제3자에게 그 부동산을 처분한 경우에도 적용된다.

(3) 동산의 이중매매

  자기 소유의 동산에 대하여 매매계약을 하고 중도금을 수령한 매도인이 이를 이중매매한 경우, 판례는

동산매매계약에서의 매도인이 매수인에 대하여 그의 사무를 처리하는 지위에 있지 아니하므로 매도인이 목적물을 매수인에게 인도하지 아니하고 이를 타에 처분하였다 하더라도 배임죄가 성립하지 않는다는 입장이다(대법원 2011.1.20, 2008도10479 전원합의체). [경찰채용 18 1차 / 경찰채용 16 2차 / 경찰간부 13 · 16 / 경찰승진 14 · 17 / 국가7급 14 / 법원9급 11 / 법원승진 11 / 법원행시 11 · 12 / 사시 12 · 13 · 14 / 변호사시험 12 · 18]

3. 죄수 및 다른 범죄와의 관계

(1) 죄수 - 신임관계의 수

신임관계에 기초한 임무위배의 수를 기준으로 죄수를 결정한다. 그러므로 신임관계가 다수인 때에는 수개의 배임죄가 성립한다(대법원 1994.5.13, 93도3358).

(2) 다른 범죄와의 관계

① **횡령죄와의 관계** : 통설에 의하면 횡령죄는 배임죄에 대하여 특별관계에 있으므로, 횡령죄가 성립하면 배임죄는 성립하지 않게 된다.

② **사기죄와의 관계**

　㉠ **상상적 경합의 경우** : 타인의 사무처리자가 '본인'을 기망하여 재산상 이익을 취득한 경우 사기죄와 배임죄의 상상적 경합이 된다(대법원 2002.7.18, 2002도669 전원합의체). [경찰채용 12 · 13 · 14 1차 / 국가7급 11 / 법원행시 06 / 변호사시험 12]

　㉡ **실체적 경합의 경우** : 본인에 대한 배임행위가 '본인 이외의 제3자'에 대한 사기죄를 구성한다 하더라도 그로 인하여 본인에게 손해가 생긴 때에는 사기죄와 함께 별도로 배임죄가 성립하며(대법원 1987.4.28, 83도1568) 두 죄의 죄수관계는 실체적 경합이 된다(대법원 2010.11.11, 2010도10690). [국가7급 11 / 사시 12 / 변호사시험 18]

③ **장물취득죄와의 관계** : 배임행위에 제공된 물건은 재산범죄로 인하여 '영득'한 재물이 아니라 제공된 재물에 불과하다. 따라서 이를 취득하여도 장물죄가 성립하지 않는다. [법원승진 14]

03 업무상 배임죄

> **제356조 【업무상의 횡령과 배임】** 업무상의 임무에 위배하여 제355조의 죄를 범한 자는 10년 이하의 징역 또는 3천만 원 이하의 벌금에 처한다.

1. 주 체

업무상 배임죄는 업무상 횡령죄와 마찬가지로 타인의 사무를 처리하는 자라는 범죄구성적 신분과 업무자라는 형벌가중적 신분이라는 2개의 신분요소를 필요로 하는 이중적 신분범으로서 부진정신분범에 해당된다. 본죄의 주체는 고유의 권한으로서 그 처리를 하는 자에 한하지 않고 업무담당자의 상급기관도 포함된다(대법원 2004.7.9, 2004도810).

2. 배임행위, 재산상 이익의 취득, 재산상 손해의 발생

본죄가 성립하기 위해서는 배임죄와 마찬가지로 임무에 위배하는 행위, 이로 인한 재산상 이익의 취득 및 재산상 손해의 발생이 필요하다.

3. 주관적 구성요건

본죄의 주관적 구성요건요소에 대한 설명은 대체로 배임죄의 그것과 일치한다. 즉 주관적으로 배임행위의 결과 본인에게 재산상의 손해가 발생하거나 발생할 염려가 있다는 인식과 자기 또는 제3자가 재산상의 이득을 얻는다는 인식이 있으면 족하고, 본인에게 재산상의 손해를 가한다는 의사나 자기 또는 제3자에게 재산상의 이득을 얻게 하려는 목적은 요하지 아니한다.

4. 공 범

(1) 업무자의 배임행위에 가담한 일반인의 죄책과 과형

① 문제의 소재 : 업무상 배임죄는 업무상 횡령죄와 마찬가지로 부진정신분범이므로 업무자의 배임행위에 가담한 업무자 아닌 일반인을 어떻게 처리해야 하는가에 대해서 제33조의 적용과 관련하여 견해가 대립한다.

② 결론 : 통설은 일반인에게는 제33조 단서가 적용되어 단순배임죄의 공범이 성립하고 단순배임죄의 공범의 형으로 처벌된다는 입장이나, 소수설·**판례**에 의하면 일반인에게도 제33조 본문이 적용되어 업무상 배임죄의 공범의 죄책이 인정되지만 그 과형에 있어서는 제33조 단서가 적용되어 단순배임죄의 공범의 형으로 처벌받게 된다. [국가9급 12 / 법원승진 11 / 사시 11 / 변호사시험 16]

(2) 업무상 배임행위의 수익자·제3자의 공범 성부

① 수익자·제3자의 공범 성립의 요건 : 업무상 배임죄의 실행으로 인하여 이익을 얻게 되는 수익자 또는 그와 밀접한 관련이 있는 제3자를 배임의 실행행위자와 공범으로 인정하기 위해서는 실행행위자의 행위가 피해자 본인에 대한 배임행위에 해당한다는 것을 알면서도 소극적으로 그 배임행위에 편승하여 이익을 취득한 것만으로는 부족하고, 실행행위자의 배임행위를 교사하거나 또는 배임행위의 전 과정에 관여하는 등으로 배임행위에 적극 가담할 것을 필요로 한다(대법원 2003.10.30, 2003도4382; 2007.2.8, 2006도483; 2008.7.24, 2008도287). [국가9급 13 / 법원행시 08·10 / 사시 14]

② 업무자의 배임행위 후 가담한 제3자의 죄책 : 수익자에게 함부로 공범의 성립을 인정할 수 없다는 것은 기술한 바와 같다. 따라서 회사의 직원이 회사의 영업비밀을 무단으로 반출하여 이미 업무상 배임죄가 기수에 이른 후에야 그 직원과 접촉하여 영업비밀을 취득한 자에게는 업무상 배임죄의 공동정범이 성립하지 않는다(대법원 2003.10.30, 2003도4382). [법원행시 07]

04 배임수재죄

> 제357조【배임수증재】① 타인의 사무를 처리하는 자가 그 임무에 관하여 부정한 청탁을 받고 재물 또는 재산상의 이익을 취득하거나 제3자로 하여금 이를 취득하게 한 때에는 5년 이하의 징역 또는 1천만 원 이하의 벌금에 처한다. 〈개정 2016.5.29.〉
> ③ 범인 또는 그 사정을 아는 제3자가 취득한 제1항의 재물은 몰수한다. 그 재물을 몰수하기 불가능하거나 재산상의 이익을 취득한 때에는 그 가액을 추징한다. 〈우리말 순화 개정 2020.12.8.〉

1. 의의 및 성격

(1) 의의 및 보호법익

배임수재죄와 배임증재죄를 합쳐 배임수증재죄(背任收贈財罪)라고 부른다. 그중 배임수재죄는 타인의 사무를 처리하는 자가 그 임무에 관하여 부정한 청탁을 받고 재물 또는 재산상 이익을 취득하거나 제3자로 하여금 이를 취득하게 함으로써 성립하는 범죄이며, 배임증재죄는 위 재물 또는 재산상 이익을 공여함으로써 성립하는 범죄이다. [경찰채용 17 1차/법원9급 11] 형법의 조문체계상, 공무원 또는 중재인이 그 직무에 관하여 뇌물을 수수하는 등의 행위로써 범하는 것이 뇌물수수죄(제129조 이하)라면, 본죄는 타인의 사무처리를 공정하게 해야 하는 자의 신뢰관계 위반행위를 처벌하는 범죄인 것이다.

배임수증재죄의 보호법익은 '사무처리 내지 거래의 공정성 · 청렴성'이다(다수설 · 판례). [경찰승진 11] 뇌물죄가 국가적 법익 중 직무의 불가매수성을 보호하기 위해 규정된 것이라면, 배임수증재죄는 개인적 법익 중 '사무처리의 공정성'을 보호하기 위해 존재한다.

(2) 배임죄와의 차이

배임수재죄는 배임죄와는 달리 ① 타인의 사무가 재산상 사무일 것을 요하지 않고, ② 부정한 청탁을 요하며, ③ 그 객체로써 재산상 이익뿐만 아니라 재물까지 포함되고, ④ 배임행위를 할 것을 필요로 하지 않으며, ⑤ 재산상 손해의 발생을 요하지 않고, ⑥ 필요적 몰수의 규정을 두고 있다. 이상을 종합할 때 배임수증재죄는 배임죄와는 다른 성격을 가지는 별개의 독자적 범죄라고 보아야 한다. [경찰채용 17 1차 /법원9급 13]

2. 구성요건

(1) 객관적 구성요건

① **주체 – 타인의 사무를 처리하는 자** : 배임수재죄는 타인과 대내관계에서 신의성실의 원칙에 비추어 사무를 처리할 신임관계가 존재한다고 인정되는 자 즉, 타인의 사무를 처리하는 자만 범할 수 있는 진정신분범이다(배임죄에 대한 가중적 신분범이 아니라 별개의 독자적인 범죄). [법원행시 16] 따라서 본죄는 ㉠ 원칙적으로, 타인의 사무처리자의 지위를 취득하기 전에 부정한 청탁을 받은 경우에는 성립하지 않는다(대법원 2009.5.28, 2009도991; 2010.7.22, 2009도12878). [변호사시험 16] ㉡ 다만, 타인의 사무를 처리하는 자가 그 신임관계에 기한 사무의 범위에 속한 것으로서 장래에 담당할 것이 합리적으로 기대되는 임무에 관하여 부정한 청탁을 받고 재물 · 이익을 취득한 후 그 청탁에 관한 임무를 현실적으로 담당하게 되었다면 본죄의 성립을 인정할 수 있다(대법원 2010.4.15, 2009도4791). [국가7급 13 / 법원행시 16] 한편, 본죄는 배임죄와 마찬가지로 반드시 제3자에 대한 대외관계에서 사무에 관한 권한이 존재할 것을 요하지 않으며(배신설), [법원9급 12 / 법원승진 11] 사무처리의 근거(신임관계의 발생근거)는 법령의 규정, 법률행위, 관습 또는 사무관리에 의하여도 발생할 수 있다. 다만 배임죄와는 달리, 본죄의 사무는 재산상 사무일 것을 요하지 않으며 업무에 의한 것인가도 묻지 않는다.

② **객체 – 재물**(배임죄와의 차이)**과 재산상의 이익** : 본죄는 배임죄와는 달리 재산상 이익뿐만 아니라 재물도 그 객체로 삼고 있다(∵ 본죄는 장물죄의 본범 ○). 예컨대, 타인의 사무를 처리하는 자가 중재자로부터 돈이 입금된 계좌의 예금통장이나 이를 인출할 수 있는 현금카드나 신용카드를 교부받은 경우에는 그 예금된 돈을 취득한 것으로 볼 수 있다(대법원 2017.12.5, 2017도11564).

③ **행위 – 임무에 관하여 부정한 청탁을 받고 재물 또는 재산상 이익을 취득할 것**

  ㉠ **임무에 관하여** : 위탁관계로 인한 본래의 사무뿐만 아니라 그와 밀접한 관계가 있는 범위 내의 사무도 포함된다(대법원 1982.2.9, 80도2130). [법원행시 16]

  ㉡ **부정한 청탁** [법원9급 07(하) / 법원행시 09] : 임무에 관하여 부정(不正)한 청탁(請託)을 받고 재물 또는

재산상 이익을 취득하여야 배임수재죄는 성립한다. 즉, 본죄는 재물 또는 이익을 공여하는 사람과 취득하는 사람 사이에 부정한 청탁이 개재되지 않는 한 성립하지 않는다. [법원9급 16 / 법원행시 16] 부정한 청탁은 업무상 배임에 이르는 정도일 것은 요하지 않고, 사회상규 또는 신의성실의 원칙에 반하는 것을 내용으로 하며, 이러한 부정한 청탁은 묵시적이어도 무방하다. [경찰채용 12 3차 / 경찰승진(경사) 10 / 법원9급 11 · 16 / 법원행시 10]

판례연구   배임수증재죄의 부정한 청탁 긍정례

대법원 2021.9.30, 2019도17102
언론사 소속 기자에게 소위 '유료 기사' 게재를 청탁하는 것은 부정한 청탁이라는 사례
언론의 보도는 공정하고 객관적이어야 하며, 언론은 공적인 관심사에 대하여 공익을 대변하며, 취재·보도·논평 또는 그 밖의 방법으로 민주적 여론형성에 이바지함으로써 그 공적 임무를 수행한다(언론중재 및 피해구제 등에 관한 법률 제4조 제1항, 제3항). … 신문사 등이 광고주로부터 홍보자료 등을 전달받아 실질은 광고이지만 기사의 형식을 빌린 이른바 '기사형 광고'를 게재하는 경우에는, 독자가 광고임을 전제로 정보의 가치를 합리적으로 판단할 수 있도록 그것이 광고임을 표시하여야 하고, 언론 보도로 오인할 수 있는 형태로 게재하여서는 안 된다(대법원 2018.1.25, 2015다210231 등). 그러므로 보도의 대상이 되는 자가 언론사 소속 기자에게 소위 '유료 기사' 게재를 청탁하는 행위는 사실상 '광고'를 '언론 보도'인 것처럼 가장하여 달라는 것으로서 언론 보도의 공정성 및 객관성에 대한 공공의 신뢰를 저버리는 것이므로, 배임수재죄의 부정한 청탁에 해당한다(대법원 2014.5.16, 2012도11258 등). 설령 '유료 기사'의 내용이 객관적 사실과 부합하더라도, 언론 보도를 금전적 거래의 대상으로 삼은 이상 그 자체로 부정한 청탁에 해당한다.

ⓒ 재물 또는 재산상 이익의 취득
ⓐ 내용 : 재물 또는 재산상의 이익을 취득하여야 배임수재죄가 성립한다. 여기서 취득이란 현실적인 취득을 의미하며 요구하거나 약속을 한 것만으로는 본죄의 미수범에 불과하다(제359조). [경찰채용 12 3차 / 경찰간부 12 / 경찰승진(경사) 10 / 경찰승진(경감) 10 / 법원9급 13 / 법원행시 10 / 사시 16] 이 점은 수뢰죄(收略罪)와의 차이점이다. 다만, 재물 또는 재산상 이익의 취득만 있으면 본죄는 기수가 되므로 나아가 (업무상) 배임행위까지 할 필요는 없다. [사시 11] 따라서 배임수재를 한 자가 배임행위까지 한 경우에는 배임수재죄와 배임죄의 경합범이 성립하게 된다(다수설·판례).
ⓑ 제3자가 취득한 경우 배임수재죄의 성부 : 2016.5.29. 개정형법에서는 "제3자로 하여금 이를 취득하게 한 때"에도 본죄가 성립하는 것으로 규정하여 소위 제3자 배임수재죄가 성립할 수 있음을 명백히 하였다.
ⓒ 임무 관련된 부정한 청탁을 받은 후 사직한 다음에 취득한 경우 : 본죄는 반드시 수재(收財) 당시 그와 관련된 임무를 현실적으로 담당하고 있음을 요건으로 하지 않으므로(cf : 뇌물수수죄와의 차이), 타인의 사무를 처리하는 자가 그 임무에 관하여 부정한 청탁을 받은 이상 그 후 사직으로 인하여 그 직무를 담당하지 아니하게 된 상태에서 재물을 수수하게 되었다 하더라도, 그 재물 등의 수수가 부정한 청탁과 관련하여 이루어진 것이라면 배임수재죄가 성립한다(대법원 1997.10.24, 97도2042). [경찰승진(경사) 10 / 법원9급 14]
ⓓ 재산상 손해의 발생 요부 : 배임죄와는 달리 본죄는 사무처리자의 본인에게 재산상 손해가 발생할 필요가 없다(대법원 1980.10.14, 79도190; 2011.2.24, 2010도11784). [경찰간부 16]

(2) 주관적 구성요건 – 고의, 불법영득·이득의사

배임수재죄가 성립하면 고의뿐 아니라 불법영득의사·불법이득의사가 있어야 한다. 예컨대, 임무에 관하여 부정한 청탁을 받고 금원을 수수하였다면 그 후에 그중 일부 금원을 다시 되돌려 준 것만으로 이를 수수할 당시에 영득의 의사가 없었다고 단정할 수 없으므로 배임수재죄의 성립에 영향이 없다(대법원 1991.6.11, 91도413).

3. 필요적 몰수·추징

형법 제357조는 제1항에서 배임수재죄를, 제2항에서 배임증재죄를 규정하고 있으며, 제3항에서는 범인이 취득한 제1항(배임수재죄)의 재물은 몰수한다고 규정하고 있다. 따라서 범인이 취득한 제1항(배임수재죄)의 재물은 몰수하며(필요적 몰수), [경찰승진(경감) 11] 몰수하기 불가능하거나 재산상의 이익을 취득한 경우에는 추징한다(제357조 제3항).

동 제3항에서 몰수의 대상으로 규정한 '범인이 취득한 제1항의 재물'은 배임수재죄의 범인이 취득한 목적물이자 배임증재죄의 범인이 공여한 목적물을 가리키는 것이지 배임수재죄의 목적물만을 한정하여 가리키는 것이 아니다. 따라서 수재자가 증재자로부터 받은 재물을 그대로 가지고 있다가 증재자에게 반환한 경우에도 범인이 취득한 제1항의 재물에 해당한다고 보아 몰수·추징하여야 하고, 이 경우 몰수·추징의 상대방은 수재자가 아니라 증재자가 된다. 다만 '배임증재에 제공하려고 한 재물'은 제357조 제3항에 규정되어 있지 않으므로 필요적 몰수의 대상이 아니고 제48조 제1항 제1호에 의하여 임의적 몰수의 대상이 될 뿐이다.

또한 수인이 공동으로 수재한 경우에는 그 분배받은 금원, 즉 실질적으로 귀속된 이익금만을 개별적으로 몰수·추징하도록 하여야 하고, 그 분배받은 금원을 확정할 수 없을 때에는 이를 평등하게 분할한 금원을 몰수·추징하여야 한다. 그리고 여기의 범인에는 공동정범자뿐만 아니라 종범 또는 교사범도 포함되고 소추 여부를 불문한다(대법원 2001.3.9, 2000도794).

4. 죄 수

배임수재죄의 죄수판단기준은 청탁의 수, 구체적으로는 청탁을 한 사람의 수이다. 따라서 ① 타인의 사무를 처리하는 자가 동일인으로부터 그 직무에 관하여 부정한 청탁을 받고 여러 차례에 걸쳐 금품을 수수한 경우, 그것이 단일하고도 계속된 고의 아래 일정 기간 반복하여 이루어진 것이고 그 피해법익도 동일한 때에는 이를 포괄일죄로 보아야 한다(대법원 1999.1.29, 98도3584; 2000.6.27, 2000도1155). 다만, ② 여러 사람으로부터 각각 부정한 청탁을 받고 그들로부터 각각 금품을 수수한 경우에는 비록 그 청탁이 동종의 것이라고 하더라도 단일하고 계속된 고의 아래 이루어진 범행으로 보기 어려워 그 전체를 포괄일죄로 볼 수 없다(대법원 2008.12.11, 2008도6987). [경찰승진 11 / 법원9급 09 / 사시 10]

05 배임증재죄

> **제357조 【배임수증재】** ② 제1항의 재물 또는 재산상 이익을 공여한 자는 2년 이하의 징역 또는 500만 원 이하의 벌금에 처한다. 〈우리말 순화 개정 2020.12.8.〉
> ③ 범인 또는 그 사정을 아는 제3자가 취득한 제1항의 재물은 몰수한다. 그 재물을 몰수하기 불가능하거나 재산상의 이익을 취득한 때에는 그 가액을 추징한다. 〈우리말 순화 개정 2020.12.8.〉

배임증재죄는 배임수재죄와 필요적 공범 중 대향범의 관계에 있다. 그러므로 그 내부에서는 총칙상 공범규정이 적용되지 않는다. 그러나 배임수재죄와 배임증재죄가 통상 필요적 공범의 관계에 있기는 하나 이것은 반드시 수재자와 증재자가 같이 처벌받아야 하는 것을 의미하는 것은 아니므로 증재자에게는 정당한 업무에 속하는 청탁이라도 수재자에게는 부정한 청탁이 될 수도 있다(대법원 1979.6.12, 79도708; 1991.1.15, 90도2257; 2011.10.27, 2010도7624). [경찰채용 11 1차 / 경찰채용 12 2차 / 법원9급 12·16 / 법원행시 13]

또한 배임수재를 한 자가 나아가 배임행위까지 범한 경우, 그 배임행위에 대하여는 배임증재를 범한 자도 공범관계가 성립할 수 있다(대법원 1999.4.27, 99도883 : 소위 아파트 하자보수추진위 사례).[68] 배임수재죄는 배임죄와는 필요적 공범관계가 없기 때문이다.

제8절 장물의 죄

01 총 설

1. 의의 및 성격

장물(贓物)의 죄는 장물을 취득, 양도, 운반 또는 보관하거나 이러한 행위들을 알선하는 범죄로서(형법 제362조, 제363조, 제364조), 본범(本犯)을 유발하거나 비호 · 은닉하는 성격을 지닌 범죄이며, 본범의 공동정범 · 교사범 · 종범이 아니라 어디까지나 본범과는 독립된 범죄이다. 장물죄의 형이 7년 이하의 징역으로서 절도죄(6년 이하)나 횡령죄(5년 이하)보다 더 무겁다는 점도 장물죄의 독자적 성격 및 재산범죄의 유인범죄 · 비호범죄적 성격을 가지고 있다는 점에 기인한다. 본죄의 보호법익은 재산권이며, 그 법익보호의 정도는 침해범이다(다수설).

장물죄의 본질에 대해서는 학설이 대립하나, 유지설에 근간을 두면서도 추구권설과 조화롭게 해석해야 한다는 결합설이 다수설이다(참고만 할 것).[69] 또한 장물범죄 자체가 또 하나의 재산범죄라는 점에서 장물범죄자와 피해자 사이에 친족관계가 있는 경우 친족상도례가 적용된다(제365조).

2. 장 물

(1) 개 념

장물이란 절도, 강도, 사기, 공갈, 횡령, 배임수재, 장물 등 재산범죄에 의하여 영득한 재물을 말한다.[70] [경찰승진(경위) 11 / 법원9급 12 / 법원행시 14] 여기에서 절도, 강도, 사기, 공갈, 횡령, 배임수재, 장물 등 재산범죄를 장물의 개념을 만들어준 뿌리가 되는 범죄라 하여 본범(本犯)이라고 한다.

(2) 요 건

① **재물성** : 장물은 재물임을 요하며 동산 · 부동산을 불문한다. 관리할 수 있는 동력은 −비록 제346조의 준용규정은 없으나− 장물이 될 수 있다(다수설 · 판례 : 재물의 개념에 관한 관리가능성설). 다만, 재산상의 이익 · 권리는 물리적 관리가 불가능하여 장물이 될 수 없으므로, 전화가입권(채권적 권리에 불과함) 매수행위를 업무상 과실장물취득죄로 처단할 수 없다(대법원 1971.2.23, 70도2589). [경찰간부 16 / 경찰승진(경감) 11 / 법원행시 10]

---

68 이 판례에 대한 자세한 사례연구는 총론의 정범과 공범론, 공범과 신분 참조
69 참고 : 결합설에 의할 때, 불법원인급여물도 유지설에 의하여 장물로 인정되며, 수렵법 위반으로 획득한 조수는 추구권설에 의하여 장물로서 인정되지 않고, 장물양도죄의 처벌근거는 추구권에 대한 침해 내지 위험에 있다고 설명될 수 있다.
70 참고 : 따라서 관세법 위반으로 획득한 관세장물이나 문화재보호법 위반으로 취득한 소위 문화재장물(예 도굴품)은 −재산범죄를 본범으로 하고 있지 않다는 점에서− 형법상 장물범죄와는 그 성격이 다른 것이다. 이는 장물의 개념에서도 차이를 나타내는데, 예를 들어 형법상 장물죄의 본범은 소추조건이 구비되었는가를 묻지 않는데 비하여, 위와 같은 관세법 · 문화재보호법 위반의 장물죄의 본범은 소추조건이 충족된 경우에만 관세장물이나 문화재장물죄가 성립하게 된다. 따라서 위 특별법위반죄의 공소시효가 완성된 이후에는 동법상 장물죄는 성립하지 않게 된다.

② 본범의 성질

　㉠ 재산범죄 : 장물은 타인의 재산범죄에 의해서 불법하게 영득된 재물이어야 한다. [경찰간부 16]

　　ⓐ 장물죄의 본범인 재산범죄 : 여기의 재산범죄에는 ㉮ 절도·강도·사기·공갈·횡령·배임수재·장물죄 등이 포함된다(특히 장물죄가 본범인 경우의 장물을 연쇄장물이라고도 부름).[71] [사시 16] 재산죄인 이상 ㉯ 특별법상의 재산범죄(산림법 위반), ㉰ 불가벌적 사후행위, [경찰채용 10 1차 / 경찰승진 16·17 / 법원9급 05 / 법원행시 06·11·14] ㉱ 우리 형법이 적용되지 아니하는 경우(미국에서 미국인 리스이용자가 리스차량을 임의처분한 행위, 대법원 2011.4.28, 2010도15350) [경찰간부 14 / 법원행시 13 / 사시 13] 등도 장물죄의 본범에 해당한다.

　　ⓑ 장물죄의 본범인 재산범죄에 해당하지 않는 경우 : 재산죄라 하더라도 ㉮ 손괴죄의 경우는 재물의 취득이 없는 범죄이므로 이에 포함되지 않으며, ㉯ 배임죄의 경우는 배임행위에 의하여 취득한 것이 재산상 이익이라는 점에서 여기에 해당하지 않는다. [변호사시험 14] 마찬가지로 ㉰ 컴퓨터사용사기죄(순수한 이득죄)로 인하여 취득한 예금채권에 기하여 인출된 현금은 장물이 될 수 없다(대법원 2004.4.16, 2004도353). [경찰간부 14·16·17 / 경찰승진(경장) 10 / 경찰승진(경사) 10 / 경찰승진 12·14·17 / 국가9급 13·14 / 국가7급 07·11·13·20 / 법원9급 13·18 / 법원승진 12 / 법원행시 05·08·09·10·11·12·13 / 사시 10·11·16 / 변호사시험 14·16] 물론 ㉱ 수뢰·도박 등 비재산범죄로 인하여 취득한 재물도 장물이 아니다.[72]

　㉡ 영득한 재물 : 영득하여야 하므로 재산범죄의 수단으로 제공된 재물은 장물이 아니다.

　　예 이중매매된 부동산 등

　㉢ 본범의 실현 정도 : 구성요건에 해당하는 위법한 행위이면 되고 책임은 요하지 않는다. 그러므로 형사미성년자가 절취한 재물도 장물이다. 처벌조건·소추조건이 구비될 것도 요하지 않는다. 즉, 본범이 공소시효가 완성되거나 친족상도례가 적용되어 형이 면제되는 경우이더라도 장물이 된다.

　㉣ 횡령행위에 가공하면서 이를 구입한 행위 : 본범(횡령)의 기수와 장물취득죄가 동시에 성립이 가능한가의 문제이다. 예컨대, A의 재물을 위탁관계에 의하여 보관하는 甲이 이를 횡령하고자 임의로 -장물인 것을 알고 있는- 乙에게 처분해버린 경우, 甲에게 횡령기수죄가 성립함과 동시에 乙에게 장물취득죄가 성립할 수 있는가의 문제이다. 이에 대해서는 견해가 대립하나, 다수설·판례는 장물취득죄의 성립을 인정하는 입장이다(대법원 2004.12.9, 2004도5904). [경찰승진 14 / 법원9급 18 / 법원행시 11·12 / 사시 10]

③ 재물의 동일성

　㉠ 의의 : 장물은 재산범죄에 의해서 영득된 재물 그 자체이거나 그것과 동일성이 인정되는 것이어야 한다. 예컨대, 장물을 전당잡힌 전당표는 동일성이 없어 장물이 될 수 없다.

　㉡ 원형이 변경된 경우 : 어느 정도 원형의 변경이 있더라도 재물의 동일성이 유지되면 여전히 장물성이 존재한다(**예** 귀금속의 원형을 변경하여 금괴로 만든 경우 → 동일성 인정). 다만, 가공하여 새로운 물건을 제조한 경우에는 동일성이 상실된다.

　㉢ 복사물 : 물질적 동일성이 부정되므로 장물이 아니다.

　　예 절취한 문서나 녹음테이프를 복사한 문서와 테이프는 장물이 아니다.

　㉣ 대체장물의 장물성 : 장물의 매각대금 내지 장물인 금전으로 구입한 물건 등과 같이 장물과 바꾼 물건을 대체장물(代替贓物)이라 한다.

---

71 참고 : 권리행사방해죄(제323조)에 의해 취거한 재물도 장물이 될 수 있는가에 대해서는 견해가 대립한다.
72 보충 : 장물죄의 본범에 해당하지 않는 경우 수뢰죄 [경찰승진(경감) 11], 도박죄, 통화위조죄, 시체 등 영득죄, 조수보호 및 수렵에 관한 법률 위반죄, 수산업법위반죄, 관세법위반죄(밀수품은 형법상 장물이 아니라 관세장물임), 문화재보호법위반죄 등.

ⓐ 원칙 : 대체장물은 장물 그 자체가 아니므로 장물성이 부정된다. [경찰간부 11]

ⓑ 예외 : 절도범이 훔친 보석을 자기 물건인 것처럼 속여 선의의 제3자에게 판매한 경우의 보석판매대금은 절도죄와 관련하여서는 대체장물이므로 장물성이 상실되지만, 보석의 선의의 매수인에 대하여는 사기죄가 성립하므로[73] 결국 보석판매대금은 사기죄로 영득한 재물이 되어 장물로 인정받게 된다.

ⓒ 절취한 현금으로 구입한 물건 : 일단 대체장물일 뿐만 아니라, 절취한 현금을 절취한 사정을 모르는 선의의 상대방에게 교부하고 물건을 구입한 행위는 사기죄를 구성하지 않으므로[74] 이때 구입한 물건은 장물이 될 수 없다.

ⓜ 환전통화(換錢通貨) 및 수표와 교환된 현금 : 학설은 대립하나, 판례는 장물인 현금이나 자기앞수표를 금융기관에 예금의 형태로 보관하였다가 이를 반환받기 위하여 동일한 액수의 현금을 인출한 경우, 그 가치의 동일성만 인정된다면 장물성을 인정하며(대법원 2000.3.10, 98도2579; 2004.4.16, 2004도353), [경찰채용 11 2차 / 경찰승진(경사) 10 / 경찰승진 12 · 13 · 14 / 국가9급 13 · 14 / 국가7급 07 · 13 / 법원9급 07(상) / 법원9급 12 / 법원행시 06 · 08 · 10 · 11 / 사시 10 · 11 · 14] 국고수표를 횡령하여 타인의 예금계좌에 입금시켜 놓았다가 현금으로 되찾은 경우 그 현금도 여전히 횡령죄의 장물로서의 성질을 잃지 않는다고 보고 있다(대법원 1999.9.17, 98도2269).

02 장물취득·양도·운반·보관·알선죄

제362조【장물의 취득, 알선 등】① 장물을 취득, 양도, 운반 또는 보관한 자는 7년 이하의 징역 또는 1천 500만원 이하의 벌금에 처한다.
② 전항의 행위를 알선한 자도 전항의 형과 같다.

1. 객관적 구성요건

(1) 주체 − 본범의 정범을 제외한 모든 자

본범 자신이 다시 장물취득을 한다는 것은 논리적으로 불가능하므로 본범의 정범(단독정범·합동범·공동정범·간접정범)은 장물죄의 주체가 될 수 없지만, [법원행시 05] 본범의 교사범·종범은 장물죄의 주체가 될 수 있으므로, 절도를 교사한 자가 장물을 취득하면 절도교사죄와 장물취득죄의 경합범이 된다. [법원행시 05]

(2) 객체 − 장물(재물죄)

(3) 행위 − 장물을 취득·양도·운반·보관·알선하는 것

① 취득 : 점유를 이전받음으로써 재물에 대한 사실상의 처분권을 얻는 것을 말하며, 유상이든 무상이든 가리지 않는다. 사실상의 처분권을 획득해야 한다는 점에서, 단순히 보수를 받고 본범을 위하여 장물을 일시 사용하거나 그와 같이 사용할 목적으로 장물을 건네받은 것만으로는 장물을 취득한 것으로 볼 수 없다(대법원 2003.5.13, 2003도1366). [경찰승진 12 · 16 / 국가7급 11 · 13 / 법원9급 12 / 법원승진 14 / 법원행시 13 / 변호사시험 12]

---

73 총론의 죄수론 중 불가벌적 사후행위에서 자세히 다루었던 문제이다. 이 경우 선의의 제3자는 민법 제249조의 동산 선의취득규정에 의하여 그 소유권을 취득하지만, 도품·유실물의 특례(민법 제250조)에 의하여 원래의 소유자로부터 2년간 반환청구권을 행사받게 된다. 따라서 절도범이 선의의 제3자에게 도품을 매각한 행위는 절도죄와는 별도로 사기죄를 구성한다.
74 현금과 같은 경우에는 도품·유실물 특례의 적용대상이 아님을 유의할 것

② **양도** : 장물인 사정을 알지 못하고 취득 후 그 사정을 알면서 제3자에게 수여하는 것을 말한다.

③ **운반** : 장물을 장소적으로 이전하는 것을 말한다.

④ **보관** : 위탁을 받아 장물을 자기의 점유하에 두는 것을 말한다. 사실상 처분권을 획득하는 장물취득과는 구별되는 행위태양이다. 예컨대, 장물인 사정을 모르고 장물을 보관하였다가 그 후에 장물인 사정을 알게 된 경우 그 사정을 알고서도 이를 계속하여 보관하는 행위는 장물보관죄를 구성한다. [경찰승진 13·16 / 법원승진 14 / 사시 16]

⑤ **알선** : 장물의 취득·양도·운반·보관을 매개·주선하는 행위를 말한다. 장물알선죄의 성립시기에 대해서는 견해의 대립이 있으나, 판례는 알선행위만 있으면 되고 계약성립이나 점유이전은 필요 없다는 입장이다(대법원 2009.4.23, 2009도1203). [경찰채용 12 2차 / 경찰승진 16·17 / 법원9급 18 / 법원행시 13·14 / 사시 11·14·16 / 변호사시험 13·17]

2. 주관적 구성요건

장물취득 등에 대한 고의가 있어야 한다. 고의는 미필적 고의로도 충분하지만(대법원 1995.1.20, 94도1968; 2001.5.8, 2001도2181) [국가7급 14] '장물을 취득하는 행위 등을 할 당시'에는 가지고 있어야 한다(대법원 1971.4.20, 71도468; 2006.10.13, 2004도6084). [국가7급 11 / 사시 14]

3. 죄수 및 다른 범죄와의 관계

(1) 죄수(참고만 할 것)

① 장물인 사정을 알면서 보관하다가 취득한 경우 : 장물취득죄가 된다.

② 장물을 운반한 후에 계속하여 보관하는 경우 : 장물운반죄만 된다(보관은 불가벌적 사후행위). 다만 장물을 보관하기 위해 운반한 경우에는 보관죄만 된다(운반은 불가벌적 수반행위).

③ 장물을 취득한 자가 이를 양도·운반·보관한 경우 : 장물취득죄만 되고 양도·운반·보관은 불가벌적 사후행위로 본다.

④ 장물을 알선하기 위하여 운반·보관한 후 알선한 경우 : 장물알선죄만 성립한다. 운반·보관은 알선의 목적달성을 위한 수단에 불과하기 때문이다.

(2) 다른 범죄와의 관계

① 장물을 절취·강취·사취·갈취한 경우 : 상대방과의 합의가 없으므로 위법상태가 유지되지 않아서 장물죄는 성립하지 않고 위의 범죄(절도죄·강도죄·사기죄·공갈죄)만 성립한다. [법원행시 05]

② 장물보관자가 그 장물을 횡령한 경우 : 절도 범인으로부터 장물보관 의뢰를 받고 이를 보관하다가 임의처분하였다 하여도 장물보관죄가 성립하는 때에는 그 후의 횡령행위는 불가벌적 사후행위에 불과하여 별도로 횡령죄가 성립하지 않는다. [경찰간부 13·17 / 경찰승진(경장) 10 / 경찰승진(경감) 10·11 / 경찰승진 12·14 / 국가9급 11 / 국가7급 11·13 / 법원9급 07(상) / 법원9급 10·13·14 / 법원행시 05·06·08·11·13 / 사시 10·14] 이는 업무상 과실장물보관죄의 경우에도 마찬가지이다(대법원 2004.4.9, 2003도8219). [경찰채용 18 3차 / 경찰간부 14 / 법원9급 18]

4. 친족 간의 정의를 고려한 특별규정(친족상도례)

> **제365조【친족 간의 범행】** ① 전3조의 죄를 범한 자와 피해자 간에 제328조 제1항, 제2항의 신분관계가 있는 때에는 동조의 규정을 준용한다.
> ② 전3조의 죄를 범한 자와 본범 간에 제328조 제1항의 신분관계가 있는 때에는 그 형을 감경 또는 면제한다. 단, 신분관계가 없는 공범에 대하여는 예외로 한다.

장물범과 피해자 간에 직계혈족·배우자·동거친족, 동거가족 또는 그 배우자의 신분관계가 있는 때에는 장물죄는 성립하지만 형이 면제된다(제365조 제1항, 제328조 제1항). [경찰간부 11] 만일 이러한 관계 이외의 친족관계가 존재한다면 상대적 친고죄가 된다(제365조 제1항, 제328조 제2항).

한편, 장물범과 본범 간에 직계혈족 등의 신분관계가 있는 때에는 장물죄는 성립하지만 그 형이 필요적 감면된다(제365조 제2항). [경찰채용 12·17 1차/경찰간부 17/경찰승진(경장) 10/경찰승진 13·17/국가9급 14/법원행시 06/사시 14] 이는 장물범죄의 본범비호적 성격 및 친족 간의 정의(情誼)를 고려한 것이다. 이 경우 장물범의 '공범'이 신분관계 없는 때에는 필요적 형감면의 특례를 적용할 수 없다(동조 제2항 단서). 주의할 것은 장물범과 본범 간에 위와 같은 관계 이외의 친족관계(제328조 제2항의 신분관계)가 있는 경우에는 −장물범과 피해자 간의 경우와는 달리− 아무런 특례도 적용되지 않는다는 점이다.

03 상습장물취득·양도·운반·보관·알선죄

제363조【상습범】 ① 상습으로 전조의 죄를 범한 자는 1년 이상 10년 이하의 징역에 처한다.
② 제1항의 경우에는 10년 이하의 자격정지 또는 1천 500만 원 이하의 벌금을 병과할 수 있다.

장물범죄의 속성상 영업적으로 연속될 가능성이 높다는 점에서 형법은 상습범 처벌규정을 두고 있다. 상습장물죄는 강도·도박과 함께 상습범 중 별도의 형으로 처벌하는 규정이다.

04 업무상 과실·중과실장물취득·양도·운반·보관·알선죄

제364조【업무상 과실, 중과실】 업무상 과실 또는 중대한 과실로 인하여 제362조의 죄를 범한 자는 1년 이하의 금고 또는 500만 원 이하의 벌금에 처한다.

장물을 취급하기 쉬운 업무에 종사하는 자의 주의의무를 요구하고, 보통인의 중과실을 이와 같이 취급하는 규정이다. 업무상 과실장물범죄의 업무자의 신분은 보통과실장물죄가 없다는 점을 고려할 때 형을 가중시키는 신분이 아니라 범죄를 구성하는 신분이다. [경찰간부 11]

보통 업무상 매수자의 주의의무는 매도인의 사업자등록증과 주민등록증을 확인하고 위 물품을 인수한 후에 이를 장부에 이를 모두 기재하였다면 다한 것이지만, 장물인지 의심할 만한 특별한 사정이 있는 경우에는 이 정도로는 불충분하고 당해 물건의 출처·소지경위 등을 확인하여야 한다.

01 재물손괴죄

> **제366조 【재물손괴 등】** 타인의 재물, 문서 또는 전자기록 등 특수매체기록을 손괴 또는 은닉 기타 방법으로 그 효용을 해한 자는 3년 이하의 징역 또는 700만 원 이하의 벌금에 처한다.

1. 의의 및 보호법익과 특징

손괴죄(損壞罪)는 타인의 재물, 문서 또는 전자기록 등 특수매체기록을 손괴 또는 은닉 기타 방법으로 그 효용을 해함으로써 성립하는 범죄이다. 본죄의 보호법익은 소유권의 이용가치이며, 법익보호의 정도는 침해범이다. 이에 비해 후술하는 공익건조물파괴죄의 보호법익은 공익건조물의 이용에 관한 공공의 이익이요, 경계침범죄의 보호법익은 토지경계의 명확성이다. 모두 침해범으로 해석된다. 따라서 손괴의 죄는 대체로 미수를 처벌하나, 경계침범죄나 결과적 가중범인 중손괴죄나 손괴치사상죄는 미수범 처벌규정이 없다.

손괴죄는 재물만을 객체로 삼고 있다는 점에서 절도죄·횡령죄·장물죄와 마찬가지로 재물죄이며, 불법영득의사를 필요로 하지 않는다는 점에서 자동차불법사용죄와도 공통점이 있고, 친족상도례가 준용되지 않는 범죄라는 점에서 강도죄와도 공통점이 있다(입법론상 도입론이 있으나 참고만 할 것).

2. 구성요건

(1) 객관적 구성요건

① 객체 – 타인의 재물·문서 또는 전자기록 등 특수매체기록(재물죄)

　㉠ **재물** : 절도죄와 동일하다. [국가9급 11] 유체물과 관리할 수 있는 동력을 포함하고(제372조에 의한 제346조의 준용), 동산·부동산을 불문한다. 동물도 해당된다. 또한 공익건조물도 파괴(제367조)의 정도에 이르지 않을 때에는 본죄의 대상이 된다. 그러나 공용건조물의 경우에는 –파괴(공용물파괴죄 : 제141조 제2항)의 정도에 도달하지 않는 경우라 하더라도– 공용물건손상죄(제141조 제1항)의 객체에 해당되므로 본죄의 객체에는 해당되지 않는다.

　㉡ **문서** : 제141조 제1항의 서류(공용서류)에 해당되지 않는 문서를 말한다. 여기서 문서란 거기에 표시된 내용이 법률상·사회생활상 중요한 사항에 관한 것이어야 하므로, 잘못 기재된 부분을 찢어버린 행위는 본죄에 해당되지 않는다(대법원 1989.10.24, 88도1296). [사시 16]

　㉢ **전자기록 등 특수매체기록** : 전자기록 등 손괴죄도 처벌된다(1995년 신설).

　㉣ **타인의 소유** : 타인의 소유에 속하는 재물이면 그 점유가 자기에게 있다 하더라도 무방하며, 자기명의의 문서라 하더라도 상관없다. [경찰간부 12 / 경찰승진 12·16]

② 행위 – 손괴·은닉·기타 방법으로 그 효용을 해하는 것

　㉠ **손괴(損壞)** : 재물·문서에 직접 유형력을 행사하여 그 이용가능성을 침해하는 것(예 한적한 곳에 주차한 차의 타이어 바람을 빼는 것)을 말한다. 손괴의 방법은 다양하다. 예컨대, 어음배서의 연속성을 상실시키는 명의 추가 기입행위, 반환거부와 같은 부작위에 의한 손괴(대법원 1971.11.23, 71도1576) 등이 여기에 속한다. 반면, 어느 문서에 대한 종래의 사용상태가 문서 소유자의 의사에 반하여 또는 문서 소유자의 의사와 무관하게 이루어진 경우, 단순히 종래 사용상태를 제거 또는 변경시킨 것만으로는 문서손괴죄가 성립하지 않는다(대법원 2015.11.27, 2014도13083). [경찰간부 18]

ⓛ 은닉(隱匿) : 재물 등의 소재를 불분명하게 함으로써 발견하기 곤란하게 만드는 행위를 말한다.

ⓒ 기타 방법으로 그 효용을 해함 : 사실상 또는 감정상 본래의 용도에 사용할 수 없게 하는 행위이다. [국가9급 11] 여기에서 '효용을 해한다.'고 함은 물질적인 파괴행위로 물건 등을 본래의 목적에 사용할 수 없는 상태로 만드는 경우뿐만 아니라 일시적으로 물건 등의 구체적 역할을 할 수 없는 상태로 만들어 효용을 떨어뜨리는 경우도 포함된다(대법원 1992.7.28, 92도1345; 2016.11.25, 2016도9219). [경찰승진 14 / 경찰간부 18 / 국가9급 11 / 법원행시 10] 본죄는 효용을 해한 때 기수가 되므로 그 전까지는 미수범에 불과하다.

(2) 주관적 구성요건

① 고의 : 타인의 재물·문서 또는 전자기록 등 특수매체기록을 손괴·은닉 기타 방법으로 그 효용을 해한다는 사실에 대한 인식과 의사를 말한다. [경찰승진 16] 손괴죄는 과실범을 벌하지 않는다. 다만 도로교통법에서는 업무상 과실손괴죄를 벌하는 규정이 있다.[75]

② 영득의사·이득의사 : 요하지 않는다(훼기죄 내지 비영득죄).

3. 위법성

손괴죄의 구성요건에 해당하는 행위도 제20조의 정당행위규정에 의하여 정당화될 수 있는 경우도 있는데, 예컨대, 甲이 자신의 뽕밭을 유린하는 소의 고삐가 나무에 얽혀 풀 수 없는 상황에서 고삐를 낫으로 끊고 소를 밭에서 끌어낸 행위는 사회상규상 용인되어 처벌할 수 없다(대법원 1976.12.28, 76도2359).

4. 다른 범죄와의 관계

(1) 문서변조죄와의 관계

① 타인명의의 문서의 내용을 변경한 경우 : 타인명의의 문서의 동일성을 변경하지는 않았으나 그 내용을 무단으로 변경한 것은 유형위조행위로서 (사)문서변조죄(제231조)가 된다.

② 자기명의의 문서의 내용을 변경한 경우 : 자기명의의 문서의 내용을 변경한 것은 사문서의 무형위조가 원칙적으로 처벌되지 않는다는 점에서[76] 문서(文書)에 대한 죄에는 해당되지 않으며, 타인소유인 경우에 한하여 그 소유문서의 효용을 해하였다는 점에서 문서손괴죄(제366조)가 성립하게 된다(대법원 1984.12.26, 84도2290). [경찰간부 12 / 사시 14]

표정리 문서의 손괴와 변조의 정리

구 분	자기소유	타인소유
자기명의(변경권한 있음)	무죄	문서손괴죄 [경찰간부 12]
타인명의(변경권한 없음)	문서변조죄	문서변조죄

(2) 컴퓨터업무방해죄와의 관계

전자기록을 손괴하여 업무를 방해한 경우 흡수관계로서 컴퓨터업무방해죄만 성립한다(다수설).

---

75 도로교통법 제151조(벌칙) 차 또는 노면전차의 운전자가 업무상 필요한 주의를 게을리하거나 중대한 과실로 다른 사람의 건조물이나 그 밖의 재물을 손괴한 경우에는 2년 이하의 금고나 500만 원 이하의 벌금에 처한다.

76 허위진단서작성죄(제233조)로 처벌되는 예외만이 있을 뿐이다.

02 공익건조물파괴죄

> **제367조【공익건조물파괴】** 공익에 공하는 건조물을 파괴한 자는 10년 이하의 징역 또는 2천만 원 이하의 벌금에 처한다.

공익건조물이란 일반인이 손쉽게 출입하면서 공공의 이익을 위해 사용되는 건조물을 말하며, 파괴(破壞)란 손괴보다 무거운 행위태양으로서 건조물의 중요부분을 손괴하여 건조물 본래의 용도에 사용할 수 없게 하는 행위를 말한다.

공무소에서 사용하는 건조물(공용건조물)은 공용물파괴죄(제141조)의 적용을 받으므로 본죄의 객체에서 제외된다. 또한 공용 또는 공익에 공하는 건조물을 방화한 경우에는 공용건조물방화죄(제165조)가 성립할 뿐이며, 일수한 경우에는 공용건조물일수죄(제178조)만 성립할 뿐이다.

03 중손괴죄 · 손괴치사상죄

> **제368조【중손괴】** ① 전2조의 죄를 범하여 사람의 생명 또는 신체에 대하여 위험을 발생하게 한 때에는 1년 이상 10년 이하의 징역에 처한다.
> ② 제366조 또는 제367조의 죄를 범하여 사람을 상해에 이르게 한 때에는 1년 이상의 유기징역에 처한다. 사망에 이르게 한 때에는 3년 이상의 유기징역에 처한다.

제1항(중손괴죄)은 생명 · 신체에 대한 구체적 위험을 발생시킨 경우에 성립하는 부진정결과적 가중범이고, 제2항(손괴치사상죄)은 진정결과적 가중범이다.

04 특수손괴죄

> **제369조【특수손괴】** ① 단체 또는 다중의 위력을 보이거나 위험한 물건을 휴대 [법원9급 13] 하여 제366조의 죄를 범한 때에는 5년 이하의 징역 또는 1천만 원 이하의 벌금에 처한다.
> ② 제1항의 방법으로 제367조의 죄를 범한 때에는 1년 이상의 유기징역 또는 2천만 원 이하의 벌금에 처한다.

위험한 물건을 휴대하고 다른 사람의 재물을 손괴하면 상대방이 그 위험한 물건의 존재를 인식하지 못하였거나 그 위험한 물건의 사용으로 생명 또는 신체에 위해를 입지 아니하였다고 하더라도 특수손괴죄가 성립하므로, ① 위험한 물건인 자동차를 이용하여 다른 사람의 자동차 2대를 손괴한 이상, 그 자동차의 소유자 등이 실제로 해를 입거나 해를 입을 만한 위치에 있지 아니하였다고 하더라도 위 죄가 성립한다(대법원 2003.1.24, 2002도5783). [법원행시 13] 반면, ② 충격 당시 차량의 크기 · 속도 · 손괴 정도 등 제반 사정에 비추어 자동차가 본죄의 위험한 물건에 해당하지 않을 수도 있다(대법원 2009.3.26, 2007도3520). [법원행시 13 / 변호사시험 13]

> **제370조【경계침범】** 경계표를 손괴, 이동 또는 제거하거나 기타 방법으로 토지의 경계를 인식불능하게 한 자는 3년 이하의 징역 또는 500만 원 이하의 벌금에 처한다.

경계침범죄(境界侵犯罪)는 토지경계의 명확성을 그 보호법익으로 하는 범죄로서, 본죄의 경계(境界)란 법률상의 정당한 경계인지 여부나 실체법상 권리와의 일치와는 상관없이 종래부터 경계로서 일반적으로 승인되어 왔거나 이해관계인들의 명시적·묵시적 합의가 존재하는 등 어느 정도 객관적으로 통용되어 오던 사실상의 경계를 의미한다. [경찰간부 13 / 법원9급 12] 따라서 단지 주관적으로만 경계라고 생각한 것은 본죄의 객체가 아니다.

본죄는 미수범 처벌규정을 두고 있지 않다. 따라서 본죄는 단순히 경계표를 손괴, 이동 또는 제거하는 것만으로는 부족하고 위와 같은 행위나 기타 방법으로 토지의 경계를 인식불능하게 하는 결과를 발생시켜야 비로소 성립된다(대법원 1991.9.10, 91도856; 1992.12.8, 92도1682; 2010.9.9, 2008도8973). [경찰승진(경위) 11 / 국가7급 13 / 법원행시 12·14]

제10절 권리행사를 방해하는 죄

01 권리행사방해죄

> **제323조【권리행사방해】** 타인의 점유 또는 권리의 목적이 된 자기의 물건 또는 전자기록 등 특수매체기록을 취거, 은닉 또는 손괴하여 타인의 권리행사를 방해한 자는 5년 이하의 징역 또는 700만 원 이하의 벌금에 처한다.

1. 의의 및 보호법익과 특징

권리행사방해죄(權利行使妨害罪)는 타인의 점유 또는 권리의 목적이 된 자기의 물건 또는 전자기록 등 특수매체기록을 취거·은닉·손괴하여 타인의 권리행사를 방해함으로써 성립하는 범죄이다. 본죄의 보호법익은 자기소유의 재물에 대한 다른 사람의 (소유권 이외의) 재산권(제한물권·채권)과 의사결정·의사활동의 자유이다. 법익보호의 정도는 추상적 위험범이다(다수설). 점유강취·준점유강취죄(제325조 제1항·제2항) 및 강요의 죄(제324조부터 제324조의4에 대한 제324조의5 참조)를 제외하고는 권리행사방해의 죄에는 미수범 처벌규정이 없다.

본죄는 물건, 즉 재물을 객체로 삼는 재물죄이지만 자기 소유의 물건 등을 그 객체로 삼는다는 점에서 불법영득의사는 필요로 하지 않으며, 관리할 수 있는 동력에 대해서는 재물간주규정(제346조)의 준용규정은 없으나 관리가능성설에 의할 때 본죄의 객체가 될 수 있고, 친족상도례(제328조)를 규정하고 있다.[77] 다만 친족상도례는 제323조의 권리행사방해죄에만 적용되고 점유강취죄·중권리행사방해죄·강제집행면탈죄에는 적용되지 않는다. [경찰승진 17 / 사시 16]

---

77 친족상도례에 대한 상세한 검토는 재산죄의 일반이론 중 친족상도례 부분에서 이루어졌다.

2. 구성요건

(1) 객관적 구성요건

① 객체 : 타인의 점유 또는 권리의 목적이 된 자기소유의 물건 또는 특수매체기록(재물죄)

　㉠ **자기의 물건** : 범인 자신이 소유하는 물건을 의미하므로 타인소유의 물건은 권리행사방해죄의 객체가 될 수 없다(대법원 1985.5.28, 85도494; 2003.5.30, 2000도5767 등). [법원행시 05 / 법원9급 08 / 사시 10] 나아가, 권리행사방해죄의 공범으로 기소된 물건의 소유자에게 고의가 없는 등 범죄가 성립하지 않는 경우, 물건의 소유자가 아닌 사람은 권리행사방해죄의 공동정범도 될 수 없다(대법원 2017.5.30, 2017도4578).

　㉡ **전자기록 등 특수매체기록** : 특수매체기록도 본죄의 객체가 된다(손괴죄와의 유사점).

　㉢ **타인의 점유 또는 권리의 목적**

　　ⓐ **점유** : 본죄의 점유는 형법상 점유이면서도 보호법익으로서의 점유이므로 적법한 권원에 기한 점유에 한정된다는 것이 통설과 판례의 입장이다.

　　ⓑ **권리** : 본죄는 타인의 점유뿐만 아니라 권리의 대상이 된 자기의 물건 등도 그 객체가 된다. 따라서 권리행사방해죄는 자기소유, 타인점유의 대상인 물건뿐만 아니라 자기소유, 자기점유, 타인권리의 대상이 물건 등도 그 객체가 된다. 여기서의 권리라 함은 자기의 소유물에 대한 타인의 제한물권이나 채권 등을 말한다.

② 행위 - 취거 · 은닉 · 손괴하여 타인의 권리행사를 방해하는 것

취거(取去)란 점유자의 의사에 반하여 자기소유 · 타인점유의 물건 등을 자기 또는 제3자의 사실상 지배로 옮기는 행위를 말한다. 따라서 점유자의 의사나 그의 하자 있는 의사에 기하여 점유가 이전된 경우에는 본죄의 취거로 볼 수 없다(대법원 1988.2.23, 87도1952). [경찰승진(경사) 10 / 법원9급 08 · 17 / 법원승진 13 / 법원행시 05 · 10] 또한 은닉(隱匿)이란 위 물건 등의 소재를 불명하게 만들어 발견하기 어렵게 만드는 행위이고, 손괴(損壞)란 유형력의 행사로써 위 물건의 효용을 해하는 것을 말한다. 본죄는 이러한 행위만 있으면 되고, 현실적인 권리행사방해의 결과를 필요로 하지 않는다(위험범). [경찰간부 11]

(2) 주관적 구성요건 - 고의

고의가 있어야 하며, 불법영득의사는 요하지 않는다. 본죄의 객체는 자기의 소유물이기 때문이다.

3. 친족 간의 특례

직계혈족, 배우자, 동거친족, 동거가족 또는 그 배우자 간에 본죄를 범하면 형을 면제한다(제328조 제1항). 이외의 친족 간에 본죄를 범한 때에는 고소가 있어야 공소를 제기할 수 있다(제328조 제2항). 이러한 친족상도례는 제323조(권리행사방해죄)에 대해서 적용되고, [경찰승진(경장) 10] 제325조의 점유강취죄와 제327조의 강제집행면탈죄에 대해서는 적용되지 않는다(제328조 참조).

---

02 점유강취죄 · 준점유강취죄

> **제325조【점유강취, 준점유강취】** ① 폭행 또는 협박으로 타인의 점유에 속하는 자기의 물건을 강취(强取)한 자는 7년 이하의 징역 또는 10년 이하의 자격정지에 처한다. 〈우리말 순화 개정 2020.12.8.〉
> ② 타인의 점유에 속하는 자기의 물건을 취거(取去)하는 과정에서 그 물건의 탈환에 항거하거나 체포를 면탈하거나 범죄의 흔적을 인멸할 목적으로 폭행 또는 협박한 때에도 제1항의 형에 처한다. 〈우리말 순화 개정 2020.12.8.〉

점유강취죄는 자기의 물건에 대한 강도행위이고, 준점유강취죄는 준강도이다.

표정리 준(準)~죄 개관

준강간·준강제추행	심신상실·항거불능의 상태를 이용
준강도·준점유강취	재물탈환의 항거, 체포면탈, 증거인멸의 목적으로 폭행·협박
준사기	미성년자의 사리분별력 부족, 사람의 심신장애를 이용

03 중권리행사방해죄

제326조 【중권리행사방해】 제324조 또는 제325조의 죄를 범하여 사람의 생명에 대한 위험을 발생하게 한 자는 10년 이하의 징역에 처한다.

형법은 강요죄 또는 점유강취죄·준점유강취죄를 범하여 사람의 생명에 대한 위험을 발생하게 한 행위를 중권리행사방해죄로 처벌하고 있다. [경찰승진 12]

표정리 중(重)~죄 개관

중상해	생명에 대한 위험	불구	불치·난치의 질병
중유기			
중강요			
중권리행사방해			
중손괴	생명·신체에 대한 위험		
중체포·감금	가혹한 행위 [경찰승진(경사) 11 / 경찰승진 10]		

➔ 중체포·감금죄를 제외하고 나머지는 (부진정) 결과적 가중범, 구체적 위험범 [경찰승진 12 / 사시 12]

04 강제집행면탈죄

제327조 【강제집행면탈】 강제집행을 면할 목적으로 재산을 은닉, 손괴, 허위양도 또는 허위의 채무를 부담하여 채권자를 해한 자는 3년 이하의 징역 또는 1천만 원 이하의 벌금에 처한다.

1. 의의 및 보호법익과 특징

강제집행면탈죄(強制執行免脫罪)는 강제집행을 면할 목적으로 재산에 대해 은닉·손괴·허위양도·허위채무부담의 행위를 하여 채권자를 해함으로써 성립하는 범죄이다. 본죄는 채권자의 정당한 권리행사를 주된 보호법익으로 하며, 2차적으로는 강제집행기능의 보호까지도 그 보호법익으로 삼고 있다. 개념필수적으로 채권자의 (강제집행 직전단계의) 권리인 채권의 존재는 본죄의 성립요건이다(대법원 1982.10.26, 82도2157; 1988.4.12, 88도48; 2007.7.12, 2007도3005; 2008.5.8, 2008도198). [법원9급 11·16 / 법원행시 11·13 / 사시 12 / 변호사시험 13]

또한 강제집행면탈죄는 강제집행을 실시하려는 자에 대하여 재산의 발견을 불능·곤란케 하는 은닉 등의 행위를 통하여 채권자를 해할 위험상태에 이르게 함으로써 성립하는 위태범이다. 즉 본죄는 채권자를 해할 위험이 있으면 성립한다(통설·판례). [법원9급 09 / 법원행시 13]

2. 구성요건

본죄는 객관적으로 민사집행법에 의한 강제집행·가압류·가처분의 집행을 받을 우려가 있는 상태에서 채무자·제3자가 주관적으로 강제집행을 면탈하려는 목적으로 재산을 은닉·손괴·허위양도·허위채무부담함으로써 성립하며, 채권자를 해할 위험이 있으면 족하다. [법원9급 12 / 법원행시 13]

(1) 객관적 구성요건

① **주체** : 채무자 및 제3자이다(다수설·판례). 여기서 제3자에는 채무자의 법정대리인, 법인의 기관, 기타 제3자가 포함된다.

② **객체 – 강제집행의 대상이 될 수 있는 재산** : 본죄의 객체인 재산에는 재물 이외에 권리도 포함되는 점에서 권리행사방해죄의 객체인 물건과는 다르다. 다만 본죄의 객체인 재산은 채무자의 재산 중에서 채권자가 민사집행법상 강제집행 또는 보전처분의 대상으로 삼을 수 있는 것이어야 한다. [법원 9급 12 / 법원행시 09] 여기에는 동산·부동산뿐만 아니라 재산적 가치가 있어 민사집행법에 의한 강제집행 또는 보전처분이 가능한 특허 내지 실용신안 등을 받을 수 있는 권리 등이 포함되나(대법원 2001.11.27, 2001도4759), [경찰채용 13 1차 / 경찰간부 11 / 경찰승진(경장) 11 / 경찰승진(경감) 10·11 / 경찰승진 17 / 법원9급 09] 민사집행법상 강제집행·보전처분의 대상이 될 수 없는 보전처분단계에서 '가압류채권자의 지위' 자체(대법원 2008.9.11, 2006도8721) [경찰간부 11 / 경찰승진(경위) 11 / 경찰승진(경감) 11 / 국가9급 12 / 법원9급 09 / 법원승진 10 / 법원행시 09·11·13] 등은 포함되지 아니한다.

③ **행위 – 은닉·손괴·허위양도·허위채무부담을 하여 채권자를 해하는 것**

㉠ **은닉·손괴·허위양도·허위의 채무부담**

ⓐ **은닉** : 본죄의 은닉이란 널리 재산의 소유관계를 불명(不明)하게 하는 행위로서, 재물 등의 점유가 채무자에게 있는 것을 채권자가 확인할 수 있다 하더라도 본죄의 은닉에 해당되지 못하는 것은 아니다. 예컨대, 채권자에 의하여 압류된 채무자 소유의 유체동산을 채무자의 母 소유인 것으로 사칭하면서 母의 명의로 제3자이의의 소를 제기하고 집행정지결정을 받아 그 집행을 저지하는 행위 등은 이에 해당된다(대법원 1992.12.8, 92도1987). [경찰승진 14 / 법원9급 09]

ⓑ **손괴** : 재산을 물질적으로 훼손시켜 그 효용을 해하는 것을 말한다.

ⓒ **허위양도** : 허위양도라 함은 진실한 양도가 아님에도 불구하고 액면상 진실한 양도인 것처럼 가장하여 재산의 명의를 변경하는 것을 말한다(대법원 1987.9.22, 87도1579). 따라서 진실한 양도인 때에는 강제집행을 면할 목적이 있는 경우에도 본죄는 성립하지 않는다(대법원 1983.7.26, 82도1524). [경찰승진(경장) 10 / 경찰승진 17 / 법원9급 17 / 법원행시 11 / 사시 12 / 변호사시험 16]

ⓓ **허위채무부담** : 허위의 채무를 부담하는 행위이어야 본죄의 구성요건에 해당하므로, 진실한 채무부담인 때에는 본죄는 성립되지 않는다. [경찰승진(경장) 11 / 경찰승진(경감) 11]

㉡ **채권자를 해하는 것** : 본죄는 위태범이므로 채권자를 해하는 결과가 있어야 하거나 행위자가 어떤 이득을 취하여야 하는 것은 아니고, 채권자를 해할 위험만 있으면 족하다. [경찰승진 13 / 법원9급 05·16 / 법원행시 13] 따라서 허위양도한 부동산의 시가액보다 그 부동산에 의하여 담보된 채무액이 더 많다고 하여도 본죄가 성립한다(대법원 1999.2.12, 98도2474; 2006.12.21, 2006도4775; 2008.5.8, 2008도198). [경찰채용 17 1차 / 경찰승진(경장) 11 / 법원9급 06 / 변호사시험 12]

④ **상황 – 강제집행(强制執行)을 받을 구체적 위험이 있는 객관적 상태**

㉠ **의의·범위** : 본죄의 상황은 채권자가 이행청구의 소 또는 그 보전을 위한 가압류, 가처분신청을 제기하거나 제기할 기세를 보이는 등 강제집행을 받을 구체적 염려가 있는 상태를 말한다(대법원

1986.10.28, 86도1553). [법원행시 11 / 변호사시험 13] 그러나 본죄는 개인적 법익인 채권자의 채권을 그 보호법익으로 하므로, 벌금·몰수·추징 등 형사재판의 집행, 국세징수법에 의한 체납처분은 포함되지 않고(통설·판례) [법원9급 05 / 사시 12 / 변호사시험 13·17] 나아가 민사집행법 제3편의 담보권 실행 등을 위한 경매(대법원 2015.3.26, 2014도14909)도 제외된다. [법원행시 15]

ⓒ 소송제기의 기세 : 본죄의 상황은 소송제기의 기세로도 충분하다. 즉, 현실적인 민사소송의 제기나 강제집행 등의 개시가 없을지라도 채권자들이 채권확보를 위하여 소송을 제기할 기세를 보이면 충분하다. [경찰채용 17 1차 / 사시 12 / 변호사시험 13]

(2) 주관적 구성요건 – 고의와 강제집행을 면할 목적

본죄는 강제집행을 면할 목적을 초과주관적 구성요건요소로 요구하고 있다. 다만 목적의 달성 여부는 본죄의 성립에 영향을 주지 않는다.

3. 죄수 및 다른 범죄와의 관계

(1) 죄 수

강제집행면탈죄의 죄수판단의 기준은 채권자의 수이다. 따라서 채권자가 '수인'이어서 채권자들에 의한 복수의 강제집행이 예상되는 경우 재산을 은닉 또는 허위양도하였다면 강제집행면탈죄의 죄수도 수죄로 파악된다(1개의 행위일 때에는 상상적 경합, 대법원 2011.12.8, 2010도4129). [경찰승진 14 / 경찰간부 18 / 법원9급 13·16 / 법원행시 13]

(2) 다른 범죄와의 관계

강제집행 직전에 범하게 된다는 점에서, 강제집행절차 중에 공무상 표시를 손상시키는 등의 행위로써 범하는 공무상비밀표시무효죄(제140조 제1항)나 강제집행으로 명도 또는 인도된 부동산에 침입함으로써 범하는 부동산강제집행효용침해죄(제140조의2)와는 구별되는 범죄이다.

PART 02

사회적 법익에 대한 죄

✔ 아웃라인

CHAPTER 01

공공의 안전과 평온에 대한 죄

구 분	경찰채용						경찰간부						경찰승진					
	17	18	19	20	21	22	16	17	18	19	20	21	17	18	19	20	21	22
제1절 공안을 해하는 죄				1			3										1	
제2절 폭발물에 관한 죄																		
제3절 방화와 실화의 죄				1			1	1	1			1	1	1	1		1	1
제4절 일수와 수리에 관한 죄																		
제5절 교통방해의 죄								1	1						1			
출제빈도			2/220						9/240						7/240			

국가9급						법원9급						법원행시						변호사시험					
17	18	19	20	21	22	17	18	19	20	21	22	17	18	19	20	21	22	17	18	19	20	21	22
										1							1						
		1			1													1			1		
			1											1			1	1					
		3/120						1/150						3/240						3/140			

공공의 안전과 평온에 대한 죄

CHAPTER 01

제1절 공안을 해하는 죄

01 총 설

형법 각칙 제5장 공안(公安)을 해하는 죄는 안전을 해하는 죄라고도 하는데, 공공의 법질서 또는 공공의 안전과 평온을 해하거나 위협하는 죄를 말한다. 그 법익보호의 정도는 추상적 위험범이다. 다만, 본장의 죄 중에서 전시공수계약불이행죄나 공무원자격사칭죄는 국가의 기능을 보호하기 위한 처벌규정으로서 국가적 법익에 대한 죄이다. 본장의 죄는 모두 미수를 벌하지 않는다.

02 범죄단체조직죄

> **제114조 【범죄단체 등의 조직】** 사형, 무기 또는 장기 4년 이상의 징역에 해당하는 범죄를 목적으로 하는 단체 또는 집단을 조직하거나 이에 가입 또는 그 구성원으로 활동한 사람은 그 목적한 죄에 정한 형으로 처벌한다. 다만, 형을 감경할 수 있다. [경찰채용 20 1차 / 법원행시 16]
> [전문개정 2013.4.5]

1. 의 의

범죄단체 등 조직죄는 사형, 무기 또는 장기 4년 이상의 징역에 해당하는 범죄를 목적으로 하는 단체 또는 집단을 조직하거나 이에 가입 또는 그 구성원으로 활동함으로써 성립하는 범죄이다.[78]

---

78 참고 : 종래 구 형법상 범죄단체조직죄는 법정형의 제한 없이 범죄를 목적으로 단체를 조직하기만 하면 구성요건에 해당하게 되어 그 처벌범위가 너무 넓다는 비판이 제기되어 왔다. 또한 국제연합국제조직범죄방지협약도 법정형이 장기 4년 이상인 범죄를 목적으로 하는 단체를 조직하는 행위 등을 범죄화 하도록 규정하여 범위를 제한하고 있으며, 한편 범죄단체에는 이르지 못하였으나 그 위험성이 큰 범죄집단을 조직한 경우에 관한 처벌규정도 없는 실정이었다. 이에 2013년 4월 5일 본조에 대한 개정이 이루어져, "사형, 무기 또는 장기 4년 이상의 징역"에 해당하는 범죄를 목적으로 하는 단체의 조직 행위를 처벌하도록 하여 그 범위를 제한함으로써 국제연합 국제조직범죄방지협약의 내용과 조화를 이루게 하는 한편, 범죄단체뿐만 아니라 이에 이르지 못한 범죄집단을 조직한 경우에도 처벌할 수 있도록 하게 된 것이다(개정이유 중에서 발췌).

2. 객관적 구성요건

(1) 범 죄

본죄의 '범죄'는 반드시 형법상의 범죄를 목적으로 할 필요는 없으며, 특별법상의 범죄도 포함된다. 다만, 폭처법이 적용되는 범죄단체를 조직한 경우에는 형법이 아니라 폭처법(제4조)이 적용되고, 절도를 목적으로 한 범죄단체조직은 특가법(제5조의8)이 적용되며, 반국가단체를 구성하거나 이에 가입한 경우에는 국가보안법(제3조)이 적용된다. 또한 경범죄처벌법이 적용되는 경범죄는 본죄의 범죄에서 제외된다.

(2) 단체 또는 집단(필요적 공범 – 집합범)

① 단체 : 특정 다수인의 범죄수행이라는 공동목적 아래 이루어진 계속적인 결합체를 말하며, 단순한 다중의 집합과는 달라 단체를 주도하는 최소한도의 통솔체계를 갖추고 있어야 한다(대법원 1976.4.13, 76도340; 1977.5.24, 77도1015; 1981.11.24, 81도2608). [경찰승진 12]

② 집단 : 현재는 범죄단체에는 이르지 못하였으나 그 위험성이 큰 다수인의 집합을 말한다. 따라서 범죄단체에서 요구되는 최소한의 통솔체계를 갖출 필요는 없다. 다만 범죄의 계획과 실행을 용이하게 할 정도의 조직적 구조는 갖추어야 한다(대법원 2020.8.20, 2019도16263).

(3) 조직·가입·활동 및 임의적 감경

본죄는 범죄를 목적으로 하는 단체·집단을 조직하거나 이에 가입하거나 그 구성원으로 활동함으로써 성립하는 범죄이고, 그 목적하는 범죄를 실행하였는가는 본죄의 성립과는 무관하다(대법원 1975.9.23, 75도2321 : 목적하는 범죄를 실행하더라도 범죄단체조직죄는 별도로 성립함). 또한 본죄는 일종의 예비·음모단계를 기수범화시켜 "그 목적한 죄에 정한 형으로 처단한다."고 하면서도, 이 경우 그 형이 너무 무거울 수 있기 때문에 '형을 감경할 수 있다.'(임의적 감경)는 단서를 붙여두고 있다. **판례**는 본죄를 즉시범으로 파악하여 범죄단체 조직시부터 공소시효가 기산된다고 본다(대법원 1997.10.10, 97도1829). [경찰승진(경장) 11]

3. 주관적 구성요건

본죄는 고의 및 사형·무기 및 장기 4년 이상의 징역에 해당하는 범죄를 범할 목적을 요한다(목적범).
[경찰채용 10 1차]

03 소요죄

> 제115조 【소 요】 다중이 집합하여 폭행, 협박 또는 손괴의 행위를 한 자는 1년 이상 10년 이하의 징역이나 금고 또는 1천 500만 원 이하의 벌금에 처한다.

1. 구성요건

(1) 객관적 구성요건

① 주체 – 다중(多衆) : 소요죄(騷擾罪)의 주체는 '집합한 다중을 구성하는 개인'이다(필요적 공범 – 집합범). 다중은 한 지방의 평온·안전을 해할 수 있는 정도의 다수인임을 요한다(통설).

② 행위 – 폭행·협박·손괴

㉠ 의의 : 폭행은 사람·물건에 대한 유형력 행사(최광의의 폭행)이고 협박은 공포심을 일으킬 수

있는 일체의 해악의 고지(광의의 협박)이며 손괴는 재물 등의 효용을 해하는 일체의 행위이다.

ⓝ 정도 : 본죄의 폭행·협박·손괴는 적극적 행위이어야 하므로, 연좌농성이나 해산행위에 대한 소극적 방어행위로는 본죄를 구성하지 않는다.

ⓒ 기수시기 : 소요죄는 한 지방의 공공안전을 해할 수 있는 정도의 위험성이 있는 행위가 있는 때 기수에 이르며, 현실적 결과발생은 요하지 않는다(추상적 위험범).

(2) 주관적 구성요건

다중의 합동력으로 폭행·협박 또는 손괴한다는 공동의사를 요한다(다수설·판례). 따라서 소요를 공동으로 한다는 의사를 가지지 않고 다중이 집합하여 폭행·협박·손괴하는 경우에는 특수폭행죄(제261조)·특수협박죄(제284조)·특수손괴죄(제369조)만 성립할 뿐이다. 다만 공동의사가 필요하다고 하여 사전적인 범행모의나 계획을 별도로 요하는 것은 아니다.

2. 공범규정의 적용

(1) 다중의 구성원 내부

본죄는 필요적 공범에 해당하는 집합범이므로 다중의 구성원 사이에는 총칙상의 공범(임의적 공범)규정이 적용되지 않는다(통설).

(2) 외부관여자

총칙상의 공범규정(교사범·종범)이 적용될 수 있다(통설).

3. 다른 범죄와의 관계

(1) 내란죄와의 관계

① 국헌문란(國憲紊亂)의 목적이 없는 점, ② 한 지방의 평온·안전을 해하는 정도가 상대적으로 낮다는 점, ③ 주모자를 필요로 하지 않는 점(법정형의 등급구별이 없음), ④ 예비·미수를 벌하지 않는 점에서 내란죄와 구별되며, 내란죄가 성립하면 본죄는 흡수된다(법조경합).

(2) 소요행위과정에서 실현된 다른 구성요건과의 관계

소요죄보다 법정형이 무거운 살인죄나 방화죄는 본죄와 상상적 경합관계에 있지만, 형이 가벼운 공무집행방해죄나 주거침입죄는 모두 소요죄에 흡수된다(다수설).

04 다중불해산죄

제116조【다중불해산】 폭행, 협박 또는 손괴의 행위를 할 목적으로 다중이 집합하여 그를 단속할 권한이 있는 공무원으로부터 3회 이상의 해산명령을 받고 해산하지 아니한 자는 2년 이하의 징역이나 금고 또는 300만 원 이하의 벌금에 처한다.

1. 객관적 구성요건

(1) 주 체

다중불해산죄(多衆不解散罪)도 소요죄와 마찬가지로 집합한 다중(多衆)의 구성원 개인이 그 주체이다.

즉, 본죄도 필요적 공범 중 집합범이다.

(2) 행위(진정부작위범)

① 단속할 권한이 있는 공무원 : 경찰과 같이 해산명령권을 가진 공무원을 말한다.

② 해산하지 아니하는 것 : 본죄는 구성요건 자체가 '해산하지 않음(불해산)'이라는 부작위를 행위유형으로 삼고 있다는 점에서 진정부작위범이다.

③ 3회 이상의 해산명령을 받고 해산하지 아니하는 것 : 본죄의 성립은 최종해산명령시를 기준으로 판단해야 하므로, 3회째의 해산명령을 받고 해산하지 않다가 4회째의 해산명령을 받고 '해산한' 때에는 본죄가 성립하지 않는다(통설). 따라서 실질적인 성립 시기는 4회째의 해산명령에도 해산하지 아니한 때이다.

2. 주관적 구성요건

고의 및 폭행·협박·손괴의 목적을 요한다(목적범).

3. 다른 범죄와의 관계

본죄는 소요죄의 예비단계를 벌하는 죄이다. 따라서 다중불해산죄를 범하고 연이어 소요행위로 나아가면 소요죄만 성립하고 다중불해산죄는 성립하지 않는다(법조경합 중 보충관계).

05 전시공수계약불이행죄

> 제117조【전시공수계약불이행】 ① 전쟁, 천재 기타 사변에 있어서 국가 또는 공공단체와 체결한 식량 기타 생활필수품의 공급계약을 정당한 이유 없이 이행하지 아니한 자는 3년 이하의 징역 또는 500만 원 이하의 벌금에 처한다.
> ② 전항의 계약이행을 방해한 자도 전항의 형과 같다.
> ③ 전 2항의 경우에는 그 소정의 벌금을 병과할 수 있다.

전시공수계약불이행죄(戰時公需契約不履行罪)는 국가 또는 공공단체의 기능보호를 목적으로 한다(국가적 법익에 대한 죄).

06 공무원자격사칭죄

> 제118조【공무원자격의 사칭】 공무원의 자격을 사칭하여 그 직권을 행사한 자는 3년 이하의 징역 또는 700만 원 이하의 벌금에 처한다.

1. 구성요건

(1) 공무원의 자격사칭

사칭(詐稱)하는 공무원의 직권내용은 공무원만이 행사할 수 있는 권한사항이어야 하므로(사칭한 공무원

자격=행사한 직권), 직권행사를 한 것이 사칭한 그 공무원의 직권에 속하지 않는 경우에는 본죄가 성립하지 않는다(국가적 법익에 대한 죄). 예컨대, 위임받은 채권을 용이하게 추심하는 방편으로 합동수사반원임을 사칭하고 협박한 사실이 있다고 하여도 이러한 채권추심행위는 개인적 업무이지 수사기관의 수사업무범위에는 속하지 않으므로 본죄에 해당되지 않는다(대법원 1981.9.8, 81도1955). [경찰간부 17 / 경찰승진(경장) 11 / 법원행시 14]

(2) 사칭한 권한행사

권한행사가 있어야 하므로 직권행사 없는 단순한 공무원자격의 사칭은 본죄가 성립하지 않고 경범죄에 해당할 뿐이다(경범죄처벌법 제1조 제8호 참조).

2. 다른 범죄와의 관계

공무원의 자격을 사칭하여 재물 등을 사취·갈취한 경우에는 공무원자격사칭죄와 사기죄·공갈죄의 상상적 경합이 성립한다.

3. 미수범 처벌규정의 부존재

본장의 공안을 해하는 죄(범죄단체조직죄, 소요죄, 다중불해산죄, 전시공수계약불이행죄, 공무원자격사칭죄)에는 미수범 처벌규정이 없다.

제2절 | 폭발물에 관한 죄

01 폭발물사용죄

> 제119조 【폭발물 사용】① 폭발물을 사용하여 사람의 생명, 신체 또는 재산을 해하거나 그 밖에 공공의 안전을 문란하게 한 자는 사형, [법원행시 13] 무기 또는 7년 이상의 징역에 처한다. 〈우리말 순화 개정 2020.12.8.〉
> ③ 제1항과 제2항의 미수범은 처벌한다. 〈우리말 순화 개정 2020.12.8.〉

1. 의의 및 보호법익

폭발물사용죄(爆發物使用罪)는 폭발물을 사용하여 사람의 생명·신체·재산을 해하거나 그 밖에 공공의 안전을 문란하게 함(2020.12.8. 우리말 순화 개정형법 전 구법에서는 '기타 공안을 문란함'이라 하였음)으로써 성립하는 범죄이다. 본죄의 보호법익은 사회의 안전과 평온이며, 법익보호의 정도에 대해서는 '사람의 생명·신체·재산을 해하거나 공안(公安)을 문란(紊亂)하게 하는 구체적 위험의 발생'을 요건으로 보아야 한다는 구체적 위험범설이 다수설이다.

2. 구성요건

(1) 폭발물

본죄의 객체인 폭발물은 제172조의 폭발성물건파열죄의 폭발성물건과는 구별해야 하므로, 폭발작용의 위력이나 파편의 비산 등으로 사람의 생명, 신체, 재산 및 공공의 안전이나 평온에 직접적이고 구체적인 위험을 초래할 수 있는 정도의 강한 파괴력을 가지는 물건을 의미한다. 따라서 어떠한 물건이 형법 제119조에 규정된 폭발물에 해당하는지는 폭발작용 자체의 위력이 공안을 문란하게 할 수 있는 정도로 고도의 폭발성능을 가지고 있는지에 따라 엄격하게 판단하여야 한다(대법원 2012.4.26, 2011도17254). [경찰간부 17/법원행시 13] 예컨대, 다이너마이트, 수류탄 등은 여기에 해당하나, 오락용 폭약이나 화염병은 폭발물이 아니고(대법원 1968.3.5, 66도1056), [법원행시 13] 폭발성물건파열죄의 객체인 보일러·고압가스 등 폭발성 있는 물건도 폭발물이 아니다.

(2) 고 의

본죄는 구체적 위험범이므로, 폭발물사용죄의 주관적 구성요건으로서 고의의 내용은 폭발물을 사용하여 사람의 생명·신체·재산을 침해하고 '공공의 안전을 문란하게 한다는 점에 대한 인식'이 필요하다(다수설). 판례도 폭발물사용죄가 성립하기 위하여서는 폭파시 신체를 해한다는 등의 고의가 있어야 한다고 판시하고 있다(대법원 1969.7.8, 69도832). [경찰간부 12]

3. 예비죄·미수범·기수시기, 과실범 처벌규정의 부존재

본죄는 미수범(제119조 제3항)뿐만 아니라 예비·음모, 선동행위도 처벌하는 죄이다(제120조). 본죄의 기수시기는 공안문란의 결과발생시점으로 보는 것이 다수설이다. 다만 본죄는 폭발성물건파열죄(제172조)와는 달리 과실범 처벌규정은 두고 있지 않다. [경찰승진 10]

---

02 전시폭발물사용죄

제119조 【폭발물사용】 ② 전쟁, 천재지변 그 밖의 사변에 있어서 제1항의 죄를 지은 자는 사형이나 무기징역에 처한다. 〈우리말 순화 개정 2020.12.8.〉

전시 등의 행위상황의 위험성을 이유로 불법이 가중되는 구성요건이다. 판례는 휴전 중이라도 전시에 해당한다고 본다(대법원 1956.11.30, 4289형상217).

---

03 폭발물사용예비·음모·선동죄

제120조 【예비, 음모, 선동】 ① 전조 제1항, 제2항의 죄를 범할 목적으로 예비 또는 음모한 자는 2년 이상의 유기징역에 처한다. 단, 그 목적한 죄의 실행에 이르기 전에 자수한 때에는 그 형을 감경 또는 면제한다.
② 전조 제1항, 제2항의 죄를 범할 것을 선동한 자도 전항의 형과 같다.

예비·음모·선동의 형법상 유일한 처벌규정이다. [법원행시 13] 총칙상 자수는 임의적 감면사유이지만, 본죄의 자수(제1항 단서)는 필요적 감면사유이다.

→ 내란·외환·외국사전·방화·폭발물사용·통화죄의 예비·음모범이 실행착수 전에 자수(自首) : 필요적 감면사유

04 전시폭발물제조·수입·수출·수수·소지죄

제121조 【전시폭발물제조 등】 전쟁 또는 사변에 있어서 정당한 이유 없이 폭발물을 제조, 수입, 수출, 수수 또는 소지한 자는 10년 이하의 징역에 처한다.

본죄는 예비·음모뿐 아니라 미수범 처벌규정도 없다.

제3절 방화와 실화의 죄

01 총 설

1. 의의 및 보호법익

방화(放火)와 실화(失火)의 죄는 고의 또는 과실로 불을 놓아 물건 등을 불태움으로써 성립하는 범죄로서, 공공의 안전과 함께 개인의 재산도 보호법익으로 하는 공공위험죄와 재산죄로서의 이중의 성격을 가지는 범죄이다(이중성격설 : 통설·판례). [경찰간부 14] 형법은 자기소유물에 대한 방화죄와 타인소유물에 대한 방화죄의 법정형에 차이를 두고 있기 때문이다. 그 법익보호의 정도도 구성요건에 따라 다르다.

2. 구성요건체계

방화죄는 크게 방화죄 및 실화죄, 준방화죄 및 실화죄로 나누어볼 수 있는데, ① 방화죄 및 실화죄는 현주건조물, 공용건조물, 일반건조물, 일반물건에 대한 방화죄와 실화죄가 있고, ② 준방화죄 및 실화죄는 진화방해, 폭발성물건파열, 가스·전기방류, 가스·전기공급방해죄와 이에 대한 과실범이 있다. 방화죄 및 실화죄의 기본적 구성요건은 일반물건방화죄 및 일반물건실화죄이다.

방화죄 중에서 현주건조물방화죄, 공용건조물방화죄, 타인소유일반건조물방화죄는 추상적 위험범이고 미수와 예비·음모를 처벌하며, 준방화죄 중에서 폭발성물건파열죄, 가스·전기방류죄, 가스·전기공급방해죄는 구체적 위험범이고 미수와 예비·음모를 처벌하는데 비하여, 방화죄 중 자기소유일반건조물방화죄 (제166조 제2항)·일반물건방화죄(제167조)는 구체적 위험범이고 미수와 예비·음모를 벌하지 않는다. 실화죄의 경우에도 자기소유일반건조물과 일반물건에 대한 실화(제170조 제2항)는 구체적 위험범이다.

02 현주건조물 등 방화죄

제164조 【현주건조물 등 방화】 ① 불을 놓아 사람이 주거로 사용하거나 사람이 현존하는 건조물, 기차, 전차, 자동차, 선박, 항공기 또는 지하채굴시설을 불태운 자는 무기 또는 3년 이상의 징역에 처한다. 〈우리말 순화 개정 2020.12.8.〉

제174조 【미수범】 제164조 제1항, 제165조, 제166조 제1항, 제172조 제1항, 제172조의2 제1항, 제173조 제1항과 제2항의 미수범은 처벌한다.

1. 구성요건

(1) 객체 – 사람이 현주·현존하는 건조물·기차·전차·자동차·선박·항공기·지하채굴시설

① 사람 : 범인 이외의 모든 자연인을 말한다(대법원 1948.3.19, 4281형상5). 범인 자신이 혼자 살고 있는 집에 방화한 때에는 일반건조물방화죄(제166조)에 해당하나, 처와 함께 살고 있는 집에 방화한 때에는 현주건조물방화죄(現住建造物放火罪)가 성립한다(통설).

② 주거로 사용 : 거주하는 사람을 모두 죽이고 방화한 때에도 연속성이 인정되므로 본죄가 성립한다.

③ 건조물 등 : 형법상 방화죄의 객체인 건조물은 토지에 정착되고 벽 또는 기둥과 지붕 또는 천장으로 구성되어 사람이 내부에 기거하거나 출입할 수 있는 공작물을 말하고, 반드시 사람의 주거용이어야 하는 것은 아니라도 사람이 사실상 기거·취침에 사용할 수 있는 정도는 되어야 한다(대법원 2013.12. 12, 2013도3950). [경찰간부 17 / 국가9급 22 / 법원행시 16] 또한 자동차는 주거침입죄(제319조)의 객체는 아니지만, 주거수색죄(제321조)나 본죄의 객체에는 해당된다. 따라서 사람이 현존하는 자동차에 방화한 경우에는 후술하는 일반물건방화죄에 해당되지 않고 현주건조물등방화죄에 해당되는 것이다.

(2) 행위 – 불을 놓아 태우는 것

① 착수시기 : 방화죄의 실행의 착수를 인정하기 위하여는 발화(發火) 또는 점화(點火)가 있을 것을 요하는 것이 판례이고, 목적물에 인접한 매개물(媒介物)에 발화되어도 실행의 착수가 인정된다(대법원 2002.3.26, 2001도6641). [경찰채용 12 2차 / 경찰간부 14 / 경찰승진(경사) 10 / 경찰승진 13·16·17 / 국가9급 12·13 / 국가7급 12·14·20 / 법원9급 07(상) / 법원9급 06·13·14 / 법원행시 16 / 사시 11 / 변호사시험 12]

② 기수시기[2020.12.8. 우리말 순화 개정형법 전 구법에서는 '소훼(燒燬)', 개정형법에서는 '불태운'] : 불이 매개물을 떠나 목적물에 독립하여 연소할 수 있는 상태에 이르렀을 때에 기수가 된다는 것이 다수설·판례이다(독립연소설). [경찰간부 13·14 / 경찰승진(경사) 10 / 국가7급 12] 방화죄의 공공위험죄적 성질을 중시하여 목적물 자체가 독립하여 연소할 수 있는 상태에 이르면 공공의 위험은 발생한다는 입장이다(반대견해로 효용상실설, 절충설 등이 있음). 예컨대, 판례는 피해자의 시체 위에 옷가지 등을 올려놓고 불을 붙인 천 조각을 던져서 그 불길이 방안을 태우면서 천장에까지 옮겨붙었다면 도중에 진화되었다 하더라도 본죄의 기수에 이른 것으로 본다(대법원 2007.3.16, 2006도9164). [경찰간부 16 / 국가9급 13 / 국가7급 20 / 법원행시 16]

(3) 고 의

현주건조물 등에 불을 놓아 태운다(소훼케 한다)는 인식과 의사가 필요하다. 따라서 홧김에 죽은 동생의 서적 등을 뒷마당에 내어 놓고 불태운 경우에는 고의가 인정되지 않는다(대법원 1984.7.24, 84도1245). [경찰채용 12·14 2차 / 경찰간부 17 / 경찰승진(경장) 10 / 경찰승진 13] 다만 본죄는 추상적 위험범이므로 공공의 위험을 발생케 한다는 인식은 필요 없다.

2. 죄수 및 다른 범죄와의 관계

(1) 공공위험죄의 죄수 – 공공의 안전

본죄는 공공의 위험에 관한 범죄 중 대표적 유형이다. 따라서 그 죄수결정의 기준은 행위객체의 수를 표준으로 결정할 것이 아니라 '공공의 안전'이라는 보호법익을 기준으로 결정한다. [경찰간부 13] 따라서 1개의 방화행위로 수개의 현주건조물을 불태운 때에도 한 개의 현주건조물방화죄가 성립한다. 이 경우 건조물이 수인의 소유에 속한 때에도 동일하다. 한 개의 방화행위로 적용법조를 달리하는 건조물과 물건을 불태운 때에는 가장 무거운 적용법조에 해당하는 포괄일죄가 된다.

(2) 거주자의 동의가 있는 경우

방화죄가 공공위험죄인 동시에 재산죄의 성격을 갖기 때문에(이중성격설) 현주건조물 등 방화의 경우에도 소유자 및 거주자의 동의가 있으면 자기소유일반건조물방화죄(제166조 제2항)가 된다.

(3) 다른 범죄와의 관계

① 내란죄와의 관계 : 내란죄의 실행과정에서 방화한 경우 방화죄는 내란죄에 흡수된다.

② 소요죄와의 관계 : 소요죄의 실행 중 방화한 경우 방화죄와 소요죄의 상상적 경합이 된다(다수설). 방화죄의 법정형이 보다 무겁기 때문이다.

03 현주건조물 등 방화치사상죄

제164조【현주건조물 등 방화】 ② 제1항의 죄를 지어 사람을 상해에 이르게 한 경우에는 무기 또는 5년 이상의 징역에 처한다. 사망에 이르게 한 경우에는 사형, 무기 또는 7년 이상의 징역에 처한다. 〈우리말 순화 개정 2020.12.8.〉

현주건조물방화치사상죄는 그 형량이 살인죄·상해죄보다 높다는 점에서 무거운 결과인 사상에 대한 고의가 있는 경우에도 성립하는 부진정결과적 가중범이다.[79] 본죄의 성립에 있어서, 불을 피하여 뛰어내리다가 결과가 발생한 경우는 해당되나(상당인과관계 인정), 피해자가 진화작업에 열중하다가 화상을 입은 경우는 인과관계가 인정되지 않는다(대법원 1966.6.28, 66도1).

04 공용건조물 등 방화죄

제165조【공용건조물 등 방화】 불을 놓아 공용(公用)으로 사용하거나 공익을 위해 사용하는 건조물, 기차, 전차, 자동차, 선박, 항공기 또는 지하채굴시설을 불태운 자는 무기 또는 3년 이상의 징역에 처한다. 〈우리말 순화 개정 2020.12.8.〉

공용건조물방화죄(公用建造物放火罪)는 공용건조물과 공익건조물을 모두 객체로 하며 그 성립에 있어서 공공의 위험은 인식할 필요가 없다(추상적 위험범).

05 일반건조물 등 방화죄

제166조【일반건조물 등 방화】 ① 불을 놓아 제164조와 제165조에 기재한 외의 건조물, 기차, 전차, 자동차, 선박, 항공기 또는 지하채굴시설을 불태운 자는 2년 이상의 유기징역에 처한다. 〈우리말 순화 개정 2020.12.8.〉

---

79 총론에서 상술하였다. 총론의 범죄의 특수한 출현형태, 결과적 가중범 중 결과적 가중범의 종류 참조

② 자기소유인 제1항의 물건을 불태워 공공의 위험을 발생하게 한 자는 7년 이하의 징역 또는 1천만 원 이하의 벌금에 처한다. 〈우리말 순화 개정 2020.12.8.〉

제176조【타인의 권리대상이 된 자기의 물건】 자기의 소유에 속하는 물건이라도 압류 기타 강제처분을 받거나 타인의 권리 또는 보험의 목적물이 된 때에는 본장의 규정의 적용에 있어서 타인의 물건으로 간주한다.

1. 타인소유일반건조물방화죄(제166조 제1항)

타인소유 일반건조물방화죄(一般建造物放火罪)는 추상적 위험범이므로 공공의 위험에 대한 인식은 필요하지 않다. 다만 본죄의 객체는 건조물 등이므로, 지붕과 문짝, 창문이 없고 담장과 일부 벽체가 붕괴된 철거 대상 건물로서 사실상 기거·취침에 사용할 수 없는 상태의 폐가는 본죄의 객체에 해당될 수 없다(대법원 2013.12.12, 2013도3950).

또한 자기소유의 물건이라도 압류 기타 강제처분을 받거나 타인의 권리 또는 보험의 목적물이 된 때에는 타인의 물건으로 간주되므로(제176조), 만일 甲이 화재보험금을 편취하기 위해 보험에 가입되어 있는 자신이 홀로 거주하는 가옥에 방화한 경우, 甲에게는 타인소유일반건조물방화죄의 죄책이 인정된다(사기죄는 실행의 착수가 없어 불성립).

2. 자기소유일반건조물방화죄(제166조 제2항)

자기소유 일반건조물방화죄는 공공의 위험에 대한 인식이 필요하다(구체적 위험범). 소유자가 방화에 동의한 경우 및 무주물인 경우에도 자기소유에 준하는 것으로 본다. 반대로 자기소유에 속하는 건조물 등이라도 압류 기타 강제처분을 받거나 타인의 권리 또는 보험의 목적물이 된 때에는 타인의 물건으로 간주된다(제176조).

06 일반물건방화죄

제167조【일반물건 방화】 ① 불을 놓아 제164조부터 제166조까지에 기재한 외의 물건을 불태워 공공의 위험을 발생하게 한 자는 1년 이상 10년 이하의 징역에 처한다. 〈우리말 순화 개정 2020.12.8.〉
② 제1항의 물건이 자기소유인 경우에는 3년 이하의 징역 또는 700만 원 이하의 벌금에 처한다. 〈우리말 순화 개정 2020.12.8.〉

제176조【타인의 권리대상이 된 자기의 물건】 자기의 소유에 속하는 물건이라도 압류 기타 강제처분을 받거나 타인의 권리 또는 보험의 목적물이 된 때에는 본장의 규정의 적용에 있어서 타인의 물건으로 간주한다.

일반물건방화죄(一般物件放火罪)는 그 물건의 소유관계를 따지지 않고 모두 구체적 위험범 [변호사시험 17] 이므로, 공공의 위험이라는 구체적 위험이 발생해야 기수가 된다. 따라서 甲과 원한관계가 있는 乙이 밭 가운데 세워둔 甲의 경운기를 불태워 못쓰게 만들었다면, 乙에게는 타인소유일반물건방화죄가 성립하지 않고 손괴죄만 성립한다. 또한 전봇대 주변에 놓인 재활용품과 쓰레기 등의 무주물(無主物)은 자기소유의 물건으로 보아 제2항의 자기소유 일반물건방화죄의 대상이 된다(대법원 2009.10.15, 2009도7421).
[경찰채용 10·12·14 2차 / 경찰간부 16·18 / 경찰승진 12·13·16·17 / 국가9급 12·13]

전술한 자기소유일반건조물방화죄(제166조 제2항)와 일반물건방화죄는 미수범 처벌규정이 없다(제174조 참조).

07 연소죄

제168조 【연소】 ① 제166조 제2항 또는 전조 제2항의 죄를 범하여 제164조, 제165조 또는 제166조 제1항에 기재한 물건에 연소한 때에는 1년 이상 10년 이하의 징역에 처한다.
② 전조 제2항의 죄를 범하여 전조 제1항에 기재한 물건에 연소한 때에는 5년 이하의 징역에 처한다.

연소죄(延燒罪)는 진정결과적 가중범이다. [경찰채용 10 1차 / 경찰채용 16 2차] 고의의 기본범죄는 자기소유일반건조물방화죄 또는 자기소유일반물건방화죄인데, [경찰채용 14 2차 / 경찰승진(경사) 10 / 경찰승진 16] 이 죄들은 미수범 처벌규정이 없으므로 연소죄가 성립하기 위해서는 기본범죄가 기수에 이르러야 한다(통설). 과실의 무거운 결과는 현주건조물·공용건조물·타인소유 일반건조물 또는 타인소유 일반물건의 연소이다.

본죄는 진정결과적 가중범이므로 무거운 결과에 대해서는 과실이 있을 때에만 성립한다. 따라서 고의가 있는 경우에는 본죄는 성립하지 않는다. 예컨대, 현주건조물방화의 고의를 가지고 자기소유 일반건조물에 불을 질러 현주건조물을 불태운 경우에는, 현주건조물방화죄가 성립하고 연소죄는 성립하지 않는다.

08 방화예비·음모죄

제175조 【예비, 음모】 제164조 제1항, 제165조, 제166조 제1항, 제172조 제1항, 제172조의2 제1항, 제173조 제1항과 제2항의 죄를 범할 목적으로 예비 또는 음모한 자는 5년 이하의 징역에 처한다. 단, 그 목적한 죄의 실행에 이르기 전에 자수한 때에는 그 형을 감경 또는 면제한다. [경찰간부 16]

자기소유일반건조물방화죄(제166조 제2항) 및 일반물건방화죄(제167조) 등은 예비·음모죄 처벌규정이 없다. 또한 방화예비·음모죄는 실행에 이르기 전에 자수한 때 형을 감면하는 필요적 감면규정을 두고 있다. 후술하는 일수죄는 이렇지 않다.

09 진화방해죄

제169조 【진화방해】 화재에 있어서 진화용의 시설 또는 물건을 은닉 또는 손괴하거나 기타 방법으로 진화를 방해한 자는 10년 이하의 징역에 처한다.

진화방해죄(鎭火妨害罪)는 방화죄 그 자체는 아니지만 방화죄에 준하여 처벌되는 범죄(준방화죄)이다. 본죄는 화재시에 범할 것을 요한다. 또한 본죄는 진화용 시설·물건을 은닉·손괴하는 행위 외에 '기타 방법'으로 범할 수 있기 때문에, 화재현장에 진입하려는 소방차의 통행을 차단한다든가 소방관의 진화활동을 방해하기 위하여 그를 체포하는 등의 행위로도 범할 수 있다.

또한 소화활동을 해야 할 의무 있는 자가 소화활동을 하지 않은 행위는 부작위에 의한 진화방해죄(부진정부작위범)를 구성할 수 있다. 다만 일반인은 부작위에 의한 진화방해죄의 주체가 되기 어려울 것이다.

본죄는 위와 같은 행위만으로도 기수가 되며 현실적인 진화방해의 결과는 요하지 않는다(추상적 위험범).

10 폭발성물건파열죄 및 폭발성물건파열치사상죄

> **제172조【폭발성물건파열】** ① 보일러, 고압가스 기타 폭발성 있는 물건을 파열시켜 사람의 생명, 신체 또는 재산에 대하여 위험을 발생시킨 자는 1년 이상의 유기징역에 처한다. [경찰채용 11 1차]
> ② 제1항의 죄를 범하여 사람을 상해에 이르게 한 때에는 무기 또는 3년 이상의 징역에 처한다. 사망에 이르게 한 때에는 무기 또는 5년 이상의 징역에 처한다.
> **제174조【미수범】** 제164조 제1항, 제165조, 제166조 제1항, 제172조 제1항, 제172조의2 제1항, 제173조 제1항과 제2항의 미수범은 처벌한다.

폭발성물건파열죄(爆發性物件破裂罪)의 객체는 폭발물(제119조)은 아니지만 그와 유사한 폭발력을 지닌 물건으로서, 본죄는 이를 폭발시켜 사람의 생명·신체·재산에 대한 위험을 발생시킨 때 성립하는 구체적 위험범이다. 폭발성물건파열치사죄는 진정결과적 가중범이지만, 폭발성물건파열치상죄는 부진정결과적 가중범이다.

11 가스·전기 등 방류죄 및 가스·전기 등 방류치사상죄

> **제172조의2【가스·전기 등 방류】** ① 가스, 전기, 증기 또는 방사선이나 방사성 물질을 방출, 유출 또는 살포시켜 사람의 생명, 신체 또는 재산에 대하여 위험을 발생시킨 자는 1년 이상 10년 이하의 징역에 처한다. [경찰채용 11 1차]
> ② 제1항의 죄를 범하여 사람을 상해에 이르게 한 때에는 무기 또는 3년 이상의 징역에 처한다. 사망에 이르게 한 때에는 무기 또는 5년 이상의 징역에 처한다.

12 가스·전기공급방해죄 및 가스·전기공급방해치사상죄

> **제173조【가스·전기 등 공급방해】** ① 가스, 전기 또는 증기의 공작물을 손괴 또는 제거하거나 기타 방법으로 가스, 전기 또는 증기의 공급이나 사용을 방해하여 공공의 위험을 발생하게 한 자는 1년 이상 10년 이하의 징역에 처한다.
> ② 공공용의 가스, 전기 또는 증기의 공작물을 손괴 또는 제거하거나 기타 방법으로 가스, 전기 또는 증기의 공급이나 사용을 방해한 자도 전항의 형과 같다.
> ③ 제1항 또는 제2항의 죄를 범하여 사람을 상해에 이르게 한 때에는 2년 이상의 유기징역에 처한다. 사망에 이르게 한 때에는 무기 또는 3년 이상의 징역에 처한다.

→ 폭발성물건파열, 가스·전기 등 방류, 가스·전기 등 공급방해의 공통적 특징
  1. 구체적 위험범
  2. 과실범 처벌
  3. 예비·음모
  4. 결과적 가중범 처벌

13 실화죄

1. 단순실화죄

> **제170조【실화】** ① 과실로 제164조 또는 제165조에 기재한 물건 또는 타인소유인 제166조에 기재한 물건을 불태운 자는 1천 500만 원 이하의 벌금에 처한다. 〈우리말 순화 개정 2020.12.8.〉
> ② 과실로 자기소유인 제166조의 물건 또는 제167조에 기재한 물건을 불태워 공공의 위험을 발생하게 한 자도 제1항의 형에 처한다. 〈우리말 순화 개정 2020.12.8.〉

(1) 의의 및 성격

실화죄(失火罪)는 과실로 물건 등을 불태움으로써 성립하는 과실범이다. 제170조 제1항의 현주건조물 또는 공용건조물 또는 타인소유 일반건조물에 대한 실화죄는 추상적 위험범이요, 동조 제2항의 자기소유 일반건조물 또는 일반물건에 대한 실화죄는 구체적 위험범이라는 것은 해당 물건에 대한 고의적 방화죄의 성격과 일치하는 것이다.

(2) 제2항의 '자기소유인 제166조 또는 제167조에 기재한 물건'의 해석

제170조 제2항이 규정하는 '자기소유인 제166조 또는 제167조에 기재한 물건'에서 제167조에 기재한 물건은 자기소유인지 타인소유인지를 불문하고 본죄의 객체가 된다는 것이 판례이다. 즉 이는 죄형법정주의의 원칙상 금지되는 유추해석이나 확장해석에 해당한다고 볼 수 없다는 것이다(타인소유 사과나무 실화 사건, 대법원 1994.12.20, 94모32). [사시 16]

2. 업무상 실화죄 · 중실화죄

> **제171조【업무상 실화, 중실화】** 업무상 과실 또는 중대한 과실로 인하여 제170조의 죄를 범한 자는 3년 이하의 금고 또는 2천만 원 이하의 벌금에 처한다.

(1) 업무상 실화죄

본조의 업무상 실화죄의 '업무'라 함은 직무로서 화기로부터의 안전을 배려해야 할 사회생활상의 지위를 뜻한다. 형법 제268조의 업무에는 사람의 생명 · 신체의 위험을 방지하는 것을 의무내용으로 하는 업무도 포함된다는 점에서 업무상 실화죄와 업무상 과실치사죄는 하나의 사건에 관하여 동시에 성립할 수 있는 범죄에 해당한다(대법원 1988.10.11, 88도1273).

(2) 중실화죄

중실화죄(重失火罪)의 중과실이란 행위자가 극히 작은 주의를 함으로써 결과발생을 예견할 수 있었는데도 부주의로 이를 예견하지 못하는 경우를 말한다(대법원 1988.8.23, 88도855). 예컨대, 성냥불이 꺼진 것을 확인하지 아니한 채 플라스틱 휴지통에 던졌는데 화재가 발생한 경우(대법원 1993.7.27, 93도135) [경찰승진(경사) 10/경찰승진 17] 에는 중실화죄에 해당된다.

과실폭발성물건파열죄, 업무상 과실·중과실폭발성물건파열죄

제173조의2【과실폭발성 물건파열 등】① 과실로 제172조 제1항, 제172조의2 제1항, 제173조 제1항과 제2항의 죄를 범한 자는 5년 이하의 금고 또는 1천 500만 원 이하의 벌금에 처한다.
② 업무상 과실 또는 중대한 과실로 제1항의 죄를 범한 자는 7년 이하의 금고 또는 2천만 원 이하의 벌금에 처한다.

제4절 **일수와 수리에 관한 죄**

01 **총 설**

일수죄(溢水罪)는 고의 또는 과실로 물을 넘겨 건조물 등을 침해케 함으로써 성립하는 범죄로서 일반건조물일수죄를 기본적 구성요건으로 한다. 주된 보호법익은 공공의 안전이요, 부차적인 보호법익은 개인의 재산이라는 점, 현주건조물일수·공용건조물일수·타인소유일반건조물일수죄는 추상적 위험범인데 비하여 자기소유일반건조물일수죄는 구체적 위험범이라는 점 등에서 방화죄와 유사하다. 다만, 일수죄는 방화죄와 달리, 단순과실범만을 규정하고 있으며(제181조), 예비·음모를 처벌하기는 하나 자수감면규정을 두고 있지 않고, 수리에 관한 죄로서 수리방해죄를 두고 있다.

일수죄 중 자기소유일반건조물일수죄(제179조 제2항)는 미수, 예비·음모를 벌하지 않는다.

표정리 방화죄와 일수죄의 비교

방화죄	일수죄
현주건조물 등 방화죄	현주건조물 등 일수죄
공용건조물 등 방화죄	공용건조물 등 일수죄
일반건조물 등 방화죄	일반건조물 등 일수죄
진화방해죄	방수방해죄
실화죄	과실일수죄

02 **현주건조물 등 일수죄**

제177조【현주건조물 등에의 일수】① 물을 넘겨 사람이 주거에 사용하거나 사람이 현존하는 건조물, 기차, 전차, 자동차, 선박, 항공기 또는 광갱을 침해한 자는 무기 또는 3년 이상의 징역에 처한다.
② 제1항의 죄를 범하여 사람을 상해에 이르게 한 때에는 무기 또는 5년 이상의 징역에 처한다. 사망에 이르게 한 때에는 무기 또는 7년 이상의 징역에 처한다.

일수죄(溢水罪)의 '물을 넘긴다.'[일수(溢水)]는 것은 제방(堤防, 둑) 등에 의해 수계(水界) 내에서 관리·통제되고 있는 물을 그 밖으로 방출시켜 관리·통제되지 않게 하는 행위를 말한다. 본죄의 기수[침해(浸害)]가 되기 위해서는, −방화죄의 기수시기에 관한 독립연소설의 입장과 마찬가지로− 목적물의 효용이 상실될 것은 요하지 않으며 목적물 일부에 대한 효용의 감소로도 충분하다(다수설).

제2항의 현주건조물일수치사상죄 중 일수치사죄는 진정결과적 가중범이며, 일수치상죄는 부진정결과적 가중범이다. 현주건조물일수치사상죄의 미수범 처벌규정은 있다(제182조, 실제 적용 여부, 즉 결과적 가중범의 미수 여부에 대해서는 견해대립).

03 공용건조물 등 일수죄

> **제178조【공용건조물 등에의 일수】** 물을 넘겨 공용 또는 공익에 공하는 건조물, 기차, 전차, 자동차, 선박, 항공기 또는 광갱을 침해한 자는 무기 또는 2년 이상의 징역에 처한다.

04 일반건조물 등 일수죄

> **제179조【일반건조물 등에의 일수】** ① 물을 넘겨 전2조에 기재한 이외의 건조물, 기차, 전차, 자동차, 선박, 항공기 또는 광갱 기타 타인의 재산을 침해한 자는 1년 이상 10년 이하의 징역에 처한다.
> ② 자기의 소유에 속하는 전항의 물건을 침해하여 공공의 위험을 발생하게 한 때에는 3년 이하의 징역 또는 700만 원 이하의 벌금에 처한다.
> ③ 제176조의 규정은 본조의 경우에 준용한다.

제1항의 타인소유 일반건조물 등 일수죄는 추상적 위험범이고, 제2항의 자기소유 일반건조물 등 일수죄는 구체적 위험범이다. 제2항의 죄는 미수, 예비·음모를 벌하지 않는다.

05 일수예비·음모죄

> **제183조【예비, 음모】** 제177조 내지 제179조 제1항의 죄를 범할 목적으로 예비 또는 음모한 자는 3년 이하의 징역에 처한다.

실행에 착수하기 전 자수한 때 필요적 형감면 규정을 두고 있지 않다(방화예비·음모죄와의 차이점).

06 방수방해죄

> **제180조【방수방해】** 수재에 있어서 방수용의 시설 또는 물건을 손괴 또는 은닉하거나 기타 방법으로 방수를 방해한 자는 10년 이하의 징역에 처한다.

진화방해죄(제169조)에 상응하는 것이 방수방해죄(防水妨害罪)다. 진화방해죄와 마찬가지로 본죄 역시 추상적 위험범이어서 방수방해의 현실적 결과발생은 요하지 않는다(통설).

07 과실일수죄

> **제181조【과실일수】** 과실로 인하여 제177조 또는 제178조에 기재한 물건을 침해한 자 또는 제179조에 기재한 물건을 침해하여 공공의 위험을 발생하게 한 자는 1천만 원 이하의 벌금에 처한다.

일수의 죄는 단순과실범 처벌규정만 두고 있으며 업무상 과실범과 중과실범의 처벌규정은 두고 있지 않다. [경찰채용 10 2차 / 경찰간부 11 · 12]

08 수리방해죄

> **제184조【수리방해】** 둑을 무너뜨리거나 수문을 파괴하거나 그 밖의 방법으로 수리(水利)를 방해한 자는 5년 이하의 징역 또는 700만 원 이하의 벌금에 처한다. 〈우리말 순화 개정 2020.12.8.〉

1. 의 의

수리방해죄(水利妨害罪)는 둑을 무너뜨리거나(2020.12.8. 우리말 순화 개정형법 전 구법에서는 '제방을 결궤하거나'라 하였음) 수문을 파괴하거나 그 밖의 방법으로 타인의 수리를 방해함으로써 성립하는 범죄이며, 본죄의 보호법익은 수리권(水利權)이다. 법익보호의 정도에 대해서는 다수설은 추상적 위험범으로 파악하나 판례는 침해범으로 보고 있다(수리방해죄가 성립하려면 현존하는 수리이익을 침해하여야 함, 대법원 1960.9.21, 4293형상522).

2. 수리의 의의 및 수리권의 근거

(1) 수 리

수리(水利)라 함은 관개용 · 목축용 · 발전이나 수차 등의 동력용 · 상수도의 원천용 등 널리 물이라는 천연자원을 사람의 생활에 유익하게 사용하는 것을 가리킨다. 다만, 형법 제185조의 일반교통방해죄 또는 형법 제195조의 수도불통죄의 경우 등 다른 규정에 의하여 보호되는 형태의 물의 이용은 제외된다. 또한 하수 · 폐수의 배수를 방해하는 것도 본죄에 포함되지 않는다(대법원 2001.6.26, 2001도404). [경찰채용 10 2차 / 국가9급 16 / 법원9급 07(상)]

(2) 수리권의 근거

본죄는 타인의 수리권을 보호법익으로 하므로 본죄가 성립하기 위해서는 법령, 계약 또는 관습 등에 의하여 타인의 권리에 속한다고 인정될 수 있는 물의 이용을 방해하는 것이어야 한다. 즉, 수리권의 근거는 관습에 의한 경우도 포함된다(관습법은 형법해석의 보충적 근거자료로 사용될 수 있으므로, 소위 '보충적 관습법' 개념은 인정된다).

3. 행위 및 결과

본죄의 행위는 둑을 무너뜨리거나 수문을 파괴하는 등 조문에 예시된 것을 포함하여 저수시설, 유수로나 송·인수시설 또는 이들에 부설된 여러 수리용 장치를 손괴·변경하거나 효용을 해침으로써 수리에 지장을 일으키는 행위를 가리킨다. 다만 삽으로 흙을 떠올려 물줄기를 막은 행위만으로는 본죄의 행위에 해당하지 않는다(대법원 1975.6.24, 73도2594).

본죄의 성립에 있어서 현실적인 수리방해의 결과가 필요한가에 대해서는, 추상적 위험범이므로 수리 방해의 위험만 있으면 족하다는 입장(다수설)과 침해범이므로 현실적인 수리방해가 있어야 한다는 입장 (소수설·판례)의 대립이 있다.

제5절 교통방해의 죄

01 총 설

교통방해(交通妨害)의 죄 중에 일반교통방해죄는 '일반 공중의 교통안전'을 그 보호법익으로 하는 범죄이다 (대법원 1995.9.15, 95도1475). 또한 기차·선박 등 교통방해죄와 기차 등 전복죄는 일반 공중의 교통안전뿐만 아니라 일반의 생명·신체·재산의 안전도 그 보호법익으로 하고 있다.

교통방해의 죄는 과실범이나 결과적 가중범을 제외하고는 전반적으로 미수범 처벌규정을 두고 있는 편이다. 다만 예비·음모를 처벌하는 것은 기차·선박 등 교통방해죄와 기차 등 전복죄에 한한다.

02 일반교통방해죄

> 제185조 【일반교통방해】 육로, 수로 또는 교량을 손괴 또는 불통하게 하거나 기타 방법으로 교통을 방해한 자는 10년 이하의 징역 또는 1천 500만 원 이하의 벌금에 처한다.

1. 의의 및 성격

일반교통방해죄는 육로 등을 손괴 또는 불통하게 하거나 기타의 방법으로 교통을 방해함으로써 성립하는 범죄로서, 육로 등의 통행을 불가능하게 하거나 현저하게 곤란하게 하는 일체의 행위를 처벌하는 것을 그 목적으로 한다. 일반교통방해죄는 추상적 위험범으로서 교통이 불가능하거나 또는 현저히 곤란한 상태가 발생하면 바로 기수가 되고 교통방해의 결과가 현실적으로 발생하여야 하는 것은 아니다(대법원 2005.10.28, 2004도7545). [법원행시 07]

본죄는 미수를 처벌하나, 예비·음모는 벌하지 않는다.

2. 구성요건

(1) 객체 - 육로·수로·교량

① **육로**(陸路) [법원9급 07(상) / 법원9급 16 / 사시 16] : 육로란 공중의 왕래에 사용되는 육상도로로서, '사실상 불특정 다수인이나 차마(車馬)의 자유로운 왕래에 사용되고 있는 공공성을 지닌 도로'이면 충분하다. 반드시 도로법(동법 제2조, 제11조) 및 도로교통법(동법 제2조)의 적용을 받는 도로일 것을 요하지 않으며 통행인의 많고 적음도 가리지 않고, 관리자·소유자가 누구인가는 불문하므로(대법원 1989.6.27, 88도2264; 1994.11.4, 94도2112), 자기소유의 도로도 포함된다.

② **수로**(水路) : 선박의 운행에 사용되는 바다, 하천, 운하, 호수 등을 말한다. 육로와 마찬가지로 소유관계를 따지지 않는다. 공해상의 해로도 포함된다.

③ **교량**(橋梁) : 공중의 교통에 사용되는 다리를 말하며, 육교도 포함되고, 소유관계를 불문한다. 기차가 다니는 철교는 후술하는 궤도(軌道)에 속하므로 여기에 포함되지 않는다(통설).

(2) 행 위

본죄는 육로, 수로, 교량을 손괴 또는 불통하게 하거나 기타 방법으로 교통을 방해하는 행위를 해야 성립하고, 이 경우 교통을 방해할 정도의 행위가 요구된다. 다만 추상적 위험범이므로 교통방해의 현실적 결과는 요하지 않는다. [법원9급 16 / 사시 16]

> **판례연구** **교통방해죄의 교통방해행위에 해당하는 경우**
>
> 대법원 2007.12.14, 2006도4662
> 왕복 4차로의 도로 중 편도 3개 차로 쪽에 차량 2, 3대와 간이테이블 수십 개를 이용하여 길가 쪽 2개 차로를 차지하는 포장마차를 설치하고 영업행위를 한 것은 비록 행위가 교통량이 상대적으로 적은 야간에 이루어졌다 하더라도 교통방해죄를 구성한다. [경찰간부 18 / 법원행시 16]

(3) 추상적 위험범 및 계속범의 성질

일반교통방해죄는 이른바 추상적 위험범으로서 교통이 불가능하거나 또는 현저히 곤란한 상태가 발생하면 바로 기수가 되고 교통방해의 결과가 현실적으로 발생하여야 하는 것은 아니다. 또한 일반교통방해죄에서 교통방해 행위는 계속범의 성질을 가지는 것이어서 교통방해의 상태가 계속되는 한 가벌적인 위법상태는 계속 존재한다(대법원 2018.1.24, 2017도11408).

3. 다른 범죄와의 관계

(1) 도로교통법위반죄와의 관계

도로교통법은 교통에 방해가 될 만한 물건을 함부로 도로에 방치한 사람을 처벌하도록 규정하고 있는바,[80] 예컨대, 포장마차를 도로에 설치하여 교통에 방해가 될 만한 물건을 함부로 도로에 방치한 행위와 그로 인하여 성립하는 형법상 일반교통방해죄는 한 개의 행위가 여러 개의 죄에 해당하는 형법 제40조 소정의 상상적 경합관계에 있게 된다.

(2) 집시법위반죄와의 관계

① **원칙** : 적법한 신고를 마치고 도로에서 집회나 시위를 하는 경우 도로의 교통이 어느 정도 제한될 수밖에 없으므로, 그 집회 또는 시위가 신고된 범위 내에서 행해졌거나 신고된 내용과 다소 다르게 행해졌어도 신고된 범위를 현저히 일탈하지 않는 경우에는 특별한 사정이 없는 한 형법 제185조의

---

80 2005.5.31. 법률 제7545호로 개정되기 전의 도로교통법 제109조 제5호, 제63조 제2항 참조

일반교통방해죄가 성립하지 않는다(다만, '원칙적으로 교통방해죄가 성립할 수 있다.'는 상반된 표현의 2017도 11408 판례도 있으므로, 수험에서는 주의).

② **예외** : 집회 또는 시위가 당초 신고된 범위를 현저히 일탈하거나 집시법 제12조에 의한 조건을 중대하 게 위반하여 도로 교통을 방해함으로써 통행을 불가능하게 하거나 현저하게 곤란하게 하는 경우에는 일반교통방해죄가 성립한다(대법원 2008.11.13, 2006도755). [경찰채용 14 1차 / 경찰간부 18 / 경찰승진(경사) 10 / 경찰승진 13 / 법원9급 16]

③ **공범** : 위 ②의 경우에도 참가자 모두에게 당연히 일반교통방해죄가 성립하는 것은 아니고, 실제로 참가자가 위와 같이 신고 범위를 현저하게 벗어나거나 조건을 중대하게 위반하는 데 가담하여 교통방 해를 유발하는 직접적인 행위를 하였거나, 참가자의 참가 경위나 관여 정도 등에 비추어 그 참가자에게 공모공동정범의 죄책을 물을 수 있는 경우라야 일반교통방해죄가 성립한다(대법원 2016.11.10, 2016도 4921; 2018.1.24, 2017도11408 등; 2021.7.15, 2018도11349).

④ **죄수** : 위 ②의 경우, 집회 및 시위와 그로 인하여 성립하는 일반교통방해는 상상적 경합관계에 있다(대법 원 2011.8.25, 2008도10960).

03 기차·선박 등 교통방해죄

> **제186조 【기차, 선박 등의 교통방해】** 궤도, 등대 또는 표지를 손괴하거나 기타 방법으로 기차, 전차, 자동차, 선박 또는 항공기의 교통을 방해한 자는 1년 이상의 유기징역에 처한다.

본죄는 일반교통방해죄보다 피해의 정도가 보다 무겁다는 점을 고려하여 불법이 가중되는 구성요건으로 서, 아래의 기차 등 전복죄와 함께 예비·음모를 처벌한다.

04 기차 등 전복죄

> **제187조 【기차 등의 전복 등】** 사람이 현존하는 기차, 전차, 자동차, 선박 또는 항공기를 전복, 매몰, 추락 또는 파괴한 자는 무기 또는 3년 이상의 징역에 처한다.

1. 행 위

본죄는 사람이 현존하는 기차 등을 전복시키는 등의 행위로써 성립하는 추상적 위험범이다. 다만 본죄의 행위유형 중 '파괴'란 교통기관으로서의 기능·용법의 전부나 일부를 불가능하게 할 정도의 파손을 의미하고, 그 정도에 이르지 아니하는 단순한 손괴는 포함되지 않는다(대법원 2009.4.23, 2008도11921; 1983.9.27, 82도671; 1970.10.23, 70도1611). [경찰승진(경위) 10]

2. 추상적 위험범 – 결과발생 요부 및 고의의 내용

본죄는 추상적 위험범이므로, 기차 등에 현존하는 사람의 사상이라는 결과의 발생은 본죄의 성립요건이 아니다. 따라서 사람이 현존하는 선박에 대해 매몰행위의 실행을 개시하여 선박을 매몰시켰으나 그 결과발생시 사람이 현존하지 않았거나 범인이 선박에 있는 사람을 안전하게 대피시킨 경우라 하더라도 선박매몰죄의 기수가 된다(대법원 2000.6.23, 99도4688). [경찰승진(경장) 11 / 경찰승진 13] 또한 선박매몰죄의 고의는 사람이 현존하는 선박을 매몰한다는 인식과 의사가 있으면 족하고 현존하는 사람을 사상에 이르게 한다는 등 공공의 위험에 대한 인식까지는 필요하지 않다(위 판례).

05 교통방해 등 예비·음모죄

> **제191조 【예비, 음모】** 제186조 또는 제187조의 죄를 범할 목적으로 예비 또는 음모한 자는 3년 이하의 징역에 처한다.

→ '기차·선박~' : 예비·음모 ○

06 교통방해치사상죄

> **제188조 【교통방해치사상】** 제185조 내지 제187조의 죄를 범하여 사람을 상해에 이르게 한 때에는 무기 또는 3년 이상의 징역에 처한다. 사망에 이르게 한 때에는 무기 또는 5년 이상의 징역에 처한다.

교통방해치사죄는 진정결과적 가중범이요, 교통방해치상죄는 부진정결과적 가중범이다. [변호사시험 17] 따라서 교통방해치상죄는 사람의 상해에 대하여 과실뿐 아니라 고의가 있는 경우에도 성립한다.

07 과실교통방해죄

1. 과실일반교통방해, 기차·전차 등 교통방해, 기차 등 전복죄

> **제189조 【과실, 업무상 과실, 중과실】** ① 과실로 인하여 제185조 내지 제187조의 죄를 범한 자는 1천만 원 이하의 벌금에 처한다.

2. 업무상 과실·중과실일반교통방해, 기차·선박 등 교통방해, 기차 등 전복죄

> **제189조 【과실, 업무상 과실, 중과실】** ② 업무상 과실 또는 중대한 과실로 인하여 제185조 내지 제187조의 죄를 범한 자는 3년 이하의 금고 또는 2천만 원 이하의 벌금에 처한다.

대법원 1997.11.28, 97도1740
성수대교 붕괴사고에서 교량 건설회사의 트러스 제작 책임자, 교량공사 현장감독, 발주관청의 공사감독 공무원 등에게 업무상 과실치사상, 업무상 과실일반교통방해, 업무상 과실자동차추락죄 등의 유죄를 인정한 사례

① 업무상 과실로 인하여 교량을 손괴하여 자동차의 교통을 방해하고 그 결과 자동차를 추락시킨 경우에는 구 형법 제189조 제2항, 제185조 소정의 업무상 과실일반교통방해죄와 같은 법 제189조 제2항, 제187조 소정의 업무상 과실자동차추락죄가 성립하고, 위 각 죄는 형법 제40조 소정의 상상적 경합관계에 있다.

② 성수대교와 같은 교량이 그 수명을 유지하기 위하여는 건설업자의 완벽한 시공, 감독공무원들의 철저한 제작 시공상의 감독 및 유지·관리를 담당하고 있는 공무원들의 철저한 유지·관리라는 조건이 합치되어야 하는 것이므로, 위 각 단계에서의 과실 그것만으로 붕괴원인이 되지 못한다고 하더라도, 그것이 합쳐지면 교량이 붕괴될 수 있다는 점은 쉽게 예상할 수 있으므로 위 각 단계에 관여한 자는 전혀 과실이 없다거나 과실이 있다고 하여도 교량붕괴의 원인이 되지 않았다는 등의 특별한 사정이 있는 경우를 제외하고는 붕괴에 대한 공동책임을 면할 수 없다.

③ 2인 이상이 상호의사의 연락 없이 동시에 범죄구성요건에 해당하는 행위를 하였을 때에는 원칙적으로 각인에 대하여 그 죄를 논하여야 하나, 그 결과발생의 원인이 된 행위가 분명하지 아니한 때에는 각 행위자를 미수범으로 처벌하고(독립행위의 경합), 이 독립행위가 경합하여 특히 상해의 경우에는 공동정범의 예에 따라 처단(동시범)하는 것이므로, 상호의사의 연락이 있어 공동정범이 성립한다면, 독립행위경합 등의 문제는 아예 제기될 여지가 없다. [법원행시 16]

MEMO

형법각론

목 차		난 도	출제율	대표지문
제1절 통화에 관한 죄	01 총 설	下	★	• 통화위조죄와 위조통화행사죄의 객체인 위조통화는 유통과정에서 일반인이 진정한 통화로 오인할 정도의 외관을 갖추어야 한다. (○) • 형법 제207조 제2항 소정의 내국에서 '유통하는'이란, 같은 조 제1항, 제3항 소정의 '통용하는'과 달리, 강제통용력이 없이 사실상 거래대가의 지급수단이 되고 있는 상태를 가리킨다. (○) • 진정한 통화라고 하여 위조통화를 다른 사람에게 증여하는 경우에도 위조통화행사죄가 성립한다. (○)
	02 내국통화위조 · 변조죄	中	★★	
	03 내국유통 외국통화위조 · 변조죄	中	★	
	04 외국통용 외국통화위조 · 변조죄	下	★	
	05 통화위조 등 예비 · 음모죄	下	★	
	06 위조 · 변조통화행사 등 죄	下	★★	
	07 위조 · 변조통화취득죄	下	★	
	08 위조통화취득 후 지정행사죄	下	★	
	09 통화유사물제조 등 죄	下	–	
제2절 유가증권, 우표와 인지에 관한 죄	01 총 설	下	★	• 문방구 약속어음 용지를 이용하여 작성되었다고 하더라도 그 전체적인 형식 · 내용에 비추어 일반인이 진정한 것으로 오신할 정도의 약속어음 요건을 갖추고 있으면 당연히 형법상 유가증권에 해당한다. (○) • 신용카드업자가 발행한 신용카드는 그 자체에 경제적 가치가 화체되어 있거나 특정의 재산권을 표창하는 유가증권이라고 볼 수 없다. (○) • 약속어음 액면란에 보충권의 범위를 초월하는 금액을 기입하는 행위는 변조에 해당한다. (×)
	02 유가증권위조 · 변조죄	中	★★	
	03 유가증권의 권리 · 의무에 관한 기재의 위조 · 변조죄	下	★	
	04 자격모용에 의한 유가증권작성죄	中	★	
	05 허위유가증권작성죄	中	★★	
	06 위조 등 유가증권행사죄	下	★	
	07 인지 · 우표위조 · 변조죄	下	–	
	08 위조 · 변조인지 · 우표행사 등 죄	下	–	
	09 위조 · 변조인지 · 우표취득죄	下	–	
	10 소인말소죄	下	–	
	11 우표 · 인지 등 유사물제조 등 죄	下	–	
	12 유가증권위조 · 변조 등 예비 · 음모죄	下	–	
제3절 문서에 관한 죄	01 총 설	中	★★	• 컴퓨터 모니터 화면에 나타나는 이미지는 형법상 문서에 관한 죄에서의 문서에 해당하지 않는다. (○) • 대리권 · 대표권이 있는 자가 권한의 범위 내에서 단순히 권한을 남용하는 문서를 작성함에 불과한 경우에는 문서위조죄가 성립하지 않는다. (○) • 문서죄에 있어서 죄수는 문서의 수를 기준으로 정한다. (×) • 문서를 작성할 권한이 있는 공무원을 보조하는 기안담당자인 공무원이 결재를 받지 않고 임의로 허위공문서를 작성한 경우에는 공문서위조죄가 성립한다. (○) • 민사조정법상의 조정절차에서 작성되는 조정조서는 형법 제228조 제1항에서 말하는 공정증서원본에 해당한다. (×)
	02 사문서위조 · 변조죄	下	★	
	03 자격모용에 의한 사문서작성죄	中	★	
	04 사전자기록위작 · 변작죄	下	★	
	05 공문서위조 · 변조죄	中	★★	
	06 자격모용에 의한 공문서작성죄	中	★★	
	07 공전자기록위작 · 변작죄	下	★	
	08 허위진단서 등 작성죄	下	★	
	09 허위공문서작성죄	中	★★	
	10 공정증서원본 등 부실기재죄	中	★★	
	11 위조 · 변조 · 허위작성사문서행사죄	下	★	
	12 위조 · 변조 · 허위작성 · 부실기재 등 공문서행사죄	下	★	
	13 사문서부정행사죄	中	★	
	14 공문서부정행사죄	中	★	
제4절 인장에 관한 죄	01 총 설	下	★	• 경찰서에서 조사를 받던 사람이 제3자로 행세하면서 피의자신문조서에 제3자의 서명을 기재하였으나 조사경찰관의 서명 · 날인 등이 완료되기 전에 그 서명위조사실이 발각된 경우 사서명위조 및 위조사서명행사죄가 성립한다. (○)
	02 사인 등 위조 · 부정사용죄	下	★	
	03 위조사인 등 행사죄	下	–	
	04 공인 등 위조 · 부정사용죄	下	–	
	05 위조공인 등 행사죄	下	–	

공공의 신용에 대한 죄

✔ **출제경향**

구 분	경찰채용						경찰간부						경찰승진					
	17	18	19	20	21	22	16	17	18	19	20	21	17	18	19	20	21	22
제1절 통화에 관한 죄							1					1	1					
제2절 유가증권, 우표와 인지에 관한 죄	1	2					1		1						1		1	
제3절 문서에 관한 죄	1	2		1	2	3	2		2			1	2	2	1	1	1	1
제4절 인장에 관한 죄										1	1							
출제빈도	12/220						11/240						11/240					

국가9급						법원9급						법원행시						변호사시험					
17	18	19	20	21	22	17	18	19	20	21	22	17	18	19	20	21	22	17	18	19	20	21	22
									1			1		1									
	1		1	1		1	2	1	1	1	2	2	1	1	1	1	2	1	1	1	1	2	
3/120						9/150						10/240						6/140					

CHAPTER 02 공공의 신용에 대한 죄

01 총 설

통화(通貨)에 관한 죄는 행사할 목적으로 대한민국 또는 외국의 통화를 위조·변조하거나, 위조·변조된 통화를 행사하거나, 위조·변조된 통화를 행사할 목적으로 수입·수출하거나, 판매할 목적으로 통화유사물을 제조·수입·수출하거나 이러한 통화유사물을 판매함으로써 성립하는 범죄이다. 통화에 관한 죄는 통화위조죄를 기본적 구성요건으로 하고 있다. 보호법익은 통화에 대한 거래상의 신용과 안전이라는 사회적 법익이고(통설) 법익보호의 정도는 추상적 위험범이다. 통화에 관한 죄는 위조통화취득후지정행사죄를 제외하고는 미수를 처벌하고, 그 중 위조·변조죄는 예비·음모를 처벌한다.

02 내국통화위조·변조죄

> 제207조【통화의 위조 등】① 행사할 목적으로 통용하는 대한민국의 화폐, 지폐 또는 은행권을 위조 또는 변조한 자는 무기 또는 2년 이상의 징역에 처한다.

1. 구성요건

(1) 객관적 구성요건

① 객 체

  ㉠ **통용하는 대한민국의 통화** : 화폐(貨幣)[금속화폐인 경화(硬貨)]·지폐(紙幣)·은행권(銀行券)을 말한다. 우리나라는 화폐 발행권을 한국은행(韓國銀行)만 가지고 있으므로 한국은행권이 주화(鑄貨)와 함께 통화로 사용되고 있다.

  ㉡ **통용(通用)** : 법률에 의하여 강제통용력이 인정되는 것을 말한다. 이는 사실상 국내에서 사용되고 있는 유통(流通)과 구별된다. 통용기간이 경과하여 교환기간 중인 구화(舊貨)는 강제통용력이 없으므로 통화가 아니다(통설).

② 행위 – 위조·변조

  ㉠ 위조(僞造)

    ⓐ 의의 : 통화발행권자 아닌 자가 통화의 외관을 가지는 물건을 만드는 것을 말한다.[81]

    ⓑ 정도 : 통화위조는 일반인이 진화로 오인할 정도의 외관을 갖추면 충분하며(대법원 1985.4.23, 85도570; 2012.3.29, 2011도7704) 반드시 진화와의 식별이 불가능할 정도에 이를 것을 요하지 않는다. [경찰간부 17/경찰승진 10·13/법원행시 06] 그러나 위조의 정도에 이르지 못한 경우에는 통화유사물제조죄(제211조)에 해당할 뿐이다.

판례연구   전자복사기 사례 : 통화위조죄 ×

대법원 1986.3.25, 86도255
통화위조죄와 위조통화행사죄의 객체인 위조통화는 그 유통과정에서 일반인이 진정한 통화로 오인할 정도의 외관을 갖추어야 할 것이므로, 한국은행발행 일만 원권의 지폐의 앞, 뒷면을 전자복사기로 복사하여 비슷한 크기로 자른 정도의 것은 객관적으로 진정한 통화로 오인할 정도에 이르지 못하여 통화위조죄 및 위조통화행사죄의 객체가 될 수 없다.

    ⓒ 진화의 존재 및 가치의 증가 요부 : 위조에 해당하기 위해서 진화(眞貨)의 존재를 요하지 않는다. 아직 진화가 없다 하더라도 통화의 발행이 예정된 경우에는 통화위조가 가능하기 때문이다. 또한 위조는 반드시 가치가 증가될 필요가 없다. 위화(僞貨)가 진화(眞貨)보다 실질가치가 더 높은 경우, 예를 들어 순은(純銀)으로 500원짜리 주화를 위조한 경우에도 통화위조죄는 성립하기 때문이다.

  ㉡ 변조(變造) : 진정한 통화에 가공하여 그 가치를 변경하는 것을 말한다. 예를 들어, 5,000원권에 변경을 가하여 동일성이 유지되는 상태에서 금액만 10,000원권으로 고치는 행위는 변조에 속한다. 이처럼 변조란 진화의 동일성이 상실되지 않을 것을 요한다는 점에서 위조와 구별된다(통설). 따라서 진화에 변경을 가하여 완전히 새로운 위화로 만든 경우에는 변조가 아니라 위조가 된다. [경찰승진 12]

(2) 주관적 구성요건 – 고의 및 행사할 목적(목적범)

형법상 모든 위조·변조죄는 목적범이므로(다만 후술하듯이 부정수표단속법상 수표위조·변조죄는 목적범이 아님 [법원행시 13]), 통화위조·변조죄도 행사할 목적을 요한다. 여기서 '행사할 목적'이란 유가증권위조의 경우와 달리 위조·변조한 통화를 진정한 통화로서 유통에 놓겠다는 목적을 말하므로, 자신의 신용력을 증명하기 위하여 타인에게 보일 목적으로 통화를 위조한 경우에는 행사할 목적이 있다고 할 수 없다(대법원 2012.3.29, 2011도7704). [경찰채용 18 2차/경찰승진 13/법원행시 13]

2. 죄수 및 다른 범죄와의 관계

(1) 죄 수

통화위조죄의 죄수는 통화에 대한 공공의 신용에 대한 위험을 기준으로 판단하므로 위조된 통화의 종류를 기준으로 죄수가 나뉘게 된다. 즉, 동일한 기회에 수개의 동종 통화를 위조한 경우에는 한 개의 통화위조죄만 성립하지만, 여러 종류의 통화를 위조한 경우에는 종류의 개수만큼의 여러 개의 통화위조죄가 성립한다.

---

81 이에 비하여 후술하는 유가증권위조죄나 문서위조죄는 작성권자의 명의를 모용(冒用)하는 행위를 말한다. 예컨대, 甲이 乙의 허락을 받지 않고 그 명의를 사용하여 유가증권이나 문서를 작성하는 행위이다.

(2) 다른 범죄와의 관계

① **통화위조죄와 위조통화행사죄의 관계** : 통화를 위조한 후 이를 행사한 경우에는 통화위조죄와 동행사죄의 실체적 경합이 된다(다수설·판례).

② **통화죄와 문서죄의 관계** : 형법상 통화에 관한 죄는 문서에 관한 죄에 대하여 특별관계에 있으므로 통화에 관한 죄가 성립하는 때에는 문서에 관한 죄는 별도로 성립하지 않는다(대법원 2013.12.12, 2012도2249).

03 내국유통 외국통화위조·변조죄

> **제207조【통화의 위조 등】** ② 행사할 목적으로 내국에서 유통하는 외국의 화폐, 지폐 또는 은행권을 위조 또는 변조한 자는 1년 이상의 유기징역에 처한다.

본조의 내국(內國)에는 북한도 포함되므로 북한에서 통용하는 소련 군표도 내국유통 외국통화에 해당된다(대법원 1948.3.24, 4281형상10). 또한 본조의 '유통(流通)하는'이란 제207조 제1항·제3항 소정의 '통용'과는 달리, 강제통용력이 없이 사실상 거래대가의 '지급수단'이 되고 있는 상태를 가리킨다(대법원 2003.1.10, 2002도3340 : 스위스 화폐는 내국유통 외국통화가 아니라고 본 사례). [경찰간부 11·12 / 법원행시 05·06·14]

04 외국통용 외국통화위조·변조죄

> **제207조【통화의 위조 등】** ③ 행사할 목적으로 외국에서 통용하는 외국의 화폐, 지폐 또는 은행권을 위조 또는 변조한 자는 10년 이하의 징역에 처한다.

1. 의 의

외국통용 외국통화위조·변조죄까지 처벌하는 우리 형법은 그 장소적 적용범위에 관하여 부분적으로 세계주의를 채택하고 있다. 외국의 통화도 우리나라의 통화와 교환될 여지가 있기 때문에 외국통화에 대한 위조·변조행위에 대해서도 우리 형법이 적용될 수 있는 것이다.

2. 구성요건

(1) 외국에서 통용하는

외국에서 통용한다고 함은 그 외국에서 강제통용력(强制通用力)을 가지는 것을 의미하는 것이다. [경찰승진 10] 따라서 본조의 외국에서 통용하는 지폐에 일반인의 관점에서 통용할 것이라고 오인할 가능성이 있는 지폐까지 포함시키는 것은 죄형법정주의 원칙(유추해석금지원칙)에 어긋나는 것으로 허용되지 않는다(미합중국 100만달러·10만달러 지폐 사건, 대법원 2004.5.14, 2003도3487). [경찰채용 10·16 1차 / 경찰간부 13 / 경찰승진 10·13 / 국가9급 12 / 국가7급 07 / 법원9급 07(상) / 법원행시 05]

(2) 위조·변조

본죄의 위조·변조란 객관적으로 보아 일반인으로 하여금 외국에서 통용하는 외국의 화폐로 오신케할 정도의 새로운 화폐를 만들어내는 정도에 이르러야 한다.

> **판례연구**   일본국의 자동판매기에 투입, 사용목적으로 500원짜리 주화의 표면을 깎아낸 행위
>
> 대법원 2002.1.11, 2000도3950
> 피고인이 한국은행 발행 500원짜리 주화의 표면 일부를 깎아내어 손상을 가하였지만 그 크기와 모양 및 대부분의 문양이 그대로 남아 있어 이로써 기존의 500원짜리 주화의 명목가치나 실질가치가 변경되었다거나(통화변조죄 ×), 객관적으로 보아 일반인으로 하여금 일본국의 500¥짜리 주화로 오신케 할 정도의 새로운 화폐를 만들어낸 것이라고 볼 수 없는 이상(외국통화위조죄 ×), 일본국의 자동판매기 등이 이와 같이 가공된 주화를 일본국의 500¥짜리 주화로 오인한다는 사정만을 들어 그 명목가치가 일본국의 500¥으로 변경되었다거나 일반인으로 하여금 일본국의 500¥짜리 주화로 오신케 할 정도에 이르렀다고 볼 수는 없다. [경찰채용 16 1차 / 경찰간부 12·17 / 경찰승진 10 / 국가7급 07 / 사시 13]

05 통화위조 등 예비·음모죄

> **제213조【예비, 음모】** 제207조 제1항 내지 제3항의 죄를 범할 목적으로 예비 또는 음모한 자는 5년 이하의 징역에 처한다. 단, 그 목적한 죄의 실행에 이르기 전에 자수한 때에는 그 형을 감경 또는 면제한다.

통화위조·변조죄의 예비·음모 처벌규정이다. 위조통화취득죄, 위조통화취득후지정행사죄(이 죄는 미수도 없음), 통화유사물제조죄는 예비죄 처벌규정이 없다. 또한 예비·음모죄를 범한 자가 실행에 착수하기 전에 자수(自首)한 때에는 예비·음모죄의 형에서 필요적으로 감경 또는 면제해야 한다. [경찰승진 12 / 법원승진 10]

06 위조·변조통화행사 등 죄

> **제207조【통화의 위조 등】** ④ 위조 또는 변조한 전3항 기재의 통화를 행사하거나 행사할 목적으로 수입 또는 수출한 자는 그 위조 또는 변조의 각 죄에 정한 형에 처한다.

1. 위조통화행사죄의 행사행위

위조통화의 행사(行使)라고 함은 위조통화를 유통과정에서 진정한 통화로서 사용하는 것을 말하고 그것이 유상인가 무상인가는 묻지 않는다. 따라서 진정한 통화라고 하여 위조통화를 다른 사람에게 증여하는 경우에도 위조통화행사죄가 성립된다. [경찰간부 12]

(1) 본죄의 행사에 해당되지 않는 경우

① 단순히 자기의 신용력을 보이기 위해 위조통화를 제시하는 것이라든가, [경찰간부 13·17 / 국가9급 16] ② 위조통화를 명가 이하의 상품으로 매매하는 것은 행사가 아니다(통설).

(2) 본죄의 행사에 해당되는 경우

① 위조통화를 진화로서 화폐수집상에게 판매하는 것도 행사이고, ② 위조통화의 사용이 위법인 경우(예 도박자금으로 사용하는 것)에도 유통시킨 이상 행사이다. 또한 ③ 공중전화기·자동판매기 등의 유료자동설비에 투입하는 것도 행사이다(통설).

(3) 위조통화임을 알고 있는 자에게 그 위조통화를 교부한 경우

피교부자가 이를 유통시키리라는 것을 예상 내지 인식하면서 교부하였다면, 그 교부행위 자체가 통화에 대한 공공의 신용 또는 거래의 안전을 해할 위험이 있으므로 위조통화행사죄가 성립한다(대법원 2003.1.10, 2002도3340 참조). [경찰채용 16 1차 / 경찰간부 11·13·16·17 / 경찰승진 12 / 국가7급 07 / 법원9급 07(상) / 법원행시 06 / 사시 10] 이는 유가증권·우표·인지의 경우에도 마찬가지이다. 다만 문서의 경우에는 유통성이 없어 동일한 논리구성이 불가능하므로, 위조된 사정을 알고 있는 상대방에게 제시하는 행위는 위조문서행사죄를 구성하지 아니한다.

2. 주관적 구성요건

위조·변조통화수입·수출죄는 목적범이지만, 위조·변조통화행사죄는 목적범이 아니다. 따라서 위조·변조통화행사죄는 위조·변조통화를 행사한다는 고의만 있으면 성립한다.

3. 다른 범죄와의 관계

(1) 통화위조·변조행위와 행사죄의 관계

경합범(다수설)이다.

(2) 취득죄와 행사죄의 관계

① 행위자가 위조통화인 사실을 모르고 취득하였다가 이를 안 후에 행사한 때에는 위조통화취득후지정행사죄(제210조)가 성립한다.

② 위조통화인 사실을 알고 취득하여 행사한 경우에는 취득죄와 행사죄의 경합범이 성립한다.

(3) 행사죄와 사기죄의 관계

위화인 사실을 알고 이를 행사하여 재물 또는 재산상 이익을 취득한 경우, 위조통화행사죄와 사기죄의 상상적 경합을 인정하는 것이 다수설이나, 판례는 양죄의 법익이 다르다는 점을 고려하여(법익표준설) 실체적 경합을 인정하는 입장이다(대법원 1979.7.10, 79도840). [경찰간부 11·13 / 경찰승진(경감) 11 / 경찰승진 12 / 국가7급 07 / 법원승진 12 / 법원행시 05·06 / 사시 10·11 / 변호사시험 12]

(4) 위조통화행사죄와 위조문서행사죄의 관계

위조통화행사죄를 구성하지 않는 경우에는 위조문서행사죄가 성립할 수 있다(통화죄와 문서죄는 특별관계, 대법원 2013.12.12, 2012도2249 : 10만 파운드화 사건). [경찰간부 16 / 법원행시 16]

07　위조·변조통화취득죄

> **제208조【위조통화의 취득】** 행사할 목적으로 위조 또는 변조한 제207조 기재의 통화를 취득한 자는 5년 이하의 징역 또는 1천 500만 원 이하의 벌금에 처한다.

범죄행위로 인하여 취득한 경우도 포함된다. 예를 들어 甲이 乙이 위조한 통화를 절취한 경우에도 위조통화취득죄가 성립한다. 다만, 자기가 보관하는 타인의 위조 또는 변조된 통화를 횡령하는 경우는 점유의 이전이 없다는 점에서 취득이라고 볼 수 없다(다수설).

08 위조통화취득후지정행사죄

> **제210조【위조통화 취득 후의 지정행사】** 제207조에 기재한 통화를 취득한 후 그 사정을 알고 행사한 자는 2년 이하의 징역 또는 500만 원 이하의 벌금에 처한다. 〈우리말 순화 개정 2020.12.8.〉

위조통화취득후지정행사죄(知情行使罪)는 위조된 사정을 모르고 통화를 취득한 자가 나중에 그 사정을 알게 되었다면 자신만 경제적 손해를 입은 것을 피하기 위하여 이를 거래수단으로 제시할 심정을 가질 수 있다는 점을 고려하여 위조통화행사죄보다 그 형을 감경한 구성요건이다. 즉, 위조통화행사죄보다 책임(비난가능성)이 감경되는 구성요건이다. 본죄는 통화에 관한 죄 중 가장 가벼우며 이에 미수범 처벌규정도 두고 있지 않다.

09 통화유사물제조 등 죄

> **제211조【통화유사물의 제조 등】** ① 판매할 목적으로 내국 또는 외국에서 통용하거나 유통하는 화폐, 지폐 또는 은행권에 유사한 물건을 제조, 수입 또는 수출한 자는 3년 이하의 징역 또는 700만 원 이하의 벌금에 처한다.
> ② 전항의 물건을 판매한 자도 전항의 형과 같다.

통화유사물제조죄(通貨類似物製造罪)는 진정한 통화로 오인될 정도의 통화위조행위를 하였지만 이에 실패하여 통화유사물을 제조하게 된 데 그친 경우에 성립한다(통화위조미수는 불성립). 수입·수출하는 행위도 처벌한다. 본죄는 판매할 목적이 있어야 성립하는 목적범이다. 다만 제2항의 제조통화유사물판매죄는 목적을 요하지 않는다.

제2절 유가증권, 우표와 인지에 관한 죄

01 총 설

1. 의의 및 보호법익

유가증권에 관한 죄는 행사할 목적으로 대한민국 또는 외국의 유가증권을 위조 또는 변조하거나, 자격을 모용하여 작성하거나, 허위작성하거나, 위조·변조·허위작성된 유가증권을 행사하거나 행사할 목적으로 수입·수출함으로써 성립하는 범죄이다. 우표와 인지에 관한 죄는 행사할 목적으로 대한민국 또는 외국의 우표·인지를 위조·변조하거나, 위조·변조한 우표·인지를 행사하거나, 행사할 목적으로 수입·수출 또는 취득하거나, 행사할 목적으로 소인을 말소하거나, 판매할 목적으로 우표·인지유사물을 제조·수입·수출하거나 제조 등이 된 우표·인지유사물을 판매함으로써 성립하는 범죄이다.

본장의 죄의 보호법익은 유가증권, 우표와 인지에 대한 공공의 신용 및 거래의 안전이며, 법익보호의 정도는 추상적 위험범이다.

2. 유가증권의 의의

(1) 개 념

유가증권(有價證券)이라 함은 증권상에 표시된 재산상의 권리의 행사와 처분에 그 증권의 점유를 필요로 하는 것을 총칭하고, 그 명칭 여하에 불구하고 재산권이 증권에 화체된다는 것과 그 권리의 행사와 처분에 증권의 점유를 필요로 한다는 두 가지 요소를 갖추면 족하다.

(2) 요소 및 다른 증권과의 구별

① 요소 : 유가증권은 우선 ㉠ 물권·채권·사원권 등 사법(私法)상의 재산권이 증권에 화체된 것이어야 한다. 따라서 공법적인 지위·권한을 표창하는 증권(예 국적증서, 노인우대증, 여권, 영업허가장, 임명장 등)은 유가증권이 아니다. 그리고 ㉡ 그 권리의 행사와 처분에 증권의 점유를 필요로 하는 것이어야 한다. 대부분의 유가증권은 통화보다는 낮지만 강한 유통성을 가지는 것이 사실이나, 반드시 유통성을 가질 필요는 없다(대법원 1995.3.14, 95도20). [경찰채용 11 2차 / 경찰간부 12·14 / 경찰승진(경사) 11 / 경찰승진 12]

예 유가증권 : 어음, 회사채, 주권, 화물상환증, 창고증권, 선하증권, 양도성예금증서(CD), 각종 국·공채(산업금융채권, 지하철공채, 주택채권), 상품권, 할부구매전표, 리프트탑승권, 공중전화카드(후불식 KT전화카드 : 유가증권 ×, 사문서 ○), 문방구용지로 작성한 약속어음, [법원9급 13 / 법원행시 11·13] 구두를 구입할 수 있는 신용카드, 기명된 승차권(유통성이 없지만 유가증권임) 등

판례연구   유가증권임을 인정한 사례

대법원 2001.8.24, 2001도2832
증권이 비록 문방구 약속어음 용지를 이용하여 작성되었다 하더라도 전체적인 형식·내용에 비추어 일반인이 진정한 것으로 오신할 정도의 약속어음요건을 갖추고 있으면 유가증권에 해당한다. [경찰채용 18 1차 / 경찰승진(경사) 11 / 경찰승진 12 / 법원9급 13 / 법원행시 11·13]

---

② 다른 증권과의 구별

㉠ **증거증권**(證據證券) : 증거증권은 법률관계의 내용을 증명하기 위해 작성한 계약서, 차용증서, 영수증, 운송장, 물품구입증(대법원 1972.12.26, 72도1688) 등을 말하는데, 이러한 증권들은 권리가 화체·표창되는 정도에 이르지 못하고 다만 권리를 증명함에 지나지 않는 것이므로 형법상 유가증권에 해당하지 아니한다(문서에 해당함). 또한 신용카드도 재산권이 화체되어 있다고 볼 수 없으므로 유가증권이 아니며(다수설·판례), 신용카드 위조·변조는 여신전문금융업법에 의하여 별도로 의율되고 있다(동법 제70조 제1항 제1호).

판례연구   재산권이 화체되어 있다고 볼 수 없으므로 유가증권이 아니라고 본 사례

대법원 1999.7.9, 99도857
신용카드는 유가증권이 아니라는 판례
신용카드업자가 발행한 신용카드는 이를 소지함으로써 신용구매가 가능하고 금융의 편의를 받을 수 있다는

점에서 경제적 가치가 있다 하더라도, 그 자체에 경제적 가치가 화체되어 있거나 특정의 재산권을 표창하는 유가증권이라고 볼 수 없고, 단지 신용카드회원이 그 제시를 통하여 신용카드회원이라는 사실을 증명하거나 현금자동지급기 등에 주입하는 등의 방법으로 신용카드업자로부터 서비스를 받을 수 있는 증표로서의 가치를 갖는 것이다. [경찰채용 10 1차 / 경찰간부 13 / 경찰승진(경위) 10]

ⓒ **면책증권(免責證券)** : 면책증권은 그 증권의 소지인이 진정한 권리자가 아니라 하더라도 채무자가 당해 증권 소지인에게 채무를 이행하면 책임을 면제받는 증권으로서 자격증권(資格證券)이라고도 부른다. 면책증권은 정기예탁금증서(대법원 1984.11.27, 84도2147) 등 은행예금증서, 공중접객업소에서 발행하는 신발표, 철도수하물상환증, 수리점의 물품보관증 등을 말하는데 이는 형법상 유가증권에 해당하지 아니한다(문서에 해당함).

3. 구성요건체계

유가증권, 우표와 인지에 관한 죄도 통화에 관한 죄와 같이 고도의 유통성을 가지는 유가증권에 대한 공공의 신용 및 거래의 안전을 보호하기 위한 구성요건이므로 대부분 미수를 처벌하고, 그 중 유가증권위조·변조죄, 자격모용유가증권작성죄, 인지·우표위조변조죄와 같은 유형위조는 예비·음모도 처벌한다. 미수를 처벌하지 않는 죄는 소인말소죄뿐이다.

유가증권 중 수표(手票)에 대한 죄는 특별법인 부정수표단속법에서 규정하고 있다.

02 유가증권위조·변조죄

> 제214조 【유가증권의 위조 등】 ① 행사할 목적으로 대한민국 또는 외국의 공채증서 기타 유가증권을 위조 또는 변조한 자는 10년 이하의 징역에 처한다.

1. 구성요건

(1) 객관적 구성요건

① 객체 − 대한민국 또는 외국의 공채증서 기타 유가증권 : 외국의 유가증권도 본죄의 객체가 되며, 외국인이 국외에서 유가증권에 대한 죄를 범한 경우에도 보호주의(제5조)에 의하여 우리 형법의 적용대상이 된다.

② 행위 − 위조·변조

ⓐ **위조(僞造)의 개념** : 작성권한 없는 자가 타인의 명의(名義)를 사칭하거나 모용(冒用)하여 그 명의의 유가증권을 발행하는 행위를 말한다(대법원 1984.2.28, 83도3284). 다만 타인의 명의나 가명을 사용하였더라도 그 명칭이 거래상 본인을 가리키는 것으로 인식되고 있는 경우에는 위조라 할 수 없다(대법원 1982.9.28, 82도296; 1996.5.10, 96도527). [경찰승진(경사) 11 / 사시 13] 또한 주식회사의 대표이사가 다른 공동 대표이사가 발행한 것처럼 약속어음을 발행한 경우(A주식회사 대표이사 甲이 A주식회사의 또 다른 대표이사 乙이 발행한 것처럼 약속어음을 허위로 작성한 경우)에는 유가증권위조죄에 해당하지 아니한다(대법원 2015.11.27, 2014도17894).

ⓑ **위조의 유형** : 위조의 유형은 비단 타인의 명의를 권한 없이 직접 작성하는 행위에만 제한되어

있는 것은 아니다. 이외에도 ⓐ 찢어진 약속어음을 조합하는 것, ⓑ 약속어음의 액면란에 보충권의 범위를 초월한 금액을 기입하는 것, [경찰간부 14 / 법원9급 07(하)] ⓒ 타인이 위조한 백지(白地)의 약속어음을 완성하는 것[백지위조(白地僞造)], ⓓ 기간이 경과한 정기승차권의 종기를 변경하는 것 등이 여기에 해당된다.

사례연구　**백지어음의 보충행위 : 백지위조 사례**

甲은 乙이 위조하여 액면과 지급기일이 백지로 된 약속어음 1매를 그 사정을 알면서 乙로부터 사들인 후 행사할 목적으로 백지의 액면란에 1억 원이라고 기입하여 위 약속어음을 완성하였다. 甲의 형사책임은?

> 해결　유가증권위조죄가 성립한다. 타인이 위조한 백지의 약속어음에 행사할 목적으로 백지인 금액란에 금액을 기입하여 위조어음을 완성하는 행위는 백지어음형태의 위조행위(위 乙이 이미 범하고 있는 유가증권위조죄)와는 별개의 유가증권위조죄를 구성하는 것이다. 이는 진정하게 성립된 백지어음의 액면란을 보충권 없이 함부로 기입하는 행위가 유가증권위조죄에 해당한다는 법리와 다를 바 없다(대법원 1982.6.22, 82도677). [경찰채용 17·18 1차 / 경찰채용 12 3차 / 경찰승진 13 / 법원9급 09(상)]

ⓒ **위조의 정도** : 일반인으로 하여금 유효한 유가증권이라고 오신할 수 있을 정도의 외관을 갖추었다면 유가증권 위조에 해당된다.
　ⓐ **위조의 정도에 이른 경우** : 유가증권은 사법상 유효할 것을 요하지 않기 때문에, 비록 사자(死者)나 허무인(虛無人) 명의로 작성되었거나 유가증권으로서의 요건의 흠결 등 사유로 무효한 것이라 하여도 유가증권위조죄의 성립에는 아무런 영향이 없으며(대법원 1971.7.27, 71도905; 1979.9.25, 78도1980), [경찰승진 13 / 법원행시 13] 상법상 유가증권 성립의 필요적 기재사항인 대표자의 날인이 없는 주권(株券)(대법원 1974.12.24, 74도294)을 작성한 경우도 유가증권위조죄에 해당된다. [국가9급 16]
　ⓑ **위조의 정도에 이르지 못한 경우** : 위조한 가계수표가 발행인의 날인이 없는 것이라면 일반인이 진정한 것으로 오신할 정도의 형식과 외관을 갖춘 수표라 할 수는 없으므로 부정수표법상 수표위조죄에 해당되지 않는다(대법원 1985.9.10, 85도1501).
ⓔ **자격모용유가증권작성죄**(제215조)**와의 구별** : 제214조는 명의위조, 제215조는 자격위조이다. 따라서 제215조의 자격모용유가증권작성죄는 자기명의로 작성한 경우(타인의 자격만 모용한 경우)로 한정된다.
ⓜ **변조**(變造) : 본죄의 변조란 권한 없는 자가 진정하게 성립된 타인명의의 유가증권의 내용에 동일성을 해하지 않는 범위 내에서 변경을 가하는 것을 말한다(예 발행일자·액면·지급인의 주소의 임의변경 등)(대법원 2006.1.26, 2005도4764). [경찰채용 18 1차] 다만, 진정하게 성립된 유가증권이 아니라 이미 타인에 의하여 위조된 약속어음의 기재사항을 권한 없이 변경한 행위는 유가증권변조에 해당하지 아니한다(대법원 2006.1.26, 2005도4764). [경찰채용 10 1차 / 경찰채용 12 3차 / 경찰간부 12·14 / 국가9급 16 / 법원9급 07(상)] 또한 동일성을 해하지 않아야 변조에 해당되므로, 이미 실효된 유가증권을 변경하여 새로운 유가증권을 만드는 것은 변조가 아니라 위조이다.

(2) 주관적 구성요건 – 고의 및 행사할 목적

'유가증권위조·변조죄'는 다른 위조·변조죄의 구성요건과 마찬가지로 행사할 목적을 필요로 하는 목적범이다. 다만, 부정수표단속법상 수표위조·변조죄는 수표(手票)의 강한 유통성과 거래수단으로서의 중요성을 감안하여 행사할 목적을 초과주관적 구성요건요소로서 규정하고 있지 않으므로(부정수표단속법 제5조 참조82) 목적범이 아니다(대법원 2008.2.14, 2007도10100). [법원9급 13 / 법원행시 09·12·13]

---

82 부정수표단속법 제5조는 "수표를 위조 또는 변조한 자는 1년 이상의 유기징역과 수표금액의 10배 이하의 벌금에 처한다."라고 규정하고 있다.

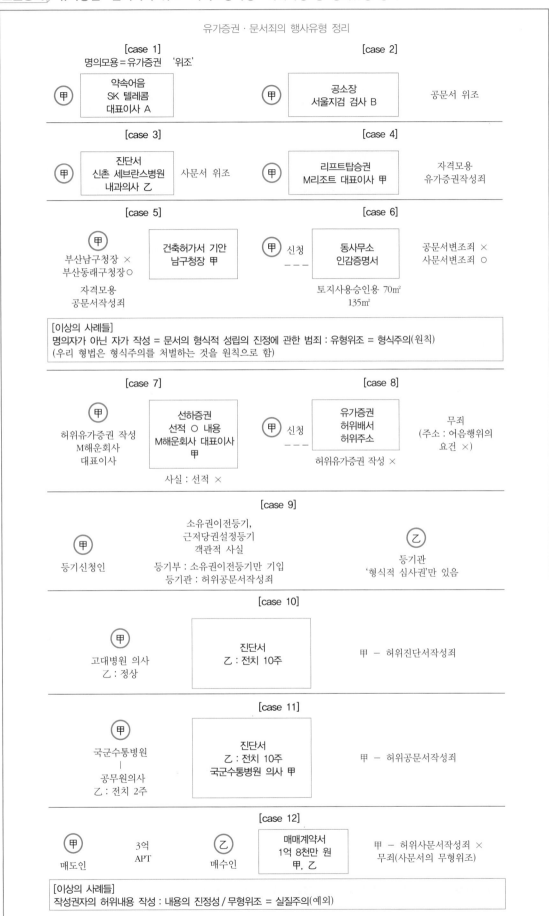

유가증권 · 문서죄의 행사유형 정리

[case 1]
명의모용 = 유가증권 '위조'

甲 | 약속어음
SK 텔레콤
대표이사 A

[case 2]

甲 | 공소장
서울지검 검사 B | 공문서 위조

[case 3]

甲 | 진단서
신촌 세브란스병원
내과의사 乙 | 사문서 위조

[case 4]

甲 | 리프트탑승권
M리조트 대표이사 甲 | 자격모용
유가증권작성죄

[case 5]

甲
부산남구청장 ×
부산동래구청장○
자격모용
공문서작성죄 | 건축허가서 기안
남구청장 甲

[case 6]

甲 신청
- - - | 동사무소
인감증명서 | 공문서변조죄 ×
사문서변조죄 ○

토지사용승인용 70㎡
135㎡

[이상의 사례들]
명의자가 아닌 자가 작성 = 문서의 형식적 성립의 진정에 관한 범죄 : 유형위조 = 형식주의(원칙)
(우리 형법은 형식주의를 처벌하는 것을 원칙으로 함)

[case 7]

甲
허위유가증권 작성
M해운회사
대표이사 | 선하증권
선적 ○ 내용
M해운회사 대표이사
甲

사실 : 선적 ×

[case 8]

甲 신청
- - - | 유가증권
허위배서
허위주소 | 무죄
(주소 : 어음행위의
요건 ×)

허위유가증권 작성 ×

[case 9]

甲
등기신청인 | 소유권이전등기,
근저당권설정등기
객관적 사실

등기부 : 소유권이전등기만 기입
등기관 : 허위공문서작성죄 | 乙
등기관
'형식적 심사권'만 있음

[case 10]

甲
고대병원 의사
乙 : 정상 | 진단서
乙 : 전치 10주 | 甲 － 허위진단서작성죄

[case 11]

甲
국군수통병원
|
공무원의사
乙 : 전치 2주 | 진단서
乙 : 전치 10주
국군수통병원 의사 甲 | 甲 － 허위공문서작성죄

[case 12]

甲
매도인 | 3억
APT | 乙
매수인 | 매매계약서
1억 8천만 원
甲, 乙 | 甲 － 허위사문서작성죄 ×
무죄(사문서의 무형위조)

[이상의 사례들]
작성권자의 허위내용 작성 : 내용의 진정성 / 무형위조 = 실질주의(예외)

2. 죄수 및 다른 범죄와의 관계

(1) 유가증권위조죄의 죄수 : 유가증권의 매수

원칙적으로 위조된 유가증권의 매수 내지 장수를 기준하므로, 동일한 기회에 약속어음 2매를 위조하는 것은 포괄일죄가 아니라 경합범이라는 것이 판례의 입장이다(대법원 1983.4.12, 82도2938). [법원9급 20]

(2) 다른 범죄와의 관계

① 유가증권을 위조하고 이를 행사한 경우 : 유가증권위조죄와 동행사죄의 실체적 경합이 성립한다(다수설).

② 유가증권의 위조를 위하여 인장을 위조한 경우 : 인장위조죄는 본죄에 흡수된다(법조경합 중 흡수관계 : 불가벌적 수반행위).

③ 절취한 유가증권 용지를 사용하여 이를 위조·변조한 경우 : 형법상 재물은 주관적·소극적 가치만 있으면 되므로 절도죄가 성립하고 위조(명의모용)의 방법은 제한이 없으므로 유가증권위조죄가 성립하며, 절도죄와 유가증권위조죄는 경합범이 된다(세 조각으로 찢어진 약속어음 사건, 대법원 1976.1.27, 74도3442). [경찰승진 13]

---

03 유가증권의 권리·의무에 관한 기재의 위조·변조죄

> 제214조 【유가증권의 위조 등】 ② 행사할 목적으로 유가증권의 권리의무에 관한 기재를 위조 또는 변조한 자도 전항의 형과 같다.

1. 의 의

유가증권의 권리·의무에 관한 기재(記載)의 위조·변조죄는 부수적 증권행위에 관한 명의모용 및 내용변경행위를 처벌하는 규정이다. 어음의 발행이 기본적 증권행위라면, 어음의 배서, 인수, 보증 등은 부수적 증권행위인데, 예컨대, 어음의 배서란에 타인의 명의로 함부로 배서한 행위는 유가증권의 권리·의무에 관한 기재의 위조죄에 해당되는 것이다.

2. 구성요건

"유가증권의 권리·의무에 관한 기재를 변조한다."라는 것은 진정하게 성립된 타인명의의 부수적 증권행위에 관한 유가증권의 기재내용에 작성권한이 없는 자가 변경을 가하는 것을 말한다. 따라서 어음발행인이라 하더라도 어음상에 권리의무를 가진 자가 있는 경우에는 이러한 자의 동의를 받지 아니하고 어음의 기재내용에 변경을 가하였다면 이는 유가증권의 권리·의무에 관한 기재를 변조한 것에 해당한다(대법원 2003.1.10, 2001도6553).

---

04 자격모용에 의한 유가증권작성죄

> 제215조 【자격모용에 의한 유가증권의 작성】 행사할 목적으로 타인의 자격을 모용하여 유가증권을 작성하거나 유가증권의 권리 또는 의무에 관한 사항을 기재한 자는 10년 이하의 징역에 처한다.

1. 의 의

자격모용유가증권작성죄(資格冒用有價證券作成罪)는 작성권한 없는 자가 유가증권을 작성한다는 점에서 유가증권위조죄와는 같다(마찬가지로 유형위조). 그러나 본죄는 자기의 명의를 사용하면서도 타인의 자격을 권한 없이 사용한다는 점에서 유가증권위조죄와는 다소 다르다(유가증권위조죄는 명의모용, 본죄는 자격모용).

2. 구성요건

(1) 타인의 자격모용

정당한 대표권 또는 대리권이 '없는' 자가 타인의 대리인 또는 대표자인 것처럼 가장하여 자기명의로 유가증권을 작성하는 것을 말한다.

> **판례연구** **자격모용유가증권작성죄에 해당된다는 사례**
>
> 대법원 1991.2.26, 90도577
> 대표이사 변경 후 전 대표이사가 대표이사 직함으로 어음을 발행·행사
> 주식회사 대표이사로 재직하던 피고인이 대표이사가 타인으로 변경되었음에도 불구하고 이전부터 사용하여 오던 피고인 명의로 된 회사 대표이사의 명판을 이용하여 여전히 피고인을 회사의 대표이사로 표시하여 약속어음을 발행·행사하였다면, 설사 약속어음을 작성·행사함에 있어 후임 대표이사의 승낙을 얻었다거나 회사의 실질적인 대표이사로서 권한을 행사하는 피고인이 은행과의 당좌계약을 변경하는 데에 시일이 걸려 잠정적으로 전임 대표이사인 그의 명판을 사용한 것이라 하더라도 이는 합법적인 대표이사의 권한행사라 할 수 없어 자격모용유가증권작성 및 동 행사죄에 해당한다. [경찰간부 17 / 법원행시 11]

(2) 대리권·대표권자가 권한을 '남용'하여 본인(회사)명의 유가증권을 발행한 경우

권한의 남용(濫用)이라 함은 자신에게 부여된 대표권한을 행사하면서 그 내용을 허위작성하는 등의 경우를 말한다. 예컨대, A 주식회사가 대표이사 甲에 대하여 월 1,000만 원의 판공비 사용에 대한 어음발행권한을 부여한 경우, 甲이 전액을 모두 판공비로 사용하지 않을 것을 인식하면서 1,000만 원의 어음을 발행하였다 하더라도, 대표이사 자격이 없는 자의 자격모용이라고까지 하기는 어렵고, 이 경우 배임죄 및 허위유가증권작성죄가 인정될 뿐이다.

(3) 대리권이나 대표권이 있더라도 권한남용이 아니라 권한범위를 명백히 '일탈' 혹은 '초과' 또는 '초월'하여 본인 또는 회사명의의 유가증권을 발행하는 행위

예컨대, A 주식회사가 대표이사 甲에게 월 1,000만 원의 판공비 사용을 위한 어음발행권한을 부여하였는데, 甲이 2,000만 원짜리 어음을 발행한 경우에는 본죄가 성립한다(통설).

05 허위유가증권작성죄

> **제216조 【허위유가증권의 작성 등】** 행사할 목적으로 허위의 유가증권을 작성하거나 유가증권에 허위사항을 기재한 자는 7년 이하의 징역 또는 3천만 원 이하의 벌금에 처한다.

1. 의의 및 성격

허위유가증권작성죄(虛僞有價證券作成罪)는 작성권한 있는 자가 자기명의로 기본적 증권행위를 함에 있어

서 유가증권의 효력에 영향을 미칠 기재사항에 관하여 진실에 반하는 내용을 기재하는 경우에 성립한다. 본죄는 위조·변조죄와는 달리 예비·음모를 벌하는 규정을 두고 있지 않다. 이는 형법에서 본죄와 같은 무형위조(無形僞造)행위를 유형위조(有形僞造)행위보다는 가볍게 처리하고 있기 때문이다.

2. 구성요건

본죄는 작성권한 있는 자가 타인의 명의를 모용하지 않고 유가증권의 내용을 허위(객관적 진실에 반하는 내용)로 작성하는 행위를 말한다(무형위조). 본조의 '허위의 유가증권을 작성'하는 것은 유가증권을 발행하는 기본적 증권행위에 있어서 허위내용을 기재하는 것이고, '유가증권에 허위사항을 기재'하는 것은 유가증권에 배서 등의 부수적 증권행위를 함에 있어서 허위내용을 기재하는 것을 말한다. 예컨대, 화물이 선적되지도 않았는데 선적되었다는 내용의 선(先) 선하증권을 발행하는 행위 등이 이에 해당한다(대법원 1985.8.20, 83도2575). [경찰간부 13 · 18]

반면, 유가증권에 대한 허위사항을 기재한 경우에도 어음·수표상의 권리관계에 아무런 영향을 미치지 않는다거나 어음·수표의 효력에 영향이 없는 경우에는 본죄를 구성하지 않는다. 예컨대, 은행을 통하여 지급이 이루어지는 약속어음의 발행인이 그 발행을 위하여 은행에 신고된 것이 아닌 발행인(發行人)의 다른 인장을 날인한 행위는 허위유가증권작성죄에 해당하지 아니한다(그것이 발행인의 인장인 이상 그 어음의 효력에는 아무런 영향이 없음, 대법원 2000.5.30, 2000도883). [경찰채용 10 2차 / 경찰채용 12 3차 / 경찰승진(경사) 10 · 11 / 경찰승진(경감) 10 / 국가9급 13 / 사시 16]

06 위조 등 유가증권행사죄

> **제217조 【위조유가증권 등의 행사 등】** 위조, 변조, 작성 또는 허위기재한 전3조 기재의 유가증권을 행사하거나 행사할 목적으로 수입 또는 수출한 자는 10년 이하의 징역에 처한다.

1. 구성요건

(1) 객 체

본죄의 행사(行使)란 위조·변조·작성·허위기재된 유가증권의 '원본(原本)'을 진정하게 작성·기재된 진실한 내용의 유가증권처럼 사용하는 것을 말한다. 따라서 전자복사기 등을 사용하여 기계적으로 복사한 사본(寫本)은 이에 해당하지 않는다(대법원 1998.2.13, 97도2922; 2007.2.8, 2006도8480; 2010.5.13, 2008도10678).
[경찰채용 17 1차 / 경찰간부 17 / 법원9급 07(상) / 변호사시험 13]

(2) 행 위

① **위조유가증권 행사에 해당하는 경우** : ─위조유가증권행사죄의 처벌목적은 유가증권의 유통질서를 보호하고자 함에 있는 만큼 단순히 문서의 신용성을 보호하고자 하는 위조 공·사문서행사죄의 경우와는 달리 교부자가 진정 또는 진실한 유가증권인 것처럼 위조유가증권을 행사하였을 때뿐만 아니라─ 위조유가증권임을 알고 있는 자에게 교부하였더라도 피교부자가 이를 유통시킬 것임을 인식하고 교부하였다면, 그 교부행위 자체가 유가증권의 유통질서를 해할 우려가 있어 본죄가 성립한다(대법원 1983.6.14, 81도2492). [경찰승진(경사) 10 / 경찰승진 12 · 13 / 법원승진 13 / 법원행시 11]

② **위조유가증권 행사에 해당하지 않는 경우** : 위조유가증권의 교부자와 피교부자가 서로 유가증권위조

를 공모하였거나 위조유가증권을 타에 행사하여 그 이익을 나누어 가질 것을 공모한 공범의 관계에 있다면, 그들 사이의 위조유가증권 교부행위는 위조유가증권행사죄에 해당하지 아니한다(대법원 2007.1.11, 2006도7120; 2003.6.27, 2003도2372; 2010.12.9, 2010도12553). [경찰채용 12 3차/경찰승진 13/법원9급 11·13 /법원행시 13/사시 13]

(3) 주관적 구성요건

위조통화행사죄에서 설명했던 것과 같은 내용이 적용된다. 즉 위조 등 유가증권행사죄의 주관적 구성요건은 고의만으로도 충분하고 별도의 목적이 있을 것을 요하지 않지만, 위조 등 유가증권수입·수출죄에 대해서는 고의뿐만 아니라 행사의 목적이 있을 것을 요한다.

2. 다른 범죄와의 관계

위조 등 유가증권을 행사하여 기망함으로써 타인의 재물 등을 편취한 경우는 사기죄도 성립한다(대법원 1985.8.20, 83도2575). [경찰간부 13] 판례는 법익표준설의 관점에 입각하여 위조통화행사죄와 사기죄의 관계를 실체적 경합으로 보았기 때문에 여기에서도 실체적 경합을 취한다고 볼 수 있다.

07 인지·우표위조·변조죄

> **제218조【인지·우표의 위조 등】** ① 행사할 목적으로 대한민국 또는 외국의 인지, 우표 기타 우편요금을 표시하는 증표를 위조 또는 변조한 자는 10년 이하의 징역에 처한다.

인지(印紙)란 수수료 또는 인지세를 납부하는 방법으로 사용하기 위해 정부 등 발행권자가 일정한 금액을 표시하여 발행한 증표를 말하고, 우표(郵票)란 우편요금을 납부하는 방법으로 정부 등 발행권자가 일정한 금액을 표시하여 발행한 증표를 말한다. 기타 우편요금을 표시하는 증표란 요금별납, 요금후납 등의 표시를 말한다.

08 위조·변조인지·우표행사 등 죄

> **제218조【인지·우표의 위조 등】** ② 위조 또는 변조된 대한민국 또는 외국의 인지, 우표 기타 우편요금을 표시하는 증표를 행사하거나 행사할 목적으로 수입 또는 수출한 자도 제1항의 형과 같다.

위조된 우표를 그 사정을 알고 있는 자에게 교부하더라도 그 자가 이를 진정하게 발행된 우표로서 사용할 것이라는 사정을 인식하면서 교부한다면 위조우표행사죄에 해당된다(위조통화행사죄 및 위조유가증권행사죄와의 공통점). [법원행시 09] 따라서 위조우표를 우편요금 납부용으로 사용하는 것뿐만 아니라 우표수집의 대상으로 매매하는 행위도 그 상대방이 이를 진정한 우표처럼 사용할 것을 예상하면서 교부하였다면 이는 위조우표행사죄를 구성한다(대법원 1989.4.11, 88도1105).

위조인지·우표 행사죄는 고의만으로 성립하고, 위조인지·우표 수입·수출죄는 행사할 목적으로 필요로 하는 목적범이다.

09 위조·변조인지·우표취득죄

제219조【위조인지·우표 등의 취득】 행사할 목적으로 위조 또는 변조한 대한민국 또는 외국의 인지, 우표 기타 우편요금을 표시하는 증표를 취득한 자는 3년 이하의 징역 또는 1천만 원 이하의 벌금에 처한다.

위조유가증권취득행위는 처벌규정이 없으나, 위조통화나 위조인지·우표의 경우에는 취득죄를 두고 있다. 전술했듯이 우표수집을 하면서 위조우표를 구입한 행위도 위조우표취득죄에 해당된다는 것이 판례이다. 본죄는 목적범이다.

10 소인말소죄

제221조【소인말소】 행사할 목적으로 대한민국 또는 외국의 인지, 우표 기타 우편요금을 표시하는 증표의 소인 기타 사용의 표지를 말소한 자는 1년 이하의 징역 또는 300만 원 이하의 벌금에 처한다.

소인(消印) 기타 사용의 표지란 인지나 우표를 사용하였음을 표시하는 인장 기타의 표시를 말한다. 본죄는 유가증권·인지·우표에 관한 죄 중 유일하게 미수범 처벌규정이 없다.

11 우표·인지 등 유사물제조 등 죄

제222조【인지·우표유사물의 제조 등】 ① 판매할 목적으로 대한민국 또는 외국의 공채증서, 인지, 우표 기타 우편요금을 표시하는 증표와 유사한 물건을 제조, 수입 또는 수출한 자는 2년 이하의 징역 또는 500만 원 이하의 벌금에 처한다.
② 전항의 물건을 판매한 자도 전항의 형과 같다.

유사물제조란 진정한 인지 등으로 오인케 할 정도에는 이르지 못한 외관을 가지는 물건을 만드는 행위를 말한다. 본죄는 판매할 목적을 필요로 하는 목적범이다.

12 유가증권위조·변조 등 예비·음모죄

제224조【예비, 음모】 제214조, 제215조와 제218조 제1항의 죄를 범할 목적으로 예비 또는 음모한 자는 2년 이하의 징역에 처한다.

유가증권위조·변조죄, 자격모용유가증권작성죄, 인지·우표위조·변조죄의 예비·음모 처벌규정이다. 허위유가증권작성죄, 위조유가증권행사죄, 위조우표취득죄, 소인말소죄(이 죄는 미수도 없음), 인지·우표유사물제조죄는 예비죄 처벌규정이 없다.

그런데 통화에 관한 죄에 있어서는 예비·음모죄를 범한 자라 하더라도 실행행위에 이르기 전에 자수(自首)한 때에는 예비죄의 형에서 필요적으로 감면하는 규정을 두고 있는데 비하여(제213조 단서), 유가증권에 대한 죄에 있어서는 이러한 예비죄의 자수감면특례가 없다(입법론적 비판이 있음).

제3절 문서에 관한 죄

01 총 설

1. 의의 및 보호법익

문서(文書)에 관한 죄는 행사할 목적으로 공무원·공무소 또는 권리·의무 또는 사실증명에 관한 타인의 문서·도화를 위조 또는 변조하거나, 자격을 모용하여 작성하거나, 허위로 공문서 또는 진단서 등을 작성하거나, 전자기록을 위작·변작하거나, 공무원에 대하여 허위신고를 하여 공정증서원본 또는 이와 동일한 전자기록 등 특수매체기록, 면허증·허가증·등록증·여권에 부실의 사실을 기재 또는 기록하게 하거나, 위조 등이 된 문서 등을 행사하거나, 진정하게 성립된 문서를 부정행사함으로써 성립하는 범죄이다. 본죄는 문서 등에 대한 공공의 신용을 그 보호법익으로 하며, 법익보호의 정도는 추상적 위험범이다.

2. 형식주의와 실질주의

(1) 형식주의

형식주의란 문서의 성립의 진정을 보호하는 입법방식이다. 형식주의에 의하면 문서의 내용이 객관적으로 진실하다 하더라도 문서의 작성명의가 진정하지 않을 때에는 문서죄가 성립한다. 형식주의에 의한 문서위조는 유형위조(有形僞造)이고, 위조·변조나 자격모용작성은 유형위조에 속한다.

(2) 실질주의

실질주의는 문서의 내용의 진실 보호를 목적으로 하는 입법방식이다. 실질주의에 의하면 문서의 작성명의가 진정하더라도 문서의 내용이 객관적으로 진실에 반할 때에는 문서죄가 성립한다. 실질주의에 의한 문서위조는 무형위조(無形僞造)이고, 허위작성은 무형위조에 속한다.

(3) 형법의 태도

형법은 공문서의 경우 공문서위조 등 유형위조와 허위공문서작성 등 무형위조를 모두 처벌하나, 사문서의 경우에는 사문서위조 등 유형위조를 처벌하면서도 허위사문서작성 등 무형위조는 −허위진단서작성죄(제233조)의 경우를 제외하고는− 처벌하지 않으므로, 현행형법은 형식주의를 원칙으로 하면서 예외적으로 실질주의를 취하고 있다고 할 수 있다.

표정리 유형위조와 무형위조

분 류	유형위조	무형위조
내 용	문서를 작성할 권한이 없는 자가 타인의 명의를 사칭(모용)하여 타인명의 문서를 작성하는 것	문서를 작성할 권한이 있는 자가 진실에 반하는 내용의 문서를 작성하는 것
용 어	'위조', '자격모용작성'	'허위작성'

3. 문서의 개념 – 계속성·증명성·보증성

문서라 함은, 문자 또는 이에 대신할 수 있는 가독적 부호로써 물체상에 계속적으로 기재된(계속성) 작성명의인(보증성)의 의사 또는 관념의 표시인 원본 또는 사회적 기능 및 신용성 등을 동일시할 수 있는 기계적 방법에 의한 복사본으로서, 그 내용이 법률상·사회생활상 주요 사항에 관한 증거(證據)로 될 수 있는 것(증명성)을 말한다. 여기서 3가지 문서의 개념요소가 도출되는데, 의사·관념의 표시의 계속성, 증명성, 보증성이 그것이다.

(1) 의사·관념의 표시의 계속성(지속성) – 문서내용의 표현방법

① 의의 : 문서는 사람의 의사·관념·사상 등을 내용으로 하여 외부에서 인식이 가능하도록 표시되어야 하며 그 표시는 계속적으로 나타낼 수 있어야 한다. 따라서 '의사·관념의 표시가 있을 것'과 '계속적으로 나타날 것'의 두 가지 요소가 표시의 계속성의 내용이 된다.

② 의사·관념의 표시가 있을 것

　㉠ 의사·관념의 표시의 내용 : 문서는 사람의 의사, 관념 또는 사상이 외부에서 인식될 수 있도록 표시되어야 한다. 민법상 의사표시의 요건인 표시의사를 요하는 것이 아니라 단지 그러한 의사나 관념이 표현된 물체가 있다면 형법상 문서에 해당될 수 있다. 다만 문서에는 사람의 사상이나 관념이 표시되어야 한다는 점에서, 단순한 사실만 나타내는 체중계 등의 표시나 혈흔이자 지문이 묻은 물체 등은 문서가 될 수 없다.

　㉡ 의사·관념의 표시의 방법 : 문자뿐만 아니라 부호로도 전달이 가능하며, 종이가 아닌 상품과 같은 물건에 의사표시를 담을 수도 있다. 따라서 상품의 유통기한·유효기간, 생산지표시 등도 문서에 포함된다. 또한 문자나 부호가 아닌 그림과 같은 상형적 부호를 통해 작성자의 관념이 표시된 것을 도화(圖畵)라 한다.

　　ⓐ 서명(署名)·낙관(落款) : 견해가 대립하나, 사람의 의사나 관념을 내용으로 하지 않고 단지 사람의 동일성을 표시하는 표시에 불과하다는 점에서 문서가 아니라 인장(印章)에 관한 죄의 객체로 보는 것이 통설이다.

　　ⓑ 생략문서[83] : 세금영수필통지서에 날인하는 구청 세무계장 명의의 소인(消印), 은행의 접수일부인(接受日附印)의 날인처럼 인장이나 기호로 되어 있으나 사람의 동일성과 함께 그 이외의 일정한 사항도 증명·표시하는 것으로서, 인장이 아니라 문서에 해당한다(대법원 1995.9.5, 95도1269). [경찰채용 13 1차 / 법원9급 10 / 법원행시 09·11]

　㉢ 부호의 가독성 : 가독적(可讀的) 부호이면 족하고 발음적 부호임을 요할 필요는 없다(다수설). 따라서 속기용 부호, 전신부호, 맹인의 점자도 문서의 표시방법이다.

③ 계속적으로 나타날 것 : 의사나 관념의 표시는 물체상에 계속적·시각적으로 나타나야 한다(계속성·시각성). 따라서 모래나 눈 위에 쓴 글은 문서가 아니며, 구두(口頭)에 의한 의사표현도 문서가 아니고, 음반, 녹음테이프 등도 문서가 될 수 없다.

　㉠ 계속성·시각성이 인정되는 경우 : '위조한 휴대전화 신규 가입신청서'를 스캐너로 읽어 들여 이미지화한 다음 그 이미지 파일을 그대로 그 사정을 모르는 제3자에게 이메일로 전송한 행위는 위조사문서행사죄를 구성한다(대법원 2008.10.23, 2008도5200). [경찰채용 12 1차 / 경찰채용 10 2차 / 경찰승진(경사) 10 / 국가9급 12 / 국가7급 14 / 법원9급 20 / 법원승진 11 / 법원행시 09·14 / 사시 12 / 변호사시험 12]

　㉡ 계속성·시각성이 인정되지 않는 경우 : 컴퓨터 모니터 화면에 나타나는 이미지(image) 파일을 보기 위한 프로그램을 실행할 경우에 그때마다 전자적 반응을 일으켜 화면에 나타나는 것에

---

83 참고 : 생략문서와 완전문서 생략문서와 대비되는 개념이 완전문서인데 이는 사람의 의사나 관념이 정상적인 문장의 형식을 갖추어 표현되는 문서를 말한다.

지나지 않아서 계속적으로 화면에 고정된 것으로는 볼 수 없으므로, 형법상 문서에 관한 죄에 있어서의 '문서'에는 해당되지 않는다(대법원 2007.11.29, 2007도7480; 2010.7.15, 2010도6068). [경찰간부 11 · 18 / 국가9급 13 / 국가7급 14 / 법원9급 10 / 법원승진 11 · 14 / 법원행시 10 · 12 · 14 / 사시 10 / 변호사시험 18]

(2) 증명성(증명기능) – 문서의 내용적 요건

① **의의** : 문서는 사문서든 공문서든 간에 그 내용이 권리 · 의무 등 법률관계 내지 사실증명에 관한 것이어야 한다.

② **명문의 근거** : 사문서의 경우 형법은 "권리, 의무 또는 사실증명에 관한 문서"(제231조)라고 '명문'으로 규정하고 있다.

③ **권리 · 의무에 관한 문서** : 권리의무의 발생 · 변경 · 소멸에 관한 사항이 기재된 것을 말한다. 공정증서는 여기에 한정된다.

④ **사실증명에 관한 문서** : 권리 · 의무에 관한 문서 이외의 문서로서 거래상 중요한 사실을 증명하는 문서로서, 법률관계의 발생 · 존속 · 변경 · 소멸의 전후과정을 증명하는 문서뿐만 아니라 직접적인 법률관계에 단지 간접적으로만 연관된 의사표시 내지 권리 · 의무의 변동에 사실상으로만 영향을 줄 수 있는 의사표시를 내용으로 하는 문서도 포함된다(대법원 2009.4.23, 2008도8527). 예컨대, 담뱃갑도 일정한 사실을 증명하는 문서 또는 도화에 해당된다(대법원 2010.7.29, 2010도2705). [경찰간부 18 / 법원행시 11 · 12 · 13 · 14 / 변호사시험 12]

⑤ **증명성의 요소**

ㄱ **증명의 적합성**(증명능력) : 문서의 내용은 객관적으로 볼 때 법률관계와 사회생활상의 중요사항을 증명할 수 있는 내용을 가지고 있어야 한다. 따라서 시(詩) · 소설(小說) · 수필(隨筆)은 문서가 될 수 없다. 또한 진정문서만 문서죄의 객체가 되고 부진정문서는 문서죄의 객체가 될 수 없다(다수설). 판례도 이미 허위로 작성된 공문서(폐품반납증)는 공문서변조죄의 객체가 될 수 없다고 판시하고 있다(대법원 1986.11.11, 86도1984). [경찰간부 18 / 법원행시 10]

ㄴ **증명목적**(증명의사) : 증명의사는 확정적임을 요한다. 따라서 확정적 의사가 결여된 초안(草案)은 문서가 아니다. 다만, 가계약서 · 가영수증은 시한부를 조건으로 하더라도 확정의사를 담고 있으므로 문서가 된다.

(3) 보증성(보증기능)

① **의의** : 문서는 작성명의인에 의해 그 내용이 보증될 수 있어야 하므로, 문서에 사람이나 공무소 등의 작성명의인(作成名義人)이 명시되어 있거나, 그렇지 않은 경우에는 작성명의인을 특정할 수 있어야 함을 의미한다. 이러한 작성명의인을 알 수 없는 문건은 문서로 볼 수 없다(대법원 1997.12.26, 95도2221).

② **작성명의인**

ㄱ **의의** : 현실적인 문서의 작성자를 말하는 것이 아니라, 일정한 의사 내지 관념을 표시한 주체(의사표시의 주체), 즉 문서의 실질적인 작성권자를 의미한다(실질적 명의인설).

ㄴ **명의인의 표시 정도** : 명의인의 명시적인 날인 · 서명이 있을 것을 요하지 않고 묵시적으로 표현되어도 무방하다(대법원 2000.2.11, 99도4819; 2010.7.29, 2010도2705). [경찰채용 21 1차 / 법원9급 20] 문서죄의 보호법익을 고려할 때 일반인의 관점에서 명의인이 작성한 것으로 볼 수 있는 형식 · 외관을 갖춘 이상 문서이기 때문이다.

ㄷ **대필 · 대리, 익명의 문건의 문서성** : 작성명의인은 실질적 작성권자를 의미하므로, 대필(代筆)이나 대리(代理)의 경우 대필자나 대리인은 문서의 작성명의인이 아니지만 대리권수여자가 작성명의인이 된다는 점에서 문서성을 인정할 수 있으나, 작성명의인이 누구인지 알 수 없는 익명(匿名)의

문건(文件)은 문서가 되지 않는다.

        ㉣ **복사문서**(複寫文書) : 등본이나 사본은 작성명의인에 의한 보증성이 결여되어 있으므로 별도의 인증이 없는 한 문서가 아니라는 것이 종래의 판례이었으나, 1989년 **전원합의체 판례**는 현대사회의 일상거래에서 복사기술의 발달로 인하여 복사문서가 원본을 대신하는 증명수단으로서의 기능이 증대되고 이에 대한 사회적 신용을 보호할 필요가 있음을 고려하여 복사문서의 문서성을 긍정함으로써 그 입장을 변경하였다(대법원 1989.9.12, 87도506 전원합의체). [경찰간부 13 / 법원9급 10 / 변호사시험 12] 이에 1995년 개정형법에서도 전자복사기, 모사전송기(팩시밀리), 기타 이와 유사한 기기를 사용하여 복사한 문서 또는 도화의 사본도 문서 또는 도화로 규정하였다(제237조의2). [변호사시험 12] 나아가 판례는, 복사문서에도 작성명의인의 의사나 관념이 표현되었다는 점이 인정된다는 점에서 이러한 복사문서를 다시 복사한 문서의 재사본(再寫本)에도 동일한 법리를 적용하였다(대법원 2000.9.5, 2000도2855). [경찰승진(경위) 11 / 국가9급 13 / 국가7급 09 / 법원9급 08 / 법원행시 08]

    ③ **사자**(死者)·**허무인**(虛無人) **명의의 문서 문제** : 판례는 2005년 **전원합의체 판례**에 의하여, 일반인으로 하여금 문서의 작성명의자가 진정한 명의인으로 오인케 할 만한 위험이 존재하는 이상 그 명의인이 실재하지 않는 허무인이거나 또는 문서의 작성일자 전에 이미 사망하였다고 하더라도 그러한 문서 역시 공공의 신용을 해할 위험성이 있으므로 문서위조죄가 성립하고, 이는 공문서 뿐만 아니라 사문서의 경우에도 마찬가지라고 판시하였다(대법원 2005.2.24, 2002도18 전원합의체). [경찰채용 18 1차 / 경찰채용 14 2차 / 경찰승진 12·17 / 국가9급 16 / 국가7급 07·09·11·13 / 법원9급 07(상) / 법원9급 08·10·11·12 / 법원승진 10 / 법원행시 05·06·08·09·10·11 / 변호사시험 18] 이는 통설의 입장을 수용한 것이다.[84] 나아가, 위와 같은 요건을 갖추고 있다면 해산등기를 마쳐 그 법인격이 소멸한 법인명의의 사문서를 위조한 행위도 사문서위조죄를 구성하는 데 아무런 지장이 없다(대법원 2005.3.25, 2003도4943). [경찰채용 11 2차 / 경찰승진 16 / 법원행시 05 / 사시 10·13]

(4) 문서의 종류

① 공문서와 사문서

        ㉠ **공문서**(公文書) : 공문서는 공무원 또는 공무소가 그 직무에 관하여 작성하는 문서이다. 따라서 공문서는 공무관련성이 있어야 한다. 예컨대, 십지지문 지문대조표(대법원 2000.8.22, 2000도2393) [경찰승진 14 / 법원승진 10 / 법원행시 12], 민사분쟁사건처리특례법에 의하여 공증사무취급이 인가된 합동법률사무소 명의로 작성된 공증에 관한 문서(대법원 1977.8.23, 74도2715 전원합의체) [경찰간부 12 / 경찰승진(경위) 10] 등이 여기에 속한다.

        ㉡ **사문서**(私文書) : 공문서가 아닌 문서로서 사인의 명의로 작성한 문서를 말한다. 형법상 공문서죄는 사문서죄보다 그 형이 무겁기 때문에, 공문서의 해석에 관해서는 엄격해석의 원칙이 준수되어야 한다. 따라서 문서의 작성명의인이 공무원과 공무소가 아닌 경우에는 −형법 또는 기타 특별법에 의하여 공무원 등으로 의제되는 경우를 제외하고는− '계약 등에 의하여 공무와 관련되는 업무를 일부 대행하는 경우'가 있다 하더라도 공문서가 될 수 없다(유추해석금지원칙, 대법원 2016.3.24, 2015도15842; 1996.3.26, 95도3073). [경찰채용 16 2차 / 법원행시 10] 예컨대, 공증인이 사서증서에 인증을 한 경우의 사서증서(대법원 2005.3.24, 2003도2144) [경찰승진(경위) 10 / 국가7급 11], 식당의 주·부식 구입 업무 담당공무원이 계약 등에 의하여 공무소의 주·부식 구입·검수 업무 등을 담당하는 조리장·영양사 등의 명의를

---

84 과거 대법원은 공문서의 경우에는 작성명의인이 사자나 허무인과 같이 존재하지 않는 경우에도 문서로서 인정되지만, 사문서는 명의인이 실재하여야 한다는 입장이었다(대법원 1992.12.24, 92도2322; 1991.1.29, 90도2542). 따라서 종래에는 허무인명의의 사문서는 문서가 아니며 사자명의의 사문서도 원칙적으로 문서가 될 수는 없지만, 당해 문서의 작성일자가 생존 중의 일자인 경우에만 예외적으로 문서성을 인정하고 있었다. 이에 대해서는 통설의 비판이 있어 왔는데, 위 2005년 대법원 전원합의체 판례에서 이를 받아들인 것이다.

위조하여 작성한 검수결과보고서(대법원 2008.1.17, 2007도6987) [경찰채용 20 1차/법원행시 10] 등이 여기에 속한다.

② 개별문서와 복합문서

㉠ 개별문서 : 개개의 문서가 각각 독립적으로 의사나 관념이 표시된 문서로서 일반적인 문서를 말한다.

㉡ 복합문서 : 한 개의 서류 내에 두 종류 이상의 문서가 병존하고 있는 문서를 말한다. 예컨대, 인감증명서의 사용용도란을 개인이 기재하는 경우나 사서증서에 대하여 공증인이 인증을 하여 인증서가 작성된 경우 등을 말한다. 이렇듯 공문서와 사문서가 병존하고 있는 문서를 공사병존문서라 할 수 있는데 이 경우 각각 독립성을 지님이 원칙이다.

4. 구성요건체계

형법상 문서죄는 우선 공문서죄가 제225조부터 제230조까지 규정되어 있으며(순서대로 보자면 공문서위조·변조죄, 자격모용공문서작성죄, 허위공문서작성죄, 공전자기록위작·변작죄, 공정증서원본부실기재죄, 위조 등 공문서행사죄, 공문서부정행사죄), 제231조부터 제236조까지 사문서죄가 규정되어 있고(사문서위조·변조죄, 자격모용사문서작성죄, 사전자기록위작·변작죄, 허위진단서작성죄, 위조 등 사문서행사죄, 사문서부정행사죄), '사문서부정행사죄'를 제외한 문서죄는 미수범을 처벌하고 있으며(제235조), 기계적 방법에 의한 복사문서도 문서로 보고 있다(제237조의2). [변호사시험 12]

문서죄는 ① 문서위조·변조와 자격모용문서작성과 같은 전형적인 유형위조, ② (1995년 개정형법에서 신설된) 전자기록위작·변작, ③ 허위문서작성과 공정증서원본부실기재와 같은 전형적인 무형위조, ④ 위조·변조·허위작성·부실기재된 문서행사, ⑤ 위조·변조·허위작성·부실기재되지 않은 진정한 문서를 행사하는 경우인 문서부정행사의 유형으로 이루어져있다. 문서죄의 기본적 구성요건은 사문서위조·변조죄이다.

02 사문서위조·변조죄

> 제231조 【사문서 등의 위조·변조】 행사할 목적으로 권리·의무 또는 사실증명에 관한 타인의 문서 또는 도화를 위조 또는 변조한 자는 5년 이하의 징역 또는 1천만 원 이하의 벌금에 처한다.

1. 객관적 구성요건

(1) 객체 – 권리·의무, 사실증명에 관한 타인의 문서(文書)·도화(圖畵)

① 권리·의무에 관한 문서

예 계약서, 청구서, 예금청구서, 예금통장, 차용증 등

② 사실증명에 관한 문서

예 사립학교의 성적증명서, 이력서, 각종 회의록, 영수증, 보고서 등

(2) 행위 – 위조·변조

① 위조(僞造) : 작성권한이 없는 자가 타인의 명의(名義)를 그의 승낙 없이 모용(冒用)하여 문서를 작성하거나 문서의 동일성 자체를 변경시키는 것을 말한다.

⊙ 작성권한 없는 자가 작성명의인의 명의를 모용하여 작성할 것

ⓐ **작성권한 없는 자의 명의모용** : 작성권한 없는 자가 작성명의인의 의사에 반하여 그 명의를 작성하여야 사문서위조죄가 성립한다.

ⓑ **명의인의 포괄적 위임 내지 사전승낙에 의한 문서작성의 경우** : 명의를 모용했다 할 수 없으므로 위조라고 할 수 없다(구성요건해당성조각). 이 경우 작성명의인의 승낙은 명시적·묵시적임을 불문한다. 나아가 행위 당시 명의자의 현실적인 승낙은 없었지만 행위 당시의 모든 객관적 사정을 종합하여 명의자가 행위 당시 그 사실을 알았다면 당연히 승낙했을 것이라고 추정되는 경우 역시 사문서 위·변조죄가 성립하지 않는다(대법원 2003.5.30, 2002도235[85]; 2015.11.26, 2014도781). [국가9급 16 / 사시 10·13]

판례연구 **작성명의인의 포괄적 위임이 인정되므로 위조에 해당하지 않는다는 사례**

대법원 2010.5.13, 2010도1040
주식회사의 지배인이 권한을 남용하여 허위로 회사명의의 문서를 작성한 경우, 사문서위조 또는 자격모용사문서 작성죄에 해당하는지 여부(소극)
주식회사의 지배인이 자신을 그 회사의 대표이사로 표시하여 연대보증채무를 부담하는 취지의 회사명의의 차용증을 작성·교부한 경우, 그 문서에 일부 허위 내용이 포함되거나 위 연대보증행위가 회사의 이익에 반하는 것이더라도 사문서위조 및 위조사문서행사에 해당하지 않는다. [경찰채용 16·18 1차 / 경찰승진 14 / 법원9급 11 / 법원승진 11 / 사시 13 / 변호사시험 17]

ⓒ **작성권한의 포괄적 위임 내지 승낙이 없는데도 작성하거나 그 위임을 받은 자가 위임의 취지에 반하거나 위임받은 권한을 초과하여 문서를 작성한 경우** : ㉮ 작성권자의 위임이나 승낙이 없음에도 작성한 경우, [변호사시험 17] ㉯ 승낙이 추정되지 않거나 승낙이 추정되더라도 사자명의의 문서로서 생존사실이 중요한 전제가 된 경우, ㉰ 위임의 취지에 반하거나 위임받은 권한을 초월하여 문서의 금액란 등의 백지를 보충하는 소위 백지위조(白地僞造)도 위조죄가 성립한다.

[경찰간부 14]

판례연구 **사자명의의 문서의 명의자의 생존사실이 중요한 전제가 되어 있는 경우이므로 문서위조·변조에 해당된다는 사례**

대법원 2011.9.29, 2011도6223
사망한 아버지 명의로 인감증명서 발급위임장을 작성하여 행사한 사례
사망한 사람 명의의 사문서를 위조한 경우 문서명의인이 생존하고 있다는 점이 문서의 중요한 내용을 이루거나 그 점을 전제로 문서가 작성되었다면, 사망한 명의자의 승낙이 추정된다는 이유로 사문서위조죄의 성립을 부정할 수 없다. 따라서 피고인이 자신의 부(父) 甲에게서 甲 소유 부동산 매매에 관한 권한 일체를 위임받아 이를 매도하였는데, 그 후 甲이 갑자기 사망하자 소유권 이전에 사용할 목적으로 甲이 자신에게 인감증명서 발급을

---

85 **사례** : 대학교 캠퍼스 건설본부장 공사계약서 추가 날인 사례 B대학교 직원들의 파업으로 인하여 B대학교 건물신축 관련 행정업무에는 차질이 생기게 되었고 이에 A학원 측에서는 원활한 공사시행을 위하여 법인소속의 캠퍼스 건설본부를 설치한 후 乙을 건설본부장으로 하여 건설공사를 진행시키게 되었다. 그런데 乙은 교육부 감사를 당하게 되자 신속하게 캠퍼스 건설공사를 진행시키려는 의도로 A학원 명의로 작성된 공사계약서의 도급인란에 甲의 동의를 받지 않고 기존의 A학원 명의 옆에 추가로 총장 甲의 고무인을 찍고 그 옆에 총장 직인을 날인하여 이를 위 직원에게 제시하였다. 乙에게는 사문서변조죄가 성립하는가?
판례 : 사문서의 위·변조는 작성권한 없는 자가 타인명의를 모용하여 문서를 작성하는 것을 말하는 것이므로 사문서를 작성·수정함에 있어 그 명의자의 명시적이거나 묵시적인 승낙이 있었다면 사문서의 위·변조에 해당하지 않고, 한편 행위 당시 명의자의 현실적인 승낙은 없었지만 행위 당시의 모든 객관적 사정을 종합하여 명의자가 행위 당시 그 사실을 알았다면 당연히 승낙했을 것이라고 추정되는 경우 역시 사문서의 위·변조가 성립하지 않는다(대법원 2003.5.30, 2002도235).
해결 : 사문서변조죄가 성립하지 않는다.

위임한다는 취지의 인감증명 위임장을 작성하여 주민센터 담당직원에게 제출한 경우에는 사문서위조죄 및 동행사죄가 성립한다. [국가7급 13·16·20/법원행시 14/사시 14/변호사시험 14]

ⓓ 기망에 의한 위조의 경우 : 명의인을 기망하여 문서를 작성케 하는 경우는 서명·날인이 정당히 성립된 경우에도 기망자는 명의인을 이용하여 서명·날인자의 의사에 반하는 문서를 작성케 하는 것이므로 사문서위조죄가 성립한다(대법원 2000.6.13, 2000도778 : 정기문중총회 회의록 기망작성 사례). [경찰채용 14 2차/경찰채용 18 3차/경찰승진(경위) 11/경찰승진 12·17/국가7급 11/법원9급 12/법원승진 10/법원행시 11]

ⓛ 문서의 동일성(同一性) 자체를 변경할 것 : 문서의 동일성 자체를 변경해야 위조에 해당하며 그렇지 못한 내용변경은 변조죄를 구성할 뿐이다. 예컨대, 국제운전면허증에 기재되어 있는 이름을 바꾸거나 사진을 바꾸어 붙이는 것은 문서의 동일성 자체를 변경하는 행위이기 때문에 변조가 아니라 위조에 해당된다. [경찰간부 18/국가9급 16]

ⓒ 위조의 정도 : 사문서위조죄는 그 명의자가 진정으로 작성한 문서로 볼 수 있을 정도의 형식과 외관을 갖추어 일반인이 명의자의 진정한 사문서로 오신하기에 충분한 정도이면 성립한다. 따라서 반드시 그 작성명의자의 서명·날인이 있어야 하는 것은 아니다. [경찰승진 14/법원9급 12·17/사시 13·14/변호사시험 17]

ⓔ 대리권·대표권과 관련된 문서작성행위의 문제
ⓐ 대리권·대표권 '없는' 자가 대리인으로서 본인명의문서를 작성한 경우 : 본죄가 아니라 자격모용문서작성죄(제226조, 제232조)에 해당된다.
ⓑ 대리권·대표권 있는 자가 그 권한을 '초월'하여(그 권한 이외의 사항에 대하여) 문서를 작성한 경우 : 자격모용문서작성죄가 성립한다(통설). 다만 대리권·대표권이 표시되지 않은 문서의 경우 위임받은 권한을 초월하여 작성한 것은 위조죄에 해당된다.
ⓒ 대리권·대표권 있는 자가 그 권한을 '남용'하여(그 권한의 범위 내에서) 문서를 작성한 경우 : 작성권의 행사이므로 위조나 자격모용작성에 해당하지 않는다(통설·판례). [경찰간부 14/국가7급 07/변호사시험 16]

표정리 위조·변조죄에서 대리권·보충권의 모용·남용

대리권 모용	자격모용작성
대리권 남용	• 유형위조(위조·자격모용작성)는 불성립 • 배임죄 또는 허위작성죄만 성립 [국가7급 07]
대리권 (명백한) 초월·일탈	• 대리권·대표권이 표시된 문서 : 자격모용작성죄
위임받은 권한 초과	• 대리권·대표권이 표시되지 않은 문서 : 위조죄
백지보충권 남용	위조 [법원9급 07(하)]

② 변조(變造) : 권한 없이 이미 진정하게 성립된 타인명의의 문서 내용에 그 동일성을 해하지 않을 정도로 변경하는 것을 말한다. 다만 변조도 위조와 마찬가지로 기존의 문서와는 다른 내용의 새로운 증명력을 작출케 하는 정도는 되어야 한다.

2. 주관적 구성요건 – 고의와 행사할 목적

(1) 고 의
작성명의자의 동의 없이 그 명의를 함부로 사용하여 문서를 작성한다는 인식과 의사를 말한다.

(2) 행사할 목적

판례에 의하면, 위조·변조된 문서를 진정한 문서인 것처럼 사용할 목적을 말하는 것으로 적극적 의욕이나 확정적 인식을 요하지 아니하고 미필적 인식이 있으면 족하다(대법원 2006.1.26, 2004도788). [경찰승진(경위) 10]

3. 죄수 및 다른 범죄와의 관계

(1) 문서에 관한 죄의 죄수 결정기준 : 명의인의 수

판례는 명의인의 수를 기준으로 하여 2인 이상의 연명으로 된 문서를 위조한 때에는 수죄의 상상적 경합이 된다는 입장이다(대법원 1987.7.21, 87도564). [경찰간부 12·14 / 경찰승진 17 / 법원9급 07(상) / 법원행시 06]

➜ 유가증권은 매수를 기준

(2) 위조문서행사죄와의 관계

위조죄와 행사죄를 독립적으로 규정하는 한 경합범관계가 된다(다수설·판례).

(3) 인장위조죄와의 관계

행사할 목적으로 타인의 인장을 위조하고 그 위조한 인장을 사용하여 권리의무 또는 사실증명에 관한 타인의 사문서를 위조한 경우, 인장위조죄는 사문서위조죄에 흡수되고 따로 인장위조죄가 성립하는 것은 아니다(불가벌적 수반행위, 대법원 1978.9.26, 78도1787). [경찰승진(경감) 11 / 법원행시 14 / 변호사시험 12]

4. 몰 수

위조문서는 몰수할 수 있다(제48조 제1항 제2호). 다만 문서의 일부가 몰수의 대상이 된 경우에는 그 부분을 폐기한다(제48조 제3항).

---

03 자격모용에 의한 사문서작성죄

> **제232조【자격모용에 의한 사문서의 작성】** 행사할 목적으로 타인의 자격을 모용하여 권리·의무 또는 사실증명에 관한 문서 또는 도화를 작성한 자는 5년 이하의 징역 또는 1천만 원 이하의 벌금에 처한다.

1. 의 의

자격모용사문서작성죄는 대표권·대리권 '없는' 자가 있는 것처럼 자격을 모용(冒用)하거나 대표권·대리권 있는 자가 그 권한을 '초월'하여 자격을 모용하는 행위를 처벌하는 규정이다. 제225조·제231조의 공·사문서위조죄가 타인의 명의를 모용하는 행위를 처벌한다면, 제226조·제232조의 자격모용 공·사문서작성죄는 –명의는 자신의 명의를 사용하였으므로 명의모용행위는 하지 않았으나– 자기에게 없는 타인의 자격을 자기가 갖춘 것처럼 기재하는 행위를 처벌하는 것이다.

2. 객관적 구성요건

(1) 유형위조·자격모용작성

① **위조죄와의 공통점** : 자격모용사문서작성죄를 구성하는지 여부는 그 문서를 작성함에 있어 타인의 자격을 모용하였는지 아닌지의 형식(形式)에 의하여 결정하여야 하고, 그 문서의 내용(內容)이 진실한지

아닌지는 이에 아무런 영향을 미칠 수 없다. 이렇듯 작성권한 없는 자의 작성행위인 유형위조를 처벌한다는 점에서 본죄는 사문서위조죄와 공통점이 있다.

② 위조죄와의 구별 – 명의모용이 아닌 자격모용

　㉠ **자격모용** : 문서위조죄와 자격모용문서작성죄는 구별해야 한다. 따라서 명의와 자격이 모두 모용된 경우에는 문서위조죄에 해당하고, 명의는 자기명의나 타인의 자격을 모용한 경우에 비로소 본죄에 해당된다.

　㉡ **대표권·대리권 표시** : ⓐ 본죄는 대표권·대리권이 표시된 문서의 경우 대표권·대리권 없는 자가 자격을 모용하거나 대표권·대리권 있는 자가 그 권한을 초월하여 작성한 경우에 성립한다. 반면 ⓑ 대표권·대리권 표시가 없는 형식의 문서에 있어서 위임을 받은 바 없음에도 본인명의로 작성하거나 위임의 취지에 반하거나 위임받은 권한을 초월하여 백지를 보충하는 등의 행위를 한 경우에는 본죄가 아니라 위조죄에 해당된다.

판례연구　　자격모용에 의한 사문서작성죄 인정례

대법원 2008.2.14, 2007도9606
부동산중개사무소를 대표하거나 대리할 권한이 없는 사람이 부동산매매계약서의 공인중개사란에 '○○부동산 대표 △△△(피고인의 이름)'라고 기재한 경우, '○○부동산'이라는 표기는 단순히 상호를 가리키는 것이 아니라 독립한 사회적 지위를 가지고 활동하는 존재로 취급될 수 있으므로 자격모용사문서작성죄의 '명의인'에 해당하므로, 위 행위는 자격모용사문서작성죄에 해당된다. [경찰채용 11 1차 / 법원행시 10 / 사시 12]

---

(2) 대표권·대리권자의 작성권한 남용과의 구별

본죄는 대표권·대리권 없는 자의 자격모용행위를 처벌하는 것이므로, 타인의 대표자 또는 대리자가 그 대표·대리 명의를 써서 또는 직접 본인의 명의를 사용하여 문서를 작성할 권한을 가지는 경우라면, '그 지위를 남용(濫用)'하여 단순히 자기 또는 제3자의 이익을 도모할 목적으로 마음대로 문서를 작성하였다 하여도 본죄나 문서위조죄와 같은 유형위조는 성립하지 아니한다(대법원 1983.4.12, 83도332). [법원행시 09]

3. 주관적 구성요건 – 고의 및 행사할 목적

행사할 목적 이외에 정당한 대표권이나 대리권이 없음을 알고도 마치 대표권이나 대리권이 있는 것처럼 가장하여 타인의 자격을 모용한다는 고의가 있어야 한다.

04　사전자기록위작·변작죄

제232조의2【사전자기록위작·변작】 사무처리를 그르치게 할 목적으로 권리·의무 또는 사실증명에 관한 타인의 전자기록 등 특수매체기록을 위작 또는 변작한 자는 5년 이하의 징역 또는 1천만 원 이하의 벌금에 처한다.

---

1. 객관적 구성요건

(1) 객체 – 권리·의무 또는 사실증명에 관한 타인의 전자기록 등 특수매체기록

① 전자기록 등 특수매체기록

　㉠ 의의 : 일정한 저장매체에 전자방식이나 자기방식, 광학적 방식에 의해 저장된 '기록'을 말하며,

그 자체로는 물적 실체를 가진 것이 아니어서 별도의 표시·출력장치를 통하지 아니하고는 보거나 읽을 수 없는 것을 말한다.

    ⓒ **계속성** : 기록은 계속성을 요하므로 전송 중인 데이터나 컴퓨터 모니터상 이미지는 포함될 수 없다. 다만 컴퓨터의 기억장치 중 하나인 램(RAM, Random Access Memory)에 올려진 전자기록은 임시적이기는 하나 기록에 포함된다(대법원 2003.10.9, 2000도4993). [경찰채용 10 2차 / 법원행시 08 / 사시 10]

    ⓒ **콤팩트디스크** : CD 자체는 재물에 불과하지만 그 안에 들어있는 기록이 권리·의무 또는 사실증명에 관한 것이라면 본죄의 특수매체기록에 해당된다.

    ⓔ **마이크로필름** : 단순히 문자의 축소·확대에 의한 재생에 불과하여 포함되지 않는다(문서에 해당될 수 있으나, 특수매체기록에는 해당되지 않음).

  ② **증명성** : 본죄의 기록은 권리·의무 또는 사실증명에 관한 것이어야 한다. 따라서 컴퓨터에 대한 작업명령을 내용으로 하는 프로그램은 포함되지 않는다.

(2) 행위 및 기수시점

  ① **유형위조와 무형위조** : 사전자기록위작·변작에 대해서 무형위조(허위작성)를 포함시킬 것인가에 대해서는 학설이 대립하나, 판례는 공전자기록등위작의 위작(유형위조뿐만 아니라 무형위조도 포함)과 동일하게 사전자기록등위작죄의 위작에도 무형위조가 포함된다는 입장이다. 즉, 판례는 형법 제232조 의2에서 정한 '위작'의 포섭 범위에 권한 있는 사람이 그 권한을 남용하여 허위의 정보를 입력함으로써 시스템 설치·운영주체의 의사에 반하는 전자기록을 생성하는 행위를 포함하는 것으로 보더라도, 이러한 해석이 '위작'이란 낱말이 가지는 문언의 가능한 의미를 벗어났다거나 피고인에게 불리한 유추해석 또는 확장해석을 한 것이라고 볼 수 없으므로, 시스템의 설치·운영주체로부터 각자의 직무 범위에서 개개의 단위정보의 입력 권한을 부여받은 작성권한 있는 사람이 그 권한을 남용하여 허위의 정보를 입력함으로써 시스템 설치·운영주체의 의사에 반하는 전자기록을 생성하는 경우도 사전자기록등위작죄의 위작에 포함된다고 보고 있다(대법원 2020.8.27, 2019도11294 전원합의체).

  ② **위작·변작** : 위작이란 작성권한 없는 자가 그 내용을 새로 만든 경우 내지 동일성을 해할 정도로 변경하는 것을 의미하고, 변작이란 작성권한 없는 자가 동일성을 해하지 않을 정도로 그 내용을 변경하는 것을 말한다. 예컨대, 램에 올려진 전자기록의 내용을 권한 없이 수정·입력한 행위가 비록 원본파일의 변경까지 초래하지는 아니하였더라도 본죄의 변작에 해당된다(대법원 2003.10.9, 2000도4993). [경찰채용 10 2차 / 법원행시 08 / 사시 10] 램에 올려진 전자기록은 원본파일과 불가분적인 것으로 원본파일의 개념적 연장선상에 있는 것이기 때문이다.

  ③ **기수** : 전자기록에 허구의 내용을 권한 없이 수정입력한 것은 그 자체로 그러한 사전자기록을 변작한 행위의 구성요건에 해당되므로, 그러한 수정입력의 시점에서 사전자기록변작죄의 '기수'에 이르렀다고 볼 수 있다(대법원 2003.10.9, 2000도4993). [사시 10]

2. 주관적 구성요건

  본죄의 주관적 구성요건으로서는 고의와 목적이 필요한데, 여기서의 목적은 다른 문서죄(행사할 목적)와는 달리 '사무처리를 그르치게 할 목적'으로서, [국가9급 12] 위작·변작된 전자기록이 사용됨으로써 위와 같은 시스템을 설치·운영하는 주체의 사무처리를 잘못되게 하는 것을 말한다.

05 공문서위조 · 변조죄

> **제225조【공문서 등의 위조 · 변조】** 행사할 목적으로 공무원 또는 공무소의 문서 또는 도화를 위조 또는 변조한 자는 10년 이하의 징역에 처한다.

1. 의의 및 성격

공문서위조 · 변조죄는 행사할 목적으로 공무원 또는 공무소의 문서 또는 도화를 위조 또는 변조함으로써 성립하는 범죄이다. 사문서위조 · 변조죄에 비하여 그 행위객체(공문서)의 특성상 가중된 구성요건이다. 공문서위조 · 변조죄와 자격모용공문서작성죄는 문서죄 중 가장 무거운 범죄이고, 따라서 그 법정형에도 벌금형이 규정되어 있지 않다.

2. 객관적 구성요건

(1) 주 체

① 일반범 : 공문서위조 · 변조죄의 행위주체에는 제한이 없다(일반범).

② 공무원 : 설사 공무원이라 하더라도, 공무원의 문서작성을 보조하는 자나 보충기재권한만을 위임받은 공무원이 함부로 허위내용의 공문서를 작성한 경우에는 허위공문서작성죄가 아니라 본죄가 성립한다 (대법원 1991.9.10, 91도1610). [경찰승진(경경) 11]

③ 상사(작성명의인)의 포괄적 위임 내지 승낙이 있는 경우 : 위조라고 볼 수는 없다. 예컨대, 지단장이 백지에 자기 이름을 써 보이면서 담당과장으로 하여금 이를 보고 흉내를 내어 기안지 결재란에 대신 서명하라고 하여 담당과장이 지단장의 서명을 한 것이라면 이는 공문서위조에 해당하지 않는다 (대법원 1983.5.24, 82도1426). [국가7급 10 / 법원행시 09]

④ 보조공무원 : 작성권자인 상관을 보조하는 ㉠ 보조공무원이 허위공문서를 기안하여 그 사정을 모르는 작성권자의 결재를 받아 공문서를 완성한 때에는 허위공문서작성죄의 간접정범이 되고, [법원9급 13] ㉡ 이러한 결재를 거치지 않고 임의로 허위내용의 공문서를 완성한 때에는 공문서위조죄가 성립한다 (대법원 1981.7.28, 81도898). [경찰채용 14 1차 / 경찰승진(경경) 10 / 국가7급 07 / 법원행시 11]

(2) 객체 – 공무원 · 공무소가 그의 명의로 작성한 공문서 또는 공도화

① 공무원 · 공무소 '발행'의 문서로 제한되는가의 문제 : 제한되는 것은 아니다. 예컨대, 공증인 · 집행관 작성 문서도 공문서에 해당한다(대법원 1977.8.23, 74도2715 전원합의체). [경찰승진(경위) 10]

② 공무원 작성문서와 개인 작성문서가 결합되어 있는 경우 : 소위 공사병존문서는 복합문서로서 각각 독립성을 가짐이 원칙이다. 예컨대, 사서증서인증서 중 사서증서의 기재내용을 변조한 행위는 공문서 변조가 아니라 사문서변조죄를 구성한다. 왜냐하면 사서증서 인증서 중 인증기재 부분은 공문서에 해당한다고 하겠으나, 위와 같은 내용의 인증이 있었다고 하여 사서증서의 기재내용이 공문서인 인증기재 부분의 내용을 구성하는 것은 아니기 때문이다(대법원 2005.3.24, 2003도2144). [경찰승진(경위) 10 / 국가7급 11]

판례연구 공사병존문서 중 사문서 부분에 대한 위조 사례 : 공문서위조 ✕

대법원 2004.8.20, 2004도2767
권한 없는 자가 임의로 (부동산매도용 이외의) 인감증명서의 사용용도란의 기재를 고쳐 썼다고 하더라도 공무원

또는 공무소의 문서 내용에 대하여 변경을 가하여 새로운 증명력을 작출한 경우라고 볼 수 없으므로 공문서변조 죄나 이를 전제로 하는 변조공문서행사죄가 성립되지는 않는다. [경찰채용 16 1차 / 경찰채용 16 2차 / 경찰승진(경사) 10 / 국가7급 09 / 법원승진 11]

③ **복사하여 만들어진 문서의 사본** : 기계적 방법에 의한 복사문서도 문서에 해당된다(제237조의2). [변호사시험 12] 그러므로 타인의 진정한 주민등록증 사본을 전자복사기를 이용하여 복사하면서 그 사진란에 자신의 사진을 붙이는 방법으로 일부 조작을 가하여 복사하는 행위는 공공의 신용을 해할 우려가 있는 별개의 문서사본을 창출하는 행위로서 공문서위조행위에 해당한다(대법원 2000.9.5, 2000도2855). [경찰간부 13 / 경찰승진(경위) 11 / 경찰승진(경감) 10 / 국가9급 12 / 법원9급 16 / 법원행시 05]

④ **허위작성된 공문서는 본죄**(공문서변조죄)**의 객체가 되는가의 문제** : 공문서변조죄의 객체는 진정하게 성립된 공문서(진정문서)일 것을 요하므로 이미 허위작성된 부진정한 공문서는 공문서변조죄의 객체가 되지 않는다(대법원 1986.11.11, 86도1894). [법원행시 10]

(3) 행위 – 위조 · 변조

① **위 조**

　㉠ **의의** : 작성권한 없는 자의 명의모용에 의한 문서작성행위 및 내용에 대한 동일성을 해할 정도의 변경행위를 말한다. 따라서 甲이 행사할 목적으로 乙의 주민등록증에 붙어 있는 사진을 떼어내고 그 자리에 甲의 사진을 붙였다면 이는 기존 공문서의 본질적 또는 중요부분에 변경을 가하여 새로운 증명력을 가지는 별개의 공문서를 작성한 경우에 해당하므로 공문서위조죄를 구성한다(대법원 1991.9.10, 91도1610). [경찰승진(경장) 11 / 경찰승진(경위) 11 / 법원행시 05]

　㉡ **정도** : ⓐ 일반인으로 하여금 공무원 또는 공무소의 권한 내에서 작성된 문서라고 믿을 수 있는 형식과 외관을 구비한 문서를 작성하면 공문서위조죄가 성립하지만, ⓑ 평균 수준의 사리분별력을 갖는 사람이 조금만 주의를 기울여 살펴보면 공무원 또는 공무소의 권한 내에서 작성된 것이 아님을 쉽게 알아볼 수 있을 정도로 공문서로서의 형식과 외관을 갖추지 못한 경우에는 공문서위조죄가 성립하지 않는다(대법원 1992.5.26, 92도699).

　㉢ **공무원 아닌 자의 허위 증명원 제출에 의한 담당공무원의 증명서 발급의 경우** : 공무원 아닌 자가 관공서에 허위내용의 증명원을 제출하여 그 내용이 허위인 사정을 모르는 담당공무원으로부터 그 증명원 내용과 같은 증명서를 발급받은 경우에는 공문서위조죄의 간접정범으로 의율할 수는 없다(대법원 2001.3.9, 2000도938). [경찰간부 12 · 16 · 18 / 경찰승진(경장) 10 / 경찰승진(경감) 10 / 국가7급 13 · 16 / 법원9급 13 · 18 / 법원행시 11 · 17 / 사시 10] 그 문서의 성립은 공무원 자신에 의하여 직접 이루어진 것이어서 진정하며 작성명의를 모용한 사실도 없기 때문이다.

② **변 조**

　㉠ **의의** : 작성권한 없는 자가 공무소 또는 공무원이 작성한 타인명의의 문서 · 도화의 내용에 동일성을 해하지 않을 정도로 변경을 가하여 새로운 증명력을 작출하게 함으로써 공문서 또는 공도화에 대한 공공적 신용을 해할 위험성이 있는 행위를 말한다.

　㉡ **정도** : 변조는 동일성을 해하지 않는 범위 내에서 내용을 변경하는 것이지만, 위조와 마찬가지로 일반인으로 하여금 공무원 또는 공무소의 권한 내에서 작성된 문서라고 믿을 수 있는 형식과 외관을 구비한 문서를 작성함으로써 새로운 증명력을 작출케 하는 정도에 이르러야 한다. 예컨대, 인터넷을 통하여 출력한 등기사항전부증명서 하단의 열람일시 부분을 수정테이프로 지우고 복사한 경우 등이 여기에 해당한다(대법원 2021.2.25, 2018도19043).

　㉢ **허위공문서작성죄와의 구별** : 작성권한 있는 공무원이 공문서의 내용을 허위로 변개(變改)하였다면 허위공문서작성죄에 해당되나, 작성권한 없는 공무원이 공문서의 내용을 임의로 변경한 경우에

는 공문서변조죄에 해당된다(대법원 1996.11.22, 96도1862). [사시 13] 예컨대, 결재된 원안문서에 이미 기재되어 있음에도 이를 자세히 인정치 않고 단순히 결재 때 빠진 것으로 생각하고 가필변경할 권한이 없는 공무원이 원안에 없는 새로운 항을 만들어 중복되게 기재해 넣은 행위는 공문서변조죄를 구성한다(대법원 1970.12.29, 70도116). [경찰간부 12]

3. 주관적 구성요건 – 고의 및 행사할 목적

(1) 고 의

본죄의 고의란 공문서·공도화의 작성명의를 모용하여 문서를 작성하거나 이미 진정하게 성립한 공문서의 내용을 변경한다는 사실에 대한 인식과 의사이다. 따라서 허위공문서작성의 고의에 불과한 경우에는 본죄가 성립하지 않는다(대법원 1997.7.11, 97도1082).

(2) 행사할 목적

위조·변조된 공문서를 진정한 문서인 것처럼 사용할 목적을 말한다. 이는 행사의 상대방이 누구이든지 간에 그 상대방에게 문서의 진정에 대한 착오를 일으킬 목적이면 충분한 것이지, 반드시 위조·변조 전의 그 문서의 본래의 용도에 사용할 목적에 한정되는 것은 아니다(대법원 1995.3.24, 94도1112). [법원행시 09]

06 자격모용에 의한 공문서작성죄

> 제226조【자격모용에 의한 공문서 등의 작성】행사할 목적으로 공무원 또는 공무소의 자격을 모용하여 문서 또는 도화를 작성한 자는 10년 이하의 징역에 처한다.

자격모용공문서작성죄는 자신의 명의는 그대로 기재하였으나 타인(공무원·공무소)의 자격을 자신의 자격인 것처럼 기재함으로써 성립하는 범죄이다.

판례연구　　**자격모용에 의한 공문서작성죄가 성립한다는 사례**

대법원 1993.4.27, 92도2688
전 구청 구청장으로 작성 : 자격모용공문서작성죄
피고인이 동래구청장으로 전보된 후에 남구청장의 권한에 속하는 이 사건 건축허가에 관한 기안용지의 결재란에 서명을 하였다면 이는 자격모용에 의한 공문서작성죄를 구성한다. [경찰채용 12·16 2차 / 경찰간부 17 / 사시 14]

---

07 공전자기록위작·변작죄

> 제227조의2【공전자기록위작·변작】사무처리를 그르치게 할 목적으로 공무원 또는 공무소의 전자기록 등 특수매체기록을 위작 또는 변작한 자는 10년 이하의 징역에 처한다.

1. **객체** – 전자기록 등 특수매체기록

전자기록 등 특수매체기록은 그 자체로서 객관적·고정적 의미를 가지면서 독립적으로 쓰이는 것뿐만 아니라 개인·법인이 전자적 방식에 의한 정보의 생성·처리·저장·출력을 목적으로 구축하여 설치·운영하는 시스템(일종의 종합정보처리시스템)에서 쓰임으로써 예정된 증명적 기능을 수행하는 경우도 포함된다.

2. **행위** – 위작·변작

(1) 유형위조와 무형위조

위작·변작은 작성권한 없는 자가 작성하는 유형위조뿐만 아니라 작성권한 있는 자가 허위내용으로 작성하는 무형위조도 포함된다. 형법상 공문서는 유형위조뿐 아니라 허위공문서작성과 같은 무형위조도 벌하고 있기 때문이다.

(2) 유형위조

정보처리 시스템을 설치·운영하는 주체와의 관계에서 전자기록의 생성에 관여할 권한이 없는 사람이 전자기록을 작출하거나 전자기록의 생성에 필요한 단위 정보의 입력을 하는 경우에도 본죄의 위작에 해당된다.

(3) 무형위조

① **공전자기록위작에 해당하는 경우** : 전자기록작성과정의 특성을 고려할 때 시스템의 설치·운영주체로부터 각자의 직무 범위에서 개개의 단위정보의 입력 권한을 부여받은 사람이 그 권한을 남용하여 허위의 정보를 입력함으로써 시스템 설치·운영주체의 의사에 반하는 전자기록을 생성하는 경우도 본죄에서 말하는 전자기록의 '위작'에 포함된다(대법원 2005.6.9, 2004도6132). [경찰간부 18 / 법원행시 08]

② **공전자기록위작에 해당하지 않는 경우** : 관계법령에 의하여 요구되는 자격을 갖추지 못하였음에도 불구하고 고의로 이를 갖춘 것처럼 단위 정보를 입력하였다고 하더라도 그 전제 또는 관련된 사실관계에 대한 내용에 거짓이 없다면 허위의 정보를 입력하였다고 볼 수 없다(대법원 2011.5.13, 2011도1415). [경찰간부 18]

08 허위진단서 등 작성죄

> **제233조【허위진단서 등의 작성】** 의사, 한의사, 치과의사 또는 조산사가 진단서, 검안서 또는 생사에 관한 증명서를 허위로 작성한 때에는 3년 이하의 징역이나 금고, 7년 이하의 자격정지 또는 3천만 원 이하의 벌금에 처한다.

1. 객관적 구성요건

(1) 행위주체 – 의사·한의사·치과의사·조산사

① **진정신분범** : 의사·한의사·치과의사·조산사만 범할 수 있는 진정신분범이다. 따라서 이러한 신분이 없는 자는 간접정범에 의하여 본죄를 범할 수 없다.

② **자수범 여부** : 자수범(自手犯)으로 보는 것이 다수설이다.

③ **공무원의 신분인 의사가 작성한 허위진단서 등 작성행위** : 본죄와 허위공문서작성죄의 상상적 경합이 된다는 것이 다수설이나, 판례는 공무원인 의사가 공무소의 명의로 허위진단서를 작성한 경우 허위공

문서작성죄만 성립한다는 입장이다(대법원 2004.4.9, 2003도7762). [경찰채용 10 2차 / 경찰승진 12 / 국가9급 14 / 국가7급 20 / 법원9급 07(하) / 법원승진 13 / 법원행시 08 · 11 · 14 / 사시 13 · 14 / 변호사시험 12 · 18]

(2) 객체 · 행위

① **객체** : 진단서 · 검안서 그리고 생사에 관한 증명서로서 사문서에 해당하는 것들이다. 다만 입퇴원확인서에 여기에 해당되지 않는다(대법원 2013.12.12, 2012도3173). [경찰간부 16 / 법원행시 16]

② **행위** : 이러한 문서에 허위의 내용을 작성하는 것을 말한다. 여기서 허위작성이란 객관적으로 진실에 어긋나는 것을 의미하므로, 본죄는 사문서의 무형위조를 예외적으로 처벌하는 규정이다. 한편, 의사가 진단서에 환자에 대한 진단결과 또는 향후 치료의견 등을 함께 제시하고 그와 결합하여 수형생활 또는 수감생활의 가능 여부에 대하여 판단한 경우, 그 전체가 환자의 건강상태를 나타내고 있는 의료적 판단에 해당하여, 이를 허위로 작성하였다면 본죄에 해당할 수 있다(대법원 2017.11.9, 2014도15129).

2. 주관적 구성요건 – 목적이 필요 없는 고의범

허위진단서작성죄는 허위공문서작성죄와는 달리 목적범이 아니기 때문에, [경찰승진(경장) 11 / 국가9급 12] 그 주관적 구성요건으로서는 허위작성의 고의만 있으면 된다. 본죄가 성립하기 위하여는 진단서의 내용이 실질상 진실에 반하는 기재여야 할 뿐 아니라 그 내용이 허위라는 의사의 주관적 인식이 필요하다. 따라서 의사가 주관적으로 진찰을 소홀히 한다던가 착오를 일으켜 오진한 결과로 객관적으로 진실에 반한 진단서를 작성하였다면 허위진단서작성에 대한 인식이 있다고 할 수 없으므로 본죄는 성립하지 아니한다(대법원 2006.3.23, 2004도3360).

---

09 허위공문서작성죄

> 제227조【허위공문서작성 등】 공무원이 행사할 목적으로 그 직무에 관하여 문서 또는 도화를 허위로 작성하거나 변개한 때에는 7년 이하의 징역 또는 2천만 원 이하의 벌금에 처한다.

1. 구성요건

(1) 객관적 구성요건

① **주체 – 직무상 공문서 · 공도화의 작성권한이 있는 공무원** : '공무원이 아닌 자' 및 '공무원이라 할지라도 문서의 작성권한이 없는 자'는 허위공문서작성죄의 주체가 될 수 없다(진정신분범). 즉 본죄는 –작성권자를 보조하는 역할을 하는 작성권한 없는 보조공무원에 대하여 허위공문서작성죄의 간접정범이 성립하는가의 문제를 논외로 한다면– 작성권한 있는 공무원만 범할 수 있다. 이 점은 허위진단서작성죄와 유사한 특징이나, 공정증서원본부실기재죄와는 다른 것이다.

② **객체 – 직무에 관한 공문서 · 공도화** : 허위공문서작성죄에 있어서 직무에 관한 문서 · 도화라 함은 공무원이 직무권한 내에서 작성하는 문서 · 도화를 말하고, 그 직무권한이 반드시 법률상 근거가 있음을 필요로 하는 것이 아니고, 명령 · 내규 또는 관례에 의한 직무집행의 권한으로 작성하는 경우라도 포함되는 것으로서, 대외적인 것이거나 내부적인 것을 구별하지 아니한다.

③ 행위 - 허위내용의 문서·도화를 작성·변개하는 것

　　㉠ 허위작성 : 문서·도화에 객관적 진실에 반하는 내용을 기재하는 것을 말한다. 예컨대, 진술거부권을 고지하지 않았음에도 피의자신문조서에 고지하였다고 기재하는 경우 또는 피의자가 자백하지 않았음에도 자백하였다고 기재한 경우(이상 작위) 또는 자백하였다는 사실을 고의로 누락시킨 경우(부작위)를 말한다.

　　　　ⓐ 허위작성에 해당하는 경우 : 허위라 함은 표시된 내용과 진실이 부합하지 아니하여 그 문서에 대한 공공의 신용을 위태롭게 하는 것을 말한다(대법원 1985.6.25, 85도758). [법원9급 18]

판례연구　　허위공문서작성에 해당하는 경우

대법원 2003.2.11, 2002도4293
폐기물처리사업계획이 관계법령의 규정에 적합하지 아니한데도 적합하다는 내용의 통보서 작성 사례
허위공문서작성죄란 공문서에 진실에 반하는 기재를 하는 때에 성립하는 범죄이므로, ① 고의로 법령을 잘못 적용하여 공문서를 작성하였다고 하더라도 그 법령적용의 전제가 된 사실관계에 대한 내용에 거짓이 없다면 허위공문서작성죄가 성립될 수 없다(대법원 2000.6.27, 2000도1858 등 참조). [경찰승진(경사) 11 / 국가9급 18 / 법원9급 18] 그러나 ② 폐기물관리법 제26조 제2항에 의한 폐기물처리사업계획 적합통보서는 단순히 폐기물처리사업을 관계법령에 따라 허가한다는 내용이 아니라, 폐기물처리업을 하려는 자가 폐기물관리법 제26조 제1항에 따라 제출한 폐기물처리사업계획이 폐기물관리법 및 관계법령의 규정에 적합하다는 사실을 확인하거나 증명하는 것이라 할 것이므로, 그 폐기물처리사업계획이 관계법령의 규정에 적합하지 아니함을 알면서 적합하다는 내용으로 통보서를 작성한 것이라면 그 통보서는 허위의 공문서에 해당한다.

　　　　ⓑ 허위작성에 해당하지 않는 경우 : 문서·도화 등에 기재한 사실이 객관적 진실에 어긋나지 않는 경우는 허위작성에 해당하지 않는다. 예컨대, '고의로 법령을 잘못 적용'하여 공문서를 작성하였다고 하더라도 그 법령적용의 전제가 된 사실관계에 대한 내용에 거짓이 없는 경우(대법원 2000.6.27, 2000도1858) [경찰승진(경감) 10 / 국가9급 21 / 법원9급 09 / 법원행시 09], 건축법상 요건을 갖추지 못하고 설계된 사실을 알면서도 건축허가서를 작성한 경우(대법원 2000.6.27, 2000도1858) [경찰승진(경사) 11 / 국가7급 13 / 법원9급 13] 등은 허위공문서작성에 해당하지 아니한다.

　　㉡ 공무원이 형식적 심사권만 가지고 있는 경우 : 가족관계등록부·등기부와 같이 신고내용을 심사하는 공무원에게 실질적 심사권은 없고 형식적 심사권만 있는 경우라 하더라도, 신고내용이 객관적 진실에 반한다는 것을 공무원이 알게 되었음에도 불구하고 신고내용대로 공문서를 작성한 행위는 허위공문서작성에 해당한다(다수설·판례, 대법원 1977.12.27, 77도2155). [법원9급 09]

　　㉢ 변개(變改) : 작성권한 있는 공무원이 진정하게 기존문서의 내용을 허위로 고치는 것이다.

(2) 주관적 구성요건 - 고의 및 행사할 목적

① 고의 : 작성권한 있는 공무원의 공문서 또는 공도화를 허위내용으로 작성하거나 변개한다는 사실에 대한 인식과 의사를 말한다. 허위라는 사실을 인식하고 작성을 하였다면 상사나 상급관청의 양해·지시가 있어도 고의가 조각되지 않지만(대법원 1971.11.9, 71도177), 작성자가 단순히 오기(誤記) 또는 부주의에 의한 기재누락을 한 경우에는 본죄의 고의가 인정되지 않는다(대법원 1982.12.28, 82도1617; 1978.4.11, 77도3781).

② 행사할 목적 : 허위공문서작성죄는 목적범이다. 이 점은 허위유가증권작성죄(제216조 : 목적범)와는 같은 점이지만, 허위진단서작성죄나 공정증서원본부실기재죄와는 다른 점이다.

2. 간접정범의 성부

(1) 작성권한 있는 자

허위공문서작성죄는 신분범이므로, 신분자인 작성권한 있는 공무원이 비신분자인 작성권한 없는 자 또는 작성권한 있는 다른 공무원을 이용하여 허위공문서를 작성한 경우에는 신분 없는 도구를 이용한 경우로서 허위공문서작성죄의 간접정범이 성립한다.

(2) 작성권한 없는 자

① 비공무원이 작성권자인 공무원을 이용하는 경우 : 본죄의 간접정범의 성립이 부정된다(통설·판례). 본죄의 신분요소가 결여되어 있기 때문이다.

② 공문서작성의 보조자가 작성권자를 이용하는 경우 : 허위공문서작성죄의 주체는 직무상 그 문서를 '작성할 권한이 있는 공무원'에 한하고 작성권자를 보조하는 직무에 종사하는 공무원은 허위공문서작성죄의 주체가 되지 못함이 원칙이다. 그러나 이러한 보조직무에 종사하는 공무원이 허위공문서를 기안하여 허위인 사정을 모르는 작성권자에게 제출하고 그로 하여금 그 내용이 진실한 것으로 오신하게 하여 서명 또는 기명날인하게 함으로써 공문서를 완성한 때에는 허위공문서작성죄의 간접정범이 성립한다는 것이 다수설·판례이다(대법원 1990.10.30, 90도1912). [경찰채용 13 2차 / 경찰간부 17 / 경찰승진(경사) 10 / 국가7급 13·16 / 법원행시 10·16 / 사시 16]

사례연구   예비군동대의 방위병 사례 : 허위공문서작성죄의 간접정범 및 공범관계

甲은 예비군훈련에 불참하고서도 평소 잘 알던 예비군동대 방위병 乙에게 훈련을 받았다는 확인증을 발급하여 달라고 부탁하자 乙은 확인증을 발급받기 위한 방법을 甲과 공모한 연후에, 乙은 사정을 모르는 예비군 동대장 丙에게 甲의 출석사실을 보고하고 확인증 발급지시를 받고서 동대장의 직인이 이미 찍혀져 있는 확인서용지에 甲의 인적 사항과 훈련일자 등의 사실을 기재하여 甲에게 교부하였다. 甲과 乙의 죄책은?

> 해결   乙은 허위공문서작성죄(의 간접정범)가 성립하며, 甲은 이러한 허위공문서작성죄의 공동정범이다. 즉, 乙에 대하여는 허위공문서작성죄는 작성권한 있는 공무원만이 범할 수 있는 것이 원칙이나 작성권한 있는 공무원을 보조하는 업무를 담당하는 보조공무원이 사정을 모르는 상사를 이용하여 본죄의 주체(간접정범)가 될 수 있다는 것이 확립된 판례이고, [법원9급 13] 甲에 대하여는 허위공문서작성죄는 작성권한 있는 공무원이라는 신분이 있어야 성립하는 진정신분범이라고 볼 때에, "신분관계로 인하여 성립하는 범죄에 가공한 행위는 전3조의 예에 의한다."라는 형법 제33조를 甲에게 적용하여 그 또한 본죄의 공동정범이 된다고 보는 것이 판례이다(대법원 1992.1.17, 91도2837). [경찰승진(경장) 10 / 경찰승진(경감) 11]

---

3. 공동정범·교사범·방조범의 성부

공무원이 아닌 자는 ─형법 제228조의 공정증서원본부실기재죄를 범하는 경우를 제외하고는─ 허위공문서작성죄의 간접정범으로 처벌할 수 없으나(대법원 1971.1.26, 70도2598), [사시 10] 공무원이 아닌 자가 공무원의 범행에 공동·교사·방조하여 허위공문서작성죄를 범한 때에는 공무원이 아닌 자도 형법 제33조 및 제30조·제31조·제32조에 의하여 허위공문서작성죄의 공동정범·교사범·방조범이 된다(대법원 2006.5.11, 2006도1663). [경찰승진 17 / 국가7급 13] 진정신분범의 범행에 가담한 자는 설사 그가 비신분자라 하더라도 진정신분범의 공범이 성립하고 그 형으로 처벌되기 때문이다.

10 공정증서원본 등 부실기재죄

제228조【공정증서원본 등의 부실기재】① 공무원에 대하여 허위신고를 하여 공정증서원본 또는 이와 동일한 전자기록 등 특수매체기록에 부실의 사실을 기재 또는 기록하게 한 자는 5년 이하의 징역 또는 1천만 원 이하의 벌금에 처한다.
② 공무원에 대하여 허위신고를 하여 면허증, 허가증, 등록증 또는 여권에 부실의 사실을 기재하게 한 자는 3년 이하의 징역 또는 700만 원 이하의 벌금에 처한다.

1. 의 의

공정증서원본부실기재죄는 특별한 신빙성이 인정되는 권리의무에 관한 공문서에 대한 공공의 신용을 보장함을 보호법익으로 하는 범죄로서, 공무원에 대하여 진실에 반하는 허위신고를 하여 공정증서원본에 그 증명하는 사항에 관하여 실체관계에 부합하지 아니하는 부실의 사실을 기재하게 함으로써 성립하는 죄이다.

2. 객관적 구성요건

(1) 주체 – 제한이 없음

일반인이든 공무원이든 '(고의가 없는) 공무원'[86]에 대하여 허위신고를 하여 공정증서원본등에 부실의 기재를 하게 한 경우에는 본죄의 주체가 된다(일반범). 따라서 본죄는 허위신고인 사실을 모르는 공무원을 도구처럼 이용하여 범한다는 점에서 간접정범의 형태를 가지고 있다(간접적 무형위조).

(2) 객 체

본죄는 모든 공문서를 객체로 하지 않는다. '공정증서원본 또는 이와 동일한 전자기록 등 특수매체기록'(제1항)과 '면허증, 허가증, 등록증 또는 여권'(제2항)만을 그 객체로 한다.

① **공정증서원본** : 공정증서(公正證書)란 공무원이 작성한 문서로서 '권리 · 의무에 관한 사실을 증명하는 효력을 가진 것만'을 의미하며 단순한 사실증명을 위한 공문서는 포함되지 않는다. 또한 공정증서원본에 공정증서의 정본(定本)이 포함될 수 없는 것도 유추해석금지원칙의 요청이다(대법원 2002.3.26, 2001도6503). [경찰승진(경위) 10 / 국가9급 20 / 법원9급 07(상) / 사시 16]

 ㉠ **공정증서원본에 해당하는 것** : 화해조서, 가족관계등록부, 부동산등기부, 상업등기부, 민사분쟁사건처리특례법에 의해 합동법률사무소 명의로 작성된 공정증서(대법원 1977.8.23, 74도2715), [경찰간부 12 / 경찰승진(경위) 10] 집행수락부 약속어음 공정증서(대법원 2006.6.27, 2006도2864) [법원승진 14] 등

 ㉡ **공정증서원본이 아닌 것** : 주민등록부(대법원 1968.11.19, 68도1231), 인감대장(대법원 1969.3.25, 69도163; 1968.11.19, 68도1231), [법원9급 06] 토지대장(대법원 1988.5.24, 87도2696; 1971.1.29, 69도2238), [경찰간부 12 / 경찰승진(경위) 10 / 경찰승진 17 / 법원9급 06 / 법원행시 05 · 12] 가옥대장(대법원 1971.4.20, 71도359), 임야대장, 도민증, 시민증, [경찰승진(경위) 10] 주민등록증, 공증인이 인증한 사서증서(대법원 1984.10.23, 84도1217; 1975.9.9, 75도331), [경찰승진(경위) 10] 법원의 판결문 원본, 수사기관의 진술조서,[87] 자동차운전면허증대장(대법원

---

86 보충 : 만일 허위사실임을 알고 있다면 해당 공무원은 허위공문서작성죄의 정범이 되고 허위신고자는 허위공문서작성죄의 공범이 성립하게 될 것이다.
87 법원의 판결문원본이나 지급명령문원본 또는 수사기관의 진술조서 : 등은 공정증서이기는 하지만 본죄의 객체는 될 수 없다. 본죄의 공정증서란 허위신고에 의하여 그 신고내용이 받아들여지고 그리하여 해당 공정증서가 부실하게 기재될 수 있는 성질을 갖춘 것이어야 하고, 또한 해당 공정증서가 일정한 권리 · 의무를 나타내는 증명을 직접적 목적으로 하는 것으로 보아야 하기 때문이다.

2010.6.10, 2010도1125), [경찰채용 17 1차/ 경찰승진 11/ 법원9급 12/ 법원행시 11] 조정조서(대법원 2010.6.10, 2010도3232) [경찰간부 12/ 법원9급 12/ 법원행시 11·13/ 사시 14] 등

② **전자기록 등 특수매체기록** : 공정증서원본과 동일하게 취급되는 전산화된 부동산등기파일, 자동차등록파일이 여기에 속한다.

③ **면허증** : 일정한 기능을 보유한 자에게 그 기능을 수행할 수 있는 권능을 부여하는 운전면허증이나 의사면허증 등 증명서를 말한다. 그러나 단순한 자격을 표시하는 데 불과한 시험합격증, 교사자격증은 여기에 해당되지 않는다.

④ **허가증** : 특정인에게 일정한 업무나 영업을 하도록 허가함을 증명하는 증서를 말한다.

⑤ **등록증** : 일정한 자격·요건을 갖춘 자에게 그 자격·요건에 상응하는 활동을 할 수 있는 권능 등을 인정하기 위하여 공무원이 작성한 증서를 말한다. 예컨대, 변호사등록증이나 변리사등록증 등이 여기에 속한다. 그러나 사업자등록증은 단순한 사업사실의 등록을 증명하는 증서에 불과하고 그에 의하여 사업을 할 수 있는 자격·요건을 갖추었음을 인정하는 것은 아니므로 본조의 '등록증'에 해당하지 않는다(대법원 2005.7.15, 2003도6934). [경찰간부 12/ 경찰승진(경위) 10/ 법원9급 06/ 사시 11·14]

⑥ **여권** [법원9급 06] : 공무원 또는 공무소가 발행하는 여행허가증을 말한다. 판례는 여권발급신청서에 허위사실을 기재하여 여권을 발급받은 경우, 여권법 제13조 제2항 제1호 위반죄와 형법 제228조 제2항의 죄는 상상적 경합의 관계에 있다고 한다(대법원 1974.4.9, 73도2334).

(3) 행위 – 공무원에 대하여 허위신고를 하여 부실의 사실을 기재하게 하는 것

① **허위신고** : 허위란 진실에 반하는 사실을 말하며, 허위의 개념에는 이러한 내용허위뿐 아니라 신고인이 자격을 사칭하는 경우도 포함되고, 신고의 방법에도 구두·서면의 제한이 없다. 예컨대, 사자명의로 소유권이전등기를 신청하는 것(대법원 1969.1.28, 68도1596)도 전형적인 허위신고에 해당한다. 다만 본죄는 '허위신고' 행위에 의하여 범할 것을 구성요건으로 하고 있기 때문에, '법원의 촉탁에 의한' 부실등기가 이루어진 경우에는 본죄가 성립하지 않는다(대법원 1983.12.27, 83도2442). [경찰간부 12]

판례연구 **공정증서원본부실기재죄의 허위신고에 해당한다는 사례**

대법원 1985.9.10, 85도1481
해외이주의 목적으로 위장결혼의 혼인신고를 하는 것은 본죄의 허위신고에 해당한다. [경찰채용 12 1차/ 경찰간부 17/ 경찰승진(경장) 10]

판례연구 **공정증서원본부실기재죄의 허위신고에 해당하지 않는다는 사례**

대법원 2011.5.13, 2011도1415
영업용 차량규정에 위배되는 차량을 영업용 등록신청하여 자동차등록원부에 기재된 사례 : 공전자기록등부실기재 및 동행사죄 ×
중고자동차매매업자인 피고인이 여객자동차 운수사업법상 차량충당연한 규정에 위배되어 여객자동차운수사업에 충당될 수 없는 차량인 것을 알면서 영업용으로 변경 및 이전등록신청을 하였으나, 구체적 등록내용인 최초등록일 등은 사실대로 기재한 경우, 자동차등록원부상 '영업용으로의 용도변경 및 이전'에 관한 등록정보가 확인·공시하는 내용에 자동차가 영업용으로 용도변경되어 이전되었다는 사실 외에 변경 및 이전등록에 필요한 법령상 자격의 구비 사실까지 포함한다고 볼 법령상의 근거가 없고, 최초등록일 등 등록과 관련된 사실관계에 대한 내용에 거짓이 있다고 볼 수 없는 이상, 피고인이 허위의 신고를 하였다고 할 수 없다.

---

② **부실의 사실의 기재** : 부실(不實)의 사실을 기재한다 함은 실체관계와 어긋난 사실을 기재한다는 것을 의미한다. 이때 ㉠ 부실의 사실이란 권리·의무와 관련된 중요한 사실에 관한 것으로서 공정증서원본에 기재된 사항이 부존재하거나 외관상 존재한다고 하더라도 무효에 해당하는 하자가 있음에도

그러한 사실이 존재하는 것처럼 기재하였다면 그 기재는 부실기재에 해당한다. 반면 ⓛ 기재된 사항이나 그 원인된 법률행위가 객관적으로 존재하고 다만 거기에 취소사유에 해당하는 하자가 있을 뿐일 경우(일단은 유효함) 취소되기 전에 공정증서원본에 기재되거나, 사소한 사실에 대해서 허위인 점이 있다고 하여도 중요한 부분이 사실에 해당하거나, 등기에 절차상 하자가 있거나 등기의 원인을 가장(假裝)하는 등 그 원인이 실제와 다르다 하더라도 당사자의 의사에 부합하거나 실체적 권리관계에 부합하게 하기 위하거나 부합하는 유효한 등기인 경우에는 부실기재에 해당하지 않는다.

[법원행시 05]

판례연구 **공정증서원본부실기재죄의 부실기재에 해당한다는 사례**

대법원 2012.4.26, 2009도5786; 2007.7.12, 2007도3005
무효인 어음발행행위가 있는 것처럼 공증을 받은 사례
발행인과 수취인 사이에 통정허위표시로서 무효인 어음발행행위를 공증인에게는 마치 진정한 어음발행행위가 있는 것처럼 허위로 신고함으로써 공증인으로 하여금 어음발행행위에 대하여 집행력 있는 어음공정증서원본을 작성케 하고 이를 비치하게 하였다면, 이러한 행위는 공정증서원본부실기재 및 동행사죄에 해당한다. [경찰승진 17 / 법원9급 14 / 법원행시 16]

판례연구 **공정증서원본부실기재죄의 부실기재에 해당하지 않는다는 사례**

대법원 1972.3.28, 71도2417 전원합의체; 1991.9.24, 91도1164; 2009.10.15, 2009도5780; 2011.7.14, 2010도 1025
가장매매계약을 원인으로 한 등기
피고인이 부동산에 관하여 가장매매를 원인으로 소유권이전등기를 경료했더라도, 그 당사자 사이에는 소유권이 전등기를 경료시킬 의사는 있었다고 할 것이므로 공정증서원본부실기재죄 및 동행사죄는 성립하지 않고, 또한 등기의무자와 등기권리자(피고인)간의 소유권이전등기신청의 합의에 따라 소유권이전등기가 된 이상, 등기의무 자 명의의 소유권이전등기가 원인이 무효인 등기로서 피고인이 그 점을 알고 있었다고 하더라도, 특별한 사정이 없는 한 바로 피고인이 등기부에 부실의 사실을 기재하게 했다고 볼 것은 아니다. [경찰채용 12 1차 / 법원9급 14 / 법원행시 10 · 16]

---

③ **부실의 사실의 기재의 판단시점**: 소유권에 관한 부실의 사실의 기재가 이루어졌는가는 소유권이전등 기 경료 당시를 기준으로 판단하므로, 소유권이전등기 경료 당시 이미 실체권리관계에 부합하지 아니한 등기인 경우에는 사후에 이해관계인들의 동의 또는 추인 등의 사정으로 실체권리관계에 부합하게 된다 하더라도 본죄의 성립에 영향이 없다(대법원 1998.4.14, 98도16; 2001.11.9, 2001도3959).

[경찰채용 12 2차 / 경찰승진(경감) 10 / 경찰승진 11 · 12 · 16 / 국가9급 14 / 국가7급 14 / 법원9급 07(상) / 법원9급 07(하) / 법원9급 08 / 변호사시험 13]

④ **중간생략등기**: 등기부의 기재내용이 당사자의 의사 또는 실체법률관계와 일치된다고 보아 공정증서 원본부실기재에 해당하지 않는다는 것이 다수설·판례이다(대법원 1970.5.26, 69도826).

⑤ **착수 및 기수시기**: 허위신고시에 실행의 착수가 있고, 공정증서원본 등에 부실의 사실의 기재가 있을 때에 본죄는 기수에 이른다.

3. 주관적 구성요건 – 고의

본죄는 목적범이 아니다. 따라서 사정을 모르는 공무원에게 허위의 신고를 하여 공정증서원본 등에 부실의 기재를 하게 한다는 점에 대한 인식과 의사, 즉 고의만 있으면 된다.

11 위조·변조·허위작성사문서행사죄

> **제234조 【위조사문서 등의 행사】** 제231조 내지 제233조의 죄에 의하여 만들어진 문서, 도화 또는 전자기록 등 특수매체기록을 행사한 자는 그 각 죄에 정한 형에 처한다.

1. 의 의

위조사문서행사죄는 위조·변조·자격모용작성·허위작성된 사문서 등을 마치 진정한 것처럼 사용함으로써 문서에 대한 공공의 신용을 해하는 범죄이다.

2. 행사의 주체·객체·상대방 및 목적의 요부

(1) 주 체

제한이 없으므로 반드시 위조·변조한 자가 행사할 것을 요하지 않는다.

(2) 객 체

위조 등이 된 사문서 등을 말한다. 작성명의자의 서명·날인이 없는 위조 선하증권의 사본이라 하더라도 일반인으로 하여금 일정한 작성주체의 진정한 사문서로 보기에 충분한 형식과 외관을 갖추고 있는 문서라면 본죄의 객체에 해당된다(대법원 2010.5.13, 2008도10678).

(3) 상대방

아무런 제한이 없고, ① 위조된 문서의 작성명의인이라고 하여 행사의 상대방이 될 수 없는 것은 아니다(대법원 2005.1.28, 2004도4663). [경찰채용 12 1차 / 경찰승진(경감) 10 / 법원9급 20 / 법원행시 08 / 사시 14] 또한 ② 간접정범을 통한 위조문서행사 범행에서 도구로 이용된 자에게 행사한 경우에도 위조문서행사죄가 성립한다(대법원 2012.2.23, 2011도14441). [경찰간부 16 / 국가7급 21 / 법원행시 13 / 변호사시험 16] 다만, ③ 사정을 아는 공범자에게 제시·교부하는 행위는 본죄의 행사가 아니다(대법원 1986.2.25, 85도2798). [경찰간부 16 / 국가9급 14 / 법원행시 16]

(4) 목적의 요부

본죄는 고의만 있으면 족하고 행사할 목적을 요하지 않는다.

3. 행사의 의의·방법 및 기수시기

(1) 의의·방법

행사는 위조된 문서를 진정한 문서인 것처럼 그 문서의 효용방법에 따라 이를 사용하는 것을 말하고(대법원 1975.3.25, 75도422; 1988.1.19, 87도1217 등), 위조된 문서를 제시 또는 교부하거나 비치하여 열람할 수 있게 두거나 우편물로 발송하여 도달하게 하는 등 위조된 문서를 진정한 문서인 것처럼 사용하는 한 그 행사의 방법에 제한이 없으므로, 위조된 문서를 모사전송의 방법으로 제시하거나 컴퓨터에 연결된 스캐너(scanner)로 읽어 들여 이미지화한 다음 이를 전송하여 컴퓨터 화면상에서 보게 하는 경우도 위조문서행사죄가 성립한다(대법원 2008.10.23, 2008도5200). [경찰채용 12 1차 / 경찰채용 10·16 2차 / 경찰승진(경사) 10 / 국가9급 12 / 국가7급 14·21 / 법원9급 07(하) / 법원승진 11 / 법원행시 09·14 / 변호사시험 12]

(2) 기수시기

상대방으로 하여금 위조된 문서를 인식할 수 있는 상태에 둠으로써 기수가 되고 상대방이 실제로 그 내용을 인식하여야 하는 것은 아니다. 따라서 위조된 문서를 우송한 경우에는 그 문서가 상대방에게 도달한 때에 기수가 되고 상대방이 실제로 그 문서를 보아야 하는 것은 아니다(대법원 2005.1.28, 2004도4663). [경찰채용 12 1차 / 경찰승진(경감) 10 / 법원행시 07 / 변호사시험 12]

표정리 위조 · 변조물행사죄의 성부

구 분	(신용을 얻기 위한) 제시	상대방이 악의인 경우
위조통화행사죄	×(∵ 유통성이 본질)	○
위조유가증권행사죄	○	○
위조문서행사죄	○	×(∵ 사정을 아는 공범자에게 제시 : ×)

4. 위조사문서행사죄와 사기죄의 죄수

행위의 부분적 동일성을 인정하여 상상적 경합으로 보는 것이 다수설이나, 판례는 위조사문서행사죄가 보호하고자 하는 공공의 신용이라는 법익과 사기죄가 보호하고자 하는 개인의 재산권이라는 법익이 다르다는 점을 중시하여(법익표준설) 실체적 경합범의 관계로 본다(대법원 1974.11.26, 74도2817).

12 위조 · 변조 · 허위작성 · 부실기재 등 공문서행사죄

> **제229조 【위조 등 공문서의 행사】** 제225조 내지 제228조의 죄에 의하여 만들어진 문서, 도화, 전자기록 등 특수매체기록, 공정증서원본, 면허증, 허가증, 등록증 또는 여권을 행사한 자는 그 각 죄에 정한 형에 처한다.

위조공문서행사죄도 위조사문서행사죄의 행사개념과 마찬가지로 위조 등이 된 공문서 등을 상대방이 인식할 수 있는 상태에 둠으로써 성립한다. 따라서 상대방에게 교부하는 행위는 물론이고, 부실기재된 등기부를 등기소에 비치하여 일반인이 열람할 수 있는 상태에 두는 행위도 본죄의 행사에 해당된다. 다만, 위조된 면허증을 소지하고 운전한 것만으로는 행사가 될 수 없다(대법원 1956.11.2, 4289형상240).

13 사문서부정행사죄

> **제236조 【사문서의 부정행사】** 권리 · 의무 또는 사실증명에 관한 타인의 문서 또는 도화를 부정행사한 자는 1년 이하의 징역이나 금고 또는 300만 원 이하의 벌금에 처한다.

1. 의 의

위조 등 사문서행사죄가 위조 · 변조 · 자격모용작성 · 허위작성된 문서를 행사하는 죄라면, 사문서부정행사죄는 진정하게 성립된 사문서를 사용권한 없는 자가 함부로 사용하는 등의 죄를 말한다.

2. 구성요건

(1) 객 체

① 진정하게 성립된 사문서 : 권리 · 의무 또는 사실증명에 관한 타인의 문서 또는 도화로서 진정하게

성립된 것에 한한다. 위조 등이 된 문서는 위조사문서행사죄의 객체가 될 뿐이다.

② **사용권한자와 용도가 특정된 사문서** : 본죄는 사용권한자와 용도가 특정되어 작성된 사문서를 그 객체로 한다. 따라서 실질적 채권채무관계 없이 당사자 간의 합의로 작성한 '차용증 및 이행각서'는 작성명의인들이 자유의사로 작성한 문서로 그 사용권한자가 특정되어 있지 않고 또 그 용도도 다양하므로 해당되지 않는다(대법원 2007.3.30, 2007도629). [법원승진 14]

(2) 행위 – 부정행사

권리의무·사실증명에 관한 타인의 사문서·사도화를 ① 사용권한 없는 자가 사용권한이 있는 것처럼 가장하여 부정한 목적으로 행사함으로써 성립한다. 그런데 여기에서 더 나아가 ② 사용권한 있는 자라 하더라도 정당한 용법에 반하여 부정하게 행사하는 경우(사용권한 있는 자의 용도 이외의 사용) 본죄가 성립하는가에 대해서는 견해가 대립하나 판례는 긍정설이다.

또한 판례에 의하면 절취한 후불식(KT)전화카드를 공중전화기에 넣어 사용한 것은 권리의무에 관한 타인의 사문서를 부정행사한 경우에 해당한다(대법원 2002.6.25, 2002도461). 경찰승진(경장) 11 / 국가9급 13] 다만 단지 현금보관증이 자기 수중에 있다는 사실 자체를 증명하기 위하여 증거로서 법원에 제출하는 행위는 사문서의 부정행사죄에 해당하지 아니한다(대법원 1985.5.28, 84도2990). [법원승진 13]

(3) 목적의 요부

본죄는 고의만 있으면 족하고 별도의 목적은 필요로 하지 않는다.

3. 미수범 처벌규정의 부존재

사문서부정행사죄는 문서죄 중에서 가장 가벼운 죄이므로 미수범 처벌규정이 없다. [경찰승진 12]

14 공문서부정행사죄

> 제230조【공문서 등의 부정행사】 공무원 또는 공무소의 문서 또는 도화를 부정행사한 자는 2년 이하의 징역이나 금고 또는 500만 원 이하의 벌금에 처한다.

1. 의 의

공문서부정행사죄는 진정하게 성립된 공문서를 사용권한 없는 자가 사용권한 있는 것처럼 가장하여 당해 공문서의 사용용도대로 행사함으로써 성립하는 범죄이다. 즉 본죄가 성립하기 위해서는 ① 용도가 특정된 공문서를, ② (원칙적으로) 사용권한 없는 자가, ③ (원칙적으로) 그 해당 용도대로 사용해야 한다.

2. 구성요건

(1) 객 체

① **진정하게 성립된 공문서** : 공무원 또는 공무소의 문서 또는 도화로서 진정하게 성립된 것에 한한다. 위조 등이 된 공문서는 위조 등 공문서행사죄의 객체가 될 뿐이다. 또한 운전면허증을 촬영한 이미지파일도 본죄의 객체에 해당하지 않는다(대법원 2019.12.12, 2018도2560).

② **사용권한자와 용도가 특정된 공문서** : 타인의 주민등록표등본을 자기의 것처럼 행사하는 것은 본죄에

해당되지 않는다. 왜냐하면 주민등록표등본의 용도 자체가 다양하다는 점에서 본죄의 행위객체로 부적합하기 때문이다(대법원 1999.5.14, 99도206). [국가9급 13 / 변호사시험 14]

(2) 행위 - 부정행사

① 본죄가 성립하는 경우 : 사용권한 없는 자가 공문서의 본래의 용도대로 사용함으로써 본죄는 성립한 다. 예컨대, 타인의 주민등록증·운전면허증 등 신분증을 마치 자기의 것인 것처럼 행사하는 경우에 여기에 해당한다(대법원 1982.9.28, 82도1297; 2001.4.19, 2000도1985 전원합의체). [경찰채용 11 2차 / 경찰승진(경장) 11 / 경찰승진(경사) 11 / 국가9급 13 / 국가7급 10 / 법원9급 16 / 법원승진 14 / 사시 11·13 / 변호사시험 14·16]

② 본죄가 성립하지 않는 경우

ㄱ 사용권한 있는 자가 공문서의 본래의 용도대로 사용하는 경우 : 당연히 본죄에 해당될 수 없다. 예컨대, 어떤 선박이 사고를 낸 것처럼 허위로 사고신고를 하면서 그 선박의 선박국적증서와 선박검사증서를 함께 제출하였다고 하더라도, 선박국적증서와 선박검사증서의 본래의 용도를 벗어나 행사된 것으로 보기는 어려우므로, 본죄에 해당되지 않는다(대법원 2009.2.26, 2008도10851).
[경찰채용 13 1차 / 경찰승진(경장) 11 / 경찰승진(경사) 10 / 국가9급 12 / 변호사시험 14]

ㄴ 사용권한 없는 자가 공문서의 본래의 용도 이외의 용도로 사용하는 경우 : 사용권한자와 용도가 특정되어 있는 공문서를 사용권한 없는 자가 사용한 경우에도 그 '공문서 본래의 용도에 따른 사용'이 아닌 경우에는 본죄가 성립되지 아니한다. 예컨대, 습득한 타인의 주민등록증을 자신의 가족의 것이라고 제시하면서 그 주민등록증상의 명의 또는 가명으로 이동전화 가입신청을 한 경우 주민등록증의 본래의 용도인 신분확인용으로 사용한 것이 아니므로 본죄가 성립하지 않는다 (대법원 2003.2.26, 2002도4935). [경찰채용 10 2차 / 국가9급 14 / 국가7급 07·09·10 / 법원9급 07(하) / 법원9급 08·16 / 사시 14 / 변호사시험 14]

③ 본죄의 성립이 문제되는 경우 : 사용권한 있는 자가 해당 공문서의 정당한 용법에 반하여 사용하는 행위(사용권한 있는 자의 용도 이외의 사용행위)도 본죄를 구성하는가에 대해서는 학설이 대립하나, 판례는 용도 이외의 사용은 '부정'사용으로 보아야 한다는 입장이다.

(3) 목적의 요부

본죄는 고의만 있으면 족하고 별도의 목적은 필요로 하지 않는다.

제4절 인장에 관한 죄

01 총 설

인장(印章)에 관한 죄는 행사할 목적으로 공무원·공무소 또는 타인의 인장·서명·기명·기호를 위조 또는 부정사용하거나 위조 또는 부정사용한 인장·서명·기명·기호를 행사함으로써 성립하는 범죄이다. 본죄는 인장·서명·기명·기호의 진정성에 대한 공공의 신용을 그 보호법익으로 하며, 법익보호의 정도는 추상적 위험범이다. 인장에 관한 죄는 모두 미수를 처벌한다.

02 사인 등 위조 · 부정사용죄

> **제239조 【사인 등의 위조, 부정사용】** ① 행사할 목적으로 타인의 인장, 서명, 기명 또는 기호를 위조 또는 부정사용한
> 자는 3년 이하의 징역에 처한다. [법원행시 16]

1. 의 의

사인위조 · 부정사용죄는 행사할 목적으로 다른 사람의 인장 · 서명 등을 위조하거나 부정하게 사용하는 행위로써 성립하는 범죄이다.

2. 구성요건

(1) 객 체

① **인장(印章)** : 특정인의 인격과 동일성을 증명하기 위하여 사용되는 일정한 상형(象形)을 말하며, 도장이 대표적이고, 반드시 문자로 표시되어야 하는 것이 아니므로 지장이나 무인도 포함된다. 인장에는 도장을 종이에 찍어서 나타난 모습인 인영(印影)과 도장 그 자체인 인과(印顆)가 모두 포함된다. 다만, 주택임대차계약서에 받는 확정일자인(確定日字印)과 같은 생략문서는 기술한 바와 같이 인장이 아니라 문서에 해당된다.

② **서명(署名)** : 특정인이 자기를 표시하는 문자로서 자필로 한 자서(自署)를 말한다.

③ **기명(記名)** : 특정인이 자기를 표시하는 문자로서 컴퓨터나 타자기로 입력하여 나타내거나 타인이 대필해 주는 등 자필로 하지 않은 것을 말한다.

④ **기호(記號)** : 물건에 눌러 압날(押捺)하는 등의 방법으로 일정한 사실을 증명하는 문자 또는 부호를 말한다. 사람의 동일성을 증명하는 것이 인장이라면 그 이외의 사항을 증명하는 것은 기호에 해당한다.

(2) 행 위

① **위조** : 권한 없이 타인의 인장 · 서명 · 기명 · 기호를 작성하거나 기재하는 것을 말한다. 인과 등을 제조하거나 인영을 오려붙이거나 복사하는 방법이 모두 포함된다. 다만 위조는 일반인이 진정한 인장 등으로 오인할 만한 형식과 외관을 갖춘 정도는 되어야 한다. 반면, 타인의 인장을 조각할 당시에 그 명의자로부터 명시적이거나 묵시적인 승낙 내지 위임을 받았다면 인장위조죄가 성립하지 아니한다(대법원 2014.9.26, 2014도9213). [경찰간부 16 · 18]

② **부정사용** : 타인의 진정한 인장 · 서명 · 기명 · 기호를 권한 없이 사용하거나 권한이 있어도 권한 외의 사항으로 사용하거나 권한을 남용하여 부당하게 사용하는 것을 말한다.

(3) 기수시기

어떤 문서에 권한 없는 자가 타인의 서명을 기재하는 경우에는, 그 문서가 완성되기 전이라도 일반인으로서는 그 문서에 기재된 타인의 서명을 그 명의인의 진정한 서명으로 오신할 수도 있으므로, 일단 서명이 완성된 이상 문서가 완성되지 아니한 경우에도 서명의 위조죄는 성립한다(대법원 2005.12.23, 2005도4478; 2011.3.10, 2011도503). [변호사시험 16]

(4) 주관적 구성요건 – 고의 및 행사할 목적

본죄는 고의뿐 아니라 행사할 목적까지 요구되는 목적범이다.

03 위조사인 등 행사죄

> **제239조 【사인 등의 위조, 부정사용】** ② 위조 또는 부정사용한 타인의 인장, 서명, 기명 또는 기호를 행사한 때에도
> 전항의 형과 같다.

1. 구성요건

(1) 행사의 의의

위조사인 등 행사죄에 있어서 행사라 함은 위조된 사인(私印) 등을 진정한 것처럼 용법에 따라 사용하는
행위를 말하며, 상대방이 인식할 수 있는 상태에 둠으로써 성립한다. 따라서 위조된 인과(印顆)의 경우에는
날인하여 일반인이 열람할 수 있는 상태에 두면 그것으로 행사가 되는 것이나, 위조된 인과 그 자체를
타인에게 교부한 것만으로는 위조인장행사죄를 구성한다고는 할 수 없다(대법원 1984.2.28, 84도90).

(2) 행사죄의 성립시기

수사기관이 수사대상자의 진술을 기재한 후 진술자로 하여금 그의 면전에서 조서의 말미에 서명 등을
하도록 한 후 그 자리에서 바로 회수하는 수사서류의 경우, 그 진술자가 마치 타인인 양 행세하며 타인의
서명 등을 기재한 경우 특별한 사정이 없는 한 그 서명 등 기재와 동시에 위조사서명 등 행사죄가 성립한다(대
법원 2005.12.23, 2005도4478; 2011.3.10, 2011도503). [사시 10]

2. 죄 수

(1) 인장위조와 위조인장행사죄의 관계

위조한 행위와 행사한 행위는 다르다는 점에서 인장위조와 동행사죄의 실체적 경합이 성립한다는
것이 다수설이다.

(2) 인장위조 · 동행사죄와 유가증권 · 문서위조죄의 관계

유가증권이나 문서를 위조하기 위하여 인장을 위조하고 행사한 경우에는 불가벌적 수반행위로서 유가증
권위조죄나 문서위조죄만 성립한다(대법원 1978.9.26, 78도1787). [경찰승진(경감) 11]

04 공인 등 위조·부정사용죄

> **제238조【공인 등의 위조, 부정사용】** ① 행사할 목적으로 공무원 또는 공무소의 인장, 서명, 기명 또는 기호를 위조 또는 부정사용한 자는 5년 이하의 징역에 처한다.

공인등위조·부정사용죄의 객체는 인장·서명·기명·기호인데, 여기에서 공기호(公記號)는 자동차등록번호판, 임산물 생산확인용 철제극인(대법원 1981.12.22, 80도1472)이나 택시미터기의 검정납봉의 봉인(대법원 1982.6.8, 82도138) 등을 예로 들 수 있다. 부정사용이라 함은 예를 들어 진정하게 만들어진 자동차등록번호판을 권한 없는 자가 사용한다든가 권한 있는 자라도 권한을 남용하여 부당하게 사용하는 행위를 말하는 것이다.

05 위조공인 등 행사죄

> **제238조【공인 등의 위조, 부정사용】** ② 위조 또는 부정사용한 공무원 또는 공무소의 인장, 서명, 기명 또는 기호를 행사한 자도 전항의 형과 같다.

위조공인등행사죄는 위조된 공인(公印) 등을 진정한 것처럼 용법에 따라 사용함으로써 성립한다. 예컨대, 공기호인 자동차등록번호판을 다른 자동차에 부착하는 행위는 공기호부정사용죄를 구성하고, 그것이 부착된 자동차를 운행한 행위는 부정사용공기호행사죄에 해당한다(대법원 2006.9.28, 2006도5233 : 자동차관리법상 부정사용죄도 성립).

표정리 위조·변조의 처벌 개관

구 분	위 조		변 조
	유형위조	무형위조	
통 화	○	×	○
유가증권		○	
문 서		예외적 처벌	
인 장		×	×

참고하기 위조·변조죄의 주의사항

1. **각종 위조·변조죄 중 목적범이 아닌 것** : 허위진단서작성죄, [국가9급 12] 공정증서원본부실기재죄, 각종 행사·부정행사죄
2. 문서죄, 인장죄에는 예비·음모 처벌규정이 없다.
3. 사문서부정행사죄를 제외한 모든 문서에 관한 죄는 미수를 처벌한다.

   ※ ┌ **통화** : 위조통화취득후지정행사죄, 유가증권·우표·인지 − 소인말소죄(이상 미수범 처벌규정 없음)
   └ **인장** : 모두 미수 처벌
4. 위조유가증권취득죄는 존재하지 않는다.
5. **죄수판단의 기준**
   ① **통화에 관한 죄** : 통화의 종류의 수
   ② **유가증권에 관한 죄** : 유가증권의 매수
   ③ **문서에 관한 죄** : 명의인의 수

✔ 출제경향

구 분	경찰채용						경찰간부						경찰승진					
	17	18	19	20	21	22	16	17	18	19	20	21	17	18	19	20	21	22
제1절 먹는 물에 관한 죄																		
제2절 아편에 관한 죄																		
출제빈도	0/220						0/240						0/240					

공중의 건강에 대한 죄

✔ 키포인트

제1절 먹는 물에 관한 죄
• 먹는 물의 개념   • 예비 · 음모 처벌규정

제2절 아편에 관한 죄
• 단순소지 처벌규정   • 상습범 처벌규정   • 필요적 몰수 · 추징

국가9급						법원9급						법원행시						변호사시험					
17	18	19	20	21	22	17	18	19	20	21	22	17	18	19	20	21	22	17	18	19	20	21	22
0/120						0/150						0/240						0/140					

CHAPTER 03 공중의 건강에 대한 죄

제1절 먹는 물에 관한 죄

01 먹는 물의 사용방해죄

> 제192조 【먹는 물의 사용방해】 ① 일상생활에서 먹는 물로 사용되는 물에 오물을 넣어 먹는 물로 쓰지 못하게 한 자는 1년 이하의 징역 또는 500만 원 이하의 벌금에 처한다. 〈우리말 순화 개정 2020.12.8.〉

1. 의의 및 보호법익

'먹는 물의 사용방해죄'[2020.12.8. 우리말 순화 개정형법 전 구법에서의 죄명은 음용수사용방해죄(飮用水使用妨害罪)]는 '일상생활에서 먹는 물로 사용되는 물'[2020.12.8. 우리말 순화 개정형법 전 구법에서는 '일상음용에 공하는 정수(淨水)'라 하였음]에 오물을 넣어 먹지 못하게 함으로써 성립하는 범죄이다. 본죄의 보호법익은 먹는 물에 관한 공중의 건강 내지 보건이고, 법익보호의 정도는 추상적 위험범이다.

2. 구성요건

일상생활에서 먹는 물이란 불특정·다수인이 반복·계속하여 먹는 물로서, 여기서의 다수인은 일정한 정도만 되면 되기 때문에 예컨대, 일가족의 음용에 사용하기 위해 담아둔 물도 포함된다. 또한 자연수나 인공수를 불문하고, 그 소유관계도 따지지 않는다. 다만 본죄의 먹는 물은 계속적·반복적으로 일상의 음용에 제공되는 것이어야 하므로 계곡에 흐르는 물처럼 일시적으로 이용되는 것은 제외된다.

본죄에 있어서 오물(汚物)을 넣어서 먹는 물로 쓰지 못하게 한다는 것은 반드시 물리적·화학적으로 먹는 물로 사용하는 것을 불가능하게 만드는 것뿐만 아니라 심리적·감정적인 불쾌감에 기하여 마실 수 없게 하는 것도 포함된다. 다만 먹을 수 없는 정도에 도달해야 하기 때문에 이에 도달하지 못하는 오물혼입행위는 경범죄처벌법의 적용대상(동법 제1조 제14호)이 될 뿐이다.

02 먹는 물의 유해물혼입죄

> 제192조 【먹는 물의 사용방해】 ② 제1항의 먹는 물에 독물(毒物)이나 그 밖에 건강을 해하는 물질을 넣은 사람은 10년 이하의 징역에 처한다. 〈우리말 순화 개정 2020.12.8.〉

본조는 제1항의 죄는 예비·음모와 미수를 벌하지 않지만 제2항의 죄는 예비죄와 미수범의 처벌규정이 있다. 먹는 물에 대한 죄에 있어서는 이렇듯 먹는 물의 유해물혼입죄, 수돗물의 유해물혼입죄, 수도불통죄의 미수범 처벌규정(제196조)과 예비·음모 처벌규정(제197조)을 두고 있다.

03 수돗물의 사용방해죄

제193조【수돗물의 사용방해】① 수도(水道)를 통해 공중이 먹는 물로 사용하는 물 또는 그 수원(水原)에 오물을 넣어 먹는 물로 쓰지 못하게 한 자는 1년 이상 10년 이하의 징역에 처한다. 〈우리말 순화 개정 2020.12.8.〉

수도(水道)라 함은 도관(道管) 기타 공물(工物)로써 물을 정수로 하여 공급하는 시설의 총체를 말하지만, 일시적인 목적으로 시설된 것도 포함된다. 또한 수원(水源)이란 저수지 또는 정수지(淨水池)의 물이나 그곳에 이르는 수로(水路)를 말한다. 공중(公衆)의 음용에 사용되는 것이어야 하므로 자신의 가족만이 이용하는 전용수도는 본죄의 객체가 될 수 없다.

04 수돗물의 유해물혼입죄

제193조【수돗물의 사용방해】② 제1항의 먹는 물 또는 수원에 독물 그 밖에 건강을 해하는 물질을 넣은 자는 2년 이상의 유기징역에 처한다. 〈우리말 순화 개정 2020.12.8.〉

05 먹는 물의 혼독치사상죄

제194조【먹는 물 혼독치사상】제192조 제2항 또는 제193조 제2항의 죄를 지어 사람을 상해에 이르게 한 경우에는 무기 또는 3년 이상의 징역에 처한다. 사망에 이르게 한 경우에는 무기 또는 5년 이상의 징역에 처한다. 〈우리말 순화 개정 2020.12.8.〉

먹는 물의 혼독치사죄는 진정결과적 가중범이요, 먹는 물의 혼독치상죄는 부진정결과적 가중범이다. 따라서 상해의 결과에 대하여 고의가 있는 때에도 먹는 물의 혼독치상죄가 성립한다.

06 수도불통죄

제195조【수도불통】공중이 먹는 물을 공급하는 수도 그 밖의 시설을 손괴하거나 그 밖의 방법으로 불통(不通)하게 한 자는 1년 이상 10년 이하의 징역에 처한다. 〈우리말 순화 개정 2020.12.8.〉

본조에서 말하는 공중이 먹는 물을 공급하는 수도(水道)라 함은, 불특정 또는 다수인에게 현실적으로 먹는 물을 공급하고 있는 상수도시설인 이상 반드시 적법한 절차를 밟은 수도임을 요하지 않는다(대법원 1957.2.1, 4289형상317). [경찰간부 14] 공중이 먹는 물을 공급하는 시설만 본죄의 객체가 되기 때문에, 불법이용자의 이용을 방지하기 위한 사설 특수가압(加壓)수도시설은 해당될 수 없다(대법원 1971.1.26, 70도2654). [경찰간부 14]

본죄는 먹는 물의 유해물혼입죄와 더불어 예비·음모 처벌규정을 두고 있는 죄이다(제197조).

제2절 아편에 관한 죄

01 아편흡식죄

> 제201조【아편흡식 등, 동 장소제공】① 아편을 흡식하거나 몰핀을 주사한 자는 5년 이하의 징역에 처한다.

아편에 관한 죄의 보호법익은 공중의 건강이며 법익보호의 정도는 추상적 위험범이다.

본죄의 객체는 아편 또는 몰핀[88]인데, 아편이란 양귀비의 액즙이 응결된 것과 이를 가공한 것(의약품으로 가공된 것은 제외)을 말하며(마약류관리에 관한 법률 제2조 제2호 나목), 몰핀은 양귀비·아편·코카엽에서 추출되는 알카로이드(마약류관리에 관한 법률 제2조 제2호 나목)로서 동법 시행령에서 정한 것을 말한다.[89]

다만 특별법으로서 2000년 7월 1일부터 시행된 마약류관리에 관한 법률(2000.1.12. 법률 제6146호)이 제정됨에 따라 종래의 마약법, 향정신성의약품관리법, 대마관리법은 폐지되었으며 더불어 형법상 아편에 관한 죄도 적용될 여지가 없게 되었다. 또한 특정범죄가중처벌 등에 관한 법률에서도 마약류관리에 관한 법률 제58조·제59조·제60조 중 마약과 관련된 죄를 범한 자를 가중처벌하는 규정을 두고 있다(동법 제11조).

02 아편흡식장소제공죄

> 제201조【아편흡식 등, 동 장소제공】② 아편흡식 또는 몰핀주사의 장소를 제공하여 이익을 취한 자도 전항의 형과 같다.

03 아편 등 제조·수입·판매·판매 목적 소지죄

> 제198조【아편 등의 제조 등】아편, 몰핀 또는 그 화합물을 제조, 수입 또는 판매하거나 판매할 목적으로 소지한 자는 10년 이하의 징역에 처한다.

---

88 올바른 표현은 모르핀이다. 다만 여기서는 법조문상 용어를 그대로 쓰기로 한다.
89 아편과 몰핀은 마약으로, 이러한 마약과 메스암페타민 등의 향정신성의약품 및 대마를 총칭하여 마약류라고 한다(마약류관리에 관한 법률 제2조).

형법상 아편에 관한 죄에 있어서 단순소지죄(제205조)를 제외한 다른 아편죄에 대해서는 모두 미수범 처벌규정을 두고 있다(제202조). 따라서 기수시점이 언제인가를 검토할 필요가 있다.

특히 본죄 중에서도 아편 등 수입죄에 있어서 기수시기를 정할 필요가 있으며, 육상에서는 국내의 국경선으로 들어온 때, 해상에서는 선박으로부터 국내의 육지에 양륙된 때 기수가 되며, 항공에서는 항공기에서 지상으로 운반된 때 기수가 된다.

또한 본죄는 제205조의 아편 '단순'소지죄에 비하여 판매할 목적을 가짐으로써 형이 가중되는 아편 등 판매목적소지죄를 두고 있다(부진정목적범). 따라서 단순소지의 경우와는 달리, 판매할 목적으로 아편을 소지하다가 아편을 흡식한 경우에는 판매목적아편소지죄와 아편흡식죄의 실체적 경합범이 성립한다고 해야 한다.

04 아편흡식기제조 · 수입 · 판매 · 판매 목적 소지죄

제199조【아편흡식기의 제조 등】아편을 흡식하는 기구를 제조, 수입 또는 판매하거나 판매할 목적으로 소지한 자는 5년 이하의 징역에 처한다.

05 세관공무원의 아편 등 수입 · 수입허용죄

제200조【세관공무원의 아편 등의 수입】세관의 공무원이 아편, 몰핀이나 그 화합물 또는 아편흡식기구를 수입하거나 그 수입을 허용한 때에는 1년 이상의 유기징역에 처한다.

본죄는 제198조 · 제199조에 비하여 세관공무원이라는 신분 때문에 그 형이 가중되는 부진정신분범이다. 따라서 세관공무원과 일반인이 아편등 수입을 한 경우에는 제33조의 규정을 적용해야 한다.

06 상습아편흡식 · 아편제조 · 수입 · 판매죄

제203조【상습범】상습으로 전5조의 죄를 범한 때에는 각 조에 정한 형의 2분의 1까지 가중한다.

07 아편 등 소지죄

제205조【아편 등의 소지】아편, 몰핀이나 그 화합물 또는 아편흡식기구를 소지 [법원9급 09] 한 자는 1년 이하의 징역 또는 500만 원 이하의 벌금에 처한다.

제206조【몰수, 추징】 본장의 죄에 제공한 아편, 몰핀이나 그 화합물 또는 아편흡식기구는 몰수한다. 그를 몰수하기 불능한 때에는 그 가액을 추징한다.

아편을 흡식할 목적으로 단순소지하고 흡식한 경우에는 아편소지는 아편흡식을 위한 불가벌적 사전행위에 불과하므로 아편흡식죄만 성립한다(법조경합 중 묵시적 보충관계).

아편에 관한 죄에서 주의할 점은 상습범 처벌규정이 있다는 점과 필요적 몰수규정이 있다는 점이다. 또한 아편죄는 단순소지 처벌규정(제205조)과 판매목적소지 처벌규정(제198조)을 모두 두고 있다. 그리고 단순소지죄를 제외한 다른 아편죄는 모두 미수를 처벌한다.

MEMO

✔ 아웃라인

목 차		난 도	출제율	대표지문
제1절 성풍속에 관한 죄	01 총 설	下	★	• 음행매개죄에서 16세의 부녀가 음행에 자진동의한 경우 승낙에 의한 행위로서 동죄가 성립하지 않는다. (×) • 공연윤리위원회의 심의를 마친 영화의 장면으로써 제작한 포스타 등의 광고물이라 하더라도 건전한 성풍속이나 성도덕 관념에 반하는 것이라면 음화에 해당할 수 있다. (○)
	02 음행매개죄	下	★	
	03 음화 등 반포·판매·임대·공연전시·상영죄	下	★	
	04 음화 등 제조·소지·수입·수출죄	下	−	
	05 공연음란죄	下	★	
제2절 도박과 복표에 관한 죄	01 총설	下	−	• 도박은 '재물을 걸고 우연에 의하여 재물의 득실을 결정하는 것'을 의미하는바, 당사자의 능력이 승패의 결과에 영향을 미친다면 다소간 우연성의 영향을 받는다고 하여도 도박죄는 성립하지 않는다. (×) • 도박개장죄는 영리의 목적을 필요로 하는 이른바 목적범이다. (○)
	02 단순도박죄	中	★★	
	03 상습도박죄	下	★	
	04 도박장소·공간개설죄	中	★★	
	05 복표발매·중개·취득죄	下	★	
제3절 신앙에 관한 죄	01 장례식 등 방해죄	下	★	• 교회의 교인이었던 사람이 교인들의 총유인 교회 현판, 나무십자가 등을 떼어 내고 예배당 건물에 들어가 출입문 자물쇠를 교체하여 7개월 동안 교인들의 출입을 막은 경우 예배방해죄가 성립한다. (×) • 사람을 살해한 후에 그 시체를 다른 장소로 옮겨 유기하였다면 살인죄 외에도 시체유기죄가 성립한다. (○)
	02 시체 등 오욕죄	下	★	
	03 분묘발굴죄	下	★	
	04 시체 등 손괴·유기·은닉·영득죄	下	★	
	05 변사체검시방해죄	下	★	

✔ 출제경향

구 분	경찰채용						경찰간부						경찰승진					
	17	18	19	20	21	22	16	17	18	19	20	21	17	18	19	20	21	22
제1절 성풍속에 관한 죄												1	1					
제2절 도박과 복표에 관한 죄							1	1										
제3절 신앙에 관한 죄		1																
출제빈도	1/220						3/240						1/240					

사회의 도덕에 대한 죄

✔ 키포인트

제1절 성풍속에 관한 죄
• 음행매개죄의 객체의 개정   • 음란성

제2절 도박과 복표에 관한 죄
• 도박죄에 대한 형법개정   • 일시오락   • 도박개장의 기수시기와 영리의 목적
• 우연성   • 도박개장죄에 대한 형법개정   • 복표의 개념

제3절 신앙에 관한 죄

국가9급						법원9급						법원행시						변호사시험					
17	18	19	20	21	22	17	18	19	20	21	22	17	18	19	20	21	22	17	18	19	20	21	22
													1	1									
													1										
																	1						
0/120						0/150						4/240						0/140					

CHAPTER 04 사회의 도덕에 대한 죄

01 총설

성풍속에 관한 죄는 음행매개죄, 음화반포 등 죄, 음화제조 등 죄, 공연음란죄로 되어 있으며, 그 보호법익은 우리 사회의 건전한 성풍속 또는 성도덕이다. 본장의 죄는 미수범 처벌규정이 일체 없다. 더불어 본장의 죄는 종래 그 비범죄화 여부에 대해서 입법론적 논의가 이루어져 오던 차제에, 헌법재판소에서 배우자 있는 자의 간통행위 및 그와의 상간행위를 2년 이하의 징역에 처하도록 규정한 형법 제241조가 성적 자기결정권 및 사생활의 비밀과 자유를 침해한다는 위헌결정이 내려졌고(헌법재판소 2015.2.26, 2009헌바17 등), 2016.1.6. 개정형법(법률 제13719호)에서는 이를 반영하여 간통죄 처벌조항을 규정한 제241조를 삭제하였다.

02 음행매개죄

> **제242조 【음행매개】** 영리의 목적으로 사람을 매개하여 간음하게 한 자는 3년 이하의 징역 또는 1천 500만 원 이하의 벌금에 처한다. 〈개정 2012.12.18.〉

1. 객관적 구성요건

(1) 주체 : 음행의 매개자

음행(淫行)의 매개자는 누구든지 될 수 있다.[90] 따라서 간음한 사람의 부모나 남편도 될 수 있다. 음행을 매개하여 간음하게 한 자와 직접 음행을 행한 사람은 필요적 공범 중 대향범의 관계에 있으나, 본죄는 음행을 매개한 자를 처벌하는 것이지 직접 음행을 행한 사람을 처벌하는 규정은 아니다. 따라서 양자 사이에서는 총칙상 공범규정이 적용될 수 없다.

---

90 **참고** : 다만 친족·고용 그 밖의 관계로 타인을 보호·감독하는 것을 이용하여 성을 파는 행위를 하게 한 자는 '성매매 알선 등 행위의 처벌에 관한 법률'에 의하여 10년 이하의 징역 또는 1억 원 이하의 벌금으로 가중처벌되고(동법 제18조 제1항 제3호), 업무·고용이나 그 밖의 관계로 자신의 보호 또는 감독을 받는 것을 이용하여 아동·청소년으로 하여금 아동·청소년의 성을 사는 행위의 상대방이 되게 한 자는 아청법에 의하여 5년 이상의 유기징역으로 무겁게 처벌된다(동법 제11조 제1항 제3호).

(2) 객체 : 사람

　13세 또는 16세 이상의 사람을 말한다. 만일 '13세 또는 16세 미만'의 사람을 매개하여 간음하게 한 자는 미성년자의제강간죄(제305조 제1항·제2항)의 교사범이 성립한다. 또한 미성년자에 대한 음행매개죄의 성립에는 그 미성년자가 음행의 상습이 있거나 그 음행에 자진동의한 사실은 하등 영향을 미치는 것이 아니다(대법원 1955.7.8, 4288형상37). [경찰승진 12 / 사시 11]

(3) 행위 : 매개하여 간음하게 하는 것

　매개하여 간음하게 해야 하므로 추행하게 하는 것은 본죄에 해당되지 않는다. 또한 본죄는 미수범 처벌규정이 없으므로 간음의 결과가 발생하지 않으면 무죄가 될 뿐이다.

2. 주관적 구성요건 – 고의 및 영리의 목적

　영리의 목적이란 재산적 이익을 취득할 목적을 말한다(목적범). 그러므로 영리목적이 아닌 무상의 음행매개 행위는 본죄에 해당하지 않는다.

3. 특별법상의 음행매개행위 처벌규정

　아동이나 청소년에 대한 음행매개를 통하여 그 인격적 법익을 침해하는 행위를 처벌하는 법률로서는 아동복지법과 청소년의 성보호에 관한 법률이 있고, 일반적인 성매매 알선을 처벌하는 특별법으로서는 성매매 알선 등 행위의 처벌에 관한 법률이 있다.

03 음화 등 반포 · 판매 · 임대 · 공연전시 · 상영죄

> **제243조 【음화반포 등】** 음란한 문서, 도화, 필름 기타 물건을 반포, 판매 또는 임대하거나 공연히 전시 또는 상영한 자는 1년 이하의 징역 또는 500만 원 이하의 벌금에 처한다.

1. 객관적 구성요건

(1) 객체 : 음란한 문서 · 도화 · 필름 · 기타 물건

　① 음란성

　　㉠ **개념 :** 음란성(淫亂性)이란 일반적으로 성욕을 자극하거나 흥분 또는 만족하게 하는 내용으로서 일반인의 정상적인 성적 수치심을 해치고 선량한 성적 도덕관념에 반하는 것으로서(다수설·판례), [법원9급 09] 사회와 시대적 변화에 따라 변동하는 상대적이고도 유동적인 것이고, 그 시대에 있어서 사회의 풍속·윤리·종교 등과 밀접한 관계를 가지는 추상적인 개념이다.

　　㉡ **판단기준 :** 사회통념상 일반 보통인의 정서를 기준으로 하는 규범적 구성요건요소로서, 음란성의 판단은 작성자의 주관적 의도가 아니라 객관적으로 도화 등 자체에 의하여 판단되어야 한다(대법원 1991.9.10, 91도1550). [경찰간부 14 / 경찰승진(경위) 11] 또한 작품전체를 평가하는 전체적·종합적 고찰방법에 의하여 판단하여야 하므로 작품의 일부만을 분리·판단하는 것이 아니라 전체적인 맥락 내지 관련성의 흐름 속에서 판단해야 한다.

　　㉢ **판단의 주체 :** '음란'이라는 개념을 정립하는 것은 물론 구체적인 표현물의 음란성 여부도 종국적으

로는 법원이 이를 판단하여야 한다(대법원 2008.3.13, 2006도3558). 따라서 공연윤리위원회(현 영상물등급위원회)의 심의를 마친 영화의 장면으로써 제작한 포스터 등의 광고물도 음화에 해당할 수 있다(대법원 1990.10.16, 90도1485). [법원행시 16 / 사시 11]

    ㉣ **학술성 · 예술성과 음란성의 관계** : 학문서 · 예술작품에 있어서는 예술성이 인정되더라도 음란물이 될 수 있으며, 예술성이 없더라도 사회의 선량한 성적 도의관념을 해치는 정도가 미약할 경우에는 음란물이 아닐 수 있다는 것이 다수설 · 판례의 입장이다(양립설 · 적극설)(대법원 1970.10.30, 70도1879). [법원9급 09]

    ㉤ **상대적 음란개념** : 판례는 예술작품이라 하더라도 그것의 공개대상이나 방법에 따라서는 음란할 수 있다는 소위 '상대적 음란개념'을 인정하고 있다.

  ② **문서 · 도화 · 필름 기타 물건**

문서 · 도화	예 소설, 그림, 사진, 만화, 그래픽 등
필 름	개정형법에서 예시적으로 추가된 것이다. 예 도색영화, 비디오 등
기타 물건	물건(物件)이란 일정한 고정성 · 영속성을 지닌 것이어야 한다(예 조각품, 음반, 녹음테이프, CD – ROM, 사진, 모조성기 등). 판례에 의하면 컴퓨터프로그램파일은 부호(符號)일 뿐 물건은 아니라고 한다(대법원 1999.2.24, 98도3140).

(2) 행위 : 반포 · 판매 · 임대 · 공연전시 · 공연상영

    반포(頒布)란 불특정 · 다수인에게 무상으로 주는 것이요, 판매란 유상으로 파는 것이요, 임대란 유상으로 빌려주는 것을 말한다. 공연히 전시한다는 것은 불특정 · 다수인이 보고 구경할 수 있는 상태에 두는 것이요, 공연히 상영하는 것이란 필름을 영사하여 불특정 · 다수인이 볼 수 있도록 두는 것을 말한다.

2. 주관적 구성요건

    본죄의 주관적 구성요건으로서는 음란한 문서 · 도화 · 필름 기타 물건을 반포 · 판매 · 임대, 공연히 전시 또는 상영한다는 고의가 있어야 한다. 음란성은 규범적 구성요건요소로서, 일반인으로서 음란하다는 인식 즉, 음란성에 대한 의미의 인식이 있어야 본죄의 고의가 인정된다.

3. 공 범

    음행매개죄와 마찬가지로 음화반포죄도 필요적 공범 중 대향범이므로, 반포 · 판매 · 임대의 상대방은 공범으로 처벌받지 않는다.

04   **음화 등 제조 · 소지 · 수입 · 수출죄**

    제244조【음화제조 등】 제243조의 행위에 공할 목적으로 음란한 물건을 제조, 소지, 수입 또는 수출한 자는 1년 이하의 징역 또는 500만 원 이하의 벌금에 처한다.

    본죄는 음화 등 반포 · 임대 · 공연전시 · 상영죄의 예비단계를 독립된 구성요건으로 규정한 것으로서, 음화 등 반포죄를 범할 목적이 있어야 하는 목적범이다.

05 공연음란죄

제245조【공연음란】 공연히 음란한 행위를 한 자는 1년 이하의 징역, 500만 원 이하의 벌금, 구류 또는 과료에 처한다.

1. 음란한 행위 및 고의

'음란한 행위'라 함은 일반 보통인의 성욕을 자극하여 성적 흥분을 유발하고 정상적인 성적 수치심을 해하여 성적 도의관념에 반하는 것을 가리킨다고 할 것이고, 주관적으로 그 행위의 음란성에 대한 의미의 인식이 있으면 족하다(대법원 2000.12.22, 2000도4372). [경찰승진 12·13] 다만 성욕의 흥분 또는 만족 등의 성적인 목적이 있어야 하는 것은 아니다. [경찰승진 13 / 국가9급 17 / 법원9급 09 / 법원행시 14 / 사시 11]

2. 본조 해석의 원칙 및 경범죄처벌법과의 구별

본죄는 그 개념의 모호함과 피해의 경미함으로 인하여 비범죄화론의 논의대상에 속하므로 가능한 한 제한해석이 필요하다. 따라서 신체의 노출행위가 단순히 다른 사람에게 부끄러운 느낌이나 불쾌감을 주는 정도에 불과하다면 경범죄처벌법상 과다노출행위(동법 제3조 제1항 제33호 : 공개된 장소에서 공공연하게 성기·엉덩이 등 신체의 주요한 부위를 노출하여 다른 사람에게 부끄러운 느낌이나 불쾌감을 준 사람은 10만 원 이하의 벌금, 구류 또는 과료의 형으로 처벌한다) 해당되는 것은 별론으로 하고 본죄에는 해당될 수 없다(대법원 2004.3.12, 2003도6514).

본조의 '음란한 행위'라 함은 일반 보통인의 성욕을 자극하여 성적 흥분을 유발하고 정상적인 성적 수치심을 해하여 성적 도의관념에 반하는 행위를 가리키는 것이고, 그 행위가 반드시 성행위를 묘사하거나 성적인 의도를 표출할 것을 요하는 것은 아니다(대법원 2020.1.16, 2019도14056).

> **판례연구** **공연음란죄를 인정한 사례**
>
> 대법원 2000.12.22, 2000도4372
> 고속도로의 공중 앞에서 알몸이 되어 성기를 노출한 행위는 공연음란죄에 해당한다. [경찰채용 13 2차 / 경찰간부 14 / 법원행시 07·16 / 사시 11]

제2절 도박과 복표에 관한 죄

01 총 설

도박(賭博)과 복표(福票)에 관한 죄는 도박을 하거나 도박을 하는 장소나 공간을 개설하거나 복표를 발매·중개·취득함으로써 성립하는 범죄이다. 복표에 관한 죄도 넓게는 도박의 죄의 범위 내에 있는 것으로 파악된다. 이러한 도박과 복표에 관한 죄에 대해서는 2013년 4월 5일 개정형법에 의하여 전반적인 개정이 이루어졌다.[91]

---

91 참고 : 2013년 4월 5일 형법 개정에 의해, ① 도박죄의 객체에 "재물"뿐만 아니라 "재산상 이익"도 포함됨을 명확하게 하기 위하여 도박죄의 구성요건 중 "재물로써" 부분을 삭제하고, ② 도박하는 장소뿐만 아니라 도박하는 공간을 개설한 경우도 처벌할 수 있도록

단순도박죄

제246조【도박, 상습도박】 ① 도박을 한 사람은 1천만 원 이하의 벌금에 처한다. 다만, 일시오락 정도에 불과한 경우에는 예외로 한다.
[전문개정 2013.4.5.]

1. 의의 및 보호법익

본죄는 도박을 함으로써 성립하는 범죄로서, 사회의 건전한 근로관념과 공공의 미풍양속을 그 보호법익으로 한다. 법익보호의 정도는 추상적 위험범이다.

2. 객관적 구성요건

(1) 주체 – 제한이 없음

2인 이상의 자이다(필요적 공범 중 대향범).

(2) 행위 – 도박

① **객체** : 종래 구 형법상 재물로 규정되어 있었으며, 구 형법의 해석으로도 여기서의 재물은 재산죄의 재물과는 달리 재물과 재산상 이익을 모두 포함한다고 해석되었었다. 2013.4.5. 개정에 의하여 재물규정이 삭제됨으로써 이를 보다 명확히 한 것이다.

② **우연성** : 도박이란 당사자가 서로 재물을 걸고 우연한 승부에 의하여 그 재물의 득실을 결정하는 것을 말하며, 여기서 '우연'이라 함은 주관적으로 '당사자가 확실히 예견 또는 자유로이 지배할 수 없는 사실에 관하여 승패를 결정하는 것'을 말하고, 객관적으로 불확실할 것까지 요구하지는 않는다.

　㉠ **경기(競技)** : 골프·당구·바둑·장기 등과 같은 경기는 당사자의 능력이 승패의 결과에 영향을 미친다고 하더라도 다소라도 우연성의 사정에 의하여 영향을 받게 된다는 점에서 도박죄에 해당될 수 있다(다수설·판례 : 대법원 2008.10.23, 2006도736). [경찰승진(경감) 11 / 경찰승진 12 / 국가9급 14] 따라서 일시오락의 정도에 불과하지 않은 '내기 골프'는 본죄에 해당된다(위 판례). [경찰간부 13]

　㉡ **사기도박**(편면적 도박) : 도박이란 우연성에 의하는 것이므로, 사기도박은 이러한 우연성을 깨는 것이기 때문에 도박이라 할 수 없으며 사기죄에 해당한다(통설·판례). [경찰채용 11 2차 / 경찰승진 16 / 법원행시 05·12] 이 경우 사기도박행위자는 사기죄가 성립하지만, 사기도박의 상대방인 재산상 피해자에게는 도박죄도 성립하지 않아 무죄가 된다. [사시 11]

(3) 기수시기

도박행위의 착수가 있는 때 기수가 되며 승패가 결정될 것까지 요하는 것은 아니다(추상적 위험범). [법원행시 05]

하였으며, ③ 범죄단체나 집단의 수입원으로 흔히 사용되는 도박장소의 개설과 복표발매죄가 국제연합국제조직범죄방지협약의 대상범죄가 될 수 있도록 법정형을 "3년 이하의 징역 또는 2천만 원 이하의 벌금"에서 "5년 이하의 징역 또는 3천만 원 이하의 벌금"으로 상향하고, 그 밖에 ④ 복표발매중개 및 복표취득죄도 물가인상률 등을 고려하여 법정형을 현실화하였다(개정이유 중에서 발췌).

3. 일시오락 – 위법성조각사유

도박행위가 일시오락의 정도에 불과한 때에는 구성요건해당성은 있지만 위법성이 조각되어(대법원 1985.11.12, 85도2096) [국가9급 12] 본죄가 성립하지 않는다(제246조 제1항 단서). 이는 사회상규에 위배되지 않는 행위이기 때문이다(다수설). 일시오락 정도의 판단기준에 대하여는 도박가액의 근소성 이외에 도박행위자의 주관적 판단이나 부수적 상황에 따라야 한다는 견해가 통설·판례이다(대법원 1990.2.9, 89도1992).

03 상습도박죄

> **제246조【도박, 상습도박】** ② 상습으로 제1항의 죄를 범한 사람은 3년 이하의 징역 또는 2천만 원 이하의 벌금에 처한다.
> [전문개정 2013.4.5.]

상습범은 포괄일죄로 처리된다. 따라서 도박의 습벽이 있는 자가 도박을 하고 또 도박방조를 하였을 경우 상습도박방조의 죄는 무거운 상습도박의 죄에 포괄시켜 1죄로서 처단하여야 한다(대법원 1984.4.24, 84도195). [경찰채용 20·21 1차 / 경찰간부 14 / 경찰승진 16 / 국가9급 14 / 사시 11·13 / 변호사시험 16]

본죄의 상습성의 판단에는 전과가 주요한 참고자료는 되지만 필요적인 관계는 없다. 따라서 전과가 없어도 상습성이 인정될 수 있다. 또한 본죄는 부진정신분범이며 상습성은 책임가중요소로 기능한다. 따라서 상습성 있는 자와 상습성 없는 자가 어울려 도박을 한 경우에는 상습성 있는 자만 상습도박죄의 죄책을 진다(책임개별화원칙 : 제33조 단서).

상습범은 도박죄에 대해서만 있으며, 도박개장죄 및 복표발매죄에는 없다.

04 도박장소·공간개설죄

> **제247조【도박장소 등 개설】** 영리의 목적 [경찰채용 10 1차 / 경찰채용 12 3차 / 법원9급 11] 으로 도박을 하는 장소나 공간을 개설한 사람은 5년 이하의 징역 또는 3천만 원 이하의 벌금에 처한다.
> [전문개정 2013.4.5.]

1. 구성요건

(1) 객관적 구성요건

① **도박장소의 개설** : 도박장소를 개설하는 것은 개정 전 형법의 "도박개장(賭博開場)"의 의미와 같이 도박장소와 설비를 개설·제공하는 것을 의미한다. 이 경우 행위자는 스스로 도박의 주재자(主宰者)가 될 것을 요하므로, 주재자가 되지 않고 도박장소만을 제공한 때에는 도박죄의 종범(從犯)이 될 뿐 본죄는 성립하지 않는다(통설). [법원9급 11]

② **도박공간의 개설** : 종래 구 형법에서도 인터넷 상에 도박사이트를 개설하여 전자화폐나 온라인으로 결제하도록 하는 경우 판례상 도박개장죄로 처벌하고 있었으나, 구 형법의 조문상의 표현은 "도박을

개장"한 것으로만 되어 있어, 마치 도박할 수 있는 사이버 공간을 제공한 경우에는 처벌되지 않는 것으로 비추어질 수 있었다. 이에 2013.4.5. 개정형법에서는 도박하는 장소뿐만 아니라 도박하는 공간을 개설한 경우도 명문으로 규정함으로써 형법의 일반예방기능을 강화한 것이다.

③ 기수시기 : 도박하는 장소나 공간을 개설한 때이다. 현실로 도박이 행해질 것은 요하지 않는다.

[경찰간부 14 / 경찰승진(경위) 11 / 경찰승진 16 / 법원9급 11]

(2) 주관적 구성요건 – 고의 및 영리의 목적

영리의 목적이란 도박 장소·공간 개설의 대가로 불법한 재산상의 이익을 얻으려는 의사를 의미한다(대법원 2009.2.26, 2008도10582). 반드시 도박 장소·공간 개설의 직접적 대가가 아니라 그 개설을 통하여 간접적으로 얻게 될 이익을 위한 경우에도 영리의 목적이 인정되며, 또한 현실적으로 그 이익을 얻었을 것을 요하지는 않는다. [경찰채용 12 3차 / 사시 11]

2. 다른 범죄와의 관계

도박 장소·공간을 개설한 자가 나아가 도박까지 하였다면 본죄와 도박죄의 실체적 경합이 된다(통설).

---

05 복표발매·중개·취득죄

> **제248조 【복표의 발매 등】** ① 법령에 의하지 아니한 복표를 발매한 사람은 5년 이하의 징역 또는 3천만 원 이하의 벌금에 처한다.
> ② 제1항의 복표발매를 중개한 사람은 3년 이하의 징역 또는 2천만 원 이하의 벌금에 처한다.
> ③ 제1항의 복표를 취득한 사람은 1천만 원 이하의 벌금에 처한다.
> [전문개정 2013.4.5.]

1. 복표의 요건

복표(福票)라 함은 표찰(標札)을 발행하여 다수인으로부터 금품을 모집하여 추첨 등의 방법에 의하여 당첨자에게만 재산상 이익을 제공하고 다른 참가자들에게는 손실이 발생하게 하는 증표를 말한다(사행행위 등 규제법 제2조).

복권(福券)을 발매함에 있어서 특정한 사업자가 아닌 불특정 또는 다수의 사람들을 상대로 하여 표찰을 계속적으로 발매함으로써 다수인의 복표구매자로부터 금품을 모았다거나 이에 따라 표찰이 추첨결과를 이용한 우연성에 의하여 일부 당첨자만 이익을 얻고 그 이외의 사람들은 손실을 볼 수밖에 없는 구조를 갖춘 정도가 되면 본죄의 복표의 요건을 갖춘 것이다.

2. 다른 기능이 가미된 경우의 복표 여부의 판단

어떠한 표찰이 본죄의 복표에 해당하는지 여부는 그 표찰 자체가 갖는 성질에 의하여 결정되어야 하고, 그 기본적인 성질이 복표로서의 개념요소를 갖고 있다면, 거기에 광고 등 다른 기능이 일부 가미되어 있는 관계로 당첨되지 않는 참가자의 손실을 그 광고주 등 다른 사업주들이 대신 부담한다고 하더라도 복표로서의 성질을 상실하지 않는다(광고복권 사건, 대법원 2003.12.26, 2003도5433). [국가7급 07]

3. 행 위

본죄의 행위는 복표에 대한 발매, 발매의 중개, 취득이다.

4. 위법성조각 여부

복표라 하더라도 법령에 의한 것은 구성요건해당성은 있으나 위법성이 조각된다. 제20조의 법령에 의한 정당행위로 볼 수 있기 때문이다(통설).

제3절 신앙에 관한 죄

01 장례식 등 방해죄

> **제158조【장례식 등의 방해】** 장례식, 제사, 예배 또는 설교를 방해한 자는 3년 이하의 징역 또는 500만 원 이하의 벌금에 처한다.

1. 신앙에 관한 죄의 보호법익

신앙에 관한 죄는 장례식 등 방해죄, 시체 등 오욕죄, 분묘발굴죄, 시체 등 유기 등 죄, 변사체검시방해죄로 이루어져 있는데, 이는 서로 다른 성격의 죄가 혼재되어 있는 모습이다. 즉 장례식 등 방해죄는 '공중의 종교생활(장례·제사·예배)의 평온과 종교감정'을 보호법익으로 하는 추상적 위험범이지만(판례도 동지, 대법원 2008.2.28, 2006도4773), 변사체검시방해죄는 종교적 평온·감정과는 무관한 '범죄수사를 방해하는 공무방해의 죄'이며, 그 이외의 시체 등 오욕죄 등의 본장의 죄는 '사자에 대한 숭앙심 등의 종교적 감정(일반인의 존경의 감정)'을 보호법익으로 한다.

2. 객 체

(1) 장례식·제사·예배·설교

본죄의 객체는 장례식(葬禮式)·제사(祭祀)·예배(禮拜)·설교(說敎)이므로, 교회에서 회합이 이루어졌다 하더라도 그것이 종교적 의식이 아닌 학술회의나 결혼식과 같은 경우에는 본죄의 객체에서 제외된다.

(2) 시 기

본죄는 제전의 평온을 그 보호법익으로 하는 것이므로 제전(祭典)이 집행 중이거나 제전의 집행과 시간적 밀접·불가분의 관계에 있는 준비단계에서 이를 방해하는 경우에만 성립한다(대법원 1982.2.23, 81도2691).

(3) 형법상 보호가치 있는 예배 등

예배는 형법적으로 보호할 만한 가치가 있는 것이어야 한다.

3. 행 위

장례식방해죄의 행위인 방해라 함은 장식 등의 정상적인 진행에 지장을 주는 일체의 행위를 말한다.

본죄는 범인의 행위로 인하여 장례식이 현실적으로 저지·방해되었다고 하는 결과의 발생까지 요하지 않고 방해행위의 수단과 방법에도 아무런 제한이 없으며 일시적인 행위라 하더라도 무방하나, 적어도 객관적으로 보아 장례식의 평온한 수행에 지장을 줄 만한 행위를 함으로써 장례식의 절차와 평온을 저해할 위험이 초래될 수 있는 정도는 되어야 장례식방해죄가 성립한다(대법원 2013.2.14, 2010도13450).

02 시체 등 오욕죄

> 제159조 【시체 등의 오욕】 시체, 유골 또는 유발(遺髮)을 오욕한 자는 2년 이하의 징역 또는 500만 원 이하의 벌금에 처한다. 〈우리말 순화 개정 2020.12.8.〉

1. 객 체

본죄의 객체는 시체(屍體)·유골(遺骨)·유발(遺髮)이다[2020.12.8. 우리말 순화 개정형법 전 구법에서는 '사체(死體)', 개정형법에서는 '시체']. 시체에는 인체의 형태를 갖춘 사태(死胎)도 포함된다. 또한 유골이란 화장(火葬) 기타 방법에 의해 백골(白骨)이 된 것을 말하며, 유발이란 사자를 제사·기념하기 위해 보존한 모발을 말한다. 따라서 해부학이나 고고학 등의 학술적 목적으로 보관하는 시체·유골·유발은 본죄의 객체가 되지 않는다.

2. 행위·고의

본죄는 이러한 객체를 오욕(汚辱)함으로써 성립한다. 오욕이란 폭행 기타 유형력의 행사에 의해 모욕의 의사를 표현하는 것을 말한다. 예컨대, 시체에 침을 뱉거나 방뇨하거나 시간(屍姦)하는 것이 여기에 속한다. 사자의 명예를 실추시키는 언어적 행동은 사자명예훼손죄(제308조)가 될 뿐 본죄에 해당될 수는 없다. 본죄는 고의만 있으면 성립하고, 별도의 목적은 요하지 않는다.

03 분묘발굴죄

> 제160조 【분묘의 발굴】 분묘를 발굴한 자는 5년 이하의 징역에 처한다.

1. 의 의

분묘발굴죄는 그 분묘에 대하여 아무런 권한 없는 자나 또는 권한이 있는 자라도 시체에 대한 종교적 양속에 반하여 함부로 이를 발굴하는 경우만을 처벌대상으로 삼고 있다.

2. 객 체

본죄의 객체는 분묘(墳墓)이다. 분묘란 사람의 시체·유골·유발을 매장하여 사자를 제사·기념하는 장소를 말한다. 인체의 형상을 갖춘 사태(死胎)를 매장한 장소도 포함된다.

또한 본죄의 분묘는 적법하게 매장된 분묘임을 요하지 않는다(대법원 1976.10.29, 76도2828). 따라서 사체의 유골이 토괴화(土塊化)하였을 때에도 분묘인 것이며, 매장된 시체·유골이 토괴화된 것을 화장하여 다시 묻은 시설도 그 시설이 자연장의 요건을 갖추었다는 등의 사정이 없는 한 본죄의 분묘에 포함된다(대법원 2012.10.25, 2010도5112). 또한 그 사자가 누구인지 불명하다고 할지라도 현재 제사·숭경하고 종교적 예의의 대상으로 되어 있고 이를 수호·봉사하는 자가 있으면 여기에 해당한다(대법원 1990.2.13, 89도2061).

3. 행 위

본죄의 행위는 발굴(發掘)로서, 복토(覆土)의 전부 또는 일부를 제거하거나 묘석(墓石) 등을 파괴하여 분묘를 손괴하는 것을 말한다. 분묘발굴죄의 기수시기에 대해서는 ① 복토제거설(판례, 대법원 1962.3.29, 4294형상539)과 ② 외부인지설(통설)이 대립한다.

4. 위법성

본죄의 구성요건에 해당된다 하더라도, 법률상 그 분묘를 수호·봉사하며 관리하고 처분할 권한이 있는 자 또는 그로부터 정당하게 승낙을 얻은 자가 시체에 대한 종교적·관습적 양속에 따른 존숭(尊崇)의 예를 갖추어 이를 발굴하는 경우에는 그 행위의 위법성은 조각된다(대법원 2007.12.13, 2007도8131; 1995.2.10, 94도1190).

04 시체 등 손괴·유기·은닉·영득죄

> **제161조 【시체 등의 유기 등】** ① 시체, 유골, 유발 또는 관 속에 넣어 둔 물건을 손괴(損壞), 유기, 은닉 또는 영득(領得)한 자는 7년 이하의 징역에 처한다. 〈우리말 순화 개정 2020.12.8.〉
> ② 분묘를 발굴하여 제1항의 죄를 지은 자는 10년 이하의 징역에 처한다. 〈우리말 순화 개정 2020.12.8.〉

1. 객 체

본죄의 객체는 시체·유골·유발 또는 관 속에 넣어 둔 물건이다. 병원에 기증한 해부용 시체는 절도죄 등의 재산죄의 객체가 될 뿐 본죄의 객체는 될 수 없다. 한편, 관 속에 넣어 둔 물건을 절취한 경우에는 시체 등 영득죄와 절도죄의 상상적 경합에 해당한다.

2. 행위 및 죄수

본죄의 행위는 손괴·유기·은닉·영득인데, 이 중 유기라 함은 시체를 종교적으로 매장하는 등의 행위를 하지 않고 작위·부작위에 의하여 방치해버리는 행위를 말하고, 은닉이라 함은 시체의 발견을 불가능 또는 심히 곤란하게 하는 것을 말한다.

따라서 ① 사람을 살해한 다음 그 범죄의 흔적을 은폐하기 위하여 그 시체를 다른 장소로 옮겨 유기하였을 때에는 살인죄와 시체유기죄의 경합범이 성립하고 시체유기를 불가벌적 사후행위라 할 수 없다(대법원

1984.11.27, 84도2263). [경찰채용 14 1차 / 경찰간부 13 / 경찰승진 14 / 국가9급 11 / 법원행시 08 / 변호사시험 12] 그러나 ② 인적이 드문 장소로 피해자를 유인하거나 실신한 피해자를 끌고 가 그 곳에서 살해하고 시체를 그대로 둔 채 도주한 경우에는 비록 결과적으로 사체의 발견이 현저하게 곤란을 받게 되는 사정이 있다 하더라도 별도로 시체은닉죄가 성립하지 아니한다(대법원 1986.6.24, 86도891). [경찰채용 18 2차 / 경찰간부 13 / 법원행시 12 / 변호사시험 12]

3. 제2항의 분묘발굴시체손괴 등 죄

분묘를 발굴하여 시체를 영득하면 분묘발굴죄와 시체영득죄의 경합범이 되는 것이 아니라 제161조 제2항의 분묘발굴시체영득죄의 일죄가 성립한다. 따라서 본죄는 포괄일죄 중 결합범이다.

4. 미수범

신앙에 관한 죄에 있어서는 장례식 등 방해죄와 시체오욕죄는 미수가 없고, 분묘발굴, 시체유기 등, 분묘발굴시체손괴 등 죄는 미수범 처벌규정이 있다(제162조).

05 변사체검시방해죄

> 제163조【변사체 검시 방해】변사자의 시체 또는 변사(變死)로 의심되는 시체를 은닉하거나 변경하거나 그 밖의 방법으로 검시(檢視)를 방해한 자는 700만 원 이하의 벌금에 처한다. 〈우리말 순화 개정 2020.12.8.〉

변사체검시방해죄는 신앙에 대한 죄로 규정되어 있기는 하지만 국가의 수사기능에 대한 공무방해범죄로 서의 성격이 보다 강한 죄이다. 본죄의 객체인 변사자(變死者)라 함은 통상의 병사와 같은 자연사(自然死)를 하지 않은 자를 말한다.

범죄로 인하여 사망한 경우처럼 사망의 원인이 무엇인지 명백한 시체에 대해서는, ① 변사자는 형사소송법 상 검증(檢證)의 대상이므로 본죄의 보호법익을 고려할 때 본죄의 객체로 보아야 한다는 긍정설과 ② 변사자라는 말을 문리해석하여 범죄의 피해자임이 명백할 때 변사자라 할 수 없다는 부정설(판례, 대법원 1970.2.24, 69도2272) [경찰간부 13] 이 대립한다.

본죄는 미수범 처벌규정이 없다. [경찰간부 13]

PART 03

국가적 법익에
대한 죄

✓ 아웃라인

목 차		난도	출제율	대표지문
제1절 내란의 죄	01 총 설	下	★	• 내란죄의 구성요건인 폭동의 내용으로서의 폭행 또는 협박은 일체의 유형력의 행사나 외포심을 생기게 하는 해악의 고지를 의미하는 최광의의 폭행·협박을 말하는 것으로서, 이를 준비하거나 보조하는 행위를 전체적으로 파악한 개념이다. (O)
	02 내란죄	中	★★	
	03 내란목적살인죄	下	★	
	04 내란예비·음모·선동·선전죄	下	–	
제2절 외환의 죄	01 총 설	下	–	• 지령에 의하여 해외교포 사회의 민심동향을 파악·수집하는 것은 간첩죄에 해당하지 않는다. (×) • 대법원은 국가기밀과 관련해 국내에서 공지에 속하거나 국민에게 널리 알려진 사실도 국가기밀이 될 수 있다는 입장이다. (×) • 간첩으로서 군사기밀을 탐지·수집하면 그로써 간첩행위는 기수가 되고 그 수집한 자료가 지령자에게 도달됨으로써 범죄의 기수가 되는 것은 아니다. (O)
	02 외환유치죄	下	–	
	03 여적죄	下	–	
	04 이적죄	下	–	
	05 간첩죄	中	★★	
	06 전시군수계약불이행죄	下	–	
제3절 국기에 관한 죄	01 총 설	下	–	–
	02 국기·국장모독죄	中	–	
	03 국기·국장비방죄	中	–	
제4절 국교에 관한 죄	01 총 설	下	–	• 외교상 기밀누설죄는 공무원 또는 공무원이었던 자가 직무와 관련하여 알게 된 외교상 기밀을 누설한 때에 성립하는 신분범이다. (×)
	02 외국원수에 대한 폭행 등 죄	下	–	
	03 외국사절에 대한 폭행 등 죄	下	–	
	04 외국국기·국장모독죄	下	–	
	05 외국에 대한 사전죄	下	–	
	06 중립명령위반죄	下	–	
	07 외교상 기밀누설죄	下	★	

✓ 출제경향

구 분	경찰채용						경찰간부						경찰승진					
	17	18	19	20	21	22	16	17	18	19	20	21	17	18	19	20	21	22
제1절 내란의 죄								1										
제2절 외환의 죄																		
제3절 국기에 관한 죄																		
제4절 국교에 관한 죄									1									
출제빈도	0/220						2/240						0/240					

CHAPTER **01**

국가의 존립과 권위에 대한 죄

국가9급						법원9급						법원행시						변호사시험					
17	18	19	20	21	22	17	18	19	20	21	22	17	18	19	20	21	22	17	18	19	20	21	22
															1								
													1										
0/120						0/150						2/240						0/140					

CHAPTER 01 국가의 존립과 권위에 대한 죄

국가적 법익에 대한 죄는 우리나라, 즉 대한민국(大韓民國)의 존립과 권위 및 그 기능을 보호하기 위한 처벌규정인데, 이는 국가의 존립과 권위에 대한 죄와 국가의 기능에 대한 죄로 나누어볼 수 있다. 그중 국가의 존립과 권위에 대한 죄는 말 그대로 대한민국의 존재 및 유지와 권위 내지 체면을 보호하기 위한 범죄처벌규정으로서 다시 형법각칙 제1장 내란의 죄, 제2장 외환의 죄, 제3장 국기에 대한 죄, 제4장 국교에 대한 죄로 이루어진다.

제1절 내란의 죄

01 총 설

내란(內亂)의 죄는 대한민국 영토의 전부 또는 일부에서 국가권력을 배제하거나 국헌을 문란하게 할 목적으로 폭동을 일으키거나 사람을 살해하는 죄로서, 그 보호법익은 국가의 내적 안전(내부로부터의 안전)과 헌법질서이다. 내란의 죄는 내란죄와 내란목적살인죄로 이루어져있는데, 내란죄의 법익보호의 정도는 위험범이고, 내란목적살인죄의 법익보호의 정도는 침해범이다. 내란의 죄는 예비·음모, 선동·선전행위를 처벌하며, 예비·음모죄를 범한 자가 실행에 이르기 전에 자수한 때에는 형을 감경 또는 면제해줌으로써 실행에 착수하지 않도록 예방하고자 하는 정책적 규정도 두고 있다. 내란의 죄는 외환의 죄 및 국기에 대한 죄와 함께 외국인의 국외범을 처벌할 수 있는 죄, 즉 보호주의(제5조)의 대상이다.

02 내란죄

제87조【내 란】 대한민국 영토의 전부 또는 일부에서 국가권력을 배제하거나 국헌을 문란하게 할 목적으로 폭동을 일으킨 자는 다음 각 호의 구분에 따라 처벌한다. 〈우리말 순화 개정 2020.12.8.〉

1. 우두머리는 사형, 무기징역 또는 무기금고에 처한다.
2. 모의에 참여하거나 지휘하거나 그 밖의 중요한 임무에 종사한 자는 사형, 무기 또는 5년 이상의 징역이나 금고에

처한다. 살상, 파괴 또는 약탈 행위를 실행한 자도 같다.

3. 부화수행(附和隨行)하거나 단순히 폭동에만 관여한 자는 5년 이하의 징역이나 금고에 처한다.

제91조 【국헌문란의 정의】 본장에서 국헌을 문란할 목적이라 함은 다음 각 호의 1에 해당함을 말한다.

1. 헌법 또는 법률에 정한 절차에 의하지 아니하고 헌법 또는 법률의 기능을 소멸시키는 것

2. 헌법에 의하여 설치된 국가기관을 강압에 의하여 전복 또는 그 권능행사를 불가능하게 하는 것

1. 의 의

내란죄는 대한민국 영토의 전부 또는 일부에서 국가권력을 배제하거나[영토내란죄, 2020.12.8. 우리말 순화 개정형법 전 구법에서는 '국토를 참절(僭竊)하거나'라 하였음] 국헌을 문란하게 할(헌법내란죄) 목적으로 폭동을 일으킴으로써 성립하는 범죄이다. 내란이라 함은 보통 무력정변, 즉 쿠데타(coup d'État)를 말한다. 우리나라의 헌법질서 아래에서는 헌법에 정한 민주적 절차에 의하지 아니하고 폭력에 의하여 헌법기관의 권능행사를 불가능하게 하거나 정권을 장악하는 행위는 어떠한 경우에도 용인될 수 없는 것이다(대법원 1997.4.17, 96도3376 전원합의체). [경찰간부 13]

2. 객관적 구성요건

(1) 주 체

본죄는 최고지휘자인 우두머리[2020.12.8. 우리말 순화 개정형법 전 구법에서는 '수괴(首魁)'라 하였음] 등을 필두로 하여 조직화된 다수인의 공동이 필요하다는 점에서 상당한 정도의 다수가 있어야만 범할 수 있는 집합범(필요적 공범)이다. 부화수행자는 단순가담자와 마찬가지로 중요한 역할을 맡지는 못하고 단지 폭동에만 가담한 자를 말한다.

(2) 행위 – 폭동

① **의의** : 일체의 유형력의 행사나 외포심을 생기게 하는 해악의 고지를 의미하는 최광의의 폭행·협박(최광의의 폭행 또는 광의의 협박)을 말한다. 이는 한 지방의 평온을 교란할 정도의 위력이 있음을 요한다. [경찰간부 12·13]

② **범위** : '비상계엄의 전국확대조치'와 같은 법령·제도라 하더라도 그 강압적·위협적 효과가 국헌문란의 목적을 가진 자에 의하여 그 목적을 달성하기 위한 수단으로 이용되는 경우에는 폭동의 내용으로서의 협박행위가 될 수 있다(대법원 1997.4.17, 96도3376 전원합의체).

③ **기수시기** : 폭동이 한 지방의 평온을 교란할 정도에 도달하면 본죄는 기수가 되고, 그 목적의 달성 여부는 본죄의 기수 도달 여부와는 무관하다(위태범). [경찰간부 13 / 법원행시 14·16] 다만, 다수인이 폭동하였으나 한 지방의 평온을 교란할 정도에 미치지 못하였다면 이는 미수에 불과하다.

④ **상태범** : 한 지방의 평온을 해하였다고 볼 수 있는 기수시점에서 내란죄의 구성요건도 충족되었다고 볼 수 있기 때문에 종료도 된 것이고, 그 이후 내란의 상태가 있게 된다는 점에서 내란죄는 -살인죄나 절도죄와도 유사하게- 상태범(대법원 1997.4.17, 96도3376 전원합의체)의 성질을 가지고 있다. [국가9급 14 / 법원행시 14 / 변호사시험 14]

3. 주관적 구성요건

(1) 목적범

본죄는 폭동의 고의뿐 아니라 대한민국 영토의 전부 또는 일부에서의 국가권력 배제 또는 국헌문란의 목적이 있어야 성립하는 목적범이다.

(2) 대한민국 영토의 전부 · 일부에서의 국가권력 배제 또는 국헌문란의 목적

① 대한민국 영토의 전부 · 일부에서의 국가권력 배제의 목적 : 대한민국의 영토를 외국에 양도하거나 대한민국의 법적 · 사실적 지배에서 배제 · 분리시킴을 말한다.

② 국헌문란의 목적

ㄱ 의의 : ⓐ 헌법 또는 법률에 정한 절차에 의하지 아니하고 헌법 또는 법률의 기능을 소멸시키거나 ⓑ 헌법에 의하여 설치된 국가기관을 강압에 의하여 전복 또는 그 권능 행사를 불가능하게 하는 것을 말한다(형법 제91조).

ㄴ 국헌문란의 범위

ⓐ 제91조에 한정되는가의 문제 : 형법 제91조는 국헌문란의 대표적인 행태를 예시한 데 불과하므로(대법원 1997.4.17, 96도3376 전원합의체), 국민주권주의, 자유민주주의, 국민의 기본권보장, 법치주의 등과 같은 대한민국 헌법의 기본질서를 침해하는 것이라면 다른 행위도 포함될 수 있다.

ⓑ 제91조 제2호의 '헌법에 의하여 설치된 국가기관' : 대통령, 행정부, 국회, 사법부 등을 말한다. 다만, '헌법수호를 목적으로 집단을 이룬 시위국민들'은 제91조 제2호에서 규정한 '헌법에 의하여 설치된 국가기관'에 해당될 수 없다(대법원 1997.4.17, 96도3376 전원합의체).

ⓒ 제91조 제2호의 '권능행사를 불가능하게 하는 것' : 그 기관을 제도적으로 영구히 폐지하는 경우만을 가리키는 것은 아니고 사실상 상당 기간 기능을 제대로 할 수 없게 만드는 것을 포함한다(대법원 1997.4.17, 96도3376 전원합의체).[92] 다만, 대통령 개인이나 국무위원 개인을 실각시켜 그 직을 수행하지 못하도록 하는 것은 국헌문란의 목적에는 해당하지 않는다.

(3) 목적의 인식 정도

본죄의 목적의 인식의 정도에 대해서는 확정적 인식을 요한다는 것이 통설이나, 판례는 미필적 인식으로 족하다는 입장이다(대법원 1980.5.20, 80도306; 1992.3.31, 90도2033 전원합의체). [법원행시 14] 다만 목적의 달성 여부는 본죄의 성립과는 무관하다.

4. 공범규정의 적용 여부

내란죄는 공동정범규정이 적용될 여지가 없다. 내란죄 자체가 필요적 공범 중 집합범이기 때문이다. 다만, 내란을 교사하거나 내란단체 밖에서 자금 또는 식량을 제공하여 그 실행을 용이하게 함으로써 방조하는 경우 내란죄의 교사범 · 방조범의 성립이 가능한가에 대해서는 견해가 대립하나, 필요적 공범이라 하더라도 외부관여자에 대해서는 총칙상 공범규정이 적용될 수 있으므로 내란죄의 협의의 공범은 성립할 수 있다는 제한적 긍정설이 다수설이다.

한편, 간접정범에 대해서는 '목적'을 가진 자가 그러한 목적이 없는 자를 이용하여 내란죄의 간접정범을 범할 수 있다는 것이 판례의 입장이다(대법원 1997.4.17, 96도3376 전원합의체). [경찰간부 13 · 16 / 법원행시 16]

5. 다른 범죄와의 관계

내란의 실행과정에서 폭동행위에 수반하여 개별적으로 발생한 살인행위는 내란행위의 한 구성요소를 이루는 것이므로 내란행위에 흡수된다는 것이 다수설 · 판례이다(대법원 1997.4.17, 96도3376 전원합의체). [경찰간

---

92 판례 : 5 · 18내란 행위자들이 1980.5.17. 24:00를 기하여 비상계엄을 전국으로 확대하는 등 헌법기관인 대통령, 국무위원들에 대하여 강압을 가하고 있는 상태에서, 이에 항의하기 위하여 일어난 광주시민들의 시위는 국헌을 문란하게 하는 내란행위가 아니라 헌정질서를 수호하기 위한 정당한 행위였음에도 불구하고 이를 난폭하게 진압함으로써, 대통령과 국무위원들에 대하여 보다 강한 위협을 가하여 그들을 외포하게 하였다면, 그 시위진압행위는 내란행위자들이 헌법기관인 대통령과 국무위원들을 강압하여 그 권능행사를 불가능하게 한 것으로 보아야 하므로 국헌문란에 해당한다(대법원 1997.4.17, 96도3376 전원합의체).

부 12 / 법원행시 14 · 16 살인뿐만 아니라 내란의 과정에서 폭동행위에 수반하여 발생한 방화 · 강도 · 상해 등의 범죄도 마찬가지로 내란죄에 흡수된다. 마찬가지로 군형법상 반란의 진행과정에서 그에 수반하여 일어난 지휘관계엄지역수소이탈 및 불법진퇴는 반란 자체를 실행하는 전형적인 행위라고 인정되므로, 반란죄에 흡수되어 별죄를 구성하지 아니한다(대법원 1997.4.17, 96도3376 전원합의체).

03 내란목적살인죄

> **제88조【내란목적의 살인】** 대한민국 영토의 전부 또는 일부에서 국가권력을 배제하거나 국헌을 문란하게 할 목적으로 사람을 살해한 자는 사형, 무기징역 또는 무기금고에 처한다. 〈우리말 순화 개정 2020.12.8.〉

1. 의의 및 보호법익

내란목적살인죄는 국가의 내적 안전과 사람의 생명을 보호법익으로 하는 범죄이다.

2. 객 체

본죄의 객체인 '사람'의 의미에 대해서는 견해가 대립하나, 본죄는 제87조 제2호의 죄(내란과정에서의 살인행위)보다는 가중처벌되는 정도의 규정에 불과하고 또한 중요인사를 정할 수 있는 뚜렷한 기준을 찾기가 어렵다는 점에서 요인(要人)으로 제한할 수 없다는 비한정설이 다수설이다.

3. 제87조 제2호의 내란과정에서의 살인행위(내란죄)와의 관계

형법 제87조 제2호에서는 폭동과정에서 살상행위를 한 자를 사형 또는 무기 또는 5년 이상의 징역 또는 금고의 형으로 처벌하고 있으므로 이러한 내란죄와 내란목적살인죄를 어떻게 구별해야 하는가가 문제되는바, 본죄가 제87조 제2호의 내란죄보다 그 형이 무겁다는 점에서(부진정목적범), ① 제87조 제2호의 내란죄는 내란(폭동)의 과정에서 부수적으로 살인행위가 일어난 경우에 성립하고, ② 본죄는 어디까지나 폭동에 수반함이 없이 의도적으로 사람을 살해함으로써 내란의 목적을 달성하려고 한 경우에만 성립한다는 것이 통설 · 판례이다(대법원 1997.4.17, 96도3376 전원합의체).

04 내란예비 · 음모 · 선동 · 선전죄

> **제90조【예비, 음모, 선동, 선전】** ① 제87조 또는 제88조의 죄를 범할 목적으로 예비 또는 음모한 자는 3년 이상의 유기징역이나 유기금고에 처한다. 단, 그 목적한 죄의 실행에 이르기 전에 자수한 때에는 그 형을 감경 또는 면제한다.
> ② 제87조 또는 제88조의 죄를 범할 것을 선동 또는 선전한 자도 전항의 형과 같다.

내란죄는 예비 · 음모뿐 아니라 선동 · 선전도 동일한 형으로 처벌하며, 예비 · 음모단계에서 실행에 이르기 전에 자수한 때에는 필요적 형감면의 특례도 두고 있다. [국가7급 08 / 사시 16]

01 총 설

외환(外患)의 죄는 외국과 통모하거나 적국과 합세하여 대한민국에 항적하거나 적국을 이롭게 하는 모병·간첩 등의 행위를 하는 범죄로써, 내란의 죄의 보호법익이 국가의 내적 안전임에 비하여, 외환유치죄를 비롯한 외환의 죄의 보호법익은 국가의 외적 안전, 즉 외부로부터의 안전이다. 외환의 죄는 전시군수계약불이행죄를 제외하고는 미수 및 예비·음모, 선동·선전행위를 처벌하며, 예비·음모죄를 범한 자가 실행에 이르기 전에 자수한 때에는 형을 감경 또는 면제한다. 외환의 죄도 내란의 죄와 마찬가지로 외국인의 국외범을 처벌할 수 있는 보호주의(제5조)의 대상이다.

02 외환유치죄

> 제92조 【외환유치】 외국과 통모하여 대한민국에 대하여 전단을 열게 하거나 외국인과 통모하여 대한민국에 항적한 자는 사형 또는 무기징역에 처한다.

외환유치죄(外患誘致罪)에 있어서 외국이라 함은 대한민국 이외의 국가로서 여적죄(제93조)의 적국과의 체계해석상 '적국 이외의 국가'를 말한다. 또한 전단(戰端)을 연다는 것은 전투행위를 개시하는 것을 말하며, 전쟁은 국제법상 전쟁개시에 한하지 않고 사실상의 전쟁을 모두 포함한다(통설). 또한 대한민국에 항적(抗敵)한다는 것은 외국의 군무 등의 업무에 종사하면서 우리나라에 적대행위를 하는 것을 말한다. 본죄는 통모에 의하여 전단이 열리거나(전투행위를 개시하거나) 항적하는 행위를 하면 기수에 이르며, 별도의 목적을 요하지 않는다.

03 여적죄

> 제93조 【여 적】 적국과 합세하여 대한민국에 항적한 자는 사형에 처한다.

여적죄(與敵罪)의 적국(敵國)이란 반드시 우리나라에 국제법상의 선전포고를 하고 전쟁을 수행하는 국가로 한정되지 않고, 사실상 전쟁을 수행하는 나라는 모두 포함된다(통설). 본죄는 적국과 합세해야 한다는 점에서 외국과 통모하는 외환유치죄보다 무거운 범죄라는 점에서, 절대적 법정형으로써 사형만 규정되어 있다.

04 이적죄

1. 모병이적죄

> **제94조【모병이적】** ① 적국을 위하여 모병한 자는 사형 또는 무기징역에 처한다.
> ② 전항의 모병에 응한 자는 무기 또는 5년 이상의 징역에 처한다.

 적국을 위하여 병사를 모집하거나 모병(募兵)에 응하는 죄이다. 본죄는 '적국을 위하여' 범할 것을 요하므로, 고의 이외에 적국을 위한다는 이적의사를 필요로 한다. 따라서 대한민국을 위한다는 의사가 있는 경우에는 구성요건에 해당하지 않는다.

2. 시설제공이적죄

> **제95조【시설제공이적】** ① 군대, 요새, 진영 또는 군용에 공하는 선박이나 항공기 기타 장소, 설비 또는 건조물을 적국에 제공한 자는 사형 또는 무기징역에 처한다.
> ② 병기 또는 탄약 기타 군용에 공하는 물건을 적국에 제공한 자도 전항의 형과 같다.

3. 시설파괴이적죄

> **제96조【시설파괴이적】** 적국을 위하여 전조에 기재한 군용시설 기타 물건을 파괴하거나 사용할 수 없게 한 자는 사형 또는 무기징역에 처한다.

 본죄는 고의 이외에 적국을 위하여 범한다는 이적의사를 필요로 한다.

4. 물건제공이적죄

> **제97조【물건제공이적】** 군용에 공하지 아니하는 병기, 탄약 또는 전투용에 공할 수 있는 물건을 적국에 제공한 자는 무기 또는 5년 이상의 징역에 처한다.

5. 일반이적죄

> **제99조【일반이적】** 전7조에 기재한 이외에 대한민국의 군사상 이익을 해하거나 적국에 군사상 이익을 공여한 자는 무기 또는 3년 이상의 징역에 처한다.

 일반이적죄는 외환의 죄의 기본적 구성요건으로서 다른 이적죄들을 보충하는 규정이다(법조경합 중 명시적 보충관계). 예컨대, 제98조 제2항의 간첩죄는 직무에 관하여 군사상 기밀을 지득한 자가 이를 적국에 누설한 경우에 성립하는바, 만일 직무에 관계없이 지득한 군사기밀을 누설하였다면 동죄는 될 수 없으니 일반이적죄만 성립하게 된다. [경찰채용 13 2차] 단, 본죄는 구성요건에 규정된 바와 같이 타 이적죄와는 약간 다르게 '군사상 이익'과 관련되어야 성립한다.

6. 이적예비 · 음모 · 선동 · 선전죄

> **제101조【예비, 음모, 선동, 선전】** ① 제92조 내지 제99조의 죄를 범할 목적으로 예비 또는 음모한 자는 2년 이상의 유기징역에 처한다. 단, 그 목적한 죄의 실행에 이르기 전에 자수한 때에는 그 형을 감경 또는 면제한다.
> ② 제92조 내지 제99조의 죄를 선동 또는 선전한 자도 전항의 형과 같다.

전시군수계약불이행죄를 제외한 이적죄에 대한 예비·음모뿐만 아니라 선동·선전을 처벌하는 규정이며, 예비·음모단계에서 실행에 이르기 전에 자수한 때에는 형을 필요적으로 감면하는 규정이다.

05 간첩죄

> **제98조【간첩】** ① 적국을 위하여 간첩하거나 적국의 간첩을 방조한 자는 사형, 무기 또는 7년 이상의 징역에 처한다.
> ② 군사상의 기밀을 적국에 누설한 자도 전항의 형과 같다.

1. 간첩(제98조 제1항 전단)

(1) 적국을 위한 간첩(間諜)

적국에 알리기 위하여 국가기밀을 탐지·수집(·누설)하는 것을 말하며, 적국과의 의사연락이 필요하다(편면적 간첩[93] 부정 : 다수설·판례). [경찰채용 13 2차 / 경찰간부 12·13] 여기서의 적국 역시 국제법상 국가뿐만 아니라 사실상 국가에 준하는 단체를 포함하므로, 대법원은 북한도 간첩죄의 적국에 준하는 것으로 판단한다(대법원 1983.3.22, 82도3036). 또한 대한민국에 적대하는 외국 또는 외국인의 단체도 본죄의 적국으로 간주된다(제102조 : 준적국). 또한 적국을 위하여 범한다는 점에서 고의 이외에 이적의사를 필요로 한다.

(2) 국가기밀

① **실질적 기밀개념** [법원9급 14] : 간첩행위의 객체는 국가기밀이다. 국가기밀이란 군사기밀뿐만 아니라 정치·경제·사회·문화의 각 방면에 걸쳐 우리나라의 국방정책상 적국 또는 북한에 알려지지 아니함이 우리의 이익이 되는 모든 기밀을 포함한다. 그 판단기준은 실질적 기밀개념에 의하므로, 국가기관의 표지이나 기밀유지의사(형식적 기밀개념)와는 무관하고, 대한민국의 안전을 위해 비밀로 해야 할 실질적 이익이 있느냐에 따라 판단한다(통설·판례). 예컨대, 지령에 의하여 민심동향을 파악·수집하는 것도 이에 해당하므로 해외교포사회에 대한 정보로서 그 사항이 국외에 존재한다고 해도 본죄의 국가기밀에 포함된다(대법원 1988.11.8, 88도1630). [경찰간부 12]

② **공지의 사실** : 공지의 사실은 국가기밀에 포함되지 않는다(대법원 1997.7.16, 97도985 전원합의체 판례에 의한 판례변경).[94] [경찰간부 12]

③ **모자이크이론** : 각 사실만으로는 공지의 사실이지만 이를 조합·정리하면 전체적으로 기밀성을 가질 수 있다는 이론이나, 통설은 국가기밀 개념의 확장을 억제한다는 취지에서 반대한다.

(3) 착수시기

판례에 의하면, 간첩의 목적으로 국내에 잠입·입국한 때이다(대법원 1984.9.11, 84도1381). [국가7급 11 / 법원행시 08·14] 이는 실행의 착수시기에 관한 주관설의 입장을 보여준 것이다.

(4) 기수시기

간첩의 개념을 탐지·수집행위로 이해하면서 본죄의 기수시기도 탐지·수집시로 보는 것이 다수설·판례이다 (대법원 1963.12.12, 63도312; 2011.1.20, 2008재도11 전원합의체). [경찰채용 13 2차 / 사시 11]

---

93 보충 : 편면적~ 정리 편면적 공동정범 ×, 편면적 교사범 ×, 편면적 종범 ○, 편면적 간첩 ×, 편면적 도박 ×(사기)
94 보충 : 공지의 사실 정리 ① 명예훼손죄 성립, ② 간첩죄 불성립, ③ 외교상 기밀누설죄 불성립.

(5) 죄 수

간첩죄는 적국을 위하여 국가기밀을 탐지·수집하면 이미 기수가 되므로 그 후에 탐지·수집한 기밀을 적국에 누설하는 행위는 별도의 죄를 구성하지 않는다. [경찰간부 11·13 / 경찰채용 13 2차 / 법원9급 14] 판례는 이를 포괄일죄로 보고 있다(대법원 1974.7.26, 74도1477; 1982.4.27, 82도285; 1982.11.23, 82도2201).

2. 간첩방조(제98조 제1항 후단)

적국의 간첩이라는 사정을 알면서 국가기밀을 탐지·수집하는 '간첩행위 그 자체'를 원조하여 용이하게 하는 일체의 행위를 말한다. 간첩방조죄는 '방조'라는 용어를 사용하고는 있으나 어디까지나 각칙상 독립된 범죄이므로 총칙상의 방조범 규정(제32조)은 적용될 수 없다. [경찰간부 13]

간첩방조죄도 간첩죄와 마찬가지의 법정형에 의한다는 점을 고려할 때, ① 대남공작원을 상륙시켰다든가 (대법원 1961.1.27, 4293형상807) 합법적인 신분을 가장케 하기 위한 행위를 해주었거나(대법원 1970.10.30, 70도1870) 국내에 입국한 간첩과 접선방법을 합의하였다면(대법원 1971.2.25, 70도2417) 간첩방조죄에 해당되지만, ② 간첩범행을 용이하게 하려는 의사 없이 간첩을 숨겨주었다거나(대법원 1979.10.10, 75도1003) 단순한 숙식제공이나 안부편지 전달, 무전기 매몰을 돕는 행위는 간첩방조죄에 해당되지 않는다(대법원 1986.2.25, 85도2533). [경찰간부 13 / 법원9급 14]

3. 군사상의 기밀누설(제98조 제2항)

직무에 관하여 군사상의 기밀을 지득한 자가 그것을 적국에 알리는 것을 말하며(신분범), 작위에 의하든 부작위에 의해 알게 하든 불문한다. 다만, 본죄는 신분범이므로 직무에 관계없이 알게 된 기밀을 누설한 때에는 일반이적죄(제99조)가 성립할 뿐이다(대법원 1982.7.13, 82도968). 본죄는 -군사기밀보호법과는 달리- 과실군사기밀누설행위의 처벌규정을 두고 있지 않다.

06 전시군수계약불이행죄

제103조 【전시군수계약불이행】 ① 전쟁 또는 사변에 있어서 정당한 이유 없이 정부에 대한 군수품 또는 군용공작물에 관한 계약을 이행하지 아니한 자는 10년 이하의 징역에 처한다.
② 전항의 계약이행을 방해한 자도 전항의 형과 같다.

제1항의 불이행행위는 그 자체가 부작위범으로 규정된 것이므로, 부작위에 의한 부작위범, 즉 진정부작위범의 성질을 가진다. 본죄는 외환의 죄 중 유일하게 미수, 예비·음모 처벌규정을 두고 있지 않다.

01 총 설

국기(國旗)에 관한 죄는 국기 또는 국장을 모독하거나 비방하는 죄로서, 국가의 상징인 국기와 국장을 보호함으로써 본죄의 보호법익인 '국가의 권위 또는 체면'을 유지하기 위한 규정이고, 법익보호의 정도는 구체적 위험범이다(다수설). 본장의 죄는 모두 목적범이나, 미수범 처벌규정은 두고 있지 않다. 이러한 국기에 관한 죄는 보호주의(제5조)의 대상이어서 외국인의 국외범도 처벌할 수 있으나, 후술하는 국교에 관한 죄는 그렇지 않다.

02 국기·국장모독죄

제105조 【국기, 국장의 모독】 대한민국을 모욕할 목적으로 국기 또는 국장을 손상, 제거 또는 오욕한 자는 5년 이하의 징역이나 금고, 10년 이하의 자격정지 또는 700만 원 이하의 벌금에 처한다.

본죄의 객체인 국기란 태극기를 말하며, 국장(國章)이란 국가를 상징하는 국기 이외의 휘장으로서 나라문장규정(紋章規程)에 의한 나라문장뿐만 아니라 군기(軍旗), 대사관·공관 등의 휘장(徽章)도 포함된다. [법원9급 05] 또한 제109조의 외국국기모독죄와는 달리 본죄의 국기는 공용·사용을 불문한다(통설). 본죄의 행위는 손상·제거·오욕(汚辱)인데, [법원9급 05] 이는 대한민국의 권위나 체면을 깎아내리는 정도의 행위일 것을 요하며, 이러한 구체적 위험이 발생한 때 본죄는 기수가 된다(구체적 위험범).
본죄와 국기·국장비방죄는 목적범으로서 모두 대한민국을 모욕할 목적이 있어야 한다. [법원9급 05]

03 국기·국장비방죄

제106조 【국기, 국장의 비방】 전조의 목적으로 국기 또는 국장을 비방한 자는 1년 이하의 징역이나 금고, 5년 이하의 자격정지 또는 200만 원 이하의 벌금에 처한다.

비방(誹謗)이라 함은 주로 언어로서 모욕적 의사를 표명하는 것을 말하는데, 언어에 제한되는 것은 아니고 거동이나 그림으로도 가능하다. 다만 성경교리상 국기에 절을 하지 말고 국기를 존중하는 의미의 경의만 표하라고 말한 것은 본죄의 비방이라고 볼 수 없다(대법원 1975.5.13, 74도2183). 또한 비방의 말뜻과 본죄의 처벌취지를 고려할 때 비방에 해당되기 위해서는 공연성이 필요하다.

01 총 설

국교(國交)에 대한 죄는 외국과의 외교관계의 평화로움을 보호하고자 마련된 구성요건이다. 외국원수폭행죄를 비롯한 국교에 관한 죄의 보호법익은 이중적 성격을 가지는데, 국제주의적 관점에서의 외국의 이익과 국가주의적 관점에서 우리나라의 대외적 지위가 모두 보호법익으로 파악된다(다수설). 법익보호의 정도는 추상적 위험범이다.

본장의 죄 중 외국에 대한 사전죄는 예비·음모를 처벌하며, 예비·음모단계에서 실행에 이르기 전 자수하면 형을 감경 또는 면제한다. 나머지 죄들은 미수조차 처벌하지 않는다.

02 외국원수에 대한 폭행 등 죄

제107조 【외국원수에 대한 폭행 등】 ① 대한민국에 체재하는 외국의 원수에 대하여 폭행 또는 협박을 가한 자는 7년 이하의 징역이나 금고에 처한다.
② 전항의 외국원수에 대하여 모욕을 가하거나 명예를 훼손한 자는 5년 이하의 징역이나 금고에 처한다.

외국원수의 '외국'은 우리나라와 정식 수교관계를 맺고 있지 않는 국가도 포함되고, 원수(元首)라 함은 대통령이나 군주를 말하며 의원내각제 내지 내각책임제하의 수상(首相)은 포함될 수 없다.

또한 제107조·제108조·제109조는 폭행죄나 명예훼손죄처럼 반의사불벌죄이다(제110조). [법원행시 16] 그리고 외국원수·외국사절 '명예훼손', 외국원수·외국사절 '모욕'죄는 일반명예훼손·모욕죄와는 달리 공연성을 요하지 않으며, 외국원수·외국사절 '모욕'죄는 일반모욕죄(제311조)와는 달리 친고죄가 아니라 반의사불벌죄이다.

03 외국사절에 대한 폭행 등 죄

제108조 【외국사절에 대한 폭행 등】 ① 대한민국에 파견된 외국사절에 대하여 폭행 또는 협박을 가한 자는 5년 이하의 징역이나 금고에 처한다.
② 전항의 외국사절에 대하여 모욕을 가하거나 명예를 훼손한 자는 3년 이하의 징역이나 금고에 처한다.

외국사절(外國使節)이라 함은 대사(大使)·공사(公使)를 말하며, 그 가족 및 내국인 아닌 수행원은 −1961년 비엔나협약에 의한 치외법권자일뿐− 본죄의 객체에는 포함되지 않는다.

04 외국국기·국장모독죄

제109조【외국의 국기, 국장의 모독】 외국을 모욕할 목적으로 그 나라의 공용에 공하는 국기 또는 국장을 손상, 제거 또는 오욕한 자는 2년 이하의 징역이나 금고 또는 300만 원 이하의 벌금에 처한다.

본죄는 제105조의 국기모독죄와는 달리 '공용(公用)'에 공하는 외국국기·국장만 객체가 되며 장식용과 같이 사용(私用)에 공하는 것은 제외된다. 또한 외국의 국기이어야 하므로 국제연합(UN)기(旗)나 외국군대의 기(旗)는 여기에 포함되지 않는다.

05 외국에 대한 사전죄

제111조【외국에 대한 사전】 ① 외국에 대하여 사전한 자는 1년 이상의 유기금고에 처한다.
② 전항의 미수범은 처벌한다.
③ 제1항의 죄를 범할 목적으로 예비 또는 음모한 자는 3년 이하의 금고 또는 500만 원 이하의 벌금에 처한다. 단, 그 목적한 죄의 실행에 이르기 전에 자수한 때에는 감경 또는 면제한다.

사전(私戰)이란 국가의 전투상황도 아닌데 사인이 스스로 외국과 전투를 벌이는 것을 말한다. 본죄는 국교에 대한 죄 중 유일하게 미수, 예비·음모를 처벌하며, 예비·음모죄를 범한 자가 실행에 이르기 전에 자수한 경우 필요적 감면규정을 두고 있다.

06 중립명령위반죄

제112조【중립명령위반】 외국 간의 교전에 있어서 중립에 관한 명령에 위반한 자는 3년 이하의 금고 또는 500만 원 이하의 벌금에 처한다.

중립(中立)명령은 형법 이외의 타 명령에 의해 결정되므로 본죄는 보충규범을 필요로 하는 전형적인 백지형법(白地刑法)이자 한시법(限時法)이다.

07 외교상 기밀누설죄

제113조【외교상 기밀의 누설】 ① 외교상의 기밀을 누설한 자는 5년 이하의 징역 또는 1천만 원 이하의 벌금에 처한다.
[국가9급 17]
② 누설할 목적으로 외교상의 기밀을 탐지 또는 수집한 자도 전항의 형과 같다.

본죄는 국교에 관한 죄의 성격과 함께 우리나라의 외적 안전에 관한 이익을 보호하는 외환의 죄의 성격을 가지고 있다. 본죄는 (후술하는 공무상 비밀누설죄와는 달리) 행위주체로서 신분을 요하지 않는 일반범이다.

본죄의 외교상의 기밀이라 함은 외교정책상 외국에 대하여 비밀로 함이 우리나라의 이익이 되는 모든 정보자료를 말한다. 그러나 외국에 이미 널리 알려진 사실(예 외국언론에 이미 보도된 바 있는 우리나라의 외교정책 등)에 대하여는 정부가 '보도지침'의 형식으로 국내언론의 보도를 통제하고 있다고 하여도 본죄에 해당되지 않는다(대법원 1995.12.5, 94도2379). [경찰간부 18 / 법원행시 11·18]

또한 외교상 기밀도 국가기밀이 될 수 있기 때문에 간첩죄와의 중복적용의 문제가 발생한다. 따라서 ① 외교상 기밀을 적국에 누설한 경우에는 본죄가 아니라 간첩죄가 성립하고, ② 본죄는 적국이 아닌 외국에 누설하는 때에만 성립한다고 새겨야 한다(통설).

CHAPTER **02**

국가의 기능에 대한 죄

✔ 키포인트

✔ 출제경향

구 분	경찰채용						경찰간부						경찰승진					
	17	18	19	20	21	22	16	17	18	19	20	21	17	18	19	20	21	22
제1절 공무원의 직무에 관한 죄	1	3	1	1	3		1	1	1	1	1	2	1	1	2	1	2	2
제2절 공무방해에 관한 죄	2	3	1		1		2	1	2	2	2		1	1		1	1	1
제3절 도주와 범인은닉의 죄			1	1		1	1					1			1	1		
제4절 위증과 증거인멸의 죄	1	2	1					1	1			1	1	2		1		
제5절 무고의 죄	1	1				1		1	1	1	1		1	1			1	1
출제빈도	26/220						26/240						24/240					

국가9급						법원9급						법원행시						변호사시험					
17	18	19	20	21	22	17	18	19	20	21	22	17	18	19	20	21	22	17	18	19	20	21	22
2	1	1			1	1	2	2	2	1	2	1		3	5		3	1	1	1	1		2
			1			1	1	1			1	3	1	1		1	2						
							1							1				1					
1		1					1	1	1			1		1	2		1	1	1	1			
						1		1		1	1	1					1	1				1	1
8/120						22/150						28/240						13/140					

CHAPTER 02 국가의 기능에 대한 죄

국가의 기능에 대한 죄는 국가의 다양한 기능의 원활한 수행을 보호하기 위한 범죄처벌규정으로서 다시 형법각칙 제7장 공무원의 직무에 관한 죄, 제8장 공무방해에 관한 죄, 제9장 도주와 범인은닉의 죄, 제10장 위증과 증거인멸의 죄, 제11장 무고의 죄로 이루어진다.

공무원의 직무에 관한 죄는 공무원이 주체가 되어 그 직무를 수행하면서 범하게 되는 여러 직무범죄를 처벌함으로써 공무원의 직무라는 국가기능의 공정함을 보호하기 위한 규정이고, 공무방해에 관한 죄는 공무를 집행하거나 집행 예정인 공무원을 객체로 범하는 여러 범죄를 처벌함으로써 공무 내지 공무수행의 안전을 보호하기 위한 규정이다. 또한 도주와 범인은닉의 죄는 국가의 구금기능 및 수사기능 등의 형사사법기능을 보호하기 위한 규정이요, 위증과 증거인멸의 죄는 국가의 진실발견을 통한 정의실현의 기능인 사법기능을 보호하기 위한 규정이며, 끝으로 무고의 죄는 국가의 형사사법기능과 징계기능의 적정함과 피무고자 개인의 법적 안정성을 보호하고자 마련된 규정이다.

제1절 공무원의 직무에 관한 죄

01 총 설

1. 의의 및 보호법익

형법각칙 제7장의 공무원의 직무에 관한 죄는 공무원의 직무상의 의무를 위배하거나(예 직무유기) 직권을 남용하거나(예 직권남용) 뇌물을 수수하는 등(예 수뢰)의 범죄를 규정하고 있다. 이를 보통 공무원의 직무범죄(職務犯罪)라고 하는데, 이는 국가의 기능을 보호법익으로 삼고 있다는 점에서 후술하는 공무방해의 죄와 같지만, 공무원이 주체가 되어 범하는 죄라는 점에서 공무원이 주로 객체가 되는 형태인 공무방해죄의 죄와는 다르다. 법익보호의 정도는 추상적 위험범이 대부분이나, 직무유기죄는 구체적 위험범이고 불법체포·감금죄는 침해범이다.

2. 직무범죄의 종류

(1) 진정직무범죄와 부진정직무범죄

　① **진정직무범죄** : 공무원 신분이 있어야만 범할 수 있는 범죄로서, 진정신분범을 말한다. 예컨대, 직무유

기죄는 공무원 신분이 없는 자는 범할 수 없다.

예 직무유기, 직권남용, 피의사실공표, 공무상비밀누설, 선거방해, 수뢰죄 등

② **부진정직무범죄** : 공무원이 아닌 자도 범할 수는 있으나 공무원이라는 신분 때문에 가중되는 범죄로 서, 부진정신분범을 말한다. 예컨대, 체포·감금죄는 일반인도 범할 수 있지만, 재판·검찰·경찰 등 공무원 신분이 있으면 그 형이 가중되는 불법체포·감금죄를 구성하게 되는 것이다.

예 불법체포·감금, 폭행·가혹행위, 간수자도주원조 등

③ **구별의 실익** : 전자는 진정신분범이고 후자는 부진정신분범이므로 결국 형법 제33조를 적용하는 데 있어서 그 구별의 실익이 발생하게 된다. 즉 진정직무범죄는 일반인이 가담한 경우에는 제33조 본문이 적용되어 진정직무범죄의 공범을 구성하게 되지만, 부진정직무범죄는 일반인이 가담한 경우에 는 판례에 의하면 제33조 본문에 의하여 부진정직무범죄(**예** 불법체포·감금죄)의 공범이 성립하고 제33조 단서에 의하여 직무범죄가 아닌 일반범죄(**예** 체포·감금죄)의 공범의 형으로 처벌되는 데 비하여, 통설에 의하면 제33조 단서에 의하여 일반범죄의 공범이 성립하고 그 형으로 처벌되게 된다.

(2) 일반직무범죄와 특수직무범죄

① **일반직무범죄** : 모든 공무원이 그 주체가 될 수 있는 범죄를 말한다. 예컨대, 직무유기죄는 직무의 종류를 가리지 않고 모든 공무원이 그 주체가 될 수 있다.

예 직무유기, 직권남용, 공무상비밀누설, 수뢰죄 등

② **특수직무범죄** : 특수한 지위에 있는 공무원만 그 주체가 될 수 있는 범죄를 말한다. 예컨대, 불법체 포·감금죄는 재판·검찰·경찰 기타 인신구속에 관한 직무를 행하는 자 또는 이를 보조하는 공무원 만 그 주체가 될 수 있다.

예 불법체포·감금, 폭행·가혹행위, 피의사실공표, 선거방해죄 등

3. 공무원

(1) 의 의

공무원(公務員)이라 함은 광의로는 '국가 또는 공공단체의 공무를 담당하는 일체의 자'를 의미하며, 협의로 는 '국가 또는 공공단체와 공법상 근무관계에 있는 모든 자'를 말한다(대법원 1997.3.11, 96도1258).

(2) 성격 – 국민 전체의 봉사자

공무원은 국민 전체에 대한 봉사자이며, 국민에 대하여 책임을 진다(헌법 제7조 제1항).[95]

(3) 범 위

① 다른 법령에 의하여 공무원의 지위가 인정되는 경우 : 예컨대, 사법연수원생, 집행관, 공증인, 청원경찰 법상 청원경찰, 한국은행법상 한국은행의 임·직원, 산업은행법상 산업은행의 임원, 수출입은행법상 한국수출입은행의 임원, 국민은행법상 국민은행의 임원, 기업은행법상 중소기업은행의 임원, 주택은 행법상 한국주택은행의 임·직원 등이 여기에 속하며, 이들은 명문의 규정에 근거하고 있으므로 직무범죄의 주체인 공무원으로 볼 수 있다.

---

95 **보충** : 공무원의 의무 등 공무원의 위와 같은 헌법상 책무를 실현하기 위하여 국가공무원법과 지방공무원법에서는 공무원에 대하여 많은 의무를 부과하고 있는바, 법령준수의무, 성실의무, 직무상 복종의무, 친절·공정의무, 비밀엄수의무, 청렴의무, 품위유지의무, 직장이탈금지의무, 영리행위 및 겸직금지의무, 정치운동금지의무, 종교중립의무, 집단행위금지의무, 선서의무가 그것이다. 또한 이러 한 의무를 위반한 행위와 직무태만행위에 대해서는 징계사유에 해당함을 명시하고 있기도 하다. 따라서 공무원의 직무범죄 중 직무유기 죄에 해당하는 행위는 징계사유에도 당연히 해당하며, 특히 그 정상(情狀)이 나쁠 때에는 무거운 징계처분인 파면·해임의 사유에 해당하게 된다.

② 형법상 독자적 공무원 개념이 문제되는 경우

　ㄱ 행정기관에 준하는 공법인(公法人)의 직원 : 견해가 대립하나, 구체적인 상황에 따라 공무원에 포함된다는 것이 다수설·판례이다.

　ㄴ 단순한 기계적·육체적 노무종사자 : 형법상 직무범죄의 특성을 고려할 때 사환·청소부·인부 등과 같이 기계적·육체적 노무에 종사하는 자는 제외된다는 것이 통설·판례이다. [법원9급 05] 다만 부정설에 의하더라도 우편집배원, 세무수습행정원(대법원 1961.12.14, 4294형상99), 군인 중 사병(대법원 1969.9.23, 69도1214)은 일정한 정신적 판단이 있어야 그 기능의 수행이 가능하다는 점에서 공무원에 포함된다.

4. 직무범죄에 대한 가중처벌

공무원이 직권을 이용하여 본장(형법각칙 제7장 공무원의 직무에 관한 죄) 이외의 죄를 범한 때에는 그 죄에 정한 형의 2분의 1까지 가중한다. 단 공무원의 신분에 의하여 특별히 형이 규정된 때에는 예외로 한다(형법 제135조).

5. 구성요건체계

공무원의 직무에 관한 죄는 ① 공무원의 직무상의 의무를 위배하는 범죄로서 직무유기죄(제122조), 피의사실공표죄(제126조), 공무상비밀누설죄(제127조), ② 공무원이 그 직권을 남용하는 범죄로서 직권남용죄(제123조), 불법체포·감금죄(제124조), 폭행·가혹행위죄(제125조), 선거방해죄(제128조), ③ 마지막으로 뇌물범죄(제129조부터 제134조까지)로 분류할 수 있다.

공무원의 직무범죄는 전체적으로 위험범 위주로 되어 있어서 미수범 처벌규정이 거의 없으나 침해범인 불법체포·감금죄는 미수를 처벌하고 있다.

02　직무유기죄

> 제122조 【직무유기】 공무원이 정당한 이유 없이 그 직무수행을 거부하거나 그 직무를 유기한 때에는 1년 이하의 징역이나 금고 또는 3년 이하의 자격정지에 처한다.

1. 의의 및 보호법익

직무유기죄(職務遺棄罪)는 공무원이 정당한 이유 없이 그 직무수행을 거부하는 행위를 하거나 그 직무를 수행하여야 함에도 불구하고 이를 유기해 버릴 때 성립하는 범죄이다.[96]

직무유기죄는 공무원이 법령·내규·지시·통첩에 의한 추상적인 충근(忠勤)의 의무를 태만(怠慢)하는 일체의 경우를 처벌하고자 마련된 규정은 아니므로, 직무유기란 직장의 무단이탈, 직무의 의식적인 포기 등과 같이 그것이 국가의 기능을 저해하며 국민에게 피해를 야기시킬 가능성이 있는 경우를 말하는 것으로 해석해야 한다. [국가9급 17 / 법원9급 06 · 16]

---

96 참고 : 사법경찰관리가 폭처법위반죄를 범한 자를 수사하지 않거나 범인임을 알면서 체포하지 않는 경우에는 1년 이상의 징역으로 가중처벌되고 있으며(폭처법 제9조 제1항), 범죄수사직무에 종사하는 공무원이 특가법위반죄를 범한 자를 인지하였음에도 직무를 유기한 경우에도 1년 이상의 징역으로 가중처벌되고 있다(특가법 제15조).

따라서 본죄는 구체적 위험범이다(다수설·판례). 판례가 병가 중인 자의 경우 구체적인 작위의무 내지 국가기능의 저해에 대한 구체적인 위험성이 있다고 할 수 없어 직무유기죄의 주체로 될 수는 없다고 판시(대법원 1997.4.22, 95도748, [법원9급 06·12·16] 다만 병가 중인 자라 하더라도 업무집행 중인 자와 함께 직무유기죄의 공동정범은 성립함)한 까닭도 본죄를 구체적 위험범으로 파악했기 때문이다.

2. 구성요건

(1) 객관적 구성요건

① **주체** : 공무원이다. 본죄는 진정신분범이자 진정직무범죄이다.

② **객체 – 직무** : 공무원의 추상적 권한사항에 속하는 모든 직무가 여기에 포함되는 것은 아니고, 공무원이 법령의 근거 또는 특별한 지시·명령에 의하여 맡은 일을 제 때에 집행하지 아니함으로써 그 집행의 실효를 거둘 수 없게 될 가능성이 있는 때의 구체적인 업무 즉, 법령에 구체적 근거가 있거나 특별한 지시에 의하여 구체적이고도 고유한 업무로서 형성된 경우를 말한다.

③ **행위 – 직무수행의 거부 또는 직무유기**

   ㉠ **직무수행의 거부** : 직무를 적극적으로 수행할 의무가 있는 공무원이 직무를 수행하지 않는 경우를 말한다.

   ㉡ **직무유기**

      ⓐ **의의** : 정당한 이유 없이 '직무를 의식적으로 방임·포기'함으로써 그 직무를 수행하지 않는 것을 말한다. 따라서 공무원이 어떠한 형태로든 직무집행의 의사로 자신의 직무를 수행한 경우에는, 그 직무집행의 내용이 위법한 것으로 평가된다는 점만으로 직무유기죄의 성립을 인정할 것은 아니다(대법원 2007.7.12, 2006도1390; 2011.7.28, 2011도1739; 2013.4.26, 2012도15257).
      [경찰채용 20 2차 / 법원9급 12 / 변호사시험 14]

      ⓑ **행위태양** : 통설은 직무유기행위는 작위와 부작위에 의하여 모두 범할 수 있다고 보나, **판례**는 직무유기를 부진정부작위범(부작위에 의한 작위범)으로 본다. 즉, 구체적으로 그 직무를 수행하여야 할 작위의무가 있는데도 이러한 직무를 버린다는 인식하에 그 작위의무를 수행하지 아니함으로써 성립하는 범죄라는 것이다(대법원 1972.9.12, 72도1175; 1975.11.25, 75도306; 1983.3.22, 82도3065).
      [경찰승진 14 / 국가9급 14 / 법원9급 08 / 법원행시 11]

   ㉢ **직무거부·유기의 정도** : 단순히 내규·지시·통첩에 의한 추상적 근무태만을 의미하는 것이 아니라 직장의 무단이탈 내지 직무의 의식적 포기와 같이 구체적 피해가능성이 있는 경우를 말한다(구체적 위험범). 따라서 근무시간 중 졸았다거나 잠을 잔다고 하여 –이에 대한 내부적 징계는 별론으로 하고– 본죄를 구성하는 것은 아니다.

(2) 주관적 구성요건

직무를 유기한다(버린다)는 고의가 있어야 한다. 따라서 직무를 집행한 이상 태만·착각·황망 등 일신상 또는 객관적 사유로 직무집행을 소홀히 하여 부실한 결과에 불과한 경우에는 본죄는 성립하지 않는다(대법원 1991.6.11, 91도96; 1997.8.29, 97도675). [경찰승진 10]

> **판례연구**   **직무유기죄를 인정한 사례**
>
> 대법원 2010.6.24, 2008도11226
> 경찰관들이 현행범으로 체포한 도박혐의자들에게 현행범인체포서 대신에 임의동행동의서를 작성하게 하거나 압수한 일부 도박자금에 관하여 검사의 지휘도 받지 않고 반환한 사례

피고인들을 비롯한 경찰관들이 현행범으로 체포한 도박혐의자 17명에 대해 현행범인체포서 대신에 임의동행동의서를 작성하게 하고, 그나마 제대로 조사도 하지 않은 채 석방하였으며, 현행범인 석방사실을 검사에게 보고도 하지 않았고, 석방일시·사유를 기재한 서면을 작성하여 기록에 편철하지도 않았으며, 압수한 일부 도박자금에 관하여 압수조서 및 목록도 작성하지 않은 채 검사의 지휘도 받지 않고 반환하였고, 일부 도박혐의자의 명의도용 사실과 도박 관련 범죄로 수회 처벌받은 전력을 확인하고서도 아무런 추가조사 없이 석방한 경우, 이는 단순히 업무를 소홀히 수행한 것이 아니라 정당한 사유 없이 의도적으로 수사업무를 방임 내지 포기한 것이라고 봄이 상당하다. [경찰간부 12 / 사시 12]

판례연구 **직무유기죄를 인정하지 않은 사례**

대법원 1991.6.11, 91도96
교도소 보안과 출정계장과 감독교사 사례
교도소 보안과 출정계장과 감독교사가 호송지휘관 및 감독교사로서 호송교도관 5명을 지휘하여 재소자 25명을 전국의 각 교도소로 이감하는 호송업무를 수행함에 있어서, 시간이 촉박하여 호송교도관들이 피호송자 개개인에 대하여 규정에 따른 검신 등의 절차를 철저히 이행하지 아니한 채 호송하는 데도 호송교도관들에게 호송업무 등을 대강 지시한 후에는 그들이 이를 제대로 수행할 것으로 믿고 구체적인 확인·감독을 하지 아니한 잘못으로 말미암아, 피호송자들이 집단도주하는 결과가 발생한 경우, 위 출정계장과 감독교사가 재소자의 호송계호업무를 수행함에 있어서 성실하게 그 직무를 수행하지 아니하여 충근의무에 위반한 잘못은 인정되나 고의로 호송계호업무를 포기하거나 직무 또는 직장을 이탈한 것이라고는 볼 수 없으므로 위 형법상 직무유기죄를 구성하지 아니한다. [경찰간부 12]

---

3. 계속범

직무유기죄는 작위의무를 수행하지 아니함으로써 구성요건에 해당하는 사실이 있었고(기수) 그 후 계속하여 그 작위의무를 수행하지 아니하는 위법한 부작위상태가 계속되는 한 가벌적 위법상태는 계속 존재하므로 즉시범으로 볼 수 없다(대법원 1997.8.29, 97도675). [법원9급 13·16 / 법원행시 11] 따라서 직무유기죄는 계속범에 해당한다.

4. 죄수 및 다른 범죄와의 관계

(1) 직무에 위배하여 허위공문서를 작성한 경우의 허위공문서작성죄와 본죄의 관계

① 원칙 : 허위공문서작성죄만 성립하고 직무유기죄는 성립하지 않는다. 즉 공무원이 위법사실을 발견하고도 직무상 의무에 따른 적절한 조치를 취하지 아니하고 위법사실을 적극적으로 은폐할 목적으로 허위공문서를 작성·행사한 경우, 허위공문서작성·동행사죄가 성립하고 이외에 직무유기죄가 별도로 성립하지 않는다(대법원 1971.5.9, 72도722; 1999.11.24, 99도2240; 2004.3.26, 2002도5004). [경찰채용 13 1차 / 경찰승진 11 / 법원9급 08·16 / 사시 11·12·13]

② 예외 : 위법사실에 대한 적극 은폐목적이 아닌 별도의 허위공문서작성행위는 본죄와 경합범관계가 성립한다(대법원 1993.12.24, 92도3334).

(2) 직무상 의무 있는 자가 범인을 도피시킨 경우 범인도피죄와 본죄의 관계

작위범과 부작위범은 행위의 동일성이 없으므로 상상적 경합이 성립하지 않는다. 따라서 작위범인 범인도피죄만 성립하고 부작위범인 직무유기죄는 별도로 성립하지 않는다(대법원 1999.11.26, 99도1904; 1996.5.10, 96도91). [경찰채용 11 2차 / 경찰승진 11 / 법원9급 10 / 법원행시 05·07·14]

(3) 출원심사담당공무원이 허위출원사유임을 알면서도 결재를 받은 경우 위계에 의한 공무집행방해죄와 본죄의 관계

위계에 의한 공무집행방해죄만 성립하고 부작위범인 직무유기죄는 따로 성립하지 않는다(대법원 1997.2.28, 96도2825). [법원9급 09 / 법원행시 07 · 08 / 사시 12 / 변호사시험 13]

(4) 경찰관이 압수물을 범죄혐의의 입증에 사용하도록 하는 등의 적절한 조치를 취하지 아니하고 피압수자에게 돌려준 경우 증거인멸죄와 본죄의 관계

작위범인 증거인멸죄만 성립하고 부작위범인 직무유기죄는 따로 성립하지 않는다(대법원 2006.10.19, 2005도3909 전원합의체 : 오락기 변조기판을 돌려준 사건). [경찰채용 11 2차 / 경찰간부 12 / 경찰승진 14 / 법원9급 08 · 12 / 법원행시 07 · 09 · 11 · 14]

(5) 위법건축물이 발생하지 않도록 예방단속할 직무상 의무 있는 자가 위법건축을 하도록 타인을 교사하여 위법건축이 행해진 경우의 건축법위반교사죄와 본죄의 관계

직무위배의 위법상태는 건축법위반 교사행위에 내재하고 있는 것이므로 건축법위반교사죄와 직무유기죄는 실체적 경합범이 되지 아니한다(대법원 1980.3.25, 79도2831).

(6) 인권옹호직무명령부준수죄와 직무유기죄의 관계

형법 제139조에 규정된 인권옹호직무명령부준수죄와 형법 제122조에 규정된 직무유기죄는 특별관계에 있지 않고 부작위범과 부작위범의 관계이므로 상상적 경합관계로 보아야 한다(대법원 2010.10.28, 2008도11999).[97] [경찰간부 12 / 법원행시 11 · 12 · 14 / 변호사시험 12]

(7) 하나의 행위가 직무유기와 다른 작위범에 모두 해당될 경우 검사의 선택기소 가능 여부

하나의 행위가 부작위범인 직무유기죄와 작위범인 허위공문서작성 · 행사죄의 구성요건을 동시에 충족하는 경우, 공소제기권자는 재량에 의하여 작위범인 허위공문서작성 · 행사죄로 공소를 제기하지 않고 부작위범인 직무유기죄로만 공소를 제기할 수 있다(일죄의 일부에 대한 공소제기도 가능하다는 판례는 대법원 2008.2.14, 2005도4202).

03 피의사실공표죄

> 제126조【피의사실공표】검찰, 경찰 그 밖에 범죄수사에 관한 직무를 수행하는 자 또는 이를 감독하거나 보조하는 자가 그 직무를 수행하면서 알게 된 피의사실을 공소제기 전에 공표(公表)한 경우에는 3년 이하의 징역 또는 5년 이하의 자격정지에 처한다. 〈우리말 순화 개정 2020.12.8.〉

1. 의의 및 보호법익

피의사실공표죄(被疑事實公表罪)는 범죄수사에 관한 직무를 수행하거나 이를 감독 · 보조하는 자가 그 직무를 수행하면서(2020.12.8. 우리말 순화 개정형법 전 구법에서는 '그 직무를 행함에 당하여'라 하였음) 알게 된 (구법에서는 '지득한') 피의사실을 공소제기 전(구법에서는 '공판청구 전'이라 하였음)에 불특정 · 다수인에게 공표함으로써 성립하는 범죄이다. 본죄의 보호법익은 국가의 범죄수사기능과 피의자의 인권이다. 법익보호의 정도는 추상적 위험범이다.

---

97 총론의 죄수론, 상상적 경합 및 후술하는 인권옹호직무방해죄 참조

2. 구성요건

(1) 주 체

검찰·경찰 그 밖에 범죄수사에 관한 직무를 수행하는 자 또는 이를 감독·보조하는 자이다(진정신분범, 진정직무범죄, 특수직무범죄). 법관의 경우에도 영장발부를 통하여 피의자의 피의사실을 알 수 있으므로 이를 공표한 경우에는 본죄의 주체가 된다.

(2) 행 위

공소제기 전 불특정 또는 다수인에게 공표하는 행위이다. 공표는 부작위에 의하여도 가능하다.

3. 위법성

(1) 피해자의 승낙

본죄는 개인적 법익에 대한 죄가 아니므로 피의자의 승낙은 위법성을 조각할 수 없다.

(2) 공개수배 및 수사상황 발표의 문제

본죄의 구성요건에 해당되는 피의사실공표행위가 수사상 필요에 의해 행해진 것이라는 이유만으로는 본죄의 위법성이 조각될 수 없다. 다만 피의자를 공개수배하는 방식으로 수사를 하거나, 국민의 알권리를 충족시키기 위해 수사(중간)상황을 공개적으로 브리핑하는 경우 피의사실공표행위가 일어나게 되는데, 이에 대해서는 위법하다는 견해도 있으나 정당행위 내지 정당화적 긴급피난으로서 위법성이 조각될 수 있다고 보아야 한다는 견해가 유력하다. [국가7급 08]

---

04 공무상 비밀누설죄

> **제127조 【공무상 비밀의 누설】** 공무원 또는 공무원이었던 자가 법령에 의한 직무상 비밀을 누설한 때에는 2년 이하의 징역이나 금고 또는 5년 이하의 자격정지에 처한다.

1. 의의 및 보호법익

공무상 비밀누설죄(公務上 秘密漏洩罪)는 공무원 또는 공무원이었던 자가 법령에 의한 직무상 비밀을 누설함으로써 성립하는 범죄로서, 기밀 그 자체를 보호하는 것이 아니라 공무원의 비밀엄수의무의 침해에 의하여 위험하게 되는 이익, 즉 비밀의 누설에 의하여 위협받는 '국가의 기능'을 보호하기 위한 것이다 (다수설·판례). [국가9급 17 / 법원행시 11·12] 본죄는 추상적 위험범이다.

2. 구성요건

(1) 객체 – 법령에 의한 직무상 비밀

본죄의 '법령에 의한 직무상 비밀'의 개념에 대해서, 지배적 다수설은 본죄의 비밀은 법령에 의하여 비밀로 분류되어 규정된 것만 포함된다는 입장이나, 판례는 반드시 법령에 의해 인위적으로 비밀이라고 분류·명시된 사항뿐만 아니라 객관적인 입장에서 외부에 알려지지 않는 것에 '상당한 이익'이 있는 사항도 포함된다는 입장이다. [경찰간부 13]

대법원 2007.6.14, 2004도5561

특정 사건수사 중 수사기관의 자료확보 내역, 사안의 죄책 여하, 신병처리 의견 등의 정보의 비밀성

검찰 등 수사기관이 특정 사건에 대하여 수사를 진행하고 있는 상태에서, 수사기관이 현재 어떤 자료를 확보하였고 해당 사안이나 피의자의 죄책, 신병처리에 대하여 수사책임자가 어떤 의견을 가지고 있는지 등의 정보는 해당 사건에 대한 종국적인 결정을 하기 전까지는 외부에 누설되어서는 안 될 수사기관 내부의 비밀에 해당한다. 따라서 검찰의 고위 간부가 특정 사건에 대한 수사가 계속 진행 중인 상태에서 해당 사안에 관한 수사책임자의 잠정적인 판단 등 수사팀의 내부 상황을 확인한 뒤 그 내용을 수사 대상자 측에 전달한 행위는 형법 제127조에 정한 공무상 비밀누설에 해당한다. [경찰간부 13 / 경찰승진 11 / 법원행시 11]

(2) 누 설

누설이란 공무상 비밀을 모르고 있는 제3자에게 알려주는 행위이다. 따라서 이미 알고 있는 사람에게 알리는 것은 누설이라 할 수 없다. 반드시 누설의 상대방이 공무상 비밀을 알게 되어야만 기수에 도달하는 것은 아니고, 누설에 의하여 공무상 비밀을 상대방이 알 수 있는 상태에 둔 것만으로도 기수가 된다. 본죄는 미수를 벌하지 않는다. [경찰간부 17]

05   직권남용죄

제123조 【직권남용】 공무원이 직권을 남용하여 사람으로 하여금 의무 없는 일을 하게 하거나 사람의 권리행사를 방해한 때에는 5년 이하의 징역, 10년 이하의 자격정지 또는 1천만 원 이하의 벌금에 처한다.

1. 의의 및 보호법익과 강요죄와의 관계

(1) 의의 및 보호법익

직권남용죄(職權濫用罪) 또는 직권남용권리행사방해죄는 공무원이 직권을 남용하여 사람으로 하여금 의무 없는 일을 하게 하거나 사람의 권리행사를 방해함으로써 성립하는 범죄이다. 본죄의 보호법익은 국가기능의 공정한 행사이며, 법익보호의 정도는 추상적 위험범으로 보는 것이 다수설·판례이다. 본죄는 결과범이기는 하지만(권리행사방해의 결과 필요) "국가기능의 공정한 행사"라는 보호법익이 현실적으로 침해되어야 하는 것은 아니라는 점(보호법익의 침해 불필요)에서 추상적 위험범의 성격을 가지는 것이다.

(2) 강요죄와의 관계 – 진정신분범

강요죄(형법 제324조)와의 관계에 있어서 본죄는 그 행위주체로 인하여 형이 가중되는 부진정신분범이라고 보는 견해도 있으나, 강요죄와는 그 보호법익이 다를 뿐만 아니라 강요죄와는 달리 본죄는 폭행·협박이 행위태양이 아니라는 점에서 독자적 성격의 진정신분범이라고 보는 것이 다수설이다.

2. 구성요건

(1) 주체 – 공무원

본죄의 주체인 공무원은 강제력을 수반하는 직무를 행하는 자임을 요하지 않는다는 것이 판례의 입장이다 (대법원 2004.5.27, 2002도6251, 통설은 반대). [경찰간부 12] 따라서 퇴임한 이후에는 특별한 사정이 없는 한 공범으로

서 책임을 지지 않는다(대법원 2020.2.13, 2019도5186).

(2) 행위 – 직권의 남용

① **의의** : 공무원이 그의 '일반적 권한에 속하는 사항(직권)'에 관하여 그것을 불법하게 행사하는 것, 즉 형식적·외형적으로는 직무집행으로 보이나 실질적·구체적으로는 정당한 권한 이외의 행위를 하는 경우를 의미한다. [경찰승진(경위) 10 / 경찰승진 12]

② **일반적 권한에 속하는 사항의 행사** [법원행시 12] : 어떠한 직무가 공무원의 일반적 권한에 속하는 사항이라고 하기 위해서는 법령상의 근거가 필요하지만, 명문이 없는 경우라도 법·제도를 종합적·실질적으로 관찰해서 그것이 해당 공무원의 직무권한에 속한다고 해석되고, 남용된 경우 상대방으로 하여금 사실상 의무 없는 일을 행하게 하거나 권리를 방해하기에 충분한 것이라고 인정되는 경우에는 '일반적 권한'에 포함된다(대법원 2011.7.28, 2011도1739; 2019.3.14, 2018도18646).

> **판례연구** **직권남용에 해당한다는 사례**
>
> 대법원 2007.6.14, 2004도5561
> 검찰의 고위 간부(검찰총장 또는 대검 차장검사)가 내사 담당검사로 하여금 내사(內査)를 중도에서 그만두고 종결처리토록 한 행위는 직권남용죄를 구성한다. [경찰간부 12]

③ **단순한 불법행위와의 구별** : 직권남용은 공무원이 그의 일반적 권한에 속하지 않는 행위를 하는 경우인 지위를 이용한 불법행위와는 구별된다. 따라서 집행관이 채무자를 체포하는 행위처럼 외관상 직무권한과 아무런 관련이 없는 행위는 본죄를 구성하지 않는다. [경찰승진(경위) 10 / 사시 13]

(3) 결과 – 의무 없는 일을 하게 하거나 권리행사를 방해하는 것

직권남용권리행사방해죄는 단순히 공무원이 직권을 남용하는 행위를 하였다는 것만으로 곧바로 성립하는 것이 아니다. 직권을 남용하여 현실적으로 다른 사람이 법령상 의무 없는 일을 하게 하였거나 다른 사람의 구체적인 권리행사를 방해하는 결과가 발생하여야 한다. 이는 '공무원이 직권을 남용하여'와 구별되는 별개의 범죄성립요건이다.

① **의무 없는 일을 하게 하는 것** : 사람으로 하여금 법령상 의무 없는 일을 하게 하는 때를 의미하므로, 단순한 심리적·도덕적 의무는 이에 해당하지 아니한다. [경찰승진(경위) 10 / 경찰승진 12] 구체적으로는 아래와 같이 나누어 보아야 한다.

  ㉠ **상대방이 일반 사인인 경우** : 특별한 사정이 없는 한 직권에 대응하여 따라야 할 의무가 없으므로 그에게 어떠한 행위를 하게 하였다면 '의무 없는 일을 하게 한 때'에 해당할 수 있다.

  ㉡ **상대방이 공무원 또는 공공기관 등의 임직원인 경우** : 관계법령 등의 내용에 따라 개별적으로 판단하여야 한다.

   ⓐ **직무보조 사실행위에 불과한 경우** : 공무원이 자신의 직무권한에 속하는 사항에 관하여 실무담당자로 하여금 그 직무집행을 보조하는 사실행위를 하도록 하더라도 이는 공무원 자신의 직무집행으로 귀결될 뿐이므로 원칙적으로 직권남용권리행사방해죄에서 말하는 의무 없는 일을 하게 한 때에 해당한다고 할 수 없다.

   ⓑ **직무집행의 기준이 있고 실무담당자에게 일정한 권한이 있는 경우** : 직무집행의 기준과 절차가 법령에 구체적으로 명시되어 있고 실무담당자에게도 그 직무집행의 기준으로 적용하고 절차에 관여할 고유한 권한과 역할이 부여되어 있다면 실무담당자로 하여금 그러한 기준과 절차에 위반하여 직무집행을 보조하게 한 경우에는 의무 없는 일을 하게 한 때에 해당한다.

직권남용죄의 의무 없는 일을 하게 한 것에 해당한다는 사례

대법원 2011.2.10, 2010도13766
실무담당자로 하여금 기준과 절차에 위반하여 직무집행을 보조하게 한 사례
서울특별시 교육감인 피고인이 인사담당장학관 등에게 지시하여 승진 또는 자격연수 대상이 될 수 없는 특정
교원들을 승진임용하거나 그 대상자가 되도록 하였다면 '의무 없는 일을 하게 한 때'에 해당한다. [경찰채용 21
1차 / 법원행시 14]

직권남용죄의 의무 없는 일을 하게 한 것에 해당하지 않는다는 사례

대법원 2020.1.30, 2018도2236 전원합의체
대통령비서실장 등이 좌파 지원배제 지시를 하여 문체부 산하단체 직원들로 하여금 문체부 공무원에게 각종
명단을 송부하게 하고 공모사업 진행 중 수시로 심의 진행상황을 보고하게 한 사건
공무원이 직권을 남용하여 사람으로 하여금 어떠한 일을 하게 한 때에 상대방이 공무원 또는 유관기관의 임직원
인 경우에는 그가 한 일이 형식과 내용 등에 있어 직무범위 내에 속하는 사항으로서 법령 그 밖의 관련 규정에
따라 직무수행 과정에서 준수하여야 할 원칙이나 기준, 절차 등을 위반하지 않는다면 특별한 사정이 없는 한
법령상 의무 없는 일을 하게 한 때에 해당한다고 보기 어렵다. …… 문예위 등의 직원들로 하여금 문체부 공무원에
게 각종 명단을 송부하게 한 행위, 공모사업 진행 중 수시로 심의 진행 상황을 보고하게 한 행위부분은, 문예위
·영진위·출판진흥원은 사업의 적정한 수행에 관하여 문체부의 감독을 받으므로 일반적으로 지원사업의 진행
상황을 보고하는 등 문체부의 지시에 협조할 의무가 있어 의무 없는 일에 해당하기 어렵다고 볼 여지가 있다.

② **권리행사를 방해하는 것** : '권리'는 법률에 명기된 권리에 한하지 않고 법령상 보호되어야 할 이익이면
족한 것으로서, 공법상의 권리인지 사법상의 권리인지를 묻지 않는다. [경찰승진 12 / 법원행시 12] 예컨대,
경찰관은 경찰관직무집행법의 관련 규정을 근거로 범죄를 수사할 권한을 가지고 있으며, 이러한
범죄수사권은 본죄의 권리에 해당된다(대법원 2010.1.28, 2008도7312). [경찰간부 18 / 법원9급 11 / 법원행시 14] 다만
구체화된 권리의 현실적인 행사가 방해되었다고 볼 수 없는 경우에는 본죄를 구성하지 않는다.
[경찰승진 12]

③ **기수시기** : 본죄는 추상적 위험범이지만 결과범이다. 따라서 본죄는 그 결과로써 피해자가 의무
없는 일을 현실적으로 행하거나 권리행사가 방해되었을 때 기수가 된다(통설·판례). [경찰간부 16 / 사시
12] 또한 위 결과의 발생은 직권남용 행위로 인한 것이어야 한다(대법원 1991.12.27, 90도2800; 2004.5.27,
2002도6251; 2005.4.15, 2002도3453 등).

(4) 주관적 구성요건

본죄의 주관적 구성요건으로서의 고의에는 권리행사를 방해한다는 인식 이외에 직권을 남용한다는
인식도 포함되는 것이다.

3. 미수범 처벌규정의 부존재

본죄는 미수범 처벌규정이 없다. 따라서 공무원이 직권을 남용하였다 하더라도 현실적으로 사람으로
하여금 의무 없는 일을 하게 하거나 사람의 권리행사를 방해하는 결과가 발생하지 않은 경우에는 직권남용죄
가 성립하지 아니한다.

4. 죄수 및 다른 범죄와의 관계

(1) 포괄일죄

본죄의 주체인 공무원이 동일한 사안에 관한 일련의 직무집행과정에서 단일하고 계속된 범의로 일정

기간 계속하여 저지른 직권남용행위에 대하여는 설령 그 상대방이 수인이라고 하더라도 포괄일죄가 성립할 수 있다(대법원 2021.3.11, 2020도12583).

(2) 다른 범죄와의 관계

상급 경찰관이 직권을 남용하여 부하 경찰관들의 수사를 중단시키거나 사건을 다른 경찰관서로 이첩하게 한 경우, '권리행사를 방해함으로 인한 직권남용권리행사방해죄'만 성립하고 '의무 없는 일을 하게 함으로 인한 직권남용권리행사방해죄'는 따로 성립하지 아니한다(대법원 2010.1.28, 2008도7312). [법원행시 12 · 14]

06 불법체포 · 감금죄

> 제124조【불법체포, 불법감금】① 재판, 검찰, 경찰 기타 인신구속에 관한 직무를 행하는 자 또는 이를 보조하는 자가 그 직권을 남용하여 사람을 체포 또는 감금한 때에는 7년 이하의 징역과 10년 이하의 자격정지에 처한다.
> ② 전항의 미수범은 처벌한다.

1. 의의 및 보호법익

불법체포 · 감금죄(직권남용체포 · 감금죄)는 재판, 검찰, 경찰 기타 인신구속에 관한 직무를 행하는 자 또는 이를 보호하는 자가 그 직권을 남용하여 사람을 체포 또는 감금함으로서 성립하는 범죄로서, 국가의 인신구속기능의 공정한 행사 및 개인의 신체활동의 자유 등의 인권을 보호법익으로 삼는다. 본죄는 체포 · 감금죄와 마찬가지로 침해범이다.

2. 구성요건

(1) 주 체

재판, 검찰, 경찰 기타 인신구속을 행하는 자 또는 이를 보조하는 자이며, 이러한 신분으로 인하여 본죄는 일반체포 · 감금죄보다 그 형이 가중된다(다수설 : 부진정신분범, 부진정직무범죄, 특수직무범죄). 본죄의 '기타 인신구속을 행하는 자 또는 이를 보조하는 자'에는 교도소장이나 구치소장, 소년원장, 교정공무원, 법원공무원, 검찰공무원, 사법경찰리가 포함된다. 집행관도 포함된다는 것이 판례이다(대법원 1969.6.24, 68도1218, 통설은 비판).

(2) 행 위

직권을 남용하여 사람을 체포 · 감금하는 것이다. 체포 · 감금은 작위나 부작위(에 구속기간이 만료했음에도 석방하지 않는 행위), 물리적 방법이나 심리적 방법(에 경찰서 안에서 자유로운 상태였을지라도 밖으로는 나갈 수 없도록 한 행위)을 불문한다.

판례연구	불법체포 · 감금죄가 성립한다는 사례

대법원 1991.12.30, 91모5
설사 재항고인이 경찰서 안에서 판시와 같이 식사도 하고 사무실 안팎을 내왕하였다 하여도 재항고인을 경찰서 밖으로 나가지 못하도록 그 신체의 자유를 제한하는 유형 · 무형의 억압이 있었다면 이는 바로 감금행위에 해당할 수도 있는 것이다. … 특히 재항고인이 스스로 경찰서에 찾아간 것이 아니라 임의동행형식으로 연행되어 경찰서 까지 인치된 점에 비추어 더욱 그러하다 할 것이다. [경찰간부 11 / 경찰승진 11]

3. 미수범 처벌규정의 존재

본죄는 공무원의 직무에 관한 죄 중에서 유일하게 미수범 처벌규정을 두고 있는 죄이다.

07 폭행 · 가혹행위죄

> **제125조【폭행, 가혹행위】** 재판, 검찰, 경찰 그 밖에 인신구속에 관한 직무를 수행하는 자 또는 이를 보조하는 자가 그 직무를 수행하면서 형사피의자나 그 밖의 사람에 대하여 폭행 또는 가혹행위를 한 경우에는 5년 이하의 징역과 10년 이하의 자격정지에 처한다. 〈우리말 순화 개정 2020.12.8.〉

1. 의의 및 보호법익

폭행 · 가혹행위죄(특수공무원폭행죄)는 재판, 검찰, 경찰 그 밖에 인신구속에 관한 직무를 수행하는 자 또는 이를 보조하는 자가 그 직무를 수행하면서 형사피의자나 그 밖의 사람에 대하여 폭행 또는 가혹한 행위를 함으로써 성립하는 범죄로서, 헌법 제12조 제2항의 고문금지를 구체화하는 처벌규정이며, 수사 및 인신구속에 관한 국가기능 행사의 공정성과 개인의 인권을 그 보호법익으로 삼는 범죄이다.

2. 구성요건

(1) 주 체

본죄의 주체는 재판, 검찰, 경찰 그 밖에 인신구속에 관한 직무를 수행하거나 이를 보조하는 자이며, 이러한 신분으로 인하여 폭행죄(제260조) · 학대죄(제273조)보다 그 형이 가중된다(부진정신분범, 부진정직무범죄, 특수직무범죄).

(2) 행 위

본죄의 폭행은 '직무를 수행하면서(2020.12.8. 우리말 순화 개정형법 전 구법에서는 '직무를 행함에 당하여'라 하였음)' 행하는 소위 협의의 폭행이며(사람의 신체에 대한 유형력의 행사), 가혹행위란 폭행 이외의 행위로서 육체적 · 정신적 고통을 가하는 일체의 행위를 말한다. 본죄의 폭행 · 가혹행위는 직무와의 시간적 · 장소적 관련성뿐만 아니라 내용적 관련성까지 있어야 한다(통설). 또한 본죄의 행위로 인하여 피의자 등이 사망한 경우에는 특정범죄가중처벌 등에 관한 법률에 의하여 결과적 가중범(독직가혹행위치사상죄, 동법 제4조의2)으로 처벌된다.

3. 다른 범죄와의 관계

가혹행위로서 강제추행을 한 경우에는 본죄와 강제추행죄(제298조)의 상상적 경합이 되고, 피구금자를 추행한 경우에는 본죄와 성폭법상 피구금자추행죄(동법 제10조 제2항)의 상상적 경합이 되며, 피구금자를 간음한 경우에는 본죄와 피구금자간음죄(형법 제303조 제2항)의 상상적 경합이 된다.

선거방해죄

> 제128조【선거방해】 검찰, 경찰 또는 군의 직에 있는 공무원이 법령에 의한 선거에 관하여 선거인, 입후보자 또는 입후보자 되려는 자에게 협박을 가하거나 기타 방법으로 선거의 자유를 방해한 때에는 10년 이하의 징역과 5년 이상의 자격정지에 처한다.

선거방해죄는 검찰, 경찰 또는 군의 직에 있는 공무원이 법령에 의한 선거에 관하여 선거인, 입후보자 또는 입후보자 되려는 자에게 협박을 가하거나 기타 방법으로 선거의 자유를 방해함으로써 성립하는 범죄로서, 그 보호법익은 선거의 자유이며, 법익보호의 정도는 추상적 위험범이다. 본죄의 행위주체는 검찰·경찰·군의 직에 있는 공무원이다(진정신분범). 본죄는 목적범이 아니며, 선거의 자유가 방해되는 결과의 발생도 요하지 않는다.

참고하기 행위주체가 혼동되는 범죄들

1. **피의사실공표죄** : 검찰, 경찰 기타 범죄수사에 관한 직무를 행하는 자 또는 이를 감독하거나 보조하는 자
2. **불법체포감금죄** : 재판, 검찰, 경찰 기타 인신구속에 관한 직무를 행하는 자 또는 이를 보조하는 자
3. **폭행·가혹행위죄** : 재판, 검찰, 경찰 기타 인신구속에 관한 직무를 행하는 자 또는 이를 보조하는 자
4. **선거방해죄** : 검찰, 경찰 또는 군의 직에 있는 공무원

---

09 단순수뢰죄

> 제129조【수뢰, 사전수뢰】① 공무원 또는 중재인이 그 직무에 관하여 뇌물을 수수, 요구 또는 약속한 때에는 5년 이하의 징역 또는 10년 이하의 자격정지에 처한다.

1. 뇌물죄 총설

(1) 의 의

뇌물죄(賂物罪)는 공무원 또는 중재인이 그 직무행위의 대가로 이득을 취득하거나 이들에게 이득을 제공하는 행위를 총칭하는 범죄이다. 뇌물죄의 유형은 크게 수뢰죄와 증뢰죄로 나눌 수 있다.

(2) 뇌물죄의 보호법익

① 보호법익 : 직무행위에 대한 불가매수성(不可買受性)과 이에 대한 일반의 신뢰라고 보는 것이 다수설·판례이다. [법원행시 11]

② 법익보호의 정도 : 미수범 처벌규정이 일체 없다는 점에서 추상적 위험범에 해당한다.

(3) 뇌물의 개념 – 직무에 관한 부당한 이익 : 직무관련성 + 부정한 이익

① 직무관련성

㉠ 직무 : 공무원 또는 중재인이 직위에 따라서 담당하는 업무로서 그 직무와 관련하여 관례상·사실상 처리하고 있는 행위(대법원 1981.8.25, 81도1830; 1997.12.26, 97도2609) [경찰채용 12 1차 / 경찰간부 11 / 국가9급 11 / 법원9급 10 / 법원행시 08·10·13] 및 결정권자를 보좌하거나 영향을 줄 수 있는 행위를 포함하고(대법원 1997.4.17, 96도3378) [국가7급 12 / 법원행시 08·13 / 사시 12] 현재는 물론 과거와 장래의 직무도 포함된다.

[변호사시험 14] 또한 내부적인 사무분장(事務分掌)에 따라 현실적으로 담당하지 않는 직무라 하더라도 본죄의 직무에서 배제되지 않는다(대법원 1984.9.25, 84도1568; 1994.3.22, 93도2962; 1999.11.9, 99도2530; 2003.6.13, 2003도1060). [경찰채용 14 1차 / 경찰승진 12 / 국가9급 17 / 사시 14]

  ⓛ **직무에 관련될 것**

    ⓐ **의의 및 내용** : 뇌물은 직무에 관련되는 이익이어야 한다. 직무에 관한 것이란 직접적인 직무행위는 물론 밀접한 관련이 있는 직무도 포함되고, 나아가 직무상의 지위를 이용하거나 그 지위에 기한 영향력을 기초로 직무의 공정성에 영향을 줄 수 있는 경우도 폭넓게 포함된다(대법원 1983.3.22, 83도113; 1985.5.14, 83도2050; 1994.9.9, 94도619; 1996.6.14, 96도865; 1996.11.15, 95도1114). 또한 개개의 직무행위와 구체적인 대가관계가 있을 필요도 요구되지 않으며(대법원 1997.12.26, 97도2609; 1997.4.17, 96도3377; 1997.4.17, 96도3378), [경찰채용 21 1차 / 경찰간부 16 / 국가7급 08·10·12] 직무에 관한 청탁이나 뇌물을 받은 결과로 부정한 행위가 이루어질 필요도 없고(대법원 1998.3.10, 97도3113; 2000.1.21, 99도4940; 2001.9.18, 2000도5438; 2006.12.22, 2004도7356 등), [경찰채용 12 2차 / 경찰간부 11·17 / 국가9급 17] 금품수수시기와 직무집행행위의 전후를 가릴 필요도 없다(대법원 2017.12.22, 2017도12346). 다만 뇌물의 대가로 부정한 행위가 사전에 행해진 경우에는 사후수뢰죄(제131조 제2항·제3항)로, 사후에 행해지면 수뢰후부정처사죄(동조 제1항)로 가중처벌되게 된다.

    ⓑ **전직(轉職) 전의 직무에 관하여 뇌물을 받은 경우** : 직무는 현재뿐만 아니라 과거·장래에 대한 직무이더라도 직무관련성이 인정된다(통설). [법원9급 11]

판례연구   **뇌물죄의 직무관련성이 인정된다는 사례**

1 대법원 1999.11.9, 99도2530
음주운전 단속 경찰관의 운전면허취소업무에 대한 직무관련성
뇌물죄는 직무집행의 공정과 이에 대한 사회의 신뢰에 기하여 직무행위의 불가매수성을 그 직접의 보호법익으로 하고 있으므로 뇌물성은 의무위반행위나 청탁의 유무 및 금품수수시기와 직무집행행위의 전후를 가리지 아니한다 할 것이고, 따라서 뇌물죄에서 말하는 '직무'에는 사무분장에 따라 현실적으로 담당하지 않는 직무라도 법령상 일반적인 직무권한에 속하는 직무 등 공무원이 그 직위에 따라 공무로 담당할 일체의 직무를 포함한다. 따라서 음주운전 단속에 관련된 제반 서류를 작성한 후 운전면허 취소업무를 담당하는 직원에게 이를 인계하는 업무를 담당하는 경찰관이 피단속자로부터 운전면허가 취소되지 않도록 하여 달라는 청탁을 받고 금원을 교부받은 경우 뇌물수수죄의 죄책이 인정된다(참고로 수뢰후부정처사죄는 성립하지 않는다고 본 판례임). [경찰채용 18 1차 / 경찰채용 10·16 2차 / 경찰간부 12 / 경찰승진(경사) 11 / 법원9급 09]

2 대법원 2003.6.13, 2003도1060
범죄를 예방·진압·수사하여야 할 일반적 직무권한을 가지는 경찰관(원주경찰서 교통계 근무)이 도박장개설 및 도박범행을 묵인하고 편의를 봐주는 데 대한 사례비 명목으로 금품을 수수하고, 나아가 도박장개설 및 도박범행사실을 잘 알면서도 이를 단속하지 아니한 것은 경찰관으로서 직무와 관련되는 것이다(결국 수뢰후부정처사죄가 성립함). [사시 14 / 변호사시험 14]

---

② **부당한 이익**

  ㉠ **대가관계** : 뇌물은 직무에 관한 보수임을 요하므로 직무에 대한 대가관계가 있어야 한다. 그러므로 사교적 의례(儀禮)에 불과한 추석 또는 연말의 증여물은 뇌물이 아니다.

  ㉡ **이익의 불법·부정성** : 뇌물은 직무에 관한 부정한 보수임을 요하므로 법령뿐만 아니라 사회윤리적 관점에서 인정될 수 있는 정당한 대가는 뇌물이 될 수 없다(**예** 봉급, 수당, 여비, 일당, 수수료, 상여금 등). 그러나 정치자금·선거자금 등의 명목으로 이루어진 금품의 수수라 하더라도 그것이 정치인인 공무원의 직무행위에 대한 대가로서의 실체를 가지는 한, 뇌물로서의 성격을 잃지 아니한다(대법원 1997.12.26, 97도2609; 2008.6.12, 2006도8568). [법원9급 06 / 법원행시 05]

ⓒ (판례에 의한) 뇌물의 범위 – 선물(膳物)과 뇌물의 구별을 요함
   ⓐ 사교적 의례로서의 선물이라면 뇌물 × : 사회상규에 비추어 볼 때에 의례상의 대가에 불과한 것이라고 여겨지거나, 개인적인 친분관계가 있어서 교분상의 필요에 의한 것이라고 명백하게 인정할 수 있는 경우에는 뇌물죄가 성립하지 않는다(대법원 1982.9.14, 81도2774).
   ⓑ 금액 혹은 물건의 가액이 통상을 넘는다면 대가관계가 없더라도 뇌물 ○ : 고액의 축의금 및 부의금은 뇌물로 볼 수 있다.
   ⓒ 금액이 적더라도 대가관계가 분명하다면 뇌물 ○ : 공무원의 직무와 관련하여 금원을 수수하였다면 그 수수한 금원은 뇌물이 되고, 그것이 사교적 의례의 형식을 사용하고 있다 하여도 직무행위의 대가로서의 의미를 가질 때에는 뇌물이 되는 것이다(대법원 2000.1.21, 99도4940).
   [경찰채용 12·21 2차 / 경찰승진(경사) 11 / 국가9급 11 / 국가7급 08 / 법원9급 14]
ⓓ 이익 : 뇌물죄에 있어서 뇌물의 내용인 이익이라 함은 금전·물품 기타의 재산적 이익뿐만 아니라 사람의 수요·욕망을 충족시키기에 족한 일체의 유형·무형의 이익을 포함한다. [경찰승진 12 / 사시 13] 예를 들어, 금전소비대차계약 내지 무이자 또는 저리의 융자에 의한 금융이익, 은행대출금채무의 연대보증(대법원 2001.1.5, 2000도4714), 시가의 앙등이 예상되는 체비지의 지분을 낙찰원가에 매수하거나(대법원 1994.11.4, 94도129) 역시 시가의 앙등이 예상되는 주식을 액면가에 매수하는 것(대법원 1979.10.10, 78도1793)과 같은 투기적 사업에 참여할 기회의 제공, [경찰채용 12 3차 / 국가7급 12 / 법원9급 08 / 법원행시 06·08] 싼값의 부동산 분양, 조합아파트 가입권에 붙은 소위 프리미엄(대법원 1992.12.22, 92도1762), 차용금 명목의 금원, 양복·자동차의 현물제공, 각종 회원권(CII 골프장, 헬스클럽 등), 향응의 제공(대법원 1967.10.31, 67도1123), 취직의 알선, 해외여행, 복직, 이성 간의 정교와 같은 성적 욕구의 충족(대법원 2014.1.29, 2013도13937) 등이 여기에 해당된다. [경찰채용 18 1차 / 경찰채용 16 2차 / 법원9급 17]

(4) 수뢰죄와 증뢰죄의 관계

판례는 전통적으로 필요적 공범설의 입장에 서 있으나, 수뢰죄가 성립하지 않아도 증뢰죄는 성립할 수 있다고 판시하고 있다.

(5) 뇌물의 필요적 몰수와 추징

제134조 【몰수, 추징】 범인 또는 사정을 아는 제3자가 받은 뇌물 또는 뇌물로 제공하려고 한 금품은 몰수한다. 이를 몰수할 수 없을 경우에는 그 가액을 추징한다. 〈우리말 순화 개정 2020.12.8.〉

① 몰수·추징의 대상 – 범인 또는 사정을 아는 제3자가 받는 특정한 뇌물
   ㉠ 특정된 물건 : 뇌물로 인한 부정한 이익을 보유하지 못하게 하는 범죄수익박탈적 형벌인 몰수는 어디까지나 '특정된 물건'에 대한 것이다. 추징 역시 몰수가 가능함을 전제로 한다. 따라서 뇌물로 제공하려고 한 금품이 특정되지 않았다면, 몰수할 수 없고 그 가액을 추징할 수도 없다고 보아야 할 것이다. [경찰간부 17 / 경찰승진(경사) 11 / 법원행시 08]
   ㉡ 수뢰액의 증명 : 뇌물죄에서 수뢰액은 다과(多寡)에 따라 범죄구성요건이 되므로 엄격한 증명의 대상이 되고, [법원승진 11] 특가법에서 정한 범죄구성요건이 되지 않는 단순뇌물죄의 경우에도 몰수·추징의 대상이 되는 까닭에 역시 증거에 의하여 인정되어야 하며, 수뢰액을 특정할 수 없는 경우에는 가액을 추징할 수 없다(대법원 2011.5.26, 2009도2453). [경찰채용 18 1차]
② 몰수·추징의 상대방
   ㉠ 수뢰자가 뇌물을 –영득의사로 수수함이 없이– 그대로 보관하다가 뇌물 그 자체를 증뢰자에게 반환한 경우 : 증뢰자로부터 몰수 또는 추징한다(대법원 1978.2.28, 77도4037; 1984.2.28, 83도2783). [국가9급 17 / 국가7급 14 / 법원행시 05 / 변호사시험 14]

ⓛ 수뢰자가 일단 수뢰한 뇌물을 소비하고 동 액수의 금원을 증뢰자에게 반환한 경우 : 수뢰자는 뇌물로 인한 이익을 누린 것이라고 할 수 있으므로, 수뢰자로부터 그 가액을 추징한다(대법원 1986.10.14, 86도1189). [법원9급 13 / 변호사시험 12] 영득의 의사로 수수한 후에 뒤에 이를 반환한 경우에도 마찬가지이다(대법원 1986.12.23, 86도2021).

ⓒ 뇌물로 수수한 자기앞수표를 소비하고 그 금액을 반환한 경우 : 뇌물 그 자체를 반환한 것은 아니므로 이를 몰수할 수 없고 수뢰자로부터 그 가액을 추징한다(대법원 1984.2.14, 83도2871; 1999.1.29, 98도3584). [경찰채용 14 2차 / 법원행시 13 / 사시 12 / 변호사시험 14]

ⓔ 수뢰자가 뇌물로 받은 돈을 은행의 계좌에 예치하였다가 동일한 액수의 금원을 증뢰자에게 반환한 경우 : 은행의 계좌에 예치하였다면 이러한 예금행위는 곧 뇌물의 처분행위에 해당하므로 영득의 의사로 수수한 것임이 인정되고 또한 증뢰자에게 반환된 금원은 뇌물 그 자체도 아니므로 이를 몰수할 수 없고 수뢰자로부터 그 가액을 추징한다(대법원 1970.4.14, 69도2461; 1985.9.10, 85도1350; 1996.10.25, 96도2022). [법원9급 12]

ⓜ 수뢰자가 뇌물로 받은 돈을 다시 뇌물로 공여한 경우 : 수뢰자로부터 추징한다(대법원 1986.11.25, 86도1951). [법원승진 13]

③ 몰수·추징의 방법

㉠ 수인이 수수한 경우

ⓐ 공동하여 수수한 경우 : 각자 실제로 받은 금품을 몰수·추징한다(개별추징 : 원칙). 분배율이 분명하지 않을 경우에는 평등 분할하여 추징한다(균분추징 : 예외). 따라서 공범 중 1인에게 만연하게 전액 추징하는 것은 위법이다.

ⓑ 수뢰자가 뇌물 중 일부를 공동수수자 아닌 교사범·종범에게 사례금 명목으로 교부한 경우 : 뇌물을 수수하는 데에 따르는 부수적 비용의 지출 또는 뇌물의 소비행위에 지나지 아니하므로, 뇌물수수자로부터 그 수뢰액 전부를 추징한다(대법원 2011.11.24, 2011도9585). [경찰채용 12 · 18 3차 / 경찰승진 13 / 법원행시 14 · 16]

㉡ 뇌물의 전부 또는 일부를 몰수할 수 없을 경우 : 그 가액을 추징한다.

例 수뢰 후 재물의 소비, 타물과의 혼동, 향응 등

㉢ 몰수·추징 자체가 애초에 불가능한 경우 : 그 가액산정이 불가능한 경우를 말하며, 이 경우 몰수·추징 자체가 불가능하다.

例 이성과의 정교 등

④ 뇌물의 추징 및 추징가액 산정의 기준

㉠ 추징 : 뇌물(의 전부 또는 일부)을 몰수할 수 없을 때에는 그 가액을 추징한다. 예컨대, 뇌물로써 1,000만 원짜리 순금송아지를 받았는데 수뢰자가 이를 선의의 제3자에게 처분함으로써 소비한 경우에는 수뢰자에게 1,000만 원을 추징한다.

㉡ 추징가액 산정의 기준 : 판결선고시의 가액기준설이 판례의 입장이다. 따라서 1,000만 원짜리 금송아지를 받은 수뢰자가 이를 선의의 제3자에게 처분하면서 1,100만 원을 받았다면 수뢰자에게 1,100만 원을 추징해야 한다.

2. 구성요건

(1) 객관적 구성요건

① 주체 – 공무원 또는 중재인

㉠ 공무원 : 국가·지방자치단체의 사무에 종사하는 자로서 그 직무의 내용이 단순한 기계적·육체적

인 것에 한정되어 있지 않은 자를 말한다. 한국전력공사·한국방송공사·농협중앙회 등과 같은 공법인의 직원도 특가법 및 동법 시행령에 근거가 있는 이상 본죄의 주체가 된다. 또한 임명권자에 의하여 임용되어 공무에 종사하여 온 사람이 나중에 임용결격자이었음이 밝혀져 당초의 임용행위가 무효인 경우도 본죄의 주체에 포함된다(대법원 2014.3.27, 2013도11357). [경찰채용 14 2차 / 국가7급 16 / 법원9급 20 / 법원행시 14·16 / 변호사시험 17·18]

ⓛ **중재인** : 노동관계조정법·중재법과 같은 법령에 의하여 중재의 직무를 담당하는 자를 말한다. 중재법에 근거를 두고 중재합의에 의하여 선정된 자도 본죄의 중재인이 된다(중재법 제12조). 다만 사실상 중재의 업무를 하고 있는 것으로는 불충분하므로, 위와 같은 법령에 의하지 않고 사적인 중재를 맡아 행하는 자는 포함될 수 없다.

ⓒ **공무원·중재인의 신분의 존재시점** : 뇌물수수·요구·약속행위시에 있을 것을 요한다. 즉 공무원·중재인이 그 직무에 관하여 뇌물을 수수한 때에 본죄는 성립하는 것이며, 그 주체는 현재 공무원 또는 중재인의 직에 있는 자에 한정되어야 한다. 따라서 공무원이 직무와 관련하여 뇌물 수수를 약속하고 퇴직 등 사유로 공무원의 지위를 떠난 후 이를 수수하는 경우에는, 뇌물약속과 뇌물수수가 시간적으로 근접하여 연속되어 있다고 하더라도, 뇌물약속죄 및 사후수뢰죄가 성립할 수 있음은 별론으로 하고, 뇌물수수죄는 성립하지 않는다(대법원 2008.2.1, 2007도5190; 2010.10.14, 2010도387). [경찰채용 11·21 1차 / 경찰간부 11 / 국가9급 11 / 법원승진 11 / 사시 11·12]

② **객체 – 뇌물**

③ **행위 – 뇌물을 수수·요구·약속하는 것**

ⓐ **수수(收受)** : 영득의 의사로 뇌물의 사실상 점유를 취득하는 것을 말한다. 여기에서 취득이란 뇌물에 대한 사실상의 처분권을 획득하는 것을 의미하고, 뇌물인 물건의 법률상 소유권까지 취득하여야 하는 것은 아니다.

판례연구　　**뇌물수수가 인정된다는 사례**

대법원 2002.5.10, 2000도2251; 2002.11.26, 2002도3539
수뢰죄의 기수시기
공무원이 뇌물로 투기적 사업에 참여할 기회를 제공받은 경우, 뇌물수수죄의 기수시기는 '투기적 사업에 참여하는 행위가 종료된 때'로 보아야 하며, 그 행위가 종료된 후 경제사정의 변동 등으로 인하여 당초의 예상과는 달리 그 사업참여로 인한 아무런 이득(임야에 대한 개발이익)을 얻지 못한 경우라도 뇌물수수죄의 성립에는 아무런 영향이 없다. [경찰채용 10 2차 / 경찰간부 11 / 경찰승진(경위) 11 / 경찰승진(경감) 10 / 국가7급 12·16 / 법원9급 07(상) / 법원9급 09 / 법원행시 07·14 / 사시 11·14 / 변호사시험 12]

ⓛ **요구** : 뇌물요구죄는 대향범이 아니라, 공무원이 일방행위로도 범할 수 있는 유형이다.

ⓒ **약속** : 양 당사자 사이에 뇌물의 수수를 합의하는 것을 말한다. 여기에서 '합의'란 그 방법에 아무런 제한이 없고 명시적일 필요도 없지만, 장래 공무원의 직무와 관련하여 뇌물을 주고받겠다는 양 당사자의 의사표시가 확정적으로 합치하여야 한다(대법원 2012.11.15, 2012도9417). [경찰간부 14 / 법원9급 17·18] 다만 뇌물이 약속 당시에 현존할 필요가 없고 기대할 수 있으면 족하기 때문에, 그 가액이나 이익의 정도가 확정되어 있을 필요가 없다(대법원 1981.8.20, 81도698; 2001.9.18, 2000도 5438). [경찰승진(경위) 11 / 경찰승진 13 / 법원9급 17 / 법원행시 06]

(2) 주관적 구성요건 – 고의

자신이 공무원임에도 직무에 관하여 뇌물을 수수·요구·약속한다는 사실에 대한 고의가 있어야 한다. 뇌물수수의 고의로서는 영득의 의사가 있어야 한다. 따라서 뇌물인지 모르고 이를 수수하였다가 뇌물임을 알고 즉시 반환하거나 증뢰자가 일방적으로 뇌물을 두고 가므로 후일 기회를 보아 반환할 의사로 어쩔

수 없이 일시 보관하다가 반환하는 등 그 영득의 의사가 없었다고 인정되는 경우라면 뇌물을 수수하였다고 할 수 없겠지만(대법원 1985.1.22, 84도2082; 2007.3.29, 2006도9182), [법원9급 07(하)] 영득의사로 수수한 것이면 이후의 반환 여부는 본죄의 성립에 영향이 없다.

3. 죄수 및 다른 범죄와의 관계

(1) 연속범

수뢰죄에 있어서 단일하고도 계속된 고의 아래 동종의 범행을 일정 기간 반복하여 행하고 그 피해법익도 동일한 것이라면 돈을 받은 일자가 상당한 기간에 걸쳐 있고 돈을 받은 일자 사이에 상당한 기간이 끼어 있다 하더라도 각 범행을 통틀어 포괄일죄로 보아야 한다(대법원 1978.12.13, 78도2545; 1999.1.29, 98도3584; 2000.1.21, 99도4940). [국가7급 12·16/법원9급 16]

(2) 다른 범죄와의 관계

① 공갈죄와의 관계

ㄱ 직무집행의 의사로 직무에 관하여 공갈하여 뇌물을 받은 경우 : 다수설·판례에 의하면, 본죄와 공갈죄의 상상적 경합이 된다(대법원 1987.5.26, 86도1648). [법원행시 07/변호사시험 12] 이 경우 상대방은 증뢰죄가 성립하는가에 대해 견해의 대립이 있으나, 판례는 증뢰죄가 성립한다고 보고 있다.

ㄴ 직무관련 없이 공갈하여 뇌물을 받은 경우 : 공무원이 직무집행의 의사 없이 또는 직무처리와 대가적 관계없이 타인을 공갈하여 재물을 교부하게 한 경우에는 공갈죄만 성립하고, 이러한 경우 재물의 교부자가 공무원의 해악의 고지로 인하여 외포의 결과 금품을 제공한 것이라면 그는 공갈죄의 피해자가 될 것이고 뇌물공여죄는 성립될 수 없다. [경찰채용 14 1차/경찰간부 13/경찰승진 16/국가9급 13/법원9급 09·14/법원승진 13/법원행시 06·14/사시 14]

② 사기죄와의 관계 : 공무원이 직무에 관하여 타인을 기망하고 재물을 교부받았다면 수뢰죄와 사기죄의 상상적 경합이 되고, 그 상대방은 뇌물공여죄가 된다(대법원 1977.6.7, 77도1069; 2015.10.29, 2015도12838). [법원행시 07]

10 사전수뢰죄

> 제129조 【수뢰, 사전수뢰】 ② 공무원 또는 중재인이 될 자가 그 담당할 직무에 관하여 청탁을 받고 뇌물을 수수, 요구 또는 약속한 후 공무원 또는 중재인이 된 때에는 3년 이하의 징역 또는 7년 이하의 자격정지에 처한다.

1. 의의 및 객관적 처벌조건

사전수뢰죄(事前收賂罪)는 공무원·중재인이 될 자가 그 담당할 직무에 관하여 청탁을 받고 뇌물을 수수·요구·약속함으로써 이미 성립하는 범죄인데, 다만 행위자가 공무원·중재인이 된 때에 처벌되는 죄이다. 이렇게 범죄의 성립조건과는 별도로 형벌권 발동의 조건으로만 기능하는 것을 가리켜 범죄의 처벌조건이라 한다. 범죄의 처벌조건은 인적 처벌조각사유(주관적 처벌조각사유)와 객관적 처벌조건으로 분류되는데, 본죄의 '공무원·중재인이 된 사실'은 객관적 처벌조건에 속한다. 따라서 이는 고의의 대상이 되지 않는다.

2. 구성요건

(1) 주체 – 공무원 또는 중재인이 될 자

'공무원 또는 중재인이 될 자'란 공무원채용시험에 합격하여 발령을 대기하고 있는 자 또는 선거에 의해 당선이 확정된 자 등 공무원 또는 중재인이 될 것이 예정되어 있는 자뿐만 아니라 공직취임의 가능성이 확실하지는 않더라도 어느 정도의 개연성을 갖춘 자를 포함한다고 할 것이다(대법원 2010.5.13, 2009도7040). [경찰승진(경감) 11 / 사시 13]

(2) 청탁의 존재

① 사전수뢰죄에서 청탁을 요구하는 취지 : 제129조 제2항의 사전수뢰는 단순수뢰의 경우와는 달리 직무에 관한 청탁(請託)을 받을 것을 요건으로 하고 있는바, 이는 본죄의 주체가 수뢰죄와는 달리 뇌물을 수수하는 등의 행위를 할 당시 공무원 등의 신분이 없다는 점을 고려해서 별도의 요건으로써 요구되는 것이다(사후수뢰죄가 청탁을 요구하는 것도 같은 이유임).

② 청탁의 의의·내용 : 청탁이라 함은 공무원에 대하여 일정한 직무집행을 하거나 하지 않을 것을 의뢰하는 행위를 말한다. 여기에서 그 직무행위가 부정한 것인가 하는 점은 묻지 않으며 그 청탁이 반드시 명시적이어야 하는 것도 아니다(대법원 1999.7.23, 99도1911). [경찰채용 10 2차 / 국가7급 20]

---

11 제3자뇌물제공죄

> **제130조 【제3자뇌물제공】** 공무원 또는 중재인이 그 직무에 관하여 부정한 청탁을 받고 제3자에게 뇌물을 공여하게 하거나 공여를 요구 또는 약속한 때에는 5년 이하의 징역 또는 10년 이하의 자격정지에 처한다.

1. 의의 및 성격

제3자뇌물제공죄는 공무원 또는 중재인이 그 직무에 관하여 부정한 청탁을 받고 제3자에게 뇌물을 공여하게 하거나 공여를 요구 또는 약속함으로써 성립하는 범죄로서, 제3자뇌물수수죄 또는 제3자뇌물공여죄라고도 한다(형법 제133조 제2항의 증뢰물전달죄가 제3자뇌물교부죄·제3자뇌물취득죄로 불리기도 하는데 죄명을 혼동하지 말 것).

2. 구성요건

(1) 부정한 청탁

① 의의 : 제3자뇌물공여죄에 있어서 뇌물이란 공무원의 직무에 관하여 부정한 청탁을 매개로 제3자에게 교부되는 위법·부당한 이익을 말하며, '부정한 청탁'이란 공무원·중재인의 정당한 직무처리에 반하는 내용의 청탁을 말한다.

② 제3자뇌물제공죄에서 '부정한 청탁'을 요건 [경찰승진(경장) 11] 으로 하는 취지 : 본죄는 뇌물을 수수하는 등의 행위를 한 제3자가 공무원이 아닌 일반인일 수도 있다는 점에서 공무원의 직무에 관한 부정한 청탁을 추가적인 요건으로써 요구하고 있는 것이다(배임수재죄도 그 취득자가 일반인이며, 역시 부정한 청탁을 요함).

→ 부정한 청탁은 현행형법상 배임수재죄(제357조 제1항)와 제3자뇌물제공죄의 성립요건이다.

③ 요 건
　　㉠ **직무집행의 위법·부당 불요** : 청탁의 대상이 된 직무집행 그 자체가 위법·부당한 경우는 물론, 의뢰한 직무집행 그 자체는 위법·부당한 것이 아니라 하더라도 당해 직무집행을 어떤 대가관계와 연결시켜 그 직무집행에 관한 대가의 교부를 내용으로 하는 청탁이라면 이는 의연 '부정한 청탁'에 해당하는 것으로 볼 수 있으며(대법원 2006.6.15, 2004도3424; 2008.1.24, 2006도5711; 2008.6.12, 2006도8568), [법원9급 07(상)] 청탁의 대상인 직무행위의 내용도 구체적일 필요가 없고, 공무원의 재량권한 내에 속한 것도 포함되고(대법원 2006.6.15, 2004도3424), 묵시적인 의사표시라도 무방하며, 실제로 부정한 행위나 처사를 하였을 것을 요하지도 않는다(대법원 2007.11.16, 2004도4959).

　　㉡ **대가관계에 관한 양해의 존재** : 부정한 청탁은 명시적 의사표시에 의해서뿐만 아니라 묵시적 의사표시에 의해서도 가능하지만, 본죄에서 부정한 청탁을 요한다고 함은 처벌의 범위가 불명확해지지 않도록 하기 위한 것이므로, 묵시적 의사표시에 의한 부정한 청탁이 있다고 하려면 청탁의 대상이 되는 직무집행의 내용과 제3자에게 제공되는 이익이 그 직무집행의 대가라는 점에 대한 공무원과 이익제공자 사이에 공통의 인식이나 양해가 있어야 한다('부정한 직무처리의 대가로서 제3자에게 이익이 제공된다.'는 당사자 간의 공통의 인식이 있어야 부정한 청탁요건이 인정됨, 대법원 2009.1.30, 2008도6950). 따라서 ⓐ 이러한 인식이나 양해 없이 막연히 선처하여 줄 것이라는 기대나 직무집행과는 무관한 다른 동기에 기하여 제3자에게 금품을 공여한 경우에는 부정한 청탁이 인정되지 않으며(대법원 2009.1.30, 2008도6950; 2011.4.14, 2010도12313; 2014.9.4, 2011도14482 등), ⓑ 부정한 대가관계에 대한 양해가 존재하지 않는다면 단지 나중에 제3자에 대한 금품수수가 있었다는 사정만으로 소급하여 청탁이 부정한 것이 되는 것은 아니고(대법원 2008.6.12, 2006도8568; 2011.4.14, 2010도12313), ⓒ 단순한 편의를 봐준다든가 선처해준다는 것도 부정한 청탁에 해당하지 않는다.

(2) 제3자의 뇌물수수 – 수뢰죄와의 구별

① **제3자뇌물제공죄가 성립하는 경우** : 공무원이 직접 뇌물을 받지 아니하고 증뢰자로 하여금 다른 사람(제3자)에게 뇌물을 공여하도록 한 경우 제3자뇌물제공죄가 성립한다. 이 경우 제3자는 당해 이익이 뇌물이라는 점을 인식할 필요가 없다(대법원 2006.6.15, 2004도3424). 여기에서 제3자에는 지방자치단체인 구(區)도 포함된다(대법원 2011.4.14, 2010도12313). [사시 12] 그러나 공무원과 동일한 생계를 유지하는 가족 등의 공동생활자는 배제된다. 또한 공무원과 공동정범관계에 있는 비공무원은 제3자뇌물수수죄에서 말하는 제3자가 될 수 없고, 공무원과 공동정범관계에 있는 비공무원이 뇌물을 받은 경우에는 공무원과 함께 뇌물수수죄의 공동정범이 성립하고 제3자뇌물수수죄는 성립하지 않는다.

② **제3자뇌물제공죄가 성립하지 않고 수뢰죄가 성립하는 경우** : 다른 사람이 공무원의 사자(使者) 또는 대리인으로서 뇌물을 받은 경우나 그 밖에 예컨대, 평소 공무원이 그 다른 사람의 생활비 등을 부담하고 있었다거나 혹은 그 다른 사람에 대하여 채무를 부담하고 있었다는 등의 사정이 있어서 '그 다른 사람이 뇌물을 받음으로써 공무원은 그만큼 지출을 면하게 되는 경우'에는 형법 제129조 제1항의 뇌물수수죄가 성립한다(대법원 1998.9.22, 98도1234). 사회통념상 그 다른 사람이 뇌물을 받은 것을 공무원이 직접 받은 것과 같다고 평가될 수 있기 때문이다. [경찰채용 13 2차 / 경찰채용 12 3차 / 경찰승진 17 / 법원9급 07(상) / 법원9급 07(하) / 법원9급 13 / 법원승진 13 / 법원행시 06 / 변호사시험 12·18]

(3) 제3자의 방조범의 성부

제3자뇌물수수죄에서 제3자란 행위자와 공동정범 이외의 사람을 말하고, 교사자나 방조자도 포함될 수 있다. 그러므로 공무원 또는 중재인이 부정한 청탁을 받고 제3자에게 뇌물을 제공하게 하고 제3자가 그러한 공무원 또는 중재인의 범죄행위를 알면서 방조한 경우에는 그에 대한 별도의 처벌규정이 없더라도 방조범에 관한 형법총칙의 규정이 적용되어 제3자뇌물수수방조죄가 인정될 수 있다(대법원 2017.3.15, 2016도19659).

3. 죄수 및 다른 범죄와의 관계

공무원이 직무관련자에게 제3자와 계약을 체결하도록 요구하여 계약 체결을 하게 한 행위가 제3자뇌물수수죄의 구성요건과 직권남용권리행사방해죄의 구성요건에 모두 해당하는 경우에는, 제3자뇌물수수죄와 직권남용권리행사방해죄가 각각 성립하되, 이는 사회관념상 하나의 행위가 수 개의 죄에 해당하는 경우이므로 두 죄는 형법 제40조의 상상적 경합관계에 있다(대법원 2017.3.15, 2016도19659).

12 수뢰후부정처사죄

> 제131조 【수뢰후부정처사, 사후수뢰】 ① 공무원 또는 중재인이 전2조의 죄를 범하여 부정한 행위를 한 때에는 1년 이상의 유기징역에 처한다.
> ④ 전3항의 경우에는 10년 이하의 자격정지를 병과할 수 있다.

1. 의 의

수뢰후부정처사죄(收賂後不正處事罪)는 공무원·중재인이 수뢰·사전수뢰·제3자뇌물공여죄를 범한 후 그 대가로써 불법한 인·허가처분 등의 부정한 행위를 함으로써, 제129조·제130조의 죄보다 가중처벌되는 범죄이다.

2. 구성요건 및 다른 범죄와의 관계

(1) 부정한 행위 및 인과관계

본죄의 부정처사, 즉 부정한 행위는 직무에 위배되는 일체의 행위를 말하는 것으로 직무행위 자체는 물론 그것과 객관적으로 관련 있는 행위까지 포함되고(대법원 2003.6.13, 2003도1060 : 교통경찰관이 대가를 받고 도박장 단속을 하지 않은 사례), [사시 14] 위법한 행위뿐만 아니라 부당한 행위도 포함되며, 작위와 부작위를 가리지 않는다. 또한 본죄는 수뢰 등과 부정한 행위 사이에 대가관계가 있을 것을 요하므로, 수뢰와는 관계없이 공무원이 부정한 행위를 한 경우에는 본죄는 성립하지 않고 수뢰죄 등만 성립할 뿐이다.

(2) 청탁은 요건이 아님

본죄는 단순수뢰를 범하고 부정한 행위를 하여도 본죄가 성립하므로 본죄의 성립에 있어서 청탁 내지 부정한 청탁은 필수적 성립요건은 아니다.

(3) 다른 범죄와의 관계

수뢰 후 부정처사죄의 '부정처사'(부정한 행위)가 공도화변조 및 동행사나 허위공문서작성 및 동행사와 같은 다른 범죄를 구성하는 경우에는, 수뢰후 부정처사죄와 이들 각죄 간에는 상상적 경합관계가 인정된다.

[경찰채용 11 2차 / 국가9급 13 / 국가7급 12 / 법원9급 12]

13 사후수뢰죄

> **제131조【수뢰후부정처사, 사후수뢰】** ② 공무원 또는 중재인이 그 직무상 부정한 행위를 한 후 뇌물을 수수, 요구 또는 약속하거나 제3자에게 이를 공여하게 하거나 공여를 요구 또는 약속한 때에도 전항의 형과 같다.
> ③ 공무원 또는 중재인이었던 자가 그 재직 중에 청탁을 받고 직무상 부정한 행위를 한 후 뇌물을 수수, 요구 또는 약속한 때에는 5년 이하의 징역 또는 10년 이하의 자격정지에 처한다.
> ④ 전3항의 경우에는 10년 이하의 자격정지를 병과할 수 있다.

1. 의 의

사후수뢰죄(事後收賂罪)는 두 종류가 있다. 제131조 제2항의 부정처사후수뢰와 제3항의 사후수뢰가 그것이다.

2. 부정처사후수뢰죄(제2항)

제2항의 부정처사후수뢰죄는 공무원·중재인이 그 직무상 부정한 행위를 한 후 제129조 제1항 또는 제130조의 죄를 범한 경우, 부정한 행위를 했다는 점에서 위 조항보다 가중처벌하는 범죄유형이다. 따라서 부정한 행위와 뇌물 사이에는 대가관계가 있어야 하며, 이 점에서 수뢰 후 부정처사죄와 유사하다.

3. 사후수뢰죄(제3항)

제3항의 사후수뢰죄는 공무원·중재인이었던 자가 그 재직 중 청탁(이 점에서 뇌물을 받을 당시에 공무원·중재인 신분이 없는 사전수뢰죄와 유사함)을 받고 직무상 부정한 행위를 한 후 퇴직하고 뇌물을 수수·요구·약속함으로써 성립하는 범죄로서, 전2항과 마찬가지로 부정한 행위와 뇌물 사이에 대가관계가 있어야 한다.

14 알선수뢰죄

> **제132조【알선수뢰】** 공무원이 그 지위를 이용하여 다른 공무원의 직무에 속한 사항의 알선에 관하여 뇌물을 수수, 요구 또는 약속한 때에는 3년 이하의 징역 또는 7년 이하의 자격정지에 처한다.

1. 의의 및 성격

알선수뢰죄(斡旋收賂罪)는 일정한 지위에 있는 공무원이 자신의 지위를 이용하여 자신이 영향력을 행사할 수 있는 다른 공무원의 직무에 속한 사항을 알선해주는 대가로 뇌물을 수수·요구·약속함으로써 성립하는 범죄이다. 즉 본죄는 공무원의 직무의 공정성·불가매수성을 해치는 간접적인 행위에 대해서도 대응하기 위해 마련된 규정이다.

2. 구성요건 – 공무원의 지위이용 및 다른 직무에 속한 사항의 알선에 관한 뇌물수수 등

(1) 주 체

본죄는 지위이용을 할 수 있는 공무원만 그 주체가 되고 중재인은 주체가 될 수 없다. [법원9급 11]

(2) 지위의 이용

본죄의 '공무원이 그 지위를 이용하여'라 함은 친구·친족관계 등 사적 관계를 의미하는 것이 아니라, 당해 직무를 처리하는 다른 공무원과 직접·간접의 연관관계를 가지고 그가 취급하는 사무처리에 법률상·사실상 영향을 줄 수 있는 관계에 있는 공무원이 그 지위를 이용하는 경우를 의미하는 것이다(다수설·판례, 대법원 1973.2.13, 66도403; 1982.6.8, 82도403; 1993.7.13, 93도1056 등). [경찰채용 13 2차 / 경찰승진(경사) 11 / 법원9급 11 / 법원행시 10 / 변호사시험 16] 반드시 상하관계·협동관계·감독권한 등의 특수한 관계가 있거나 같은 부서에 근무할 것을 요하지 않는다(대법원 1994.10.21, 94도852). [경찰승진(경사) 11 / 법원행시 10] 다만, 다른 공무원에게 영향을 미칠 수 없는 경우까지 지위를 이용하였다고 보기는 어렵다.

(3) 다른 공무원의 직무에 속한 사항의 알선에 관한 뇌물의 수수 등

① 다른 공무원의 직무에 속한 사항 : 알선을 통해 행해질 것이 기대되는 직무행위는 다른 공무원의 직무에 속한 사항이면 되는 것이고, 그것이 정당하든 부당하든 가리지 않으며, 다른 공무원이 그 직무에 관하여 결재권한이나 최종 결정권한을 갖고 있어야 하는 것도 아니다(대법원 2006.4.27, 2006도735). [국가7급 10 / 사시 13]

② 알선에 관한 뇌물의 수수 등

 ㉠ 알선에 관한 것일 것 : 본죄는 '알선에 관하여' 뇌물을 수수·요구·약속해야 성립하므로 공여자와 수수자가 막연한 기대감 속에 금품을 수수·교부한 것만으로는 알선수뢰죄(및 특가법상 알선수재죄)에 해당하지 않는다(대법원 2004.11.12, 2004도5655; 2008.6.12, 2008도2300; 2009.7.23, 2009도3924).

 ㉡ 알선할 사항의 특정 정도 : 본죄는 현실적인 알선행위가 실제로 있을 필요가 없으며 장차 예상되는 알선행위에 관하여 뇌물을 수수하는 등의 행위만 있어도 성립한다. 따라서 알선뇌물요구죄와 관련하여, 뇌물요구 당시 알선할 사항이 구체적으로 특정되었다거나 알선에 의하여 해결을 도모하여야 할 현안이 존재하였는지 여부는 알선뇌물요구죄의 성립에 아무런 영향이 없다(대법원 2009.7.23, 2009도3924). [경찰채용 12·21 1차 / 경찰간부 14 / 국가7급 12 / 법원9급 10·11]

 ㉢ 기수시기 : 본죄는 뇌물을 수수하는 등의 행위를 한 때 기수가 되며, 알선한 사항이 이루어질 필요가 없다.

3. 특별법상 알선수재죄

특경법에서는 금융기관의 임·직원의 직무에 속한 사항의 알선에 관하여 금품을 수수하는 행위를 알선수재죄(동법 제7조)로 처벌하고 있다. 이는 금융기관의 임·직원의 직무에 속한 사항에 관하여 알선을 의뢰한 사람(알선의뢰인)과 알선의 상대방이 될 수 있는 금융기관의 임·직원(알선상대방) 사이를 중개한다는 명목으로 금품 기타 이익을 수수하는 경우이어야 하는 것이지, 이를 전제로 하지 않고 단순히 금융기관의 임·직원의 직무에 속하는 사항과 관련하여 알선의뢰인에게 편의를 제공하고 그 대가로서 금품을 수수하였을 뿐인 경우에는 본죄에 해당하지 않는다(대법원 1997.5.30, 97도367; 2005.8.19, 2005도3045; 2010.9.9, 2010도5972). 또한 이러한 법리는 특가법상 알선수재죄에서도 마찬가지이다(대법원 2006.8.25, 2006도203).

15 증뢰죄·증뢰물전달죄

> 제133조 【뇌물공여 등】 ① 제129조부터 제132조까지에 기재한 뇌물을 약속, 공여 또는 공여의 의사를 표시한 자는 5년 이하의 징역 또는 2천만 원 이하의 벌금에 처한다. 〈우리말 순화 개정 2020.12.8.〉

② 제1항의 행위에 제공할 목적으로 제3자에게 금품을 교부한 자 또는 그 사정을 알면서 금품을 교부받은 제3자도 제1항의 형에 처한다. 〈우리말 순화 개정 2020.12.8.〉

1. 증뢰죄(뇌물약속·공여·공여의사표시죄, 제133조 제1항)

제133조 제1항과 제2항의 증뢰범죄는 제129조 등의 수뢰범죄와는 달리 직무관련성이 명문으로 규정되어 있지 않지만, 뇌물에 대한 개념필수적 해석에 의하여 직무에 관한 것임은 당연히 요구된다. 다만, 배임증재한 물건을 계속 사용케 한 행위는 새로운 이익을 제공한 것으로 평가할 만한 사정이 없는 한 뇌물공여죄를 구성하지 아니한다(대법원 2015.10.15, 2015도6232). [법원9급 17/법원행시 16/사시 16]

공무원이 직무집행의사 없이 또는 직무처리와 대가적 관계없이 타인을 공갈하여 재물을 교부하게 한 경우에는 공여자는 공갈죄의 피해자에 불과하고 뇌물공여죄는 성립하지 않는다(대법원 1994.12.22, 94도 2528). [경찰승진(경장) 11/경찰승진 13/국가9급 13]

2. 증뢰물전달죄(제3자뇌물교부·취득죄, 제133조 제2항)

(1) 주 체

본죄의 주체는 비공무원을 예정한 것이나 '공무원'일지라도 직무와 관계되지 않는 범위 내에서는 본죄의 주체에 해당될 수 있다. 따라서 공무원인 자(헌병수사관)가 자신의 공무원으로서의 직무와는 무관하게 군의관 등의 직무에 관하여 뇌물로 제공할 목적의 금품이라는 사정을 알고 이를 전달해 준다는 명목으로 취득한 경우라면 제3자뇌물취득죄가 성립된다는 것이 판례이다(대법원 2002.6.14, 2002도1283).

(2) 제3자

형법 제133조 제2항은 증뢰자가 뇌물로 제공할 목적으로 금품을 제3자에게 교부하거나 또는 그 사정을 알면서 교부받는 증뢰물 전달행위를 독립한 구성요건으로 하여 이를 같은 조 제1항의 뇌물공여죄와 같은 형으로 처벌하는 규정으로서, 여기에서의 제3자란 행위자와 공동정범 이외의 자를 말한다(대법원 2006.6.15, 2004도756; 2012.12.27, 2012도11200).

(3) 행 위

제133조 제2항은 증뢰자가 뇌물로 제공할 목적으로 금품을 제3자에게 교부하거나(본죄는 목적범) 또는 그 사정을 알면서 교부받는(이 죄는 목적범이 아님) '증뢰물전달행위'를 독립한 구성요건으로 한 것이다. 다만, 그 법정형은 같은 조 제1항의 뇌물공여죄와 같은 형으로 처벌하는 규정이다. 즉, 제3자의 증뢰물전달죄 는 제3자가 증뢰자로부터 교부받은 금품을 수뢰할 사람에게 전달하였는지의 여부에 관계없이 제3자가 그 사정을 알면서 금품을 교부받음으로써 성립하는 것이다(대법원 1985.1.22, 84도1033; 1997.9.5, 97도1572). [경찰채용 18 2차/경찰승진 12/국가7급 10·11/법원행시 14/변호사시험 12] 따라서 제3자가 교부받은 금품을 수뢰할 사람에게 전달하였다고 하여 증뢰물전달죄 외에 별도로 뇌물공여죄가 성립하는 것은 아니다(대법원 1997.9.5, 97도1572). [경찰간부 16/국가7급 10·11/법원9급 16/법원행시 14/변호사시험 12·16]

3. 증뢰물전달죄와 변호사법(특가법)상 알선수재죄의 구별

(1) 변호사법상 알선수재죄가 성립하는 경우

공무원이 취급하는 사건·사무에 관한 청탁을 받고 청탁 상대방인 공무원에게 제공할 금품을 받아 그 공무원에게 단순히 전달하는 증뢰물전달죄와는 달리, 자기 자신의 이득을 취하기 위하여 공무원이 취급하는 사건·사무에 관하여 청탁한다는 등의 명목으로 금품 등을 교부받으면 그로써 곧 변호사법위반죄 가 성립되고, 이와 같은 경우에는 증뢰물전달죄는 성립할 여지가 없다(대법원 2006.11.24, 2005도5567).

(2) 변호사법상 알선수재죄가 성립하지 않는 경우

공무원이 취급하는 사건 또는 사무에 관하여 청탁한다는 명목으로 자신의 이득을 취하기 위하여 금품 등을 교부받은 것이 아니고, 공무원이 취급하는 사무에 관한 청탁을 받고 청탁 상대방인 공무원에게 제공할 금품을 받아 그 공무원에게 단순히 전달한 경우에는 알선수뢰죄나 증뢰물전달죄만 성립하고, 이와 같은 경우에 변호사법상 알선수재죄는 성립할 수 없다(대법원 1997.6.27, 97도439; 2007.2.23, 2004도6025).

표정리 뇌물죄의 구성요건 핵심사항

단순수뢰죄 (제129조 제1항)	뇌물을 수수, 요구 또는 약속
사전수뢰죄 (제129조 제2항)	청탁을 받고 뇌물을 수수, 요구 또는 약속한 후 공무원 또는 중재인이 된 때
제3자뇌물공여죄 (제130조)	부정한 청탁을 받고 제3자에게 뇌물을 공여하게 하거나 공여를 요구 또는 약속
수뢰후부정처사죄 (제131조 제1항)	전2조의 죄를 범하여 부정한 행위를 한 때
사후수뢰죄 (제131조 제2항·제3항)	• 부정한 행위를 한 후 뇌물을 수수, 요구 또는 약속하거나 제3자에게 • 청탁을 받고 직무상 부정한 행위를 한 후 뇌물을 수수, 요구 또는 약속

→ 1. 청탁 : 사전수뢰죄, 사후수뢰죄
   2. 부정한 청탁 : 제3자뇌물공여죄 [법원행시 09]
   3. 부정한 행위 : 수뢰후부정처사죄, 사후수뢰죄

제2절 | 공무방해에 관한 죄

01 총 설

1. 의의 및 보호법익

기술한 공무원의 직무에 관한 죄가 공무원이 주체가 되어 직무수행 중에 범하는 직무범죄라면, 각칙 제8장의 공무방해에 관한 죄는 국가의 기능, 즉 공무를 수행하는 공무원을 그 객체로 하는 범죄이다. 따라서 본죄의 보호법익은 공무이고(통설) 법익보호의 정도는 추상적 위험범이다.

2. 구성요건체계

공무방해에 관한 죄의 기본적 구성요건은 공무집행방해죄(제136조 제1항)이며, 동조 제2항의 직무·사직강요죄와 제137조의 위계에 의한 공무집행방해죄는 행위방법이 다른 경우를 규정한 수정적 구성요건이다. 법정·국회회의장모욕죄(제138조)와 인권옹호직무방해죄(제139조), 공무상 비밀표시무효죄(제140조 제1항), 공무상 비밀침해죄(제140조 제2항·제3항), 부동산강제집행효용침해죄(제140조의2), 공용서류등 무효죄(제141조 제1항), 공용물파괴죄(제141조 제2항) 그리고 공무상 보관물무효죄(제142조)는 그 보호법익이 특수한 공무라는 점에서 행위객체나 행위방법이 다르거나 특수한 경우를 규정하는 처벌규정이다. 특수공무방해죄(제144조 제1항)는 행위불법이 무거워 불법이 가중되는 구성요건이며, 특수공무방해치사상죄(제144조 제2항)는 특수공무방해의 결과적 가중범 처벌규정으로서 특수공무방해치사죄는 진정결과적 가중범이며 특수공무방해치상죄는 부진정결과적 가중범이다.

　공무방해에 관한 죄 중 공무집행방해죄, 직무강요죄, 위계에 의한 공무집행방해죄, 법정·국회회의장모욕죄, 인권옹호직무방해죄, 특수공무방해죄는 미수범 처벌규정이 없다(제143조).

02 공무집행방해죄

제136조【공무집행방해】 ① 직무를 집행하는 공무원에 대하여 폭행 또는 협박한 자는 5년 이하의 징역 또는 1천만원 이하의 벌금에 처한다.

1. 구성요건

(1) 객관적 구성요건

① 객체 – 직무를 집행하는 공무원

　㉠ 공무원 : 법령에 의하여 국가 또는 지방자치단체의 공무에 종사하거나 이에 준하는 공법인의 사무에 종사하는 자이다.

　　예 청원경찰(청원경찰법 제3조, 대법원 1986.1.28, 85도2448), 방범대원(지방공무원법 제2조 제3항 제4호, 대법원 1991.3.27, 90도2930) : ○ / 사회복지담당공무원의 복지도우미(대법원 2011.1.27, 2010도14484) [경찰간부 13], 국민권익위원회 운영지원과 소속 기간제근로자(대법원 2015.5.29, 2015도3430) : ×

　㉡ 직무를 집행하는 공무원일 것

　　ⓐ **직무집행에 해당하는 경우** : 직무를 집행하고 있다 함은 공무원이 직무수행에 직접 필요한 행위를 현실적으로 행하고 있는 때만을 가리키는 것이 아니라 공무원이 직무수행을 위하여 근무 중인 상태에 있는 때를 포괄하며(대법원 2002.4.12, 2000도3485), 그 범위는 '직무의 실행에 착수한 때로부터 그 종료시'까지를 말하므로, 착수 직전의 준비행위, 대기 중, 일시휴식 중인 경우도 포함된다. 또한 직무의 성질에 따라서는 그 직무수행의 과정을 개별적으로 분리하여 부분적으로 각각의 개시와 종료를 논하는 것이 부적절하고 여러 종류의 행위를 포괄하여 일련의 직무수행으로 파악함이 상당한 경우도 있다.

　　ⓑ **직무집행에 해당하지 않는 경우** : 직무집행을 위하여 출근하는 공무원을 폭행한 경우나 직무집행을 종료하고 퇴근하는 공무원을 폭행한 경우에는 본죄가 성립하지 않고 폭행죄만 성립할 뿐이다.

　㉢ **직무집행의 적법성** [경찰채용 14 1차 / 경찰채용 13 2차 / 경찰승진 16] : 직무집행이 위법한 경우까지 형법에 의하여 보호할 수 없으므로 공무원의 직무집행은 적법하여야 한다. 그러므로 직무집행이 위법한 경우에는 본죄의 구성요건해당성이 조각되고, 나아가 다른 범죄의 성부와 관련해서도 위법한 직무집행에 대하여는 정당방위를 할 수 있게 된다.

　㉣ **직무집행의 적법성의 요건** : 적법한 공무집행이 되기 위해서는 그 행위가 공무원의 추상적 권한에 속할 뿐 아니라 구체적으로도 그 권한 내에 있어야 하며 또한 직무행위로서의 중요한 방식·절차를 갖추어야 한다(통설·판례). 적법성의 요건은 아래와 같이 나누어 볼 수 있다.

　　ⓐ **직무집행행위가 당해 공무원의 추상적**(일반적) **직무권한에 속할 것** : 공무원의 직무는 법령에 의하여 일정한 사항적·장소적 범위가 정해져 있는바, 공무원의 직무집행이 이러한 범위 내에 속함을 말한다. 이 범위를 지켜야 적법한 직무집행이 되고, 이 범위를 넘는 행위는 적법한

직무집행이 되지 못한다. 따라서 경찰관의 조세 징수는 적법한 직무집행이 될 수 없다. 다만 내부적인 사무분장에 의하여 구체적으로 담당하지 않는 사무라 하더라도 추상적 직무권한에는 속하므로, 교통경찰관도 도박장을 단속할 수 있는 직무권한이 있는 것이다.

ⓑ 직무집행행위가 당해 공무원의 구체적 직무권한에 속할 것 : 추상적 직무권한에 속하는 공무원의 직무집행이 법률이나 명령에 규정된 구체적 요건을 구비하고 있음을 말한다. 따라서 법령이 정한 구체적 직무행위의 요건을 갖추지 못한 경우에는 적법한 직무행위라 할 수 없다. [경찰승진 12·17] 예컨대, 사법경찰관이라 하더라도 형사소송법상 현행범체포의 요건을 갖추지 못한 경우에는 동행을 거부하는 자를 강제로 체포할 수 없다.

판례연구 **공무원의 구체적 직무권한에 속하는 직무집행의 사례**

대법원 2012.9.13, 2010도6203
불심검문의 적법요건 및 그 내용
검문 중이던 경찰관들이, 자전거를 이용한 날치기 사건 범인과 흡사한 인상착의의 甲이 자전거를 타고 다가오는 것을 발견하고 정지를 요구하였으나 멈추지 않아, 앞을 가로막고 검문에 협조해 달라고 하였음에도 불응하고 그대로 전진하자, 따라가서 재차 앞을 막고 검문에 응하라고 요구하였는데, 이에 甲이 경찰관들의 멱살을 잡아 밀치는 등 항의하였던 경우, 경찰관직무집행법의 규정 내용 및 체계 등을 종합하면 경찰관은 법 제3조 제1항에 규정된 대상자에게 질문을 하기 위하여 범행의 경중, 범행과의 관련성, 상황의 긴박성, 혐의의 정도, 질문의 필요성 등에 비추어 목적 달성에 필요한 최소한의 범위 내에서 사회통념상 용인될 수 있는 상당한 방법으로 대상자를 정지시킬 수 있고 질문에 수반하여 흉기의 소지 여부도 조사할 수 있다. 따라서 甲에게는 공무집행방해 죄의 죄책이 인정된다. [경찰채용 14 1차 / 경찰채용 13 2차 / 변호사시험 16]

판례연구 **공무원의 구체적 직무권한에 속하지 않는 직무집행의 사례**

대법원 2006.9.8, 2006도148
긴급체포를 시도한 검사의 판단이 현저히 합리성을 잃은 경우
검사나 사법경찰관이 수사기관에 자진출석한 사람을 긴급체포의 요건을 갖추지 못하였음에도 실력으로 체포하려고 하였다면 적법한 공무집행이라고 할 수 없고, 자진출석한 사람이 검사나 사법경찰관에 대하여 이를 거부하는 방법으로써 폭행을 하였다고 하여 공무집행방해죄가 성립하는 것은 아니다. … 또한 그 체포를 면하려고 반항하는 과정에서 상해를 가한 것도 불법체포로 인한 신체에 대한 현재의 부당한 침해에서 벗어나기 위한 행위로서 정당방위에 해당하여 위법성이 조각된다. [경찰채용 13 1차 / 경찰채용 10 2차 / 국가7급 11 / 법원9급 07(상) / 법원9급 07(하) / 변호사시험 12]

ⓒ 직무집행행위가 법령이 정한 (중요한) 방식과 절차에 따른 것일 것 : 직무행위의 형식적 적법요건으로서 법령(형사소송법 등)에 일정한 요건과 방식 및 절차가 규정되어 있는 경우에는 이를 따라야만 적법한 직무집행이다. [경찰간부 11] 다만 위 요건에서 말하는 방식과 절차는 중요한 의미가 있는 것을 말하며, 법치주의적 관점에서 본질적이지 않은 훈시규정 등 사소한 절차규정에 위반한 경우까지 위법한 직무집행이라 할 수는 없다.

판례연구 **법령이 정한 방식과 절차에 어긋난 위법한 직무집행으로 본 판례**

대법원 2010.10.14, 2010도8591
사법경찰관리가 형집행장 없이 벌금형에 따르는 노역장 유치의 집행을 위하여 구인하는 경우
경찰관이 벌금형에 따르는 노역장 유치의 집행을 위하여 형집행장을 소지하지 아니한 채 피고인을 구인할 목적으로 그의 주거지를 방문하여 임의동행의 형식으로 데리고 가다가, 피고인이 동행을 거부하며 다른 곳으로 가려는 것을 제지하면서 체포·구인하려고 하자 피고인이 이를 거부하면서 경찰관을 폭행한 경우, 위와 같이 피고인

을 체포·구인하려고 한 것은 노역장 유치의 집행에 관한 법규정에 반하는 것으로서 적법한 공무집행행위라고 할 수 없으며,[98] 또한 그 경우에 형집행장의 제시 없이 구인할 수 있는 '급속을 요하는 경우'(형사소송법 제85조 제3항)에 해당한다고 할 수 없고, 이는 피고인이 벌금미납자로 지명수배 되었다고 하더라도 달리 볼 것이 아니므로, 피고인에게는 공무집행방해죄의 죄책이 인정되지 않는다. [경찰승진(경장) 11 / 경찰승진 13 / 법원행시 14]

판례연구　　**적법절차를 준수하였으므로 적법한 직무집행으로 본 판례**

대법원 2014.12.11, 2014도7976
경찰관이 신분증을 제시하지 않고 불심검문을 하였으나 경찰관임을 알고 있었던 사례
경찰관직무집행법 제3조 제4항은 경찰관이 불심검문을 하고자 할 때에는 자신의 신분을 표시하는 증표를 제시하여야 한다고 규정하고, 동법 시행령 제5조는 위 법에서 규정한 신분을 표시하는 증표는 경찰관의 공무원증이라고 규정하고 있는데, 불심검문을 하게 된 경위, 불심검문 당시의 현장상황과 검문을 하는 경찰관들의 복장, 피고인이 공무원증 제시나 신분 확인을 요구하였는지 여부 등을 종합적으로 고려하여, 검문하는 사람이 경찰관이고 검문하는 이유가 범죄행위에 관한 것임을 피고인이 충분히 알고 있었다고 보이는 경우에는 신분증을 제시하지 않았다고 하여 그 불심검문이 위법한 공무집행이라고 할 수 없다. [경찰채용 16 1차]

ⓜ **적법성의 판단시점** [경찰채용 11·12 1차] : 행위 당시를 기준으로 해야 한다(통설·판례, 대법원 1991. 5.10, 91도453; 1992.5.22, 92도506; 2007.10.12, 2007도6088; 2013.8.23, 2011도4763). 어떠한 공무집행이 적법한지 여부는 행위 당시의 구체적 상황에 기하여 판단하여야 하고 사후적으로 판단할 것은 아니기 때문이다.

② **행위 – 폭행·협박**

ⓐ **의의** : 폭행은 사람에 대한 유형력의 행사이고, 협박은 해악을 고지하는 것을 말한다.

ⓑ **폭행의 내용** : 본죄의 폭행은 공무원에 대한 직접적·간접적 유형력의 행사를 의미한다(광의의 폭행)(대법원 1998.5.12, 98도662). 따라서 공무원의 보조자에 대한 유형력의 행사(집행리가 아니라 그 인부에 대한 폭행 : 대법원 1970.5.12, 70도561)라든가 물건에 대한 유형력의 행사(파출소 사무실 바닥에 인분을 던지는 등의 행위 : 대법원 1981.3.24, 81도326) [법원9급 07(하)] 라 하더라도 공무원에 대한 간접적 유형력 행사라고 인정되면 본죄의 폭행이라고 볼 수 있으며, 음향으로 상대방의 청각기관을 직접적으로 자극하여 육체적·정신적 고통을 주는 행위도 유형력의 행사로서 본죄의 폭행에 해당할 수 있다(대법원 2009.10.29, 2007도3584). [경찰간부 11·12 / 국가7급 11·12 / 법원승진 14 / 법원행시 12 / 사시 11·16]

ⓒ **협박의 내용** : 상대방에게 공포심을 일으킬 목적으로 해악을 고지하는 행위를 의미하는 것으로서, 고지하는 해악의 내용이 그 경위, 행위 당시의 주위상황, 행위자의 성향, 행위자와 상대방의 친숙의 정도, 지위 등의 상호관계 등 행위 당시의 여러 사정을 종합하여 ⓐ 객관적으로 상대방으로 하여금 공포심을 느끼게 하기에 족하면 되고(광의의 협박)(대법원 1989.12.26, 89도1204; 2011.2.10, 2010도 15986), [경찰승진(경위) 11] 상대방이 현실로 공포심을 품게 될 것까지 요구되는 것은 아니다(대법원 1962.5.17, 4294형상12). [국가9급 14 / 법원행시 06·09·12] 다만, ⓑ 그 협박이 경미하여 상대방이 전혀 개의하지 않을 정도인 경우에는 협박에 해당하지 않는다고 할 것이다(대법원 1970.6.30, 70도1121; 1989.12.26, 89도1204; 2006.1.13, 2005도4799). [경찰승진(경사) 11 / 법원행시 12]

---

98 **보충** : 벌금형에 따르는 노역장 유치는 실질적으로 자유형과 동일하므로, 그 집행에 대하여는 자유형의 집행에 관한 규정이 준용된다(형사소송법 제492조). 따라서 구금되지 아니한 당사자에 대하여 형의 집행기관인 검사는 그 형의 집행을 위하여 이를 소환할 수 있으나, 당사자가 소환에 응하지 아니한 때에는 형집행장을 발부하여 이를 구인할 수 있는데(같은 법 제473조), 이 경우의 형집행장의 집행에 관하여는 형사소송법 제1편 제9장(제68조 이하)에서 정하는 피고인의 구속에 관한 규정이 준용된다(같은 법 제475조). 그리하여 사법경찰관리가 벌금형을 받은 이를 그에 따르는 노역장 유치의 집행을 위하여 구인하려면, 검사로부터 발부받은 형집행장을 그 상대방에게 제시하여야 한다(같은 법 제85조 제1항)(위 판례).

ⓔ 폭행·협박의 정도 : 폭행·협박은 공무집행을 방해할 수 있을 정도에 이를 것을 요한다. 즉 본죄의 폭행·협박은 '적극적인 행위'에 의하여야 한다(통설·판례, 대법원 1972.9.26, 72도1783; 1976. 3.9, 75도3779; 2007.6.1, 2006도4449). [경찰승진 16] 따라서 소극적 부작위에 의하여 본죄가 이루어질 수는 없다. [경찰간부 13]

ⓜ 기수시기 : 본죄는 폭행·협박이 가해짐으로써 즉시 기수에 이르며, 직무집행의 현실적 방해는 요하지 않는다(추상적 위험범).

(2) 주관적 구성요건

본죄의 고의는 상대방이 직무를 집행하는 공무원이라는 사실, 그리고 이에 대하여 폭행 또는 협박을 한다는 사실을 인식하는 것을 그 내용으로 한다. 그 인식은 불확정적인 것이라도 소위 미필적 고의가 있다고 볼 수 있다. 다만 그 직무집행을 방해할 의사를 필요로 하지 아니한다(다수설·판례, 대법원 1995.1.24, 94도1949). [경찰채용 16 1차 / 경찰채용 10 2차 / 경찰간부 11 / 경찰승진 11·12 / 법원9급 07(하)]

2. 죄수 및 다른 범죄와의 관계

(1) 죄수판단의 기준

공무원(公務員)의 수를 기준으로 판단하는 것이 판례의 입장이다. [경찰간부 13] 본죄의 행위가 폭행 또는 협박이기 때문이다. 그러므로 공무를 집행하는 수인의 공무원에 대하여 동시에 폭행 또는 협박을 한 경우에는 수죄의 상상적 경합이라고 본다(대법원 1961.9.28, 4291형상415; 2009.6.25, 2009도3505). [경찰승진(경위) 11 / 경찰승진(경감) 11 / 경찰승진 14 / 국가9급 14 / 사시 13·14] 따라서 범죄피해신고를 받고 출동한 두 명의 경찰관에게 욕설을 하면서 차례로 폭행을 하여 신고처리 및 수사업무에 관한 정당한 직무집행을 방해한 것은, 동일한 장소에서 동일한 기회에 이루어진 폭행행위로서 사회관념상 1개의 행위로 평가하여 2개의 공무집행방해죄의 상상적 경합에 해당된다고 판시하고 있다(대법원 2009.6.25, 2009도3505). [경찰채용 12 1차 / 경찰채용 13·18 2차 / 경찰간부 12 / 경찰승진(경위) 11 / 경찰승진(경감) 11 / 경찰승진 14 / 국가9급 12·14 / 법원행시 09 / 사시 10·11·12·13·14]

(2) 다른 범죄와의 관계

① 폭행죄·협박죄와의 관계 : 폭행죄와 협박죄는 본죄가 성립하면 이에 흡수된다(법조경합). 다만, 폭행치상죄는 본죄와 상상적 경합관계가 성립한다.[99]

② 살인죄·상해죄·강도죄와의 관계 : 본죄를 범하여 공무원을 살해·상해한 경우에는 본죄와 살인죄·상해죄는 상상적 경합관계에 있다. 또한 절도가 체포면탈 목적으로 본죄를 범하면 준강도죄와 공무집행방해죄의 상상적 경합이 성립한다.[100] [법원9급 08·10 / 법원행시 05·09·11·12]

③ 강도범이 본죄를 범한 경우 : 강도죄와 공무집행방해죄의 실체적 경합이 성립한다(판례). [경찰채용 14 2차 / 국가9급 12 / 법원9급 07(하) / 법원행시 13·14]

④ 업무방해죄와의 관계 : 업무방해죄의 업무의 성격을 사무(私務)로 제한하는 것이 다수설·판례이다(업무방해죄의 업무에 관한 공무 부정설 내지 불포함설). 이에 의하면, ㉠ 폭행·협박에 의한 공무집행방해의 경우에는 업무방해죄의 성립은 배제되고 공무집행방해죄만 성립하며, ㉡ 허위사실의 유포를 통하여

---

99 **사례** : 甲은 주간에 乙의 집에 들어가서 재물을 절취할 것을 결의하고 乙의 집에 담을 넘어 들어갔다. 그런데 그 순간 마침 乙에게 발각되어 甲은 체포를 당하지 않기 위하여 乙을 폭행하였는데 乙은 이로 인하여 전치 5주의 상해를 입었다. 그 직후 그 집을 빠져나오던 甲은 마침 순찰을 돌고 있던 경찰관 丙과 맞닥뜨렸는데 甲을 수상하게 여긴 丙이 甲의 신원을 확인하려 하자 甲은 丙에게 폭행을 하였는데 이로 인하여 丙은 전치 4주의 상해를 입었다. 甲의 형사책임은?
해결 : 甲은 주거침입죄와 폭행치상죄의 경합범, 공무집행방해죄와 폭행치상죄의 상상적 경합범이 성립한다.

100 **사례** : (위 사례에서) 야간에 절도고의로 주거침입한 후 발각되어 빠져나오면서 丙(경찰관)에게 위와 같은 행위를 甲이 하였다면 甲의 형사책임은?
해결 : 甲의 행위는 공무집행방해죄와 강도치상죄의 상상적 경합범이 성립한다.

공무집행을 방해하는 것은 공무집행방해죄도 성립하지 않고 업무방해죄도 성립하지 않으며, ⓒ 위계에 의한 공무방해는 업무방해죄는 성립하지 않고 위계에 의한 공무집행방해죄(제137조)만 성립 [경찰승진 16] 하고, ⓔ 위력에 의한 공무방해는 양 죄 모두 성립하지 않게 된다.

03 직무·사직강요죄

제136조 【공무집행방해】 ② 공무원에 대하여 그 직무상의 행위를 강요 또는 저지하거나 그 직을 사퇴하게 할 목적으로 폭행 또는 협박한 자도 전항의 형과 같다.

1. 의의 및 성격

직무·사직강요죄는 공무원에 대하여 그 직무상의 행위를 강요·저지 또는 사직케 할 목적으로 폭행·협박함으로써 성립하는 범죄이다. 따라서 본죄는 목적범이다. 본죄의 보호법익은 공무뿐만 아니라 공무원의 직무상의 안전까지 포함된다(다수설). 법익보호의 정도는 추상적 위험범이다. 예컨대, 세무공무원으로 하여금 자신에게 부과될 부가가치세를 감면해주지 않으면 해당 공무원의 불륜사실을 폭로하겠다고 위협하는 행위는 직무강요죄에 해당될 것이다.

2. 구성요건 – 공무 및 직무상의 행위 그리고 기수시기

(1) 장래 집행예정인 공무 및 공무원의 직무적법성

본죄의 보호대상이 되는 공무는 공무집행방해죄의 그것과는 달리 '장래 집행예정인 공무'이다. 본죄의 공무원도 장래 직무집행예정인 공무원을 말한다. 또한 직무상 행위의 적법성과 관련하여, 강요목적일 경우에는 직무상 행위의 적법·위법을 불문하며, 저지목적일 경우에는 적법할 것을 요한다(통설).

(2) 행위 – 폭행·협박

본죄의 폭행·협박의 의미는 공무집행방해죄의 그것과 같다(광의의 폭행, 광의의 협박). 본죄는 추상적 위험범이므로 기수에 도달하기 위하여 직무행위강요·저지·사직목적의 폭행·협박만 있으면 되고 목적의 달성은 요하지 않는다.

3. 죄수 및 다른 범죄와의 관계

공무집행방해죄와 마찬가지로 폭행·협박은 본죄의 수단이라는 점에서 본죄가 성립하면 폭행·협박죄는 별도로 성립하지 않는다(법조경합). 또한 강요죄(제324조)는 본죄와 상상적 경합의 관계에 있다(다수설).

표정리 공무집행방해죄와 직무·사직강요죄의 차이

구 분	공무집행방해죄	직무·사직강요죄
보호대상	현재의 직무집행	장래의 직무집행
행위객체	직무집행 중인 공무원	공무원
주관적 요소	고 의	고의, 목적

04 위계에 의한 공무집행방해죄

제137조【위계에 의한 공무집행방해】 위계로써 공무원의 직무집행을 방해한 자는 5년 이하의 징역 또는 1천만 원 이하의 벌금에 처한다.

1. 의 의

위계에 의한 공무집행방해죄는 위계로써 공무원의 직무집행을 방해함으로써 성립하는 범죄이다. 본죄는 행위목적을 이루기 위하여 상대방에게 오인·착각·부지를 일으키게 하여 이를 이용함으로써 법령에 의하여 위임된 공무원의 적법한 직무에 관하여 그릇된 행위나 처분을 하게 하는 경우에 성립한다. 본죄는 위계라는 행위수단을 사용한다는 점에서 수정된 구성요건이며, 현재의 직무집행뿐만 아니라 장래의 직무집행도 그 대상이 된다는 점에서 공무집행방해죄와는 다른 구성요건이다.

2. 구성요건

(1) 객 체

공무원의 직무집행이란 법령의 위임에 따른 공무원의 적법한 직무집행인 이상 공권력의 행사를 내용으로 하는 권력적 작용뿐만 아니라 사경제주체로서의 활동을 비롯한 비권력적 작용도 포함되는 것으로 봄이 상당하다(대법원 2003.10.9, 2000도4993; 2003.12.26, 2001도6349). [경찰채용 17 1차 / 경찰채용 10 2차 / 경찰승진 12·17 / 법원행시 06·13]

(2) 행위 – 위계로써 공무집행을 방해하는 것

① **위계** : 행위자의 행위목적을 이루기 위하여 상대방(공무원 및 공무와 관련된 제3자)에게 오인·착각·부지를 일으키게 하여 그 오인·착각·부지를 이용하는 것을 말하며, (소수설·판례에 의하면) 상대방이 이에 따라 그릇된 행위나 처분을 하였다면 본죄가 성립한다. [경찰채용 16·17 1차 / 법원9급 17] 위계의 수단은 기망 또는 유혹이다. 특히 본죄의 성부와 관련하여 중요한 경우는, 행정관청이 출원사유가 사실과 부합하지 아니하는 경우가 있음을 전제로 하여 인·허가할 것인지 여부를 심사·결정하는 경우 또는 수사기관이 피의자나 참고인 등에 대하여 조사를 하는 경우이다.

    ㉠ **행정관청의 불충분한 심사에 기인한 업무처리가 이루어진 경우** [법원행시 06·11·14] : 행정관청이 사실을 충분히 확인하지 아니한 채 출원자가 제출한 허위의 출원사유나 허위의 소명자료를 가볍게 믿고 인가 또는 허가를 하였다면, 이는 행정관청의 불충분한 심사에 기인한 것으로서 출원자의 위계에 의한 것이었다고 할 수 없다. 예컨대, 피의자 등이 수사기관에 대하여 허위사실을 진술하거나 허위증거를 제출하였다 하더라도, 수사기관이 충분한 수사를 하지 아니한 채 이와 같은 허위진술과 증거만으로 잘못된 결론을 내렸다면, 이는 수사기관의 불충분한 수사에 의한 결과여서 피의자 등의 위계에 의하여 수사가 방해되었다고 볼 수 없어 본죄가 성립하지 않는다(대법원 2019.3.14, 2018도18646).

    ㉡ **행정관청에서 충분히 심사를 하였으나 허위임을 발견할 수 없었던 경우** [법원행시 07] : 행정관청에서 충분히 심사를 하였다 하더라도 행위자의 적극적인 사술 등에 의해 인·허가요건에 해당되지 못함을 알 수 없었던 경우에는 본죄의 위계에 해당된다고 볼 수 있다. 예컨대, 피의자나 참고인이 적극적으로 허위의 증거를 조작하여 제출하였고 그 증거조작의 결과 수사기관이 그 진위에 관하여 나름대로 충실한 수사를 하더라도 제출된 증거가 허위임을 발견하지 못하여 잘못된 결론을 내리게

될 정도에 이르렀다면, 이는 위계에 의하여 수사기관의 수사행위를 적극적으로 방해한 것으로서 본죄가 성립된다고 보아야 한다(대법원 2003.7.25, 2003도1609; 2011.2.10, 2010도15986; 2019.3.14, 2018도 18646).

판례연구　위계에 의한 공무집행방해죄에 해당한다는 사례

대법원 2003.7.25, 2003도1609
음주운전을 하다가 교통사고를 야기한 후 그 형사처벌을 면하기 위해 타인의 혈액을 자신의 혈액인 것처럼 교통사고 조사 경찰관에게 제출하여 감정하도록 한 경우에는 위계에 의한 공무집행방해죄에 해당한다. [경찰채용 18 1차 / 경찰간부 17 / 국가9급 21 / 법원9급 16]

판례연구　위계에 의한 공무집행방해죄에 해당하지 않는다는 사례

대법원 2010.4.15, 2007도8024
과속단속카메라에 촬영되더라도 불빛을 반사시켜 차량 번호판이 식별되지 않도록 하는 기능이 있는 제품('파워매직세이퍼')을 차량 번호판에 뿌린 상태로 차량을 운행한 행위만으로는, 교통단속 경찰공무원이 충실히 직무를 수행하더라도 통상적인 업무처리과정 하에서 사실상 적발이 어려운 위계를 사용하여 그 업무집행을 하지 못하게 한 것으로 보기 어렵다. [경찰채용 12 1차 / 법원9급 11 / 사시 11]

---

② 공무집행방해의 결과를 요하는가의 문제 : 본죄의 기수에 도달하기 위해서는 공무집행방해죄와는 달리 공무집행방해의 결과가 발생할 것을 요한다는 것이 판례의 입장이다(다수설은 반대).

(3) 주관적 구성요건

앞서 검토한 공무집행방해죄에서는 직무를 집행하는 공무원에 대하여 폭행·협박한다는 사실에 대한 인식과 의사가 있으면 고의가 있으며 별도의 직무방해의 의사는 필요하지 않다고 설명하였다. 그러나 본죄는 자기의 위계행위로 인하여 공무집행을 방해하려는 의사가 있는 경우에만 성립한다(다수설·판례, 대법원 1970.1.27, 69도2260; 1973.6.26, 72도2698). [경찰채용 12 1차 / 경찰간부 13 / 경찰승진 17] 본죄의 구성요건은 공무집행방해죄의 구성요건과 서로 다르기 때문이다.

3. 다른 범죄와의 관계

(1) 본죄와 직무유기죄의 관계

본죄가 성립하는 경우 직무위배의 위법상태가 위계에 의한 공무집행방해행위 속에 포함되어 있는 것이라고 보아야 하므로, 이와 같은 경우에는 작위범인 위계에 의한 공무집행방해죄만이 성립하고 부작위범인 직무유기죄는 따로 성립하지 아니한다(대법원 1997.2.28, 96도2825). [법원9급 06 / 법원행시 07·08 / 사시 12 / 변호사시험 13]

(2) 본죄와 경매·입찰방해죄의 관계

범죄행위가 법원경매업무를 담당하는 집행관의 구체적인 직무집행을 저지하거나 현실적으로 곤란하게 하는 데까지는 이르지 않고 입찰의 공정을 해하는 정도의 행위라면 형법 제315조의 경매·입찰방해죄에만 해당될 뿐, 형법 제137조의 위계에 의한 공무집행방해죄에는 해당되지 않는다(대법원 2000.3.24, 2000도102). [경찰채용 12 3차 / 사시 16]

05 법정·국회회의장모욕죄

제138조【법정 또는 국회회의장모욕】 법원의 재판 또는 국회의 심의를 방해 또는 위협할 목적으로 법정이나 국회회의장 또는 그 부근에서 모욕 또는 소동한 자는 3년 이하의 징역 또는 700만 원 이하의 벌금에 처한다.

본죄는 목적범으로서 법원의 재판 또는 국회의 심의를 방해·위협할 목적이 있어야 하나, 기수에 도달하기 위해서는 모욕·소동함으로써 충분하고 그 목적의 달성은 요하지 않는다(추상적 위험범). 다만 증인이 정당한 이유 없이 선서를 거부하거나 증언을 거부하는 경우는 법정모욕에 포함되지 아니한다.

06 인권옹호직무방해죄

제139조【인권옹호직무방해】 경찰의 직무를 행하는 자 또는 이를 보조하는 자가 인권옹호에 관한 검사의 직무집행을 방해하거나 그 명령을 준수하지 아니한 때에는 5년 이하의 징역 또는 10년 이하의 자격정지에 처한다.

1. 구성요건

(1) 주 체

인권옹호직무방해죄의 주체는 경찰의 직무를 행하는 자 또는 이를 보조하는 자이다(진정신분범). [법원행시 14]

(2) 객체 – 인권옹호에 관한 검사의 직무

(3) 행위 – 인권옹호에 관한 검사의 직무집행을 방해하거나 그 명령을 준수하지 않는 것

① 인권옹호에 관한 검사의 직무집행방해 : 작위범이며 폭행·협박도 포함된다(통설).

② 인권옹호에 관한 검사의 명령을 준수하지 않는 것

    ㉠ 인권옹호에 관한 검사의 명령 : 사법경찰관리의 직무수행에 의하여 침해될 수 있는 인신 구속 및 체포와 압수수색 등 강제수사를 둘러싼 피의자, 참고인, 기타 관계인에 대하여 헌법이 보장하는 인권 가운데 주로 그들의 신체적 인권에 대한 침해를 방지하고 이를 위해 필요하고도 밀접 불가분의 관련성 있는 검사의 명령 중 그에 위반할 경우 사법경찰관리를 형사처벌까지 함으로써 준수되도록 해야 할 정도로 인권옹호를 위해 꼭 필요한 검사의 명령으로 보아야 하고 나아가 법적 근거를 가진 적법한 명령이어야 한다(다수설·판례, 헌법재판소 2007.3.29, 2006헌바69).

    ㉡ 준수하지 않는 것 : 부작위범의 형태이므로 진정부작위범으로 볼 수 있다. 예컨대, 검사가 구속영장 청구 전 대면조사를 위하여 사법경찰관리에게 긴급체포된 피의자의 인치를 명하였음에도 이를 이행하지 않은 경우가 여기에 해당한다.

2. 다른 범죄와의 관계

검사가 긴급체포 등 강제처분의 적법성에 의문을 갖고 대면조사를 위한 피의자 인치를 2회에 걸쳐 명하였으나 사법경찰관이 이를 이행하지 않은 경우, 인권옹호직무명령부준수죄와 직무유기죄의 상상적 경합에 해당한다(대법원 2010.10.28, 2008도11999).

07 공무상 비밀표시무효죄

> **제140조【공무상 비밀표시무효】** ① 공무원이 그 직무에 관하여 실시한 봉인 또는 압류 기타 강제처분의 표시를 손상 또는 은닉하거나 기타 방법으로 그 효용을 해한 자는 5년 이하의 징역 또는 700만 원 이하의 벌금에 처한다.

1. 의의 및 성격

공무상 비밀표시무효죄는 공무원이 그 직무에 관하여 실시한 봉인 또는 압류 기타 강제처분의 표시를 손상 또는 은닉하거나 기타 방법으로 그 효용을 해함으로써 성립하는 범죄이다. 본죄는 강제처분의 표시에 관한 국가의 기능을 그 보호법익으로 삼는다.

본죄부터 공무상비밀침해죄(제140조 제2항·제3항), 부동산강제집행효용침해죄(제140조의2), 공용서류무효죄(제141조 제1항), [경찰승진 12] 공용물파괴죄(동조 제2항), 공무상보관물무효죄(제142조)는 미수범 처벌규정을 두고 있다(제143조). 따라서 본죄는 결과범이자 침해범의 성격을 가진다.

2. 객관적 구성요건

(1) 객체 – 공무원이 그 직무에 관하여 실시한 봉인·압류 기타 강제처분의 표시

① **공무원** : '널리 법령에 의하여 공무에 종사하는 직원'을 말한다. 예컨대, 법원의 감수보존결정에 따라 감수보존인으로 선임된 자도 여기에 속한다(대법원 2002.12.27, 2002도4906).

② **적법·유효한 강제처분표시의 존재** : 본죄가 성립하기 위해서는 공무원이 그 직무에 관하여 적법하게 실시한 봉인 또는 압류 기타 강제처분의 표시가 존재(현존)해야 한다(대법원 1997.3.11, 96도2801). [법원9급 08·12 / 법원행시 05]

　㉠ **본죄의 객체로 인정되는 경우** : 강제처분의 유효성이 인정되는 한, 그 결정의 정당·부당은 불문하므로 가처분결정이 부당한 경우에도 그 표시의 효력에는 영향이 없다(대법원 2000.4.21, 99도5563). [경찰간부 17] 법원의 가처분결정에 대하여 집행관이 한 강제처분표시의 효력은 그 가처분결정이 적법한 절차에 의하여 취소되지 않은 한 지속되는 것이고 그 효력을 부정할 수 없는 것이기 때문이다(대법원 2005.6.9, 2005도1085). 또한 압류가 해제되지 않은 이상, 채무를 변제하였다는 것만으로 압류의 효력이 부정되는 것은 아니다(대법원 1981.10.13, 80도1441).

　㉡ **본죄의 객체로 인정되지 않는 경우** : 공무원이 그 직권을 남용하여 위법하게 실시한 봉인 또는 압류 기타 강제처분의 표시임이 명백하여 법률상 부존재·부적법·당연무효라고 볼 수 있는 경우에는 그 봉인 등의 표시는 공무상 표시무효죄의 객체가 되지 아니하여 이를 손상 또는 은닉하거나 기타 방법으로 그 효용을 해한다 하더라도 본죄가 성립하지 아니한다. [법원9급 09 / 법원승진 12 / 법원행시 08·12] 그러므로 강제처분이 완결된 이후에는 본죄는 성립하지 않는다.

(2) 행위 – 손상·은닉 기타 방법으로 강제처분표시의 효력을 해하는 것

① **기타 방법** : 표시의 효용을 해하는 일체의 행위로서 손상 또는 은닉 이외의 방법으로 그 표시 자체의 효력을 사실상으로 감쇄 또는 멸각시키는 것을 의미하며(대법원 2004.10.28, 2003도8238; 2007.7.27, 2007도4378), 압류물건의 매각·절취, 봉인한 통에서 내용물인 액체를 유출시키는 행위, 영업금지가처분에 위반되는 영업의 계속행위 등이 포함된다. 다만 그 표시의 근거인 처분의 법률상의 효력까지 상실케 할 것까지 요하는 것은 아니다. 따라서 채권자나 집행관 몰래 원래의 보관장소로부터 상당한 거리에 있는 다른 장소로 압류물을 이동시킨 경우에도 객관적으로 집행을 현저히 곤란하게 한 것이 되어 '기타의 방법으로 그 효용을 해한 경우'에 해당된다(대법원 1986.3.25, 86도69).

② 부작위 : 본죄는 부작위로도 범할 수 있다(부진정부작위범). 예컨대, 압류시설의 보관자 지위에 있는 자가 공무상 비밀표시의 훼손에 대한 방지조치 없이 위 압류시설 작동을 의도적으로 묵인·방치함으로써 예견된 결과를 유발한 경우에는 부작위에 의한 공무상 표시무효죄의 성립이 인정된다(대법원 2005.7.22, 2005도3034). [경찰간부 13]

③ 구체적인 경우

    ㉠ 점유이전금지가처분을 어긴 경우 : 건물점유이전금지의 가처분집행 후 다른 사람을 건물 일부에 점유케 한 것은 집행관이 가처분집행한 강제처분의 표시의 효력을 해한 것으로 볼 수 있다(대법원 1972.9.12, 72도1441).

    ㉡ 가처분을 받은 채무자가 특정 채무자로 지정되어 있는 경우 : 가처분은 가처분 채무자에 대한 부작위 명령을 집행하는 것이므로 가처분의 채무자가 아닌 제3자가 그 부작위명령을 위반한 행위는 그 가처분집행표시의 효용을 해한 것으로 볼 수 없기 때문이다. [법원9급 08 / 법원행시 08]

    ㉢ 출입금지가처분의 경우 : 출입금지가처분은 그 성질상 가처분 채권자의 의사에 반하여 건조물 등에 출입하는 것을 금지하는 것이므로 가처분채권자의 승낙을 얻어 그 건조물 등에 출입하는 경우에는 출입금지가처분표시의 효용을 해한 것이라고 할 수 없다(대법원 2006.10.13, 2006도4740). [법원9급 07(상) / 법원9급 08·12 / 법원행시 07·12]

    ㉣ 압류상태에서 용법에 따라 종전대로 사용하는 경우 : 압류는 채무자의 처분행위를 금하는 것이므로 압류의 효용을 손상하지 않는다면 압류상태에서 그 용법에 따라 종전대로 사용하는 것은 허용된다 할 것이므로 피고인이 압류표시된 원동기를 가동하였다 하여 공무상 표시무효죄를 구성한다고 볼 수 없다(대법원 1984.3.13, 83도3291).

    ㉤ 압류물을 이동시켜야 할 사정이 있어 채권자의 승낙을 얻은 경우 : 채무자가 이를 다른 장소로 이동시켜야 할 특별한 사정이 있고, 그 이동에 앞서 채권자에게 이동사실 및 이동장소를 고지하여 승낙을 얻은 때에는 본죄에 해당하지 않는다(대법원 2004.7.9, 2004도3029). [법원9급 09 / 법원행시 05]

3. 주관적 구성요건

(1) 강제처분표시의 현존 여부에 대한 인식과 의사

강제처분표시의 현존 여부에 대한 인식·의사는 본죄의 고의로서 당연히 필요하다.

(2) 강제처분의 적법성·유효성에 대한 인식

강제처분의 유효성·적법성에 대한 인식도 본죄의 고의의 내용인가 내지 적법·유효한 강제처분을 적법·유효하지 않다고 오인하여 손상시키는 것은 사실의 착오인가 법률의 착오인가에 대해서는 견해의 대립이 있다. 판례는 사실의 착오로 해결하는 경우와 법률의 착오로 해결하는 경우로 나뉜다.

판례연구   강제처분의 적법성·유효성에 대한 착오를 사실의 착오로 보아 고의를 조각시킨 사례

대법원 1970.9.22, 70도1206
민사소송법 기타의 공법의 해석을 잘못하여 피고인이 가압류의 효력이 없는 것이라 하여 가압류가 없는 것으로 착오하였거나 또는 봉인 등을 손상 또는 효력을 해할 권리가 있다고 오신한 경우에는 민사법령 기타 공법의 부지에 인한 것으로서 이러한 법령의 부지는 형벌법규의 부지와 구별되어 고의를 조각한다.

---

08   공무상 비밀(봉함·문서·도화)개봉죄

제140조【공무상 비밀표시무효】 ② 공무원이 그 직무에 관하여 봉함 기타 비밀장치한 문서 또는 도화를 개봉한 자도
제1항의 형과 같다.

아래 제3항의 죄와 함께 공무상 비밀침해죄를 이루는 규정으로서, 비밀침해죄(제316조 제1항)에 대한
가중적 구성요건이다(제316조 제1항과 마찬가지로 추상적 위험범).

09   공무상 비밀(봉함·문서·도화)내용탐지죄

제140조【공무상 비밀표시무효】 ③ 공무원이 그 직무에 관하여 봉함 기타 비밀장치한 문서, 도화 또는 전자기록
등 특수매체기록을 기술적 수단을 이용하여 그 내용을 알아낸 자도 제1항의 형과 같다.

1995년 개정형법에 신설된 규정으로서 역시 제316조 제2항에 대한 가중적 구성요건이다(제316조 제2항과
마찬가지로 침해범).

10   부동산강제집행효용침해죄

제140조의2【부동산강제집행효용침해】 강제집행으로 명도 또는 인도된 부동산에 침입하거나 기타 방법으로 강제집
행의 효용을 해한 자는 5년 이하의 징역 또는 700만 원 이하의 벌금에 처한다.

1. 의의 및 성격

부동산강제집행효용침해죄는 강제집행으로 명도·인도된 부동산에 침입하거나 기타 방법으로 강제집행
의 효용을 해함으로써 성립하는 범죄이다. 1995년 개정형법에 의하여 신설된 본죄는 부동산에 대한 국가의

강제집행기능을 그 보호법익으로 삼고 있으며, 법익보호의 정도는 침해범이다. 본죄는 미수범을 처벌하고 있다.

2. 구성요건

(1) 주 체

제한이 없다. 따라서 강제집행을 받은 채무자는 물론 채무자의 친족 등 제3자도 본죄의 주체가 될 수 있다.

(2) 객 체

적법한 강제집행으로 명도 또는 인도된 부동산이다. 여기에는 퇴거집행된 부동산도 포함된다(대법원 2003.5.13, 2001도3212). [경찰승진(경위) 11 / 법원9급 07(상) / 법원9급 12 / 법원행시 05] 본죄가 성립하려면 강제집행이 적법해야 함은 물론이다.

(3) 행 위

침입 혹은 기타 방법으로 강제집행의 효용을 해하는 것이다(침해범). 강제집행의 효용을 해하는 것이란 강제집행으로 명도 또는 인도받은 부동산을 권리자가 그 용도에 따라 사용·수익하거나 권리행사를 하는 데 초래하는 일체의 침해행위를 말한다(대법원 2002.11.8, 2002도4801).

3. 다른 범죄와의 관계

(1) 본죄와 주거침입죄의 관계

침입의 방법으로 본죄를 범한 경우에는 주거침입죄는 별도로 성립하지 않는다(법조경합 중 보충관계 중 불가벌적 사전행위). 주거침입행위는 부동산강제집행효용침해행위의 전(前) 단계에 해당한다고 볼 수 있기 때문이다.

(2) 본죄와 손괴죄의 관계

본죄가 성립하면 손괴죄는 따로 성립하지 않는다(법조경합 중 보충관계 중 불가벌적 사전행위).

(3) 본죄와 강제집행면탈죄의 차이

본죄는 강제집행이 유효하게 실현된 이후에 강제집행의 사실상의 효력을 보호하기 위한 규정이라는 점에서, 강제집행을 면할 목적으로 재산을 은닉·손괴·허위양도 또는 허위의 채무를 부담하여 채권자를 해하는 범죄인 강제집행면탈죄와 구별된다. 즉, 양자는 그 시간적 상황에서 차이가 있다.

11 공용서류 등 무효죄

> 제141조 【공용서류 등의 무효, 공용물의 파괴】 ① 공무소에서 사용하는 서류 기타 물건 또는 전자기록 등 특수매체기록을 손상 또는 은닉하거나 기타 방법으로 그 효용을 해한 자는 7년 이하의 징역 또는 1천만 원 이하의 벌금에 처한다.

1. 의 의

공용서류 등 무효죄는 공문서이거나 사문서를 불문하고 공무소에서 사용 또는 보관 중인 서류 기타 물건 또는 전자기록 등 특수매체기록을 손상·은닉하거나 정당한 권한 없이 그 효용을 해함으로써 성립하는 범죄이다. 행위유형은 재물손괴죄(제366조)의 그것과 유사하나 그 행위객체가 일반적인 재물보다는 특별한 보호를 받아야 한다는 점에서 형벌이 가중된 구성요건이다. 본죄의 보호법익은 공용서류 등의 온전함에 대한 국가의 기능이요, 법익보호의 정도는 침해범이라고 보아야 한다. 본죄의 미수범은 처벌한다.

2. 구성요건

(1) 객체 – 서류 기타 물건 또는 전자기록 등 특수매체기록

① 서류 : '공무소에서 사용되는 이상' 공문서·사문서를 불문하며, 자기명의인가 타인명의인가를 불문하고, 정식절차를 밟아 접수되었는가도 묻지 않으며, 문서의 완성 여부도 묻지 않는다. 따라서 공문서로서의 효력이 생기기 이전의 서류(대법원 1971.3.30, 71도324), 정식의 접수 및 결재절차를 거치지 않은 문서, 결재상신과정에서 반려된 문서(대법원 1998.8.21, 98도360; 1980.10.27, 80도1127; 2006.5.25, 2003도3945 등), 미완성의 문서(대법원 1987.4.14, 86도2779; 2006.5.25, 2003도3945; 2020.12.10, 2015도19296), 증거로서 검찰청에 제출된 사문서, 공무소 보관의 위조문서, 보존기간경과 후의 문서, 작성자와 피의자의 서명날인이 없는 피의자신문조서 등이 이에 포함된다.

② 기타 물건 또는 전자기록 등 특수매체기록 : 기타 물건이란 서류 이외의 물건을 말하며, 전자기록 등 특수매체기록에 대해서는 앞서 설명하였다.

판례연구 **공용서류무효죄의 서류는 공무소에서 사용하면 된다는 판례**

대법원 1987.4.14, 86도2779; 2006.5.25, 2003도3945
경찰관이 작성한 진술서가 미완성의 문서이고 작성자와 진술자가 서명·날인 또는 무인한 것이 아니어서 공문서로서의 효력이 없다고 하더라도 공무소에서 사용하는 서류가 아니라고 할 수 없으며 피고인과 경찰관 사이의 공모관계의 유무나 피고인의 강제력 행사의 유무가 서류의 효용을 해한다는 인식에 지장을 주는 사유가 되지도 아니한다. [경찰승진(경사) 11 / 법원행시 08 / 사시 14]

---

(2) 행위 – 손상·은닉·기타 방법으로 그 효용을 해하는 것

① 손상·은닉 기타 방법 : 손상의 예로서는 문서에 첨부된 인지를 떼내는 행위, 판결원본의 일부기재를 잉크로 지운 행위(대법원 1960.5.18, 4292형상652)를 들 수 있다. 기타 방법의 예로서는 군에 보관 중인 자기명의 건축허가신청서에 첨부된 설계도면을 다른 설계도면으로 바꾸어 넣은 행위 등이 있다.

② 정당한 권한이 없을 것 : 본죄는 정당한 권한 없이 공무소에서 사용하는 서류의 효용을 해함으로써 성립하는 죄이므로 권한 있는 자의 정당한 처분에 의한 공용서류의 파기에는 적용되지 않는다(대법원 1995.11.10, 95도1395).

(3) 주관적 구성요건 – 고의

공무소에서 사용하는 서류라는 사실과 이를 손상 또는 은닉하거나 기타 방법으로 그 효용을 해한다는 사실에 대한 인식과 의사가 있음으로써 충분하고(대법원 1987.4.14, 86도2799), 반드시 그에 관한 계획적인 의도나 적극적인 희망이 있어야 하는 것은 아니다(대법원 1998.8.21, 98도360; 2006.5.25, 2003도3945; 2013.11.28, 2011도5329). [법원행시 16]

12 공용물파괴죄

제141조【공용서류 등의 무효, 공용물의 파괴】 ② 공무소에서 사용하는 건조물, 선박, 기차 또는 항공기를 파괴한 자는 1년 이상 10년 이하의 징역에 처한다.

공용물파괴죄는 공무소에서 사용하는 건조물·선박·기차·항공기만을 그 객체로 삼는다. 따라서 자동차를 포함시키는 것은 유추해석금지원칙에 반한다(통설). 이 경우에는 본조 제1항의 공용서류 등 무효죄(공용물건손상죄)가 될 뿐이다.

파괴란 본래의 용도에 사용할 수 없게 만드는 정도로 만드는 것을 말하며, 손괴보다 무거운 행위로 보면 된다. 만약 손괴에 그치면 본죄가 아니라 제141조 제1항의 공용서류 등 무효죄에 해당될 뿐이다. 본죄도 미수를 처벌하며, 침해범의 성격을 가진다.

표정리 건조물의 손괴와 파괴

구 분	파괴(중요부분의 손괴)	손괴(물건의 효용을 해하는 것)
공익건조물	공익건조물파괴죄(제367조)	재물손괴죄(제366조)
공용건조물	공용물파괴죄(제141조 제2항)	공용서류·물건무효죄(제141조 제1항)

13 공무상 보관물무효죄

제142조【공무상 보관물의 무효】 공무소로부터 보관명령을 받거나 공무소의 명령으로 타인이 관리하는 자기의 물건을 손상 또는 은닉하거나 기타 방법으로 그 효용을 해한 자는 5년 이하의 징역 또는 700만 원 이하의 벌금에 처한다.

1. 의의 및 성격

공무상 보관물무효죄는 공무소로부터 보관명령을 받거나 공무소의 명령으로 타인이 관리하는 자기의 물건을 손상·은닉하거나 기타 방법으로 그 효용을 해함으로써 성립하는 범죄이다. 자기가 소유하지만 타인의 권리대상인 물건의 효용을 해한다는 점에서 권리행사방해죄(제323조)와 유사하나, 동죄가 개인적 법익 중 소유권 이외의 다른 재산권을 보호하는 범죄라면, 본죄는 공무소의 보관명령에 관한 국가의 공무적 기능을 그 보호법익으로 삼고 있다는 점에서 차이가 있다. 본죄도 침해범이며, 미수를 처벌한다.

2. 구성요건

(1) 주 체

공무소로부터 보관명령을 받거나 공무소의 명령으로 타인이 관리하는 물건의 소유자만 본죄의 주체가 된다. 따라서 본죄는 진정신분범이다.

(2) 객체 – 공무소로부터 보관명령을 받거나 공무소의 명령으로 타인이 관리하는 자기의 물건

① 공무소로부터 보관명령을 받은 자기의 물건 : 여기서 보관명령은 법령에 근거한 적법한 것이어야 한다. 예컨대, 민사집행법에 의거하여 유체동산을 압류한 집행관이 채무자에게 보관을 명한 경우가

여기에 속한다(대법원 1960.2.29, 4292형상838).

② **공무소의 명령으로 타인이 관리하는 자기의 물건** : 공무소가 적법한 명령을 내려 소유자의 지배를 배제하고 이를 제3자가 지배하도록 한 물건을 말한다. 여기서 타인은 공무소이든 일반인이든 무방하다.

③ **자기의 물건** : 자기소유의 물건만 본죄의 객체에 해당된다.

④ **보관명령이라고 볼 수 없는 경우** : 본죄에 포함될 수 없다. 예를 들어, '제3채무자는 채무자에 대한 채무의 지급을 하여서는 아니 된다.'는 내용 등의 가압류결정 정본의 송달을 받은 것은 본죄의 보관명령을 받은 경우에 해당한다고 할 수 없으며(대법원 1983.7.12, 83도1405), 채무자가 채권가압류결정의 정본을 송달받고서 제3채무자에게 가압류된 돈을 지급하였어도 채권가압류결정의 송달을 받은 것이 본죄의 공무상 보관명령이 있는 경우도 아니고 제140조 제1항 소정의 강제처분의 표시가 있었다고 볼 수 없으니 공무상 보관물의 무효죄 또는 공무상 비밀표시무효죄가 모두 성립하지 않는다(대법원 1975.5.13, 73도2555).

(3) 행위 – 손상·은닉 기타 방법으로 효용을 해하는 것

본죄는 해당 물건의 효용이 침해된 때 기수가 되는 침해범이며, 미수를 처벌한다.

14 특수공무방해죄·특수공무방해치사상죄

제144조 【특수공무방해】 ① 단체 또는 다중의 위력을 보이거나 위험한 물건을 휴대하여 제136조, 제138조와 제140조 내지 전조의 죄를 범한 때에는 각 조에 정한 형의 2분의 1까지 가중한다.
② 제1항의 죄를 범하여 공무원을 상해에 이르게 한 때에는 3년 이상의 유기징역에 처한다. 사망에 이르게 한 때에는 무기 또는 5년 이상의 징역에 처한다.

1. 제1항의 특수공무방해죄

특수공무방해죄는 단체 또는 다중의 위력을 보이거나 위험한 물건을 휴대하여 공무집행방해 및 직무·사직강요죄(제136조), 법정·국회회의장모욕죄(제138조), 공무상비밀표시무효·공무상비밀침해죄(제140조), 부동산강제집행효용침해죄(제140조의2), 공용서류무효·공용물파괴죄(제141조), 공무상보관물무효죄(제142조) 내지 그 미수범(제143조)를 범함으로써 성립하는 범죄이다. 위 죄들에 비하여 행위불법이 가중된 가중적 구성요건이다.

2. 제2항의 특수공무방해치사상죄

특수공무방해치상죄는 공무집행방해죄에 대한 결과적 가중범으로서 무거운 결과에 대한 예견가능성뿐만 아니라 고의가 있는 경우까지도 포함하는 부진정결과적 가중범이다(대법원 1995.1.20, 94도2842). [경찰간부 12 / 경찰승진(경사) 11 / 경찰승진(경위) 11 / 경찰승진 10 / 국가7급 13 / 법원행시 08 / 변호사시험 13] 특수공무방해치사죄는 사망에 대하여 과실이 있을 때에만 성립하는 진정결과적 가중범이다.

대법원 2008.2.28, 2008도3
자동차로 경찰관을 사망에 이르게 한 사례
자동차는 원래 살상용이나 파괴용으로 만들어진 것이 아니지만 그것이 사람의 생명 또는 신체에 위해를 가하거나 다른 사람의 재물을 손괴하는 데 사용되었다면 폭력행위 등 처벌에 관한 법률 제3조 제1항의 '위험한 물건'에 해당한다고 할 것이며, 한편 이러한 물건을 '휴대하여'라는 말은 소지뿐만 아니라 널리 이용한다는 뜻도 포함하고 있다. 따라서 '위험한 물건'인 자동차를 이용하여 경찰관인 공소외인의 교통단속에 관한 정당한 직무집행을 방해하고 그로 인해 공소외인을 사망에 이르게 한 특수공무집행방해치사죄에 해당한다. [국가7급 12 / 법원행시 07]

제3절　도주와 범인은닉의 죄

01　총 설

형법상 도주와 범인은닉의 죄는 각칙 제9장에 규정되어 있다. 도주의 죄는 크게 도주죄 및 도주원조죄로 구성되어 있다. 형사사법의 기능과 절차는 체포에 의한 신병확보 및 구금에 의한 신병확보 및 형벌집행에 의하여 현실화되기 때문에 도주와 범인은닉의 죄를 처벌하고 있는 것이다. 도주의 죄는 '국가의 형사사법에 관한 구금권 내지 구금기능'을 그 보호법익을 삼고 있으며, 범인은닉죄는 '국가의 수사권·재판권 내지 형집행권에 관한 형사사법기능'을 그 보호법익을 삼고 있다. 도주죄는 미수를 처벌하고 있으며(심지어 도주원조는 예비·음모도 처벌) 침해범이고, 범인은닉죄는 미수를 처벌하지 않으며 추상적 위험범이다.

02　단순도주죄

제145조 【도주, 집합명령위반】 ① 법률에 따라 체포되거나 구금된 자가 도주한 경우에는 1년 이하의 징역에 처한다. 〈우리말 순화 개정 2020.12.8.〉

1. 주 체

단순도주죄의 주체는 법률에 따라 적법하게 체포·구금되어 신체의 자유를 구속받고 있는 자이다(진정 신분범).

인 정	부 정
• 수형자(재판확정되어 자유형 집행 중인 자) • 재판확정 전에 피고인 또는 피의자로 구속되어 있는 자 • 환형처분으로 노역장에 유치된 자 • 긴급체포나 현행범으로 체포된 자 • 감정유치 중인 자 • 구인된 피고인 또는 피의자(다수설) • 소년원에 수용되어 있는 자(통설) 등	• 구인된 증인(다수설) • 사인에 의하여 현행범으로 체포된 자(다수설) • 치료감호의 집행을 받는 자(다수설) • 수사기관에 의해 불법하게 체포된 자(판례) • (이미 석방상태에 있는) 가석방 · 집행유예 · 보석 · 형집 행정지 · 구속집행정지 중인 자 등

2. 행 위

도주이다. 즉, 구금상태로부터의 이탈행위를 말한다. 체포자 · 간수자의 실력적 지배로부터 완전히 벗어났을 때에 기수에 이른다(침해범 · 즉시범). 따라서 추적을 받고 있으면 도주죄의 미수범(처벌규정 있음)에 불과하다. 또한 도주죄는 즉시범이므로 기수시부터 공소시효가 기산되며 도주 중에도 공소시효가 정지되지 않는다(대법원 1979.8.31, 79도622).

03 집합명령위반죄

제145조 【도주, 집합명령위반】 ② 제1항의 구금된 자가 천재지변이나 사변 그 밖에 법령에 따라 잠시 석방된 상황에서 정당한 이유없이 집합명령에 위반한 경우에도 제1항의 형에 처한다. 〈우리말 순화 개정 2020.12.8.〉

1. 주체 – 법률에 따라 구금된 자

법령에 따라 구금된 자이어야 하므로 체포된 자는 제외된다(진정신분범). 또한 본죄의 주체는 천재(天災) · 사변(事變) 또는 이에 준하는 상태에서 법령에 따라 석방된 사람(2020.12.8. 우리말 순화 개정형법 전 구법에서는 '천재, 사변 기타 법령에 의하여 잠시 해금된 경우'라 하였음)을 말하므로, 위 천재 등의 상황에서 불법출소한 자는 이미 도주죄가 성립한다는 점에서 본죄가 적용될 여지는 없다.

2. 요구된 행위의 부작위

정당한 이유 없이 그 집합명령에 위반한 부작위를 하는 것이다(진정부작위범 · 계속범). 본죄가 미수범 처벌규정을 두었지만 사실상 적용될 여지는 없다.

04 특수도주죄

제146조 【특수도주】 수용설비 또는 기구를 손괴하거나 사람에게 폭행 또는 협박을 가하거나 2인 이상이 합동하여 전조 제1항의 죄를 범한 자는 7년 이하의 징역에 처한다. [경찰채용 10 2차]

특수도주죄는 수용설비 또는 기구를 손괴하거나 사람에게 폭행·협박을 가하거나 2인 이상이 합동하여 도주함으로써 성립하는 범죄이다. 수용설비란 교도소·소년교도소·직업훈련교도소·구치소 또는 경찰서의 유치장(행형법 제87조) 등의 구금장소를 말하며, 기구란 수갑·포승·발목보호장비 등과 같은 보호장비(행형법 제97조 이하)를 말한다.

손괴란 물리적으로 그 효용을 훼손해야 하므로, 단지 교도소의 자물쇠를 풀거나 수갑을 풀고 달아나는 것은 특수도주죄에 해당되지 않는다. 본죄의 폭행은 사람에 대한 직접적·간접적인 유형력의 행사요(광의의 폭행), 협박은 공포심을 느끼게 할 만한 해악의 고지를 말한다(광의의 협박). 2인 이상의 합동은 합동범의 합동(合同)의 의미와 같다. 따라서 2인 이상의 범행현장에서 시간적·장소적인 협동관계를 이루어 도주를 하는 것을 말하며 함께 도주해야 할 것이다. 도주자 아닌 외부관여자의 도주원조행위는 본죄가 아니라 본죄보다도 무거운 도주원조죄를 구성하게 된다.

표정리 특수~죄 개관

절 도	야간 건조물 등 손괴	흉기휴대		합 동
강 도	야간 주거침입			
도 주	시설 등 손괴	폭행·협박		
폭 행	단체·다중의 위력		위험한 물건의 휴대	
협 박				
체포·감금				
주거침입				
손 괴				
공무집행방해				

→ 특수강간죄(성폭법) : 흉기·위험한 물건의 휴대, 2인 이상이 합동

05 도주원조죄

1. 단순도주원조죄

제147조【도주원조】 법률에 의하여 구금된 자를 탈취하거나 도주하게 한 자는 10년 이하의 징역에 처한다.

(1) 의의 및 성격

단순도주원조죄는 법률에 의하여 구금된 자를 탈취하거나 도주하게 함으로써 성립하는 범죄이다. 본죄는 도주죄에 대한 교사·방조행위를 도주원조라는 각칙상 독립된 구성요건으로 만든 범죄이므로, 총칙상 공범규정은 적용될 수 없다.

자기도주가 인간의 본능에 기초한 부분이 있어 형이 매우 가벼운 데 비해, 본죄는 본격적으로 국가의 구금기능을 해한다는 점에서 그 형이 무겁고 따라서 미수뿐만 아니라 예비·음모까지도 처벌하고 있다. [법원행시 07]

(2) 구성요건

① **주체** : 도주죄가 진정신분범이었던 데 비하여, 본죄는 누구든지 범할 수 있는 일반범이다. [국가9급 12 / 법원행시 07] 단 본죄의 객체인 법률에 의하여 구금된 자로서 도주하는 자 이외의 자이어야 한다.

② 객체 : 본죄의 객체는 법률에 의하여 구금된 자이다. 따라서 '체포되어 연행 중인 자'는 본죄의 객체가 아니다(통설). 또한 이미 도주가 기수에 이른 후에는 범인도피죄가 성립할 뿐 본죄는 인정되지 않는다(아래 판례). [법원행시 07] 소위 사후방조는 방조로 인정되지 않기 때문이다.

> **판례연구** 도주의 기수 이후 원조는 도주원조죄 ×, 범인도피죄 ○
>
> **대법원 1991.10.11, 91도1656**
> 도주죄는 즉시범으로서 범인이 간수자의 실력적 지배를 이탈한 상태에 이르렀을 때에 기수가 되어 도주행위가 종료하는 것이고, 도주원조죄는 도주죄에 있어서 범인의 도주행위를 야기시키거나 이를 용이하게 하는 등 그와 공범관계에 있는 행위를 독립한 구성요건으로 하는 범죄이므로, 도주죄의 범인이 도주행위를 하여 기수에 이른 이후에 범인의 도피를 도와주는 행위는 범인도피죄에 해당할 수 있을 뿐 도주원조죄에는 해당하지 않는다. [경찰간부 17 / 경찰승진(경위) 11 / 경찰승진 13 / 국가9급 12 / 법원행시 05 · 07]

③ 행위 : 탈취하거나 도주하게 하는 것이다. 탈취란 피구금자를 간수자의 실력적 지배로부터 자기 또는 제3자의 지배하에 옮기는 것을 말하며, 도주하게 하는 것이란 피구금자를 간수자의 실력적 지배로부터 벗어난 해방상태로 만드는 것을 말한다. 따라서 탈취의 기수시점은 자기 또는 제3자의 실력적 지배가 된 때요, 도주하게 하는 것의 기수시점은 간수자의 실력적 지배로부터 벗어나게 만든 때가 된다.

2. 간수자도주원조죄

제148조【간수자의 도주원조】 법률에 의하여 구금된 자를 간수 또는 호송하는 자가 이를 도주하게 한 때에는 1년 이상 10년 이하의 징역에 처한다.

본죄는 신분으로 인하여 형이 가중되는 부진정신분범이며 공무원의 신분에 있을 것을 요하지 않는다. 마찬가지로 간수 또는 호송의 임무도 법령상 근거를 요하지 않고 현실적으로 그 임무에 종사하면 족하다.

06 범인은닉죄

제151조【범인은닉과 친족 간의 특례】 ① 벌금 이상의 형에 해당하는 죄를 범한 자를 은닉 또는 도피하게 한 자는 3년 이하의 징역 또는 500만 원 이하의 벌금에 처한다.
② 친족 또는 동거의 가족이 본인을 위하여 전항의 죄를 범한 때에는 처벌하지 아니한다. [경찰채용 16 1차 / 경찰승진 10]

1. 의의 및 보호법익

범인은닉죄는 벌금 이상의 형에 해당하는 죄 [경찰승진 10] 를 범한 자인 범인을 은닉 또는 도피하게 함으로써 성립하는 범죄이다. [경찰채용 10 2차] 본죄는 '범인에 대한 수사 · 재판 · 형집행 등에 관한 국가의 형사사법의 작용 내지 기능'을 그 보호법익으로 삼는다. 법익보호의 정도는 범인은닉 · 도피행위만으로도 이러한 국가기능이 곤란 또는 불가능하게 된다는 점에서 추상적 위험범이다(통설 · 판례, 대법원 1995.3.3, 93도3080; 2000.11.24, 2000도4078). 따라서 본죄는 현실적으로 형사사법의 작용을 방해하는 결과가 초래될 것이 요구되지 아니한다. [경찰채용 12 1차 / 국가7급 13 / 법원행시 06] 본죄가 미수범 처벌규정을 두고 있지 않은 것도 이러한 이유 때문이다. [법원행시 07]

2. 객관적 구성요건

(1) 주체 – 범인 이외의 자

① **범인 자신의 은닉·도피행위** : 본죄는 벌금형 이상의 죄를 범한 자를 타인으로 전제하여 이를 은닉·도피 시키는 경우에 구성요건에 해당하는 범죄이므로, '범인이 타인일 것'은 객관적 구성요건요소에 해 당된다. 따라서 범인 스스로 은닉·도피하는 행위는 본죄의 구성요건에 해당되지 않는다(다수설·판례). 예컨대, 자기의 범행을 구성하는 사실관계에 대하여 허위로 진술하여 허위 자료를 제출하는 것은 본죄에 해당하지 않는다. 이때 공범이 이러한 행위를 교사하여도 범인도피교사죄가 성립하지 아니 한다(대법원 2018.8.1, 2015도20396).

② **공동정범 중의 1인이 다른 공동정범을 은닉·도피시킨 행위** : 범인 자신 이외의 타인에 대한 행위이므 로 본죄가 성립한다(통설·판례, 대법원 1958.1.14, 4290형상393). [경찰채용 12 1차 / 경찰승진 10]

③ **범인이 타인을 교사하여 자기의 범인은닉행위를 하게 한 경우 범인은닉죄의 교사범 성부** : 타인을 교사하여 범인은닉죄를 범하게 하는 것은 범인 자신이 이를 행하는 경우와는 정상을 달리하는 것으로 서 이는 자기비호권의 한계를 일탈한 것이고 기대가능성 또한 인정되기 때문에 본죄의 교사범이 성립한다는 것이 판례의 입장이다(대법원 2000.3.24, 2000도20; 2006.5.26, 2005도7528). [경찰간부 11 / 경찰승진(경위) 11 / 경찰승진 12·14·16 / 국가9급 12 / 법원9급 07(상) / 법원9급 16 / 법원승진 12 / 법원행시 11·13·14·16 / 사시 13·16]

(2) 객체 – 벌금 이상의 형에 해당하는 죄를 범한 자

① **벌금 이상의 형에 해당하는 죄** : 벌금 이상의 형이란 법정형을 의미한다.

② **죄를 범한 자**(범인) : 범죄의 혐의를 받아 수사대상이 되어 있는 자를 총칭한다. [법원행시 06]

ㄱ **범인에 해당되는 경우** : 범인에는 정범은 물론 교사범·방조범, 미수범, 예비·음모범도 포함된다. 또한 공소제기된 자(피고인)나 유죄판결을 받은 자뿐만 아니라 범죄의 혐의를 받아 수사대상이 되어 있는 자(피의자)가 모두 포함된다. [국가7급 13] 판례는 구속수사 대상이었다가 무혐의 석방된 자, 자동차종합보험에 가입되어 있는 자 등도 본죄의 객체에 해당된다고 보고 있다.

ㄴ **범인에 해당되지 않는 경우** : 범인은 범죄의 성립조건 및 처벌조건과 소추조건이 구비되었거나 구비될 가능성이 있는 자일 것을 요하므로, 무죄판결이 확정되었거나, 형이 폐지되었거나, 공소시효의 완성 내지 사면 등에 의해 소추나 처벌이 불가능해진 경우에는 여기에 해당하지 아니한다.

③ **친고죄에 있어서 고소가 없는 자** : 친고죄의 고소는 소추조건에 불과하며 범죄의 성립조건은 아니므로 죄를 범한 자에 해당함은 물론이다.

→ 다만, 친고죄의 고소기간이 경과하는 등의 사유로 고소권이 소멸하여 고소의 가능성이 없는 경우에는 죄를 범한 자에 포함되지 않는다고 해야 한다. [법원9급 09 / 법원행시 06·07·09]

④ **'죄를 범한 자'는 진범**(眞犯)**임을 요하는가** : 진범인지 여부는 법원의 확정판결이 있기 전까지는 알 수 없다는 점에서 진범인이 아니더라도 본죄에 해당한다(다수설·판례, 대법원 1982.1.26, 81도1931). [법원행시 13] 따라서 범죄의 혐의를 받아 수사의 대상이 된 자이면 진범이 아니더라도 본죄의 객체가 된다. [경찰승진 13]

(3) 행위 – 은닉·도피

① **은닉** : 죄를 범한 자임을 인식하면서 장소를 제공하여 일시적·계속적으로 체포를 면하게 하는 것이다. 죄를 범한 자에게 장소를 제공한 후 동인에게 일정 기간 동안 경찰에 출두하지 말라고 권유하는 언동을 해야만 하는 것이 아니며, 또 그 권유에 따르지 않을 경우 강력력을 행사해야만 한다거나 죄를 범한 자가 피고인의 말에 복종하는 관계에 있을 것도 요하지 않는다(대법원 2002.10.11, 2002도3332).

② 도피 : 은닉 이외의 방법으로 범인의 발견을 곤란하게 하는 행위를 말한다. 다만 범인도피행위는 범인을 도주하게 하는 행위 또는 도주하는 것을 직접적으로 용이하게 하는 행위에 한정된다. 따라서 범인의 가족의 생활을 도와주는 등 그 자체가 도피시키는 것을 직접적인 목적으로 한 것이라고는 보기 어려운 행위로 말미암아 간접적으로 범인이 안심하여 도피할 수 있도록 하는 것은 도피행위에 포함되지 않는다. [경찰채용 20 1차 / 경찰간부 11 / 법원행시 12] 나아가 어떤 행위가 범인도피죄에 해당하는 것처럼 보이더라도 그것이 사회적으로 상당성이 있는 행위라면 이 또한 본죄의 행위에 해당될 수 없다.

③ 부작위 : 사법경찰관처럼 범인을 체포·검거해야 할 보증인적 지위에 있는 자가 범인을 체포할 수 있었음에도 불구하고 고의로 체포행위를 하지 않은 경우에는 부작위에 의한 범인은닉·도피죄가 성립한다. 반면 일반인이 현행범을 체포한 후 이를 수사기관에 인도하지 않은 부작위로는 본죄가 성립하지 않는다.

판례연구   범인은닉·도피에 해당한다는 사례

대법원 2004.3.26, 2003도8226
기소중지된 자의 부탁에 따라 피고인이 그 처의 이름으로 대신 오피스텔 임대차계약을 체결해준 사례
피고인이 자신의 처를 내세워 그녀의 이름으로 대신 임대차계약을 체결해 준 행위는 비록 임대차계약서가 공시되는 것은 아니라 하더라도 수사기관이 위와 같은 탐문수사나 신고를 받아 범인을 발견하고 체포하는 것을 곤란하게 하여 범인을 도피하게 한 행위에 해당한다. [경찰채용 16 1차 / 경찰간부 12 / 경찰승진 10·14·16 / 법원9급 12 / 법원행시 05·06·14]

판례연구   범인은닉·도피에 해당하지 않는다는 사례

대법원 2010.1.28, 2009도10709
수사기관에서 조사받는 피의자가 사실은 게임장·오락실·피씨방의 실제 업주가 아니라 종업원임에도 불구하고 자신이 실제 업주라고 허위로 진술하는 행위가 범인도피죄를 구성하는지 여부(원칙적 소극)
① 게임산업진흥에 관한 법률 위반, 도박개장 등의 혐의로 수사기관에서 조사받는 피의자가 사실은 게임장·오락실·피씨방 등의 실제 업주가 아니라 그 종업원임에도 불구하고 자신이 실제 업주라고 허위로 진술하였다고 하더라도, 그 자체만으로 범인도피죄를 구성하는 것은 아니다. ② 다만, 그 피의자가 실제 업주로부터 금전적 이익 등을 제공받기로 하고 단속이 되면 실제 업주를 숨기고 자신이 대신하여 처벌받기로 하는 역할(이른바 '바지사장')을 맡기로 하는 등 수사기관을 착오에 빠뜨리기로 하고, 단순히 실제 업주라고 진술하는 것에서 나아가 게임장 등의 운영 경위, 자금 출처, 게임기 등의 구입 경위, 점포의 임대차계약 체결 경위 등에 관해서까지 적극적으로 허위로 진술하거나 허위 자료를 제시하여 그 결과 수사기관이 실제 업주를 발견 또는 체포하는 것이 곤란 내지 불가능하게 될 정도에까지 이른 것으로 평가되는 경우 등에는 범인도피죄를 구성할 수 있다. [경찰채용 14 2차 / 국가7급 21 / 사시 14]

---

(4) 계속범

본죄는 범인을 은닉·도피하게 하면 기수가 되지만, 즉시 위법상태가 종료되는 것이 아니라 범인에 대한 미체포상태가 계속된다는 점에서 계속범의 성질을 가진다(대법원 1995.9.5, 95도577). [경찰채용 16 1차 / 법원9급 16·18]

(5) 고 의

본죄의 객체에 대한 인식은 실제로 벌금 이상의 형에 해당하는 범죄를 범한 자라는 것을 인식함으로써 족하고 그 법정형이 벌금 이상이라는 것까지 알 필요는 없다(대법원 2000.12.8, 2000도4078). [경찰승진 14 / 법원행시 12] 다만 수사기관에서 참고인이 허위진술하는 경우에 있어서는 참고인에게 적극적으로 실제의 범인을 도피시켜 국가의 형사사법의 작용을 곤란하게 할 의사가 있어야 본죄의 고의가 인정된다.

3. 친족 간의 범행과 특례(제151조 제2항)

(1) 법적 성격

친족 간의 관계에 비추어 보아 본죄를 범하지 않을 것(적법행위)의 기대가능성이 없다고 보아 책임이 조각되는 사유이다.

(2) 적용범위

친족 또는 동거의 가족에게 적용된다. **판례**는 여기서의 친족에 사실혼관계의 배우자는 제외된다고 보고 있다(대법원 2003.12.12, 2003도4533). [경찰채용 14 2차 / 경찰승진(경위) 11 / 경찰승진(경감) 11 / 경찰승진 13 / 국가7급 13 / 법원9급 07(상) / 법원행시 05 / 사시 14]

(3) 공범관계

① 의의 : 친족에 대해서만 적용된다.
② 범인이 친족을 교사하여 자신(범인)을 은닉하게 한 경우 : 정범인 친족은 책임이 조각되어 무죄가 된다. 문제는 교사자인 범인 자신에게 범인은닉죄의 교사범이 성립하는가이다. 판례는 범인 자신의 자기방어권의 남용으로 보아 본죄의 교사범이 될 수 있다는 입장이다. 또한 이 경우 정범인 친족의 행위는 본죄의 구성요건해당성과 위법성은 인정되기 때문에 제한적 종속형식에 의할 때 공범의 성립은 가능하다. 따라서 판례에 의하면 본죄의 교사범이 성립하게 된다(대법원 2006.12.7, 2005도3707).
[국가7급 13 / 법원행시 08·12·13·14 / 사시 13 / 변호사시험 12·17]

01 총 설

1. 의의 및 보호법익

위증과 증거인멸의 죄는 법률에 의하여 선서한 증인이 허위의 진술을 하거나, 이를 피고인 등을 모해할 목적으로 하거나, 법률에 의하여 선서한 감정인·통역인·번역인이 허위의 감정·통역·번역을 하거나, 타인의 형사사건 또는 징계사건에 관한 증거를 인멸·은닉·위조·변조 또는 위조·변조한 증거를 사용하거나, 타인의 형사사건·징계사건에 관한 증인을 은닉·도피하게 함으로써 성립하는 범죄로서, 그 보호법익은 재판권·징계권과 같은 국가의 사법(司法)기능이다(통설·판례). 법익보호의 정도는 추상적 위험범이므로, 국가의 사법기능에 대해 현실적 침해나 위험이 발생할 것을 요하지 아니한다. 본장의 죄는 일체 미수를 벌하지 않는다.

2. 위증죄의 신분범·자수범·거동범의 성질

위증죄는 증인이라는 신분을 요건으로 하는 신분범(진정신분범)이며, [경찰채용 13 2차] 동시에 증인이 직접 허위진술을 하여야 구성요건이 실현되는 자수범(自手犯)이다. 따라서 위증죄에 있어서는 간접정범의 성립이 불가능하다. [사시 11] 또한 위증죄는 전형적인 거동범이므로, 허위의 진술만으로 기수에 이르고 별도의 결과발생을 요하지 않는다.

02 위증죄

> **제152조 【위증, 모해위증】** ① 법률에 의하여 선서한 증인이 허위의 진술을 한 때에는 5년 이하의 징역 또는 1천만 원 이하의 벌금에 처한다.
> **제153조 【자백, 자수】** 전조의 죄를 범한 자가 그 공술한 사건의 재판 또는 징계처분이 확정되기 전에 자백 또는 자수한 때에는 그 형을 감경 또는 면제한다.

1. 구성요건

(1) 객관적 구성요건

① 주체 – 법률에 의하여 선서한 증인

ㄱ 법률에 의한 선서 : '법률에 의하여 선서한 증인'이라 함은 '법률에 근거하여 법률이 정한 절차에 따라 유효한 선서를 한 증인'이라는 의미이고, 그 증인신문은 법률이 정한 절차조항을 준수하여 적법하게 이루어진 경우이어야 한다.

ⓐ 법률 : 위증죄는 소송법종속적 성격을 가지므로 구체적인 선서의 절차는 해당 절차법에 의한다(형사소송법 제156조, 민사소송법 제290조 이하 등). [국가9급 11] 그러나 심문절차로 진행되는 가처분사건 등에서의 증인에 대한 선서와 같이 법령상 근거가 없는 선서는 무효이므로 여기에서의 선서한 증인에 해당하지 않는다(대법원 1995.4.11, 95도186).

예 심문절차로 진행하는 소송비용확정신청사건, [법원행시 09] 심문절차로 진행되는 가처분사건 [경찰채용 11·17 1차 / 경찰채용 16 2차 / 경찰간부 16 / 경찰승진 17 / 법원9급 07(상) / 법원9급 12·14 / 법원승진 11 / 법원행시 07·10 / 사시 10]

ⓑ 선서(宣誓)

선서를 하게 할 권한이 있는 기관에 의한 것	검사 또는 사법경찰관에 대하여 선서하였다고 하여도 법률에 의한 선서에는 해당하지 않는다.
선서무능력자의 선서	16세 미만인 자와 선서취지를 이해하지 못하는 자는 선서무능력자로서(형사소송법 제159조, 민사소송법 제322조) 선서가 무효가 되므로 위증죄의 죄책을 지지 않는다(다만 증언능력은 인정될 수 있음). [법원행시 05]
선서절차·증언절차의 하자	사소한 결함이 있다는 이유만으로 선서의 효력이 없어지는 것은 아니다. 즉, 위증의 벌을 경고하지 않고 선서하게 한 경우(형사소송법 제158조, 민사소송법 제320조)에도 해당되는 것이다(통설·판례).

㉮ 선서의 방법 : 형사소송법 제157조와 제158조에 규정되어 있다.

㉯ 선서의 유효성 : 선서는 적법절차에 따라 행한 유효한 것이어야 한다.

㉰ 선서의 시기 : 선서는 증언 전에 하는 것이 원칙이지만, 증언 후에 하는 경우도 있다(형사소송법 제156조 단행, 민사소송법 제319조 단행). 즉, 사전선서를 원칙으로 하지만, 사후선서도 가능하다(통설·판례).

ⓒ 증인(證人)

ⓐ 의의 : 법원·법관에 대하여 과거의 경험사실을 진술하는 제3자이다. 위증죄는 증인 자신이 직접 행하여만 성립하는 자수범(自手犯)이므로 법률에 의하여 선서하고 증언하는 자 이외의 자는 본죄에 대한 간접정범·공동정범이 될 수 없다. 그러나 본죄에 대한 교사나 방조가 가능한 것은 물론이다.

ⓑ 범 위

㉮ 형사피고인 및 민사소송의 당사자 : 형사피고인에게 증인의 지위를 인정하는 것은 진술거부권을 가진 자에게 증언의무를 부과하는 것이 되므로 있을 수 없다. 따라서 피고인은 본죄의 주체에서 제외된다. 또한 민사소송의 당사자도 증인능력이 없으므로 증인으로 선서하고 증언하였다고 하더라도 위증죄의 주체가 될 수 없고, 이러한 법리는 민사소송에서의 당사자인 법인의 대표자(대법원 1998.3.10, 97도1168)의 경우에도 마찬가지로 적용된다. [경찰간부 16·17 / 경찰승진 13·17 / 법원9급 07(상) / 법원9급 12·16 / 법원행시 09·10]

㉯ 공범자 또는 공동피고인[101] : 공범인 공동피고인은 엄연히 피고인의 지위에 있고 이러한 공범자관계에 있는 공동피고인에게 당해 소송절차에서 증인적격을 인정하는 것은 피고인의 진술거부권을 무의미하게 만들기 때문에 다른 공동피고인에 대한 공소사실에 관하여 증인이 될 수 없다고 보는 것은 당연하다. 다만 공범자가 아닌 공동피고인인 경우에는 증인적격이 있으므로 본죄의 주체가 될 수 있다(절충설 : 통설·판례, 1982.9.14, 82도1000). [변호사시험 13]

---

[101] 공동피고인이라 함은 2인 이상의 피고인이 동일한 형사절차에서 심판을 받게 된 경우(소위 병합심리), 각 피고인을 일컫는다. 공동피고인의 진술은 자기 사건에 관련되는 한에 있어서는 피고인의 진술인 동시에 다른 공동피고인의 사건에 관하여는 제3자의 진술이라는 이중적 성격을 가지게 되는바, 여기에서부터 공동피고인은 피고인으로서의 진술거부권(헌법 제12조 제2항 및 형사소송법 제289조)이라는 권리와 제3자로서 법원에 대하여 부담하는 증언의무(형사소송법 제161조) 및 진실의무(형사소송법 제158조, 형법 제152조)라는 의무가 나오게 된다.

　　　ⓓ 증언거부권자 : 증언거부권을 행사하지 않고 선서 후 위증을 한 증언거부권자도 본죄의 주체가 된다(통설·판례). [법원9급 05] 다만 이는 재판장의 증언거부권의 고지 여부와 맞물려 있는 문제이므로 별도의 검토를 요한다.

　ⓒ 증언거부권의 고지 여부와 위증죄의 성부 : 증인이 자기 또는 근친자의 형사책임이나 업무상 비밀에 관해서 증언을 할 경우에는 증언거부권을 가지므로(형사소송법 제148·제149조, 민사소송법 제314조·제315조), 재판장은 신문 전에 증언을 거부할 수 있음을 설명하여야 한다(형사소송법 제160조).[102] 즉 민사소송법과 형사소송법이 모두 증언거부권 제도를 두면서도, 재판장의 증언거부권 고지의무는 형사소송법만 규정하고 민사소송법은 규정하고 있지 않다.

　　ⓐ 증언거부권을 고지받은 경우 : 증인이 증언거부권을 고지받았음에도 증언거부권을 행사하지 않고 위증한 경우에는 위증죄가 성립한다(대법원 1987.7.7, 86도1724 전원합의체; 2012.10.11, 2012도6848,2012전도143). [경찰간부 11 / 경찰승진(경사) 10 / 국가7급 09 / 법원행시 06·08·09·10]

　　ⓑ 증언거부권을 고지받지 못한 경우 : 증인이 증언거부사유 또는 증언거부권의 존재를 이미 알고 있었는지 여부 및 증언거부권을 고지받았다 하더라도 허위진술을 하였을 것이라고 볼만한 정황이 있었는지 등을 전체적·종합적으로 고려하여야 한다. 따라서 ㉮ 증인이 증언거부권을 고지받지 못함으로 인하여 그 증언거부권을 행사하는 데 '사실상 장애'가 초래되었다고 볼 수 있는 경우에는, 증인이 침묵하지 않고 허위진술한 것은 자신이 진정한 의사에 의한 것이라고 볼 수 없다고 보아야 하므로 위증죄의 성립은 부정되어야 하지만(대법원 2010.1.21, 2008도942 전원합의체; 2010.2.25, 2009도13257), [경찰간부 12·16·18 / 경찰승진(경사) 11 / 경찰승진 14 / 국가9급 11·14 / 국가7급 20 / 법원9급 11 / 법원승진 11 / 사시 14 / 변호사시험 16] ㉯ 증언거부권을 고지받지 아니함으로 인하여 증언거부권이 사실상 침해당한 것으로 평가할 수는 없는 경우에는 위증죄의 성립이 인정된다(대법원 2010.2.25, 2007도6273). [사시 13] 또한 ㉰ 민사소송절차에서는 재판장이 증인에게 증언거부권을 고지하지 아니하였다 하여 절차위반의 위법이 없으므로 적법한 선서절차를 마쳤는데도 허위진술을 한 증인에 대해서는 특별한 사정이 없는 한 위증죄가 성립한다(대법원 2011.7.28, 2009도14928). [경찰간부 16·18 / 법원행시 13 / 변호사시험 16]

---

102 형사소송법 제148조(근친자의 형사책임과 증언거부) 누구든지 자기나 다음 각 호의 어느 하나에 해당하는 자가 형사소추(刑事訴追) 또는 공소제기를 당하거나 유죄판결을 받을 사실이 드러날 염려가 있는 증언을 거부할 수 있다.
　1. 친족이거나 친족이었던 사람,
　2. 법정대리인, 후견감독인
　동법 제149조(업무상 비밀과 증언거부) 변호사, 변리사, 공증인, 공인회계사, 세무사, 대서업자, 의사, 한의사, 치과의사, 약사, 약종상, 조산사, 간호사, 종교의 직에 있는 자 또는 이러한 직에 있던 자가 그 업무상 위탁을 받은 관계로 알게 된 사실로서 타인의 비밀에 관한 것은 증언을 거부할 수 있다. 단, 본인의 승낙이 있거나 중대한 공익상 필요있는 때에는 예외로 한다.
　동법 제160조(증언거부권의 고지) 증인이 제148조, 제149조에 해당하는 경우에는 재판장은 신문전에 증언을 거부할 수 있음을 설명하여야 한다.

ⓒ **증언거부권자가 아닌 경우** : 이미 유죄판결이 확정된 증인의 경우에는 설사 재심청구 예정이라 하여도 증언을 거부할 권리가 없으므로 증언에 앞서 증언거부권을 고지받지 못하였더라도 증인신문절차상 잘못이 없으므로 허위진술한 경우 위증죄가 성립한다(대법원 2011.11.24, 2011도 11994). [법원행시 14]

판례연구 **증언거부권을 고지받지 못하여 위증죄가 성립하지 않는다는 사례**

대법원 2010.1.21, 2008도942 전원합의체
증언거부사유가 있음에도 증언거부권을 고지받지 못함으로 인하여 그 증언거부권을 행사하는 데 사실상 장애가 초래되었다고 볼 수 있는 경우 위증죄 성립 여부(소극)
위증죄의 의의 및 보호법익, 형사소송법에 규정된 증인신문절차의 내용, 증언거부권의 취지 등을 종합적으로 살펴보면, 증인신문절차에서 법률에 규정된 증인 보호를 위한 규정이 지켜진 것으로 인정되지 않은 경우에는 증인이 허위의 진술을 하였다고 하더라도 위증죄의 구성요건인 "법률에 의하여 선서한 증인"에 해당하지 아니한다고 보아 이를 위증죄로 처벌할 수 없는 것이 원칙이다. 다만, 법률에 규정된 증인 보호 절차라 하더라도 개별 보호절차 규정들의 내용과 취지가 같지 아니하고, 당해 신문 과정에서 지키지 못한 절차 규정과 그 경위 및 위반의 정도 등 제반 사정이 개별 사건마다 각기 상이하므로, 이러한 사정을 전체적·종합적으로 고려하여 볼 때, 당해 사건에서 증인 보호에 사실상 장애가 초래되었다고 볼 수 없는 경우에까지 예외 없이 위증죄의 성립을 부정할 것은 아니라고 할 것이다. … 재판장이 신문 전에 증인에게 증언거부권을 고지하지 않은 경우에도 당해 사건에서 증언 당시 증인이 처한 구체적인 상황, 증언거부사유의 내용, 증인이 증언거부사유 또는 증언거부권의 존재를 이미 알고 있었는지 여부, 증언거부권을 고지 받았더라도 허위진술을 하였을 것이라고 볼 만한 정황이 있는지 등을 전체적·종합적으로 고려하여 증인이 침묵하지 아니하고 진술한 것이 자신의 진정한 의사에 의한 것인지 여부를 기준으로 위증죄의 성립 여부를 판단하여야 한다. 그러므로 헌법 제12조 제2항에 정한 불이익 진술의 강요금지 원칙을 구체화한 자기부죄거부특권에 관한 것이거나 기타 증언거부사유가 있음에도 증인이 증언거부권을 고지받지 못함으로 인하여 그 증언거부권을 행사하는 데 사실상 장애가 초래되었다고 볼 수 있는 경우에는 위증죄의 성립을 부정하여야 할 것이다. [경찰채용 18 1차 / 경찰간부 12 / 경찰승진(경사) 11 / 경찰승진 14 / 법원9급 11 / 사시 14]

---

② **행위 – 허위의 진술을 하는 것**

㉠ **허 위**

ⓐ **주관설**(다수설·판례) : 허위란 증인이 기억에 반하는 증언을 하는 것을 의미하며, 그것이 객관적 진실과 일치하는가는 불문한다는 입장이다. [경찰채용 11 1차 / 경찰채용 12·13 2차 / 경찰간부 17 / 경찰승진(경위) 10 / 국가7급 09 / 법원9급 07(상) / 법원9급 11·14 / 법원행시 05·06·07 / 사시 14 / 변호사시험 13] 그러므로 증인이 기억에 반하는 진술을 한 경우에는 진실과 일치하는 경우에도 주관설에 의하면 허위의 진술을 한 경우에 해당하며(대법원 1988.5.24, 88도350; 1989.1.17, 88도580), 기억에 일치하는 진술을 한 경우에는 그 내용이 객관적 진실과 불일치하더라도 주관설에 의하면 허위가 아니다.

판례연구 **위증죄의 허위개념에 대하여 주관설을 취하는 판례**

대법원 1990.5.8, 90도448
타인에게 들은 금품전달사실을 자신이 전달한 것처럼 진술한 사례
피고인의 위 증언 중 "증인은 그 무렵 원고 홍○○에게 보험증권과 계약금을 전달할 사실이 있다."는 진술부분에 관하여 보건대, 피고인은 원심 제1차 공판기일의 변론에서 피고인의 공소외 최○○로부터 계약금과 보험증권을 전달하였다는 말을 듣고 위와 같이 진술한 것이라고 변명하고 있으나, 타인으로부터 전해들은 금품의 전달사실을 마치 피고인 자신이 전달한 것처럼 진술한 것은 피고인의 기억에 반하는 허위진술이라고 할 것이므로 진술부분을 위증으로 본 원심판단은 정당하다. [경찰채용 11 1차 / 경찰승진(경위) 11 / 법원행시 09]

ⓑ **객관설** : 허위란 객관적 진실에 반하는 것을 의미하며, 증인의 기억과 일치하는가는 불문한다는 입장이다.

기 억	사 실	객관설	주관설
불일치	진실	위증 ×	위증 ○
일치	허위	위증 ○(단, 고의 없음)	위증 ×

ⓒ 진 술

ⓐ **진술의 대상** : 외적 사실, 내적 사실과 같은 사실(事實)에 한정되고 가치판단은 제외된다. 이는 허위감정의 대상에 가치판단이 포함되는 것과의 차이점이다. 따라서 증인의 진술이 경험한 사실에 대한 법률적 평가이거나 단순한 의견에 지나지 아니하는 경우에는 허위의 '진술'이라고 할 수 없다(대법원 1987.10.13, 87도1501; 1988.9.27, 88도236; 2007.9.20, 2005도9590; 2009.3.12, 2008도11007). [법원행시 10 / 변호사시험 13] 따라서 경험한 객관적 사실에 대한 증인 나름의 법률적·주관적 평가나 의견을 부연한 부분에 다소의 오류나 모순이 있더라도 위증죄가 성립하지 않는다 (대법원 2001.3.23, 2001도213; 2009.3.12, 2008도11007). [법원9급 09]

ⓑ **진술의 방법** : 제한이 없다. 그러므로 구두·거동·표정에 의한 진술도 포함되며, 작위·부작위를 불문한다. 단순한 진술거부는 소송법상 제재의 대상이 될 뿐 본죄의 진술에 해당되지는 않는다. 다만 '진술거부에 의하여 전체로서의 진술내용이 허위로 되는 경우'라면 부작위에 의한 위증도 가능하다.

ⓒ **진술의 내용** : 증인신문의 대상이 된 사항이다. 이는 반드시 요증사실에 대한 것으로서 판결에 영향을 미칠 수 있을 것을 요하지 않는다. [경찰채용 12 2차 / 경찰간부 17 / 경찰승진 13·16 / 법원9급 09·11·14 / 법원행시 06·07 / 변호사시험 13]

㉮ **진술로 인정되는 경우** : 직접신문, 반대신문(대법원 1967.4.18, 67도254), 인정신문(다수설·판례, 대법원 1967.4.18, 67도254), 지엽적 사실(대법원 1982.6.8, 81도3069), 동기나 내력(대법원 1969.6.24, 68도1503)에 대한 진술이 모두 위증의 대상이 된다.

㉯ **진술로 인정되지 않는 경우** : 증인이 수사기록에 기재된 진술내용이 상위 없다는 증언을 하는 경우에는 진술 자체는 위증이 될 수 있으나 진술조서에 기재된 진술기재내용을 위증한 것이라고는 할 수 없으며(대법원 1989.9.12, 88도1147), 증인이 법정에서 선서 후 증인진술서에 기재된 내용이 사실대로라는 취지의 진술만을 한 경우에도 그 증인진술서에 기재된 구체적인 내용을 기억하여 반복 진술한 것으로 보아 그 허위기재 부분에 관하여 위증죄로 처벌할 수 없다(대법원 2010.5.13, 2007도1397). [국가9급 13 / 사시 14·16]

ⓒ **기수시기** : 신문절차가 종료하여 그 진술을 철회할 수 없는 단계에 이르렀을 때 기수가 된다(통설·판례). [국가9급 11] 따라서 종전의 진술을 철회한 경우 위증죄가 성립하는가의 문제는 그 철회의 시점이 언제인가에 달려 있다.

ⓐ **증인신문절차 종료 전 철회한 경우** : 증인의 증언은 그 전부를 일체로 관찰·판단하는 것이므로 선서한 증인이 일단 기억에 반하는 허위의 진술을 하였더라도 그 신문이 끝나기 전에 그 진술을 철회·시정한 경우 위증이 되지 아니한다(대법원 1984.3.27, 83도2853; 1993.12.7, 93도2510; 2008.4.24, 2008도1053). [경찰간부 12 / 국가7급 16 / 법원9급 05·14 / 법원행시 05·10·12] 본죄는 미수범 처벌규정이 없기 때문이다.

→ 다만, 사후선서한 때에는 선서를 종료한 때에 기수가 된다.

ⓑ **증인신문절차 종료 후 철회한 경우** : 별도의 증인신청 및 채택절차를 거쳐 그 증인이 다시 신문을 받는 과정에서 종전 신문절차에서의 진술을 철회·시정한 경우, 이미 종결된 종전 증인신문절차에서 행한 위증죄의 성립에 영향을 미치지 않는다(대법원 2010.9.30, 2010도7525). [경찰간부 12 / 경찰승진 14 / 국가7급 17 / 법원9급 12·16·20 / 법원승진 11 / 사시 13·14]

(2) 주관적 구성요건

법률에 의하여 선서한 증인이라는 것과 그 공술이 자기의 기억에 반한다는 사실에 대한 인식과 의사가 위증죄의 고의로서 요구된다(미필적 고의로도 족함).

위증죄에서 증인의 증언이 기억에 반하는 허위의 진술인지 여부를 가릴 때에는 그 증언의 단편적인 구절에 구애될 것이 아니라 당해 신문절차에서 한 증언 전체를 일체로 파악하여야 하고, 그 결과 증인이 '무엇인가 착오에 빠져 기억에 반한다는 인식이 없이' 증언하였음이 밝혀진 경우에는 위증의 고의를 인정할 수 없다(대법원 1991.5.10, 89도1748). [법원행시 07]

2. 책 임

증언거부권을 고지받은 증인의 경우, 설사 자기의 형사책임을 인정하는 것과 같은 불리한 사실에 관하여 증언을 해야 할 경우라 하더라도 '증언거부권을 행사할 수 있다.'는 점에서 적법행위의 기대가능성이 없는 것이 아니므로 위증죄의 책임이 인정된다. 또한 유죄판결이 확정된 피고인의 경우에도 공범의 형사사건에서 사실대로 자신의 범행을 시인하는 증언을 할 것이라는 기대가능성이 있다는 점에서 위증죄의 책임이 인정된다(대법원 2008.10.23, 2005도10101). [경찰채용 10 1차/경찰채용 18 3차/경찰승진(경사) 10/경찰승진(경위) 10/국가7급 10·20 /법원9급 20/사시 13/변호사시험 12·14]

> **판례연구** **적법행위의 기대가능성이 있다고 보아 위증죄의 책임이 인정된 사례**
>
> 대법원 2008.10.23, 2005도10101
> 유죄의 확정판결을 받은 증인에 대한 진실증언의 기대가능성이 인정된다는 사례
> 피고인에게 적법행위를 기대할 가능성이 있는지 여부를 판단하기 위하여는 행위 당시의 구체적인 상황하에 행위자 대신에 사회적 평균인을 두고 이 평균인의 관점에서 그 기대가능성 유무를 판단하여야 한다. 또한, 자기에게 형사상 불리한 진술을 강요당하지 아니할 권리가 결코 적극적으로 허위의 진술을 할 권리를 보장하는 취지는 아니며, 이미 유죄의 확정판결을 받은 경우에는 일사부재리의 원칙에 의해 다시 처벌되지 아니하므로 증언을 거부할 수 없는바, 이는 사실대로의 진술, 즉 자신의 범행을 시인하는 진술을 기대할 수 있기 때문이다. 이러한 점 등에 비추어 보면, 이미 유죄의 확정판결을 받은 피고인은 공범의 형사사건에서 그 범행에 대한 증언을 거부할 수 없을 뿐만 아니라 나아가 사실대로 증언하여야 하고, 설사 피고인이 자신의 형사사건에서 시종일관 그 범행을 부인하였다 하더라도 이러한 사정은 위증죄에 관한 양형참작사유로 볼 수 있음은 별론으로 하고 이를 이유로 피고인에게 사실대로 진술할 것을 기대할 가능성이 없다고 볼 수는 없다. [경찰채용 10 1차/경찰채용 16 2차/경찰승진(경사) 10/경찰승진(경위) 10/국가9급 11/법원9급 13/사시 13/변호사시험 12·14]

3. 공 범

(1) 간접정범·공동정범

위증죄는 자수범이므로 간접정범이 성립할 수 없다. 또한 직접 위증을 실행한 증인이 아닌 한 위증죄의 공동정범도 성립할 수 없다.

(2) 협의의 공범

① 일반인이 증인을 교사·방조한 경우 : 위증죄는 진정신분범이므로 제33조 본문이 적용되어 일반인도 위증죄의 교사범·방조범의 죄책을 진다.

② 피고인이 증인을 교사·방조하여 위증하게 한 경우 : 판례는 증인이 타인의 형사사건에 관하여 위증을 하면 본죄가 성립되므로 자기의 형사사건에 관하여 타인을 교사하여 위증죄를 범하게 하는 것은 이러한 '방어권을 남용'하는 것이라고 할 것이어서 교사범의 죄책을 부담케 함이 상당하다고 보고 있다(대법원 2004.1.27, 2003도5114). [경찰채용 13 2차/경찰채용 18 3차/경찰승진 16/법원9급 09·12·13·16·20/법원행시 06 /사시 12·13/변호사시험 13·17] 방조의 경우에도 마찬가지일 것이다.

4. 죄 수

하나의 사건에 관하여 한번 선서한 증인이 같은 기일에 여러 가지 사실에 관하여 기억에 반하는 허위의 진술을 한 경우, 이는 하나의 범죄의사에 의하여 계속하여 허위의 진술을 한 것으로서 '포괄하여 1개의 위증죄'를 구성하는 것이고 각 진술마다 수개의 위증죄를 구성하는 것이 아니다. [경찰간부 11 / 경찰승진 16·17 / 법원9급 07(상) / 법원9급 05·09·16 / 법원행시 06·07 / 변호사시험 13] 마찬가지로 민사소송·행정소송 사건의 같은 심급에서 변론기일을 달리하여 수차 증인으로 나가 수개의 허위진술을 하더라도 최초한 선서의 효력을 유지시킨 후 증언한 이상 1개의 위증죄를 구성함에 그친다(대법원 2005.3.25, 2005도60; 2007.3.15, 2006도9463). [경찰간부 12 / 경찰승진(경위) 10 / 경찰승진 12·13 / 국가7급 10 / 법원9급 13]

5. 자백·자수의 특례규정(제153조)

(1) 자백·자수의 개념

① **자백** : 허위의 진술을 하였음을 고백하거나 법원이나 수사기관의 신문에 대하여 그 사실을 자백한 경우도 포함된다(대법원 1977.2.22, 75도3316). [사시 10] 자백은 자발성을 요하지 않는다.

② **자수** : 범인이 자발적으로 수사기관에 대하여 자기의 범죄사실을 신고하여 소추를 구하는 의사표시를 말한다.

(2) 자백·자수의 시기 – 증언한 사건의 재판·징계처분의 확정 전

(3) 자백·자수의 효과

형을 필요적으로 감면한다. [경찰승진 13·17 / 국가7급 08 / 법원승진 10 / 변호사시험 16]

---

03 모해위증죄

> **제152조 【위증, 모해위증】** ② 형사사건 또는 징계사건에 관하여 피고인, 피의자 또는 징계혐의자를 모해할 목적으로 전항의 죄를 범한 때에는 10년 이하의 징역에 처한다.
>
> **제153조 【자백, 자수】** 전조의 죄를 범한 자가 그 공술한 사건의 재판 또는 징계처분이 확정되기 전에 자백 또는 자수한 때에는 그 형을 감경 또는 면제한다. [경찰채용 10 2차 / 사시 16]

모해(謀害)할 목적이란 피고인·피의자 또는 징계혐의자를 불리하게 할 목적을 의미한다. 따라서 모해위증죄에 있어서 허위진술의 대상이 되는 사실에는 공소범죄사실을 직접·간접적으로 뒷받침하는 사실은 물론 이와 밀접한 관련이 있는 것으로서 만일 그것이 사실로 받아들여진다면 피고인이 불리한 상황에 처하게 되는 사실도 포함된다. 이러한 모해할 목적은 허위의 진술을 함으로써 피고인에게 불리하게 될 것이라는 인식이 있으면 충분하고 그 결과의 발생을 희망할 필요까지는 없다(대법원 2007.12.27, 2006도3575). [경찰채용17 1차 / 법원행시 12]

판례는 '모해의 목적'은 그 목적이 있으므로 단순위증죄에 비하여 형이 가중되는 (가중적) 신분요소라고 파악한다. 즉, 판례에 의하면 모해위증죄는 가중적 신분범이다(형법 제33조 단서가 적용될 수 있는 부진정신분범, 자세히는 총론의 공범과 신분에서 설명하였음).

04 허위감정·통역·번역죄

제154조【허위의 감정, 통역, 번역】법률에 의하여 선서한 감정인, 통역인 또는 번역인이 허위의 감정, 통역 또는 번역을 한 때에는 전2조의 예에 의한다.

1. 구성요건

(1) 주 체

본죄의 주체는 법률에 의하여 선서한 감정인·통역인·번역인이다. 감정인이란 특수한 지식·경험을 가진 제3자가 그 지식·경험에 의하여 알 수 있는 법칙 또는 그 법칙을 적용하여 내린 판단을 법원·법관에게 보고하는 자를 말한다(형사소송법 제169조 이하).

→ 따라서 수사기관으로부터 감정을 위촉받은 감정수탁자(형사소송법 제221조)와 민사소송상 감정서의 설명자(민사소송법 제314조)는 법률에 의하여 선서한 감정인에 해당되지 않는다. 또한 특수한 지식·경험에 의하여 지득한 경험을 보고하는 감정증인(민사소송법 제340조)은 증인이며 감정인이 아니다.

(2) 행 위

허위의 감정 등을 하는 것이다. 여기서 허위의 의미는 위증죄의 그것과 동일하므로 주관설과 객관설이 대립하게 된다. 판례는 주관설에 의하므로 허위성의 인식이 있으면 본죄가 성립한다(대법원 2000.11.28, 2000도1089).

(3) 고 의

허위감정죄는 고의범이므로, 비록 감정내용이 객관적 사실에 반한다고 하더라도 감정인의 주관적 판단에 반하지 않는 이상 허위의 인식이 없어 허위감정죄로 처벌할 수 없다(대법원 2000.11.28, 2000도1089).

2. 죄 수

하나의 소송사건에서 동일한 선서 하에 이루어진 법원의 감정명령에 따라 감정인이 동일한 감정명령사항에 대하여 수차례에 걸쳐 허위의 감정보고서를 제출하는 경우에는 단일한 고의하에 계속하여 허위의 감정을 한 것으로서 포괄하여 1개의 허위감정죄를 구성하는 것이다(대법원 2000.11.28, 2000도1089). [사시 10]

3. 자백·자수의 특례

제153조의 자백·자수의 감면특례는 본조에도 적용된다.

05 증거인멸죄

제155조【증거인멸 등과 친족 간의 특례】① 타인의 형사사건 또는 징계사건에 관한 증거를 인멸, 은닉, 위조 또는 변조하거나 위조 또는 변조한 증거를 사용한 자는 5년 이하의 징역 또는 700만 원 이하의 벌금에 처한다.
④ 친족 또는 동거의 가족이 본인을 위하여 본조의 죄를 범한 때에는 처벌하지 아니한다. [경찰채용 13 1차]

1. 의의 및 보호법익

증거인멸죄는 타인의 형사사건 또는 징계사건에 관한 증거를 인멸, 은닉, 위조 또는 변조하거나 위조 또는 변조한 증거를 사용함으로써 성립하는 범죄이다. 본죄는 위증죄와 마찬가지로 국가의 형사사법작용 내지 징계작용을 그 보호법익으로 하고 있으며, 법익보호의 정도는 추상적 위험범이다.

2. 객관적 구성요건

(1) 주체 – 제한이 없음

(2) 객체 – 타인의 형사사건·징계사건에 관한 증거

  ① 타 인

    ㉠ **타인의 형사사건·징계사건에 관한 증거** : 자기의 사건의 증거에 대해서는 본죄가 성립하지 않는다는 것은 명백하다. 문제가 되는 것은 공범자의 형사사건에 대한 증거를 타인의 형사사건에 관한 증거라고 할 수 있는가이다. 판례는 "피고인 자신이 직접 형사처분이나 징계처분을 받게 될 것을 두려워한 나머지, 자기의 이익을 위하여 그 증거가 될 자료를 인멸하였다면, 그 행위가 동시에 다른 공범자의 형사사건이나 징계사건에 관한 증거를 인멸한 결과가 된다고 하더라도 이를 증거인멸죄로 다스릴 수 없다."라고 보고 있다. 이러한 법리는 그 행위가 피고인의 공범자가 아닌 자의 형사사건이나 징계사건에 관한 증거를 인멸한 결과가 된다고 하더라도 마찬가지이다(대법원 1995.9.29, 94도 2608; 2013.11.28, 2011도5329). [경찰승진 12 / 법원9급 13 / 법원행시 06·10·16 / 변호사시험 17]

    ㉡ **타인을 교사하여 자기의 형사사건·징계사건에 관한 증거를 인멸한 경우** : 판례는 범인 스스로의 증거인멸행위는 기대가능성이 없는 행위이므로 범죄가 성립하지 않지만, 나아가 타인을 교사하여 증거인멸행위를 하게 하는 것은 그것이 비록 자신의 범죄사실을 은폐하기 위한 것이라 하더라도 그 한계를 일탈한 것이므로 증거인멸죄의 교사범이 된다고 한다(대법원 2000.3.24, 99도5275; 2011.2.10, 2010도15986). [경찰채용 11 2차 / 경찰승진 14 / 법원9급 08·13 / 법원승진 12 / 법원행시 07·09·10·13·16 / 사시 12·13]

  ② **형사사건·징계사건에 대한 증거** : 민사·행정·비송·선거사건 등에 관한 증거는 본죄의 대상이 되지 않는다(위증죄와의 차이점). 형사사건인 이상 공소제기 전의 피의사건이나 수사개시 전 [법원행시 16] 의 사건이든 나중에 무죄가 선고되든 모두 포함된다(다수설·판례, 대법원 1982.4.27, 82도274; 2003.12.12, 2003도4533; 2011.2.10, 2010도15986). [경찰채용 13·17 1차 / 법원행시 07] 다만 본죄는 국가의 형사사법·징계기능을 그 법익으로 하므로, 여기에서 '징계사건'은 국가의 징계사건에 한정되고 사인(私人) 간의 징계사건은 포함되지 않는다(대법원 2007.11.30, 2007도4191). [경찰승진 14 / 법원9급 08 / 법원행시 10·11]

  ③ **증거** : 타인의 형사사건 또는 징계사건에 관하여 수사기관이나 법원 또는 징계기관이 국가의 형벌권 또는 징계권의 유무를 확인하는 데 관계있다고 인정되는 범죄의 성부, 형의 가중·감면 등을 인정할 수 있는 증인 이외의 일체의 자료를 의미하고, 타인에게 유리한 것이건 불리한 것이건 가리지 아니하며 또 증거가치의 유무 및 정도를 불문한다(대법원 2007.6.28, 2002도3600; 2013.11.28, 2011도 5329). [경찰승진(경사) 11 / 법원행시 11·16] 증인에 대해서는 제2항에서 증인은닉·도피죄로 별도로 규율한다.

(3) 행위 – 인멸·은닉·위조·변조·위조변조된 증거의 사용

  ① **인멸** : 증거를 없애는 등 증거의 사용을 방해하는 행위로서, 증거의 가치나 효용을 멸실·감소시키는 일체의 행위를 말한다.

  ② **은닉** : 증거를 숨기거나 그 발견을 곤란하게 하는 일체의 행위를 말한다.

  ③ **위조** : 문서죄에 있어서의 위조개념과는 달리 새로운 증거의 창조를 의미하는 것이므로, 존재하지 아니한 증거를 이전부터 존재하고 있는 것처럼 작출하는 행위도 증거위조에 해당하며, 증거가 문서의

형식을 갖는 경우 증거위조죄에 있어서의 증거에 해당하는지 여부가 그 작성권한의 유무나 내용의 진실성에 좌우되는 것은 아니다(대법원 2007.6.28, 2002도3600; 2011.2.10, 2010도15986). [경찰승진(경장) 11 / 법원행시 11]

다만 타인의 형사사건에 관한 증거를 위조한다 함은 '증거 자체를 위조'함을 말하는 것이므로, ㉠ 허위진술이 담긴 대화를 녹음한 녹음파일 또는 녹취록을 만드는 것은 여기에 해당하나(대법원 2013.12.26, 2013도8085,2013전도165), [국가9급 17 / 법원행시 14·16] ㉡ 참고인이 수사기관에서 허위의 진술을 하는 것(대법원 1995.4.7, 94도3412) [법원9급 08 / 법원행시 13 / 사시 12] 이나 참고인이 직접 진술하는 것을 대신하거나 그에 앞서 허위의 사실확인서나 진술서를 작성·제출하는 것(대법원 2011.7.28, 2010도2244)은 여기에 포함되지 아니한다.

④ 변조 : 기존의 진정한 증거에 가공하여 증거의 가치·효용을 변경하는 행위를 말한다.

⑤ 위조·변조한 증거의 사용 : 위조·변조된 증거를 마치 진정한 증거인 것처럼 사용하는 행위를 말한다.

3. 친족 간의 특례(제155조 제4항)

친족 또는 동거의 가족이 본인을 위하여 본조의 죄를 범한 때에는 처벌하지 않는다(책임조각사유). [경찰채용 13 1차] **판례**는 여기서의 친족에 사실혼관계의 배우자는 포함되지 않는다고 보고 있다(대법원 2003.12.12, 2003도4533). [경찰승진(경위) 11 / 경찰승진 13 / 법원행시 07·11 / 사시 14]

4. 죄수 및 다른 범죄와의 관계

(1) 증거인멸과 직무유기의 관계

경찰관이 압수물을 범죄혐의의 입증에 사용하도록 하는 등의 적절한 조치를 취하지 아니하고 피압수자에게 돌려주었다면 작위범인 증거인멸죄만 성립하고 부작위범인 직무유기죄는 성립하지 않는다(대법원 2006.10.19, 2005도3909 전원합의체). [경찰채용 11 2차 / 경찰간부 12 / 경찰승진 14 / 국가7급 10 / 법원9급 08·12 / 법원행시 07·09·11·14]

(2) 선서하지 않은 증인으로 하여금 위증하게 한 경우

선서하지 않은 증인으로 하여금 위증하게 하는 것은 증거위조죄를 구성하지 않는다. 또한 위증죄의 교사범이 성립하기 위하여는 증인의 위증이 구성요건에 해당하고 위법하여야 하는바, 위 경우 선서무능력자의 위증은 위증죄의 구성요건에조차 해당될 수 없으므로 교사자에게는 위증교사죄도 성립하지 않는다.

06 증인은닉·도피죄

제155조【증거인멸 등과 친족 간의 특례】 ② 타인의 형사사건 또는 징계사건에 관한 증인을 은닉 또는 도피하게 한 자도 제1항의 형과 같다.
④ 친족 또는 동거의 가족이 본인을 위하여 본조의 죄를 범한 때에는 처벌하지 아니한다. [경찰채용 10 2차]

증인은닉·도피죄의 증인에는 수사단계의 참고인도 포함된다. 또한 은닉·도피행위란 증인의 현출(顯出)을 방해하거나 증인의 도피를 야기·방조하는 일체의 행위를 말한다. 다만, 이는 인증(人證)의 이용 자체를 물리적으로 불가능하게 하는 행위만을 의미한다고 보아야 한다. 따라서 타인의 형사피의사건에 관하여 수사기관에서 허위의 진술을 하도록 교사하는 행위(대법원 1977.9.13, 77도997) [국가7급 07] 나, 참고인·증인에게 허위진술을 하도록 하는 행위(대법원 1995.4.7, 94도3412)는 본죄의 행위라고 볼 수 없다.

그리고 증거인멸죄와 마찬가지로 본죄의 증인도 타인의 형사사건·징계사건에 관한 증인이어야 하므로, 자기의 사건에 관한 증인은 포함되지 않는다. 또한 친족 간 특례도 적용된다.

07 모해증거인멸죄

> 제155조 【증거인멸 등과 친족 간의 특례】 ③ 피고인, 피의자 또는 징계혐의자를 모해할 목적으로 전2항의 죄를 범한 자는 10년 이하의 징역에 처한다.
> ④ 친족 또는 동거의 가족이 본인을 위하여 본조의 죄를 범한 때에는 처벌하지 아니한다.

모해의 목적이 있는 경우 증거인멸죄나 증인은닉죄보다 가중처벌하는 규정이다. 본죄의 '피의자'라고 하기 위해서는 수사기관에 의하여 범죄의 인지 등으로 수사가 개시되어 있을 것을 필요로 하고, 그 이전의 단계에서는 장차 형사입건될 가능성이 크다고 하더라도 그러한 사정만으로 '피의자'에 해당한다고 볼 수는 없다(대법원 2010.6.24, 2008도12127). [국가9급 17]

제5절 무고의 죄

01 총 설

무고죄(誣告罪)의 보호법익은 국가의 심판기능의 적정과 피무고자의 법적 안정으로, 무고죄는 국가의 심판기능을 보호법익으로 하는 국가적 법익에 대한 범죄임과 동시에 부당하게 처벌받지 않을 개인의 이익도 보호하는 이중의 성격을 가진 범죄이다(절충설 : 통설). 법익보호의 정도는 추상적 위험범이다.

02 무고죄

> 제156조 【무 고】 타인으로 하여금 형사처분 또는 징계처분을 받게 할 목적으로 공무소 또는 공무원에 대하여 허위의 사실을 신고한 자는 10년 이하의 징역 또는 1천 500만 원 이하의 벌금에 처한다.
> 제157조 【자백, 자수】 제153조는 전조에 준용한다.
> 제153조 【자백, 자수】 전조의 죄를 범한 자가 그 공술한 사건의 재판 또는 징계처분이 확정되기 전에 자백 또는 자수한 때에는 그 형을 감경 또는 면제한다. [법원행시 06]

1. 객관적 구성요건

(1) 주 체

위증죄와 달리 무고죄는 일반범이므로 누구든지 본죄의 주체가 될 수 있으며, 공무원도 포함된다. 또한 명의를 대여한 고소에 있어서는 그 명의자를 대리한 자가 신고자가 되어 무고죄의 주체로 인정된다(대법원 2006.7.13, 2005도7588; 2007.3.30, 2006도6017). [경찰간부 13 / 경찰승진 12 / 법원행시 10]

(2) 행위의 대상 – 허위신고의 대상인 공무소 · 공무원

공무소 또는 공무원이라 함은 형사처분 · 징계처분에 대하여 직권을 행사할 수 있는 해당 공무소인 담당관서 또는 그 소속 공무원뿐만 아니라 직권의 발동을 촉구하는 직권을 가진 자와 그 감독기관 또는 그 소속 구성원을 포함한다. 신고는 반드시 징계처분 또는 형사처분을 심사 결행할 직권 있는 직속상관에게 직접 할 것을 필요로 하는 것이 아니고, 지휘 · 명령계통이나 수사관할 이첩을 통하여 그러한 권한 있는 상관에게 도달하게 할 수 있으면 충분하다(대법원 1973.1.16, 72도1136).

따라서 수사기관을 통할하는 대통령(대법원 1977.6.28, 77도1445), 관내 경찰서장을 지휘 · 감독하는 도지사(대법원 1982.11.22, 81도2308), 변호사에 대한 징계처분에 관한 징계 개시의 신청권이 있는 지방변호사회의 장(대법원 2010.11.25, 2010도10202) [경찰채용 12 1차 / 경찰채용 16 2차 / 경찰간부 12 · 13 / 경찰승진 17 / 국가7급 21 / 법원행시 13 / 사시 13], 군인에 대한 무고의 경우 해당 군인에 대한 징계처분 · 형사처분을 심사 · 결행할 수 있는 직권 있는 소속 상관(대법원 2014.12.24, 2012도4531) 등이 여기에 해당된다. 또한 수사기관에 고발의무가 있는 은행원에게 허위의 수표위조신고를 한 경우(대법원 2005.12.22, 2005도3203) [경찰채용 12 3차 / 법원행시 09 · 12 · 13 / 사시 10]에도 본죄에 해당된다.

(3) 행위 – 허위의 사실을 신고하는 것

① 허 위

    ㉠ **개념** : 신고한 사실은 객관적 사실에 반하는 허위사실이어야 한다(객관설 : 통설 · 판례). 따라서 신고자가 그 신고내용을 허위라고 믿었다 하더라도 그것이 객관적으로 진실한 사실에 부합할 때에는 허위사실의 신고에 해당하지 않아 무고죄는 성립하지 않는다(대법원 1991.10.11, 91도1950). [경찰채용 12 2차 / 경찰승진 13 / 법원9급 05 / 법원행시 05 · 06 · 10] 또한 객관적 사실관계와 일치하는 경우에는 법률적 평가나 죄명이나 형사책임을 부담할 자를 잘못 기재한다 하더라도 허위라고 할 수 없다(대법원 1982.4.27, 81도2341; 1985.6.25, 83도3245; 1985.9.24, 84도1737). [법원9급 07(하) / 법원9급 05 / 법원행시 07]

    ㉡ **정도** : 허위사실의 적시는 수사관서 또는 감독관서에 대하여 수사권 또는 징계권의 발동을 촉구할 수 있는 정도의 것이면 충분하고, 반드시 범죄구성요건사실이나 징계요건사실을 구체적으로 기재하거나 법률적 평가를 명시할 것까지 요하는 것은 아니다(대법원 1985.2.26, 84도2774; 1987.3.24, 87도231; 2006.5.25, 2005도4642). [경찰채용 14 1차 / 경찰승진 14 / 법원9급 07(하) / 법원9급 16 / 법원행시 09]

    ㉢ **구체적 판단** : 신고한 사실의 허위 여부는 그 범죄의 구성요건과 관련하여 신고사실의 핵심 또는 중요내용이 허위인가에 따라 판단하여 무고죄의 성립 여부를 가려야 한다(대법원 1991. 10.11, 91도1950). 또한 신고한 사실이 객관적 사실에 반하는 허위사실이라는 요건은 적극적인 증명이 있어야 하며, 신고사실의 진실성을 인정할 수 없다는 소극적 증명만으로 본죄의 성립을 인정할 수는 없다(대법원 2004.1.27, 2003도5114; 2006.5.25, 2005도4642). [경찰채용 14 1차 / 경찰채용 16 2차 / 경찰채용 12 · 18 3차 / 경찰간부 16 / 경찰승진 17 / 법원9급 07(상) / 법원9급 05 / 법원행시 08 · 16 / 사시 10 · 13 · 16]

대법원 2004.1.16, 2003도7178
일부 허위사실을 포함한 신고가 무고죄에 해당하는 경우 : 도박자금으로 대여한 금전의 용도에 대하여 기망당하였다고 허위로 신고한 것이 무고죄의 허위신고에 해당한다고 한 사례 [국가7급 08 / 사시 11]
신고사실의 일부에 허위의 사실이 포함되어 있다고 하더라도 그 허위부분이 범죄의 성부에 영향을 미치는 중요한 부분이 아니고, 단지 신고한 사실을 과장한 것에 불과한 경우에는 무고죄에 해당하지 아니하지만, 그 일부 허위인 사실이 국가의 심판작용을 그르치거나 부당하게 처벌을 받지 아니할 개인의 법적 안정성을 침해할 우려가 있을 정도로 고소사실 전체의 성질을 변경시키는 때에는 무고죄가 성립될 수 있다. [경찰승진 17 / 법원행시 05 · 12]

대법원 2004.12.9, 2004도2212; 2011.1.13, 2010도14028; 2011.9.8, 2011도3489
변제의사와 능력의 유무에 관하여 기망하였다는 내용으로 고소한 경우라면, 차용금의 용도를 묵비하거나 실제와 달리 신고였다 하여도 무고죄는 성립하지 않는다는 사례
① 금원을 대여한 고소인이 차용금을 갚지 않는 차용인을 사기죄로 고소함에 있어서, 피고소인이 차용금의 용도를 사실대로 이야기하였더라면 금원을 대여하지 않았을 것인데 차용금의 용도를 속이는 바람에 대여하였다고 주장하는 사안이라면 그 차용금의 실제용도는 사기죄의 성부에 영향을 미치는 것으로서 고소사실의 중요한 부분이 되고 따라서 그 실제용도에 관하여 고소인이 허위로 신고를 할 경우에는 그것만으로도 무고죄에 있어서의 허위의 사실을 신고한 경우에 해당한다 할 것이나, ② 단순히 차용인이 변제의사와 능력의 유무에 관하여 기망하였다는 내용으로 고소한 경우에는 차용금의 용도와 무관하게 다른 자료만으로도 충분히 차용인의 변제의사나 능력의 유무에 관한 기망사실을 인정할 수 있는 경우도 있을 것이므로 고소인이 차용금의 '용도'를 묵비하거나 그 차용금의 실제 용도에 관하여 사실과 달리 신고하였다 하더라도 그것만으로는 범죄사실의 성부에 영향을 줄 정도의 중요한 부분을 허위로 신고하였다고 할 수 없는 것이다. … 이와 같은 법리는 고소인이 차용사기로 고소할 때 묵비하거나 사실과 달리 신고한 차용금의 실제 용도가 도박자금이었더라도 달리 볼 것은 아니다. [경찰승진 14 / 사시 13 · 14]

② 사실 : 신고되는 허위사실은 형사처분·징계처분의 원인(原因)이 될 수 있는 것이어야 한다.

  ㉠ 신고사실 자체가 형사범죄를 구성하지 않는 경우 : 허위의 사실을 신고했다 하더라도 그 사실 자체가 형사범죄를 구성하지 아니한다면 본죄는 성립하지 않는다(대법원 1992.10.13, 92도1799; 2002. 6.28, 2001도2707; 2002.11.8, 2002도3738; 2008.1.24, 2007도9057; 2017.5.30, 2015도15398). [국가7급 09 / 법원9급 16]

  ㉡ 사면·공소시효완성·고소기간경과가 명백히 나타난 신고의 경우 : 사면 또는 공소시효완성으로 공소권이 소멸되었음이 명백한 사실을 신고하는 것도 형사처분·징계처분의 원인이 될 수 있는 사실이 아니므로 무고죄에 해당하지 않는다(대법원 1970.3.24, 69도2330 등). 또한 강간죄로 고소한 것이 친고죄(구법)의 고소기간 경과 후에 고소가 제기된 것으로서 처벌할 수 없음이 고소내용 그 자체에 의하여 명백한 경우에는 고소사실이 허위라 하더라도 당해 국가기관의 직무를 그르치게 할 위험이 없으므로 무고죄는 성립하지 아니한다(대법원 1998.4.14, 98도150). [법원9급 05]

1 대법원 1995.12.5, 95도1908
공소시효와 무고죄의 성부 : 무고죄 ○
피고인은 피고소인들이 공모하여 건축법 위반범죄를 저지른 사실이 없음에도 불구하고 그와 같은 건축법 위반행위를 하였다고 허위로 고소한 사실을 충분히 인정할 수 있고, 객관적으로 고소사실에 대한 공소시효가 완성

되었더라도 고소를 제기하면서 마치 공소시효가 완성되지 아니한 것처럼 고소한 경우에는 국가기관의 직무를 그르칠 염려가 있으므로 무고죄를 구성한다고 할 것이다. [경찰간부 13·16 / 경찰승진 11 / 법원행시 07·10·14 / 사시 16]

> **2** 대법원 1982.3.23, 81도2617; 1985.5.28, 84도2919; 1994.2.8, 93도3445
> 공소시효와 무고죄의 성부 : 무고죄 ×
> 타인으로 하여금 형사처분을 받게 할 목적으로 공무소에 대하여 허위의 사실을 신고하였다고 하더라도, 신고된 범죄사실에 대한 공소의 시효가 완성되었음이 그 신고의 내용 자체에 의하여 분명한 경우에는 형사처분의 대상이 되지 않는 것이므로, 무고죄가 성립하지 아니한다. [경찰채용 12 3차 / 경찰승진 16 / 법원행시 14]

③ 신 고

　㉠ 개념 : 자진하여 사실을 고지하는 것을 말한다. 따라서 자발성이 필요하다.

　㉡ 자발성 : 자발성이 없는 것은 신고가 아니다. 따라서 수사기관에 자진하여 고지한 것이 아니라 정보원이나 조사관의 요청에 의하여 자기가 지득한 정보를 제공하거나(대법원 1955.3.18, 4287형상209), 검사 또는 사법경찰관의 신문·추문에 대하여 허위의 진술을 하는 것은 신고에 해당되지 않는다(대법원 1985.7.26, 85도14; 1990.8.14, 90도595; 2002.2.8, 2001도6293; 2005.12.22, 2005도3203)는 것이 판례의 입장이다. [경찰채용 14 1차 / 국가9급 12 / 법원9급 07(상) / 법원행시 08·12] 다만, 고소장에 기재하지 않은 사실을 고소보충조서를 받으면서 자진하여 진술한 경우에는 본죄의 신고의 자발성이 인정된다(대법원 1988.2.23, 87도2454; 1996.2.9, 95도2652). [경찰승진 13 / 사시 16]

　㉢ 신고의 방법 [법원9급 17] : 제한이 없으므로 신고자의 이름이 자기의 이름으로 기재된 경우뿐만 아니라 타인의 이름으로 기재된 경우도 포함되며 심지어 익명의 신고도 포함되고, 피무고자도 신고의 내용을 보아 누구인지를 특정할 수 있다면 그 성명이 표시될 필요도 없으며, 신고의 방식이 고소장인지 진정서인지도 가리지 않는다(대법원 1985.12.10, 84도2380).

(4) 기수시기

① 추상적 위험범 : 허위신고가 당해 공무소·공무원에게 도달한 때이며, 현실적 접수·열람이나 수사개시(대법원 1983.9.27, 83도1975)·공소제기를 요하지 않는다. [경찰간부 13] 예컨대, 피고인이 최초에 작성한 허위내용의 고소장을 경찰관에게 제출하였을 때 이미 허위사실의 신고가 수사기관에 도달되어 무고죄의 기수에 이른 것이라 할 것이므로, 그 후에 그 고소장을 되돌려 받았다 하더라도 이는 무고죄의 성립에 아무런 영향이 없다(대법원 1985.2.28, 84모2215). [경찰채용 12 1차 / 경찰승진 16 / 국가7급 16 / 법원9급 09 / 사시 11] 또한, 허위로 신고한 사실이 무고행위 당시 형사처분의 대상이 될 수 있었으나 이후 형사범죄가 되지 않는 것으로 판례가 변경된 경우에도 이미 성립한 무고죄에는 원칙적으로 영향을 미치지 아니한다(대법원 2017.5.30, 2015도15398). 다만 본죄는 미수범 처벌규정이 없으므로 공무소 등에 도달되기 전에 분실된 경우에는 무죄가 된다.

② 신고시점의 판단 : 신고된 사실이 이미 공소시효가 완성되어 무고죄가 성립하지 않는가를 판단하는 기준시점은 신고시로 보아야 한다. 따라서 피고인이 범행일시를 특정하지 않은 고소장을 제출한 후, 고소보충진술시에 범죄사실의 공소시효가 아직 완성되지 않은 것으로 진술하였다면, 그 이후 검찰이나 제1심 법정에서 다시 범죄의 공소시효가 완성된 것으로 정정 진술하였다 하더라도, 이미 고소보충진술시에 무고죄가 성립하였다고 보게 된다(대법원 2008.3.27, 2007도11153). [국가7급 21 / 사시 16]

2. 주관적 구성요건

(1) 고 의

① 고의의 내용 : 허위사실을 신고한다는 인식과 의사가 필요하다. 따라서 고소사실이 객관적 사실에

반하는 허위의 것이라 할지라도 그 허위성에 대한 인식이 없을 때라든지 신고자가 진실이라고 확신하고 신고하였을 때에는 무고죄가 성립하지 않는다. [법원행시 10]

② 허위에 대한 인식은 확정적 고의이어야 하는가의 문제 : 긍정설도 있으나(확정적 고의설), 다수설·판례는 미필적 고의로 충분하다는 입장이다(미필적 고의설). [경찰간부 12]

③ 구체적 판단

　㉠ 무고의 고의가 인정되는 경우 : 무고죄는 신고자가 진실하다는 확신 없는 사실을 신고함으로써 성립하고 그 신고사실이 허위라는 것을 확신함을 필요로 하지 않는다(대법원 1986.12.9, 85도2482; 1988.2.9, 87도2366; 1989.9.26, 88도1533; 1997.3.28, 96도2417; 2006.5.25, 2005도4642). [국가7급 14 / 법원행시 13] 따라서 신고자가 알고 있는 객관적 사실관계에 의하여 신고사실이 허위라거나 허위일 가능성이 있다는 인식을 하면서도 이를 무시한 채 무조건 자신의 주장이 옳다고 생각하는 경우에는 본죄의 (미필적) 고의가 있다고 볼 수 있다(대법원 2000.7.4, 2000도1908,2000감도62; 2006.9.22, 2006도4255; 2008.5.29, 2006도6347). [사시 16]

판례연구　무고죄의 미필적 고의가 인정된다는 사례

대법원 2007.3.15, 2006도9453
고소당한 범죄가 유죄로 인정되는 경우 고소를 당한 사람이 고소인에 대하여 '고소당한 죄의 혐의가 없는 것으로 인정된다면 고소인이 자신을 무고한 것에 해당하므로 고소인을 처벌해 달라.'는 내용의 고소장을 제출하였다면 설사 그것이 자신의 결백을 주장하기 위한 것이라고 하더라도 방어권의 행사를 벗어난 것으로서 고소인을 무고한다는 고의를 인정할 수 있다. [경찰채용 12 3차 / 경찰승진 11·13·14·17 / 국가7급 21 / 법원행시 08·09 / 사시 14]

　㉡ 무고의 고의가 인정되지 않는 경우 : 진실이라는 확신을 가지고 신고한 경우에는 본죄의 미필적 고의가 없다. 진실이라고 확신한다 함은 신고자가 알고 있는 객관적인 사실관계에 의하더라도 신고사실이 허위라거나 또는 허위일 가능성이 있다는 인식을 하지 못하는 경우를 말하는 것이다. 따라서 고소내용이 터무니없는 허위사실이 아니고 사실에 기초하여 그 정황을 다소 과장한 데 지나지 아니한 경우에는 본죄의 고의를 인정하기 어렵다(대법원 1998.9.8, 98도1949).

(2) 목적 – 타인으로 하여금 형사처분·징계처분을 받게 할 목적

① 형사처분·징계처분 : 형사처분이라 함은 형벌뿐만 아니라 치료감호 등의 보안처분이나 소년법상 보호처분을 모두 포함하는 개념이요, 징계처분이란 공법상의 감독관계 등 특별권력관계에서 질서유지를 위하여 과하는 신분적 제재를 의미한다(다수설·판례). [법원행시 16] 따라서 사립대학교 교수로 하여금 징계처분을 받게 할 목적으로 범정부 국민포털인 국민신문고에 허위의 내용으로 민원을 제기하였다 하더라도, 학교법인 등 사립학교 교원에 대한 인사권 행사로서 징계와 같은 불리한 처분은 사법적 법률행위의 성격을 가지므로 본죄의 징계처분에 속하지 않아 무고죄를 구성하지 않는다(대법원 2014.7.24, 2014도6377). [경찰채용 18 1차]

② 목적의 정도 : 형사처분·징계처분을 받게 할 목적의 정도에 대해서는 견해가 대립하나, 판례는 미필적 인식으로 족하다는 입장이다. 따라서 허위신고를 함에 있어서 다른 사람이 그로 인하여 형사·징계처분을 받게 될 것이라는 인식이 있으면 족한 것이고 그 결과발생을 희망하는 것까지를 요하는 것은 아니다(대법원 1968.4.2, 68도61; 1973.1.16, 72도1136; 1986.8.19, 86도1259; 1991.5.10, 90도2601; 2006.5.25, 2005도4642; 2006.8.25, 2006도3631). [법원행시 08 / 법원9급 07(하) / 법원9급 16]

③ 구체적 적용

자기무고	① 본죄의 구성요건해당성이 없다. [법원행시 07] 따라서 자기 자신을 무고하기로 제3자와 공모하고 무고행위에 가담하여도 무고죄의 공동정범도 될 수 없다(대법원 2017.4.26, 2013도12592). [경찰간부 18 / 국가7급 20 / 법원행시 17] ② 그러나 판례에 의하면, 피무고자의 교사·방조 하에 제3자가 피무고자에 대한 허위의 사실을 신고한 경우에는 제3자의 행위는 무고죄의 구성요건에 해당하여 무고죄를 구성하므로, 제3자를 교사·방조한 피무고자도 교사·방조범으로서의 죄책을 부담한다(대법원 2008.10.23, 2008도4852). [경찰채용 12 1차 / 국가7급 12 / 법원9급 09·13 / 법원승진 12 / 법원행시 09·10·11·12 / 사시 11·12·13·16·17]
공동무고	타인에 대한 부분에 관해서만 무고죄가 성립한다.
승낙무고	본죄의 주된 보호법익은 국가의 심판기능의 적정이기 때문에 무고죄가 성립한다(대법원 2005.9.30, 2005도2712). [경찰승진 14·16 / 국가9급 11 / 국가7급 09·10 / 법원9급 07(상) / 법원9급(하) / 법원9급 09·17 / 법원행시 06·08·13·14·16 / 변호사시험 13·14]
허무인·사자에 대한 무고	국가의 심판기능이 침해되거나 피무고자를 해할 위험이 없기 때문에 무고죄가 성립하지 않는다(통설). [법원행시 06·07]

3. 죄 수

무고죄의 죄수판단기준은 부차적 법익인 피무고자의 법적 안정성을 고려한다는 취지에서 피무고자의 수를 기준으로 판단한다. 따라서 한 개의 행위로 수인을 무고한 경우는 수죄의 상상적 경합이 된다(통설).

4. 자백·자수의 특례

본죄를 범한 자가 그 신고한 사건의 재판 또는 징계처분이 확정되기 전에 자백 또는 자수한 때에는 그 형을 감경 또는 면제한다(제157조 및 제153조). [국가7급 08 / 법원승진 10 / 사시 14·16] 허위신고임이 발각된 후라 하더라도 재판·징계처분 확정 전이면 본 자백·자수의 감면특례가 적용된다.

자수는 자발적이어야 하나 자백은 자발성을 요하지 않는다. 다만 자신이 신고한 내용이 단지 객관적 진실에 반한다고 인정한 것만으로는 자백이라 볼 수 없다(대법원 1995.9.5, 94도755). [법원행시 14]

여기에서 정한 '재판이 확정되기 전'에는, 피고인의 고소사건 수사 결과 피고인의 무고 혐의가 밝혀져 피고인에 대한 공소가 제기되고 피고소인에 대해서는 불기소결정이 내려져 재판절차가 개시되지 않은 경우가 포함된다(대법원 2018.8.1, 2018도7293).

표정리 국가기능 관련범죄의 자백·자수 특례규정과 친족 간 특례규정

자백·자수 특례규정(필요적 감면)	친족 간 특례규정(책임조각=무죄)
• 위증죄·모해위증죄 [사시 16] • 허위감정·통역·번역죄 • 무고죄 [사시 14·16]	• 범인은닉죄 • 증거인멸죄

APPENDIX

부 록

APPENDIX

APPENDIX

APPENDIX

APPENDIX

APPENDIX

MEMO